KB116699

나혼자 끝내는
일본어
상용한자
2136

나혼자 끝내는 일본어 상용한자 2136

지은이 황미진
펴낸이 임상진
펴낸곳 (주)넥서스

초판 1쇄 발행 2021년 11월 1일
초판 5쇄 발행 2024년 2월 15일

출판신고 1992년 4월 3일 제311-2002-2호
주소 10880 경기도 파주시 지목로 5
전화 (02)330-5500 팩스 (02)330-5555

ISBN 979-11-6683-145-4   13730

www.nexusbook.com

나혼자 끝내는
일본어
상용한자
2136

황미진 지음

넥서스

'이 한자들 다 외워야 하나요?', '일본어 한자는 왜 공부해야 합니까?' 등의 질문을 받으면 '일본어는 히라가나, 가타카나, 한자로 이루어져 있어서 한자를 빼고서는 성립이 되지 않거든요. 한자를 잘 다져 놓으셔야 중·고급 일본어를 구사하실 수가 있어요. 그리고 일본 초등학생 수준의 기초 한자부터 외워 나가다가 상용한자 교재를 이용해 공부하시면 체계적으로 실력을 쌓을 수 있을 거예요. 그나마 한국과 비슷한 음독이 있어서 학습하다 보면 자연스럽게 법칙도 생기고 생각보다 어렵지 않습니다.'라고 성실히 설명해 드립니다.

하지만 제가 진심으로 드리고 싶은 말씀은 여러분 모두 알고 있지만, 실천이 어려운 바로 그것입니다. 원론적인 말이라 '누가 그거 모르나?'라는 생각만 들게 만드는 것 같아서 항상 꺼내기가 망설여집니다.

우리 삶의 성장은 한계점을 돌파할 때 일어납니다. 요령이나 지름길을 찾거나 주변의 성공담에 의존하기보다 나 자신을 믿고 한 가지씩 쌓아 나갈 때 비로소 진정한 실력 향상을 이룰 수 있습니다.

일본어 상용한자는 일본 문부과학성이 일상생활이나 교육을 통하여 학습하고 쓰도록 정한 한자로 총 2,136자입니다. 많다면 많은 숫자이지만 소화하지 못할 만큼 엄청난 양은 아닙니다. 처음에는 한자 어휘를 늘린다는 감각으로 한자를 원활하게 읽을 수 있도록 훈독과 음독을 외우는 것부터 시작해서 점차 한자를 쓸 수 있을 정도로 써 보면서 암기하는 방법도 병행하시면 좋겠습니다.

교재 앞부분만 열심히 보다 흐지부지되어 버리거나 필요한 부분만 몇 번 찾아보다 마는 책이 아닌, 옆에 두고 충분히 활용하면서 내 것으로 만드는 인연이 있는 책이 되기를 소망합니다.

저자 황 미 진

일본어 한자란?

일본어에서 한자는 히라가나, 가타카나와 더불어 일본어를 표기하기 위한 중요한 문자입니다. 칸지(漢字, かんじ)는 일본에서 쓰이는 한자를 가리킵니다. 정자체를 사용하는 우리나라와 달리, 일본은 신자체(新字体)라는 약자를 사용하는데, 이 신자체는 현재 중국에서 사용하는 약자인 간체자(簡体字)와도 차이가 있습니다. 또한 일본에서만 사용되는 고쿠지(国字) 또는 와지(和字) 등의 한자도 존재합니다. 따라서 이전에 한자를 공부했던 사람이라도 일본어를 배울 때는 일본어 한자를 따로 공부할 필요가 있습니다.

한중일
한자 비교

한국, 홍콩, 타이완 등   일본   중국

상용 한자란?

한자의 수는 수만 개나 됩니다. 하지만 일본에서 일상적으로 사용되는 한자는 그보다 훨씬 적기 때문에, 이 한자만 공부하면 충분합니다. 현재 일본어의 한자는 문부과학성의 한자 제한 규칙(상용한자 및 교육한자)에 근거하고 있습니다.

일본의 상용한자(常用漢字)는 '법령, 공용 문서, 신문, 잡지, 방송 등 일반 사회생활에서 사용할 때, 효율적으로 공통성이 높은 한자를 모아 알기 쉽고 소통하기 쉬운 문장을 표기하기 위한 한자 사용의 기준'으로 일본 정부(문부과학성 국어심의회)가 '한자와 관련한 정책'에 따라 일본의 자국민들에게 고시한 《상용한자표(常用漢字表)》에 기재된 일본어의 한자를 말합니다.

현행 《상용한자표》는 일본에서 2010년 11월 30일에 고시된 2,136자로 구성되어 있습니다. 이 상용한자는 크게 일본에서 '교육한자'라고 불리는 초등학교 학습 대상의 한자(1,026자)와 그 외의 중고등학교 학습 대상 한자(1,110자)로 나뉩니다.

일본어 한자 읽기

일본어 한자의 읽는 방법은 크게 음독과 훈독 두 가지로 나눌 수 있습니다. 음독은 한자의 음으로 읽는 방법이고, 훈독은 뜻으로 읽는 방법입니다. 음독과 훈독이 여러 가지인 한자도 있고, 음독만 있거나 훈독만 있는 한자도 있습니다. 음독이나 훈독에 해당하지 않고 읽는 방법이 예외적인 한자도 있습니다. 일본어의 한자 읽기는 중상급에 가서는 가장 어려운 학습 항목이 되므로 초급부터 한자 읽기에 대한 기초를 확실하게 다져가는 것이 좋습니다.

❀ 이 책의 구성 및 특징

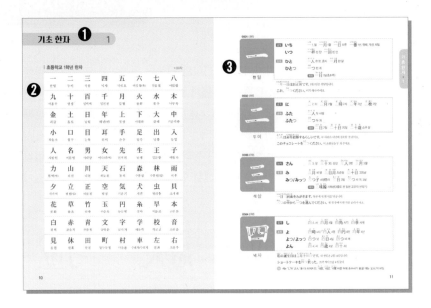

❶ 단원 구성　　　각 단원을 학년 순서대로 배열하여, 초등학교 1학년 한자부터 최상급 한자까지 난이도에 따라 학습할 수 있습니다. 또한 한 단원을 100자 안팎으로 나누어 매일 일정한 숫자의 한자를 규칙적으로 익힐 수 있습니다.

❷ 한자 한눈에 보기　　각 단원의 처음에는 단원 한자를 한데 모아 제시하였습니다. 또한 몇 학년 한자인지, 몇 자가 포함되었는지 명시하여 학습에 참고할 수 있도록 했습니다.

❸ 한자 풀이　　　단원 내의 한자 풀이는 서로 연관된 의미의 한자끼리 모아서 정리하여 더욱 쉽고 오래도록 기억됩니다.

학습 자료 다운받기

1 **www.nexusbook.com**에서 도서명으로 검색하면 MP3, 암기장, 쓰기 노트를 다운받을 수 있습니다.

2 스마트폰으로 책 표지의 QR코드를 찍으면 MP3를 바로 들을 수 있습니다.

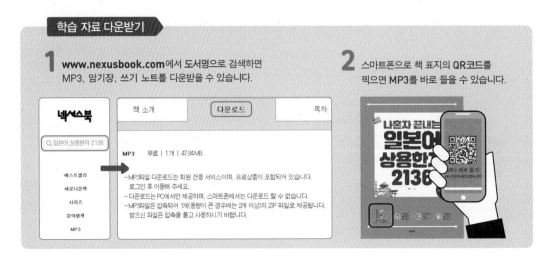

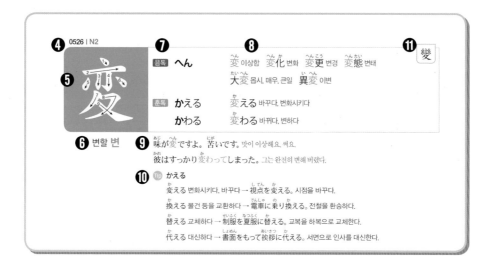

❹ 0526 | N2

❼ 음독 へん

❽ 変 이상함　変化 변화　変更 변경　変態 변태
大変 몹시, 매우, 큰일　異変 이변

훈독 かえる　変える 바꾸다, 변화시키다

かわる　変わる 바뀌다, 변하다

⓫ 變

❺ 変

❻ 변할 변

❾ 味が変ですよ。苦いです。 맛이 이상해요. 써요.
彼はすっかり変わってしまった。 그는 완전히 변해 버렸다.

❿ Tip かえる
変える 변화시키다. 바꾸다 → 視点を変える。 시점을 바꾸다.
換える 물건 등을 교환하다 → 電車に乗り換える。 전철을 환승하다.
替える 교체하다 → 制服を夏服に替える。 교복을 하복으로 교체한다.
代える 대신하다 → 書面をもって挨拶に代える。 서면으로 인사를 대신한다.

---

❹ 일련번호·JLPT 급수　책에 나온 순서대로 번호를 붙이고, 일본어 능력 시험(JLPT)의 급수도 표시하였습니다.

---

❺ 표제자와 필순　한자를 바르게 쓸 수 있도록 표제자에 필순을 표시했습니다. 필순의 번호는 쓰는 순서, 화살표는 쓰는 방향을 나타냅니다.
* 일어 한자의 필순은 우리나라와 다른 경우가 있으니 주의하세요.

---

❻ 음훈　우리나라 한자의 대표적인 음과 훈을 표기했습니다.

---

❼ 음독 / 훈독 / 예외　일본에서 그 한자를 읽는 법으로, 음독이나 훈독이 아예 존재하지 않거나 거의 쓰이지 않는 경우는 표기하지 않았습니다. 특이하게, 혹은 예외적으로 읽는 경우는 예외 로 표시했습니다.

---

❽ 예시 단어　각각의 음독과 훈독으로 쓰인 단어들을 제시하여 실제 쓰임을 알 수 있도록 했습니다. 예시 단어는 JLPT 등에서 많이 사용되는 단어를 위주로 선별하였습니다.

---

❾ 예문　예시 단어가 적절히 사용된 예문을 제시하여 이해를 도왔습니다.
* 동사나 형용사의 경우, 활용형으로 사용되어서 예시 단어와는 형태가 다를 수 있습니다.

---

❿ TIP　표제자 또는 예시 단어에 설명이 필요한 경우, 동음이의어와 비교가 필요한 경우에는 Tip 으로 제시했습니다.

⓫ 우리나라 한자　표제자가 일본식 약자 등으로 우리나라 한자와 형태가 다른 경우, 우리나라 한자를 따로 표기했습니다.

22일 완성 학습 플래너

공부 순서 ☑ 한자 학습 ➡ ☐ 한자 암기장 ➡ ☐ 한자 쓰기노트

Day	공부한 날		단원	레벨	한자 수	페이지
기초 한자				초등학교 1~3학년 한자, 총 440자		
01	월	일	**기초 한자 1**	초등학교 1학년	80자	010
02	월	일	**기초 한자 2**	초등학교 2학년	80자	033
03	월	일	**기초 한자 3**	초등학교 2학년	80자	055
04	월	일	**기초 한자 4**	초등학교 3학년	100자	078
05	월	일	**기초 한자 5**	초등학교 3학년	100자	104
중급 한자				초등학교 4~6학년 한자, 총 586자		
06	월	일	**중급 한자 1**	초등학교 4학년	100자	130
07	월	일	**중급 한자 2**	초등학교 4학년	102자	157
08	월	일	**중급 한자 3**	초등학교 5학년	100자	184
09	월	일	**중급 한자 4**	초등학교 5학년	93자	211
10	월	일	**중급 한자 5**	초등학교 6학년	100자	236
11	월	일	**중급 한자 6**	초등학교 6학년	91자	263

이 책은 22일 만에 2136개의 일본어 상용한자를 공부할 수 있도록 구성되어 있습니다.
초등학교 1학년 한자부터 차근차근 난이도에 따라 하루 100자 안팎의 한자를 공부할 수 있도록
진도가 짜여져 있습니다. 학습 플래너에 공부한 날짜를 적고 한 단원씩 정복해 보세요!

Day	공부한 날	단원	레벨	한자 수	페이지
고급 한자			중학교 한자 + 최상급 한자, 총 1,110자		
12	월 일	고급 한자 1	중학교 1학년	100자	287
13	월 일	고급 한자 2	중학교 1학년	100자	313
14	월 일	고급 한자 3	중학교 1학년	113자	339
15	월 일	고급 한자 4	중학교 2학년	100자	369
16	월 일	고급 한자 5	중학교 2학년	100자	395
17	월 일	고급 한자 6	중학교 2학년	84자	422
18	월 일	고급 한자 7	중학교 3학년	110자	444
19	월 일	고급 한자 8	중학교 3학년	110자	473
20	월 일	고급 한자 9	중학교 3학년	108자	502
21	월 일	고급 한자 10	최상급	100자	530
22	월 일	고급 한자 11	최상급	85자	556

기초 한자 1

초등학교 1학년 한자

•80자

一	二	三	四	五	六	七	八
한 일	두 이	석 삼	넉 사	다섯 오	여섯 륙(육)	일곱 칠	여덟 팔
九	十	百	千	月	火	水	木
아홉 구	열 십	일백 백	일천 천	달 월	불 화	물 수	나무 목
金	土	日	年	上	下	大	中
쇠 금	흙 토	날 일	해 년(연)	윗 상	아래 하	클 대	가운데 중
小	口	目	耳	手	足	出	入
작을 소	입 구	눈 목	귀 이	손 수	발 족	날 출	들 입
人	名	男	女	先	生	王	子
사람 인	이름 명	사내 남	여자 녀(여)	먼저 선	날 생	임금 왕	아들 자
力	山	川	天	石	森	林	雨
힘 력(역)	뫼 산	내 천	하늘 천	돌 석	수풀 삼	수풀 림(임)	비 우
夕	立	正	空	気	犬	虫	貝
저녁 석	설 립(입)	바를 정	빌 공	기운 기	개 견	벌레 충	조개 패
花	草	竹	玉	円	糸	早	本
꽃 화	풀 초	대 죽	구슬 옥	둥글 원	실 사	이를 조	근본 본
白	赤	青	文	字	学	校	音
흰 백	붉을 적	푸를 청	글월 문	글자 자	배울 학	학교 교	소리 음
見	休	田	町	村	車	左	右
볼 견	쉴 휴	밭 전	밭두둑 정	마을 촌	수레 차/수레 거	왼 좌	오른 우

0001 | N5

한 일

음독	いち	<ruby>一<rt>いち</rt></ruby> 1, 일 <ruby>一<rt>いち</rt></ruby><ruby>月<rt>がつ</rt></ruby> 1월 <ruby>一<rt>いち</rt></ruby><ruby>日<rt>にち</rt></ruby> 하루 <ruby>一<rt>いち</rt></ruby><ruby>番<rt>ばん</rt></ruby> 1번, 첫째, 가장, 제일
	いつ	<ruby>一<rt>いっ</rt></ruby><ruby>杯<rt>ぱい</rt></ruby> 한잔 <ruby>一<rt>いっ</rt></ruby><ruby>回<rt>かい</rt></ruby> 한번
훈독	ひと	<ruby>一<rt>ひと</rt></ruby><ruby>人<rt>り</rt></ruby> 한 명, 혼자 <ruby>一<rt>ひと</rt></ruby><ruby>月<rt>つき</rt></ruby> 한 달
	ひとつ	<ruby>一<rt>ひと</rt></ruby>つ 한 개
		예외 <ruby>一<rt>つい</rt></ruby><ruby>日<rt>たち</rt></ruby> 1일(초하루)

<ruby>一<rt>いち</rt></ruby><ruby>月<rt>がつ</rt></ruby><ruby>一<rt>つい</rt></ruby><ruby>日<rt>たち</rt></ruby>はお<ruby>正月<rt>しょうがつ</rt></ruby>です。 1월 1일은 설날입니다.

これ、<ruby>一<rt>ひと</rt></ruby>つください。 이거 하나 주세요.

0002 | N5

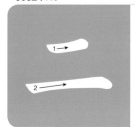

두 이

음독	に	<ruby>二<rt>に</rt></ruby> 2, 이 <ruby>二<rt>に</rt></ruby><ruby>月<rt>がつ</rt></ruby> 2월 <ruby>二<rt>に</rt></ruby><ruby>時<rt>じ</rt></ruby> 2시 <ruby>二<rt>に</rt></ruby><ruby>年<rt>ねん</rt></ruby> 2년 <ruby>二<rt>に</rt></ruby><ruby>枚<rt>まい</rt></ruby> 2장
훈독	ふた	<ruby>二<rt>ふた</rt></ruby><ruby>人<rt>り</rt></ruby> 두 사람
	ふたつ	<ruby>二<rt>ふた</rt></ruby>つ 두 개
		예외 <ruby>二<rt>ふつ</rt></ruby><ruby>日<rt>か</rt></ruby> 2일 <ruby>二十<rt>はつ</rt></ruby><ruby>日<rt>か</rt></ruby> 20일 <ruby>二十歳<rt>はたち</rt></ruby> 스무 살

<ruby>二<rt>ふた</rt></ruby><ruby>人<rt>り</rt></ruby>は<ruby>来年<rt>らいねん</rt></ruby><ruby>結婚<rt>けっこん</rt></ruby>するらしいです。 두 사람은 내년에 결혼할 것 같아요.

このチョコレートを<ruby>二<rt>ふた</rt></ruby>つください。 이 초콜릿을 두 개 주세요.

0003 | N5

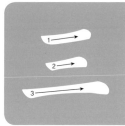

석 삼

음독	さん	<ruby>三<rt>さん</rt></ruby> 3, 삼 <ruby>三十<rt>さんじゅう</rt></ruby> 30, 삼십 <ruby>三<rt>さん</rt></ruby><ruby>人<rt>にん</rt></ruby> 3명 <ruby>三<rt>さん</rt></ruby><ruby>月<rt>がつ</rt></ruby> 3월
훈독	み	<ruby>三<rt>み</rt></ruby><ruby>月<rt>つき</rt></ruby> 석 달 <ruby>三<rt>み</rt></ruby><ruby>日月<rt>かづき</rt></ruby> 초승달 <ruby>三十<rt>み</rt></ruby><ruby>日<rt>そか</rt></ruby> 그믐날
	みつ/みっつ	<ruby>三<rt>み</rt></ruby>つ<ruby>子<rt>ご</rt></ruby> 세쌍둥이 <ruby>三<rt>み</rt></ruby><ruby>日<rt>か</rt></ruby> 3일 <ruby>三<rt>みっ</rt></ruby>つ 세 개, 3살
		예외 <ruby>三味線<rt>しゃみせん</rt></ruby> 샤미센(3줄로 된 일본 고유의 현악기)

<ruby>一日<rt>いちにち</rt></ruby><ruby>三<rt>さん</rt></ruby><ruby>回<rt>かい</rt></ruby><ruby>歯<rt>は</rt></ruby>をみがきます。 하루에 세 번 이를 닦습니다.

<ruby>三<rt>みっ</rt></ruby>つの<ruby>中<rt>なか</rt></ruby>から<ruby>一<rt>ひと</rt></ruby>つを<ruby>選<rt>えら</rt></ruby>んでください。 세 개 중에서 한 개를 골라 주세요.

0004 | N5

넉 사

음독	し	<ruby>四<rt>し</rt></ruby> 4, 사 <ruby>四<rt>し</rt></ruby><ruby>月<rt>がつ</rt></ruby> 4월 <ruby>四<rt>し</rt></ruby><ruby>角<rt>かく</rt></ruby> 사각 <ruby>四<rt>し</rt></ruby><ruby>季<rt>き</rt></ruby> 사계
훈독	よ	<ruby>四<rt>よ</rt></ruby><ruby>時<rt>じ</rt></ruby> 4시 <ruby>四<rt>よ</rt></ruby><ruby>人<rt>にん</rt></ruby> 4명 <ruby>四<rt>よ</rt></ruby><ruby>円<rt>えん</rt></ruby> 4엔 <ruby>四<rt>よ</rt></ruby><ruby>年<rt>ねん</rt></ruby> 4년
	よつ/よっつ	<ruby>四<rt>よ</rt></ruby>つ 넷 <ruby>四<rt>よっ</rt></ruby><ruby>日<rt>か</rt></ruby> 4일 <ruby>四<rt>よっ</rt></ruby>つ 네 개
	よん	<ruby>四<rt>よん</rt></ruby> 4, 사 <ruby>四<rt>よん</rt></ruby><ruby>歳<rt>さい</rt></ruby> 4살 <ruby>四十<rt>よんじゅう</rt></ruby> 40

<ruby>私<rt>わたし</rt></ruby>の<ruby>誕生日<rt>たんじょうび</rt></ruby>は<ruby>二<rt>に</rt></ruby><ruby>月十<rt>がつじゅう</rt></ruby><ruby>四<rt>よっ</rt></ruby><ruby>日<rt>か</rt></ruby>です。 내 생일은 2월 14일입니다.

ショートケーキを<ruby>四<rt>よっ</rt></ruby>つ<ruby>買<rt>か</rt></ruby>った。 조각 케이크를 4개 샀다.

Tip 4는 'し'와 'よん' 둘 다 쓰이지만, '4個', '4回', '4階'처럼 뒤에 조수사가 붙을 때는 'よん'이 쓰임.

11

다섯 오

| 음독 | ご | 五 5, 오　五時 5시　五月 5월　五人 다섯 명 |

| 훈독 | いつ/いつつ | 五つ 다섯 개　五日 5일 |

明日五時に会いましょう。 내일 5시에 만납시다.
来月五日に日本語の試験がある。 다음 달 5일에 일본어 시험이 있다.

여섯 륙(육)

| 음독 | ろく | 六 6, 육　六月 6월　六時 6시　六年生 6학년 |

훈독	む/むつ	六 여섯, 육　六つ 여섯, 여섯 살
	むっ	六つ 여섯 개
	むい	六日 6일

会社は六時に終わります。 회사는 6시에 끝납니다.
テーブルの上にりんごが六つある。 테이블 위에 사과가 6개 있다.

일곱 칠

| 음독 | しち | 七 7, 칠　七月 7월　七時 7시　七年 7년('ななねん'으로도 읽음) |

훈독	なな/ななつ	七 일곱, 칠　七枚 7장　七つ 일곱 개
	なの	七日 7일
예외		七夕 칠석

七月七日は七夕です。 7월 7일은 칠석입니다.
七つでいくらですか。 7개에 얼마예요?

Tip 7은 'しち' 또는 'なな'로 둘 다 쓰임.

여덟 팔

| 음독 | はち | 八 8, 팔　八月 8월　八時 8시　八人 8명 |

훈독	や	八 팔　八百屋 야채 가게
	やつ/やっつ	八つ 여덟　八つ 여덟 개
	よう	八日 8일

朝八時に起きます。 아침 8시에 일어납니다.
ピザを八つに分ける。 피자를 여덟 개로 나눈다.

0009 | N5

음독	きゅう	九 9, 구　九階 9층　九歳 아홉 살　九人 9명
	く	九月 9월　九時 9시
훈독	ここの	九日 9일
	ここのつ	九つ 아홉 개

아홉 구

授業は九時から始まります。 수업은 9시부터 시작합니다.
今月の九日に旅行に行くつもりだ。 이번 달 9일에 여행 갈 생각이다.

0010 | N5

음독	じゅう	十 10, 십　十人 10명　十月 10월
		十分 10분('じっぷん'으로도 읽음)　十分 충분함
훈독	と	十 십, 열　十人十色 십인십색, 각인각색
	とお	十 열 개　十日 10일

열 십

お金を借りるときは十分考えたほうがいい。 돈을 빌릴 때는 충분히 생각하는 것이 좋다.
旦那は十日間出張です。 남편은 열흘간 출장입니다.

Tip 十分은 'じゅうぶん'으로 발음하면 '충분함', 'じゅっぷん', 'じっぷん'으로 발음하면 '10분'의 뜻.

0011 | N5

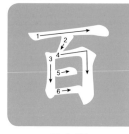

| 음독 | ひゃく | 百円 100엔　百年 백 년　百貨店 백화점 |
| | | 百科事典 백과사전　百聞 백문 |

일백 백

デパートは百貨店のことです。 '데파토'는 백화점을 말합니다.
百聞は一見に如かず。 백문이 불여일견.

0012 | N5

| 음독 | せん | 千 (일)천　千人 천 명　千円札 천 엔 지폐　千年 천년 |
| | ち | 千代 영원　千切る 손으로 잘게 찢다 |

일천 천

この神社は千年前の建物です。 이 신사는 천 년 전 건물입니다.
折り紙を千切って貼ります。 색종이를 잘게 찢어서 붙입니다.

기초 한자 • 1

13

달 월

음독	げつ	月曜日 월요일　月末 월말　一ヶ月 1개월　先月 지난달
	がつ	一月 1월
훈독	つき	月 달　二月 두 달　毎月 매달

先月車の事故を起こした。지난달에 차 사고를 냈다.
昔の人は月が好きで、いろいろな話を作った。옛날 사람들은 달을 좋아해서 여러 가지 이야기를 만들었다.

Tip 1월~12월까지의 '月'은 'がつ'임.
一月 1월　二月 2월　三月 3월　四月 4월　五月 5월　六月 6월
七月 7월　八月 8월　九月 9월　十月 10월　十一月 11월　十二月 12월

불 화

| 음독 | か | 火曜日 화요일　火山 화산　火事 불　火災 화재 |
| 훈독 | ひ | 火 불　火遊び 불장난　花火 불꽃놀이　火花 불똥, 스파크 |

仕事は月曜日と火曜日が休みです。일은 월요일과 화요일에 쉽니다.
昨日、工場で火事がありました。어제 공장에서 불이 났습니다.

물 수

음독	すい	水曜日 수요일　水泳 수영　水道 수도　下水 하수
		水分 수분
훈독	みず	水 물　水着 수영복　生水 생수

昨日は水曜日でした。어제는 수요일이었습니다.
大家さん、トイレの水が出っぱなしで止まりません。집주인 아주머니, 화장실 물이 계속 나와서 멈추질 않아요.

나무 목

음독	もく	木曜日 목요일　木星 목성　木造 목조　材木 재목
	ぼく	木刀 목도　大木 큰 나무　土木 토목
훈독	き	木 나무　木立 나무숲　庭木 정원수
	こ	木の葉 나뭇잎　木陰 나무 그늘
	예외	木綿 솜, 무명

明日は木曜日です。내일은 목요일입니다.
木が多いので空気がきれいです。나무가 많아서 공기가 깨끗합니다.

0017 | N5

쇠 금

음독	きん	金曜日 금요일	金利 금리	金庫 금고	金色 금색	大金 큰돈
	こん	金色 금색	黄金 황금			
훈독	かね	金 돈	お金持ち 부자			
	かな	金づち 쇠망치	金物 철물	金具 쇠장식		

田中さんの来る日は金曜日です。 다나카 씨가 오는 날은 금요일입니다.
お金よりも大切なものがある。 돈보다 소중한 것이 있다.

0018 | N5

흙 토

음독	ど/と	土曜日 토요일	土器 토기	土足 신발을 신은 발
		国土 국토	粘土 점토	土地 토지
훈독	つち	土 흙	土遊び 흙장난	
예외		お土産 (여행지 등에서 사 오는) 선물		

土曜日は休みだし、どこかに行きたい。 토요일은 휴일이기도 하고 어딘가 가고 싶다.
私は山本さんに旅行のお土産をもらいました。 나는 야마모토 씨에게 (여행지에서 사 온) 선물을 받았습니다.

0019 | N5

날 일

음독	にち	日曜日 일요일	日記 일기		
	じつ	先日 요전 날	休日 휴일		
훈독	ひ	日 해, 날	日帰り 당일치기	日の出 일출	日付 날짜
	か	二十日 20일	大晦日 섣달 그믐날		
예외		一昨日 그저께	昨日 어제	今日 오늘	明日 내일

セールは今週の日曜日までです。 세일은 이번 주 일요일까지입니다.
昨日から熱があって辛い。 어제부터 열이 나서 힘들다.

0020 | N5

해 년(연)

음독	ねん	一年生 1학년	去年 작년	来年 내년	年金 연금
		年末年始 연말연시			
훈독	とし	年 해, 나이	今年 올해	お年玉 세뱃돈	一昨年 재작년

年末年始に食べ過ぎたせいで2キロほど増えてしまった。 연말연시에 과식한 탓에 2kg 정도 늘고 말았다.
今年二十歳になりました。 올해 스무 살이 되었습니다.

윗 **상**

음독	じょう	上位 상위　上手 잘함, 능숙함　上下 상하　地上 지상
훈독	うえ	上 위　年上 연상
	うわ	上着 상의　上履き 실내화
	かみ	上半期 상반기
	あげる	上げる 올리다
	あがる	上がる 오르다, 올라가다
	のぼる	上る 올라가다
	예외	上手い 잘한다, 맛있다

彼はサッカーが上手です。그는 축구를 잘합니다.
上着を脱いでこのガウンを着てください。겉옷을 벗고 이 가운을 입으세요.

아래 **하**

음독	か	地下 지하　地下鉄 지하철　下流 하류
	げ	下車 하차　下宿 하숙
훈독	した	下 아래　下心 속마음, 속셈
	しも	下半期 하반기
	もと	下 ~하, ~아래
	さげる	下げる 낮추다, 떨어뜨리다　値下げ 가격인하
	さがる	下がる 내려가다, 떨어지다　値下がり 가격하락
	おりる	下りる 내리다, 내려가다
	おろす	下ろす (아래로) 내리다, 내려놓다
	くだる	下る 내려가다　下り坂 내리막길
	くださる	下さる 주시다　下さい 주세요
	예외	下手 잘 못함, 서투름

地下一階は食堂でございます。지하 1층은 식당입니다.
エアコンで部屋の温度を下げる。에어컨으로 방 온도를 내린다.

Tip もと
下 ~하, ~아래 → 親の下を離れる。부모님 슬하를 떠나다.
元 원인, 근원 → けんかの元 싸움의 원인
素 원료, 재료 → カビを素にして作った薬 곰팡이를 원료로 해서 만든 약
基 기초, 바탕 → 資料を基にする。자료를 기초로 하다.
本 근본, 근원 → 生活を本から見直した。생활을 근원부터 고쳤다.

클 대

음독	だい	大好き 매우 좋아함 / 大事 중요함 / 大体 대체로, 대강
	たい	大会 대회 / 大抵 대개 / 大変 몹시, 매우, 큰일
		大切 소중함 / 大した 대단한, 굉장한
훈독	おお	大雨 큰비, 호우 / 大型 대형 / 大勢 여러 사람
		大家 집주인 / 大けが 큰 상처
	おおいに	大いに 대단히, 많이
	おおきい	大きい 크다
예외		大人 어른, 성인

来月に大事な試合がある。다음 달에 중요한 시합이 있다.

あんな大人にはなりたくない。저런 어른은 되고 싶지 않다.

가운데 중

음독	ちゅう	話し中 이야기 중 / 途中 도중 / 中間 중간 / 中心 중심
	じゅう	家中 온 집안 / 一日中 하루 종일 / 世界中 전세계
훈독	なか	中 안(공간적 의미) / 中々 좀처럼, 꽤 / 中身 내용, 내면

今日は一日中寒かった。오늘은 하루 종일 추웠다.

人は外見より中身が大事だ。사람은 겉모습보다 내면이 중요하다.

Tip なか

中 안, 속 → 鞄の中に入れる。가방 속에 넣다.

仲 사이, 관계 → あの夫婦は仲がいい。저 부부는 사이가 좋다.

작을 소

음독	しょう	小学校 초등학교 / 小学生 초등학생 / 大中小 대중소
		小心 소심 / 小説 소설
훈독	ちいさい	小さい 작다, 어리다
	こ	小鳥 작은 새 / 小切手 수표 / 小包 소포 / 小型 소형
	お	小川 작은 시내

小学生のとき、そろばんを習っていた。초등학생 때 주산을 배웠다.

もっと小さいサイズはありませんか。더 작은 사이즈는 없요?

기초한자 • 1

음독	こう	人口 인구	口実 구실	口頭 구두
		口調 어조	口伝 구전	異口同音 이구동성
	く			
훈독	くち	口入 입	早口 말이 빠름	入り口 입구 一口 한입 出口 출구

입 구

アメリカよりインドの人口が多い。미국보다 인도의 인구가 많다.
入り口はどこですか。입구는 어디예요?

음독	もく	目的地 목적지	目標 목표	注目 주목
	ぼく	面目 면목('めんもく'로도 읽음)		
훈독	め	目 눈	目玉 눈동자	目上 손윗사람 目安 목표, 기준
	ま	目の当たり 눈앞	目映い 눈부시다	

눈 목

今、彼は注目されるアイドルです。지금 그는 주목받는 아이돌입니다.
ゲームをすると目に悪い。게임을 하면 눈에 나쁘다.

Tip: '面目(면목, 체면, 명예)'는 보통 'めんぼく'로 발음하지만, 본래 불교 용어였던 '面目'에서 왔기 때문에 '面目躍如(면목약여)', '面目一新(면목일신)'에서는 'めんもく' 발음이 남아 있음.

| 음독 | じ | 耳鼻咽喉科・耳鼻科 이비인후과 | 耳目 이목 |
| 훈독 | みみ | 耳 귀 | 耳打ち 귓속말 初耳 처음 들음 |

귀 이

鼻血が止まらなくて耳鼻科に行きました。코피가 멈추지 않아서 이비인후과에 갔습니다.
その話は初耳です。그 이야기는 처음 들어요.

음독	しゅ	手話 수화	歌手 가수	握手 악수	運転手 운전수
훈독	て	手 손	お手上げ 어쩔 도리가 없음, 파산	手紙 편지	
		手袋 장갑	手間 수고로움	手伝う 돕다	
	た	下手 서투름, 못 함			
	예외	上手 능숙함, 잘함			

손 수

友達が掃除を手伝ってくれた。친구가 청소를 도와주었다.
私は料理が下手です。나는 요리를 못합니다.

0030 | N5

발 족

음독	そく	一足 한 켤레, 한쪽 발　不足 부족　遠足 소풍　満足 만족
훈독	あし	足 발　足音 발소리　足元 발밑
	たりる	足りる 충분하다, 족하다　足りない 부족하다
	たす	足す 더하다　足し算 덧셈
예외		足袋 일본식 버선

寝不足で疲れている。 잠이 부족해서 피곤하다.

2に3を足すと5になる。 2에 3을 더하면 5가 된다.

Tip 足 발목에서 발끝까지의 발 → 足を運ぶ。 발걸음을 옮기다(몸소 가다).
脚 허리 아래쪽의 다리, 사물이나 곤충의 다리 → いすの脚。 의자 다리.

0031 | N5

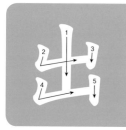

날 출

음독	しゅつ	出席 출석　出発 출발　出張 출장　輸出 수출
	すい	出納 출납
훈독	でる	出る 나오다, 나가다　出口 출구　出掛ける 외출하다　出前 배달
	だす	出す 내다, 꺼내다　引き出し 서랍

明日の旅行は九時出発です。 내일 여행은 9시 출발입니다.
子供が熱を出して、朝から忙しい。 아이가 열이 나서 아침부터 바쁘다.

0032 | N5

들 입

음독	にゅう	入学 입학　入院 입원　入手 입수　記入 기입　輸入 수입
훈독	いる	入る 들어가다(예스러운 말)　入り口 입구
	はいる	入る 들어가다
	いれる	入れる 넣다　入れ物 용기, 그릇　押し入れ 벽장

新しい情報を入手した。 새로운 정보를 입수했다.
兄は今年大学に入りました。 오빠는 올해 대학에 들어갔습니다.

0033 | N5

사람 인

음독	じん	人生 인생　老人 노인　外国人 외국인　人格 인격
	にん	人間 인간　人形 인형　人気 인기　病人 병자
훈독	ひと	人 사람　一人 한 명　人々 사람들　どの人 어느 사람, 누구
예외		大人 어른, 성인　若人 젊은이　素人 초보
		玄人 숙련자　仲人 중매인

これは女性に人気があります。 이것은 여성에게 인기가 있습니다.
私は優しい人が好きです。 나는 착한 사람을 좋아합니다.

이름 명

음독	めい	名 ~명　名刺 명함　名作 명작　人名 인명　地名 지명
	みょう	名字 성, 성씨
훈독	な	名 이름, 명칭　名前 이름　名札 명찰　名高い 유명하다

洋子さんの名字は「鈴木」といいます。요코 씨의 성은 '스즈키'라고 합니다.
お名前は何ですか。이름이 뭐예요?

사내 남

음독	だん	男子 남자　男性 남성　男女 남녀
	なん	長男 장남　次男 차남
훈독	おとこ	男 남자　男の子 남자아이

私は3人兄弟の長男です。나는 3형제 중 장남입니다.
男の子が生まれました。남자아이가 태어났습니다.

여자 녀(여)

음독	じょ	女子 여자　女性 여성
	にょ	老若男女 남녀노소
	にょう	女房 아내, 마누라
훈독	おんな	女 여자　女の子 여자아이
예외		女神 여신　海女 해녀

女性より男性の方が多いです。여성보다 남성이 많습니다.
お腹の子は女の子です。뱃속 아이는 여자아이입니다.

먼저 선

| 음독 | せん | 先生 선생님　先月 지난달　先週 지난 주　先輩 선배 |
| 훈독 | さき | 先 앞　先に 먼저, 이전에　行き先 행선지 |

将来は先生になりたい。장래에는 선생님이 되고 싶다.
私の家族は先に家へ帰りました。우리 가족은 먼저 집에 돌아갔습니다.

날 생

음독	せい	生活 생활　生計 생계　生物 생물　人生 인생　留学生 유학생
	しょう	一生 일생, 평생　一生懸命 열심히
훈독	いきる	生きる 살다　生き方 살아가는 방법
	いかす	生かす 살리다
	いける	生ける 꽂꽂이하다　生け花 꽃꽂이
	うむ	生む 낳다
	うまれる	生まれる 태어나다, 새로 생기다
	はえる	生える 돋아나다
	はやす	生やす 기르다
	おう	生い立ち 성장
	なま	生 날 것, 생　生ビール 생맥주
	き	生地 본바탕, 옷감　生糸 생사
예외		芝生 잔디

ストレスのない幸せな生活がしたい。스트레스가 없는 행복한 생활을 하고 싶다.
桜の花が咲く季節に生まれた。벚꽃이 피는 계절에 태어났다.

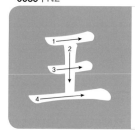

임금 왕

| 음독 | おう | 王 왕　王様 임금님, 왕　王子 왕자　王位 왕위　国王 국왕 |

『星の王子さま』という本を読んだことがありますか。『어린 왕자』라는 책을 읽은 적이 있습니까?
国王がいる国はどこですか。국왕이 있는 나라는 어디입니까?

아들 자

음독	し	女子 여자　男子 남자　帽子 모자　調子 컨디션, 상태　菓子 과자
	す	椅子 의자
훈독	こ	子 아이　男の子 남자 아이　子供 어린이　息子 아들

女子大学を出ました。여대를 나왔습니다.
彼は子供が3人います。그는 아이가 3명 있습니다.

21

음독 りょく 　学力 학력　努力 노력　全力 전력　重力 중력

りき 　力士 스모 선수　力説 역설　自力 자력　力量 역량

훈독 ちから 　力 힘　力持ち 힘이 셈, 힘이 센 사람　力強い 마음 든든하다, 힘차다

힘 력(역)

全力を出して走った。 전력을 다해서 달렸다.

この門は子供の力では開けられません。 이 문은 아이의 힘으로는 열지 못합니다.

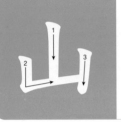

음독 さん 　富士山 후지산　山水画 산수화　沢山 많이　山積 산적

ざん 　登山 등산　火山 화산

훈독 やま 　山 산　山登り 등산　山道 산길　山火事 산불

뫼 산

富士山を見たことがありません。 후지산을 본 적이 없습니다.

ここは山が多いです。 여기는 산이 많습니다.

음독 せん 　河川 하천　山川 산천

훈독 かわ 　川 강　川上 강의 상류　谷川 계곡　小川 작은 강

내 천

大きな河川が流れています。 큰 하천이 흐르고 있습니다.

川の近くで工事をしています。 강 근처에서 공사를 하고 있습니다.

음독 てん 　天気 날씨　天才 천재　天然 천연　天国 천국

훈독 あめ 　天 하늘

あま 　天の川 은하수

하늘 천

明日は、いい天気らしい。 내일은 날씨가 맑을 것 같다.

天国はとてもいいところかもしれません。 천국은 아주 좋은 곳일지도 모릅니다.

22

0045 | N2

돌 석

음독	せき	石炭 석탄　石油 석유　化石 화석　宝石 보석
	しゃく	磁石 자석
훈독	いし	石 돌　石段 돌계단　子石 작은 돌

最近は、あまり石炭を使わない。 요즘은 별로 석탄을 쓰지 않는다.
その家のベランダは石で作られました。 그 집 베란다는 돌로 만들어졌습니다.

0046 | N3

수풀 삼

음독	しん	森林 삼림　森林浴 삼림욕
훈독	もり	森 숲(자연 그대로의 숲)

森林公園に行ってみました。 삼림공원에 가봤습니다.
森の中は誰もいなくて静かだった。 숲속은 아무도 없고 조용했다.

0047 | N3

수풀 림(임)

음독	りん	林業 임업　林野 임야　山林 산림　密林 밀림
훈독	はやし	林 수풀, 숲　松林 소나무 숲

ここは山林地域です。 여기는 산림지역입니다.
この林には市民がよく小鳥を見に来る。 이 숲에는 시민들이 작은 새를 보러 자주 온다.

0048 | N5

비 우

음독	う	雨天 우천　雨期 우기
훈독	あめ	雨 비　大雨 큰비
	あま	雨戸 덧문　雨宿り 비를 피함　雨具 비옷
예외		梅雨 장마('ばいう'로도 읽음)

雨天の場合、試合は中止です。 우천일 경우에 시합은 중지됩니다.
午後から雨が降ります。 오후부터 비가 내립니다.

저녁 석

음독	せき	今夕 오늘 저녁	一朝一夕 하루아침, 짧은 시간
훈독	ゆう	夕方 저녁, 해질 녘	夕日 저녁 해	夕べ 어제 저녁

夕刊 석간　夕飯 저녁밥

예외　七夕 칠석

夕方から大雨になるようだ。 저녁부터 많은 비가 내릴 것 같다.
昨日は夕飯に牛肉を食べた。 어제는 저녁밥으로 소고기를 먹었다.

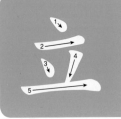

설 립(입)

음독	りつ	立派 훌륭함　立春 입춘　国立 국립　独立 독립　設立 설립
	りゅう	建立 건립
훈독	たつ	立つ 서다　立場 입장　立ち入り 출입
	たてる	立てる 세우다

新しい会社は来年設立される。 새 회사는 내년에 설립된다.
人間は二本の足で立つ。 인간은 두 다리로 선다.

바를 정

음독	せい	正式 정식　正門 정문　不正 부정　改正 개정　公正 공정
	しょう	正直 정직　お正月 정월　正午 정오　正体 정체　正面 정면
훈독	ただしい	正しい 바르다, 옳다
	ただす	正す 바로잡다, 고치다
	まさ	正に 정말로, 확실히　正しく 바로, 틀림없이

政府の正式な発表がありました。 정부의 정식 발표가 있었습니다.
彼には、いつも自分が正しいと考えるきらいがある。 그에게는 항상 자신이 옳다고 생각하는 경향이 있다.

빌 공

음독	くう	空気 공기　空間 공간　空港 공항
훈독	そら	空 하늘　青空 파란 하늘　大空 넓은 하늘
	あく	空く 비다　空き地 공터
	あける	空ける 비우다
	から	空 빔　空っぽ 텅빔
	すく	空く 비다

天気が良くて空気もきれいだ。 날씨가 좋고 공기도 맑다.
このレストランは空いていますね。 이 레스토랑은 한산하네요.

0053 | N5

음독 き

気 기운, 마음, 정신　気持ち 기분　気づく 눈치 채다
気温 기온　気味 ~기운　気楽 마음 편함　人気 인기
元気 기운, 건강　大気 대기

け

気配 기미, 낌새　人気 인기척

氣

기운 **기**

皆さん、風邪に気をつけてください。 여러분 감기 조심하세요.
人の気配がしてびっくりしました。 인기척이 나서 깜짝 놀랐습니다.

0054 | N3

음독 けん

愛犬 애견　名犬 명견

훈독 いぬ

犬 개　犬年 개띠　子犬 강아지

개 **견**

珍島犬は韓国の名犬です。 진돗개는 한국의 명견입니다.
犬が走ってきた。 개가 달려왔다.

0055 | N2

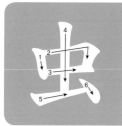

음독 ちゅう

害虫 해충　昆虫 곤충　殺虫剤 살충제

훈독 むし

虫 벌레　虫歯 충치　虫眼鏡 돋보기　水虫 무좀
弱虫 겁쟁이

蟲

벌레 **충**

うちの子は昆虫がきらいです。 우리 아이는 곤충을 싫어합니다.
甘い物好きで虫歯ができました。 단 것을 너무 좋아해서 충치가 생겼습니다.

0056 | N2

훈독 かい

貝 조개　貝殻 조개껍데기

조개 **패**

日本人は魚も貝もよく食べます。 일본 사람은 생선도 조개도 잘 먹습니다.
貝殻で作ったアクセサリーを売っている。 조개껍질로 만든 액세서리를 팔고 있다.

음독	か	花瓶 꽃병　花粉 꽃가루　国花 국화　開花 개화
훈독	はな	花 꽃　花見 꽃구경　花束 꽃다발　花火 불꽃놀이
		生け花 꽃꽂이

花

꽃 화

桜の開花は四月になる。 벚꽃의 개화는 4월에 된다.

来週お花見に行きませんか。 다음 주에 꽃구경하러 가지 않을래요?

음독	そう	草食 초식　薬草 약초　雑草 잡초　海草 해초
훈독	くさ	草 풀　草花 화초
예외		草履 일본 짚신　煙草 담배

草

풀 초

象は草食動物である。 코끼리는 초식동물이다.

庭の草をとってください。 정원의 풀을 뽑아 주세요.

음독	ちく	竹林 대나무 숲　竹輪 대롱 모양의 어묵
훈독	たけ	竹 대나무　竹の子 죽순
예외		竹刀 죽도

대 죽

コンビニで竹輪も売っている。 편의점에서 대롱 어묵도 팔고 있다.

このざるは竹で作ったものです。 이 소쿠리는 대나무로 만든 것입니다.

음독	ぎょく	玉石 옥석
훈독	たま	玉 구슬　玉ねぎ 양파　百円玉 백 엔짜리 동전
		目玉焼き 계란프라이

구슬 옥

これはただの砂利じゃなくて玉石ですよ。 이건 그냥 자갈이 아니라 옥석이에요.

百円玉がありません。 백 엔짜리 동전이 없습니다.

0061 | N5

円

음독 えん

円 원, ~엔 ┆ 円周 ^{えんしゅう} 원주 ┆ 半円 ^{はんえん} 반원 ┆ 円満 ^{えんまん} 원만

円高 ^{えんだか} 엔고 ┆ 円安 ^{えんやす} 엔저

훈독 まるい

円^{まる}い 둥글다

圓

둥글 **원**

お会計^{かいけい}は全部^{ぜんぶ}で５４０円^{えん}になります。 합계 금액은 다 해서 540엔이 되겠습니다.

最近太^{さいきんふと}ってきて顔^{かお}が円^{まる}くなりました。 요즘 살이 쪄서 얼굴이 동그랗게 되었습니다.

0062 | N2

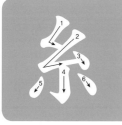

糸

음독 し

金糸 ^{きんし} 금실 ┆ 絹糸 ^{けんし} 견사, 명주실 ┆ 綿糸 ^{めんし} 무명실

抜糸 ^{ばっし} 실을 뽑음

훈독 いと

糸^{いと} 실 ┆ 毛糸 ^{けいと} 털실 ┆ 糸口 ^{いとぐち} 실마리, 단서

絲

실 **사**

病院^{びょういん}で抜糸^{ばっし}をしました。 병원에서 실을 뽑았습니다.

あの人^{ひと}とは会話^{かいわ}の糸口^{いとぐち}が見^みつけられない。 저 사람과는 대화할 거리를 찾을 수 없다.

0063 | N3

早

음독 そう

早朝 ^{そうちょう} 이른 아침 ┆ 早退 ^{そうたい} 조퇴 ┆ 早急 ^{そうきゅう} 조급함

さつ

早速 ^{さっそく} 즉시 ┆ 早急 ^{さっきゅう} 몹시 급함

훈독 はやい

早^{はや}い 이르다, 빠르다(시간적 의미) ┆ 早起^{はやお}き 일찍 일어남

早口 ^{はやくち} 말을 빨리 함 ┆ 素早^{すばや}い 재빠르다 ┆ 最早 ^{もはや} 이미, 어느새

はやめる

早^{はや}める 앞당기다 ┆ 早^{はや}めに 일찌감치

はやまる

早^{はや}まる 빨라지다

이를 **조**

頭^{あたま}が痛^{いた}いので早退^{そうたい}させてください。 머리가 아픈데 조퇴하게 해 주세요.

仕事^{しごと}が早^{はや}めに終^おわったから、歩^{ある}いて帰^{かえ}ろうと思^{おも}う。 일이 일찌감치 끝났기 때문에 걸어서 집에 가려고 한다.

0064 | N5

本

음독 ほん

本 책 ┆ 本気 ^{ほんき} 진심 ┆ 本人 ^{ほんにん} 본인 ┆ 本当 ^{ほんとう} 정말 ┆ 本文 ^{ほんぶん} 본문

本物 ^{ほんもの} 진짜 ┆ 本来 ^{ほんらい} 본래 ┆ 日本 ^{にほん} 일본 ┆ 見本 ^{みほん} 견본, 샘플

훈독 もと

本^{もと} 처음, 근원 ┆ 大本 ^{おおもと} 근본 ┆ 根本 ^{ねもと} 근원, 뿌리

근본 **본**

おすすめの本^{ほん}なら読^よんでみよう。 추천 도서라면 읽어 봐야지.

見本^{みほん}があったら見^みせてください。 샘플이 있으면 보여 주세요.

흰 백

음독	はく	<ruby>白<rt>はく</rt></ruby><ruby>鳥<rt>ちょう</rt></ruby> 백조	<ruby>白<rt>はく</rt></ruby><ruby>菜<rt>さい</rt></ruby> 배추	<ruby>空<rt>くう</rt></ruby><ruby>白<rt>はく</rt></ruby> 공백	<ruby>紅<rt>こう</rt></ruby><ruby>白<rt>はく</rt></ruby> 홍백	<ruby>告<rt>こく</rt></ruby><ruby>白<rt>はく</rt></ruby> 고백
훈독	しろ	<ruby>白<rt>しろ</rt></ruby> 흼	<ruby>真<rt></rt></ruby>っ<ruby>白<rt>しろ</rt></ruby> 새하얌			
	しろい	<ruby>白<rt>しろ</rt></ruby>い 희다	<ruby>面<rt>おも</rt></ruby><ruby>白<rt>しろ</rt></ruby>い 재미있다			
	しら	<ruby>白<rt>しら</rt></ruby><ruby>髪<rt>が</rt></ruby> 백발	<ruby>白<rt>しら</rt></ruby><ruby>雪<rt>ゆき</rt></ruby><ruby>姫<rt>ひめ</rt></ruby> 백설공주			

<ruby>彼女<rt>かのじょ</rt></ruby>の<ruby>肌<rt>はだ</rt></ruby>はとても<ruby>白<rt>しろ</rt></ruby>い。 그녀의 피부는 매우 하얗다.
<ruby>母<rt>はは</rt></ruby>の<ruby>頭<rt>あたま</rt></ruby>に、<ruby>白<rt>しら</rt></ruby><ruby>髪<rt>が</rt></ruby>が<ruby>見<rt>み</rt></ruby>える。 엄마 머리에 흰머리가 보인다.

붉을 적

음독	せき	<ruby>赤<rt>せき</rt></ruby><ruby>道<rt>どう</rt></ruby> 적도	<ruby>赤<rt>せき</rt></ruby><ruby>十<rt>じゅう</rt></ruby><ruby>字<rt>じ</rt></ruby> 적십자	<ruby>赤<rt>せき</rt></ruby><ruby>飯<rt>はん</rt></ruby> 팥밥	
훈독	あか	<ruby>赤<rt>あか</rt></ruby> 빨강	<ruby>赤<rt>あか</rt></ruby>ちゃん 아기	<ruby>赤<rt>あか</rt></ruby>ん<ruby>坊<rt>ぼう</rt></ruby> 아기	<ruby>赤<rt>あか</rt></ruby><ruby>信号<rt>しんごう</rt></ruby> 적신호
		<ruby>赤<rt>あか</rt></ruby><ruby>字<rt>じ</rt></ruby> 적자			
	あかい	<ruby>赤<rt>あか</rt></ruby>い 빨갛다			
	あからむ	<ruby>赤<rt>あか</rt></ruby>らむ 붉어지다			
	あからめる	<ruby>赤<rt>あか</rt></ruby>らめる 붉히다			
예외		<ruby>真<rt>ま</rt></ruby>っ<ruby>赤<rt>か</rt></ruby> 새빨감			

<ruby>赤<rt>せき</rt></ruby><ruby>道<rt>どう</rt></ruby>より<ruby>下<rt>した</rt></ruby>が<ruby>南<rt>みなみ</rt></ruby><ruby>半球<rt>はんきゅう</rt></ruby>です。 적도보다 아래가 남반구입니다.
<ruby>赤<rt>あか</rt></ruby>ちゃんに<ruby>言葉<rt>ことば</rt></ruby>を<ruby>教<rt>おし</rt></ruby>える。 아기에게 말을 가르친다.

푸를 청

음독	せい	<ruby>青<rt>せい</rt></ruby><ruby>年<rt>ねん</rt></ruby> 청년	<ruby>青<rt>せい</rt></ruby><ruby>春<rt>しゅん</rt></ruby> 청춘	<ruby>青<rt>せい</rt></ruby><ruby>少<rt>しょう</rt></ruby><ruby>年<rt>ねん</rt></ruby> 청소년
	しょう	<ruby>群<rt>ぐん</rt></ruby><ruby>青<rt>じょう</rt></ruby> 군청, 선명한 청색		
훈독	あお	<ruby>青<rt>あお</rt></ruby> 파랑	<ruby>青<rt>あお</rt></ruby><ruby>空<rt>ぞら</rt></ruby> 파란 하늘	<ruby>青<rt>あお</rt></ruby><ruby>信号<rt>しんごう</rt></ruby> 청신호, 파란불
		<ruby>青<rt>あお</rt></ruby><ruby>白<rt>じろ</rt></ruby>い 창백하다		
	あおい	<ruby>青<rt>あお</rt></ruby>い 파랗다		
예외		<ruby>真<rt>ま</rt></ruby>っ<ruby>青<rt>さお</rt></ruby> 새파람		

<ruby>青<rt>あお</rt></ruby><ruby>信号<rt>しんごう</rt></ruby>になるまで<ruby>待<rt>ま</rt></ruby>ちなさい。 파란불이 될 때까지 기다려라.
<ruby>青<rt>あお</rt></ruby>い<ruby>空<rt>そら</rt></ruby>に<ruby>白<rt>しろ</rt></ruby>い<ruby>雲<rt>くも</rt></ruby>。 파란 하늘에 하얀 구름.

0068 | N3

음독	ぶん	文 문장 文法 문법 文書 문서 文明 문명 作文 작문
	もん	天文台 천문대 文句 문구, 불평 文字 문자, 글자
훈독	ふみ	文 글, 문서(주로 문장체에서 사용) 恋文 연애편지
	예외	文字 글자, 문자

글월 **문**

この文を英語にしてください。 이 문장을 영어로 해 주세요.

私は先生に作文を直していただきました。 나는 선생님께 작문을 고쳐 받았습니다.

0069 | N3

| 음독 | じ | 字 글씨, 글자, 문자 文字 글자 数字 숫자 |
| | | 赤字 적자 黒字 흑자 漢字 한자 |

글자 **자**

もっと大きい字で書いてください。 더 큰 글씨로 써 주세요.

自分の気持を口ではなく文字にして表す。 자기 기분을 말이 아닌 글자로 표현한다.

0070 | N5

學

| 음독 | がく | 大学生 대학생 学部 학부 科学 과학 入学 입학 |
| 훈독 | まなぶ | 学ぶ 배우다 |

배울 **학**

来年大学に入学します。 내년에 대학에 입학합니다.

先生に人生について色々と学びました。 선생님께 인생에 대해 여러 가지 배웠습니다.

0071 | N5

| 음독 | こう | 学校 학교 校門 교문 校長 교장 休校 휴교 |
| | | 校庭 교정, 학교 운동장 登校 등교 |

학교 **교**

校長先生の話はいつも長い。 교장 선생님 말씀은 항상 길다.

台風で休校になった。 태풍으로 휴교가 되었다.

0072 | N3

소리 음

음독	おん	音楽 음악　音感 음감　発音 발음　騒音 소음
훈독	おと	音 소리　足音 발소리　物音 (무엇인가 물체가 내는) 소리
	ね	音色 음색

音楽を聞きながら勉強する。 음악을 들으면서 공부한다.
あの映画館は音がいいです。 저 영화관은 소리가 좋습니다.

0073 | N5

볼 견

음독	けん	見学 견학　見物 구경　見当 짐작
		拝見する 삼가 보다 ('見る 보다'의 겸양어)
훈독	みる	見る 보다　見出し 제목　お見舞い 병문안, 문병
		見所 볼만한 곳
	みえる	見える 보이다
	みせる	見せる 보여주다
	みつかる	見つかる 발견되다
	みつける	見つける 발견하다

明日友達のお見舞いに行きます。 내일 친구 병문안을 갑니다.
無くした鍵が見つかって良かった。 잃어버린 열쇠가 발견돼서 다행이다.

0074 | N5

쉴 휴

음독	きゅう	休日 휴일　休憩 휴게　休館 휴관　休学 휴학　休業 휴업
		休講 휴강　休憩室 휴게실
훈독	やすむ	休む 쉬다　休み 쉼, 휴일　夏休み 여름 방학, 여름 휴가
		休み時間 쉬는 시간
	やすまる	休まる 편안해지다
	やすめる	休める 쉬게 하다

休日はどう過ごされますか。 휴일은 어떻게 보내시나요?
明日は家でゆっくり休もうと思う。 내일은 집에서 푹 쉬려고 한다.

0075 | N3

음독	でん	田園 전원 塩田 염전 油田 유전 水田 수전, 논
훈독	た	田 논 田んぼ 논 田植え 모내기 田畑 논밭
		예외 田舎 시골

밭 전

塩田は西海に多いです。 염전은 서해에 많습니다.
春の田植えが始まって忙しい。 봄의 모내기가 시작되어 바쁘다.

0076 | N3

음독	ちょう	町 우리나라 '읍/동'에 해당하는 일본 행정구역
		町長 기초자치단체장, '町'의 장, 읍장
훈독	まち	町 시내, 동네 港町 항구 도시 町角 길모퉁이

밭두둑 정

彼が今度の選挙で町長に選ばれた。 그가 이번 선거에서 기초자치단체장으로 선출되었다.
駅に町の地図があります。 역에 시내 지도가 있습니다.

0077 | N3

| 음독 | そん | 山村 산촌 農村 농촌 漁村 어촌 |
| 훈독 | むら | 村 마을 村祭り 마을축제 |

마을 촌

農村生活は思ったより大変だ。 농촌생활은 생각한 것보다 힘들다.
この村では主に米を生産している。 이 마을에서는 주로 쌀을 생산하고 있다.

0078 | N5

음독	しゃ	車道 차도 車庫 차고 自動車 자동차 自転車 자전거
		汽車 기차 中古車 중고차 機関車 기관차
훈독	くるま	車 차 車いす 휠체어 歯車 톱니바퀴

수레 차
수레 거

家から学校まで自転車で30分かかる。 집에서 학교까지 자전거로 30분 걸린다.
友達に車を借りました。 친구한테 차를 빌렸습니다.

음독	さ	左折 (さ せつ) 좌회전	左翼 (さ よく) 좌익, 왼쪽 날개	左遷 (さ せん) 좌천
훈독	ひだり	左 (ひだり) 왼쪽	左手 (ひだり て) 왼손	左利き (ひだり き) 왼손잡이

왼 좌

ここで左折 (さ せつ) してください。여기에서 좌회전해 주세요.

そこの角 (かど) を左 (ひだり) に曲 (ま) がってください。거기 모퉁이에서 왼쪽으로 돌아 주세요.

음독	う	右折 (う せつ) 우회전		
	ゆう	左右 (さ ゆう) 좌우	座右の銘 (ざ ゆう めい) 좌우명	
훈독	みぎ	右 (みぎ) 오른쪽	右足 (みぎ あし) 오른발	右側 (みぎ がわ) 오른쪽	右手 (みぎ て) 오른손

오른 우

よく左右 (さ ゆう) を見 (み) てから道 (みち) を渡 (わた) りましょう。좌우를 잘 보고 나서 길을 건넙시다.

右 (みぎ) から何 (なに) かがやってくる。오른쪽에서 뭔가가 다가온다.

숫자 · 날짜 · 요일

一つ (ひと) 한 개	二つ (ふた) 두 개	三つ (みっ) 세 개	四つ (よっ) 네 개	五つ (いつ) 다섯 개
六つ (むっ) 여섯 개	七つ (なな) 일곱 개	八つ (やっ) 여덟 개	九つ (ここの) 아홉 개	十 (とお) 열 개
一日 (つい たち) 1일	二日 (ふつ か) 2일	三日 (みっ か) 3일	四日 (よっ か) 4일	五日 (いつ か) 5일
六日 (むい か) 6일	七日 (なの か) 7일	八日 (よう か) 8일	九日 (ここの か) 9일	十日 (とお か) 10일
十四日 (じゅうよっ か) 14일	二十日 (はつ か) 20일	二十四日 (に じゅうよっ か) 24일	三十日 (さんじゅうにち) 30일	
月曜日 (げつ よう び) 월요일	火曜日 (か よう び) 화요일	水曜日 (すい よう び) 수요일	木曜日 (もく よう び) 목요일	金曜日 (きん よう び) 금요일
土曜日 (ど よう び) 토요일	日曜日 (にち よう び) 일요일			

기초 한자 2

초등학교 2학년 한자
•80자

自	分	父	母	兄	弟	姉	妹
스스로 자	나눌 분	아버지 부	어머니 모	형 형	아우 제	손위 누이 자	누이 매
東	西	南	北	春	夏	秋	冬
동녘 동	서녘 서	남녘 남	북녘 북/달아날 배	봄 춘	여름 하	가을 추	겨울 동
内	外	前	後	多	少	遠	近
안 내	바깥 외	앞 전	뒤 후	많을 다	적을 소	멀 원	가까울 근
強	弱	半	万	時	古	今	毎
강할 강	약할 약	반 반	일만 만	때 시	옛 고	이제 금	매양 매
週	朝	昼	夜	曜	牛	馬	魚
돌 주	아침 조	낮 주	밤 야	빛날 요	소 우	말 마	물고기 어
鳥	鳴	肉	食	米	麦	茶	道
새 조	울 명	고기 육	먹을 식	쌀 미	보리 맥	차 다/차 차	길 도
京	里	工	作	会	社	公	園
서울 경	마을 리(이)	장인 공	지을 작	모일 회	모일 사	공평할 공	동산 원
親	友	交	歌	教	室	絵	画
친할 친	벗 우	사귈 교	노래 가	가르칠 교	집 실	그림 회	그림 화/그을 획
点	数	計	算	声	楽	言	語
점 점	셈 수	셀 계	셈 산	소리 성	즐거울 락(낙)/노래 악	말씀 언	말씀 어
読	書	新	聞	記	寺	番	組
읽을 독	글 서	새 신	들을 문	기록할 기	절 사	차례 번	짤 조

음독	し	自然 자연
	じ	自分 자기 자신　自由 자유　自身 자신　自宅 자택　自動 자동
훈독	みずから	自ら 스스로, 자신
	예외	自ずから 자연히, 저절로

스스로 자

自分の悪いところを直す。 자기의 잘못된 점을 고치다.
彼は自らの力で成功した。 그는 스스로의 힘으로 성공했다.

음독	ふん	分別 사리분별, 철, 지각
	ぶん	分別 분류, 분리　気分 기분　多分 아마
	ぶ	分厚い 두툼하다
훈독	わける	分ける 나누다　引き分け 무승부
	わかれる	分かれる 갈리다, 나뉘다
	わかる	分かる 알다, 이해하다
	わかつ	分かつ 나누다, 구별하다

나눌 분

天気が良いので気分も良い。 날씨가 좋아서 기분도 좋다.

これからどうすればいいか分からない。 앞으로 어떻게 하면 좋을지 모르겠다.

Tip わかれる
分かれる 갈리다, 나뉘다 → 道が分かれる。 길이 갈라지다.
別れる 헤어지다, 이별하다 → 友だちと別れる。 친구와 헤어지다.

Tip 分別
分別 사리분별, 철, 지각 → 大人の分別 어른스러운 사리분별
分別 분류, 종류에 따라 구별함 → ごみの分別 쓰레기 분리

음독	ふ	父母 부모　父兄 보호자　祖父 할아버지, 조부　神父 신부
훈독	ちち	父 아버지　父親 부친, 아버지
	예외	お父さん 아버지　伯父 큰아버지, 큰외삼촌
		叔父 작은아버지, 작은외삼촌

아버지 부

彼の性格は祖父に似ている。 그의 성격은 할아버지를 닮았다.
父は私に新しいカメラを買ってくれました。 아버지는 나에게 새 카메라를 사 주셨습니다.

0084 | N5

어머니 **모**

음독 ぼ

母国語 모국어 　母音 모음 　母校 모교

母乳 모유 　祖母 조모, 할머니

훈독 はは

母 어머니 　母親 모친, 어머니 　母の日 어머니의 날

예외 お母さん 어머니 　伯母 큰고모, 큰이모

叔母 작은고모, 작은이모

彼女の母国語は何ですか。그녀의 모국어는 뭐예요?

母は早く孫の顔が見たいと言っている。엄마는 빨리 손자가 보고 싶다고 얘기한다.

0085 | N3

형 **형**

음독 きょう

兄弟 형제

けい

父兄 보호자 　義兄 형부, 매형

훈독 あに

兄 형, 오빠

예외 お兄さん 형, 오빠

兄弟でも、いつも同じ気持ではない。형제라도 항상 마음이 같지는 않다.

私には二人の兄がいる。나에게는 오빠 2명이 있다.

0086 | N3

아우 **제**

음독 てい

師弟 사제

だい

兄弟 형제

で

弟子 제자, 문하생 　弟子入り 제자가 됨

훈독 おとうと

弟 남동생 　弟さん 남동생분

あの先生の下に弟子入りしたいです。저 선생님 문하에 제자로 들어가고 싶습니다.

弟は友達がたくさんいます。남동생은 친구가 많이 있습니다.

0087 | N3

손위 누이 **자**

음독 し

姉妹 자매

훈독 あね

姉 언니, 누나 　姉婿 매형, 자형

예외 お姉さん 언니, 누나

私は三姉妹の長女です。나는 세 자매 중 장녀입니다.

これは姉にもらった本です。이것은 누나한테 받은 책입니다.

음독 まい 　　姉妹 자매　　義妹 제수씨, 시누이

훈독 いもうと 　　妹 여동생

누이 매

韓国の高校と今年から姉妹校になりました。 한국 고등학교와 올해부터 자매교가 되었습니다.
彼女の妹はとてもかわいい。 그녀의 여동생은 너무 예쁘다.

음독 とう 　　東洋 동양　　東部 동부　　東京 도쿄　　関東 관동　　東北 동북

훈독 ひがし 　　東 동(쪽)　　東側 동쪽　　東口 동쪽 출입구　　東向き 동향

동녘 동

東京は日本の首都です。 도쿄는 일본의 수도입니다.
鳥が空を東から西へ飛んで行きました。 새가 동쪽에서 서쪽으로 날아갔습니다.

음독 せい 　　西洋 서양　　大西洋 대서양　　西部 서부

　　　さい 　　関西 관서　　東西南北 동서남북

훈독 にし 　　西 서(쪽)　　西風 서쪽 바람　　西日 서쪽 해　　西口 서쪽 출입구

서녘 서

私は西洋の文化を勉強しています。 나는 서양 문화를 공부하고 있습니다.
公園の西にホテルができました。 공원 서쪽에 호텔이 생겼습니다.

음독 なん 　　南極 남극　　南部 남부　　東南 동남

훈독 みなみ 　　南 남쪽　　南半球 남반구

남녘 남

ベトナムは東南アジアにあります。 베트남은 동남아시아에 있습니다.
南へ向かって歩く。 남쪽을 향해 걷는다.

0092 | N5

음독 **ほく**	北海道 홋카이도	敗北 패배　東西南北 동서남북
훈독 **きた**	北 북쪽　北側 북쪽	北半球 북반구

북녘 **북**
달아날 **배**

ゴールデンウィークに北海道へ遊びに行った。 황금연휴에 홋카이도에 놀러 갔다.
赤道の上は北半球です。 적도 위는 북반구입니다.

0093 | N3

음독 **しゅん**	春分 춘분　新春 새봄	春夏秋冬 춘하추동
훈독 **はる**	春 봄　春雨 봄비　春風 봄바람	春休み 봄 방학

봄 **춘**

日本は春分の日が休みです。 일본은 춘분의 날이 휴일입니다.
去年より早く春が来た。 작년보다 일찍 봄이 왔다.

0094 | N3

음독 **か**	初夏 초여름　夏期 하기	
げ	夏至 하지	
훈독 **なつ**	夏 여름　真夏 한여름	夏休み 여름 방학

여름 **하**

「初夏」とは、夏の初めの意味です。 '초여름'이란 여름의 시작이란 뜻입니다.
夏休みはいつからですか。 여름 방학은 언제부터입니까?

0095 | N3

음독 **しゅう**	秋分 추분　初秋 초가을	
훈독 **あき**	秋 가을　秋祭り 가을 축제	秋晴れ 맑게 갠 가을 날씨

가을 **추**

秋分は昼と夜の長さが同じです。 추분은 낮과 밤의 길이가 같습니다.
秋になると寂しくなる。 가을이 되면 외로워진다.

겨울 동

음독 **とう**	冬眠 동면　冬至 동지　立冬 입동
훈독 **ふゆ**	冬 겨울　冬休み 겨울 방학, 겨울 휴가

韓国では冬至の日、小豆かゆを食べます。 한국에서는 동짓날에 팥죽을 먹습니다.
冬休みは1月中旬から2月末までです。 겨울 방학은 1월 중순부터 2월 말까지입니다.

안 내

음독 **ない**	内容 내용　内定 내정　内心 내심　案内 안내　国内 국내
훈독 **うち**	内 안, 속　内側 안쪽, 내면

就職活動でやっと1社の内定をもらった。 구직활동에서 간신히 한 회사의 내정을 받았다.
白い線の内側に入らないでください。 하얀 선 안쪽으로 들어가지 마세요.

바깥 외

음독 **がい**	外国 외국　外国人 외국인　外部 외부　郊外 교외　外見 겉모습
げ	外科 외과
훈독 **そと**	外 밖　外側 바깥쪽
ほか	外に 그 외에
はずす	外す 떼다, 벗다
はずれる	外れる 벗어나다, 어긋나다　町外れ 변두리

先月、彼女は外国人と結婚しました。 지난달에 그녀는 외국인과 결혼했습니다.
雨や雪の日は外に出ないでうちにいたい。 비나 눈이 오는 날에는 밖에 안 나가고 집에 있고 싶다.

앞 전

음독 **ぜん**	前日 전일　前代未聞 전대미문　以前 이전　前後 전후
훈독 **まえ**	前 앞　この前 요전　名前 이름　三年前 3년 전

この話は以前どこかで聞いたことがある。 이 이야기는 예전에 어딘가에서 들은 적이 있다.
きれいな名前ですね。 예쁜 이름이네요.

0100 | N5

뒤 후

음독	ご	食後 식후　最後 최후
	こう	後輩 후배
훈독	のち	後 후(시간)　後ほど 나중에
	あと	後 뒤, 나중(시간, 공간)
	うしろ	後ろ 뒤(공간)　後ろ姿 뒷모습

手術の後は順調に回復しています。 수술 후에는 순조롭게 회복되고 있습니다.
後ろで名前を呼ばれた気がした。 뒤에서 이름을 불린 느낌이 들었다.

0101 | N4

많을 다

음독	た	多数 다수　多少 다소　多量 다량　多分 아마　最多 최다
훈독	おおい	多い 많다

交通事故で多数の人が死にました。 교통사고로 많은 사람이 죽었습니다.
勉強しなければならないことが多すぎる。 공부해야 하는 것이 너무 많다.

0102 | N5

적을 소

음독	しょう	少年 소년　少女 소녀　少々 잠시　少量 소량
훈독	すくない	少ない 적다
	すこし	少し 조금

公園で少女たちが遊んでいる。 공원에서 소녀들이 놀고 있다.
仕事へのやる気が少しもない。 일에 대한 의욕이 조금도 없다.

0103 | N3

멀 원

遠

음독	えん	遠足 소풍　遠心力 원심력　遠慮 사양함　遠方 먼 곳
훈독	とおい	遠い 멀다　遠く 멀리, 먼 곳　遠回り 멀리 돌아감

施設内でのタバコはご遠慮ください。 시설 내에서의 담배는 삼가 주십시오.
どこか遠くへ旅行に行きたいです。 어딘가 먼 곳으로 여행 가고 싶습니다.

음독	きん	近郊 근교　最近 최근　近所 근처, 이웃
훈독	ちかい	近い 가깝다　近く 근처　近道 지름길

近

가까울 근

近所にコンビニは1軒もない。 근처에 편의점은 한 군데도 없다.
近いからあの道を通って行こう。 가까우니까 저 길을 지나서 가자.

음독	きょう	強風 강풍　強化 강화　強国 강국　強行 강행
	ごう	強引 강행, 억지를 부림
훈독	つよい	強い 세다, 강하다　強火 센불
	つよまる	強まる 강해지다
	つよめる	強める 강하게 하다
	しいる	強いる 강요하다

強

강할 강

彼の強引な性格にみんなが迷惑している。 그의 억지를 부리는 성격에 모두가 피해를 보고 있다.
彼は体が大きくて力が強い。 그는 몸이 크고 힘이 세다.

음독	じゃく	弱者 약자　弱点 약점　弱小 약소
훈독	よわい	弱い 약하다　弱火 약한 불
	よわまる	弱まる 약해지다
	よわめる	弱める 약하게 하다

弱

약할 약

自分の弱点に向き合うのはとても難しい。 자신의 약점을 마주하는 것은 매우 어렵다.
私は暑さに弱いです。 나는 더위에 약합니다.

음독	はん	半分 반　半額 반액　半年 반년　二時半 2시 반
훈독	なかば	半ば 반, 절반　四月半ば 4월 중순

半

반 반

お腹が痛いから半分だけ食べます。 배가 아프니까 반만 먹겠습니다.
四月半ばに中間テストがあります。 4월 중순에 중간 테스트가 있습니다.

0108 | N5

萬

음독 まん　　万が一 만일　一万 일만　万年筆 만년필

　　　　ばん　　万歳 만세　万能 만능

일만 **만**

黒のボールペン、または万年筆で記入してください。 검정 볼펜 또는 만년필로 기입해 주세요.
彼はスポーツはもちろん外国語もできて万能です。 그는 운동은 물론 외국어도 할 수 있는 만능입니다.

0109 | N5

음독 じ　　時間 시간　時代 시대　時刻 시각　当時 당시

훈독 とき　　時 때　時々 때때로

　　　　예외 時計 시계

때 **시**

厳しい時代はもう過ぎました。 힘든 시대는 이미 지나갔습니다.
この時計は古いのですが、私にとってとても大切なものなのです。 이 시계는 오래됐지만 나에게 있어서 아주 소중한 것입니다.

0110 | N5

음독 こ　　最古 최고, 가장 오래됨　太古 태고　古代 고대

훈독 ふるい　　古い 낡다, 오래 되다　古本屋 헌책방

옛 **고**

古代美術展を見に行きました。 고대미술전을 보러 갔습니다.
この本は古本屋で１００円で買った。 이 책은 헌책방에서 100엔에 샀다.

0111 | N5

음독 こん　　今週 이번 주　今月 이번 달　今度 이번　今晩 오늘 밤

훈독 いま　　今 지금, 이제　今すぐ 이제 곧

　　　　예외 今日 오늘　今朝 오늘 아침　今年 올해

이제 **금**

今月二十日は結婚記念日だ。 이번 달 20일은 결혼기념일이다.
今から風呂に入るところです。 이제부터 목욕할 참입니다.

毎

| 음독 | まい | 毎^{まいあさ}朝 매일 아침 | 毎^{まいにち}日 매일 | 毎^{まいつき}月 매달 | 毎^{まいとし}年 매년 |

毎^{まいかい}回 매번

매양 매

毎^{まいあさ}朝^じ自^{てんしゃ}転車で^{がっこう}学校に^{かよ}通っている。 매일 아침 자전거로 학교에 다니고 있다.
田^{た なか}中さんは毎^{まいかい}回^{よ しゅう}予習をちゃんとやってくるまじめな^{がくせい}学生だ。 다나카는 매번 예습을 잘 해오는
성실한 학생이다.

週

| 음독 | しゅう | 週^{しゅう} 주, 일주일 | 毎^{まいしゅう}週 매주 | 一^{いっしゅうかん}週間 일주일 |

週^{しゅうまつ}末 주말 来^{らいしゅう}週 다음 주

돌 주

週^{しゅうみっ か}三日はアルバイトをしている。 주 3일은 아르바이트를 하고 있다.
来^{らいしゅう}週うちの^{ちか}近くでお^{まつ}祭りがあるそうです。 다음 주 집 근처에서 축제가 있다고 합니다.

朝

| 음독 | ちょう | 朝^{ちょうしょく}食 아침밥 | 朝^{ちょうかい}会 조회 | 朝^{ちょうれい}礼 조례 | 早^{そうちょう}朝 이른 아침 |
| 훈독 | あさ | 朝^{あさ} 아침 | 朝^{あさ ひ}日 아침 해 | 朝^{あさ がお}顔 나팔꽃 | 朝^{あさ ね ぼう}寝坊 늦잠 |

아침 조

朝^{ちょうしょく}食はパンと^{ぎゅうにゅう}牛乳でした。 아침밥은 빵과 우유였습니다.
朝^{あさ}から^{よる}夜まで^{べんきょう}勉強している。 아침부터 밤까지 공부하고 있다.

昼

| 음독 | ちゅう | 昼^{ちゅう や}夜 주야 | 昼^{ちゅうしょく}食 점심식사 |
| 훈독 | ひる | 昼^{ひる} 낮 | 昼^{ひる ね}寝 낮잠 | 昼^{ひる やす}休み 점심시간 | 昼^{ひる ま}間 낮 동안, 주간 |

낮 주

昼^{ちゅうしょく じ かん}食時間は１２^じ時から１^じ時までです。 점심시간은 12시부터 1시까지입니다.
お昼^{ひる}は^{いっしょ}一緒に^た食べませんか。 점심은 같이 식사하지 않을래요?

0116 | N3

음독	や	夜間 야간　今夜 오늘 밤　夜食 야식
훈독	よる	夜 저녁
	よ	夜中 밤중　夜空 밤하늘

밤 야

今夜から明日の朝にかけて、雪が降ります。 오늘 밤부터 내일 아침에 걸쳐 눈이 내리겠습니다.
夜中は静かで怖い。 한밤중에는 조용하고 무섭다.

0117 | N3

曜

| 음독 | よう | 曜日 요일　土曜日 토요일　日曜日 일요일 |
| | | 何曜日 무슨 요일 |

빛날 요

土曜日と日曜日は休みです。 토요일과 일요일은 쉽니다.
今日は何曜日ですか。 오늘은 무슨 요일입니까?

0118 | N3

| 음독 | ぎゅう | 牛乳 우유　牛肉 소고기　牛丼 소고기덮밥 |
| 훈독 | うし | 牛 소　牛年 소띠　牛小屋 외양간　子牛 송아지 |

소 우

この料理は牛肉か豚肉を使います。 이 요리는 소고기나 돼지고기를 사용합니다.
干支は牛年です。 띠는 소띠입니다.

0119 | N2

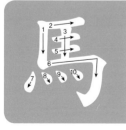

| 음독 | ば | 馬鹿 바보　競馬 경마　乗馬 승마 |
| 훈독 | うま | 馬 말　馬年 말띠 |

말 마

競馬を見たことがありません。 경마를 본 적이 없습니다.
済州道に行って馬に乗りました。 제주도에 가서 말을 탔습니다.

음독	ぎょ	金魚 금붕어	熱帯魚 열대어	人魚 인어	魚介類 어패류
훈독	さかな	魚 물고기	魚屋 생선 가게		
	うお	魚 물고기, 생선	魚市場 어시장		

물고기 어

うちで金魚を飼っています。 집에서 금붕어를 기르고 있어요.
魚屋でサバを買いました。 생선 가게에서 고등어를 샀습니다.

음독	ちょう	鳥類 조류	白鳥 백조	一石二鳥 일석이조
훈독	とり	鳥 새	小鳥 작은 새	鳥小屋 새장, 닭장

새 조

私は鳥類を見たら鳥肌が立ちます。 나는 조류를 보면 닭살이 돋습니다.
空を鳥が飛んでいるのが見えます。 하늘을 새가 날고 있는 것이 보입니다.

음독	めい	共鳴 공명	悲鳴 비명
훈독	なく	鳴く (짐승·새·벌레가) 울다	鳴き声 (짐승·새·벌레들의) 울음소리
	なる	鳴る 울리다, 소리가 나다	
	ならす	鳴らす 울리다, 이름을 떨치다	

울 명

隣の部屋から悲鳴が聞こえてきた。 옆방에서 비명 소리가 들려왔다.
今朝は鳥の鳴き声で目が覚めた。 오늘 아침은 새 울음소리에 잠이 깼다.

음독	にく	肉 고기	肉食 육식	肉体 육체	牛肉 소고기
		豚肉 돼지고기	鶏肉 닭고기		

고기 육

服に肉や魚の臭いがついている。 옷에 고기랑 생선 냄새가 뱄다.
ライオンは肉食動物です。 사자는 육식동물입니다.

0124 | N5

음독	しょく	食事 식사　食後 식후　食料品 식료품
	じき	断食 단식
훈독	たべる	食べる 먹다　食べ物 먹을 것
	くう	食う 먹다

먹을 **식**

そろそろ食事にしましょう。 슬슬 식사를 합시다.
食べ物や飲み物を買ってきて。 먹을 거랑 마실 거를 사와라.

0125 | N2

음독	まい	玄米 현미　白米 백미
	べい	米国 미국　欧米 구미, 유럽과 미국
훈독	こめ	米 쌀

쌀 **미**

米国や欧米にはまだ行ったことがありません。 미국과 유럽은 아직 가 본 적이 없습니다.
餅は米で作ります。 떡은 쌀로 만듭니다.

0126 | N2

麥

| 음독 | ばく | 麦芽 맥아 |
| 훈독 | むぎ | 麦 보리　麦茶 보리차　小麦粉 밀가루 |

보리 **맥**

このビールは麦芽１００％です。 이 맥주는 맥아 100%입니다.
お好み焼きには小麦粉が入る。 오코노미야키에는 밀가루가 들어간다.

0127 | N3

茶

| 음독 | ちゃ | お茶 차　茶碗 밥공기　茶色 갈색　紅茶 홍차 |
| | さ | 茶道 다도　喫茶店 찻집 |

차 **다**
차 **차**

池のそばで茶色の鳥を見ました。 연못 옆에서 갈색 새를 보았습니다.
喫茶店での一杯のコーヒーは、一日の疲れをとってくれる。 찻집에서 마시는 한잔의 커피는 하루의 피로를 풀어 준다.

0128 | N5

道

음독 どう

道具 도구　道場 도장　道路 도로　道徳 도덕

車道 차도　道理 도리　柔道 유도　書道 서예

水道 수도　赤道 적도

훈독 みち

道 길　片道 편도　道案内 길안내　使い道 용도, 사용법

길 도

高校生の時、柔道をしていました。 고등학생 때 유도를 했었습니다.

いつもこの道を通って学校へ行く。 항상 이 길을 지나서 학교에 간다.

0129 | N3

京

음독 きょう

京都 교토　東京 도쿄　帰京 귀경　上京 상경

けい

京浜 케이힌, 도쿄와 요코하마

서울 경

私は京都に住んでいます。 나는 교토에 살고 있습니다.

ターミナルは上京する人でいっぱいだ。 터미널은 상경하는 사람들로 가득 찼다.

0130 | N1

里

음독 り

千里眼 천리안　十里 십리　郷里 향리, 고향

훈독 さと

里 마을, 촌락, 시골　古里 고향　村里 시골 동네

마을 리(이)

韓国では約４キロの距離を十理と呼びました。 한국에서는 약 4킬로의 거리를 십리라고 불렀습니다.

お正月には家族で古里に帰ります。 설날에는 가족으로 고향에 갑니다.

0131 | N3

工

음독 こう

工学 공학　工事 공사　工場 공장　工員 직공　工業 공업

工芸 공예　工作 공작　加工 가공

く

工夫 궁리, 고안　大工 목수

장인 공

父は工場に勤めている。 아버지는 공장에 근무하고 있다.

いろいろとデザインを工夫している。 여러 가지 디자인을 고안하고 있다.

道

46

0132 | N3

음독	さく	作品 작품	作文 작문	作家 작가
	さ	作動 작동	作業 작업	作法 예의범절
훈독	つくる	作る 만들다	手作り 손수 만듦	作り話 꾸며낸 이야기

지을 **작**

前から好きだった作家さんの作品集が出ました。 전부터 좋아했던 작가님의 작품집이 나왔습니다.
これは実際にあった話をもとに作られたドラマだ。 이것은 실제로 있었던 이야기를 바탕으로 만들어진 드라마다.

0133 | N5

會

음독	かい	会話 회화	飲み会 회식	会場 회장
		会議 회의	会合 모임	会談 회담
	え	会得 터득	会釈 인사, 목례	一期一会 일생에 단 한 번뿐인 만남
훈독	あう	会う 만나다	出会い 만남	

모일 **회**

パーティーの会場はこのビルの5階です。 파티장은 이 빌딩의 5층입니다.
あのアイドルに一度は会ってみたい。 저 아이돌을 한 번은 만나고 싶다.

0134 | N5

社

음독	しゃ	会社 회사	社会 사회	社会人 사회인	社交 사교
	じゃ	神社 신사(신도(神道)의 신을 모시는 곳)			
훈독	やしろ	社 신사, 사당			

모일 **사**

今の社会はいろいろ問題がある。 지금 사회는 여러 가지 문제가 있다.
社にお参りに行きました。 사당에 참배하러 갔습니다.

0135 | N1

음독	こう	公開 공개	公平 공평	公害 공해	公共 공공	公園 공원
훈독	おおやけ	公 공공				

공평할 **공**

毎日公園へ遊びに行きます。 매일 공원에 놀러 갑니다.
公の場ではできるだけ空気を読むようにしている。 공공의 장소에서는 가능한 한 분위기를 파악하려고 하고 있다.

동산 **원**

| 음독 | えん | 公園 공원　動物園 동물원　園芸 원예　田園 전원 |
| | | 遊園地 유원지　幼稚園 유치원 |

動物園でパンダを見ることができます。 동물원에서 판다를 볼 수 있습니다.
子供たちが遊園地で遊んでいる。 아이들이 유원지에서 놀고 있다.

친할 **친**

음독	しん	親切 친절　両親 양친, 부모님　肉親 육친
훈독	おや	親 부모　親子 부모 자식　親指 엄지　親孝行 효도
	したしい	親しい 친하다　親しい仲 친한 사이
		親しむ 친하게 지내다, 즐기다

親切すぎるのも良くないと思う。 너무 친절한 것도 좋지 않다고 생각한다.
親には何でも話せる。 부모님께는 뭐든지 이야기할 수 있다.

벗 **우**

| 음독 | ゆう | 友人 벗, 친구　友情 우정　親友 친한 친구, 벗　友好 우호 |
| 훈독 | とも | 友 벗　友達 친구 |

今回のキャンプで友情を固めました。 이번 캠프에서 우정을 다졌습니다.
先日友達と中国へ行った。 얼마 전에 친구와 중국에 갔다.

사귈 **교**

음독	こう	交換 교환　交差点 교차로　交通機関 교통기관
		交番 파출소　交易 교역　交互 번갈아　交際 교제
훈독	まじわる	交わる 교차하다, 사귀다
	まじえる	交える 섞다, 교차시키다
	まじる	交じる 섞이다
	まざる	交ざる 섞이다
	まぜる	交ぜる 섞다
	かう	行き交う 오가다
	かわす	交わす 주고받다, 교환하다

交番に行って道を聞く。 파출소에 가서 길을 묻는다.
初めて会って握手を交わしました。 처음 만나서 악수를 나눴습니다.

0140 | N3

음독	か	歌手 가수　校歌 교가　国歌 국가
		短歌 단가(5·7·5·7·7의 5구 31음의 짧은 시)　歌謡 가요
훈독	うた	歌 노래　歌声 노랫소리
	うたう	歌う 노래하다

노래 **가**

好きな歌手は誰ですか。좋아하는 가수는 누구예요?
1曲歌ってください。한 곡 불러 주세요.

0141 | N3

教

음독	きょう	教室 교실　教会 교회　教育 교육　教師 교사
훈독	おしえる	教える 가르치다　教え子 제자
	おそわる	教わる 배우다

가르칠 **교**

英語の教師になるために一生懸命勉強しています。영어 교사가 되기 위해 열심히 공부하고 있습니다.
誰か知っていたら教えてください。누군가 알고 있으면 알려 주세요.

0142 | N3

| 음독 | しつ | 教室 교실　会議室 회의실　研究室 연구실　室内 실내 |
| 훈독 | むろ | 室 실, 구조물　室町時代 무로마치 시대(1336년~1573년) |

집 **실**

先生は週末もずっと研究室にいらっしゃるそうです。선생님은 주말에도 계속 연구실에 계신다고 합니다.
この漫画は室町時代の話です。이 만화는 무로마치 시대의 이야기입니다.

0143 | N2

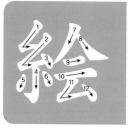

絵

음독	え	絵 그림　絵葉書 그림엽서　絵の具 그림물감
		絵本 그림책　油絵 유화
	かい	絵画 회화

그림 **회**

外国の友達に絵葉書を送った。외국 친구에게 그림엽서를 보냈다.
ゴッホの絵画展示会に行きました。고흐 회화전시회에 갔습니다.

음독	が	画家 화가　画用紙 도화지　映画 영화　漫画 만화 版画 판화
	かく	画期的 획기적　企画 기획　区画 구획　計画 계획

 畫

그림 화
그을 획

画家は思い出のその地をたびたび訪ねている。 화가는 추억의 그곳을 종종 찾아가고 있다.
将来の計画をみんなで話しました。 장래 계획을 다 같이 이야기했습니다.

음독	てん	点 점　点火 점화　点数 점수　点検 점검 共通点 공통점　点線 점선　得点 득점 満点 만점　原点 원점

點

점 점

試験の点数は満点だった。 시험 점수는 만점이었다.
2人の共通点はない。 두 사람의 공통점은 없다.

음독	すう	数字 숫자　数学 수학　人数 인원수　数年 여러 해 多数決 다수결
훈독	かず	数 수　手数 수고로움, 폐
	かぞえる	数える 세다

數

셈 수

10まで数字を数える。 열까지 숫자를 세다.
数学は難しくてよく分からない。 수학은 어려워서 잘 모르겠다.

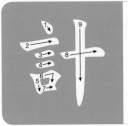

음독	けい	会計 회계　家計 가계　計画 계획　合計 합계　設計 설계 統計 통계　時計 시계
훈독	はかる	計る 재다, 달다
	はからう	計らう 조처하다, 상의하다　見計らう 가늠하다

셀 계

合計であと80個くらい足りない。 다 합해서 앞으로 80개 정도 모자란다.
いつ終わるか時間を計る。 언제 끝나는지 시간을 재다.

0148 | N2

음독 さん

算数 산수 　暗算 암산 　計算 계산 　決算 결산 　予算 예산

예외 算盤 주판, 셈

섬 **산**

私は運動とお金の計算は苦手なんです。 나는 운동과 돈 계산은 서툽니다.

小学生のとき、算盤を習いました。 초등학생 때 주산을 배웠습니다.

Tip 사칙연산

足し算 더하기 → 1+2=3 　1に2を足すと3になる。 1에 2를 더하면 3이 된다.

引き算 빼기 → 5−3=2 　5から3を引くと2になる。 5에서 3을 빼면 2가 된다.

掛け算 곱하기 → 2×3=6 　2掛ける3は6。 2 곱하기 3은 6.

割り算 나누기 → 6÷2=3 　6割る2は3。 6 나누기 2는 3.

0149 | N3

聲

음독 せい

声楽 성악 　声明 성명 　音声 음성 　声優 성우

歓声 환호성

훈독 こえ

声 목소리 　歌声 노랫소리 　大声 큰 소리

こわ

声色 음색

소리 **성**

低い音声で説明してくれた。 낮은 음성으로 설명해 주었다.

よく聞こえないので、大声でお願いします。 잘 안 들려서 큰 소리로 부탁합니다.

0150 | N3

樂

음독 がく

音楽 음악 　楽器 악기

らく

気楽 마음이 편함 　極楽 극락 　楽園 낙원 　楽観 낙관

快楽 쾌락

훈독 たのしい

楽しい 즐겁다

たのしむ

楽しむ 즐기다, 기뻐하다 　楽しみ 즐거움

즐거울 **락(낙)**
노래 **악**

いつでも気楽に連絡してください。 언제든 편하게 연락 주세요.

今日は楽しい一日だった。 오늘은 즐거운 하루였다.

말씀 언

음독		
げん	言語 언어　言動 언동　言行 언행　発言 발언
ごん	遺言 유언　無言 무언, 침묵

훈독	
いう	言う 말하다　言い方 말씨, 말투　言い訳 변명
	言い付ける 고자질하다
こと	言葉 말, 단어, 언어　一言 한마디　寝言 잠꼬대　独り言 혼잣말

彼は無言で何も言わない。 그는 침묵하고 아무 말도 하지 않는다.

何か言おうと思ったけど、忘れてしまった。 뭔가 말하려고 했는데 잊어버리고 말았다.

말씀 어

음독	
ご	国語 국어　外来語 외래어　単語 단어　文語 문어

훈독	
かたる	語る 이야기하다　語り手 말하는 사람　物語 이야기

100個の単語を1日で覚える。 100개의 단어를 하루 만에 외운다.

事件の真実を語る。 사건의 진실을 이야기한다.

讀

읽을 독

음독	
どく	読書 독서
とく	読本 독본
とう	読点 쉼표

훈독	
よむ	読む 읽다　読み方 읽는 법

今、彼女は読書に夢中で呼んでも返事もしない。 지금 그녀는 독서에 열중해서 불러도 대답도 하지 않는다.

「川」は「かわ」と読みます。 강은 '카와'라고 읽습니다.

글 서

음독			
しょ	図書館 도서관　教科書 교과서　辞書 사전　書類 서류
	願書 원서　書店 서점　書物 책, 서적

훈독			
かく	書く 쓰다　書き取り 쓰기　書き方 쓰는 법　葉書 엽서

図書館では、本を借りたり、勉強したりします。 도서관에서는 책을 빌리거나 공부하거나 합니다.

書くより話したほうが早い。 쓰는 것보다 말하는 편이 빠르다.

음독	しん	新入生 신입생　新人 신인, 신입　新聞 신문　新型 신형
훈독	あたらしい	新しい 새롭다
	あらたに	新たに 새롭게

새 **신**

辞書を使わずに日本語の新聞を読むことができますか。 사전을 쓰지 않고 일본어 신문을 읽을 수 있습니까?

新しい考え方を取り入れる。 새로운 사고방식을 받아들인다.

음독	ぶん	新聞社 신문사　見聞 견문
	もん	聴聞会 청문회
훈독	きく	聞く 듣다, 묻다　聞き取り 듣기, 청해
	きこえる	聞こえる 들리다

들을 **문**

新聞社に入って記者になりたいです。 신문사에 들어가 기자가 되고 싶습니다.

一つ聞きたい事があります。 한 가지 묻고 싶은 것이 있습니다.

음독	き	記憶 기억　記者 기자　記念 기념　下記 하기　日記 일기
훈독	しるす	記す 적다, 기록하다

기록할 **기**

今日は記念になりそうだ。 오늘은 기념이 될 것 같다.

日課を全部日記に記しておきました。 일과를 모두 일기에 적어 두었습니다.

음독	じ	寺院 사원
훈독	てら	寺 절

절 **사**

寺院が火災で真っ黒に焼けた。 사원이 화재로 새까맣게 탔다.

私たちの町にはこのお寺をはじめ、いろいろな古い建物がある。 우리 마을에는 이 절을 비롯해 여러 오래된 건물이 있다.

기초한자 · 2

음독	ばん	番号 번호	交番 파출소	番目 번째	一番 1번, 일등, 가장, 제일
		順番 순번	当番 당번		

차례 **번**

前から3番目の人が私の妹です。 앞에서 3번째 사람이 내 여동생입니다.
父は週末いつも食事当番をしてくれる。 아빠는 주말에 항상 식사 당번을 해 준다.

음독	そ	組織 조직		
훈독	くむ	組む 끼다, 편성하다	組合 조합	組み合わせる 조합하다
		仕組み 구조	番組 방송 프로그램	

짤 **조**

彼女は腕を組んで映画を見ている。 그녀는 팔짱을 끼고 영화를 보고 있다.
テレビ番組の街頭インタビューに答えました。 텔레비전 프로그램의 길거리 인터뷰에 대답했습니다.

위치 · 방향

位置 위치	方向 방향	上 위	下 아래	中 가운데
右 오른쪽	左 왼쪽	右側 우측	左側 좌측	前 앞
後ろ 뒤	内 안	外 밖	東 동쪽	西 서쪽
南 남쪽	北 북쪽	東西南北 동서남북		

기초 한자 3

초등학교 2학년 한자
•80자

市 저자 시	場 마당 장	行 다닐 행	来 올 래(내)	歩 걸음 보	走 달릴 주	回 돌아올 회	帰 돌아갈 귀
止 그칠 지	方 모 방	角 뿔 각	心 마음 심	体 몸 체	頭 머리 두	首 머리 수	顔 얼굴 안
毛 털 모	羽 깃 우	刀 칼 도	弓 활 궁	矢 화살 시	才 재주 재	用 쓸 용	形 모양 형
丸 둥글 환	長 길 장	広 넓을 광	太 클 태	元 으뜸 원	台 토대 대/별 태	合 합할 합	同 한가지 동
午 낮 오	店 가게 점	売 팔 매	買 살 매	門 문 문	戸 집 호	引 끌 인	切 끊을 절/온통 체
光 빛 광	星 별 성	高 높을 고	原 근원 원	野 들 야	海 바다 해	池 못 지	谷 골 곡
岩 바위 암	風 바람 풍	雪 눈 설	雲 구름 운	色 빛 색	黒 검을 흑	黄 누를 황	晴 맑을 청
明 밝을 명	国 나라 국	家 집 가	理 다스릴 리(이)	通 통할 통	知 알 지	地 땅 지	図 그림 도
何 어찌 하	当 마땅 당	直 곧을 직	電 번개 전	話 말씀 화	思 생각 사	考 생각할 고	活 살 활
間 사이 간	科 과목 과	答 대답할 답	汽 물 끓는 김 기	船 배 선	紙 종이 지	細 가늘 세	線 줄 선

저자 시

음독	し	市街 시가, 거리 市場 (주식)시장 市立 시립 市内 시내
		市民 시민 大阪市 오사카시 都市 도시
훈독	いち	市 시장 市場 시장 市立 시립 朝市 아침 시장

こんな社会では市民は安心できない。 이런 사회에서는 시민이 안심할 수 없다.
市場に買い物に行きました。 시장에 물건을 사러 갔습니다.

> **Tip** 市場
> 市場(いちば) 동네 시장, 재래시장 등 규모가 작은 일반적인 시장 → 魚市場 어시장, 青果市場 청과 시장
> 市場(しじょう) 부동산 시장, 주식 시장 등 경제적 규모가 큰 시장 → 株式市場 주식 시장, 市場開発 시장 개발

> **Tip** '市立(시립)'는 '私立(사립)'와 구별하기 위해 사용하는 것으로 '市立(시립)'와 같은 의미.

마당 장

음독	じょう	運動場 운동장 工場 공장 駐車場 주차장 飛行場 비행장
		来場 그 장소(회장)에 옴
훈독	ば	場面 장면 場所 장소 場合 경우

駐車場に車を止めます。 주차장에 차를 세웁니다.
熱がある場合は、うちで休んでください。 열이 있을 때는 집에서 쉬세요.

다닐 행

음독	こう	行動 행동 銀行 은행 飛行機 비행기
		行為 행위 移行 이행
	ぎょう	行列 행렬 行事 행사
훈독	いく / ゆく	行く・行く 가다 行方 행방 大阪行き 오사카행
		行き先 행선지 売れ行き 팔림새, 팔리는 상태
	おこなう	行う 행하다

彼女はいつも行動するのが遅い。 그녀는 항상 행동하는 것이 느리다.
会議は５０３室で行います。 회의는 503호실에서 합니다.

올 래(내)

음독	らい	来週 다음 주　来年 내년　将来 장래
		来場 그 장소에 옴　来日 일본에 옴　外来 외래
훈독	くる	来る 오다
	きたる	来る 다가오다, 오다　仕来たり 관습, 관례
	きたす	来す 초래하다

来 (오른쪽 상단)

息子は来年結婚する。 아들은 내년에 결혼한다.
彼は今日は来ないと言っていましたが、やっぱり来ませんでしたね。 그는 오늘 안 온다고 했었는데 역시 오지 않았군요.

걸음 보

음독	ほ	歩 ~걸음　歩行者 보행자　歩道 보도　散歩 산책
		進歩 진보　初歩 초보　徒歩 도보
	ぶ	歩合 비율
훈독	あるく	歩く 걷다　一人歩き 혼자 걸음
	あゆむ	歩む 걷다

歩 (오른쪽 상단)

現代の医学は進歩している。 현대 의학은 진보하고 있다.
彼女は歩くのが遅い。 그녀는 걷는 것이 느리다.

달릴 주

| 음독 | そう | 走行 주행　走者 주자　ご馳走 대접, 맛있는 요리 |
| 훈독 | はしる | 走る 달리다　小走り 종종걸음 |

ノートを貸してもらったかわりに、昼ごはんをご馳走しよう。 노트를 빌려준 대신에 점심밥을 대접할게.
この道には車がたくさん走っています。 이 길에는 차가 많이 달리고 있습니다.

기초 한자 · 3

음독 **かい**	回 ~번, ~회　回数券 회수권　回送 회송　回答 회답	
	回復 회복　今回 이번　回転 회전　回想 회상　回収 회수	
훈독 **まわる**	回る 돌다　回り道 길을 돌아감　身の回り 신변, 일용품	
まわす	回す 돌리다　後回し 뒤로 미룸, 뒷전　こま回し 팽이 돌리기	

돌아올 회

テストが終わったら、問題用紙も回収します。 테스트가 끝나면 문제지도 회수하겠습니다.
身の回りをこまめに掃除しましょう。 자기 주변을 자주 치웁시다.

歸

음독 **き**	帰国 귀국　帰宅 귀가　帰京 귀경
훈독 **かえる**	帰る 돌아가다　帰り 귀가, 돌아오는 길　日帰り 당일치기
かえす	帰す 돌려보내다

돌아갈 귀

しばらくの間は帰国する予定もない。 당분간은 귀국할 예정도 없다.
母が買い物から帰ってきた。 엄마가 장보고 돌아왔다.

음독 **し**	禁止 금지　中止 중지　廃止 폐지　静止 정지　阻止 저지
	停止 정지　防止 방지
훈독 **とめる**	止める 멈추다, 세우다　引き止める 만류하다, 말리다
とまる	止まる 멎다, 서다　立ち止まる 멈춰서다
やむ	止む 멈추다, 그치다
やめる	止める 그만두다, 끊다

그칠 지

楽しみにしていた旅行が中止になって、がっかりしました。 고대했던 여행이 중지되어 실망했다.
どうしてか分からないけど涙が止まらない。 왜인지 모르겠지만 눈물이 멈추지 않는다.

음독 **ほう**	方 ~쪽, 방향　方位 방위　方言 방언, 사투리　方面 방면
	両方 양쪽　一方 한편, ~하기만 함
훈독 **かた**	方 ~분, 방법　方々 ~분들　話し方 말투, 말하는 방법
	行き方 가는법　書き方 쓰는법　大方 대개, 거의　味方 아군, 내편

모 방

ここ数年、この町の人口は減る一方だ。 요 몇 년간 이 도시 인구는 줄기만 한다.
どなたか質問のある方はいらっしゃいませんか。 누구 질문이 있는 분은 없으신가요?

0171 | N2

음독	かく	角度 각도　三角 삼각　四角 사각　直角 직각　方角 방위, 방향
훈독	かど	角 모퉁이　四つ角 교차로, 사거리
	つの	角 뿔

뿔 각

ほとんど直角に曲がる急カーブ. 거의 직각으로 도는 급커브.

あそこの角を右に曲がってください. 저기 모퉁이를 오른쪽으로 돌아 주세요.

0172 | N3

음독	しん	心配 걱정　心身 심신　心理 심리　心臓 심장　心中 심중 安心 안심　中心 중심　一心 일심　熱心 열심　自尊心 자존심
훈독	こころ	心 마음　真心 진심　心強い 든든하다　心得 마음가짐 心細い 불안하다, 허전하다　心当たり 짐작　心掛け 마음먹기

마음 심

他人の心配より自分の心配をしろ. 다른 사람 걱정보다 자기 걱정을 해라.

心も体も疲れている. 마음도 몸도 지쳐 있다.

0173 | N3

體

음독	たい	体力 체력　体育 체육　全体 전체　体格 체격 体型 체형　体調 몸의 상태, 컨디션　気体 기체　文体 문체
훈독	からだ	体 몸　体つき 몸매

몸 체

薬を飲まなければ体調が悪くなる. 약을 먹지 않으면 컨디션이 나빠진다.

頭で分かってても、体が動かない. 머리로 알겠는데도 몸이 움직이지 않는다.

0174 | N3

음독	とう	先頭 선두　念頭 염두　到頭 드디어, 마침내
	ず	頭痛 두통
훈독	あたま	頭 머리
	かしら	頭 머리, 우두머리　頭文字 머리글자

머리 두

彼女は30km地点で先頭に立ち、そのまま優勝しました. 그녀는 30km 지점에서 선두에 서서 그대로 우승했습니다.

頭が痛いときは横になったほうがいい. 머리가 아플 때는 눕는 편이 좋다.

| 음독 | しゅ | 部首 부수　首都 수도　首相 수상 |
| 훈독 | くび | 首 목　足首 발목　手首 손목 |

머리 **수**

日本の首相が、来月韓国を訪問することになった。 일본 수상이 다음 달에 한국을 방문하기로 되었다.

けがは首以外にはありません。 부상은 목 이외에는 없습니다.

| 음독 | がん | 顔面 안면　童顔 동안　洗顔 세안 |
| 훈독 | かお | 顔 얼굴　顔色 얼굴색, 안색　顔付き 얼굴 생김새　笑顔 웃는 얼굴 |

얼굴 **안**

なんといってもここでは彼女が一番童顔です。 누가 뭐래도 여기에서는 그녀가 가장 동안입니다.

君の笑った顔が見たい。 당신의 웃는 얼굴이 보고 싶다.

| 음독 | もう | 毛髪 모발　毛布 모포, 담요　脱毛 탈모 |
| 훈독 | け | 毛 털　髪の毛 머리카락 |

털 **모**

毛布一枚もらえますか。 담요 한 장 주실 수 있나요?

髪の毛がだんだん少なくなってきた。 머리카락이 점점 줄어들었다.

羽

음독	う	羽毛 깃털
훈독	は/はね	羽 날개('はね'로도 읽음)　羽織 기모노 위에 입는 짧은 겉옷
	わ	羽 ~마리(새, 토끼를 세는 단위)

깃 **우**

羽毛のふとんは温かい。 깃털로 된 이불은 따뜻하다.

屋根にハトが5羽もとまっている。 지붕에 비둘기가 5마리나 머물러 있다.

0179 | N1

음독	**とう**	名刀 <ruby>名<rt>めい</rt></ruby><ruby>刀<rt>とう</rt></ruby> 명검　執刀 <ruby>執<rt>しっ</rt></ruby><ruby>刀<rt>とう</rt></ruby> 집도　木刀 <ruby>木<rt>ぼく</rt></ruby><ruby>刀<rt>とう</rt></ruby> 목도　日本刀 <ruby>日本<rt>に ほん</rt></ruby><ruby>刀<rt>とう</rt></ruby> 일본도
훈독	**かたな**	<ruby>刀<rt>かたな</rt></ruby> 칼, 큰 칼
예외		<ruby>竹<rt>し</rt></ruby><ruby>刀<rt>ない</rt></ruby> 죽도

칼 도

<ruby>日本刀<rt>に ほんとう</rt></ruby>は<ruby>鋭<rt>するど</rt></ruby>くてがっこういいと<ruby>思<rt>おも</rt></ruby>います。 일본도는 예리하고 멋있는 것 같습니다.

<ruby>刀<rt>かたな</rt></ruby>を<ruby>使<rt>つか</rt></ruby>うときは<ruby>気<rt>き</rt></ruby>をつけましょう。 칼을 사용할 때는 조심합시다.

0180 | N1

음독	**きゅう**	<ruby>弓<rt>きゅう</rt></ruby><ruby>道部<rt>どう ぶ</rt></ruby> 궁도부　<ruby>洋<rt>よう</rt></ruby><ruby>弓<rt>きゅう</rt></ruby> 양궁
훈독	**ゆみ**	<ruby>弓<rt>ゆみ</rt></ruby> 활, 활궁　<ruby>弓<rt>ゆみ</rt></ruby><ruby>矢<rt>や</rt></ruby> 활과 화살

활 궁

サークルの<ruby>中<rt>なか</rt></ruby>に<ruby>弓道部<rt>きゅうどう ぶ</rt></ruby>がある。 동아리 중에 궁도부가 있다.

<ruby>慎重<rt>しんちょう</rt></ruby>に<ruby>弓<rt>ゆみ</rt></ruby>を<ruby>射<rt>い</rt></ruby>ります。 신중하게 활을 쏩니다.

0181 | N1

음독	**し**	<ruby>一<rt>いっ</rt></ruby><ruby>矢<rt>し</rt></ruby> 한 개의 화살　<ruby>嚆<rt>こう</rt></ruby><ruby>矢<rt>し</rt></ruby> 효시, 최초
훈독	**や**	<ruby>矢<rt>や</rt></ruby> 화살　<ruby>矢<rt>や</rt></ruby><ruby>印<rt>じるし</rt></ruby> 화살표　<ruby>弓<rt>ゆみ</rt></ruby><ruby>矢<rt>や</rt></ruby> 활과 화살

화살 시

<ruby>時間<rt>じ かん</rt></ruby>が<ruby>矢<rt>や</rt></ruby>のように<ruby>過<rt>す</rt></ruby>ぎる。 시간이 화살처럼 지나간다.

<ruby>矢印<rt>や じるし</rt></ruby>の<ruby>方向<rt>ほうこう</rt></ruby>に<ruby>従<rt>したが</rt></ruby>ってお<ruby>進<rt>すす</rt></ruby>みください。 화살표 방향을 따라 앞으로 가주세요.

0182 | N2

음독	**さい**	<ruby>才<rt>さい</rt></ruby> ~살, ~세　<ruby>才<rt>さい</rt></ruby><ruby>能<rt>のう</rt></ruby> 재능　<ruby>天<rt>てん</rt></ruby><ruby>才<rt>さい</rt></ruby> 천재　<ruby>漫<rt>まん</rt></ruby><ruby>才<rt>ざい</rt></ruby> 만담

재주 재

<ruby>彼<rt>かれ</rt></ruby>は４０<ruby>才<rt>さい</rt></ruby>でまだ<ruby>独身<rt>どくしん</rt></ruby>だ。 그는 40살로 아직 싱글이다.

<ruby>彼女<rt>かのじょ</rt></ruby>こそまさに<ruby>百年<rt>ひゃくねん</rt></ruby>に<ruby>一人<rt>ひとり</rt></ruby>の<ruby>天才<rt>てんさい</rt></ruby>だ。 그녀야말로 정말 백 년에 한 명 나올 천재다.

음독 **よう**	用・用事 볼일　用意 준비　利用 이용　用心 조심	
	日用品 일용품	
훈독 **もちいる**	用いる 사용하다	

쓸 용

用事があって参加できません。 볼일이 있어서 참석하지 못합니다.

今回のテストは辞書を用いて行います。 이번 시험은 사전을 사용해서 봅니다.

음독 **ぎょう**	人形 인형	
けい	形式 형식　形態 형태　図形 도형　正方形 정사각형	
훈독 **かたち**	形 모양	

모양 형

この人形はとてもよく作られていて、生きているかのようだ。 이 인형은 아주 잘 만들어져 있어서 살아 있는 것 같다.

この形は正方形ですか。 이 모양은 정사각형입니까?

음독 **がん**	弾丸 탄환　丸薬 환약　砲丸 포환　砲丸投げ 투포환	
훈독 **まる**	丸 동그라미　丸ごと 통째로　丸々 통통하게, 완전히	
まるい	丸い 둥글다　真ん丸い 똥그랗다	
まるめる	丸める 둥글게 뭉치다	

둥글 환

彼は砲丸投げの選手です。 그는 투포환 선수입니다.

この数か月で丸々と太ってしまった。 요 몇 개월에 통통하게 살찌고 말았다.

음독 **ちょう**	長時間 장시간　社長 사장　課長 과장　長所 장점	
	長方形 직사각형	
훈독 **ながい**	長い 길다　長話 긴 이야기	

길 장

畳に長時間座っていると、足がしびれる。 다다미에 장시간 앉아 있으면 발이 저린다.

指がきれいで長いです。 손가락이 예쁘고 깁니다.

0187 | N3

넓을 광

음독	こう	広大 넓고 큼　広告 광고　広野 광야　広報 홍보
훈독	ひろい	広い 넓다　広場 광장　背広 양복, 정장　広々 널찍함
	ひろまる	広まる 넓어지다
	ひろめる	広める 넓히다
	ひろがる	広がる 퍼지다
	ひろげる	広げる 펼치다

廣

店を知らせるため広告チラシを作った。 가게를 알리기 위해 광고 전단지를 만들었다.
この森は韓国で一番広いです。 이 숲은 한국에서 가장 넓습니다.

0188 | N3

클 태

음독	たい	太陽 태양　太平洋 태평양　太古 태고, 먼 옛날　太鼓 큰북
	た	丸太 통나무
훈독	ふとい	太い 두껍다　太もも 허벅지
	ふとる	太る 살찌다　太りすぎ 너무 살찜

真夏の太陽で皮膚が真っ黒に焼けた。 한여름 태양에 피부가 새까맣게 탔다.
太ももが太いのがコンプレックスだ。 허벅지가 두꺼운 것이 콤플렉스다.

0189 | N3

으뜸 원

음독	げん	元気 기운, 건강함　元素 원소
	がん	元日 설날, 1월 1일　元来 원래
훈독	もと	元々 원래, 본디

いつもより元気がない。 평소보다 기운이 없다.
元々ここは雪が少ない地域だ。 원래 여기는 눈이 적은 지역이다.

0190 | N3

토대 대
별 태

음독	だい	台 대, ~대　台無し 엉망이 됨, 못쓰게 됨　台所 부엌
		土台 토대　台本 대본
	たい	台風 태풍　台湾 대만　舞台 무대　屋台 노점상, 포장마차
예외		台詞 대사

臺

台所からいい匂いがします。 부엌에서 좋은 냄새가 납니다.
台風が近づき、風も強くなってきた。 태풍이 근접해 바람도 강해졌다.

기초 한자 · 3

63

합할 **합**

음독	ごう	合同 합동　合意 뜻이 일치함　合理 합리　合格 합격
		合議 합의
	がっ	合唱 합창　合致 합치　合併 합병
	かっ	合戦 싸움, 전투
훈독	あう	合う 맞다　合図 신호　合間 틈, 짬　試合 시합　具合 상태
	あわせる	合わせる 맞추다

口頭試験も無事合格しました。 구두시험도 무사히 합격했습니다.
友達が見えたので、手を振って合図した。 친구가 보여서 손을 흔들어 신호했다.

Tip **あう**

合う 맞다 → 洋服が体に合う。 옷이 몸에 맞다.
会う 만나다 → 友達に会う。 친구를 만나다.
遭う (어떤 일을) 당하다, 겪다 → 事故に遭う。 사고를 당하다.

한가지 **동**

| 음독 | どう | 同士 동지, 끼리　同一 동일　同感 동감　同居 동거　合同 합동 |
| 훈독 | おなじ | 同じ 같음　同じ年・同い年 동갑 |

学生同士で作った演劇はとてもよかったです。 학생끼리 만든 연극은 매우 좋았습니다.
彼は私と考え方が同じだ。 그는 나와 생각이 같다.

Tip '동갑'으로 많이 쓰이는 표현은 '同い年'와 'タメ'임. '同じ年'보다는 'じ' 발음이 'い'로 음 변화한 '同い年'가 더 많이 쓰이고, 'タメ口(반말)'를 하는 사이라는 뜻의 'タメ'도 동갑이라는 뜻으로 쓰임.

낮 **오**

| 음독 | ご | 午前 오전　午後 오후　正午 정오 |

午前中に電話下さい。 오전 중에 전화 주세요.
午後は眠くてたまらない。 오후에는 졸려 죽겠다.

0194 | N5

음독 てん 店員 점원　支店 지점　書店 서점　本店 본점　喫茶店 찻집
洋品店 양품점, 옷가게

훈독 みせ 店 가게　店先 가게 앞　店屋 상점, 가게　夜店 야시장

가게 점

あそこはあまり高くなくて、店員も親切です。 저기는 너무 비싸지 않고 점원도 친절합니다.
あの店の前に人がたくさん並んでいる。 저 가게 앞에 사람이 많이 줄 서 있다.

0195 | N3

賣

음독 ばい 売店 매점　商売 장사　発売 발매　売買 매매

훈독 うる 売る 팔다　売り場 매장
うれる 売れる 팔리다　売れ行き 팔림새

팔 매

単行本は7巻も発売されている。 단행본은 7권이나 발매되고 있다.
どこにも売っていない限定商品。 아무 데도 안 파는 한정 상품.

0196 | N5

음독 ばい 買価 사는 값　購買 구매　売買 매매

훈독 かう 買う 사다　買い物 물건 사기, 쇼핑

살 매

担当者のみならず、会社全体で不正な売買を行っていた。 담당자뿐만 아니라 회사 전체에서 부정 매매를 하고 있었다.
母がプレゼントを買ってくれた。 엄마가 선물을 사 주었다.

0197 | N3

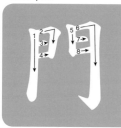

음독 もん 門 문　名門 명문　部門 부문　専門 전문　校門 교문
入門 입문

훈독 かど 門 문　門口 문간　門出 집을 나섬, 출발
門松 가도마츠(새해에 문 앞에 장식하는 소나무)

문 문

専門的なことについては、林先生に聞いてください。 전문적인 것에 대해서는 하야시 선생님께 물어보세요.
日本のお正月には門松を飾ります。 일본의 설날에는 가도마츠를 장식합니다.

戸

음독 こ

一戸建て 단독 주택　戸籍 호적

戸主 호주　下戸 술을 못하는 사람

훈독 と

戸 문　戸締り 문단속　戸棚 찬장

網戸 방충망　井戸 우물　雨戸 (비바람·도난 방지) 덧문

집 호

一戸建て住宅を建てるのが私の夢です。 단독 주택을 짓는 것이 내 꿈입니다.

きちんと戸締りをしてから出かけましょう。 문단속을 단단히 하고 나서 외출합시다.

음독 いん

引用 인용　引力 인력　引率 인솔　引退 은퇴　索引 색인

훈독 ひく

引く 끌다, 당기다　引き受ける 인수하다, 받아들이다

引っ越す 이사하다　引き出し 서랍　引き分け 무승부

字引 사전　手引き 지침서, 길잡이　取り引き 거래

長引く 지연되다, 질질 끌다　割引 할인

끌 인

彼は、今度のコンサートが終わったら歌手を引退したいと語った。 그는 이번 콘서트가 끝나면 가수를 은퇴하고 싶다고 말했다.

このドアを引くと開きます。 이 문을 당기면 열립니다.

切

음독 せつ

切実 절실　大切 소중함　親切 친절　切開 절개

切ない 안타깝다, 애달프다

さい

一切 일절, 전혀

훈독 きる

切る 끊다, 자르다

きれる

切れる 끊어지다, 베이다, (기한 등이) 다 되다　品切れ 품절

切れ目 칼집, 잘린 곳

きっ

切手 우표　小切手 수표　切符 표

끊을 절
온통 체

彼の歌声は切ないです。 그의 노래하는 목소리는 애절합니다.

クレジットカードの期限が切れて、ネットで買い物ができない。 신용 카드 기한이 다 돼서 인터넷에서 쇼핑을 할 수가 없다.

0201 | N3

빛 광

음독 こう

光景 광경　光線 광선　光沢 광택　光熱費 광열비　観光 관광

훈독 ひかる

光る 빛나다　光 빛

コロナのせいで、観光する人がいないです。 코로나 때문에 관광하는 사람이 없어요.
この虫は光のほうに進みます。 이 벌레는 빛 쪽으로 나아갑니다.

0202 | N2

별 성

음독 せい

星座 별자리　火星 화성　金星 금성　北極星 북극성

훈독 ほし

星 별　星明かり 별빛　星空 별이 빛나는 하늘　流れ星 별똥별

夏の星座が良く見えますね。 여름 별자리가 잘 보이네요.
星が雲に隠れた。 별이 구름에 숨었다.

0203 | N4

높을 고

음독 こう

高校 고등학교　高音 고음　高学年 고학년　高価 고가
高級 고급　高速 고속　高層 고층　高度 고도　最高 최고

훈독 たかい

高い 높다, 비싸다　残高 잔고

たかまる

高まる 높아지다

たかめる

高める 높이다

ここから見る景色は最高だ。 여기에서 보는 경치는 최고다.
今年は気温が高いせいか、冬になってもなかなか雪が降らない。 올해는 기온이 높은 탓인지 겨울이 되어도 좀처럼 눈이 내리지 않는다.

0204 | N2

근원 원

음독 げん

原因 원인　原理 원리　原則 원칙　原文 원문　原型 원형
原稿 원고　原始 원시　原子力 원자력　原油 원유

훈독 はら

原 들, 벌판　野原 들판

事件の原因は何ですか。 사건의 원인은 무엇입니까?
野原に野生のお花が咲いています。 들판에 야생화가 피어 있습니다.

0205 | N3

음독 や

野球 야구　野生 야생　野心 야심　平野 평야　分野 분야

훈독 の

野 들　野道 들길　野宿 노숙　野良猫 도둑고양이

들 야

週末に野球を見るのが趣味です。 주말에 야구를 보는 것이 취미입니다.
この辺には野良猫が多いです。 이 부근에는 도둑고양이가 많습니다.

0206 | N3

海

음독 かい

海外 해외　海水浴 해수욕　海岸 해안　海運 해운
海峡 해협　海洋 해양　海流 해류　海路 해로, 뱃길

훈독 うみ

海 바다　海辺 해변

바다 해

この動画は海外で人気になっている。 이 동영상은 해외에서 인기를 끌고 있다.
海辺に行って海水浴をしたい。 해변에 가서 해수욕을 하고 싶다.

0207 | N3

음독 ち

電池 건전지　貯水池 저수지　用水池 용수지

훈독 いけ

池 연못　古池 오래된 연못　ため池 저수지

못 지

切れたときのために予備の電池を買っておく。 떨어졌을 때를 위해 예비 건전지를 사 둔다.
暑い日に池で魚が死んでいた。 더운 날에 연못에 물고기가 죽어 있었다.

0208 | N2

음독 こく

渓谷 계곡　峡谷 협곡

훈독 たに

谷 산골짜기　谷川 산골짜기 시냇물　谷風 골짜기 바람
谷間 골짜기

골 곡

キャンプ場は渓谷の近くにあります。 캠핑장은 계곡 근처에 있습니다.
山あり谷あり。 산 있고 산골짜기 있다(좋은 일도 있고 나쁜 일도 있다).

0209 | N2

바위 암

음독	がん	岩石 암석　溶岩 용암　岩塩 암염, 돌소금
훈독	いわ	岩 바위　岩場 바위 지대

巌

新しい岩石が発見されて調べているところです。 새로운 암석이 발견되어 조사하고 있는 중입니다.
山の奥の岩の間に美しい花が咲いた。 산속 바위 사이에 아름다운 꽃이 피었다.

0210 | N3

바람 풍

음독	ふう	風速 풍속　風船 풍선　風景 풍경　風雨 바람과 비
	ふ	お風呂 목욕(탕)
훈독	かぜ	風 바람
	かざ	風車 풍차, 바람개비
	예외	風邪 감기　風邪薬 감기약

お風呂は毎日入る。 목욕은 매일 한다.
今、風邪で調子が良くない。 지금 감기로 컨디션이 좋지 않다.

0211 | N2

눈 설

음독	せつ	雪原 설원　積雪 적설　除雪 제설
훈독	ゆき	雪 눈　雪だるま 눈사람　初雪 첫눈　雪国 설국
	예외	雪崩 눈사태

雪

冬北海道では雪原が見られます。 겨울에 홋카이도에서는 설원을 볼 수 있습니다.
朝起きたら初雪が降っていた。 아침에 일어나니 첫눈이 내리고 있었다.

0212 | N2

구름 운

음독	うん	雲海 운해　風雲 풍운
훈독	くも	雲 구름　雪雲 눈구름　雨雲 비구름

山の上に登って雲海を眺めた。 산 위에 올라 운해를 바라보았다.
雲一つない青空。 구름 한 점 없는 파란 하늘.

0213 | N3

음독	しょく	特色 특색　無色 무색
		景色 경치　色素 색소　色彩 색채
훈독	いろ	色 색깔　色々 여러 가지　色鉛筆 색연필　色紙 색종이
		顔色 안색　音色 음색

빛 색

この町に特色ある図書館を作りたいです。 이 도시에 특색 있는 도서관을 만들고 싶습니다.
若い時は色々な事に挑戦したほうがいい。 젊을 때는 여러 가지 일에 도전하는 편이 좋다.

0214 | N3

黒

| 음독 | こく | 黒板 칠판　黒点 흑점　暗黒 암흑 |
| 훈독 | くろ | 黒 검정　黒い 검다　白黒 흑백　黒字 흑자　真っ黒 새까맘 |

검을 흑

黒板で名前を書いてから紹介を始めました。 칠판에 이름을 쓰고나서 소개를 시작했습니다.
太陽の表面に見える黒い点を黒点と呼ぶ。 태양 표면에 보이는 검은 점을 흑점이라고 부른다.

0215 | N2

黄

음독	おう	黄金 황금　卵黄 노른자
	こう	黄砂 황사
훈독	き	黄 노랑　黄色 노란색　黄色い 노랗다　黄身 노른자
	こ	黄金 황금　黄金色 황금색
예외		黄昏 황혼

누를 황

韓国は黄砂やPM2.5で大変です。 한국은 황사나 미세먼지로 힘듭니다.
黄色い服は1着も持っていない。 노란색 옷은 한 벌도 갖고 있지 않다.

0216 | N2

晴

음독	せい	晴天 맑게 갠 하늘　快晴 쾌청
훈독	はれる	晴れる 맑다　晴れ 맑음　晴れ着 나들이옷
	はらす	晴らす (비를) 개게 하다, 풀다　気晴らし 기분전환
		見晴らし 전망

맑을 청

秋は晴天の日が多いです。 가을에는 하늘이 맑은 날이 많습니다.
晴れた日は夜空に星が光る。 맑은 날은 밤하늘에 별이 빛난다.

70

밝을 명

음독	めい	明白 명백　明暗 명암　発明 발명　行方不明 행방불명
	みょう	明朝 내일 아침　光明 광명　明日 내일
훈독	あかり	明かり 밝은 빛
	あかるい	明るい 밝다, 환하다
	あかるむ	明るむ 밝아지다
	あからむ	明らむ 밝아오다
	あきらか	明らか 명확함, 명백함
	あける	明ける (날이) 새다, 밝다　明け方 새벽녘　夜明け 새벽
	あく	明く 비다, (시간이) 나다
	あくる	明くる 다음의
	あかす	明かす 밝히다
	예외	明日 내일('あす'로도 읽음)

エジソンは電球を発明しました。 에디슨은 전구를 발명했습니다.

新年とは言っても、年が明けた実感が全くない。 새해라고 해도 해가 바뀐 실감이 전혀 없다.

Tip あける

明ける (날이) 새다, 밝다 → 夜が明ける 날이 새다.

空ける 비우다, 시간을 내다 → 家を空ける。 집을 비우다.

開ける 열다 → 窓を開ける。 창문을 열다.

Tip 내일

明日 회화체에서 일반적으로 가장 많이 쓰임

→ あした3時に会いましょうね。 내일 3시에 만나요.

明日 약간 정중한 느낌으로 일기예보나 문서체에서 많이 쓰임

→ 明日の天気をお伝えします。 내일 날씨를 알려 드리겠습니다.

明日 일상 회화보다 비즈니스 문서나 정중한 자리에서 쓰임

→ 決算会議は明日2時から行います。 결산 회의는 내일 2시부터 합니다.

나라 국

		國
음독	こく	韓国 한국　外国人 외국인　国内 국내　国際 국제
훈독	くに	国 나라, 고향　雪国 설국

もうすぐ国際会議があります。 이제 곧 국제회의가 있습니다.

私は3年も国へ帰っていないので、早く家族に会いたくてたまらない。 나는 3년이나 고향에 돌아가지 않기 때문에 빨리 가족을 만나고 싶어 못 참겠다.

집 가

음독	かけ	家族 가족　家事 가사　音楽家 음악가
		家来 부하　本家 본가
훈독	いえ	家 집　家出 가출
	うち	家 집, 가정
	や	家賃 집세

夫は家事を手伝ってくれません。 남편은 집안일을 도와주지 않습니다.
私の家は駅に近い。 우리 집은 역에 가깝다.

Tip　家 '살고 있는 장소, 건물'을 의미하며, 중립적 표현임.
　→ 来週、新しい家に引っ越します。 다음 주에 새집으로 이사 갑니다.
　うち '가정, 가족'이라는 심리적 의미로, 家보다 거리감이 가까움.
　→ うちは4人家族です。 우리 집은 4인 가족입니다.
　家 '집, 가옥'의 뜻이며 보통 '空家(빈집)', '一軒家(독채, 외딴집)'처럼 연결된 형태로 쓰임.
　→ わが家は男ばかり4人だ。 우리 집은 남자만 4명이다.

다스릴 리(이)

| 음독 | り | 理想 이상　地理 지리　無理 무리　理由 이유　理論 이론 |

理想と現実は大きくかけ離れている。 이상과 현실은 크게 동떨어져 있다.
風邪気味なので、無理はできません。 감기 기운이 있어서 무리는 할 수 없습니다.

通

통할 통

음독	つう	通学 통학　通行 통행　普通 보통　交通 교통
		通じる 통하다, 연결하다　共通 공통
	つ	お通夜 초상집에서 밤을 샘
훈독	とおる	通る 통하다, 지나가다　通り 길　大通り 큰길, 대로
	とおす	通す 통과시키다, 통하게 하다
	かよう	通う 다니다

この道は事故で通行止めになっていた。 이 길은 사고로 통행금지가 되어 있었다.
ここは夜暗いから、通るとき気をつけましょう。 여기는 밤에 어두우니까 지나갈 때 조심합시다.

음독	ち	知能 지능　知識 지식　未知 미지　承知 알아들음
		告知 고지, 알림　通知 통지
훈독	しる	知る 알다　知り合い 아는 사이
	しらせる	知らせる 알리다　お知らせ 통지, 통보

알 지

あの人は知識や技術が足りない。저 사람은 지식과 기술이 부족하다.
午後2時にお知らせが届く。오후 2시에 통지가 도착한다.

음독	ち	地球 지구　地名 지명　土地 토지　心地 기분, 마음
	じ	地面 지면　地震 지진　生地 옷감　地味 수수함

땅 지

地球上には七つの海域がある。지구상에는 7개의 해역이 있다.
洋服は少し高くても、生地の良いものを買うことにしている。옷은 조금 비싸도 옷감이 좋은 것을 사려고 하고 있다.

圖

음독	ず	図形 도형　地図 지도　合図 신호　図案 도안
	と	意図 의도
훈독	はかる	図る 도모하다, 꾀하다

그림 도

意図した通りの結果にならなかった。의도한 대로의 결과가 되지 않았다.
社会的課題の解決を図るために努力します。사회적 과제의 해결을 도모하기 위해 노력하겠습니다.

음독	か	幾何学 기하학
훈독	なに	何 무엇　何者 어떤 자　何事 무슨 일
	なん	何時 몇 시　何枚 몇 장　何個 몇 개

어찌 하

大学の専攻は幾何学でした。대학교 전공은 기하학이었습니다.
今日の昼は何を食べようか。오늘 점심은 뭘 먹을까?

기초 한자 · 3

마땅 당

음독	とう	<ruby>当<rt>とう</rt></ruby><ruby>時<rt>じ</rt></ruby> 당시　<ruby>見<rt>けん</rt></ruby><ruby>当<rt>とう</rt></ruby> 짐작　<ruby>適<rt>てき</rt></ruby><ruby>当<rt>とう</rt></ruby> 적당　<ruby>本<rt>ほん</rt></ruby><ruby>当<rt>とう</rt></ruby> 진짜, 정말
훈독	あたる	<ruby>当<rt>あ</rt></ruby>たる 맞다, 적중하다　<ruby>当<rt>あ</rt></ruby>たり ~당
	あてる	<ruby>当<rt>あ</rt></ruby>てる 대다, 맞히다　<ruby>手<rt>て</rt></ruby><ruby>当<rt>あ</rt></ruby>て 수당

當

イベントで10<ruby>名<rt>めい</rt></ruby><ruby>様<rt>さま</rt></ruby>に10<ruby>万<rt>まん</rt></ruby><ruby>円<rt>えん</rt></ruby>が<ruby>当<rt>あ</rt></ruby>たる。 이벤트에서 열 분이 10만 엔에 당첨된다.
<ruby>飛<rt>ひ</rt></ruby><ruby>行<rt>こう</rt></ruby><ruby>機<rt>き</rt></ruby>1<ruby>機<rt>き</rt></ruby><ruby>当<rt>あ</rt></ruby>たりの<ruby>価<rt>か</rt></ruby><ruby>格<rt>かく</rt></ruby>は、４００<ruby>億<rt>おく</rt></ruby><ruby>円<rt>えん</rt></ruby>もするそうだ。 비행기 1대당 가격은 400억 엔이나 한다고 한다.

곧을 직

음독	じき	<ruby>正<rt>しょう</rt></ruby><ruby>直<rt>じき</rt></ruby> 정직　<ruby>直<rt>じき</rt></ruby><ruby>訴<rt>そ</rt></ruby> 직소, 직접 호소함
	ちょく	<ruby>直<rt>ちょく</rt></ruby><ruby>後<rt>ご</rt></ruby> 직후　<ruby>直<rt>ちょく</rt></ruby><ruby>接<rt>せつ</rt></ruby> 직접　<ruby>直<rt>ちょっ</rt></ruby><ruby>角<rt>かく</rt></ruby> 직각　<ruby>率<rt>そっ</rt></ruby><ruby>直<rt>ちょく</rt></ruby> 솔직
훈독	なおす	<ruby>直<rt>なお</rt></ruby>す 고치다
	なおる	<ruby>直<rt>なお</rt></ruby>る 고쳐지다, 수리되다
	ただちに	<ruby>直<rt>ただ</rt></ruby>ちに 즉시, 당장

<ruby>率<rt>そっ</rt></ruby><ruby>直<rt>ちょく</rt></ruby>な<ruby>意<rt>い</rt></ruby><ruby>見<rt>けん</rt></ruby>をお<ruby>聞<rt>き</rt></ruby>かせください。 솔직한 의견을 들려주세요.
<ruby>自<rt>じ</rt></ruby><ruby>分<rt>ぶん</rt></ruby>の<ruby>悪<rt>わる</rt></ruby>いところを<ruby>直<rt>なお</rt></ruby>す。 자신의 나쁜 점을 고치다.

Tip なおす/なおる

<ruby>直<rt>なお</rt></ruby>す 고치다, 정정하다 → <ruby>車<rt>くるま</rt></ruby>の<ruby>故<rt>こ</rt></ruby><ruby>障<rt>しょう</rt></ruby>を<ruby>直<rt>なお</rt></ruby>した。 차 고장을 고쳤다.
<ruby>直<rt>なお</rt></ruby>る 고쳐지다, 수리되다 → <ruby>車<rt>くるま</rt></ruby>の<ruby>故<rt>こ</rt></ruby><ruby>障<rt>しょう</rt></ruby>が<ruby>直<rt>なお</rt></ruby>った。 차 고장이 수리됐다.
<ruby>治<rt>なお</rt></ruby>す 치료하다 → <ruby>病<rt>びょう</rt></ruby><ruby>気<rt>き</rt></ruby>を<ruby>治<rt>なお</rt></ruby>した。 병을 치료했다.
<ruby>治<rt>なお</rt></ruby>る 낫다 → <ruby>病<rt>びょう</rt></ruby><ruby>気<rt>き</rt></ruby>が<ruby>治<rt>なお</rt></ruby>った。 병이 나았다.

번개 전

음독	でん	<ruby>電<rt>でん</rt></ruby><ruby>気<rt>き</rt></ruby> 전기　<ruby>電<rt>でん</rt></ruby><ruby>力<rt>りょく</rt></ruby> 전력　<ruby>電<rt>でん</rt></ruby><ruby>車<rt>しゃ</rt></ruby> 전철　<ruby>電<rt>でん</rt></ruby><ruby>流<rt>りゅう</rt></ruby> 전류　<ruby>電<rt>でん</rt></ruby><ruby>球<rt>きゅう</rt></ruby> 전구
		<ruby>電<rt>でん</rt></ruby><ruby>源<rt>げん</rt></ruby> 전원　<ruby>電<rt>でん</rt></ruby><ruby>灯<rt>とう</rt></ruby> 전등　<ruby>電<rt>でん</rt></ruby><ruby>柱<rt>ちゅう</rt></ruby> 전봇대　<ruby>電<rt>でん</rt></ruby><ruby>報<rt>ぽう</rt></ruby> 전보

ここは<ruby>電<rt>でん</rt></ruby><ruby>流<rt>りゅう</rt></ruby>が<ruby>流<rt>なが</rt></ruby>れている。 여기는 전류가 흐르고 있다.
この<ruby>島<rt>しま</rt></ruby>には<ruby>電<rt>でん</rt></ruby><ruby>灯<rt>とう</rt></ruby>が<ruby>少<rt>すく</rt></ruby>ないので、<ruby>星<rt>ほし</rt></ruby>がよく<ruby>見<rt>み</rt></ruby>えます。 이 섬에는 전등이 적기 때문에 별이 잘 보입니다.

0229 | N5

말씀 화

| 음독 | わ | 話題 화제　会話 회화　電話 전화　童話 동화　受話器 수화기 |
| 훈독 | はなす | 話す 말하다　話 말　立ち話 서서 이야기함 |

寂しいときは電話してください。 외로울 때는 전화해 주세요.
話したことも見たこともない。 이야기한 적도 본 적도 없다.

0230 | N3

생각 사

| 음독 | し | 思想 사상　思考 사고　思春期 사춘기　意思 의사　不思議 이상함 |
| 훈독 | おもう | 思う 생각하다　思い出 추억　思い出す 생각해내다, 상기하다 |

うちには思春期の息子がいます。 우리 집에는 사춘기인 아들이 있습니다.
あの人が犯人だと思っている。 저 사람이 범인이라고 생각하고 있다.

0231 | N3

생각할 고

| 음독 | こう | 思考 사고　参考 참고　思考力 사고력 |
| 훈독 | かんがえる | 考える 생각하다　考え方 사고방식 |

先生の話はとても参考になりました。 선생님 말씀은 매우 참고가 되었습니다.
環境問題について考える。 환경문제에 대해 생각한다.

Tip '思う(생각하다)'는 감정·감각을 나타내고, '考える(생각하다, 상기하다)'는 논리적인 사고에 쓰임.

0232 | N2

살 활

음독	かつ	生活 생활　活動 활동　活発 활발
훈독	いきる	活きる 살다, 살아가다
	いかす	活かす 살리다, 활용하다

新婚生活は楽しいですか。 신혼생활은 즐겁습니까?
自分の才能を活かせる仕事を探します。 저의 재능을 살릴 수 있는 일을 찾겠습니다.

음독 **かん** 間食 간식

けん 世間 세상, 사회　人間 인간

훈독 **あいだ** 間 사이, 동안　この間 요전, 일전

ま 間 사이, 간격　間に合う 시간에 맞추다　間違う 틀리다, 잘못되다

사이 **간**

少しの間、私の荷物を預かってください。 잠시만 제 짐을 맡아 주세요.

約束の時間に間に合いませんでした。 약속 시간에 맞추지 못했습니다.

음독 **か** 科目 과목　科学的 과학적　教科書 교과서　外科 외과

内科 내과

과목 **과**

数学は一番苦手な科目です。 수학은 가장 못하는 과목입니다.

事故の原因を科学的に調査する。 사고 원인을 과학적으로 조사한다.

음독 **とう** 答案 답안　回答 회답　解答 해답　問答 문답　返答 대답, 회답

훈독 **こたえる** 答える 대답하다　答え 대답　口答え 말대답

대답할 **답**

答案はこの用紙に書いてください。 답안은 이 용지에 써 주세요.

先生は質問にいつも親切に答えてくれる。 선생님은 질문에 항상 친절하게 답해 준다.

음독 **き** 汽車 기차　汽船 기선　汽笛 기적

물 끓는 김 **기**

ここからは汽車に乗り換えます。 여기부터는 기차로 갈아탑니다.

遠くから汽笛の音がします。 멀리서 기적 소리가 납니다.

0237 | N2

船

음독 せん

せんちょう
船長 선장　　漁船 어선　　遊覧船 유람선

훈독 ふね

ふね
船 (대형) 배

ふな
船便 배편

배 선

ソウルで遊覧船に始めて乗った。 서울에서 유람선을 처음 탔다.

船に乗って南の島に行きました。 배를 타고 남쪽 섬에 갔습니다.

0238 | N3

음독 し

しめん
紙面 지면　　用紙 용지　　表紙 표지　　色紙 색지

훈독 かみ

かみ
紙 종이　　手紙 편지　　色紙 색종이　　紙袋 종이봉투

おがみ
折り紙 종이접기

종이 지

本は表紙を見て選びます。 책은 표지를 보고 고릅니다.

手紙を書くよりメールを送る人がほとんどです。 편지를 쓰기보다 메일을 보내는 사람이 대부분입니다.

0239 | N2

음독 さい

さいきん
細菌 세균　　細胞 세포　　繊細 섬세　　詳細 상세

훈독 ほそい

ほそ
細い 가늘다, 좁다

ほそめる

ほそ
細める 가늘게 하다

こまか

こま
細か 아주 작음, 상세함

こまかい

こま
細かい 잘다, 상세하다, 세심하다

가늘 세

事件の詳細はニュースを見て分かりました。 사건의 상세한 내용은 뉴스를 보고 알았습니다.

細かいお金がないので、1万円でもいいですか。 잔돈이 없는데 만 엔짜리도 됩니까?

0240 | N2

음독 せん

せん
線 선, 줄　　線路 선로　　路線 노선　　直線 직선　　曲線 곡선

すいへいせん
水平線 수평선　　内線 내선　　下線 밑줄　　新幹線 신칸센

しゃみせん
三味線 샤미센

줄 선

1本の線を引いてください。 줄 하나를 그려 주세요.

線路に落ちないよう後ろに下がってください。 선로에 떨어지지 않도록 뒤로 물러서 주십시오.

기초 한자 4

초등학교 3학년 한자

世	界	主	君	平	等	反	対	意	味
인간 세	지경 계	주인 주	임금 군	평평할 평	무리 등	돌이킬 반	대할 대	뜻 의	맛 미
有	起	開	持	助	飲	登	落	部	屋
있을 유	일어날 기	열 개	가질 지	도울 조	마실 음	오를 등	떨어질락(낙)	떼 부	집 옥
医	者	病	院	血	薬	全	身	死	流
의원 의	놈 자	병 병	집 원	피 혈	약 약	온전할 전	몸 신	죽을 사	흐를 류(유)
安	打	期	待	写	真	宿	題	練	習
편안 안	칠 타	기약할 기	기다릴 대	베낄 사	참 진	잘 숙	제목 제	익힐 련(연)	익힐 습
研	究	詩	集	仕	事	住	所	乗	客
갈 연	연구할 구	시 시	모을 집	섬길 사	일 사	살 주	바 소	탈 승	손 객
駅	始	発	階	急	速	終	着	進	路
역 역	비로소 시	필 발	섬돌 계	급할 급	빠를 속	마칠 종	붙을 착	나아갈 진	길 로(노)
転	向	品	物	配	送	受	取	商	業
구를 전	향할 향	물건 품	물건 물	나눌 배	보낼 송	받을 수	가질 취	장사 상	업 업
使	命	鉄	橋	追	放	寒	暑	軽	重
하여금 사	목숨 명	쇠 철	다리 교	쫓을 추	놓을 방	찰 한	더울 서	가벼울 경	무거울 중
予	想	相	談	委	員	幸	福	感	動
미리 예	생각 상	서로 상	말씀 담	맡길 위	인원 원	다행 행	복 복	느낄 감	움직일 동
列	島	旅	館	礼	式	神	宮	昭	和
벌일 렬(열)	섬 도	나그네 려(여)	집 관	예도 례(예)	법 식	귀신 신	집 궁	밝을 소	화할 화

0241 | N3

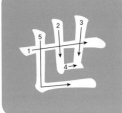

인간 세

음독	せ	世界 세계　世話 신세, 돌봄, 폐　世代 세대　出世 출세
		世間 세상, 사회
	せい	近世 근세　中世 중세
훈독	よ	世の中 세상　世論 여론

子供の時にお世話になった人形たちとお別れすることにした。 어렸을 때 정든 인형들과 이별하기로 했다.

父はいつも世の中の事を心配しています。 아버지는 항상 세상일을 걱정하고 있습니다.

0242 | N3

지경 계

| 음독 | かい | 世界 세계　業界 업계　学界 학계　他界 타계　境界 경계 |

彼女は世界中で人気です。 그녀는 전 세계에서 인기입니다.

IT業界では韓国の企業が有名です。 IT 업계에서는 한국 기업이 유명합니다.

0243 | N3

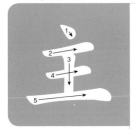

주인 주

음독	しゅ	主人 남편　主婦 주부　主人公 주인공　主張 주장
		主語 주어　主役 주역　民主主義 민주주의
	ず	三日坊主 작심삼일
훈독	おも	主 주됨, 주요함　主に 주로
	ぬし	主 주인　飼い主 (가축의) 주인　株主 주주　家主 집주인, 호주

あの映画の主人公はすばらしい演技を見せてくれた。 저 영화 주인공은 훌륭한 연기를 보여주었다.

この犬の飼い主は誰ですか。 이 개 주인은 누구입니까?

0244 | N2

임금 군

음독	くん	～君 ～군(동료나 손아래 사람을 부를 때)　君子 군자　君主 군주
		主君 주군　諸君 제군, 여러분
훈독	きみ	君 자네, 너　君が代 기미가요(일본 국가)

田中君は私の誕生日に来てくれなかった。 다나카 군은 내 생일에 와 주지 않았다.

君はこれからどうするつもりか。 자네는 앞으로 어떻게 할 작정인가?

0245 | N2

平

음독	へい	平均 평균　平凡 평범　平日 평일　平方 평방　公平 공평
	びょう	平等 평등
훈독	たいら	平ら 평평함, 납작함
	ひら	平たい 납작하다　平社員 평사원　平屋 단층집　平泳ぎ 평형

평평할 평

特に雨の平日はデパートも空いている。 특히 비가 오는 평일은 백화점도 한산하다.

人間はみんな平等なのだから、差別には反対です。 인간은 모두 평등하기 때문에 차별에는 반대입니다.

0246 | N2

| 음독 | とう | 等級 등급　一等 일등　対等 대등　特等席 특등석 |
| 훈독 | ひとしい | 等しい 같다, 동일하다, 마찬가지다 |

무리 등

体育大会で一等になりました。 체육대회에서 1등이 되었습니다.

二辺の長さが等しい。 두 변의 길이가 똑같다.

0247 | N2

음독	はん	反する 반하다, 어긋나다　反省 반성　反面 반면　反転 반전
		反対 반대　違反 위반
훈독	そらす	反らす 휘게 하다, 뒤로 젖히다
	そる	反る 휘다

돌이킬 반

その意見には反対します。 그 의견에는 반대합니다.

胸を反らして歩いてください。 가슴을 뒤로 젖히고 걸으세요.

0248 | N2

對

음독	たい	対する 대하다　対応 대응　対策 대책　対立 대립
		反対 반대　対象 대상　絶対 절대
	つい	一対 한 쌍, 한 벌

대할 대

お客様に対するサービスや対応が重要です。 고객에 대한 서비스와 대응이 중요합니다.

労働条件をめぐって、意見が対立している。 노동조건을 둘러싸고 의견이 대립하고 있다.

80

뜻 의

음독	い	意味 의미　意見 의견　意外 의외　意地悪 심술궂음
		意思 의사　意図 의도　決意 결의　注意 주의　得意 잘함
		用意 준비, 마련

中指 1 本だけ立てることはよくない意味を持っている。 가운데 손가락 하나를 세우는 것은 좋지 않은 의미를 갖고 있다.

みんなの意見も聞きましょう。 모두의 의견도 들읍시다.

맛 미

음독	み	意味 의미　味方 자기 편　味覚 미각　趣味 취미　地味 수수함
		興味 흥미
훈독	あじ	味 맛　味見 맛을 봄
	あじわう	味わう 맛보다

そのドレスは、パーティーに行くには、ちょっと地味すぎるんじゃない? 그 드레스는 파티에 가기엔, 좀 너무 수수한 거 아냐?

ここは海外旅行の気分を味わえる。 여기는 해외여행 온 기분을 맛볼 수 있다.

있을 유

음독	ゆう	有料 유료　有名 유명　所有 소유
	う	有無 유무
훈독	ある	有る 있다

有名な大学に入りたいです。 유명한 대학에 들어가고 싶습니다.

部屋にはたくさんの本が有ります。 방에는 많은 책이 있습니다.

Tip '有る(있다)'는 식물과 사물에, '居る(있다)'는 사람과 동물에 주로 씀.
→ お金が有る。 돈이 있다.　猫が居る。 고양이가 있다.

일어날 기

음독	き	起立 기립　起点 기점　起源 기원　起床 기상　起伏 기복
		決起 궐기
훈독	おこす	起こす 깨우다
	おきる	起きる 일어나다　早起き 일찍 일어남
	おこる	起こる 발생하다

起床時間は朝 5 時なので早く寝ましょう。 기상 시간은 아침 5시이므로 일찍 잡시다.

今日車と接触事故を起こした。 오늘 자동차와 접촉사고를 일으켰다.

열 개

음독 **かい**	開会 개회	開発 개발	開始 개시	開花 개화, 꽃이 핌
	公開 공개	展開 전개	満開 만개	
훈독 **ひらく**	開く 펼치다, 열리다, (가게 문을) 열다			
ひらける	開ける 열리다, 전개되다			
あく	開く 열리다, (가게 문을) 열다			
あける	開ける 열다, 펴다			

オリンピックの開会は来年に延びてしまった。 올림픽 개회는 내년으로 미뤄지고 말았다.
教科書の50ページを開いてください。 교과서 50페이지를 펼치세요.

가질 지

음독 **じ**	持久力 지구력	持続 지속	持参 지참	持病 지병
	所持 소지	維持 유지		
훈독 **もつ**	持つ 가지다, 들다	持ち主 소유자	気持ち 기분	金持ち 부자

遠足には各自お弁当を持参してください。 소풍에는 각자 도시락을 지참해 주세요.
赤いかばんを持った人が私の彼女です。 빨간 가방을 든 사람이 제 여자 친구입니다.

도울 조

음독 **じょ**	助言 조언	助手 조수	助力 조력	助教授 조교수
	援助 원조	補助 보조	救助 구조	
훈독 **たすける**	助ける 구하다, 살리다			
たすかる	助かる 살아나다, 목숨을 건지다, 도움이 되다			
すけ	助っ人 일을 돕는 사람, 조력자			

次の研究には助教授の助手として参加できる。 다음 연구에서는 조교수님의 조수로서 참가할 수 있다.
君が来てくれて本当に助かった。 네가 와 줘서 정말 도움이 됐다.

飲

마실 음

음독 **いん**	飲料水 음료수	飲酒 음주	飲食 음식
	飲用 음용		
훈독 **のむ**	飲む 마시다	飲み物 마실 것	飲み会 회식, 술모임
	飲み屋 술집		

飲酒運転は絶対してはいけません。 음주운전은 절대로 해서는 안 됩니다.
きのう薬を飲んで寝ました。 어제 약을 먹고 잤습니다.

0257 | N2

오를 등

음독	とう	登校 등교　登録 등록　登場 등장
	と	登山 등산
훈독	のぼる	登る 오르다　山登り 등산

会員登録するだけで割引クーポンをさしあげます。 회원 등록하기만 하면 할인 쿠폰을 드립니다.

いろいろな山に登りたいです。 여러 산에 오르고 싶습니다.

> **Tip** のぼる
> 上る 위로 오르다, 높은 곳에 도달하다 → 坂を上る。 언덕을 오르다.
> 登る 발로 높은 곳에 오르다 → 山に登る。 산을 오르다.
> 昇る 하늘로 향해 가다 → 日が昇る。 해가 뜨다.

0258 | N2

떨어질 락(낙)

음독	らく	落書き 낙서　落下 낙하　落第 낙제　急落 급락
		転落 전락
훈독	おとす	落とす 떨어뜨리다
	おちる	落ちる 떨어지다　落ち葉 낙엽

落

ここに落書きしたのは誰だ。 여기에 낙서한 건 누구냐?

スマホを落として壊れてしまった。 스마트폰을 떨어뜨려 망가뜨리고 말았다.

0259 | N2

떼 부

| 음독 | ぶ | 部下 부하　部署 부서　全部 전부　部分 부분 |

こちらの商品は全部千円です。 이쪽 상품은 전부 천 엔입니다.

レポートはまだ足りない部分もあります。 리포트는 아직 부족한 부분도 있습니다.

0260 | N3

집 옥

음독	おく	屋上 옥상　屋外 옥외　家屋 가옥　社屋 사옥
훈독	や	部屋 방　花屋 꽃가게　本屋 책방　屋根 지붕
		八百屋 채소가게　屋台 포장마차, 가판점

学校の屋上から村の景色が全部見えます。 학교 옥상에서는 마을 경치가 다 보입니다.

暗い部屋よりも明るい部屋のほうが気分も良くなる。 어두운 방보다도 밝은 방 쪽이 기분도 좋아진다.

0261 | N3

| | 醫 |

음독 **い**

医者 의사　医院 의원　医学 의학

内科医 내과의사　医薬品 의약품　医療 의료　名医 명의

의원 **의**

この病院は医者が二人しかいません。이 병원은 의사가 2명밖에 없습니다.

あの歌手は、S大学の医学部出身だそうだ。저 가수는 S대학의 의학부 출신이라고 한다.

0262 | N3

| | 者 |

음독 **しゃ**

学者 학자　記者 기자　患者 환자　作者 작자

훈독 **もの**

者 사람, 자　若者 젊은이　人気者 인기인

놈 **자**

学者の卵たちは熱心に研究している。햇병아리 학자들은 열심히 연구하고 있다.

最近インスタグラムをしないと人気者にはなれません。요즘 인스타그램을 하지 않으면 인기인
이 될 수 없습니다.

0263 | N3

음독 **びょう**

病気 병　病人 환자　仮病 꾀병　持病 지병

へい

疾病 질병

훈독 **やむ**

病む 앓다, 병에 걸리다　病み付き 중독, 고질이 됨

やまい

病 병, 나쁜 버릇

병 **병**

病気にはくれぐれも気をつけてください。병에는 아무쪼록 조심하십시오.

ストレスで心を病む人が増えています。스트레스로 마음의 병을 앓는 사람이 늘고 있습니다.

0264 | N3

음독 **いん**

病院 병원　入院 입원　美容院 미용실　退院 퇴원

医院 의원　院長 원장

집 **원**

薬を飲む前に病院へ行った方がいい。약을 먹기 전에 병원에 가는 편이 좋다.

あの人は入院しているので、明日の旅行に来るはずがない。저 사람은 입원해 있어서 내일
여행에 올 리가 없다.

0265 | N2

피 혈

음독 **けつ**	血圧 혈압　血液型 혈액형　血糖値 혈당치　出血 출혈	
	貧血 빈혈　献血 헌혈	
훈독 **ち**	血 피　血だらけ 피투성이　鼻血 코피	

血糖値を下げるために運動をしています。혈당치를 내리기 위해 운동을 하고 있습니다.
転んで膝が血だらけになった。넘어져서 무릎이 피투성이가 되었다.

0266 | N3

약 약

薬

음독 **やく**	薬品 약품　薬局 약국　薬物 약물　火薬 화약	
	試薬 시약	
훈독 **くすり**	薬 약　薬屋 약국　薬箱 약상자　薬指 약지　胃薬 위장약	

あの薬局は夜遅くまで営業しているので、便利だ。저 약국은 밤늦게까지 영업해서 편리하다.
この薬はとても苦い。이 약은 너무 쓰다.

0267 | N2

온전할 전

全

음독 **ぜん**	全員 전원　全国 전국　全部 전부　完全 완전	
	全体 전체　安全 안전	
훈독 **すべて**	全て 전부, 모두	
まったく	全く 전혀	

ここは全国的に有名なメロンの産地です。이곳은 전국적으로 유명한 메론 산지입니다.
直前まで全く気付かなかった。직전까지 전혀 눈치채지 못했다.

0268 | N2

몸 신

음독 **しん**	身体 신체　身長 신장, 키　自身 자신　出身 출신　全身 전신	
훈독 **み**	身 몸　身内 친척, 일가　身分 신분　身近 나와 가까움, 친숙함	
	刺身 회　中身 내용물	

彼の身長は子供の時から高いです。그의 키는 아이 때부터 큽니다.
身近な人を大切にしよう。내 주변 사람을 소중히 하자.

음독	し	死亡 사망 　死活 사활 　死体 사체 　安楽死 안락사 　必死 필사
		病死 병사 　惨死 참사
훈독	しぬ	死ぬ 죽다

죽을 사

住宅が全焼し、2人が死亡する火事があった。 주택이 모두 타서 2명이 사망하는 화재가 있었다.
人はみないつか死にます。 사람은 모두 언젠가 죽습니다.

음독	りゅう	流行 유행 　流通 유통 　流布 유포 　交流 교류 　合流 합류
		一流 일류 　上流 상류
훈독	ながす	流す 흘리다
	ながれる	流れる 흐르다, 흘러가다

흐를 류(유)

このアプリは学校でも流行しています。 이 앱은 학교에서도 유행하고 있습니다.
上流から桃が流れてきた。 상류에서 복숭아가 떠내려왔다.

음독	あん	安心 안심 　安全 안전 　安定 안정 　安易 안이 　不安 불안
		治安 치안
훈독	やすい	安い 싸다 　安売り 싸게 팖 　安物 값싼 물건 　目安 표준, 기준

편안 안

この機械はとても安全です。 이 기계는 매우 안전합니다.
あの店よりこの店が安い。 저 가게보다 이 가게가 싸다.

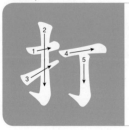

| 음독 | だ | 打開 타개 　打者 타자 　打破 타파 　打倒 타도 　乱打 난타 |
| 훈독 | うつ | 打つ 치다, 때리다 　打ち合わせ 협의, 미리 상의함 |

칠 타

事故で頭を打ったので、病院に運ばれた。 사고로 머리를 부딪쳤기 때문에 병원에 옮겨졌다.
仕事の前に細かい打ち合わせをします。 업무 전에 세세한 협의를 합니다.

0273 | N2

기약할 **기**

음독 き

期間 기간　期待 기대　時期 시기　思春期 사춘기
前期 전기　後期 후기　一学期 1학기

음독 ご

最期 임종, 최후　一期一会 일생에 한 번뿐인 만남

子供が思春期になると口を聞いてくれなくなる。 아이가 사춘기가 되면 말을 하지 않게 된다.
日本の一学期は4月に始まります。 일본의 1학기는 4월에 시작합니다.

0274 | N3

기다릴 **대**

음독 たい

期待 기대　待機 대기　待遇 대우　招待 초대　接待 접대

훈독 まつ

待つ 기다리다　待ち合わせる 만나기로 하다　待合室 대합실

友達をパーティーに招待しました。 친구를 파티에 초대했습니다.
もう少し待ったほうがいいですよ。 조금 더 기다리는 편이 좋아요.

0275 | N3

寫

베낄 **사**

음독 しゃ

写真 사진　写生 스케치, 사생　映写 영사　複写 복사

훈독 うつす

写す 찍다, 베끼다　書き写す 옮겨 적다

훈독 うつる

写る 찍히다

箱の中に写真があります。 상자 안에 사진이 있습니다.
その黒いカメラで写してください。 그 검은 카메라로 찍어 주세요.

0276 | N3

眞

참 **진**

음독 しん

真実 진실　真理 진리　真剣 진지함　真相 진상

훈독 ま

真冬 한겨울　真夏 한여름　真ん中 한가운데
真面目 진지함, 성실함　真っ白 새하양　真っ直ぐ 곧장, 똑바로
真っ赤 새빨강

息子は真剣に話を聞いている。 아들은 진지하게 이야기를 듣고 있다.
この道を真っ直ぐ行くと銀行があります。 이 길을 곧장 가면 은행이 있습니다.

잘 숙

음독	しゅく	宿題 숙제　宿泊 숙박　合宿 합숙　下宿 하숙
훈독	やど	宿 숙소
	やどる	宿る 거주하다, 머물다　雨宿り 비를 피함

英語の宿題を教えてくれませんか。 영어 숙제를 알려 주지 않을래요?

しばらく雨宿りをして行きましょう。 잠시만 비를 피하고 나서 갑시다.

제목 제

| 음독 | だい | 題目 제목　題名 표제명　題材 제재, 소재　主題 주제 |
| | | 課題 과제　話題 화제　問題 문제 |

この本の主題について話しました。 이 책의 주제에 대해 이야기했습니다.

卒業論文でこれからの課題にするとまとめました。 졸업논문에서 앞으로의 과제로 삼겠다고 정리했습니다.

練

익힐 련(연)

| 음독 | れん | 練習 연습　訓練 훈련　試練 시련　未練 미련 |
| 훈독 | ねる | 練る 반죽하다, 단련하다 |

練習をしたら泳げるようになった。 연습을 하니까 헤엄칠 수 있게 되었다.

小麦粉を練ってパンを作ります。 밀가루를 반죽해서 빵을 만듭니다.

習

익힐 습

음독	しゅう	習得 습득　習慣 습관　習字 습자, 글씨쓰기 연습
		復習 복습　予習 예습　学習 학습
훈독	ならう	習う 배우다　見習う 본받다

明日試験なので、復習してください。 내일 시험이니까 복습해 주세요.

幼少期から水泳を習っていた。 어린 시절부터 수영을 익혔다.

0281 | N3

研

음독	けん	研究 연구　研修 연수　研磨 연마　研鑽 연산, 깊이 연구함
훈독	とぐ	研ぐ (칼 등을) 갈다, (쌀을) 씻다
	みがく	研く 닦다, 연마하다

갈 연

日本の古い建物について研究を始めました。 일본의 오랜 건물에 대해 연구를 시작했습니다.
米を研いでご飯を炊いた。 쌀을 씻어서 밥을 지었다.

0282 | N3

음독	きゅう	研究 연구　究明 구명　学究 학구　探究 탐구　究極 결국, 궁극
훈독	きわめる	究める 깊이 연구하다, 구명하다

연구할 구

真理を探究する学問は哲学だと思います。 진리를 탐구하는 학문은 철학이라고 생각합니다.
真相を究めるのは難しいです。 신상을 구명하는 것은 어렵습니다.

0283 | N1

음독	し	詩 시　詩集 시집　詩人 시인　自由詩 자유시

시 시

日本の詩は読んだことがありません。 일본 시는 읽은 적이 없습니다.
好きな詩人の新しい詩集を買った。 좋아하는 시인의 새 시집을 샀다.

0284 | N3

음독	しゅう	集合 집합　集会 집회　集団 집단　集中 집중　集計 집계
		募集 모집　収集 수집
훈독	あつめる	集める 모으다
	あつまる	集まる 모이다　集まり 모임
	つどう	集う 모이다　集い 모임, 회합

모을 집

周りがうるさくて、集中できません。 주변이 시끄러워서 집중할 수 없습니다.
私の趣味は各国のコインを集めることです。 내 취미는 각 나라의 동전을 모으는 것입니다.

음독	し	仕方 방법　仕来たり 관습, 관례　仕事 일, 업무
		仕組み 구조, 짜임새　仕度 준비, 채비
훈독	つかえる	仕える 섬기다, 봉사하다

섬길 사

仕事が終わったので、早く家に帰ります。 일이 끝났기 때문에 일찍 집에 돌아갑니다.

彼は国に仕えるために軍人になったと言った。 그는 나라에 봉사하기 위해 군인이 되었다고 했다.

Tip '仕度(준비)'는 '支度'로도 씀.

음독	じ	事故 사고　事件 사건　記事 기사　行事 행사　食事 식사
		事務所 사무소　返事 답장, 대답
훈독	こと	事柄 내용, 사정　出来事 사건, 일　仕事 일　見事 훌륭함, 멋짐
		人事 남의 일

일 사

上司の了解をもらってから返事します。 상사의 양해를 구하고 나서 답장하겠습니다.

彼女の歌は見事だった。 그녀의 노래는 훌륭했다.

음독	じゅう	住所 주소　住居 주거　住民 주민　住宅 주택
훈독	すむ	住む 살다
	すまう	住まう 살다　住まい 사는 곳

살 주

空港の建設に住民は反対した。 공항 건설에 주민은 반대했다.

ずっとカナダに住むつもりです。 계속 캐나다에 살 생각입니다.

所

음독	しょ	場所 장소　所有 소유　短所 단점　長所 장점
		名所 명소　市役所 시청
훈독	ところ	所 곳　見所 볼만한 곳　台所 부엌

바 소

人はみな長所と短所がある。 사람은 모두 장점과 단점이 있다.

市役所に行って婚姻届けを出します。 시청에 가서 혼인신고서를 냅니다.

0289 | N3

탈승

음독	じょう	乗車 승차　乗客 승객　乗用車 승용차
		乗務員 승무원　搭乗 탑승
훈독	のる	乗る 타다　乗り物 탈것　乗り換える 갈아타다
		乗り換え 환승　乗り場 승강장, 승차장
	のせる	乗せる 태우다

ご乗車ありがとうございます。 승차해 주셔서 감사합니다.

お母さんは子供を自転車に乗せました。 엄마는 아이를 자전거에 태웠습니다.

 乗

0290 | N2

손 객

음독	かく	旅客 여객　旅客機 여객기
	きゃく	お客さん 손님　客観的 객관적　観客 관객　客席 객석
		客間 응접실

このレストランはお客さんでいっぱいになる。 이 레스토랑은 손님으로 꽉 찬다.

物事を客観的に見る練習が必要です。 어떤 일을 객관적으로 보는 연습이 필요합니다.

0291 | N4

역 역

| 음독 | えき | 駅 역　駅前 역 앞　駅員 역무원　駅舎 역사 |
| | | 駅長 역장 |

駅 驛

駅から近いところに部屋を借りたい。 역에서 가까운 곳에 방을 빌리고 싶다.

駅前はいつも賑やかです。 역 앞은 항상 북적입니다.

0292 | N3

비로소 시

음독	し	始発 시발　始終 시종　始動 시동, (기계 등이) 움직이기 시작함
		年末年始 연말연시
훈독	はじめる	始める 시작하다　飲み始める 마시기 시작하다
	はじまる	始まる 시작되다

始発の電車に乗って、会社に行きます。 전철 첫차를 타고 회사에 갑니다.

それでは料理を始めてください。 그럼 요리를 시작해 주십시오.

음독	はつ	発表 발표	発見 발견	発達 발달	発車 발차
		発生 발생	発明 발명	発音 발음	出発 출발	開発 개발
	ほつ	発作 발작	発足 발족		

發

필 발

発表はAさんからお願いします。 발표는 A 씨부터 부탁합니다.

小学生までは男の子より女の子のほうが発達が早い。 초등학생까지는 남자아이보다 여자아이 쪽이 발달이 빠르다.

음독	かい	階〜층	階級 계급	階段 계단	一階 1층	階層 계층

섬돌 계

引っ越しで荷物を運ぶため、1階から5階までを5周した。 이사로 짐을 옮기기 위해 1층에서 5층까지를 5번 왕복했다.

今の社会は階層問題が深刻だ。 지금 사회는 계층 문제가 심각하다.

음독	きゅう	急に 급히, 갑자기	急行 급행	急用 급한 일, 급한 용무
		早急 조급	特急 특급	
훈독	いそぐ	急ぐ 서두르다	急ぎ足 빠른 걸음	

急

급할 급

急に雨が降り出した。 갑자기 비가 내리기 시작했다.

急いで出発しないと遅れますよ。 서둘러서 출발하지 않으면 늦겠어요.

음독	そく	速度 속도	速達 속달, 빠른 우편	急速 급속
		早速 즉시, 재빨리	高速 고속	
훈독	はやい	速い 빠르다		
	すみやか	速やか 빠름, 신속함		

速

빠를 속

急速列車に乗ったら、間に合いますよ。 급속열차를 타면 시간에 맞게 도착할 겁니다.

雲の流れが速い。 구름의 흐름이 빠르다.

Tip はやい

速い 속도가 빠르다, 속도가 오르다 → テンポが速い。 템포가 빠르다.

早い 시기나 시각이 이르다, 시간이 짧다 → 早く起きる。 일찍 일어나다.

0297 | N3

마칠 종

음독	しゅう	終点 종점　終業式 종업식　終着 종착　終電 전철 막차
		最終 최종　始終 시종, 언제나
훈독	おわる	終わる 끝나다, 끝내다, 마치다　終わり 끝
	おえる	終える 끝내다

東京駅発の新幹線の終電は２２時台です。 도쿄역을 출발하는 신칸센 막차는 22시대입니다.
トイレに行っているうちに放送が終わってしまった。 화장실에 가 있는 사이에 방송이 끝나 버렸다.

0298 | N3

붙을 착

음독	ちゃく	着手 착수　着陸 착륙　着席 착석　着実 착실　愛着 애착
훈독	きる	着る 입다　着物 기모노　上着 겉옷
	きせる	着せる 입히다
	つく	着く 도착하다
	つける	着ける 붙이다, (몸에) 끼다, 매다

開始１５分前には着席していてください。 개시 15분 전에는 착석해 주십시오.
９時に家を出て、１０時に駅に着きました。 9시에 집을 나와 10시에 역에 도착했습니다.

0299 | N3

나아갈 진

進

음독	しん	進行 진행　進学 진학　進級 진급　進出 진출
		進歩 진보　行進 행진　前進 전진　先進国 선진국　促進 촉진
훈독	すすむ	進む 나아가다, 진행하다, 진학하다
	すすめる	進める 진행시키다, 나아가게 하다

進学しようか、就職しようか、迷っている。 진학할지 취직할지 고민하고 있다.
楽しい仕事はどんどん進んですぐに終わります。 즐거운 일은 계속 진행되어 금세 끝납니다.

0300 | N2

길 로(노)

| 음독 | ろ | 路地 골목　路線 노선　路上 노상　路面 노면　活路 활로 |
| | | 進路 진로　Ｔ字路 T자로, 삼거리　回路 회로 |

これからの進路について悩んでいます。 앞으로의 진로에 대해 고민하고 있습니다.
そこのＴ字路を右に曲がってください。 거기 삼거리를 오른쪽으로 돌아 주세요.

0301 | N3

구를 전

음독 **てん**	<ruby>転校<rt>てんこう</rt></ruby> 전학　<ruby>転職<rt>てんしょく</rt></ruby> 전직　<ruby>移転<rt>いてん</rt></ruby> 이전　<ruby>運転<rt>うんてん</rt></ruby> 운전	
	<ruby>転回<rt>てんかい</rt></ruby> 전회, 회전　<ruby>自転車<rt>じてんしゃ</rt></ruby> 자전거	
훈독 **ころぶ**	<ruby>転<rt>ころ</rt></ruby>ぶ 넘어지다	
ころがす	<ruby>転<rt>ころ</rt></ruby>がす 굴리다, 쓰러뜨리다	
ころがる	<ruby>転<rt>ころ</rt></ruby>がる 구르다, 쓰러지다	
ころげる	<ruby>転<rt>ころ</rt></ruby>げる 구르다	

轉

<ruby>運転<rt>うんてん</rt></ruby>は<ruby>苦手<rt>にがて</rt></ruby>です。 운전은 잘하지 못합니다(자신 없습니다).
<ruby>自転車<rt>じてんしゃ</rt></ruby>とぶつかって<ruby>転<rt>ころ</rt></ruby>んだが、<ruby>運<rt>うん</rt></ruby>がよくてなんともなかった。 자전거와 부딪혀서 넘어졌는데 운이 좋아 아무렇지도 않았다.

0302 | N2

향할 향

음독 **こう**	<ruby>向上<rt>こうじょう</rt></ruby> 향상　<ruby>方向<rt>ほうこう</rt></ruby> 방향　<ruby>意向<rt>いこう</rt></ruby> 의향　<ruby>傾向<rt>けいこう</rt></ruby> 경향
훈독 **むける**	<ruby>向<rt>む</rt></ruby>ける 향하게 하다, 돌리다
むく	<ruby>向<rt>む</rt></ruby>く 향하다
むかう	<ruby>向<rt>むか</rt></ruby>う 마주보다, 향해가다
むこう	<ruby>向<rt>む</rt></ruby>こう 맞은편, 건너편

この<ruby>方向<rt>ほうこう</rt></ruby>にずっと<ruby>行<rt>い</rt></ruby>ったら<ruby>川<rt>かわ</rt></ruby>が<ruby>見<rt>み</rt></ruby>えます。 이 방향으로 계속 가면 강이 보입니다.
<ruby>壁<rt>かべ</rt></ruby>に<ruby>向<rt>む</rt></ruby>かってボールを<ruby>投<rt>な</rt></ruby>げた。 벽을 향해 공을 던졌다.

0303 | N3

물건 품

음독 **ひん**	<ruby>品質<rt>ひんしつ</rt></ruby> 품질　<ruby>品種<rt>ひんしゅ</rt></ruby> 품종　<ruby>作品<rt>さくひん</rt></ruby> 작품　<ruby>商品<rt>しょうひん</rt></ruby> 상품　<ruby>製品<rt>せいひん</rt></ruby> 제품
	<ruby>返品<rt>へんぴん</rt></ruby> 반품　<ruby>食料品<rt>しょくりょうひん</rt></ruby> 식료품　<ruby>特売品<rt>とくばいひん</rt></ruby> 특매품
훈독 **しな**	<ruby>品<rt>しな</rt></ruby> 물건, 상품　<ruby>品物<rt>しなもの</rt></ruby> 물건, 물품　<ruby>品切<rt>しなぎ</rt></ruby>れ 품절　<ruby>手品<rt>てじな</rt></ruby> 마술

この<ruby>辺<rt>へん</rt></ruby>に<ruby>食料品<rt>しょくりょうひん</rt></ruby>を<ruby>売<rt>う</rt></ruby>っているスーパーなどはありませんか。 이 부근에 식료품을 팔고 있는 슈퍼마켓 등은 없습니까?
<ruby>注文<rt>ちゅうもん</rt></ruby>の<ruby>品物<rt>しなもの</rt></ruby>をお<ruby>届<rt>とど</rt></ruby>けに<ruby>上<rt>あ</rt></ruby>がりました。 주문 상품을 배송해 드리러 왔습니다.

0304 | N3

물건 물

음독 **ぶつ**	<ruby>物質<rt>ぶっしつ</rt></ruby> 물질　<ruby>物理<rt>ぶつり</rt></ruby> 물리　<ruby>物価<rt>ぶっか</rt></ruby> 물가　<ruby>動物<rt>どうぶつ</rt></ruby> 동물　<ruby>植物<rt>しょくぶつ</rt></ruby> 식물
	<ruby>見物<rt>けんぶつ</rt></ruby> 구경
もつ	<ruby>荷物<rt>にもつ</rt></ruby> 짐　<ruby>作物<rt>さくもつ</rt></ruby> 작물　<ruby>食物<rt>しょくもつ</rt></ruby> 식물
훈독 **もの**	<ruby>物<rt>もの</rt></ruby> 물건, 것　<ruby>物語<rt>ものがたり</rt></ruby> 이야기　<ruby>贈<rt>おく</rt></ruby>り<ruby>物<rt>もの</rt></ruby> 선물　<ruby>偽物<rt>にせもの</rt></ruby> 가짜

インサドンを<ruby>見物<rt>けんぶつ</rt></ruby>しました。 인사동을 구경했습니다.
<ruby>年末<rt>ねんまつ</rt></ruby>にはお<ruby>世話<rt>せわ</rt></ruby>になった<ruby>人<rt>ひと</rt></ruby>へ<ruby>贈<rt>おく</rt></ruby>り<ruby>物<rt>もの</rt></ruby>を<ruby>送<rt>おく</rt></ruby>ります。 연말에는 신세진 사람에게 선물을 보냅니다.

0305 | N2

음독	はい	配達 배달　支配 지배　分配 분배　配慮 배려　宅配 택배
		気配 기미, 기색
훈독	くばる	配る 나눠 주다　気配り 배려

나눌 배

このプリントをみんなに配ってください。이 프린트를 모두에게 나눠 주세요.
交通機関を利用するときは周囲への気配りも大切だ。교통기관을 이용할 때는 주위를 배려하는 것도 중요하다.

0306 | N3

送

음독	そう	運送 운송　放送 방송　送信 송신　送別会 송별회
		郵送 우송　回送 회송
훈독	おくる	送る 보내다, 바래다주다　見送り 배웅

보낼 송

ほとんど一日中テレビの放送がある。거의 하루 종일 TV 방송이 있다.
家まで送ってあげますよ。집까지 데려다줄게요.

0307 | N2

음독	じゅ	受賞 수상　受信 수신　受診 진찰을 받음　授受 수수, 주고받음
		受験 수험, 시험을 치름　受験生 수험생
훈독	うける	受ける 받다　受け止める 받아들이다　受付 접수
	うかる	受かる 합격하다, 붙다

받을 수

受験するからには、必ず合格します。시험을 치르는 이상 반드시 합격하겠다.
面接試験に受かりました。면접시험에 붙었습니다.

0308 | N2

음독	しゅ	取材 취재　取得 취득　採取 채취　先取 선취
훈독	とる	取る 잡다, 쥐다, 빼앗다　取引先 거래처　取っ手 손잡이
		取り消し 취소

가질 취

運転免許を取得するためにセンターに登録した。운전면허를 취득하기 위해 센터에 등록했다.
イタリアで誰かに財布を取られました。이탈리아에서 누군가에게 지갑을 빼앗겼습니다.

95

장사 상

음독	しょう	商売 장사 商人 상인 商品券 상품권 商店街 상점가
		商業 상업 行商 행상
훈독	あきなう	商う 장사하다, 매매하다

商売はあまり順調ではありません。 장사는 별로 잘되지 않습니다.
彼は靴類を商っている。 그는 신발류 장사를 하고 있다.

업 업

음독	ぎょう	業務 업무 業績 업적 授業 수업 営業 영업 企業 기업
		工業 공업 産業 산업 卒業 졸업
	ごう	業苦 (불교) 업고
훈독	わざ	業 소행, 일, 직업 仕業 짓, 소행 早業 재빠르고 능란한 솜씨·재주

本日は21時までの営業となっています。 오늘은 21시까지 영업합니다.
窓を割ったのは誰の仕業なのか。 창문을 깬 것은 누구의 짓인가?

하여금 사

음독	し	使用 사용 使命 사명 大使 대사 天使 천사
훈독	つかう	使う 사용하다 お使い 심부름 使い方 사용법 使い道 용도
		使い捨て 한 번 쓰고 버림, 일회용

現在、世界の各国に大使館がある。 현재 세계 각국에 대사관이 있다.
このパソコンを5年間も使ってきた。 이 컴퓨터를 5년간이나 사용해왔다.

목숨 명

음독	めい	命じる 명령하다 命令 명령 運命 운명 生命 생명
	みょう	寿命 수명
훈독	いのち	命 생명, 목숨 命がけ 목숨을 겲, 필사적임

この国の平均寿命は20年連続して伸びている。 이 나라의 평균 수명은 20년 연속으로 늘고 있다.
ペットの命を大切にしましょう。 반려동물의 생명을 소중히 합시다.

0313 | N2

음독 てつ	鉄道 철도　地下鉄 지하철　鉄棒 철봉　鉄筋 철근	鐵

쇠 철

電車と地下鉄の違いは何ですか。 전차와 지하철의 차이는 무엇입니까?

運動場の鉄棒で遊んだりしていました。 운동장 철봉에서 놀기도 하고 했습니다.

0314 | N2

음독 きょう	鉄橋 철교　歩道橋 육교
훈독 はし	橋 다리　つり橋 현수교, 출렁다리　石橋 돌다리

다리 교

夜歩道橋で夜景を見ると素敵です。 밤에 육교에서 야경을 보면 멋집니다.

このバスは大きな橋を渡って、駅へ行きます。 이 버스는 큰 다리를 건너 역으로 갑니다.

0315 | N2

음독 つい	追加 추가　追求 추구　追突 추돌　追伸 추신 追憶 추억	追
훈독 おう	追う 쫓다　追い風 순풍　追い越す 추월하다	

쫓을 추

何か追加注文はありませんか。 뭔가 추가 주문은 없습니까?

仕事に追われていっしょに酒を飲むどころではなかった。 일에 쫓겨 같이 술을 마실 상황이
아니었다.

0316 | N2

음독 ほう	放課後 방과후　放置 방치　放棄 포기　放送 방송 放射能 방사능　開放 개방　解放 해방　追放 추방
훈독 はなす	放す 놓다, 풀어주다
はなつ	放つ 추방하다, 놓아주다
はなれる	放れる 풀리다
ほうる	放る 던지다, 방치하다

놓을 방

この2ヵ月間、休む暇も無く続いた仕事から、やっと解放された。 최근 2개월간 쉴 틈도
없이 계속된 일로부터 겨우 해방되었다.

釣った魚を海に放してあげましょう。 잡은 물고기를 바다에 풀어줍시다.

음독	かん	寒暖 추위와 따뜻함　寒波 한파　寒風 한풍, 찬바람
		寒帯 한대
훈독	さむい	寒い 춥다　寒気 한기, 오한

寒

찰 **한**

一週間寒波が続いています。 일주일간 한파가 계속되고 있습니다.
寒くて顔が赤くなった。 추워서 얼굴이 빨개졌다.

음독	しょ	避暑 피서　残暑 늦더위　寒暑 한서
훈독	あつい	暑い 덥다　暑さ 더위　蒸し暑い 무덥다

暑

더울 **서**

8月の残暑は厳しいです。 8월 늦더위가 기승을 부립니다.
夏の暑さに負けないよう、健康にお気をつけください。 여름 더위에 지지 않도록 건강에 유의
해 주세요.

음독	けい	軽重 가벼움과 무거움　軽量 경량　軽率 경솔
		軽食 간단한 식사　軽視 경시　軽快 경쾌
훈독	かるい	軽い 가볍다　身軽 경쾌함, 간편함
	かろやか	軽やか 가뿐함, 경쾌함

軽

가벼울 **경**

軽快な音楽が聞こえてきます。 경쾌한 음악이 들려옵니다.
このテレビは軽いので、男性はもちろん女性でも運べます。 이 텔레비전은 가벼워서 남성은
물론 여성도 옮길 수 있습니다.

음독	じゅう	重要 중요　体重 체중　重力 중력
	ちょう	貴重 귀중　重宝 소중히 여김, 요긴함
훈독	おもい	重い 무겁다
	かさねる	重ねる 포개다, 겹치다
	かさなる	重なる 포개지다, 겹쳐지다
	え	二重 두 겹

重

무거울 **중**

運動しているが、なぜか体重が落ちない。 운동하고 있는데 왠지 체중이 줄지 않는다.
彼は、年齢を重ねるにしたがって、性格が穏やかになった。 그는 나이를 먹으면서 성격이
온화해졌다.

0321 | N2

豫

음독	よ	予約 예약　予想 예상　予防 예방　予定 예정
		予習 예습　予算 예산
훈독	あらかじめ	予め 미리, 사전에

미리 예

今月は上海に出張する予定だ。 이번 달에는 상하이에 출장 갈 예정이다.

飲み会の場所を予め予約しておきました。 회식 장소를 미리 예약해 두었습니다.

0322 | N2

음독	そう	想像 상상　感想 감상　予想 예상　幻想 환상
		愛想 상냥함, 붙임성　空想 공상
훈독	おもう	想う 생각하다

생각 상

将来の自分を想像してみた。 장래의 나를 상상해 보았다.

いつも故郷のことを想っています。 항상 고향에 대한 것을 생각하고 있습니다.

0323 | N2

음독	そう	相談 상담　相当 상당함　相互 상호　相場 시세　手相 손금
	しょう	首相 수상
훈독	あい	相手 상대　相づち 맞장구　相変わらず 변함없이, 여전히
예외		相撲 스모(일본 씨름)

서로 상

仕事を決める時、父と母に相談しました。 일을 결정할 때 아빠와 엄마에게 상담했습니다.

父は相変わらず元気です。 아버지는 여전히 건강하십니다.

0324 | N2

| 음독 | だん | 談話 담화　相談 상담　面談 면담　対談 대담　冗談 농담 |
| | | 雑談 잡담　体験談 체험담 |

말씀 담

午後から先生と面談があります。 오후부터 선생님과 면담이 있습니다.

私の怖い体験談を聞いてください。 나의 무서운 체험담을 들어 주세요.

0325 | N2

음독 い 　委員 위원　委員会 위원회　委任 위임　委嘱 위촉　委託 위탁

훈독 ゆだねる 　委ねる 맡기다

맡길 위

学級委員を選ぶ選挙があります。 학급위원을 뽑는 선거가 있습니다.
会長に学生会の全権を委ねました。 회장에게 학생회 전권을 맡겼습니다.

0326 | N3

음독 いん 　全員 전원　店員 점원　会員 회원　満員 만원　会社員 회사원
　公務員 공무원

인원 원

会員カードを作りました。 회원 카드를 만들었습니다.
娘は高校を卒業して公務員になった。 딸은 고등학교를 졸업하고 공무원이 되었다.

0327 | N2

음독 こう 　幸運 행운　幸福 행복　不幸 불행

훈독 しあわせ 　幸せ 행복

さいわい 　幸い 다행히

さち 　幸 행운, 자연계에서 얻은 음식　海の幸、山の幸 산해진미

다행 행

この数字には「幸運」の意味があります。 이 숫자에는 '행운'의 뜻이 있습니다.
ちょっとした事でも幸せを感じる。 작은 일로도 행복을 느낀다.

0328 | N2

福

음독 ふく 　福 복　福祉 복지　祝福 축복　裕福 유복

복 복

福祉の進んだ国はスウェーデンです。 복지가 잘된 나라는 스웨덴입니다.
彼女は裕福な家庭で育ちました。 그녀는 유복한 가정에서 자랐습니다.

0329 | N2

음독 かん

感じる 느끼다　感**動** 감동　感**謝** 감사　感**情** 감정

感**心** 감동, 기특, 감탄　**体**感 체감　**予**感 예감

느낄 **감**

気温が高いのに、体感はなぜかとても寒く感じる。기온이 높은데 체감은 왠지 아주 춥게 느낀다.

親への感謝を子供に強要してはいけない。부모님께 드리는 감사를 아이에게 강요해서는 안 된다.

0330 | N3

음독 どう

動**物** 동물　動**画** 동영상　**自**動 자동　**感**動 감동　**行**動 행동

活動 활동　**運**動 운동　**移**動 이동　動**作** 동작　**騒**動 소동

훈독 うごく

動く 움직이다

うごかす

動かす 옮기다

움직일 **동**

スマホで動画を見る。스마트폰으로 동영상을 본다.

説明書どおりに組み立ててみたのですが、動かないんです。설명서대로 조립해 봤는데 움직이지 않습니다.

0331 | N2

음독 れつ

行列 행렬　列**挙** 열거　列**車** 열차　列**島** 열도　**整**列 정렬

陳列 진열　**配**列 배열

벌일 **렬(열)**

行列に並んで1時間が経った。줄을 선지 1시간이 지났다.

列車に乗って全国旅行をしたいです。열차를 타고 전국 여행을 하고 싶습니다.

0332 | N2

음독 とう

島**民** 도민　**離**島 벽지, 외딴섬　**諸**島 제도　**半**島 반도

無人島 무인도　**列**島 열도

훈독 しま

島 섬　島**国** 섬나라

섬 **도**

無人島に行くなら、何を持っていきますか。무인도에 간다면 무엇을 가지고 가겠습니까?

その島には、電気はおろか水道もありません。그 섬에는 전기는커녕 수도도 없습니다.

기초 한자 · 4

0333 | N3

旅

음독	りょ

旅行 여행　旅館 여관　旅費 여비　旅客 여객

훈독	たび

旅 여행　旅立ち 여행길　旅先 여행지, 행선지

一人旅 혼자 하는 여행

나그네 **려(여)**

家族みんなであの旅館に泊まった。 가족 모두 저 여관에 묵었다.

会社を辞め、一人で旅に出た。 회사를 그만두고 혼자서 여행을 떠났다.

0334 | N3

館

음독	かん

映画館 영화관　体育館 체육관　美術館 미술관

大使館 대사관

집 관

週末、映画館でこれ観よう。 주말에 영화관에서 이거 봐야지.

あの美術館はいつ行っても人がたくさんいます。 저 미술관은 언제 가도 사람이 많이 있습니다.

0335 | N2

禮

음독	れい

お礼 감사 인사, 예　礼儀 예의　礼儀正しい 예의

바르다　礼服 예복　失礼 실례　礼讚 예찬　謝礼 사례

無礼 무례

예도 **례(예)**

私は山田さんにお礼を言いました。 나는 야마다 씨에게 감사 인사를 했습니다.

あの子は礼儀正しいです。 저 아이는 예의가 바릅니다.

0336 | N2

음독	しき

結婚式 결혼식　入学式 입학식　式場 식장　形式 형식

方式 방식　洋式 서양식　和式 일본식

법 식

娘の入学式がありました。 딸의 입학식이 있었습니다.

どんな方式なのか調べてみます。 어떤 방식인지 알아보겠습니다.

0337 | N2

神

귀신 **신**

음독	**しん**	神経 신경　神秘 신비　神話 신화　神父 (카톨릭) 신부
	じん	神社 신사
훈독	**かみ**	神 신　神様 신, 하나님
	かん	神無月 음력 10월의 다른 이름　神主 신사의 신관
	こう	神々しい 성스럽다, 숭고하다

先日近くの神社で祭りがあった。얼마 전에 근처의 신사에서 축제가 있었다.
子供は神様からの贈り物。아이는 신이 주신 선물.

0338 | N1

宮

집 **궁**

음독	**きゅう**	宮殿 궁전　宮中 궁중　王宮 왕궁
	く	宮内庁 궁내청, 황실에 관한 사무를 맡아 보는 관청
	ぐう	神宮 신궁　竜宮 용궁
훈독	**みや**	宮 궁　お宮参り 신사 참배　宮崎 미야자키(지명 또는 인명)

昔話には王宮がよく出てくる。옛날이야기에는 왕궁이 자주 나온다.
明治神宮に行ってみたら、木がとても多かった。메이지 신궁에 가보니 나무가 아주 많았다.

0339 | N

昭

밝을 **소**

음독	**しょう**	昭和 쇼와(1926년부터 1989년까지의 일본 연호)

母は昭和20年に生まれました。어머니는 쇼와20년(1945년)에 태어나셨습니다.
昭和は1926年から1989年までです。쇼와는 1926년부터 1989년까지입니다.

0340 | N2

和

화할 **화**

음독	**わ**	和室 일본식 방　和風 일본풍　和服 일본 옷, 기모노　和解 화해
		平和 평화　共和 공화　中和 중화　調和 조화　温和 온화
		緩和 완화　飽和 포화
	お	和尚 스님, 주지스님
훈독	**なごむ**	和む 온화해지다
	なごやか	和やか 온화함
	やわらぐ	和らぐ 풀리다, 완화되다
	やわらげる	和らげる 부드럽게 하다, 완화하다

戦争のない平和な社会になってほしいです。전쟁이 없는 평화로운 사회가 되었으면 좋겠습니다.
最後まで和やかな雰囲気だった。마지막까지 온화한 분위기였다.

기초 한자 5

초등학교 3학년 한자   • 100자

丁	区	都	県	州	昔	去	度	次	他
고무래 정	구분할 구	도읍 도	고을 현	고을 주	옛 석	갈 거	법도 도	버금 차	다를 타
両	由	央	羊	申	代	美	苦	悲	深
두 량(양)	말미암을 유	가운데 앙	양 양	거듭 신	대신할 대	아름다울 미	쓸 고	슬플 비	깊을 심
短	暗	温	曲	化	豆	氷	油	酒	皿
짧을 단	어두울 암	따뜻할 온	굽을 곡	될 화	콩 두	얼음 빙	기름 유	술 주	그릇 명
具	笛	実	指	皮	返	守	育	童	秒
갖출 구	피리 적	열매 실	가리킬 지	가죽 피	돌이킬 반	지킬 수	기를 육	아이 동	분초 초
洋	服	表	面	決	定	悪	筆	消	息
큰바다 양	옷 복	겉 표	낯 면	결정할 결	정할 정	악할 악/미워할 오	붓 필	사라질 소	쉴 식
銀	運	拾	役	板	庫	荷	箱	坂	庭
은 은	옮길 운	주울 습	부릴 역	널빤지 판	곳집 고	멜 하	상자 상	언덕 판	뜰 정
根	葉	植	農	畑	緑	陽	炭	波	港
뿌리 근	잎 엽	심을 식	농사 농	화전 전	푸를 록(녹)	볕 양	숯 탄	물결 파	항구 항
投	球	調	整	遊	泳	勝	負	湖	岸
던질 투	공 구	고를 조	가지런할 정	놀 유	헤엄칠 영	이길 승	질 부	호수 호	언덕 안
局	号	第	勉	問	章	漢	級	倍	帳
판 국	이름 호	차례 제	힘쓸 면	물을 문	글 장	한나라 한	등급 급	곱 배	장막 장
注	湯	株	係	祭	歯	鼻	族	様	横
부을 주	끓일 탕	기둥 주	맬 계	제사 제	이 치	코 비	겨레 족	모양 양	가로 횡

0341 | N1

고무래 **정**

음독 **ちょう**	~丁目 ~쵸메(~번지에 해당하는 일본의 행정구역) 丁度 꼭, 알맞게
	包丁 식칼
훈독 **てい**	丁重 정중, 극진함 丁寧 정중함, 공손함

包丁でじゃがいもを切って肉じゃがを作った。칼로 감자를 썰어 고기 감자조림을 만들었다.
丁寧にあいさつをしました。정중히 인사를 했습니다.

0342 | N3

구분할 **구**

區

음독 **く**	区域 구역 区間 구간 区役所 구청 区画 구획
	区分 구분 区別 구별 地区 지구

トンネルは工事区間に入るので、別の道をご利用下さい。터널은 공사 구간에 들어가므로
다른 길을 이용해 주십시오.
あの姉妹は双子なので区別が難しい。저 자매는 쌍둥이라서 구별이 어렵다.

0343 | N3

도읍 **도**

都

음독 **と**	東京都 도쿄도 都市 도시 首都 수도 都心 도심
つ	都合 사정, 경우
훈독 **みやこ**	都 수도

今度のコンサートは先生の都合で中止になりました。이번 콘서트는 선생님 사정으로 중지되
었습니다.
日本の昔の都は京都です。일본의 옛 수도는 교토입니다.

0344 | N3

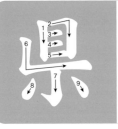

고을 **현**

縣

음독 **けん**	県 현(일본의 지방 행정 구역)
	都道府県 도도부현(일본의 행정구역의 하나로, 1都1道2府43県임)
	県立 현립 県民 현의 주민 県庁 현청 県知事 현지사

この県の産業について説明してください。이 현의 산업에 대해 설명해 주세요.
県知事は県民のために働いています。현지사는 현민을 위해 일하고 있습니다.

고을 **주**

음독 **しゅう**	州立 주립　欧州 유럽　本州 혼슈(일본 열도의 주된 가장 큰 섬) 九州 규슈	
훈독 **す**	三角州 삼각주	

日本は北海道、本州、四国、九州、四つの島になっています。 일본은 홋카이도, 혼슈, 시코쿠, 규슈라는 4개의 섬으로 되어 있습니다.
川の河口に三角州があります。 강의 하구에 삼각주가 있습니다.

옛 **석**

음독 **せき**	昔日 옛날　昔年 옛날
しゃく	今昔 지금과 옛날
훈독 **むかし**	昔 옛날　昔話 옛날이야기　一昔 옛날(약 10년 전)

「今昔物語集」は日本の説話集です。 『금석물어집』은 일본의 설화집입니다.
昔から探していたものをやっと見つけた。 옛날부터 찾고 있던 것을 겨우 찾았다.

갈 **거**

음독 **きょ**	去年 작년　退去 퇴거　除去 제거　消去 소거, 지워버림
こ	過去 과거
훈독 **さる**	去る 지나가다, 떠나다, 끝나다　立ち去る 떠나다

父は去年退職しました。 아버지는 작년에 퇴직했습니다.
夏が去って、秋になりました。 여름이 가고 가을이 되었습니다.

법도 **도**

음독 **ど**	度 도　毎度 매번　今度 이번　一度 한번　温度 온도 加速度 가속도　高度 고도　制度 제도
たく	支度 준비, 채비
훈독 **たび**	度 ~할 때마다　度々 자주, 여러 번　この度 이번, 금번

聞き取れなかったので、もう一度言ってくれませんか。 못 알아들었는데 한 번 더 말해 주지 않겠습니까?
この度は大変お世話になりました。 이번에는 대단히 신세를 졌습니다.

0349 | N2

버금 차

음독 じ — 次回 다음 번　次男 차남　目次 목차
し — 次第 순서, (명사 뒤에 붙어) ~나름, (동사 ます형에 붙어) ~하는 대로

훈독 つぐ — 次ぐ 잇따르다, 버금가다
つぎ — 次 다음　次々と 연이어, 연달아

検査の結果が分かり次第、ご連絡いたします。 조사 결과를 알게 되는 대로 연락드리겠습니다.
次の試合は必ず勝ちたいです。 다음 시합은 꼭 이기고 싶습니다.

0350 | N2

다를 타

음독 た — 他人 타인　他界 타계　他国 타국, 타향　他殺 타살
排他的 배타적

훈독 ほか — 他 그 밖, 다른 것　その他 그 밖에

他人は気にするな。自分がコントロールできるのは自分だけだ。 다른 사람은 신경 쓰지 마라, 자기가 컨트롤할 수 있는 것은 자신뿐이다.
君は他の誰よりも美しいです。 당신은 다른 누구보다도 아름답습니다.

0351 | N2

두 량(양)

両

음독 りょう — 両親 부모님　両手 양손　両方 양쪽　両立 양립, 병행
両替 환전

2年前、両親が離婚した。 2년 전에 부모님이 이혼했다.
勉強とスポーツを両立したいです。 공부와 운동을 병행하고 싶습니다.

0352 | N2

말미암을 유

음독 ゆ — 由来 유래　経由 경유
ゆう — 自由 자유　理由 이유
ゆい — 由緒 유서

훈독 よし — 由 까닭, 원인

なぜそうなったのか、なぜそうなのか、理由が分からない。 왜 그렇게 됐는지, 왜 그런지 이유를 모르겠다.
由緒も残さず、この世を去ってしまった。 유서도 남기지 않고 이 세상을 떠나 버렸다.

0353 | N2

음독 **おう**	中央 중앙　中央区 주오구(도쿄의 한 구)

가운데 **앙**

みなさん広場の中央に集まってください。 여러분 광장 중앙에 모여 주세요.

日本で留学したとき、中央区に住んでいました。 일본에서 유학했을 때 주오구에 살았습니다.

0354 | N1

음독 **よう**	羊肉 양고기　羊毛 양모　羊羹 양갱
훈독 **ひつじ**	羊 양　子羊 어린 양

양 **양**

寒いので羊毛ジャケットを買いました。 추워서 양모 재킷을 샀습니다.

牧場には羊や馬などがいます。 목장에는 양과 말 등이 있습니다.

0355 | N2

음독 **しん**	申告 신고　申請 신청　答申 답신
훈독 **もうす**	申す 아랫사람이 윗사람에게 말하다
	申し上げる 말씀드리다('言う 말하다'의 겸양어)
	申し込む 신청하다　申込書 신청서

거듭 **신**

申込書の形式が変更されたので、もう一度申請した。 신청서 형식이 변경되었기 때문에 한 번 더 신청했다.

金と申しますが、山下さんをお願いします。 김이라고 합니다만, 야마시타 씨 부탁합니다.

0356 | N3

음독 **だい**	代表 대표　代理 대리　時代 시대, 시절　近代 근대
	現代 현대　電話代 전화 요금
たい	交代 교대　代謝 대사
훈독 **かわる**	代わる 대신하다, 바뀌다　代わりに 대신에
かえる	代える 바꾸다, 교환하다
しろ	代物 물건, 상품
よ	君が代 기미가요(일본 국가)

대신할 **대**

学生時代にもっと勉強しておけばよかった。 학창 시절에 더 공부해 뒀으면 좋았을걸.

テストの代わりに、レポートを提出しなくてはいけない。 테스트 대신에 리포트를 제출해야만 한다.

0357 | N2

아름다울 **미**

음독 び 　 美人 미인 　 美術 미술 　 美容院 미용실 　 美女 미녀 　 美男 미남

훈독 うつくしい 　 美しい 아름답다

美容院でパーマをかけました。 미용실에서 파마를 했습니다.
ここの景色は本当に美しい。 여기 경치는 정말로 아름답다.

0358 | N2

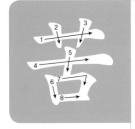

苦

쓸 **고**

음독 く 　 苦労 고생, 수고 　 苦情 불평, 불만 　 苦心 고심
　 苦戦 고전 　 苦悩 고뇌 　 苦痛 고통

훈독 くるしい 　 苦しい 괴롭다, 고통스럽다, 난처하다
　 くるしむ 　 苦しむ 괴로워하다, 힘들어하다
　 くるしめる 　 苦しめる 괴롭히다, 걱정시키다
　 にがい 　 苦い 쓰다 　 苦手 잘 못함, 서투름, 대하기 힘든 상대

両親は若い時、とても苦労しました。 부모님은 젊었을 때 몹시 고생하셨습니다.
私は理科が苦手です。 나는 요리를 못 합니다.

0359 | N2

슬플 **비**

음독 ひ 　 悲運 비운 　 悲観 비관 　 悲劇 비극 　 悲鳴 비명 　 慈悲 자비

훈독 かなしい 　 悲しい 슬프다
　 かなしむ 　 悲しむ 슬퍼하다

女の人の悲鳴が急に聞こえた。 여자의 비명 소리가 갑자기 들렸다.
この映画の結末は悲しいです。 이 영화의 결말은 슬픕니다.

0360 | N2

깊을 **심**

음독 しん 　 深海 심해 　 深刻 심각 　 深夜 심야 　 深呼吸 심호흡 　 水深 수심

훈독 ふかい 　 深い 깊다
　 ふかめる 　 深める 깊게 하다
　 ふかまる 　 深まる 깊어지다

深夜までお酒を飲んでいました。 심야까지 술을 마셨습니다.
韓国や北朝鮮との信頼関係を深めることが重要だ。 한국과 북한의 신뢰 관계를 깊게 하는 것이 중요하다.

0361 | N3

음독	たん	<ruby>短<rt>たん</rt></ruby><ruby>所<rt>しょ</rt></ruby> 단점	<ruby>短<rt>たん</rt></ruby><ruby>時間<rt>じ かん</rt></ruby> 단시간	<ruby>長<rt>ちょう</rt></ruby><ruby>短<rt>たん</rt></ruby> 길고 짧음, 장단
		<ruby>短<rt>たん</rt></ruby><ruby>気<rt>き</rt></ruby> 성미가 급함	<ruby>短<rt>たん</rt></ruby><ruby>期<rt>き</rt></ruby> 단기	<ruby>短<rt>たん</rt></ruby><ruby>縮<rt>しゅく</rt></ruby> 단축
훈독	みじかい	<ruby>短<rt>みじか</rt></ruby>い 짧다	<ruby>気<rt>き</rt></ruby><ruby>短<rt>みじか</rt></ruby> 성급함, 조급함	

짧을 단

オーストラリアへ<ruby>短<rt>たん</rt></ruby><ruby>期<rt>き</rt></ruby><ruby>留学<rt>りゅうがく</rt></ruby>に<ruby>行<rt>い</rt></ruby>きました。 호주에 단기유학을 갔습니다.
<ruby>髪<rt>かみ</rt></ruby>の<ruby>毛<rt>け</rt></ruby>を<ruby>短<rt>みじか</rt></ruby>く<ruby>切<rt>き</rt></ruby>った。 머리카락을 짧게 잘랐다.

0362 | N3

음독	あん	<ruby>暗<rt>あん</rt></ruby><ruby>室<rt>しつ</rt></ruby> 암실	<ruby>暗<rt>あん</rt></ruby><ruby>算<rt>ざん</rt></ruby> 암산	<ruby>暗<rt>あん</rt></ruby><ruby>号<rt>ごう</rt></ruby> 암호	<ruby>暗<rt>あん</rt></ruby><ruby>記<rt>き</rt></ruby> 암기	<ruby>明<rt>めい</rt></ruby><ruby>暗<rt>あん</rt></ruby> 명암
훈독	くらい	<ruby>暗<rt>くら</rt></ruby>い 어둡다	<ruby>暗<rt>くら</rt></ruby><ruby>闇<rt>やみ</rt></ruby> 어둠	<ruby>真<rt>ま</rt></ruby>っ<ruby>暗<rt>くら</rt></ruby> 아주 캄캄함		

어두울 암

<ruby>教科書<rt>きょう か しょ</rt></ruby>の<ruby>単語<rt>たん ご</rt></ruby>をすべて<ruby>暗<rt>あん</rt></ruby><ruby>記<rt>き</rt></ruby>しました。 교과서 단어를 모두 암기했습니다.
<ruby>暗<rt>くら</rt></ruby>い<ruby>道<rt>みち</rt></ruby>を<ruby>歩<rt>ある</rt></ruby>くときは<ruby>気<rt>き</rt></ruby>をつけてください。 어두운 길을 걸을 때는 주의하세요.

0363 | N2

温

음독	おん	<ruby>温<rt>おん</rt></ruby><ruby>度<rt>ど</rt></ruby> 온도	<ruby>温<rt>おん</rt></ruby><ruby>水<rt>すい</rt></ruby> 온수	<ruby>温<rt>おん</rt></ruby><ruby>泉<rt>せん</rt></ruby> 온천	<ruby>温<rt>おん</rt></ruby><ruby>暖<rt>だん</rt></ruby> 온난
		<ruby>気<rt>き</rt></ruby><ruby>温<rt>おん</rt></ruby> 기온	<ruby>高<rt>こう</rt></ruby><ruby>温<rt>おん</rt></ruby> 고온		
훈독	あたたかい	<ruby>温<rt>あたた</rt></ruby>かい 따뜻하다			
	あたためる	<ruby>温<rt>あたた</rt></ruby>める 따뜻하게 하다			
	あたたまる	<ruby>温<rt>あたた</rt></ruby>まる 따뜻해지다			

따뜻할 온

ここは<ruby>一年<rt>いちねん</rt></ruby>を<ruby>通<rt>とお</rt></ruby>して<ruby>温<rt>おん</rt></ruby><ruby>暖<rt>だん</rt></ruby>な<ruby>気候<rt>き こう</rt></ruby>だ。 여기는 1년 내내 온난한 기후다.
<ruby>雨<rt>あめ</rt></ruby>が<ruby>降<rt>ふ</rt></ruby>ったら<ruby>気<rt>き</rt></ruby><ruby>温<rt>おん</rt></ruby>が<ruby>下<rt>さ</rt></ruby>がります。 비가 내리면 기온이 내려갑니다.

0364 | N2

음독	きょく	<ruby>曲<rt>きょく</rt></ruby> 곡	<ruby>曲<rt>きょく</rt></ruby><ruby>線<rt>せん</rt></ruby> 곡선	<ruby>曲<rt>きょく</rt></ruby><ruby>目<rt>もく</rt></ruby> 곡목	<ruby>作<rt>さっ</rt></ruby><ruby>曲<rt>きょく</rt></ruby> 작곡	<ruby>名<rt>めい</rt></ruby><ruby>曲<rt>きょく</rt></ruby> 명곡
훈독	まげる	<ruby>曲<rt>ま</rt></ruby>げる 구부리다, 기울이다				
	まがる	<ruby>曲<rt>ま</rt></ruby>がる 구부러지다, (방향을) 돌다				

굽을 곡

この<ruby>曲<rt>きょく</rt></ruby>はだれにでも<ruby>歌<rt>うた</rt></ruby>いやすいテンポだ。 이 곡은 누구든지 노래 부르기 쉬운 템포다.
そこの<ruby>角<rt>かど</rt></ruby>を<ruby>左<rt>ひだり</rt></ruby>へ<ruby>曲<rt>ま</rt></ruby>がってください。 그 모퉁이를 왼쪽으로 돌아 주세요.

0365 | N2

될 화

음독	か	化学 화학 化石 화석 進化 진화 文化 문화 変化 변화
	け	化粧 화장
훈독	ばける	化ける 둔갑하다 お化け 도깨비, 요괴
	ばかす	化かす (정신을) 호리다

娘はきれいにお化粧をしてお祭りへ出掛けていった。 딸은 예쁘게 화장을 하고 축제에 나갔다.
ここはお化けが出るそうです。 여기는 도깨비가 나온다고 합니다.

0366 | N1

콩 두

음독	とう	豆乳 두유 豆腐 두부 納豆 낫토
	ず	大豆 대두, 콩
훈독	まめ	豆 콩 コーヒー豆 커피 원두
		豆知識 사소한 지식, 알고 있으면 도움이 되는 간단한 지식

朝食は納豆や卵焼き、味噌汁を食べます。 아침밥은 낫토랑 계란말이, 된장국을 먹습니다.
コーヒー豆で、毎日コーヒーを入れます。 커피 원두로 매일 커피를 끓입니다.

0367 | N2

얼음 빙

음독	ひょう	氷河 빙하 氷点 빙점 氷点下 영하 氷山 빙산 流氷 유빙
		結氷 결빙
훈독	こおり	氷 얼음 かき氷 빙수

明日の最低気温は氷点下となります。 내일 최저 기온은 영하가 되겠습니다.
氷を入れてください。 얼음을 넣어 주세요.

0368 | N2

기름 유

| 음독 | ゆ | 油田 유전 油断 방심 石油 석유 醤油 간장 |
| 훈독 | あぶら | 油 기름 油あげ 유부 油絵 유화, 서양화 ごま油 참기름 |

ちょっとした油断が大きな事件を招く場合がある。 사소한 방심이 큰 사건을 초래하는 경우가 있다.
オートバイの油を買ってきました。 오토바이 기름을 사 왔습니다.

Tip あぶら

油 식물·광물의 기름 → 油で天ぷらを揚げる。 기름으로 튀김을 튀기다.
脂 동물의 기름 → 牛肉の脂 소고기의 기름

0369 | N2

음독 しゅ

酒<ruby>席<rt>しゅせき</rt></ruby> 술자리　<ruby>酒税<rt>しゅぜい</rt></ruby> 주세　<ruby>洋酒<rt>ようしゅ</rt></ruby> 양주　<ruby>日本酒<rt>にほんしゅ</rt></ruby> 일본술, 정종

<ruby>飲酒<rt>いんしゅ</rt></ruby> 음주　<ruby>禁酒<rt>きんしゅ</rt></ruby> 금주　<ruby>果実酒<rt>かじつしゅ</rt></ruby> 과실주

훈독 さけ

<ruby>酒<rt>さけ</rt></ruby> 술　<ruby>甘酒<rt>あまざけ</rt></ruby> 단술, 감주

さか

<ruby>酒屋<rt>さかや</rt></ruby> 주류 판매상　<ruby>居酒屋<rt>いざかや</rt></ruby> 술집

술 주

<ruby>水<rt>みず</rt></ruby>がきれいな<ruby>所<rt>ところ</rt></ruby>で<ruby>作<rt>つく</rt></ruby>った<ruby>日本酒<rt>にほんしゅ</rt></ruby>をお<ruby>土産<rt>みやげ</rt></ruby>にいただきました。 물이 깨끗한 곳에서 만든 일본 술을 선물로 받았습니다.

お<ruby>酒<rt>さけ</rt></ruby>を<ruby>飲<rt>の</rt></ruby>むと、<ruby>顔<rt>かお</rt></ruby>にも<ruby>出<rt>で</rt></ruby>る<ruby>体質<rt>たいしつ</rt></ruby>だ。 술을 마시면 얼굴에도 나타나는 체질이다.

0370 | N2

훈독 さら

<ruby>皿<rt>さら</rt></ruby> 접시　<ruby>皿洗<rt>さらあら</rt></ruby>い 설거지　<ruby>小皿<rt>こざら</rt></ruby> 작은 접시　<ruby>灰皿<rt>はいざら</rt></ruby> 재떨이

그릇 명

<ruby>毎日<rt>まいにち</rt></ruby>お<ruby>皿<rt>さら</rt></ruby>を<ruby>洗<rt>あら</rt></ruby>います。 매일 설거지를 합니다.

<ruby>料理<rt>りょうり</rt></ruby>を<ruby>小皿<rt>こざら</rt></ruby>に<ruby>分<rt>わ</rt></ruby>けて<ruby>食<rt>た</rt></ruby>べましょう。 음식을 작은 접시에 나눠서 먹읍시다.

0371 | N2

具

음독 ぐ

<ruby>具合<rt>ぐあい</rt></ruby> 형편, 상태　<ruby>家具<rt>かぐ</rt></ruby> 가구　<ruby>道具<rt>どうぐ</rt></ruby> 도구

<ruby>具体的<rt>ぐたいてき</rt></ruby> 구체적　<ruby>雨具<rt>あまぐ</rt></ruby> 우산이나 비옷

갖출 구

<ruby>体<rt>からだ</rt></ruby>の<ruby>具合<rt>ぐあい</rt></ruby>はどうですか。 몸 상태는 어때요?

この<ruby>店<rt>みせ</rt></ruby>で<ruby>家具<rt>かぐ</rt></ruby>を<ruby>買<rt>か</rt></ruby>うと、<ruby>送料<rt>そうりょう</rt></ruby>が<ruby>無料<rt>むりょう</rt></ruby>になります。 이 가게에서 가구를 사면 운송료가 무료입니다.

0372 | N1

음독 てき

<ruby>汽笛<rt>きてき</rt></ruby> 기적, 고동　<ruby>警笛<rt>けいてき</rt></ruby> 경적

훈독 ふえ

<ruby>笛<rt>ふえ</rt></ruby> 피리　<ruby>口笛<rt>くちぶえ</rt></ruby> 휘파람

피리 적

<ruby>船<rt>ふね</rt></ruby>が<ruby>汽笛<rt>きてき</rt></ruby>を<ruby>鳴<rt>な</rt></ruby>らしながらこちらに<ruby>来<rt>き</rt></ruby>ている。 배가 기적을 울리면서 이쪽으로 오고 있다.

<ruby>祭<rt>まつ</rt></ruby>りの<ruby>行列<rt>ぎょうれつ</rt></ruby>で<ruby>笛<rt>ふえ</rt></ruby>の<ruby>音<rt>おと</rt></ruby>が<ruby>聞<rt>き</rt></ruby>こえました。 축제 행렬에서 피리 소리가 들렸습니다.

0373 | N2

열매 **실**

實

음독 じつ	実力 실력　実家 친정, 본가　実験 실험　実行 실행	
	実感 실감　事実 사실　現実 현실　誠実 성실　真実 진실	
훈독 み	実 열매, 씨앗	
みのる	実る 열매 맺다, 결실을 맺다	

ずいぶん日本語の実力が身についてきた。 꽤 일본어 실력이 붙었다.
梅の実がたくさん実りました。 매실이 많이 열렸습니다.

0374 | N2

가리킬 **지**

음독 し	指示 지시　指揮 지휘　指導 지도　指名 지명　指紋 지문
	指定 지정
훈독 ゆび	指 손가락　指輪 반지　親指 엄지손가락
さす	指す 가리키다　目指す 목표로 하다

来週のコンサートは、私が指揮をします。 다음 주 콘서트는 내가 지휘를 합니다.
今シーズンは優勝を目指して頑張ります。 이번 시즌은 우승을 목표로 열심히 하겠습니다.

0375 | N2

가죽 **피**

음독 ひ	皮膚 피부　皮肉 비아냥, 비꼼　表皮 표피　牛皮 소가죽
	脱皮 탈피
훈독 かわ	皮 가죽, 껍질　皮靴 가죽구두　毛皮 털가죽

友だちの言い方はどうも皮肉めいて聞こえてたまらない。 친구의 말투는 아무래도 비아냥거리는 듯이 들려서 견딜 수 없다.
みかんの皮をむいてくれませんか。 귤껍질을 벗겨 주지 않을래요?

0376 | N2

돌이킬 **반**

返

음독 へん	返事 답장　返品 반품　返金 돈을 돌려줌, 변제함
	返信 답장, 회신　返却 반환, 반납
훈독 かえす	返す 돌려주다
かえる	返る 되돌아가다

今すぐには返信ができません。 지금 바로는 답장을 할 수 없습니다.
図書館で借りた本は、あしたまでに返さなければなりません。 도서관에서 빌린 책은 내일까지 반납해야 합니다.

0377 | N2

지킬 **수**

음독	しゅ	守衛 수위　守備 수비　保守 보수　厳守 엄수
	す	留守 부재중　留守番 집을 봄, 집보기
훈독	まもる	守る 보호하다

友達のうちへ行ったら、留守だった。친구 집에 갔더니 부재중이었다.
自然を守りましょう。자연을 보호합시다.

0378 | N2

기를 **육**

음독	いく	育児 육아　育成 육성　教育 교육
훈독	そだつ	育つ 자라다, 성장하다
	そだてる	育てる 키우다, 기르다
	はぐくむ	育む 품어 기르다, 소중히 기르다

日本では夫の家事や育児への協力が少ないらしい。일본에서는 남편의 가사와 육아의 협력이 적다고 한다.
自ら考える力を育てます。스스로 생각하는 힘을 키웁니다.

0379 | N2

아이 **동**

| 음독 | どう | 童話 동화　童顔 동안　童心 동심　児童 아동　神童 신동 |
| 훈독 | わらべ | 童 어린이, 동자　童歌 전래 동요 |

児童文学に興味があって、童話を書いています。아동 문학에 흥미가 있어서 동화를 쓰고 있습니다.
童歌は母に教わりました。전래 동요는 엄마에게 배웠습니다.

0380 | N2

분초 **초**

| 음독 | びょう | 秒針 초침　秒速 초속　一秒 1초　毎秒 매초 |

時計の秒針が止っています。시계 초침이 멈춰 있습니다.
一秒でも遅刻すると先生は怒るそうだ。1초라도 지각하면 선생님은 화낸다고 한다.

0381 | N3

큰 바다 양

음독 **よう**

| 海洋 해양 | 洋式 서양식 | 洋食 양식 | 洋風 서양풍 |
| 西洋 서양 | 大西洋 대서양 | 太平洋 태평양 |

夕食は洋食のレストランで食べましょう。 저녁 식사는 양식 레스토랑에서 먹읍시다.
台風が太平洋を北上しているらしい。 태풍이 태평양을 북상하고 있다고 한다.

0382 | N3

옷 복

음독 **ふく**

| 服 옷 | 服用 복용 | 服装 복장 | 制服 제복 | 洋服 양복, 옷 |
| 和服 일본 옷, 기모노 |

似合う服を選んであげる。 어울리는 옷을 골라 줄게.
この薬は食後に服用してください。 이 약은 식후에 복용해 주세요.

0383 | N2

겉 표

음독 **ひょう**

| 表現 표현 | 表情 표정 | 発表 발표 | 公表 공표 |
| 代表 대표 | 図表 도표 |

훈독 **あらわす** 表す 나타내다

あらわれる 表れる 나타나다

おもて 表 앞면, 겉, 표면

彼は人見知りで表情が暗い。 그는 낯을 가리고 표정이 어둡다.
目には人の性格が一番よく表れる。 눈에는 사람의 성격이 가장 잘 나타난다.

0384 | N2

낯 면

음독 **めん**

| 面倒 번거로움, 돌봄 | 面会 면회 | 仮面 가면 | 正面 정면 |
| 前面 전면 | 場面 장면 |

훈독 **おも** 面 얼굴 面影 모습

おもて 面 얼굴, 겉면

つら 面 낯짝 泣き面 우는 얼굴, 울상

妹の面倒を見ます。 여동생을 돌봅니다.
娘にはお母さんの面影が残っている。 딸에게는 어머니의 모습이 남아 있다.

기초 한자 · 5

115

음독 けつ

決意 결의	解決 해결	決行 결행	決算 결산	決心 결심	
決定 결정	決勝戦 결승전	決して 결코	対決 대결		

훈독 きめる　決める 정하다

きまる　決まる 정해지다　決まり 결정

결정할 **결**

サッカーの決勝戦は2対1で韓国が優勝となりました。 축구 결승전은 2대 1로 한국이 우승 했습니다.

彼女との待ち合わせ場所はまだ決まっていない。 그녀와 만날 장소는 아직 정해지지 않았다.

음독 てい

定期 정기	定員 정원	予定 예정	決定 결정	肯定 긍정

じょう　定規 정규, 자　案の定 아니나 다를까, 생각한 대로

훈독 さだめる　定める 정하다, 결정하다

さだまる　定まる 정해지다, 결정되다

さだか　定か 명확함, 확실함

정할 **정**

クラスの定員は何人ですか。 반 정원은 몇 명입니까?

なんか音が聞こえるなあと思って、窓の外を見たら案の定雨が降っていた。 뭔가 소리가 들리는 것 같아서 창밖을 보니 아니나 다를까 비가 내렸다.

悪

음독 あく

悪人 악인	悪用 악용	悪意 악의	悪化 악화
善悪 선악			

お　悪寒 오한　嫌悪 혐오

훈독 わるい　悪い 나쁘다　悪気 악의　悪口 욕　悪者 나쁜 놈, 악인

악할 **악**
미워할 **오**

病気が悪化してしまいました。 병이 악화되고 말았습니다.

ホラー映画を見たので気分が悪い。 호러 영화를 봤기 때문에 기분이 나쁘다.

음독 ひつ

筆記 필기	筆者 필자	筆順 필순	鉛筆 연필	万年筆 만년필

훈독 ふで　筆 붓　筆箱 필통　筆先 붓끝　絵筆 그림 그리는 붓

붓 **필**

筆記用具以外はかばんに入れてください。 필기도구 이외에는 가방에 넣어 주세요.

筆箱を持ってくるのを忘れた。 필통을 가져오는 것을 까먹었다.

0389 | N2

음독 しょう

消化 소화　消極的 소극적　消費 소비　消防署 소방서
解消 해소　消灯 소등

훈독 けす

消す 끄다, 지우다　取り消す 취소하다

きえる

消える 꺼지다, 사라지다

消

사라질 소

消費税率が10％へ引き上げられた。 소비세율이 10%로 인상되었다.

あの記憶を消せるものなら消してしまいたい。 그 기억을 지울 수 있다면 지워 버리고 싶다.

0390 | N2

음독 そく

休息 휴식　消息 소식　利息 이자　終息 종식

훈독 いき

息 숨, 호흡　息抜き 한숨 돌림　ため息 한숨

예외 息子 아들

쉴 식

登山の途中、山小屋で休息をとった。 등산하는 도중에 산장에서 휴식을 취했다.

息抜きにコーヒーでも飲みませんか。 한숨 돌릴 겸 커피라도 마시지 않겠습니까?

0391 | N3

음독 ぎん

銀行 은행　銀河 은하　銀色 은색　銀貨 은화　水銀 수은
金銀 금은

은 은

この建物の一階に銀行があります。 이 건물 1층에 은행이 있습니다.

『銀河鉄道の夜』という童話を読んだことがある。 『은하철도의 밤』이라는 동화를 읽은 적이 있다.

0392 | N3

음독 うん

運動 운동　運転 운전　運営 운영　運行 운행
運送 운송　運命 운명　幸運 행운

훈독 はこぶ

運ぶ 나르다, 운반하다, 옮기다

運

옮길 운

気分が悪くなったら、運動を中止してください。 속이 좋지 않으면 운동을 중지해 주십시오.

ソファーを2階まで運ぶ。 소파를 2층까지 옮긴다.

0393 | N2

| 음독 | しゅう | 拾得 습득　収拾 수습 |
| 훈독 | ひろう | 拾う 줍다　拾い物 주운 물건, 습득물 |

주울 습

拾得物を警察に届けた。 습득물을 경찰에 신고했다.

道で財布を拾いました。 길에서 지갑을 주웠습니다.

0394 | N2

음독	やく	役 역할, 구실　役立つ 도움 되다　役に立つ 도움이 되다
		役所 관공서　市役所 시청　役割 역할　役者 배우
		役員 임원　主役 주역
	えき	兵役 병역　懲役 징역

부릴 역

新しい道具はあまり役に立たなかった。 새 도구는 별로 도움이 되지 않았다.

役者になるために、演劇部に入って主役を務めました。 배우가 되기 위해 연극부에 들어가 주역을 맡았습니다.

0395 | N2

음독	はん	板木 판목, 인쇄를 위해 새긴 판자
	ばん	看板 간판　黒板 칠판　鉄板焼 철판구이　掲示板 게시판
훈독	いた	板 널, 판자, 도마　板前 요리사　まな板 도마

널빤지 판

久しぶりに鉄板焼が食べたいです。 오랜만에 철판구이가 먹고 싶습니다.

父は板前なのだが、うちでは全然料理をしない。 아버지는 요리사지만, 집에서는 전혀 요리를 하지 않으신다.

0396 | N2

| 음독 | こく | 車庫 차고　金庫 금고　倉庫 창고　文庫 문고　冷蔵庫 냉장고 |
| | く | 庫裏 절의 부엌 |

곳집 고

車を車庫に入れます。 차를 차고에 넣습니다.

夜中に冷蔵庫をあさって何か食べる。 한밤중에 냉장고를 뒤져서 뭔가 먹는다.

0397 | N2

음독 か 　荷重 하중　出荷 출하　入荷 입하　集荷 집하

훈독 に 　荷物 짐　手荷物 수하물　荷作り 짐 싸기　荷札 꼬리표, 짐표

荷

멜 하

新しい商品が入荷しました。 새로운 상품이 입하되었습니다.
手荷物は10キロまで機内に持ち込めます。 수하물은 10kg까지 기내에 가지고 들어갈 수 있습니다.

0398 | N2

훈독 はこ 　箱 상자, (담배)갑　貯金箱 저금통　筆箱 필통　ゴミ箱 쓰레기통
重箱 찬합

상자 상

彼はタバコを毎日2箱も吸う。 그는 담배를 매일 2갑이나 핀다.
ゴミ箱にゴミを捨てましょう。 쓰레기통에 쓰레기를 버립시다.

0399 | N2

음독 はん 　急坂 가파른 언덕　登坂 (차량이) 비탈길을 오름

훈독 さか 　坂 언덕　坂道 언덕길　下り坂 내리막길
上り坂 오르막길, 상승세

언덕 판

登坂車線で路上工事があるため、危ないです。 등판차선에서 노상 공사가 있기 때문에 위험합니다.
学校はこの急な坂をのぼった所にあります。 학교는 이 급한 경사길을 올라간 곳에 있습니다.

0400 | N2

음독 てい 　庭園 정원　家庭 가정　校庭 교정

훈독 にわ 　庭 정원　裏庭 뒤뜰, 뒷마당

뜰 정

同じ料理でも家庭によって味が違います。 같은 요리라도 가정에 따라서 맛이 다릅니다.
庭の手入れが行き届いている。 정원 손질이 구석구석까지 잘되어 있다.

0401 | N2

음독	こん	根拠 근거　根幹 근간　根性 근성　根本 근본　大根 무
		球根 구근, 알뿌리
훈독	ね	根 뿌리　根本 근본, 근원　根強い 뿌리 깊다, 흔들림 없다
		屋根 지붕　根回し 사전교섭

뿌리 근

自分を根本から変えるのは難しいです。 자신을 근본부터 바꾸기란 어렵습니다.
３０代女性からも根強い人気がある。 30대 여성으로부터 흔들림 없는 꾸준한 인기가 있다.

0402 | N2

葉

음독	よう	紅葉 단풍　葉酸 엽산　広葉樹 광엽수　針葉樹 침엽수
훈독	は	葉 잎　葉書 엽서　言葉 말, 언어, 단어　落ち葉 낙엽
예외		紅葉 단풍잎, 단풍이 듦　紅葉狩り 단풍놀이

잎 엽

紅葉がすごくきれいです。 단풍이 너무 예뻐요.
始めは言葉も分からないし、友達もいないし、本当に大変でした。 처음에는 말도 모르고
친구도 없고 정말 힘들었습니다.

0403 | N2

음독	しょく	植物 식물　植樹 식수　植民地 식민지　移植 이식
훈독	うえる	植える 심다　植木 정원수, 분재　田植え 모내기
	うわる	植わる (나무가) 심어지다

심을 식

野原にたくさんの植物が生えている。 들판에 많은 식물이 자라고 있다.
庭に桜の木を植えました。 정원에 벚꽃 나무를 심었습니다.

0404 | N2

음독	のう	農業 농업　農家 농가　農場 농장　農村 농촌
		農作物 농작물　農産物 농산물

농사 농

昔、この国の主な産業は農業でした。 옛날 이 나라의 주된 산업은 농업이었습니다.
農家が直接自宅まで配達します。 농가가 직접 댁까지 배달합니다.

0405 | N2

화전 전

| 훈독 | はたけ | 畑 밭　畑仕事 밭일　花畑 꽃밭　麦畑 보리밭 |
| | はた | 畑作 밭농사　田畑 논밭 |

数年前までこの辺りは畑ばかりの田舎だった。 몇 년 전까지 이 부근은 밭뿐인 시골이었다.

目の前に田畑が広がっています。 눈앞에 논밭이 펼쳐져 있습니다.

0406 | N2

緑

푸를 록(녹)

음독	りょく	緑茶 녹차　緑地 녹지　新緑 신록
	ろく	緑青 녹청, 구리에 생기는 녹색의 녹
훈독	みどり	緑 녹색, 초록　緑色 초록색

新しく出た緑茶です。 味見いかがですか。 새로 나온 녹차입니다. 시음 한번 어떠세요?

緑の野菜を充分とってください。 푸른 채소를 충분히 섭취해 주세요.

0407 | N2

볕 양

| 음독 | よう | 陽気 명랑함, 날씨　陽子 양자　陽性 양성　陰陽 음양 |
| | | 太陽 태양 |

うちの姉は陽気で明るい。 우리 언니는 명랑하고 밝다.

太陽の光がまぶしいです。 태양 빛이 눈부십니다.

0408 | N2

숯 탄

| 음독 | たん | 炭鉱 탄광　炭素 탄소　石炭 석탄　練炭 연탄 |
| 훈독 | すみ | 炭 숯　炭火 숯불 |

昔は石炭をよく使っていた。 옛날에는 석탄을 자주 사용했었다.

炭火で肉を焼きました。 숯불에 고기를 구웠습니다.

0409 | N2

음독 は 　波及 파급　波長 파장　波止場 부두, 부둣가　音波 음파
　　　　　　波紋 파문　寒波 한파　電波 전파

훈독 なみ 　波 파도　津波 해일　人波 인파

물결 **파**

ここは電波を受信することができません。 여기는 전파를 수신할 수 없습니다.
海上の波が高くなるでしょう。 해상의 파도가 높아질 것입니다.

0410 | N2

음독 こう 　開港 개항　空港 공항　入港 입항　出港 출항

훈독 みなと 　港 항구, 포구

항구 **항**

日本から友達が来るというので、空港まで出迎えに行った。 일본에서 친구가 온다고 해서 공항까지 마중 나갔다.
プサン行きのフェリーが港を出て行きます。 부산행 페리가 항구를 떠나갑니다.

0411 | N2

음독 とう 　投手 투수　投資 투자　投入 투입　投票 투표　投書 투서

훈독 なげる 　投げる 던지다　投げやり 중간에 그만둠, 자포자기

던질 **투**

将来への投資を惜しまない。 장래에 대한 투자를 아끼지 않는다.
空へボールを投げました。 하늘로 공을 던졌습니다.

0412 | N2

음독 きゅう 　野球 야구　地球 지구　電球 전구　球場 구장　眼球 안구
　　　　　　球根 구근, 알뿌리

훈독 たま 　球 공, 전구

공 **구**

地球温暖化は私たちに様々な影響を与えている。 지구 온난화는 우리들에게 많은 영향을 끼치고 있다.
その投手は速い球を投げます。 그 투수는 빠른 공을 던집니다.

0413 | N2

고를 **조**

음독 **ちょう**	調査 조사　調子 상태　調節 조절　調和 조화　快調 쾌조	
	好調 호조　順調 순조로움	
훈독 **しらべる**	調べる 조사하다	
ととのう	調う 정돈되다, 구비되다, 성립되다	
ととのえる	調える 정돈하다, 갖추다, 조정하다	

エアコンは部屋の温度を一定に調節してくれる。 에어컨은 방 온도를 일정하게 조절해 준다.
日本の文化について調べました。 일본 문화에 대해 조사했습니다.

0414 | N1

가지런할 **정**

음독 **せい**	整理 정리　整頓 정돈　整備 정비　調整 조정　整然 정연
	整列 정렬
훈독 **ととのえる**	整える 정돈하다, 가지런히 하다
ととのう	整う 정돈되다, 구비되다

勉強が終わったら、机の上をちゃんと整理しよう。 공부가 끝나면 책상 위를 잘 정리하자.
準備が整ったら出掛けましょう。 준비가 다 되면 나갑시다.

0415 | N2

놀 **유**

遊

음독 **ゆう**	遊園地 유원지　遊覧船 유람선　遊牧 유목
훈독 **あそぶ**	遊ぶ 놀다　遊び場 놀이터

この遊園地は平日にもかかわらず、人が多いです。 이 유원지는 평일임에도 불구하고 사람이
많습니다.
生徒が校庭で遊んでいる。 학생이 교정에서 놀고 있다.

0416 | N2

헤엄칠 **영**

음독 **えい**	泳法 영법　水泳 수영　競泳 경영, 수영을 겨룸
훈독 **およぐ**	泳ぐ 헤엄치다　背泳ぎ 배영　平泳ぎ 평영

水泳で韓国の選手が金メダルをとりました。 수영에서 한국 선수가 금메달을 땄습니다.
1ヶ月の練習でようやく泳げるようになった。 한 달간의 연습으로 드디어 헤엄칠 수 있게 되었다.

勝

음독	しょう	勝利 승리 勝敗 승패 優勝 우승 決勝 결승
		勝負 승부
훈독	かつ	勝つ 이기다 勝手 제멋대로 임
	まさる	勝る 낫다, 뛰어나다

이길 승

この勝負、最後に勝つのは私たちのチームだ。 이 승부, 마지막에 이기는 것은 우리들 팀이다.
ドアが勝手に開いた。 문이 저절로 열렸다.

음독	ふ	負担 부담 勝負 승부
훈독	おう	負う 짊어지다, (비난이나 상처 등을) 받다
	まける	負ける 지다
	まかす	負かす 지게 하다, 이기다

질 부

この仕事は負担の大きい仕事です。 이 일은 부담이 큰일입니다.
惜しくも負けてしまって残念だ。 아깝게 지고 말아서 유감이다.

| 음독 | こ | 湖水 호수 湖畔 호반 湖面 호수의 수면 淡水湖 담수호 |
| 훈독 | みずうみ | 湖 호수 |

호수 호

湖面に月が映っている。 호수의 수면에 달이 비치고 있다.
昔この湖には魚がいました。 옛날에 이 호수에는 물고기가 있었습니다.

岸

| 음독 | がん | 海岸 해안 彼岸 피안(춘분이나 추분의 전후 각 3일간을 합한 7일간) |
| 훈독 | きし | 岸 물가 岸辺 강변, 물가 川岸 강기슭 |

언덕 안

海岸で拾った貝を集めました。 해변에서 주운 조개를 모았습니다.
川岸にきれいな花が咲いている。 강기슭에 예쁜 꽃이 피어 있다.

0421 | N2

음독 きょく

郵便局 우체국　薬局 약국　結局 결국　放送局 방송국
事務局 사무국

판 국

郵便局で葉書を出しました。 우체국에서 엽서를 보냈습니다.

ラジオパーソナリティとして放送局に務めたいです。 라디오 DJ로서 방송국에서 일하고 싶습니다.

0422 | N2

음독 ごう

號

記号 기호　号外 호외　信号 신호　番号 번호
号室 호실

이름 호

信号が赤に変りました。 신호가 빨간색으로 변했습니다.

暗証番号を押してください。 비밀번호를 눌러 주세요.

0423 | N1

음독 だい

第一 제일　第一印象 첫인상　落第 낙제　及第 급제
次第 순서, ~하는 대로

차례 제

商品の質を第一に考えるべきだ。 상품의 품질을 제일로 생각해야 한다.

この製品は、アイデア次第でいろいろな使い方ができます。 이 제품은 아이디어에 따라 여러 가지 방법으로 사용할 수 있습니다.

0424 | N3

음독 べん

勉強 공부　勉学 면학　勉励 열심히 노력함　勤勉 근면

힘쓸 면

朝から晩まで勉強します。 아침부터 밤까지 공부합니다.

父はとても勤勉に働いています。 아버지는 매우 근면하게 일하고 있습니다.

0425 | N3

음독 もん

問題 문제　問診 문진　問答 문답　学問 학문　質問 질문

疑問 의문　設問 설문　訪問 방문

훈독 とう

問う 묻다　問い 물음　問い合わせ 조회, 문의

問い合わせる 문의하다

とん

問屋 도매상('といや'로도 읽음)

물을 문

どんどん意見や疑問などを話してください。 의견이나 의문점 등을 어서 다 말씀해 주세요.

この公園では、季節を問わず美しい花が見られます。 이 공원에서는 계절을 불문하고 아름다운 꽃을 볼 수 있습니다.

0426 | N2

음독 しょう

文章 문장　楽章 악장　勲章 훈장　憲章 헌장

紋章 (집안이나 단체를 나타내는) 문장　腕章 완장

글 장

彼女は文章を書くのが上手なので、小説家に向いている。 그녀는 글을 잘 쓰므로 소설가 소질이 있다.

祖父は昔、勲章をもらった。 할아버지는 옛날에 훈장을 받았다.

0427 | N3

漢

음독 かん

漢語 한어　漢詩 한시　漢字 한자　漢文 한문

漢方薬 한방약　悪漢 악한, 못된 놈　門外漢 문외한

한나라 한

まだ漢字が分かりません。 아직 한자를 모르겠습니다.

ラグビーを観戦したけれど、門外漢の私はさっぱりルールがわからなかった。 럭비를 관전했는데 문외한인 나는 전혀 규칙을 몰랐다.

0428 | N1

음독 きゅう

等級 등급　上級 상급　階級 계급　学級 학급　同級生 동급생

高級 고급

등급 급

上級日本語を目指して会話の練習をしています。 상급 일본어를 목표로 회화 연습을 하고 있습니다.

彼と私は同級生だ。 그와 나는 동급생이다.

0429 | N2

곱 배

음독 ばい

倍加 배가　倍数 배수　倍率 배율　倍増 배로 증가　二倍 2배

売り上げが倍増しました。 매출이 배로 늘었습니다.
服をデパートで買ったが、ネットより二倍の価格だった。 옷을 백화점에서 샀는데 인터넷보다 2배 가격이었다.

0430 | N1

장막 장

음독 ちょう

帳簿 장부　手帳 수첩　通帳 통장　日記帳 일기장
几帳面 착실하고 꼼꼼함

友達に日記帳を見られてとても恥ずかしかった。 친구가 일기장을 봐 버려서 너무 부끄러웠다.
何でも手帳で書く几帳面な人です。 뭐든지 수첩에 적는 꼼꼼한 사람입니다.

0431 | N3

부을 주

음독 ちゅう

注意 주의　注射 주사　注入 주입　注文 주문　注目 주목

훈독 そそぐ

注ぐ 붓다, 따르다

ヨーロッパで活躍する韓国人のサッカー選手に、世間が注目している。 유럽에서 활약하는 한국인 축구 선수에게 세계가 주목하고 있다.
お茶漬けはお湯を注ぐだけです。 오차즈케는 뜨거운 물만 따르면 됩니다.

0432 | N2

끓일 탕

음독 とう

銭湯 대중목욕탕　熱湯 열탕　薬湯 약탕

훈독 ゆ

湯 뜨거운물, 목욕물　湯気 수증기　湯飲み 찻잔
湯船 욕조, 목욕통

日本で温泉より銭湯に行ってみたいです。 일본에서 온천보다 대중목욕탕에 가 보고 싶습니다.
メガネの湯気で前が見えません。 안경에 낀 수증기 때문에 앞이 보이지 않습니다.

0433 | N2

음독 **ちゅう**	円柱 원기둥	支柱 지주	電柱 전봇대	鉄柱 철기둥
훈독 **はしら**	柱 기둥, 일의 중요한 부분	電信柱 전신주
	大黒柱 집안의 기둥인 인물

기둥 **주**

電柱にいろいろなチラシが貼ってあります。 전봇대에 여러 전단지가 붙어 있습니다.
まず、柱をちゃんと建てるのが大事です。 우선 기둥을 잘 세우는 것이 중요합니다.

0434 | N2

음독 **けい**	係留 계류	係数 계수	関係 관계	関係者 관계자	連係 연계
훈독 **かかわる**	係わる 관계되다, 관계하다
かかり	係員 담당자	~係 ~계, 담당	受付係 접수계, 담당

맬 **계**

関係者のみなさま、ありがとうございました。 관계자 여러분, 감사드립니다.
受付係の応対は会社への評価に影響します。 접수 담당자의 응대는 회사에 대한 평가에 영향을
줍니다.

0435 | N2

음독 **さい**	祭日 제삿날	文化祭 문화제	前夜祭 전야제
훈독 **まつり**	祭り 축제	雪祭り 눈 축제

제사 **제**

今週の日曜日に母校の文化祭があるから行くつもりだ。 이번 주 일요일에 모교의 문화제가
있어서 갈 생각이다.
今日から近所でお祭りが行われます。 오늘부터 근처에서 축제가 열립니다.

0436 | N2

歯

음독 **し**	歯科 치과	歯石 치석	抜歯 발치
훈독 **は**	歯 치아	歯茎 잇몸	歯磨き 양치질	歯ブラシ 칫솔
	虫歯 충치	歯医者 치과의사	歯車 톱니바퀴

이 **치**

虫歯を抜歯しなければなりません。 충치를 빼야만 합니다.
寝る前に歯を磨きます。 자기 전에 이를 닦습니다.

0437 | N2

음독 び

鼻音 비음　鼻炎 비염　鼻孔 비강, 콧구멍　耳鼻科 이비인후과

훈독 はな

鼻 코　鼻血 코피　鼻水 콧물　鼻歌 콧노래

코 비

喉がひりひりして耳鼻科の先生に見てもらった。 목이 따끔거려서 이비인후과 선생님께 진찰을 받았다.

鼻から鼻血が出ています。 코에서 코피가 나고 있어요.

0438 | N3

음독 ぞく

一族 일족　家族 가족　水族館 수족관　民族 민족　親族 친족

겨레 족

家族や周囲の人々を大切にしなさい。 가족과 주위 사람들을 소중히 해라.

週末、水族館に行く予定だ。 주말에 수족관에 갈 예정이다.

0439 | N2

様

음독 よう

様子 모습, 상황　様式 양식　同様 같음, 마찬가지
模様 모양, 상황

훈독 さま

様 모습, 상태, ~님, ~씨　奥様 사모님　様々 여러 가지, 각양각색
王様 임금님　皆様 여러분

모양 양

あの雲の様子からすると明日は雨だろう。 저 구름 모습으로 보니까 내일은 비가 올 것이다.

皆様、お元気ですか。 여러분 잘 지냈어요?

0440 | N2

横

음독 おう

横断 횡단　横領 횡령　縦横 종횡

훈독 よこ

横 옆, 가로, 곁　横になる 눕다　横綱 요코즈나(최고 씨름꾼)
横道 샛길로 빠짐, 본 줄거리에서 벗어난 이야기　横書き 가로쓰기
横切る 가로지르다, 횡단하다

가로 횡

不動産屋の横にコンビニがあります。 부동산 옆에 편의점이 있습니다.

車の真前を犬が横切る。 자동차 바로 앞을 개가 가로질러 간다.

기초한자 • 5

중급 한자   1

衣	類	印	刷	栄	養	改	札	街	灯
옷 의	무리 류(유)	도장 인	인쇄할 쇄	영화 영	기를 양	고칠 개	편지 찰	거리 가	등불 등

各	種	観	察	完	治	願	望	器	械
각각 각	씨 종	볼 관	살필 찰	완전할 완	다스릴 치	원할 원	바랄 망	그릇 기	기계 계

機	関	希	求	季	節	給	料	協	議
베틀 기	관계할 관	바랄 희	구할 구	계절 계	마디 절	줄 급	헤아릴료(요)	화합할 협	의논할 의

競	争	漁	夫	軍	隊	結	末	健	康
다툴 경	다툴 쟁	고기잡을 어	지아비 부	군사 군	무리 대	맺을 결	끝 말	굳셀 건	편안할 강

建	材	最	低	差	別	参	加	残	念
세울 건	재목 재	가장 최	낮을 저	다를 차	나눌 별	참여할 참	더할 가	남을 잔	생각 념(염)

失	敗	辞	典	借	景	周	辺	臣	民
잃을 실	패할 패	말씀 사	법 전	빌릴 차	볕 경	두루 주	가 변	신하 신	백성 민

席	順	戦	果	選	挙	卒	然	単	位
자리 석	순할 순	싸움 전	실과 과	가릴 선	들 거	마칠 졸	그럴 연	홑 단	자리 위

兆	候	伝	達	特	訓	徒	労	初	孫
조 조	기후 후	전할 전	통달할 달	특별할 특	가르칠 훈	무리 도	일할로(노)	처음 초	손자 손

飛	散	必	要	不	変	付	録	便	利
날 비	흩을 산	반드시 필	요긴할 요	아닐불/아닐부	변할 변	줄 부	기록할 록(녹)	편할편/똥오줌변	이로울 리(이)

法	案	包	帯	未	満	無	欠	約	束
법 법	책상 안	쌀 포	띠 대	아닐 미	찰 만	없을 무	이지러질 결	맺을 약	묶을 속

0441 | N2

옷 의

음독 **い**	衣服 의복 衣装 의상 衣類 의류 更衣 옷을 갈아입음 白衣 백의
훈독 **ころも**	衣 옷, 튀김옷 衣替え 옷을 갈아입음

とてもきれいな花嫁衣装だった。 너무 아름다운 신부 의상이었다.
週末、衣類の整理をしました。 주말에 옷 정리를 했습니다.

0442 | N2

무리 류(유)

類

음독 **るい**	類型 유형 衣類 의류 人類 인류 分類 분류 書類 서류 種類 종류
훈독 **たぐい**	類い 같은 부류, 유례

書類にサインをした。 서류에 사인을 했다.
類いまれな美しさを持っています。 유례없는 아름다움을 지니고 있습니다.

0443 | N2

도장 인

음독 **いん**	印鑑 인감 印象 인상 印刷 인쇄 印税 인세 押印 날인
훈독 **しるし**	印 표, 기호 目印 표시, 표적 矢印 화살표

このプリントはＡ４に印刷してください。 이 프린트는 A4로 인쇄해 주세요.
ノートの大事な所に印をつける。 노트의 중요한 부분에 표시를 하다.

0444 | N2

인쇄할 쇄

음독 **さつ**	刷新 쇄신 印刷 인쇄 増刷 증쇄 縮刷 축쇄
훈독 **する**	刷る (활판 따위로) 인쇄하다, 박다

その小説は１０，０００冊増刷された。 그 소설은 10,000권 증쇄됐다.
パンフレットを千部刷ります。 팸플릿을 천 부 인쇄하겠습니다.

131

榮

음독	えい	栄光 영광　栄養 영양　栄誉 영예　光栄 영광
		繁栄 번영
훈독	さかえる	栄える 번영하다, 번창하다
	はえる	栄える 두드러지다　見栄え 볼품이 좋음, 돋보임

영화 영

りんごは栄養豊富で美容や健康に良い。 사과는 영양이 풍부하고 미용이나 건강에 좋다.
駅前は栄えているけど、郊外はそうでもない。 역 앞은 발전했지만, 교외는 그렇지도 않다.

음독	よう	養成 양성　養子 양자　養育 양육　養殖 양식　栄養 영양
		教養 교양
훈독	やしなう	養う 기르다, 부양하다

기를 양

栄養をしっかりとってください。 영양을 잘 섭취해 주세요.
家族を養っています。 가족을 부양하고 있습니다.

음독	かい	改革 개혁　改札 개찰　改良 개량　改正 개정　改造 개조
훈독	あらためる	改める 고치다, 변경하다, 개선하다
	あらたまる	改まる 변경되다, 개선되다

고칠 개

品種を改良するために研究しています。 품종을 개량하기 위해 연구하고 있습니다.
食習慣や睡眠時間を改める。 식습관이나 수면 시간을 개선한다.

음독	さつ	札束 지폐 다발, 돈뭉치　入札 입찰　表札 표찰, 문패　落札 낙찰
		千円札 천 엔 지폐　改札口 개찰구
훈독	ふだ	札 표, 팻말　名札 명찰　花札 화투

편지 찰

公共事業の入札が始まった。 공공사업의 입찰이 시작되었다.
名札をつける料金を千円札で支払いました。 명찰을 다는 요금을 천 엔 지폐로 지불했습니다.

음독 がい	街頭 가두, 길거리　街路樹 가로수　商店街 상점가	
	繁華街 번화가	
かい	街道 가도, 큰 길거리	
훈독 まち	街 상가가 밀집된 번화한 거리　街角 길모퉁이, 길목	

거리 가

近くに昔ながらの商店街がある。 근처에 옛날 모습 그대로인 상점가가 있다.
この街では車より自転車のほうが便利だ。 이 동네에서는 차보다 자전거 쪽이 편리하다.

Tip まち
町 주택이 밀집된 구역, 번화한 길거리를 뜻하며 지방 행정 구역의 명칭으로도 쓰이는 포괄적인 말.
街 주로 상점이나 빌딩이 늘어서 있는 번화한 길거리, 지역을 뜻함. '町'보다 범위가 좁음.

중급 한자 · 1

燈

음독 とう	灯台 등대　灯油 등유　電灯 전등　街灯 가로등	
	消灯 소등	
훈독 ひ	灯 등불, 불빛　街の灯 거리의 불빛	

등불 등

灯台の光が見える。 등대의 불빛이 보인다.
窓に灯がともりました。 창가에 불빛이 비쳤습니다.

음독 かく	各国 각국　各種 각종　各自 각자　各地 각지	
훈독 おの	各々 각각	

각각 각

お弁当は各自で持っていく。 도시락은 각자가 가지고 간다.
各地の天気をお伝えします。 각지의 날씨를 전해드리겠습니다.

음독 しゅ	種類 종류　種子 종자　種目 종목　各種 각종　人種 인종	
	品種 품종	
훈독 たね	種 씨, 씨앗, 종자　種まき 파종, 씨뿌리기	

씨 종

リンゴ味とグレープ味、2種類の味が楽しめる。 사과맛과 포도맛, 2종류의 맛을 즐길 수 있다.
春になったらレタスの種まきをしましょう。 봄이 되면 상추씨를 뿌립시다.

133

觀

음독 かん	観客 관객　観光 관광　観覧 관람　観察 관찰
	先入観 선입관　悲観 비관　楽観 낙관
훈독 みる	観る 보다

볼 **관**

思い込みや先入観で物事を決めつけないほうがいい。 자기만의 확신이나 선입견으로 매사를 단정 짓지 않는 편이 좋다.

京都は観る所が多いです。 교토는 구경할 곳이 많습니다.

Tip みる

見る 일반적으로 보는 것
→ 夢を見る。 꿈을 꾸다.　様子を見る。 상태를 보다.
車の調子を見る。 차 상태를 보다.　前を見る。 앞을 보다.

観る 관광이나 관찰을 위해 보는 것
→ 生態を観る。 생태를 보다.　名所を観る。 명소를 보다.
手相を観る。 손금을 보다.　芝居、映画、野球を観る。 연극, 영화, 야구를 보다.

視る 감시나 조사를 위해 보는 것, 주의해서 둘러보다
→ 視れば視るほど主意해서 보면 볼수록　被災地を視る。 피해지를 시찰하다.
対象を客観的に視る。 대상을 객관적으로 보다.

診る (진찰로) 보다, 진찰하다 → 患者を診る。 환자를 진찰하다.　脈を診る。 맥을 보다.

看る 보살피다, 돌보다, 간호하다 → 病気の親を看る。 아프신 부모님을 간호하다.

음독 さつ	察知 살펴서 앎, 헤아려 앎　警察 경찰　観察 관찰　診察 진찰
	検察 검찰

살필 **찰**

観察の結果をレポートにまとめる。 관찰 결과를 보고서로 정리한다.

胃が痛いので、内科のお医者さんに診察してもらった。 위가 아파서 내과 의사 선생님께 진찰 받았다.

음독 かん	完成 완성　完全 완전　完了 완료　完璧 완벽　未完 미완
	補完 보완

완전할 **완**

当店は完全予約制です。 저희 가게는 완전 예약제입니다.

ロケット発射のための作業はほぼ完了した。 로봇 발사를 위한 작업은 거의 완료했다.

0456 | N2

다스릴 **치**

음독	ち	治療 치료　治安 치안　自治 자치　統治 통치
	じ	政治 정치　退治 퇴치
훈독	おさめる	治める 진정시키다, 다스리다
	おさまる	治まる 진정되다, 가라앉다
	なおす	治す 고치다, 치료하다
	なおる	治る 낫다, 치료되다

早く病院へ行って適切な治療を受けてください。 빨리 병원에 가서 적절한 치료를 받으세요.

なかなか風邪が治りません。 좀처럼 감기가 낫지 않습니다.

0457 | N2

원할 **원**

음독	がん	願書 원서　願望 원하고 바람, 소원　祈願 기원　出願 출원
		請願 청원
훈독	ねがう	願う 바라다, 원하다　お願い 바람, 소원

誰しも1番になりたい願望を持っている。 누구나 1등이 되고 싶다는 바람을 갖고 있다.

これからもよろしくお願いします。 앞으로도 잘 부탁합니다.

0458 | N2

바랄 **망**

음독	ぼう	望遠鏡 망원경　望郷 망향　失望 실망　希望 희망　絶望 절망
		展望 전망　願望 소원, 바램
훈독	のぞましい	望ましい 바람직하다
	のぞむ	望む 바라다, 원하다　望み 소망, 소원, 전망

希望していた学校に受かって、夢が叶えられました。 원했던 학교에 붙어 꿈이 이루어졌습니다.

事件が早く解決することを望む。 사건이 빨리 해결되기를 바란다.

0459 | N1

器

그릇 **기**

음독	き	器用 솜씨 좋음, 손재주가 있음　不器用 솜씨가 없음, 서투름
		器具 기구　楽器 악기　容器 용기　食器 식기
훈독	うつわ	器 그릇, 용기

私は卵さえ上手く割れないほど不器用だ。 나는 달걀조차 잘 못 깰 정도로 손재주가 없다.

器におかずを盛る。 그릇에 반찬을 담는다.

중급 한자 · 1

135

기계 계

| 음독 | かい | 機械 기계　器械 기계 |

この機械は電気で動く。 이 기계는 전기로 움직인다.
器械体操を習ったことがあります。 기계체조를 배운 적이 있습니다.

베틀 기

음독	き	機 기회, 기계　機会 기회　機能 기능　機関 기관
		危機 위기　動機 동기　飛行機 비행기
훈독	はた	機 베틀　機織り 베 짜기, 길쌈

こちらにいらっしゃる機会があったら、ぜひお寄りください。 이쪽에 오실 기회가 있으면 꼭 들르세요.
これはお祖母さんが使ってた機織り機です。 이건 할머니가 쓰시던 베 짜는 틀입니다.

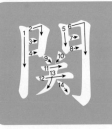

관계할 관

關

음독	かん	関心 관심　関係 관계　関する 관하다, 관련되다
		関連 관련　玄関 현관　機関 기관　税関 세관
훈독	かかわる	関わる 관계하다, 상관하다
	せき	関所 관문　下関 시모노세키(지명)　関の山 고작, 최대 한도

玄関で靴を脱ぎます。 현관에서 신발을 벗습니다.
いじめは人権に関わる最悪の行為です。 왕따는 인권에 관계된 최악의 행위입니다.

바랄 희

| 음독 | き | 希望 희망　希薄 희박　希少価値 희소가치 |

子供に希望を与える人になりたいです。 아이들에게 희망을 주는 사람이 되고 싶습니다.
このタンスは希少価値があります。 이 옷장은 희소가치가 있습니다.

음독 **きゅう**	求人 구인　求職 구직　求婚 구혼　要求 요구　追求 추구
	請求 청구
훈독 **もとめる**	求める 요구하다, 요청하다

구할 구

消費者の要求を満たすために努力します。 소비자의 요구를 충족시키기 위해 노력하겠습니다.

社員全員が給料の値上げを会社に求めた。 사원 전원이 월급 인상을 회사에 요구했다.

음독 **き**	季節 계절　季候 계절과 날씨　四季 사계　雨季 우기
	夏季 하계　冬季 동계

계절 계

たくさんの人が病気になりやすい季節です。 많은 사람이 질환에 걸리기 쉬운 계절입니다.

韓国の気候は、四季すなわち春夏秋冬に分けられる。 한국의 기후는 사계, 즉 춘하추동으로 나눌 수 있다.

節

음독 **せつ**	節約 절약　節電 절전　節介 쓸데없는 참견
	調節 조절　関節 관절
せち	お節料理 설날 조림 음식
훈독 **ふし**	節 마디, 관절　節々 마디마디　節目 단락, 고비

마디 절

お節介なところが母に似ている。 쓸데없이 참견하는 부분이 엄마를 닮았다.

今日は人生の重大な節目になるかもしれないのだ。 오늘은 인생의 중요한 고비가 될지도 모른다.

음독 **きゅう**	給料 급료, 봉급　給食 급식　給与 급여　供給 공급　支給 지급
	時給 시급

줄 급

給食の時間になりました。 급식 시간이 되었습니다.

電力などのエネルギーの供給は、大きな問題になるだろう。 전력 등의 에너지 공급은 큰 문제가 될 것이다.

중급 한자 · 1

137

헤아릴 료(요)

음독	りょう

料理 요리　料金 요금　食料品 식료품　材料 재료　無料 무료

資料 자료　飼料 사료

母はキッチンで料理をしています。 엄마는 부엌에서 요리를 하고 있습니다.

すき焼きの材料は、家庭によってまちまちだ。 스키야키 재료는 가정에 따라 제각각이다.

화합할 협

음독	きょう

協力 협력　協同 협동　協定 협정　協議 협의　協賛 협찬

妥協 타협　生協 생협(대학 내 매점)

父は厳しいが、いつも協力してくれます。 아버지는 엄하시지만, 항상 잘 도와주십니다.

大学の生協に会員の登録をした。 대학교 생협에 회원 등록을 했다.

의논할 의

음독	ぎ

議員 의원　議論 의논　会議 회의　協議 협의　審議 심의

抗議 항의　不思議 이상함, 희한함　国会議員 국회의원

みなさん、積極的に議論に参加してください。 여러분 적극적으로 의논에 참가해 주세요.

午後 1 時から会議を始めます。 오후 1시부터 회의를 시작합니다.

다툴 경

음독	きょう
	けい
훈독	きそう
	せる

競技 경기　競争 경쟁　競走 경주, 달리기　競売 경매

競馬 경마　競輪 경륜

競う 겨루다, 다투다

競る 다투다, 경매하다

百メートル競走で一位になりました。 백 미터 달리기에서 1위를 했습니다.

友達と競いながら勉強したほうがいい。 친구와 경쟁하면서 공부하는 편이 좋다.

0472 | N2

争

음독	そう	そうてん 争点 쟁점	そうだつ 争奪 쟁탈	せんそう 戦争 전쟁	きょうそう 競争 경쟁
		ふんそう 紛争 분쟁	ろんそう 論争 논쟁		
훈독	あらそう	あらそ 争う 다투다, 경쟁하다			

다툴 쟁

せんそう へいわ かんが
戦争と平和を考える。 전쟁과 평화를 생각하다.
かれ しょうぶ あらそ
彼とは勝負を争ういいライバルです。 그와는 승부를 경쟁하는 좋은 라이벌입니다.

0473 | N2

음독	ぎょ	ぎょせん 漁船 어선	ぎょそん 漁村 어촌	ぎょぎょう 漁業 어업	ぎょじょう 漁場 어장
	りょう	りょうし 漁師 어부			

고기 잡을 어

まち おも さんぎょう ぎょぎょう
この町の主な産業は漁業だ。 이 마을의 주된 산업은 어업이다.
りょうし あさはや はたら
漁師は朝早くから働きます。 어부는 아침 일찍부터 일합니다.

0474 | N2

음독	ふ	ふじん 夫人 부인(남의 아내를 높이 부르는 말)	ふさい 夫妻 부처, 부부	のうふ 農夫 농부
		だいじょうぶ 大丈夫 괜찮음	じょうぶ 丈夫 튼튼함, 건강함	
	ふう	くふう 工夫 고안, 궁리	ふうふ 夫婦 부부	
훈독	おっと	おっと 夫 남편		

지아비 부

に もつ も だいじょうぶ
「荷物を持ちましょうか。」「いいえ、大丈夫です。」 "짐을 들어드릴까요?" "아니요, 괜찮습니다."
おっと かえ ひんつく
夫が帰ってくるまでにおかずをもう1品作る。 남편이 집에 올 때까지 반찬을 하나 더 만든다.

0475 | N2

음독	ぐん	ぐんじん 軍人 군인	ぐんたい 軍隊 군대	くうぐん 空軍 공군	しょうぐん 将軍 장군	てきぐん 敵軍 적군

군사 군

おっと じん ぐんじん
夫はアメリカ人で、軍人です。 남편은 미국인이고 군인입니다.
おとうと ことし ぐんたい はい
弟は今年、軍隊に入ります。 동생은 올해 군대에 갑니다.

무리 대

隊

| 음독 | たい | 隊員 대원　隊列 대열　軍隊 군대　部隊 부대 |
| | | 除隊 제대　音楽隊 음악대　軍楽隊 군악대 |

兄は去年、軍隊から除隊しました。 형은 작년에 군대에서 제대했습니다.

すばらしい音楽隊の行進が見られる。 훌륭한 음악대의 행진을 볼 수 있다.

맺을 결

음독	けつ	結果 결과　結婚 결혼　結局 결국　結論 결론　団結 단결
		終結 종결　連結 연결
훈독	むすぶ	結ぶ 묶다, 매다　結び 매듭, 결말　二つ結び 양갈래 머리
	ゆう	結う 매다, 묶다, 엮다
	ゆわえる	結わえる 매다, 묶다

二十歳になったら結婚したい。 스무 살이 되면 결혼하고 싶다.

自分でネクタイを結びます。 스스로 넥타이를 맵니다.

끝 말

음독	まつ	末 말, 끝　末日 말일　週末 주말　月末 월말　期末 기말
		結末 결말
훈독	すえ	末 끝, 마지막　末っ子 막내

週末は実家に帰ろうと思う。 주말은 친정(본가)에 가려고 생각한다.

私は一番上のように見えると言われるんですが、末っ子なんです。 나는 첫째로 보인다고 하지만, 막내입니다.

굳셀 건

| 음독 | けん | 健康 건강　健全 건전　健在 건재　健闘 건투　保健室 보건실 |
| 훈독 | すこやか | 健やか 건강함 |

保健室で休んでもいいですか。 보건실에서 쉬어도 될까요?

子どもが健やかに育つように願う。 아이가 건강히 자라나길 바란다.

음독 こう　　健康 건강　小康 소강, 상태가 가라앉음

편안할 **강**

いつも健康に気をつけてください。 항상 건강에 유의해 주세요.
雨は小康状態です。 비는 소강상태입니다.

음독 けん　　建国 건국　建設 건설　建築 건축　再建 재건
　　　　こん　　建立 건립

훈독 たてる　　建てる 세우다, 짓다　建物 건물　二階建て 2층 건물
　　　　たつ　　　建つ 세워지다

세울 **건**

その建設会社は、実はペーパーカンパニーだった。 그 건설 회사는 사실은 페이퍼 컴퍼니였다.
田舎で自分の家を建てました。 시골에 나의 집을 지었습니다.

음독 ざい　　材料 재료　材質 재질　人材 인재　木材 목재　教材 교재
　　　　　　　　取材 취재

재목 **재**

しゃぶしゃぶの材料を買ってきました。 샤브샤브 재료를 사 왔습니다.
記者が取材のため、たくさん集まっている。 기자가 취재를 위해 많이 모여 있다.

음독 さい　　最大 최대　最高 최고　最低 최저, 최악임　最近 최근
　　　　　　　　最新 최신　最後 최후, 마지막　最中に 한창 ~하는 중에

훈독 もっとも　　最も 가장, 제일
　　　　も　　　　最寄り 가장 가까움　最寄りの駅 가장 가까운 역

가장 **최**

電話している最中に、だれかが玄関に来た。 한창 전화하고 있는데 누군가가 현관에 왔다.
富士山は日本で最も高い山です。 후지산은 일본에서 가장 높은 산입니다.

低

낮을 저

음독	てい	低下 저하　低音 저음　低温 저온　低学年 저학년　高低 고저
		最低 최저, 최악임
훈독	ひくい	低い 낮다, (키가) 작다
	ひくまる	低まる 낮아지다
	ひくめる	低める 낮추다, 낮게 하다

卒業生の就職率が低下している。 졸업생의 취직률이 저하되고 있다.
姉は私より背が低いです。 언니는 나보다 키가 작습니다.

差

다를 차

음독	さ	差別 차별　差額 차액　格差 격차　交差点 사거리　時差 시차
		誤差 오차
훈독	さす	差す (우산을) 쓰다, (안약을) 넣다, 내밀다

そんなことで人を差別してはいけない。 그런 일로 사람을 차별해서는 안 된다.
突然雨が降って傘を差しました。 갑자기 비가 와서 우산을 썼습니다.

別

나눌 별

음독	べつ	別々 따로 따로　別名 별명　別紙 별지　区別 구별
		差別 차별　特別 특별　送別 송별
훈독	わかれる	別れる 헤어지다, 이별하다　別れ話 이별 이야기

日本語では[l]と[r]をほとんど区別しない。 일본어에서는 'l'과 'r'을 거의 구별하지 않는다.
最後は笑顔で別れよう。 마지막에는 웃는 얼굴로 헤어지자.

参

참여할 참

参

| 음독 | さん | 参加 참가　参考 참고　降参 항복, 굴복　持参 지참 |
| 훈독 | まいる | 参る 가다, 오다(겸양어)　お墓参り 성묘 |

参加を約束した以上、必ず来てください。 참가를 약속한 이상 반드시 와 주세요.
一時に先生のお宅へ参ります。 1시에 선생님 댁에 가겠습니다.

0488 | N2

더할 가

음독	か	加工 가공　加入 가입　増加 증가　追加 추가　添加 첨가
훈독	くわえる	加える 더하다, 첨가하다
	くわわる	加わる 추가되다, 많아지다, 참여하다

木材を加工する方法はさまざまです。 목재를 가공하는 방법은 다양합니다.
チームに新しいメンバーが加わった。 팀에 새로운 멤버가 추가되었다.

0489 | N2

남을 잔

残

음독	ざん	残業 야근　残念 유감, 아쉬움　残高 잔고　残酷 잔혹
훈독	のこす	残す 남기다
	のこる	残る 남다　心残り 미련, 유감

合格できなくて残念です。 합격 못 해서 아쉽습니다.
ずっと探していた本が近くの本屋に1冊だけ残っていた。 계속 찾았던 책이 근처 서점에 딱 한 권 남아 있었다.

0490 | N2

생각 념(염)

| 음독 | ねん | 念のため(に) 만일을 위해(서)　念頭 염두　念願 염원 |
| | | 記念 기념　残念 유감스러움　信念 신념　専念 전념 |

念のためデータは複数保存してください。 만일을 위해 데이터는 여러 개 저장해 주세요.
記念に写真をたくさん撮りました。 기념으로 사진을 많이 찍었습니다.

0491 | N2

잃을 실

음독	しつ	失礼 실례　失敗 실패　失恋 실연　過失 과실　消失 소실
		損失 손실
훈독	うしなう	失う 잃다, 상실하다　見失う (시야에서) 놓치다, (모습을) 잃다

今年試験に失敗しても、また来年頑張ります。 올해 시험에 실패해도 또 내년에 열심히 하겠습니다.
事故のショックで記憶を失った人もいる。 사고 쇼크로 기억을 잃은 사람도 있다.

0492 | N2

음독	**はい**	敗北 패배　敗因 폐인　敗戦 패전　失敗 실패　勝敗 승패
		腐敗 부패
훈독	**やぶれる**	敗れる 패하다, 지다

패할 **패**

若いうちに一度敗北を経験しておくといい。 젊을 때 한번 패배를 경험해 보면 좋다.
決勝戦で敗れてしまいました。 결승전에서 지고 말았습니다.

0493 | N2

辭

음독	**じ**	辞書 사전　辞令 사령　辞典 (백과)사전　辞退 사퇴
		辞職 사직　祝辞 축사　お世辞 빈말, 겉치레 인사말
훈독	**やめる**	辞める 그만두다, 사직하다

말씀 **사**

スマホがあるから、電子辞書も要らなくなった。 스마트폰이 있으니까 전자사전도 필요 없게
되었다.
会社を辞める若者が増えている。 회사를 그만두는 젊은이가 늘고 있다.

0494 | N1

| 음독 | **てん** | 典型 전형　古典 고전　辞典 사전　特典 특전 |

법 **전**

これは典型的な詐欺の手口です。 이것은 전형적인 사기 수법입니다.
知らない漢字は漢字辞典で調べる。 모르는 한자는 한자 사전에서 조사한다.

0495 | N3

음독	**しゃく**	借家 빌린 집　借用 차용　借金 차금, 빚　貸借 대차　賃借 임차
		拝借する '빌리다(借りる)'의 겸양어
훈독	**かりる**	借りる 빌리다　借り物 빌린 것

빌릴 **차**

借金で苦労した過去を反省する。 빚으로 고생했던 과거를 반성한다.
パソコンを借りてもいいですか。 컴퓨터를 빌려도 됩니까?

144

0496 | N2

음독 けい

景気 경기　不景気 불경기　景品 경품　光景 광경　背景 배경

風景 풍경　夜景 야경

예외 景色 경치

별 경

不景気のせいで会社をクビにされた。 불경기 때문에 회사에서 잘렸다.

ここから見える景色はきれいだ。 여기서 보이는 경치는 예쁘다.

0497 | N2

음독 しゅう

周辺 주변　周囲 주위　周期 주기　周知 주지　円周 원주

一周 한 바퀴 돎, 일주

훈독 まわり

周り 주위, 둘레, 주변

두루 주

この運動場は一周が800メートルあります。 이 운동장은 한 바퀴가 800미터 됩니다.

周りの雰囲気に流されたりします。 주변 분위기에 휩쓸리기도 합니다.

0498 | N2

邊

음독 へん

この辺 이 근방　周辺 주변　身辺 신변　底辺 저변

辺境 변경, 변방

훈독 あたり

辺り 근처, 부근

べ

海辺 해변, 바닷가　窓辺 창가

가 변

家の周辺に教会が3ヶ所もある。 집 주변에 교회가 3곳이나 있다.

この辺りは安全で住みやすいです。 이 근방은 안전하고 살기 좋습니다.

0499 | N2

음독 しん

臣下 신하　君臣 군신　忠臣 충신

じん

大臣 대신, 장관　外務大臣 외무부 장관

신하 신

臣下は王様をいつも守る。 신하는 왕을 항상 지킨다.

外務大臣が国会に到着しました。 외무부 장관이 국회에 도착했습니다.

중급 한자 · 1

0500 | N3

음독	みん

民主主義 민주주의　民族 민족　民謡 민요　国民 국민

市民 시민　住民 주민　移民 이민　農民 농민

훈독	たみ

民 백성, 국민

백성 민

政治と民主主義について興味があります。 정치와 민주주의에 대해 흥미가 있습니다.
警察は国民の命を守ります。 경찰은 국민의 생명을 지킵니다.

0501 | N2

음독	せき

席 자리　席次 석차　座席 좌석　主席 주석, 최고책임자

欠席 결석　出席 출석　着席 착석　客席 객석

자리 석

講義に毎日出席します。 강의에 매일 출석합니다.
客席から大きな拍手がわき上がりました。 객석에서 큰 박수가 터져 나왔습니다.

0502 | N2

음독	じゅん

順~순　順位 순위　順番 순번　順調 순조로움　語順 어순

순할 순

本棚には本が五十音順に並べられている。 책장에는 책이 오십음도 순으로 배열되어 있다.
計画は順調に進んでいます。 계획은 순조롭게 진행되고 있습니다.

0503 | N2

戦

음독	せん

戦争 전쟁　戦略 전략　戦闘 전투　作戦 작전

苦戦 고전　挑戦 도전

훈독	たたかう

戦う 싸우다　戦い 전쟁, 전투

	いくさ

戦 싸움, 전쟁, 전투　勝ち戦 이긴 싸움, 승전

싸움 전

試合の作戦を立てました。 시합 작전을 짰습니다.
最後まで戦う人が勝者である。 마지막까지 싸우는 사람이 승자다.

0504 | N2

실과 **과**

음독	か	果実 과실　果樹園 과수원　効果 효과　結果 결과　成果 성과
훈독	はたす	果たす 다하다, 완수하다　果たして 과연
	はてる	果てる 끝내다, 다하다　果て 말로, 끝
예외		果物 과일

大丈夫だと先生は言うが、果たして本当に合格できるのだろうか。 괜찮을 거라고 선생님은 말씀하시지만, 과연 정말로 합격할 수 있을 것인가.

この店の果物はおいしいです。 이 가게 과일은 맛있습니다.

0505 | N2

가릴 **선**

選

음독	せん	選手 선수　選択 선택　選挙 선거　当選 당선
		予選 예선
훈독	えらぶ	選ぶ 고르다, 선택하다

出発線に選手が入場する。 출발선에 선수가 입장한다.

好きな本を選びます。 좋아하는 책을 고릅니다.

0506 | N1

들 **거**

擧

음독	きょ	挙手 거수　挙動 거동　選挙 선거　検挙 검거
		快挙 쾌거
훈독	あげる	挙げる (손을) 들다, (식을) 올리다
	あがる	挙がる 높이 오르다, (범인이) 검거되다

19歳以上の国民は選挙に参加できる。 19세 이상의 국민은 선거에 참가할 수 있다.

派手な結婚式は挙げたくありません。 화려한 결혼식은 올리고 싶지 않습니다.

Tip あげる

上げる 아래에서 위로 올리다 → 値段を上げる。 가격을 올리다.

挙げる 팔을 들다, 예 등을 확실히 나타내다 → 例を挙げる。 예를 들다.

揚げる 하늘로 올리다, 기름에 튀기다 → 旗を揚げる。 깃발을 올리다.

0507 | N2

마칠 **졸**

| 음독 | そつ | 卒業 졸업　大卒 대졸　新卒 그해에 학교를 졸업함, 졸업자 |
| | | 脳卒中 뇌졸중 |

卒業してからすっかり変わってしまった。 졸업하고 나서 완전히 변해버렸다.

新卒の新入社員が入った。 갓 졸업한 신입 사원이 들어왔다.

音読 **ぜん**　自<ruby>然<rt>しぜん</rt></ruby> 자연　当<ruby>然<rt>とうぜん</rt></ruby> 당연　<ruby>全然<rt>ぜんぜん</rt></ruby> 전혀, 조금도　<ruby>突然<rt>とつぜん</rt></ruby> 돌연, 갑자기

<ruby>必然<rt>ひつぜん</rt></ruby> 필연　<ruby>偶然<rt>ぐうぜん</rt></ruby> 우연

ねん　<ruby>天然<rt>てんねん</rt></ruby> 천연

그럴 연

<ruby>男<rt>おとこ</rt></ruby>と<ruby>女<rt>おんな</rt></ruby>は<ruby>全然<rt>ぜんぜん</rt></ruby><ruby>違<rt>ちが</rt></ruby>う<ruby>生<rt>い</rt></ruby>き<ruby>物<rt>もの</rt></ruby>だ。 남자와 여자는 전혀 다른 생물이다.

あの<ruby>国<rt>くに</rt></ruby>は<ruby>天然<rt>てんねん</rt></ruby>の<ruby>資源<rt>しげん</rt></ruby>が<ruby>豊富<rt>ほうふ</rt></ruby>です。 저 나라는 천연자원이 풍부합니다.

單

音読 **たん**　<ruby>単<rt>たん</rt></ruby>なる 단순한, 한낱　<ruby>単語<rt>たんご</rt></ruby> 단어　<ruby>単独<rt>たんどく</rt></ruby> 단독

<ruby>単純<rt>たんじゅん</rt></ruby> 단순함　<ruby>簡単<rt>かんたん</rt></ruby> 간단함

홑 단

それは<ruby>単<rt>たん</rt></ruby>なるうわさだから、<ruby>気<rt>き</rt></ruby>にしないほうがいいよ。 그것은 한낱 소문이니까 신경 쓰지 않는 게 좋아.

この<ruby>料理<rt>りょうり</rt></ruby>は<ruby>簡単<rt>かんたん</rt></ruby>で<ruby>誰<rt>だれ</rt></ruby>でも<ruby>作<rt>つく</rt></ruby>れます。 이 요리는 간단해서 누구나 만들 수 있습니다.

音読 **い**　<ruby>位置<rt>いち</rt></ruby> 위치　<ruby>学位<rt>がくい</rt></ruby> 학위　<ruby>単位<rt>たんい</rt></ruby> 단위, 학점　<ruby>順位<rt>じゅんい</rt></ruby> 순위　<ruby>上位<rt>じょうい</rt></ruby> 상위

訓読 **くらい**　<ruby>位<rt>くらい</rt></ruby> 지위, 계급, 자릿수, 정도, 만큼

자리 위

<ruby>地図<rt>ちず</rt></ruby>で<ruby>位置<rt>いち</rt></ruby>を<ruby>調<rt>しら</rt></ruby>べてから<ruby>出発<rt>しゅっぱつ</rt></ruby>しましょう。 지도에서 위치를 조사하고 나서 출발합시다.

<ruby>今日<rt>きょう</rt></ruby><ruby>位<rt>くらい</rt></ruby>、<ruby>忙<rt>いそが</rt></ruby>しい<ruby>日<rt>ひ</rt></ruby>はなかった。 오늘만큼 바쁜 날은 없었다.

音読 **ちょう**　<ruby>一兆<rt>いっちょう</rt></ruby> 1조　<ruby>兆候<rt>ちょうこう</rt></ruby> 징조, 징후　<ruby>前兆<rt>ぜんちょう</rt></ruby> 전조　<ruby>吉兆<rt>きっちょう</rt></ruby> 길조

조 조

<ruby>昨年度<rt>さくねんど</rt></ruby>の<ruby>総医療費<rt>そういりょうひ</rt></ruby>は４３<ruby>兆<rt>ちょう</rt></ruby>３，３９３<ruby>億<rt>おく</rt></ruby>ウォンである。 작년도 총 의료비는 43조 3,393억 원이다.

<ruby>地震<rt>じしん</rt></ruby>は<ruby>何<rt>なん</rt></ruby>の<ruby>前兆<rt>ぜんちょう</rt></ruby>もなく<ruby>起<rt>お</rt></ruby>きます。 지진은 아무런 전조도 없이 일어납니다.

0512 | N2

기후 후

| 음독 | こう |

気候 날씨　天候 천후, 날씨　悪天候 악천후　兆候 징후, 징조
症候 징후, 증상　候補 후보　立候補 입후보

近年気候変動が激しいです。 매년 기후 변동이 심합니다.
悪天候のため、荷物の到着が遅れた。 악천후로 인해 짐 도착이 늦어졌다.

0513 | N2

傳

전할 전

| 음독 | でん |

伝説 전설　伝統 전통　伝達 전달　伝来 전래
伝言 전언, 전갈　宣伝 선전　遺伝子 유전자

훈독	つたえる	伝える 전하다, 알리다
	つたわる	伝わる 전해지다, 전승되다
	つたう	伝う 어떤 것을 따라서 이동하다, 타다

決定事項をクラス全員に伝達する。 결정 사항을 반 전원에게 전달한다.
ニュースをお伝えします。 뉴스를 전하겠습니다.

0514 | N2

達

통달할 달

| 음독 | たつ |

達成 달성　達人 달인　達筆 달필　配達 배달
伝達 전달　速達 속달

| | たち | 子供達 아이들 |
| 예외 | | 友達 친구(들) |

料理の達人という番組に出ました。 요리의 달인이라는 프로그램에 나왔습니다.
私にはたくさんの友達がいる。 나한테는 많은 친구가 있다.

0515 | N3

특별할 특

| 음독 | とく |

特に 특히　特別 특별　特色 특색　特急 특급　特許 특허
特徴 특징　独特 독특

特に理由はありません。 특별히 이유는 없습니다.
この電車は特急なので、次の駅には止らない。 이 전차는 특급이라서 다음 역에는 서지 않는다.

음독 くん

訓練 훈련　訓読・訓読み 훈독

家訓 가훈　教訓 교훈　特訓 특훈

가르칠 훈

優勝を目指して、厳しい訓練をする。 우승을 목표로 힘든 훈련을 한다.

体力テストで、特訓の成果を見せたいです。 체력 테스트에서 특별훈련한 성과를 보이고 싶습니다.

음독 と

徒歩 도보　徒労 헛수고, 도로　徒競走 (운동회) 달리기

生徒 학생(중·고등학생)　信徒 신도

무리 도

学校まで徒歩十分です。 학교까지 도보로 10분입니다.

徒競走とは生徒の競走をいいます。 (운동회) 달리기란 학생들의 경주를 말합니다.

勞

음독 ろう

労働 노동　労力 노력　過労 과로　勤労 근로

疲労 피로　苦労 고생, 애씀

일할 로(노)

時給というのは一時間の労働に対して支払われるお金のことです。 시급이라는 것은 1시간의 노동에 대해 지급되는 돈을 말합니다.

疲労回復にはバランスのよい食事が一番です。 피로 회복에는 균형 잡힌 식사가 제일입니다.

음독 しょ

初日 첫날　初級 초급　初対面 첫대면　最初 최초, 맨 처음

当初 당초, 최초

훈독 はじめ

初め 처음, 시작　初めて 처음으로

はつ

初 첫　初雪 첫눈　初恋 첫사랑

うい

初 첫　初産 초산　初々しい 풋풋하다, 싱그럽다

そめる

書初め 새해 첫 글씨 쓰기, 신년 휘호

처음 초

メールで大事なことは、最初の3行で内容を伝えること。 메일에서 중요한 것은 첫 3줄로 내용을 전달할 것.

来月五日に初めて海外に行きます。 다음 달 5일에 처음으로 해외에 갑니다.

음독 **そん**	子孫 자손　外孫 외손　曾孫 증손　皇孫 황손
훈독 **まご**	孫 손자, 손주　孫の手 효자손, 등긁이　孫娘 손녀

손자 **손**

うちは子孫が多い家族なので、いつもにぎやかです。 우리 집은 자손이 많은 가족이라 항상 북적입니다.

母は早く孫の顔が見たいと言っている。 엄마는 빨리 손주 얼굴이 보고 싶다고 말씀하신다.

음독 **ひ**	飛行機 비행기　飛行士 비행사　飛躍 비약　突飛 엉뚱함, 별남
훈독 **とぶ**	飛ぶ 날다　飛び魚 갈치
とばす	飛ばす 날리다

날 **비**

飛行機は午前10時に出発する。 비행기는 오전 10시에 출발한다.

黒い鳥が飛んでいます。 검은 새가 날고 있습니다.

음독 **さん**	散歩 산책　散文 산문　解散 해산　発散 발산
훈독 **ちる/ちらす**	散る (꽃, 잎이) 지다　散らす 흩뜨리다, 분산시키다
ちらかす	散らかす 어지르다, 흩뜨리다
ちらばる	散らばる 흩어지다, 산재하다

흩을 **산**

ストレスを発散するには、適度な運動がいいようです。 스트레스를 발산하려면 적당한 운동이 좋은 것 같습니다.

秋になると枯れ葉が散る。 가을이 되면 낙엽이 진다.

음독 **ひつ**	必要 필요　必死 필사　必須 필수　必読 필독　必然 필연 必修 필수　必需品 필수품
훈독 **かならず**	必ず 반드시, 꼭

반드시 **필**

車の運転には免許が必要です。 차 운전에는 면허가 필요합니다.

朝は必ずこの1曲を聴いてから出勤するようにしている。 아침에는 반드시 이 노래 한 곡을 듣고 나서 출근하도록 하고 있다.

중급 한자 · 1

요긴할 요

음독	**よう**	<ruby>要<rt>よう</rt></ruby><ruby>素<rt>そ</rt></ruby> 요소	<ruby>要<rt>よう</rt></ruby><ruby>求<rt>きゅう</rt></ruby> 요구	<ruby>要<rt>よう</rt></ruby><ruby>因<rt>いん</rt></ruby> 요인	<ruby>要<rt>よう</rt></ruby><ruby>点<rt>てん</rt></ruby> 요점	<ruby>主<rt>しゅ</rt></ruby><ruby>要<rt>よう</rt></ruby> 주요

<ruby>重<rt>じゅう</rt></ruby><ruby>要<rt>よう</rt></ruby> 중요　<ruby>必<rt>ひつ</rt></ruby><ruby>要<rt>よう</rt></ruby> 필요　<ruby>概<rt>がい</rt></ruby><ruby>要<rt>よう</rt></ruby> 개요　<ruby>要<rt>よう</rt></ruby>するに 요컨대

훈독	**いる**	<ruby>要<rt>い</rt></ruby>る 필요하다　<ruby>要<rt>い</rt></ruby>らない 필요 없다
	かなめ	<ruby>要<rt>かなめ</rt></ruby> 가장 중요한 점·부분·인물, 요점

<ruby>世<rt>せ</rt></ruby><ruby>界<rt>かい</rt></ruby>の<ruby>主<rt>しゅ</rt></ruby><ruby>要<rt>よう</rt></ruby><ruby>都<rt>と</rt></ruby><ruby>市<rt>し</rt></ruby>の<ruby>物<rt>ぶっ</rt></ruby><ruby>価<rt>か</rt></ruby>について<ruby>調<rt>ちょう</rt></ruby><ruby>査<rt>さ</rt></ruby>する。세계 주요 도시의 물가에 대해 조사한다.

そのスポーツクラブは<ruby>入<rt>にゅう</rt></ruby><ruby>会<rt>かい</rt></ruby><ruby>金<rt>きん</rt></ruby>が<ruby>要<rt>い</rt></ruby>らないうえに、わが<ruby>家<rt>や</rt></ruby>から<ruby>近<rt>ちか</rt></ruby>い。 그 스포츠클럽은 입회금이 필요 없는 데다가 우리 집에서 가깝다.

아닐 불
아닐 부

음독	**ふ**	<ruby>不<rt>ふ</rt></ruby><ruby>安<rt>あん</rt></ruby> 불안	<ruby>不<rt>ふ</rt></ruby><ruby>正<rt>せい</rt></ruby> 부정	<ruby>不<rt>ふ</rt></ruby><ruby>足<rt>そく</rt></ruby> 부족	<ruby>不<rt>ふ</rt></ruby><ruby>当<rt>とう</rt></ruby> 부당	<ruby>不<rt>ふ</rt></ruby><ruby>幸<rt>こう</rt></ruby> 불행

<ruby>不<rt>ふ</rt></ruby><ruby>良<rt>りょう</rt></ruby> 불량　<ruby>不<rt>ふ</rt></ruby><ruby>動<rt>どう</rt></ruby><ruby>産<rt>さん</rt></ruby> 부동산　<ruby>不<rt>ふ</rt></ruby><ruby>思<rt>し</rt></ruby><ruby>議<rt>ぎ</rt></ruby> 불가사의함, 신기함

<ruby>不<rt>ふ</rt></ruby><ruby>満<rt>まん</rt></ruby> 불만　<ruby>不<rt>ふ</rt></ruby><ruby>便<rt>べん</rt></ruby> 불편　<ruby>不<rt>ふ</rt></ruby><ruby>自<rt>じ</rt></ruby><ruby>由<rt>ゆう</rt></ruby> 부자유, 부자연스러움, 불편

<ruby>不<rt>ふ</rt></ruby><ruby>祥<rt>しょう</rt></ruby><ruby>事<rt>じ</rt></ruby> 불상사

	ぶ	<ruby>不<rt>ぶ</rt></ruby><ruby>用<rt>よう</rt></ruby><ruby>心<rt>じん</rt></ruby> 조심하지 않음　<ruby>不<rt>ぶ</rt></ruby><ruby>気<rt>き</rt></ruby><ruby>味<rt>み</rt></ruby> 어쩐지 기분이 나쁨, 으스스함

<ruby>何<rt>なん</rt></ruby>の<ruby>不<rt>ふ</rt></ruby><ruby>自<rt>じ</rt></ruby><ruby>由<rt>ゆう</rt></ruby>なく<ruby>裕<rt>ゆう</rt></ruby><ruby>福<rt>ふく</rt></ruby>に<ruby>暮<rt>く</rt></ruby>らしました。아무 어려움 없이 유복하게 살았습니다.

<ruby>真<rt>ま</rt></ruby><ruby>夜<rt>よ</rt></ruby><ruby>中<rt>なか</rt></ruby>にかかってくる<ruby>電<rt>でん</rt></ruby><ruby>話<rt>わ</rt></ruby>ほど<ruby>不<rt>ぶ</rt></ruby><ruby>気<rt>き</rt></ruby><ruby>味<rt>み</rt></ruby>なものはない。한밤중에 걸려오는 전화만큼 무서운 것은 없다.

變

변할 변

음독	**へん**	<ruby>変<rt>へん</rt></ruby> 이상함	<ruby>変<rt>へん</rt></ruby><ruby>化<rt>か</rt></ruby> 변화	<ruby>変<rt>へん</rt></ruby><ruby>更<rt>こう</rt></ruby> 변경	<ruby>変<rt>へん</rt></ruby><ruby>態<rt>たい</rt></ruby> 변태

<ruby>大<rt>たい</rt></ruby><ruby>変<rt>へん</rt></ruby> 몹시, 매우, 큰일　<ruby>異<rt>い</rt></ruby><ruby>変<rt>へん</rt></ruby> 이변

훈독	**かえる**	<ruby>変<rt>か</rt></ruby>える 바꾸다, 변화시키다
	かわる	<ruby>変<rt>か</rt></ruby>わる 바뀌다, 변하다

<ruby>味<rt>あじ</rt></ruby>が<ruby>変<rt>へん</rt></ruby>ですよ。<ruby>苦<rt>にが</rt></ruby>いです。맛이 이상해요. 써요.

<ruby>彼<rt>かれ</rt></ruby>はすっかり<ruby>変<rt>か</rt></ruby>わってしまった。그는 완전히 변해 버렸다.

Tip かえる

<ruby>変<rt>か</rt></ruby>える 변화시키다, 바꾸다 → <ruby>視<rt>し</rt></ruby><ruby>点<rt>てん</rt></ruby>を<ruby>変<rt>か</rt></ruby>える。시점을 바꾸다.

<ruby>換<rt>か</rt></ruby>える 물건 등을 교환하다 → <ruby>電<rt>でん</rt></ruby><ruby>車<rt>しゃ</rt></ruby>に<ruby>乗<rt>の</rt></ruby>り<ruby>換<rt>か</rt></ruby>える。전철을 환승하다.

<ruby>替<rt>か</rt></ruby>える 교체하다 → <ruby>制<rt>せい</rt></ruby><ruby>服<rt>ふく</rt></ruby>を<ruby>夏<rt>なつ</rt></ruby><ruby>服<rt>ふく</rt></ruby>に<ruby>替<rt>か</rt></ruby>える。교복을 하복으로 교체한다.

<ruby>代<rt>か</rt></ruby>える 대신하다 → <ruby>書<rt>しょ</rt></ruby><ruby>面<rt>めん</rt></ruby>をもって<ruby>挨<rt>あい</rt></ruby><ruby>拶<rt>さつ</rt></ruby>に<ruby>代<rt>か</rt></ruby>える。서면으로 인사를 대신한다.

줄 付

음독	ふ	付近 부근　付与 부여　付録 부록　交付 교부　寄付 기부
		添付 첨부
훈독	つける	付ける 붙이다, 켜다　受付 접수
	つく	付く 붙다, 묻다, 켜지다　付き合う 사귀다, 교제하다

雑誌についてた付録、貸してもらえない? 잡지에 붙은 부록을 빌려줄 수 없을까?

ストーブを付けたばかりですから、まだ部屋が寒いです。 전기 난로를 막 켰기 때문에 아직 방이 춥습니다.

기록할 록(녹)

録

| 음독 | ろく | 録音 녹음　録画 녹화　目録 목록　付録 부록 |
| | | 記録 기록　登録 등록　収録 수록 |

昔はカセットテープに曲を録音したりしました。 옛날에는 카세트테이프에 노래를 녹음하기도 했습니다.

大会で選手たちは次々と新記録を出した。 대회에서 선수들은 계속해서 신기록을 냈다.

편할 편
똥오줌 변

음독	べん	便利 편리　便秘 변비　便宜 편의　不便 불편
	びん	便乗 편승　郵便局 우체국　航空便 항공편　船便 배편
훈독	たより	便り 소식, 편지

船便は時間がかかります。 배편은 시간이 걸립니다.

外国にいる友達からお便りが届いた。 외국에 있는 친구에게서 소식이 왔다.

이로울 리(이)

음독	り	利口 영리함　利用 이용　利益 이익　有利 유리　便利 편리
		権利 권리　勝利 승리
훈독	きく	利く (능력 등이) 발휘되다, 기능하다　左利き 왼손잡이, 왼발잡이
		右利き 오른손잡이, 왼발잡이

ネットでクレジットカードを利用して買い物をする。 인터넷에서 신용카드를 이용해 쇼핑을 한다.

夫は融通が利きません。 남편은 융통성이 없습니다.

중급 한자 · 1

0531 | N2

음독 ほう

法 법　法律 법률　方法 방법　作法 예의범절　手法 수법

文法 문법

はっ

法度 법도

ほっ

法主 법주　法相宗 법상종, 불교의 한 파.

법 법

法律を改正します。 법률을 개정합니다.

祖母は礼儀や作法にきびしい。 할머니는 예의나 범절에 엄격하다.

0532 | N1

음독 あん

案じる 염려하다, 걱정하다　案内 안내　案外 의외(로)

提案 제안　答案 답안　法案 법안

책상 안

「お客様が見えました。」「私の部屋にご案内して。」 "손님이 오셨습니다." "내 방으로 안내해 드려."

怖い人かと思っていたら、案外いい人だった。 무서운 사람인 줄 알았더니 의외로 좋은 사람이었다.

0533 | N2

包

음독 ほう

包囲 포위　包丁 식칼, 요리사　包帯 붕대　包装 포장

内包 내포

훈독 つつむ

包む 싸다, 에워싸다　小包 소포

쌀 포

けがをした指に包帯を巻いてもらった。 다친 손가락에 붕대를 감아 주었다.

友人から届いた小包を開けました。 친구로부터 도착한 소포를 열었습니다.

0534 | N2

帯

음독 たい

帯電 전기를 띰　一帯 일대　地帯 지대　携帯 휴대

熱帯 열대　時間帯 시간대

훈독 おび

帯 띠, 허리띠

おびる

帯びる 달다, 차다

띠 대

この通りは夕方暗くなってくる時間帯によく事故が起きている。 이 길은 저녁에 어두워질 시간대에 자주 사고가 일어나고 있다.

ゆかたの帯を結んでくれました。 유카타의 허리띠를 묶어 주었습니다.

154

음독	み	未来 미래　未満 미만　未成年者 미성년자　未知 미지
		未定 미정　未熟 미숙
훈독	いまだ	未だに 아직도, 지금까지

아닐 미

人類の未来のために、資源の再利用を進めるべきだ。 인류의 미래를 위해 자원의 재사용을 추진해야만 한다.

海には、まだまだ未知の生物がいます。 바다에는 여전히 미지의 생물이 있습니다.

満

中급 한자 · 1

음독	まん	満席 만석　満員 만원　満足 만족　満点 만점
		不満 불만　未満 미만　円満 원만
훈독	みたす	満たす 채우다, 만족시키다
	みちる	満ちる 차다, 가득하다　満ち潮 만조

찰 만

テストで満点を取れなくてとても悔しい。 시험에서 만점을 못 받아서 너무 속상하다.

彼の顔は自信に満ちていた。 그의 얼굴은 자신감으로 가득 차 있었다.

음독	む	無理 무리　無料 무료　無駄 헛됨, 보람 없음　無責任 무책임
		有無 유무　皆無 전무, 전혀 없음
	ぶ	無事 무사함　無愛想 무뚝뚝함, 상냥하지 않음　無難 무난
훈독	ない	無い 없다　無くす 잃어버리다

없을 무

彼の話はいつもくだらない。 聞いても時間の無駄だ。 그가 하는 말은 항상 쓸데없다. 들어도 시간 낭비다.

カバンの中から無くしたものが見つかった。 가방 속에서 잃어버린 것이 나왔다.

缺

음독	けつ	欠場 결장　欠席 결석　欠点 결점　欠乏 결핍
		不可欠 불가결
훈독	かく	欠く 빼놓다, 결하다
	かける	欠ける 부족하다, 빠지다

이지러질 결

欠点が見つかった場合、改める方法を考えるべきだ。 결점을 발견했을 경우 고칠 방법을 생각해야 한다.

彼は少し常識に欠けるところがあります。 그는 약간 상식이 부족한 면이 있습니다.

0539 | N2

맺을 **약**

음독	やく

約 약, 대략   約束 약속   契約 계약   節約 절약   予約 예약
要約 요약

今日不動産の契約をする予定だ。 오늘 부동산 계약을 할 예정이다.

みんなでご飯を食べるので、レストランを予約しました。 다 같이 밥을 먹을 거라서 레스토랑을 예약했습니다.

0540 | N2

묶을 **속**

음독	そく
훈독	たば

束縛 속박   約束 약속   結束 결속   拘束 구속

束 다발, 묶음   花束 꽃다발   札束 돈뭉치, 지폐 다발

約束は必ず守ります。 약속은 반드시 지킵니다.

花束を恋人へ送りました。 꽃다발을 연인에게 보냈습니다.

우리말과 일본어에서 뉘앙스가 다른 한자어 I

한국어	일본어
공부(工夫)	工夫 궁리함, 고안함
무시(無視)	無視 못 본 체함
문구(文句)	文句 불만, 불평, 이의
미혹(迷惑)	迷惑 폐를 끼침
양복(洋服)	洋服 (서양식) 평상복
팔방미인(八方美人)	八方美人 누구에게나 좋게 대하는 쉬운 사람
평판(評判)	評判 평판, 소문이나 사람들의 평가가 좋음 (예) 評判の店 평판이 좋은 가게
학원(學院)	学院 (학교) 재단 (예) 明治学院大学 메이지학원대학
애인(愛人)	愛人 정부, 불륜 상대

중급 한자 2

泣	笑	量	産	輪	唱	冷	害	連	続
울 읍	웃을 소	헤아릴 량(양)	낳을 산	바퀴 륜(윤)	부를 창	찰 랭(냉)	해할 해	잇닿을 련(연)	이을 속
試	験	管	司	令	官	成	功	例	置
시험할 시	시험 험	대롱 관	맡을 사	하여금 령(영)	벼슬 관	이룰 성	공 공	법식 례(예)	둘 치
共	働	積	極	的	好	焼	勇	祝	老
한가지 공	일할 동	쌓을 적	극진할 극	과녁 적	좋을 호	불사를 소	날랠 용	빌 축	늙을 로(노)
億	信	側	仲	松	梅	標	浅	清	浴
억 억	믿을 신	곁 측	버금 중	소나무 송	매화 매	표할 표	얕을 천	맑을 청	목욕할 욕
課	説	英	芽	菜	底	府	覚	折	固
공부할 과	말씀설/달랠세	꽃부리 영	싹 아	나물 채	밑 저	마을 부	깨달을 각	꺾을 절	굳을 고
努	照	博	省	副	郡	氏	鏡	倉	芸
힘쓸 노	비칠 조	넓을 박	살필성/덜생	버금 부	고을 군	성씨 씨	거울 경	곳집 창	재주 예
塩	巣	熱	旗	票	飯	陸	以	貨	昨
소금 염	새집 소	더울 열	기 기	표 표	밥 반	뭍 륙(육)	써 이	재물 화	어제 작
径	牧	児	兵	良	愛	静	茨	城	媛
지름길 경	칠 목	아이 아	병사 병	어질 량(양)	사랑 애	고요할 정	지붕일 자	재 성	여자 원
岡	潟	岐	阜	熊	香	佐	賀	埼	崎
산등성이 강	개펄 석	갈림길 기	언덕 부	곰 웅	향기 향	도울 좌	하례할 하	갑 기	험할 기
滋	鹿	沖	縄	井	栃	奈	梨	阪	群
불을 자	사슴 록(녹)	화할 충	노끈 승	우물 정	상수리나무회	어찌 나/어찌 내	배나무 리(이)	언덕 판	무리 군
徳	富								
큰 덕	부유할 부								

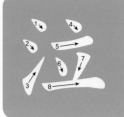

울 읍

| 음독 | きゅう | 号泣する 소리 높이 울다, 통곡하다　感泣 감격하여 욺 |
| 훈독 | なく | 泣く 울다　泣き声 울음소리　泣き虫 울보 |

親友の死亡を知り、号泣した。 친구의 사망을 알게 되어 통곡했다.
私は母を泣かせるようなことはしたくない。 나는 엄마를 울릴 만한 일은 하고 싶지 않다.

웃을 소

음독	しょう	冷笑 냉소　苦笑 쓴웃음　談笑 담소　微笑 미소
훈독	わらう	笑う 웃다
	えむ	笑む 웃다　微笑む 미소 짓다　微笑み 미소　笑顔 웃는 얼굴

吉田さんは笑顔がすてきです。 요시다 씨는 미소가 멋집니다.
父はおもしろいことを言ってよくみんなを笑わせる。 아빠는 재미있는 말을 해서 자주 모두를 웃게 한다.

헤아릴 량(양)

| 음독 | りょう | 量 양　量産 양산　大量 대량　減量 감량　器量 기량　用量 용량　質量 질량　測量 측량 |
| 훈독 | はかる | 量る (무게 등을) 재다, 달다 |

工場で大量に生産します。 공장에서 대량으로 생산합니다.
体重を量ったら、五キロ増えていた。 몸무게를 재어 보니 5kg 늘었다.

낳을 산

음독	さん	産業 산업　産地 산지　出産 출산　生産 생산　原産 원산　水産物 수산물　不動産屋 부동산
훈독	うむ	産む 낳다
	うまれる	産まれる 태어나다
예외		お土産 (여행지 등에서 사 오는) 선물

産業は地理と深い関係がある。 산업은 지리와 깊은 관계가 있다.
去年、赤ちゃんが産まれました。 작년에 아기가 태어났습니다.

Tip うむ
'生む'는 생명체 출생이나 없는 것을 새롭게 만들 때, '産む'는 생물체 출생에만 사용.
→ 新記録を生む。 신기록을 세우다.　誤解を生む。 오해를 부르다.
犬が子を産む。 개가 새끼를 낳다.　鳥が卵を産む。 새가 알을 낳다.

0545 | N2

바퀴 **륜(윤)**

음독	りん	車輪 차바퀴　年輪 연륜　輪郭 윤곽　一輪車 외발자전거
훈독	わ	輪 고리, 바퀴, 테두리　指輪 반지

体育の時間に一輪車に乗ってみた。 체육 시간에 외발자전거를 타 봤다.
鳥の群れが大きな輪をえがいて飛んでいった。 새 무리가 큰 원을 그리며 날아갔다.

0546 | N1

부를 **창**

음독	しょう	合唱 합창　愛唱 애창　暗唱 암창　提唱 제창　独唱 독창
훈독	となえる	唱える 소리 높이 부르다, 주장하다

学校の合唱団は合唱コンクールに出ます。 학교 합창단은 합창 콩쿠르에 나갑니다.
会議で異議を唱えました。 회의에서 이의를 주장했습니다.

0547 | N2

찰 **랭(냉)**

음독	れい	冷気 냉기　冷房 냉방　冷静 냉정　冷蔵庫 냉장고
		冷淡 냉담　冷却 냉각　寒冷 한랭
훈독	つめたい	冷たい 차갑다
	さます	冷ます 식히다
	さめる	冷める 식다
	ひやす	冷やす 차갑게 하다, 진정시키다　冷や汗 식은땀
	ひえる	冷える 차가워지다, 쌀쌀해지다　底冷え 뼛속까지 추움
	ひやかす	冷やかす 놀리다

木村さんは冷静な人だ。 기무라 씨는 냉정한 사람이다.
今朝はとても冷えています。 오늘 아침은 매우 쌀쌀해졌습니다.

0548 | N2

해할 **해**

음독	がい	害する 해치다　害虫 해충　公害 공해　水害 수해
		冷害 냉해　加害者 가해자　被害 피해　災害 재해
		障害 장애　妨害 방해

大雨で水害が起こりました。 많은 비로 수해가 일어났습니다.
地震の被害は金額にして、およそ3兆円に相当する。 지진 피해는 금액으로 환산하여 약 3조
엔에 상당한다.

159

음독	れん	連休 연휴 　連絡 연락 　国連 국제연합(国際連合의 준말)
훈독	つれる	連れる 데리고 가다(오다) 　連れていく 데리고 가다

連

잇닿을 련(연)

貸した作品集を返して欲しいのに友人に連絡がつかない。 빌려준 작품집을 돌려주면 좋겠는데 친구가 연락이 안 닿는다.

子供を幼稚園に連れて行きます。 아이를 유치원에 데리고 갑니다.

음독	ぞく	続出 속출 　続行 속행 　持続 지속 　継続 계속
		接続 접속 　連続 연속
훈독	つづける	続ける 계속하다, 잇다
	つづく	続く 계속되다, 잇따르다 　手続き 수속, 절차

續

이을 속

仕事を続けるのは無理だと思う。 일을 계속하는 것은 무리라고 생각한다.

国際結婚の手続きをします。 국제결혼 수속을 밟습니다.

음독	し	試合 시합 　試験 시험 　試着 시착, 옷을 입어봄 　試運転 시운전
		試食 시식 　試練 시련 　入試 입시 　追試 추가 시험
훈독	こころみる	試みる 시험하다, 시도하다
	ためす	試す 시험해 보다, 시도하다

시험할 시

彼は、昨日の試合で相手を倒し、世界の頂点に立った。 그는 어제 시합에서 상대방을 쓰러뜨리고 세계 정상에 섰다.

この薬を是非試してみてください。 이 약을 꼭 사용해 봐 주세요.

음독	けん	試験 시험 　実験 실험 　経験 경험
		体験 체험 　受験 수험
	げん	霊験 영험

驗

시험 험

成績は、出席・試験・レポートを総合して評価する。 성적은 출석·시험·리포트를 총합해서 평가한다.

先輩の留学の体験を聞きました。 선배의 유학 체험을 들었습니다.

160

0553 | N2

음독 かん

管理 관리　管楽器 관악기　血管 혈관　保管 보관

水道管 수도관

훈독 くだ

管 대롱, 관

대롱 관

子供を親の管理下に置きたがる。 아이들을 부모 관리하에 두고 싶어 한다.
血管とは血液を身体の各所に送るための通路となる管のことです。 혈관이란 혈액을 몸 여러 곳에 보내기 위해 통로가 되는 관을 말합니다.

0554 | 급수 외

음독 し

司会 사회　司法 사법　司令 사령　上司 상사　寿司 초밥

맡을 사

パーティーの司会をしてうれしいです。 파티의 사회를 봐서 기쁩니다.
上司と居酒屋で飲む。 상사와 술집에서 술을 마신다.

0555 | N2

음독 れい

命令 명령　法令 법령　指令 지령　禁止令 금지령

施行令 시행령

하여금 령(영)

あの人の命令に逆らうなんて、私にはできない。 저 사람의 명령에 거스르다니 나로서는 불가능하다.
いろいろな道路法施行令があります。 여러 가지 도로법 시행령이 있습니다.

0556 | N2

음독 かん

官庁 관청　官職 관직　官僚 관료　外交官 외교관　教官 교관

警察官 경찰관

벼슬 관

この大学の卒業生には、政治家や官僚が多い。 이 대학 졸업생에는 정치가나 관료가 많다.
スペインで外交官として働きました。 스페인에서 외교관으로 일했습니다.

161

중급 한자 · 2

0557 | N2

이룰 성

음독	せい	成長 성장 　成績 성적 　完成 완성 　合成 합성
		作成 작성 　賛成 찬성
	じょう	成就 성취
훈독	なす	成す 이루다, 달성하다 　成し遂げる 이루다, 해내다
	なる	成る 이루어지다, 되다 　成り行き 되어가는 과정, 추세, 경과

私はクラスで一番成績が悪いです。 나는 반에서 가장 성적이 나쁩니다.

三年連続優勝という快挙を成し遂げた。 3년 연속 우승이라는 쾌거를 달성했다.

0558 | N1

공 공

| 음독 | こう | 功績 공적 　功労 공로 　成功 성공 |
| | く | 功徳 공덕 |

彼の功績は一言で言えば凄い。 그의 공적은 한 마디로 말하자면 대단하다.

写真家として成功しました。 사진작가로서 성공했습니다.

0559 | N2

법식 례(예)

음독	れい	例文 예문 　例外 예외 　例示 예시 　例年 예년 　事例 사례
		用例 용례 　実例 실례
훈독	たとえる	例える 비유하다, 예를 들다 　例えば 예를 들면

例文を作って覚えると単語が覚えやすいです。 예문을 만들어서 외우면 단어를 외우기 쉽습니다.

このことについて例外は認めません。 이 일에 대해서 예외는 인정하지 않습니다.

0560 | N2

둘 치

음독	ち	置換 치환 　位置 위치 　設置 설치 　配置 배치
		処置 처치 　放置 방치
훈독	おく	置く 두다, 놓다 　物置 헛간, 곳간, 광

机の位置がずれている。 책상 위치가 어긋나 있다.

ここに置いたはずなのですが、鍵が見つかりません。 여기에 분명히 놔뒀는데 열쇠를 못 찾겠어요.

0561 | N2

한가지 공

| 음독 | きょう | 共通 공통　共同 공동　公共 공공　共存 공존　共感 공감 |
| 훈독 | とも | 共に 함께, 같이　共稼ぎ・共働き 맞벌이 |

私はその意見に深く共感した。 나는 그 의견에 깊이 공감했다.
自然と共に生きていくために必要なことを考えましょう。 자연과 함께 살아가기 위해 필요한
것을 생각해 봅시다.

0562 | N3

일할 동

| 음독 | どう | 労働 노동　労働者 노동자　稼働 가동 |
| 훈독 | はたらく | 働く 일하다　共働き 맞벌이 |

この機械は24時間稼働しています。 이 기계는 24시간 가동되고 있습니다.
不景気の影響か、共働きの家庭が増えている。 불경기의 영향인지 맞벌이 가정이 늘고 있다.

0563 | N2

쌓을 적

음독	せき	積極的 적극적　積載 적재　積雪 적설　面積 면적　体積 체적
훈독	つむ	積む 쌓다, 거듭하다　積み重なる 겹겹이 쌓이다
	つもる	積もる 쌓이다　見積書 견적서

畑の面積を測りました。 밭의 면적을 쟀습니다.
今朝外を見たら雪が積もっていた。 아침에 밖을 보니 눈이 쌓여 있었다.

0564 | N2

극진할 극

음독	きょく	極力 극력, 힘껏　極東 극동　極限 극한　南極 남극　北極 북극 消極的 소극적　積極的 적극적
	ごく	極楽 극락　至極 지극히, 아주
훈독	きわめる	極める 더없이 ~하다, 한도에 이르다　極めて 극히, 지극히
	きわまる	極まる 극히 ~하다, ~이 최상이다
	きわみ	極み 극도, 극점, 끝

コンタクトは極力使わないようにしています。 콘택트렌즈는 최대한 안 쓰려고 하고 있다.
山頂を極める。 산꼭대기에 다다르다.

음독	てき	的中 적중　的確 적확, 정확함　目的 목적　標的 표적
		具体的 구체적
훈독	まと	的 과녁, 목표

과녁 적

目的のためなら手段や方法を選ばない。 목적을 위해서라면 수단과 방법을 가리지 않는다.
矢が的に的中しました。 화살이 과녁에 적중했습니다.

음독	こう	好意 호의　好調 호조, 순조로움　好感 호감　好奇心 호기심
		友好 우호　愛好 애호
훈독	このむ	好む 좋아하다, 즐기다　好み 좋아함, 기호
	すく	好く 좋아하다, 사랑하다　好き 좋아함　好き嫌い 좋고 싫음

좋을 호

このテレビは、海外の売り上げの方が好調です。 이 텔레비전은 해외 매출 쪽이 호조를 보입니다.
パンよりご飯のほうが好きです。 빵보다 밥 쪽을 좋아합니다.

燒

음독	しょう	焼失 소실　焼酎 소주　全焼 전소　燃焼 연소
훈독	やく	焼く 태우다, 굽다　焼肉 숯불갈비
	やける	焼ける 불타다, 구워지다　日焼け 햇볕에 그을림

불사를 소

韓国の焼酎は、日本のとは違います。 한국 소주는 일본 소주와는 다릅니다.
どこかで魚を焼いているのか、良い匂いがする。 어딘가에서 생선을 굽고 있는지 좋은 냄새가
난다.

음독	ゆう	勇気 용기　勇士 용사　勇者 용사　勇敢 용감
훈독	いさむ	勇む 기운이 솟다, 용기가 나다
	いさましい	勇ましい 용감하다, 씩씩하다

날랠 용

勇気を出して彼女にプロポーズした。 용기를 내서 그녀에게 프러포즈했다.
彼女の長男はもう大学生で、勇ましくなりました。 그녀의 장남은 벌써 대학생이고 씩씩해졌습
니다.

0569 | N2

祝

음독	しゅく	祝日 축일, 국경일　祝辞 축사　祝福 축복　祝電 축전
	しゅう	祝儀 축의(금), 혼례　祝言 축사, 혼례
훈독	いわう	祝う 축하하다

빌 **축**

日本の祝日は韓国の祝日より多い。 일본의 국경일은 한국 국경일보다 많다.
誕生日をみんなに祝ってもらった。 생일을 모두에게 축하 받았다.

0570 | N2

음독	ろう	老人 노인　老後 노후　老化 노화　敬老 경로　長老 장로
훈독	おいる	老いる 나이를 먹다, 늙다
	ふける	老ける 나이를 먹다, 늙다

늙을 **로(노)**

タバコは肌の老化が早くなるなどの悪影響がある。 담배는 피부의 노화가 빨라지는 등 악영향이 있다.
父は年より老けて見えます。 아버지는 나이보다 늙어 보입니다.

0571 | N2

| 음독 | おく | 一億 1억　億万長者 억만장자　数億 수억 |

억 **억**

この国の総人口は約一億人である。 이 나라의 총인구는 약 1억 명이다.
億万長者になるのが夢です。 억만장자가 되는 것이 꿈입니다.

0572 | N2

信

| 음독 | しん | 信じる 믿다　信号 신호　信頼 신뢰　信仰 신앙　自信 자신 |
| | | 通信 통신 |

믿을 **신**

左右の信号を見てください。 좌우 신호를 봐주세요.
あの店の料理ならだいじょうぶ。自信を持ってお勧めします。 저 가게 음식이라면 괜찮다.
자신 있게 권해드립니다.

| 음독 | そく | 側面 측면　側室 측실　側近 측근 |
| 훈독 | がわ | 側 측, 쪽　右側 우측　左側 좌측　両側 양측 |

곁 측

中身が何か箱の側面に書いてください。 내용물이 무엇인지 상자 측면에 써 주세요.

廊下の右側を歩きましょう。 복도의 오른쪽으로 걸읍시다.

| 음독 | ちゅう | 仲介 중개　仲裁 중재　中秋 중추, 추석　伯仲 백중 |
| 훈독 | なか | 仲 사이　仲がいい 사이가 좋다　仲間 동료, 한패 |

버금 중

商社の仕事の一つは企業と企業を仲介することだ。 상사가 하는 일 중의 하나는 기업과 기업을 중개하는 것이다.

彼とは案外仲良くなれました。 그와는 의외로 사이좋게 지낼 수 있었습니다.

음독	しょう	松竹梅 송죽매(소나무, 대나무, 매화)
훈독	まつ	松 소나무　松茸 송이버섯　松葉杖 목발
		門松 가도마츠(설날 집 앞에 장식하는 소나무)

소나무 송

松竹梅とは、松と竹と梅のことだ。 송죽매란 소나무와 대나무와 매화를 말한다.

松茸は高くて人気があります。 송이버섯은 비싸고 인기가 있습니다.

梅

음독	ばい	梅雨 장마('つゆ'로도 읽음)　梅林 매화나무 숲
		紅梅 홍매실　松竹梅 송죽매(소나무, 대나무, 매화나무)
훈독	うめ	梅 매화나무, 매실　梅酒 매실주　梅干し 매실 장아찌

매화 매

梅雨前線が近づいています。 장마전선이 다가오고 있습니다.

梅の花が満開になった。 매화꽃이 만개했다.

표할 **표**

음독	ひょう					
		<ruby>標<rt>ひょう</rt></ruby>的 표적	<ruby>標<rt>ひょう</rt></ruby>準 표준	<ruby>標<rt>ひょう</rt></ruby>識 표지	目<ruby>標<rt>ひょう</rt></ruby> 목표	商<ruby>標<rt>しょう</rt></ruby> 상표

<ruby>道路<rt>どう ろ</rt></ruby><ruby>標識<rt>ひょうしき</rt></ruby>や<ruby>看板<rt>かんばん</rt></ruby>の<ruby>漢字<rt>かん じ</rt></ruby>が<ruby>読<rt>よ</rt></ruby>めない。 도로표지나 간판의 한자를 못 읽는다.
<ruby>目標<rt>もくひょう</rt></ruby>は<ruby>漢字<rt>かん じ</rt></ruby>を2<ruby>千字覚<rt>せん じ おぼ</rt></ruby>えることです。 목표는 한자를 2천 자 외우는 것입니다.

0578 | N2

얕을 **천**

淺

음독	せん			
		<ruby>浅<rt>せん</rt></ruby>海 얕은 바다, 천해	<ruby>浅<rt>せん</rt></ruby>学 학식이 얕음	<ruby>浅<rt>せん</rt></ruby>薄 천박
		<ruby>浅<rt>せん</rt></ruby>慮 얕은 생각		
훈독	あさい	<ruby>浅<rt>あさ</rt></ruby>い 얕다	<ruby>遠浅<rt>とおあさ</rt></ruby> 바닷가 또는 강에서 멀리까지 물이 얕음	

これは<ruby>浅海<rt>せんかい</rt></ruby>で<ruby>取<rt>と</rt></ruby>れた<ruby>魚<rt>さかな</rt></ruby>です。 이것은 천해에서 잡힌 물고기입니다.
ここは<ruby>浅<rt>あさ</rt></ruby>くて<ruby>波<rt>なみ</rt></ruby>が<ruby>静<rt>しず</rt></ruby>かなので、<ruby>子供<rt>こ ども</rt></ruby>でも<ruby>泳<rt>およ</rt></ruby>げる。 여기는 얕고 파도가 잔잔해서 어린아이라도 수영할 수 있다.

0579 | N2

맑을 **청**

清

음독	せい				
		<ruby>清<rt>せい</rt></ruby>潔 청결	<ruby>清<rt>せい</rt></ruby>掃 청소	<ruby>清<rt>せい</rt></ruby>算 청산	<ruby>清<rt>せい</rt></ruby>酒 청주
		<ruby>清<rt>せい</rt></ruby>書 정서	<ruby>清<rt>せい</rt></ruby>流 청류, 맑게 흐르는 물		
훈독	きよい	<ruby>清<rt>きよ</rt></ruby>い 맑다, 깨끗하다	<ruby>清<rt>きよ</rt></ruby>らか 맑음, 깨끗함		
	きよめる	<ruby>清<rt>きよ</rt></ruby>める 맑게 하다, 깨끗이 하다			
	きよまる	<ruby>清<rt>きよ</rt></ruby>まる 맑아지다			

<ruby>家<rt>いえ</rt></ruby>の<ruby>中<rt>なか</rt></ruby>は<ruby>清潔<rt>せいけつ</rt></ruby>にしておきましょう。 집 안은 청결하게 해 둡시다.
<ruby>谷川<rt>たにがわ</rt></ruby>の<ruby>清<rt>きよ</rt></ruby>い<ruby>流<rt>なが</rt></ruby>れ。 골짜기에서 흐르는 맑은 물.

0580 | N2

목욕할 **욕**

음독	よく			
		<ruby>浴<rt>よく</rt></ruby>室 욕실	<ruby>浴<rt>よく</rt></ruby>槽 욕조	<ruby>海水浴<rt>かい すい よく</rt></ruby> 해수욕	入<ruby>浴<rt>にゅうよく</rt></ruby> 입욕
		<ruby>日光浴<rt>にっこう よく</rt></ruby> 일광욕			
훈독	あびる	<ruby>浴<rt>あ</rt></ruby>びる 끼얹다, 뒤집어쓰다	<ruby>浴<rt>あ</rt></ruby>びせる 끼얹다, 퍼붓다	

<ruby>夏休<rt>なつやす</rt></ruby>みに<ruby>家族<rt>か ぞく</rt></ruby>で<ruby>海水浴<rt>かいすいよく</rt></ruby>に<ruby>行<rt>い</rt></ruby>きたいです。 여름 방학에 가족끼리 해수욕하러 가고 싶습니다.
<ruby>汗<rt>あせ</rt></ruby>をかいて、シャワーを<ruby>浴<rt>あ</rt></ruby>びる。 땀을 흘려서 샤워를 한다.

중급 한자 · 2

0581 | N2

음독 **か**

課題 과제　課長 과장　課程 과정　課税 과세　日課 일과

放課後 방과후

공부할 **과**

冬休みの課題がまだ終わっていません。 겨울 방학 과제가 아직 안 끝났습니다.

健康のために、朝の散歩を日課としている。 건강을 위해 아침 산책을 일과로 하고 있다.

0582 | N3

說

음독 **せつ**

説明 설명　説得 설득　説教 설교, 잔소리　演説 연설

解説 해설　小説 소설

ぜい

遊説 유세

훈독 **とく**

説く 설명하다　口説く 설득하다, 호소하다, 꼬시다

말씀 **설**
달랠 **세**

例を挙げて説明してください。 예를 들어 설명해 주세요.

お坊さんが世間の道理を説きました。 스님이 세상의 이치를 설명했습니다.

0583 | N3

英

음독 **えい**

英語 영어　英会話 영어회화　英才 영재　英文 영문

英国 영국　英雄 영웅

꽃부리 **영**

私は英語がとても苦手だ。 나는 영어를 정말 못한다.

今回コロナ事態で医療スタッフのみなさんが本当の英雄です。 이번 코로나 사태에서 의료진 여러분이 진정한 영웅입니다.

0584 | N1

芽

음독 **が**

麦芽 맥아, 엿기름　発芽 발아　萌芽 새싹, 싹이 틈

훈독 **め**

芽 싹　芽生える 싹트다, 움트다　新芽 새싹, 새순

싹 **아**

朝顔の種が発芽する。 나팔꽃 씨가 발아한다.

チューリップの芽が出ました。 튤립 싹이 나왔습니다.

음독 さい	菜食 채식		菜

菜食 채식

菜箸 긴 젓가락(요리를 만들거나 반찬을 각자 접시에 덜 때 사용)

野菜 채소　白菜 배추　山菜 산채

훈독 な　菜 채소　菜の花 유채꽃　青菜 푸른 채소

나물 **채**

菜食する人が増えている。 채식을 하는 사람이 늘고 있다.
菜の花がとてもきれいです。 유채꽃이 매우 예쁩니다.

음독 てい　底辺 저변, 밑변　海底 해저　徹底 철저　根底 근저, 근본

到底 도저히

훈독 そこ　底 밑바닥　川底 강바닥　谷底 골짜기의 밑바닥

밑 **저**

海底にあるサンゴがとてもきれいです。 해저에 있는 산호가 매우 예쁩니다.
パスポートがなくなるはずはない。 もう一度、徹底的に調べよう。 여권이 없어질 리가 없다.
다시 한 번 철저하게 찾아보자.

음독 ふ　府庁 부청　大阪府 오사카부　京都府 교토부　政府 정부

都道府県 도도부현(일본의 행정 구역의 하나로, 1都1道2府43県임)

幕府 막부　内閣府 내각부(중앙 행정 기관의 하나)

마을 **부**

京都と大阪には府庁があります。 교토와 오사카에는 부청이 있습니다.
大阪府の気温は３３度です。 오사카부의 기온은 33도입니다.

			覚

음독 かく　覚悟 각오　覚醒 각성　視覚 시각　自覚 자각

感覚 감각　聴覚 청각

훈독 おぼえる　覚える 외우다, 기억하다

さめる　覚める 잠이 깨다, 눈이 떠지다

さます　覚ます 깨우다, 깨다　目覚まし時計 알람시계

깨달을 **각**

あまりにも寒くて、手足の感覚がなくなってきた。 너무나도 추워서 손발의 감각이 없어졌다.
単語をちゃんと覚えます。 단어를 확실히 외웁니다.

중급 한자 · 2

169

0589 | N2

꺾을 **절**

음독	せつ	折衷 절충 折半 절반 右折 우회전 左折 좌회전 屈折 굴절
		骨折 골절 挫折 좌절
훈독	おる	折る 접다 折り紙 종이접기 時折 가끔
	おれる	折れる 꺾이다, 구부러지다

転んで足を骨折しました。 넘어져서 발이 부러졌습니다.
台風で木の枝が折れてしまった。 태풍으로 나뭇가지가 꺾여 버렸다.

0590 | N2

굳을 **고**

음독	こ	固体 고체 固定 고정 固有 고유 頑固 완고
		強固 강고함, 견고함 堅固 견고함 凝固 응고
훈독	かたい	固い 단단하다, 딱딱하다
	かためる	固める 굳히다, 다지다
	かたまる	固まる 굳다, 딱딱해지다

ねじで固定してください。 나사로 고정해 주세요.
この肉は固いのでうまく切れない。 이 고기는 단단해서 잘 안 잘린다.

0591 | N2

힘쓸 **노**

| 음독 | ど | 努力 노력, 애씀 |
| 훈독 | つとめる | 努める 힘쓰다, 노력하다, 애쓰다 |

いつの日か必ず努力が実を結ぶ。 언젠가 반드시 노력이 결실을 맺는다.
目標達成に努めています。 목표 달성을 위해 노력하고 있습니다.

0592 | N2

비칠 **조**

음독	しょう	照明 조명 照会 조회 対照 대조 参照 참조
훈독	てる	照る 비치다, 빛나다 日が照る 해가 비치다
	てらす	照らす 빛을 비추다
	てれる	照れる 수줍에[부끄러워]하다 照れくさい 멋쩍다, 겸연쩍다

照明で舞台を照らします。 조명으로 무대를 비춥니다.
昔の友達と久しぶりに会うとなんだか照れくさい。 옛날 친구와 오랜만에 만나니 왠지 겸연쩍다.

박 博

음독 はく

博物館 박물관　博学 박학　博士 박사　博覧会 박람회

ばく

博打 도박, 노름　博労 말이나 소를 매매하는 사람, 거간꾼

예외 博士 박사

넓을 **박**

博物館を見学しました。 박물관을 견학했습니다.
博士過程まで終わっても就職先がない。 박사 과정까지 마쳐도 취직할 곳이 없다.

음독 しょう

省エネ 에너지 절약　省略 생략　法務省 법무성

せい

反省 반성　帰省 귀성, 귀향

훈독 かえりみる

省みる 돌이켜 보다, 반성하다

はぶく

省く 덜다, 줄이다

살필 **성**
덜 **생**

失敗の原因を明らかにし、反省して次の成功につなげる。 실패의 원인을 밝히고 반성해서
다음 성공으로 연결한다.
自らを省みてください。 스스로를 돌이켜 보세요.

음독 ふく

副業 부업　副作用 부작용　副会長 부회장　副社長 부사장
副詞 부사

버금 **부**

副作用はないか確認してください。 부작용은 없는지 확인해 주세요.
今回は社長の代わりに副社長がいらっしゃるようだ。 이번에는 사장님을 대신해서 부사장님
이 오시는 것 같다.

음독 ぐん

郡 군, 고을, 행정구획의 하나　郡部 군부, 군에 속하는 지역
郡内 군내

고을 **군**

郡部の大会に出る予定です。 군(에 속하는 지역) 대회에 나갈 예정입니다.
郡内に新しい工場ができた。 군내에 새로운 공장이 생겼다.

0597 | N1

음독 し   〜氏 〜씨   氏名 성명, 이름   氏族 씨족   彼氏 그, 남자 친구

훈독 うじ   氏 씨, 성, 씨족   氏神 씨족 신, 고장의 수호신

           氏子 같은 씨족 신을 모시는 사람들

성씨 氏

妹にはずっと彼氏がいない。 여동생한테는 계속 남자 친구가 없다.

田舎では氏神を祭る祭が毎年行われます。 시골에서는 그 고장의 수호신을 받드는 축제가 매년 열립니다.

0598 | N1

음독 きょう   鏡台 경대, 화장대   望遠鏡 망원경   双眼鏡 쌍안경

           顕微鏡 현미경

훈독 かがみ   鏡 거울   鏡餅 가가미모치, 새해에 신에게 올리는 동글납작한 찰떡

           手鏡 손거울

           예외 眼鏡 안경

거울 경

カバンから鏡を取り出します。 가방에서 거울을 꺼냅니다.

眼鏡をかけてお風呂に入る人がいる。 안경을 쓰고 목욕을 하는 사람이 있다.

0599 | N1

음독 そう   倉庫 창고   船倉 선창, 배 안에 짐 싣는 곳   穀倉 곡창, 곡식 저장 창고

훈독 くら   倉 곳간, 창고   胸倉 멱살

곳집 창

商品は倉庫の中にあります。 상품은 창고 안에 있습니다.

倉の中はとても暗い。 창고 안은 매우 어둡다.

0600 | N2

                                                  藝

음독 げい   芸能 예능   芸能人 연예인   芸術 예술   工芸 공예

           文芸 문예   手芸 수예, 수공예   演芸 연예   園芸 원예

재주 예

歌舞伎は日本を代表する芸能の一つである。 가부키는 일본을 대표하는 예능 중 하나이다.

この工芸品はこわれやすいので、慎重にあつかってください。 이 공예품은 부서지기 쉬우므로 조심히 취급해 주세요.

0601 | N2

塩

鹽

| 음독 | えん | 塩分 염분　塩田 염전　岩塩 돌소금　食塩水 식염수 |
| 훈독 | しお | 塩 소금　塩辛 젓갈　塩辛い 짜다 |

소금 염

海水には塩分があって、塩辛い。 바닷물에는 염분이 있어서 짜다.
塩をかけて食べます。 소금을 뿌려 먹습니다.

0602 | 급수 외

巢

巢

음독	そう	巣窟 소굴　病巣 병소　卵巣 난소
훈독	す	巣 새·짐승·곤충의 집, 둥지, 보금자리
		巣立つ 자립하다, 보금자리를 떠나다　空き巣 빈집

새집 소

検診で卵巣にガンが見つかりました。 검진에서 난소에 암이 발견되었습니다.
公園の鳥の巣に卵があった。 공원의 새집에 알이 있었다.

0603 | N2

熱

음독	ねつ	熱 열　熱心 열심　熱湯 열탕　加熱 가열　情熱 정열
		解熱 해열
훈독	あつい	熱い 뜨겁다

더울 열

熱があって起きているのも辛い。 열이 있어서 일어나 있는 것도 힘들다.
学生は熱心に会話の練習をしました。 학생은 열심히 회화 연습을 했습니다.

0604 | N1

旗

| 음독 | き | 旗手 기수　国旗 국기　校旗 교기　星条旗 성조기 |
| 훈독 | はた | 旗 기, 깃발　手旗信号 수기 신호 |

기 기

韓国の国旗は太極旗です。 한국 국기는 태극기입니다.
旗を振りながら行進する。 깃발을 흔들며 행진한다.

음독 **ひょう**	<ruby>票<rt>ひょう</rt></ruby><ruby>決<rt>けつ</rt></ruby> 표결　<ruby>開<rt>かい</rt></ruby><ruby>票<rt>ひょう</rt></ruby> 개표　<ruby>投<rt>とう</rt></ruby><ruby>票<rt>ひょう</rt></ruby> 투표　<ruby>得<rt>とく</rt></ruby><ruby>票<rt>ひょう</rt></ruby> 득표　<ruby>伝<rt>でん</rt></ruby><ruby>票<rt>びょう</rt></ruby> 전표	

표 표

<ruby>開<rt>かい</rt></ruby><ruby>票<rt>ひょう</rt></ruby>の<ruby>結<rt>けっ</rt></ruby><ruby>果<rt>か</rt></ruby>を<ruby>待<rt>ま</rt></ruby>っている。 개표 결과를 기다리고 있다.

<ruby>私<rt>わたし</rt></ruby>は<ruby>反<rt>はん</rt></ruby><ruby>対<rt>たい</rt></ruby>の<ruby>投<rt>とう</rt></ruby><ruby>票<rt>ひょう</rt></ruby>をするつもりです。 나는 반대투표를 할 생각입니다.

飯

음독 **はん**	ご<ruby>飯<rt>はん</rt></ruby> 밥　<ruby>朝<rt>あさ</rt></ruby>ご<ruby>飯<rt>はん</rt></ruby> 아침밥　<ruby>昼<rt>ひる</rt></ruby>ご<ruby>飯<rt>はん</rt></ruby> 점심밥
	<ruby>晩<rt>ばん</rt></ruby>ご<ruby>飯<rt>はん</rt></ruby> 저녁밥　<ruby>夕<rt>ゆう</rt></ruby><ruby>飯<rt>はん</rt></ruby> 저녁밥　<ruby>赤<rt>せき</rt></ruby><ruby>飯<rt>はん</rt></ruby> 팥밥
	<ruby>飯<rt>はん</rt></ruby><ruby>盒<rt>ごう</rt></ruby> 반합, 군인이나 등산객이 사용하는 밥그릇　<ruby>残<rt>ざん</rt></ruby><ruby>飯<rt>ぱん</rt></ruby> 잔반, 남은 밥
훈독 **めし**	<ruby>飯<rt>めし</rt></ruby> 밥　<ruby>朝<rt>あさ</rt></ruby><ruby>飯<rt>めし</rt></ruby><ruby>前<rt>まえ</rt></ruby> 식은 죽 먹기　<ruby>麦<rt>むぎ</rt></ruby><ruby>飯<rt>めし</rt></ruby> 보리밥　<ruby>握<rt>にぎ</rt></ruby>り<ruby>飯<rt>めし</rt></ruby> 주먹밥
	<ruby>焼<rt>や</rt></ruby>き<ruby>飯<rt>めし</rt></ruby> 복음밥

밥 반

あそこで<ruby>晩<rt>ばん</rt></ruby>ご<ruby>飯<rt>はん</rt></ruby>を<ruby>食<rt>た</rt></ruby>べよう。 저기에서 저녁밥을 먹자.

これくらいは<ruby>朝<rt>あさ</rt></ruby><ruby>飯<rt>めし</rt></ruby><ruby>前<rt>まえ</rt></ruby>です。 이 정도는 식은 죽 먹기입니다.

음독 **りく**	<ruby>陸<rt>りく</rt></ruby><ruby>上<rt>じょう</rt></ruby> 육상　<ruby>陸<rt>りく</rt></ruby><ruby>地<rt>ち</rt></ruby> 육지　<ruby>陸<rt>りく</rt></ruby><ruby>軍<rt>ぐん</rt></ruby> 육군　<ruby>大<rt>たい</rt></ruby><ruby>陸<rt>りく</rt></ruby> 대륙　<ruby>上<rt>じょう</rt></ruby><ruby>陸<rt>りく</rt></ruby> 상륙
	<ruby>着<rt>ちゃく</rt></ruby><ruby>陸<rt>りく</rt></ruby> 착륙

뭍 륙(육)

<ruby>高<rt>こう</rt></ruby><ruby>校<rt>こう</rt></ruby>の<ruby>時<rt>とき</rt></ruby>、<ruby>陸<rt>りく</rt></ruby><ruby>上<rt>じょう</rt></ruby><ruby>選<rt>せん</rt></ruby><ruby>手<rt>しゅ</rt></ruby>でした。 고등학생 때 육상 선수였습니다.

<ruby>飛<rt>ひ</rt></ruby><ruby>行<rt>こう</rt></ruby><ruby>機<rt>き</rt></ruby>が<ruby>大<rt>おお</rt></ruby>きな<ruby>音<rt>おと</rt></ruby>をしながら<ruby>着<rt>ちゃく</rt></ruby><ruby>陸<rt>りく</rt></ruby>した。 비행기가 큰 소리를 내면서 착륙했다.

음독 **い**	<ruby>以<rt>い</rt></ruby><ruby>上<rt>じょう</rt></ruby> 이상　<ruby>以<rt>い</rt></ruby><ruby>下<rt>か</rt></ruby> 이하　<ruby>以<rt>い</rt></ruby><ruby>外<rt>がい</rt></ruby> 이외　<ruby>以<rt>い</rt></ruby><ruby>内<rt>ない</rt></ruby> 이내　<ruby>以<rt>い</rt></ruby><ruby>前<rt>ぜん</rt></ruby> 이전
	<ruby>以<rt>い</rt></ruby><ruby>来<rt>らい</rt></ruby> 이래, 이후　<ruby>以<rt>い</rt></ruby><ruby>後<rt>ご</rt></ruby> 이후

써 이

<ruby>部<rt>へ</rt></ruby><ruby>屋<rt>や</rt></ruby>には５０<ruby>体<rt>たい</rt></ruby><ruby>以<rt>い</rt></ruby><ruby>上<rt>じょう</rt></ruby>の<ruby>人<rt>にん</rt></ruby><ruby>形<rt>ぎょう</rt></ruby>がある。 방에는 50개 이상의 인형이 있다.

<ruby>日<rt>に</rt></ruby><ruby>本<rt>ほん</rt></ruby><ruby>語<rt>ご</rt></ruby><ruby>以<rt>い</rt></ruby><ruby>外<rt>がい</rt></ruby>は<ruby>分<rt>わ</rt></ruby>りません。 일본어 이외는 모릅니다.

0609 | N2

재물 **화**

음독 か

貨幣 화폐　貨物 화물　金貨 금화　通貨 통화　財貨 재화, 재물
雜貨 잡화　百貨店 백화점

世界で一番長い貨物列車が走る。 세계에서 가장 긴 화물 열차가 달린다.
100円は各国の通貨に換算するといくらですか。 100엔은 각국 통화로 환산하면 얼마입니까?

0610 | N2

어제 **작**

음독 さく

昨年 작년　昨日 어제　昨夜 어젯밤　昨晚 어젯밤
昨今 요즘, 근래　一昨日 그제
예외 昨日 어제　一昨日 그제

昨夜からずっと雨が降っている。 어젯밤부터 계속 비가 내리고 있다.
昨日買ったカメラを盗まれてしまいました。 어제 산 카메라를 도난당하고 말았습니다.
Tip '昨日(어제)'보다 '昨日'가 딱딱한 말투이며, '一昨日(그제)'보다 '一昨日'가 딱딱한 말투임.

0611 | N1

徑

지름길 **경**

음독 けい

径路 경로　口径 구경, 렌즈의 지름　直径 직경, 지름
半径 반지름

会場までの径路を教えてください。 회장까지 가는 길을 알려 주세요.
半径十センチの円。 반지름 10센티인 원.

0612 | N1

칠 **목**

음독 ぼく

훈독 まき

牧場 목장　牧師 목사　放牧 방목　遊牧 유목
牧 목장　牧場 목장

モンゴルに行って実際遊牧民を見ました。 몽골에 가서 유목민을 실제로 봤습니다.
ここは牛を飼っている牧場です。 여기는 소를 키우고 있는 목장입니다.

아이 **아**

음독	じ に

児童 아동　育児 육아　幼児 유아

小児科 소아과

今回育児休暇制度が改善された。 이번에 육아휴가제도가 개선되었다.
子供を小児科に連れて行きました。 아이를 소아과에 데려갔습니다.

병사 **병**

음독	へい ひょう

兵士 병사　兵役 병역　核兵器 핵무기　歩兵 보병

兵庫県 효고현(近畿 지방 서부에 있는 현)　兵糧 병량, 군량

韓国の男性には兵役の義務がある。 한국 남성에게는 병역의 의무가 있다.
兵庫県の祭に行ってみたいです。 효고현 축제에 가보고 싶습니다.

어질 **량(양)**

음독	りょう
훈독	いい よい

良心 양심　良好 양호　不良 불량　改良 개량　優良 우량

良い 좋다

良い 좋다　良かった 다행이다, 좋았다

彼は体調不良で休んでいます。 그는 컨디션이 안 좋아서 쉬고 있습니다.
あの女の子が助かって良かった。 그 여자아이가 구조되어서 다행이다.

사랑 **애**

음독	あい

愛 사랑　愛犬 애견　愛情 애정　愛着 애착　愛嬌 애교

愛想 붙임성, 상냥함　愛惜 애석　愛玩 애완　友愛 우애

親愛 친애　恋愛 연애　博愛 박애

예외	愛しい 사랑스럽다　愛でる 귀여워하다
	可愛い 귀엽다　恩愛 은애

お金と愛、どっちが大切だど思いますか。 돈과 사랑 어느 쪽이 소중하다고 생각합니까?
二人の友情は恋愛に発展した。 두 사람의 우정은 연애로 발전했다.

0617 | N2

고요할 **정**

음독	じょう	静脈 정맥
	せい	静止 정지　静電気 정전기　静粛 정숙　冷静 냉정
		平静 평정　安静 안정
훈독	しずか	静か 조용함, 고요함
	しずめる	静める 가라앉히다, 진정시키다
	しずまる	静まる 조용해지다

しばらく安静にした方がいいです。 당분간 안정을 취하는 편이 좋습니다.

ここでは静かにしてください。 여기에서는 조용히 해 주세요.

0618 | 급수 외

지붕 일 **자**

훈독	いばら	茨 가시나무　茨の道 가시밭길
		茨城(県) 이바라기(현)

茨の道を歩く。 가시밭길(고난의 길)을 걷는다.

この列車は茨城行きです。 이 열차는 이바라기행입니다.

0619 | N2

재 **성**

음독	じょう	城門 성문　城壁 성벽　築城 축성, 성을 쌓음　大阪城 오사카성
훈독	しろ	城 성　城跡 성터
	き	宮城県 미야기현

城門や城壁は、今でも残っている。 성문이나 성벽은 지금까지도 남아 있다.

花輪くんの家はお城みたいに大きいです。 하나와 군의 집은 성처럼 큽니다.

0620 | 급수 외

여자 **원**

음독	えん	才媛 재원
훈독	ひめ	媛 여성에 대한 미칭　愛媛(県) 에히메(현)

高い教養や才能のある女性を才媛といいます。 높은 교양과 재능이 있는 여성을 재원이라고 합니다.

愛媛産のみかんが一番おいしい。 에히메산 귤이 제일 맛있다.

Tip '媛'는 '姫'로도 쓰임.

静

茨

177

0621 | N1

훈독 **おか**	岡 언덕, 작은 산, 작은 구릉　岡持ち 요리 배달통 岡山県 오카야마현　静岡県 시즈오카현

산등성이 **강**

彼は岡山県の知事です。 그는 오카야마현 지사입니다.

静岡県のお茶をお土産に選んだ。 시즈오카현의 차를 선물로 골랐다.

Tip '岡'는 '丘'로도 쓰임.

0622 | N1

음독 **せき**	潟湖 석호
훈독 **かた**	干潟 갯벌, 간석지　新潟県 니가타현

개펄 **석**

干潟で潮干狩りができる。 갯벌에서 조개잡이를 할 수 있다.

新潟県では米づくりが盛んに行われます。 니가타현에서는 쌀농사가 활발히 이루어집니다.

0623 | N1

음독 **き**	岐路 기로, 갈림길　多岐 다방면, 여러 갈래　分岐点 분기점
ぎ	岐阜県 기후현(중부 지방 서부 내륙에 있는 현)

갈림길 **기**

主人公は運命の岐路に立っています。 주인공은 운명의 기로에 서 있습니다.

ドラマやミュージカルなど多岐にわたって活躍している。 드라마와 뮤지컬 등 다방면에 걸쳐 활약하고 있다.

0624 | 급수 외

음독 **ふ**	岐阜県 기후현

언덕 **부**

岐阜県を旅行したい。 기후현을 여행하고 싶다.

岐阜県の名物は飛騨牛です。 기후현의 명물은 히다규(소고기)입니다.

곰 웅

| 훈독 | くま | 熊 곰 | 熊本県 구마모토현 | 熊手 갈퀴 | 白熊 백곰 |

熊本県は九州にあります。 구마모토현은 규슈에 있습니다.
南極にはペンギンが、北極には白熊がいる。 남극에는 펭귄이, 북극에는 백곰이 있다.

향기 향

음독	こう	香水 향수	香辛料 향신료	芳香剤 방향제
		蚊取り線香 모기향		
훈독	かおる	香る 향기가 나다		
	かおり	香り 향기		
	か	香川県 가가와현		

二十歳の誕生日に香水をもらいました。 스무 살 생일에 향수를 받았습니다.
香川県は四国にある。 가가와현은 시코쿠에 있다.

도울 좌

| 음독 | さ | 補佐 보좌 | 佐賀県 사가현 | 大佐 대좌, 대령 | 中佐 중좌, 중령 |
| | | 少佐 소좌, 소령 | | | |

彼女は大統領補佐官に任命されました。 그녀는 대통령 보좌관으로 임명되었습니다.
佐賀県の天気はとてもよかった。 사가현의 날씨는 아주 좋았다.

하례할 하

| 음독 | が | 賀正 새해를 축하함 | 年賀状 연하장 | 祝賀会 축하회 |
| | | 謹賀新年 근하신년 | 佐賀県 사가현 | |

日本には正月に年賀状を送る習慣がある。 일본에는 정월에 연하장을 보내는 습관이 있다.
絵画展で金賞をとったので、今夜は家族で祝賀会だ。 회화전에서 금상을 받았으니 오늘 밤은 가족끼리 축하파티다.

| 훈독 | さい | 埼玉県 <ruby>埼<rt>さい</rt></ruby><ruby>玉<rt>たま</rt></ruby><ruby>県<rt>けん</rt></ruby> 사이타마현 |

갑 기

次は<ruby>埼玉県<rt>さいたまけん</rt></ruby>のニュースです。 다음은 사이타마현 뉴스입니다.

<ruby>生<rt>う</rt></ruby>まれも<ruby>育<rt>そだ</rt></ruby>ちも<ruby>埼玉県<rt>さいたまけん</rt></ruby>です。 태어난 곳도 자란 곳도 사이타마현입니다.

| 훈독 | さき | 宮崎県 <ruby>宮<rt>みや</rt></ruby><ruby>崎<rt>ざき</rt></ruby><ruby>県<rt>けん</rt></ruby> 미야자키현　長崎(県) <ruby>長<rt>なが</rt></ruby><ruby>崎<rt>さき</rt></ruby> <ruby>県<rt>けん</rt></ruby> 나가사키(현) |

험할 기

<ruby>宮崎県<rt>みやざきけん</rt></ruby>にゴルフに<ruby>行<rt>い</rt></ruby>きました。 미야자키현에 골프 치러 갔습니다.

<ruby>長崎<rt>ながさき</rt></ruby>ちゃんぽんは<ruby>韓国<rt>かんこく</rt></ruby>のちゃんぽんとは<ruby>違<rt>ちが</rt></ruby>う。 나가사키 짬뽕은 한국의 짬뽕과 다르다.

| 음독 | じ | 滋養 <ruby>滋<rt>じ</rt></ruby><ruby>養<rt>よう</rt></ruby> 자양　滋養強壮 <ruby>滋<rt>じ</rt></ruby><ruby>養<rt>よう</rt></ruby><ruby>強<rt>きょう</rt></ruby><ruby>壮<rt>そう</rt></ruby> 자양강장 |
| 예외 | | 滋賀県 <ruby>滋<rt>し</rt></ruby><ruby>賀<rt>が</rt></ruby><ruby>県<rt>けん</rt></ruby> 시가현 |

불을 자

いろいろな<ruby>滋養強壮<rt>じようきょうそう</rt></ruby>ドリンク<ruby>剤<rt>ざい</rt></ruby>がある。 여러 가지 자양강장 드링크제가 있다.

<ruby>滋賀県<rt>しがけん</rt></ruby>は<ruby>琵琶湖<rt>びわこ</rt></ruby>で<ruby>有名<rt>ゆうめい</rt></ruby>です。 시가현은 비와호로 유명합니다.

음독	ろく	馴鹿 <ruby>馴<rt>じゅん</rt></ruby><ruby>鹿<rt>ろく</rt></ruby> 순록
훈독	か	鹿児島県 <ruby>鹿<rt>か</rt></ruby><ruby>児<rt>ご</rt></ruby><ruby>島<rt>しま</rt></ruby><ruby>県<rt>けん</rt></ruby> 가고시마현　馬鹿 <ruby>馬<rt>ば</rt></ruby><ruby>鹿<rt>か</rt></ruby> 바보
	しか	鹿 <ruby>鹿<rt>しか</rt></ruby> 사슴

사슴 록(녹)

<ruby>先生<rt>せんせい</rt></ruby>は<ruby>鹿児島県<rt>かごしまけん</rt></ruby>からいらした。 선생님은 가고시마현에서 오셨다.

<ruby>鹿<rt>しか</rt></ruby>の<ruby>長<rt>なが</rt></ruby>い<ruby>角<rt>つの</rt></ruby>を<ruby>見<rt>み</rt></ruby>ました。 사슴의 긴 뿔을 봤습니다.

0633 | N1

| 음독 | ちゅう | 沖積層 충적층 |
| 훈독 | おき | 沖 먼 바다 沖縄 오키나와 |

화할 충

船が沖へ出ます。 배가 먼 바다로 나갑니다.
沖縄は豚肉の消費量が日本で一番多い。 오키나와는 돼지고기 소비량이 일본에서 가장 많다.

0634 | N1

繩

| 음독 | じょう | 繩文時代 조몬 시대(일본의 신석기 시대) 自繩自縛 자승자박 |
| 훈독 | なわ | 繩 새끼, 줄 繩跳び 줄넘기 沖縄県 오키나와현 |

노끈 승

毎晩、繩跳びをする。 매일 밤 줄넘기를 한다.
沖縄県は長寿で有名です。 오키나와현은 장수로 유명합니다.

0635 | N1

음독	せい	市井 시정, 거리 油井 유정
	しょう	天井 천장
훈독	い	井戸 우물 福井県 후쿠이현

우물 정

この家は天井が高いです。 이 집은 천장이 높습니다.
福井県の地理に詳しい。 후쿠이현의 지리를 잘 안다.

0636 | 급수 외

| 훈독 | とち | 栃の木 칠엽수 栃木県 도치기현 |

상수리나무 회

栃の木の葉は手のひらを広げたような形です。 칠엽수 잎은 손바닥을 펼친 듯한 모양입니다.
栃木県産のイチゴをぜひ食べてみてください。 도치기산 딸기를 꼭 드셔 보세요.

| 음독 | な | 奈落 나락　奈良 나라 |

어찌 **나**
어찌 **내**

奈落の底に落ちました。 나락의 밑바닥에 떨어졌습니다.
奈良には世界最古の木造建築物がある。 나라에는 세계 최고의 목조건축물이 있다.

| 훈독 | なし | 梨 배　山梨県 야마나시현 |

배나무 **리(이)**

果物のなかで梨が一番好きです。 과일 중에서 배를 가장 좋아합니다.
山梨県の名物は何ですか。 야마나시현의 명물은 무엇입니까?

| 음독 | はん | 阪神 한신(오사카와 고베) |
| 훈독 | さか | 大阪 오사카 |

언덕 **판**

阪神大震災について聞いたことはありますか。 한신 대지진에 대해 들은 적이 있습니까?
大阪城を見学する。 오사카성을 견학한다.

음독	ぐん	群集 군집　群衆 군중　群像 군상　大群 큰 떼　抜群 발군
		群馬県 군마현
훈독	むれる	群れる 떼를 짓다, 군집하다
	むれ	群れ 무리
	むら	群すずめ 참새 떼

무리 **군**

群馬県の山に登りました。 군마현의 산을 올랐습니다.
鳥が群れて飛ぶ 새가 떼를 지어 날다.

<table>
<tr><td>음독</td><td>とく</td></tr>
</table>

徳 덕　徳用 덕용(쓰기 좋고 값이 쌈)　美徳 미덕

悪徳 악덕　人徳 인덕　道徳 도덕　徳島県 도쿠시마현

徳

큰 덕

ジュースの徳用品だよ。買っていこう。 주스 특가상품이야. 사 가자.

次は道徳の時間です。 다음은 도덕 시간입니다.

<table>
<tr><td>음독</td><td>ふ</td></tr>
<tr><td></td><td>ふう</td></tr>
<tr><td>훈독</td><td>とむ</td></tr>
</table>

富士山 후지산　富豪 부호　富裕 부유　貧富 빈부　豊富 풍부

富貴 부귀

富む 풍부하다　富山県 도야마현

부유할 부

彼は知識も、豊富です。 그는 지식도 풍부합니다.

絵の才能に富んでいる。 그림의 재능이 풍부하다.

중급 한자 · 2

일본의 행정구역(1도 1도 2부 43현)

北海道 홋카이도	青森県 아오모리현	岩手県 이와테현	宮城県 미야기현	秋田県 아키타현
山形県 야마가타현	福島県 후쿠시마현	茨城県 이바라기현	栃木県 도치기현	群馬県 군마현
埼玉県 사이타마현	千葉県 치바현	東京都 도쿄도	神奈川県 가나가와현	新潟県 니가타현
富山県 도야마현	石川県 이시카와현	福井県 후쿠이현	山梨県 야마나시현	長野県 나가노현
岐阜県 기후현	静岡県 시즈오카현	愛知県 아이치현	三重県 미에현	滋賀県 시가현
京都府 교토부	大阪府 오사카부	兵庫県 효고현	奈良県 나라현	和歌山県 와카야마현
鳥取県 돗토리현	島根県 시마네현	岡山県 오카야마현	広島県 히로시마현	山口県 야마구치현
徳島県 도쿠시마현	香川県 가가와현	愛媛県 에히메현	高知県 고치현	福岡県 후쿠오카현
佐賀県 사가현	長崎県 나가사키현	熊本県 구마모토현	大分県 오이타현	宮崎県 미야자키현
鹿児島県 가고시마현	沖縄県 오키나와현			

초등학교 5학년 한자

•100자

永	久	基	幹	仮	設	過	程	快	適
길 영	오랠 구	터 기	줄기 간	거짓 가	베풀 설	지날 과	한도 정	쾌할 쾌	맞을 적
経	営	検	査	規	則	往	復	制	圧
지날 경	경영할 영	검사할 검	조사할 사	법 규	법칙 칙	갈 왕	회복할복/다시부	절제할 제	누를 압
効	能	再	現	許	容	責	任	構	造
본받을 효	능할 능	두 재	나타날 현	허락할 허	얼굴 용	꾸짖을 책	맡길 임	얽을 구	지을 조
条	件	状	態	情	報	非	常	評	価
가지 조	물건 건	형상 상	모습 태	뜻 정	갚을 보	아닐 비	항상 상	평할 평	값 가
保	険	貿	易	防	犯	提	示	破	格
지킬 보	험할 험	무역할 무	바꿀역/쉬울이	막을 방	범할 범	끌 제	보일 시	깨뜨릴 파	격식 격
比	率	判	断	混	在	講	義	準	備
견줄 비	비율률(율)/거느릴솔	판단할 판	끊을 단	섞을 혼	있을 재	외울 강	옳을 의	준할 준	갖출 비
堂	団	独	演	移	築	旧	居	属	性
집 당	둥글 단	홀로 독	펼 연	옮길 이	쌓을 축	옛 구	살 거	무리 속	성품 성
弁	解	資	財	禁	句	均	質	武	術
고깔변/말씀변	풀 해	재물 자	재물 재	금할 금	글귀 구	고를 균	바탕 질	호반 무	재주 술
賞	師	応	接	絶	版	増	刊	確	証
상줄 상	스승 사	응할 응	이을 접	끊을 절	판목 판	더할 증	새길 간	굳을 확	증거 증
職	務	税	額	余	興	豊	紀	複	雑
직분 직	힘쓸 무	세금 세	이마 액	남을 여	일 흥	풍년 풍	벼리 기	겹칠 복	섞일 잡

0643 | N2

永

음독	えい	永遠 영원　永久 영구　永住 영주　永世 영세, 영구　永続 영속
		永眠 영면, 죽음
훈독	ながい	永い 길다, 오래다

길 영

永久に戦争が起きないように願います。 영구히 전쟁이 일어나지 않기를 바랍니다.
永い間、会ってないけど、花ちゃん、元気かな。 오랫동안 못 만났는데, 하나는 잘 지내려나?

0644 | N2

久

음독	きゅう	永久 영구　持久力 지구력
	く	久遠 구원, 영원
훈독	ひさしい	久しい 오래다, 오래되다　久しぶり 오랜만

오랠 구

これは持久力を高めるトレーニングです。 이것은 지구력을 높이는 트레이닝입니다.
久しぶりに父に会ったが、相変わらずお酒ばかり飲んでいた。 오랜만에 아버지를 만났는데 변함없이 술만 먹고 있었다.

0645 | N2

基

음독	き	基金 기금　基本 기본　基地 기지　基点 기점　基準 기준
		基礎 기초　基盤 기반
훈독	もと	基 기반　基づく 기초하다, 근거하다

터 기

算数は数学の基本だ。 산수는 수학의 기본이다.
事実に基づいて話してください。 사실에 입각해서 이야기해 주세요.

0646 | N1

幹

음독	かん	幹事 간사　幹部 간부　幹線 간선　根幹 근간
		新幹線 신간선, 고속철도
훈독	みき	幹 나무의 줄기

줄기 간

東京から新幹線で3時間半の距離です。 도쿄에서 신칸센으로 세 시간 반 거리예요.
杉の木は幹の太さが十メートル以上もあります。 삼나무는 줄기 두께가 10미터 이상도 더 됩니다.

거짓 **가**

假

음독	**か**		
	仮名 히라가나, 가타가나의 가나, 글자	仮設 가설	
	仮面 가면　仮定 가정　仮装 가장　仮分数 가분수		
	け	仮病 꾀병	
훈독	**かり**	仮 임시, 거짓　仮寝 선잠, 잠깐 눈을 붙임　仮免許 임시면허	
		仮小屋 임시로 지은 오두막집	

この説は誤りだと仮定してみよう。 이 설은 잘못이라고 가정해 보자.
仮病で学校を休んでいるようだ。 꾀병으로 학교를 쉬고 있는 것 같다.

베풀 **설**

음독	**せつ**				
	設計 설계　設置 설치　設定 설정　設備 설비　設立 설립				
	建設 건설　施設 시설　創設 창설　特設 특설				
훈독	**もうける**	設ける 마련하다, 설치하다			

カラオケの設備はすごいし、会場にはトイレまで設けられている。 노래방 설비는 훌륭하고 행사장에는 화장실까지 마련되어 있다.
大会の特設ステージを見てきました。 대회 특설 무대를 보고 왔습니다.

지날 **과**

過

음독	**か**				
	過去 과거　過失 과실　過度 과도　過激 과격				
	過熱 과열　過労 과로　過半数 과반수　過不足 과부족				
	通過 통과				
훈독	**あやまち**	過ち 잘못			
	すごす	過ごす 보내다, 지내다			
	すぎる	過ぎる 통과하다, 지나다			

もう過去になっちゃたんだから、忘れましょう。 이미 과거가 되어 버렸으니까 잊읍시다.
楽しい時間は早く過ぎる。 즐거운 시간은 빨리 지나간다.

음독 てい

程度 정도　課程 과정　日程 일정　音程 음정　過程 과정

規程 규정　工程 공정

훈독 ほど

程 정도　程良い 알맞다, 적당하다

한도 정

この程度の問題も解けないの？ 이 정도 문제도 못 풀어?

程良い湯加減です。 물 온도가 딱 좋습니다.

Tip かてい

過程 과정, 거치는 길 → 結果よりも過程が重要だ。 결과보다 과정이 중요하다.

課程 과정, 일정 기간 습득하는 단계 → 入門課程 입문 과정, 大学院課程 대학원 과정

家庭 가정 → 家庭用品 가정용품

仮定 가정, 임시로 사실인 것처럼 정함 → この仮定は現実になった。 이 가정이 현실이 되었다.

중급 한자 · 3

음독 かい

快活 쾌활　快感 쾌감　快勝 쾌승　快晴 쾌청　快速 쾌속

快適 쾌적　快楽 쾌락　不快 불쾌　痛快 통쾌　愉快 유쾌

훈독 こころよい

快い 상쾌하다

쾌할 쾌

ここはとても快適な空間ですね。 이곳은 매우 쾌적한 공간이군요.

みんなからのたのみごとには快くこたえるつもりだ。 모두가 하는 부탁에는 기꺼이 부응할 생각이다.

適

음독 てき

適応 적응　適格 적격　適性 적성　適中 적중　適用 적용

適当 적당　適度 적당　適切 적절　適任 적임

適材適所 적재적소　快適 쾌적　最適 최적

맞을 적

テストの結果、悪い予感が適中だ。 테스트 결과 나쁜 예감이 적중했다.

日本について調べるのに適当な本はありませんか。 일본에 대해 조사하는 데 적당한 책은 없습니까?

Tip '適中(적중)'은 '的中'으로도 씀.

지날 **경**

음독	けい				
		経営 경영	経過 경과	経験 경험	経済 경제
		経費 경비	経由 경유	経理 경리	経歴 경력 神経 신경
		東経 동경	西経 서경		
	きょう	経文 경문, 경	読経 독경		
훈독	へる / たつ	経る 지나다, 거치다	経つ (시간이) 지나다, 경과하다		

経

弊社は経験や実績を重視します。 저희 회사는 경험과 실적을 중시합니다.

時間が経つにつれて、悲しいことは忘れていった。 시간이 지남에 따라 슬픈 일은 잊게 되었다.

경영할 **영**

음독	えい				
		営業 영업	営利 영리	運営 운영	経営 경영
		公営 공영	国営 국영	都営 도에서 경영	県営 현영, 현이 경영
		市営 시영			
훈독	いとなむ	営む 영위하다, 경영하다			

営

非営利財団を設立するのが夢だ。 비영리재단을 설립하는 것이 꿈이다.

私は、まるやという雑貨点を営んでいる、松永です。 저는 마루야라는 잡화점을 운영하고 있는 마츠나가입니다.

검사할 **검**

음독	けん				
		検印 검인	検眼 검안	検挙 검거	検査 검사
		検索 검색	検察 검찰	検算 검산	検出 검출 検討 검토
		検問所 검문소	探検 탐험	点検 점검	

検

その件については前向きに検討します。 그 건에 대해서는 긍정적으로 검토하겠습니다.

忘れ物がないか、ちゃんと点検してから出かけなさい。 잊은 물건은 없는지 잘 점검하고 나서 나가라.

조사할 **사**

음독	さ				
		査定 사정	考査 고사	検査 검사	調査 조사
		巡査 순경, 경찰관	審査 심사	捜査 수사	探査 탐사

体の調子が悪いので病院で検査をしてもらった。 몸 상태가 나빠서 병원에서 검사를 받았다.

みんなで近くの川に行って、生き物の調査をしましょう。 다 같이 근처 강에 가서 생물 조사를 합시다.

188

음독	き				

規制 규제　規格 규격　規則 규칙　規模 규모　規約 규약

規律 규율　規範 규범　定規 자

법 규

日本と中国とでは、商品の規格が異なります。 일본과 중국에서는 상품의 규격이 다릅니다.

交通規則を守って、安全運転を心掛ける。 교통 규칙을 지키고 안전 운전에 유의한다.

음독	そく

規則 규칙　原則 원칙　校則 교칙　反則 반칙　鉄則 철칙

罰則 벌칙　法則 법칙

법칙 칙

相手チームの反則で、ペナルティーキックを得ました。 상대팀의 반칙으로 페널티 킥을 얻었습니다.

敵のミスを見逃さないのが勝利の鉄則だ。 적의 실수를 놓치지 않는 것이 승리의 철칙이다.

음독	おう

往来 왕래　往復 왕복　既往症 기왕증, 전에 앓았던 병

右往左往 우왕좌왕

갈 왕

飛行機の往復チケットを買いました。 비행기 왕복 티켓을 샀습니다.

すごくあわてることを右往左往という。 매우 허둥거리는 것을 우왕좌왕이라고 한다.

음독	ふく

復学 복학　復元 복원　復習 복습　復活 부활　復旧 복구

復古 복고　復興 부흥　回復 회복　反復 반복　報復 보복

회복할 복
다시 부

小豆は疲労回復に効果があります。 팥은 피로회복에 효과가 있습니다.

基礎的なプレーを反復して繰り返すのが、サッカーで上達する方法だ。 기초적인 플레이를 반복하고 되풀이하는 것이 축구를 잘하게 되는 방법이다.

중급 한자 · 3

음독 せい

制作 제작 　制限 제한 　制度 제도 　制止 제지 　制定 제정
制服 제복, 교복 　規制 규제 　強制 강제 　節制 절제

절제할 **제**

制限速度や車間距離に注意する。제한 속도나 차간 거리에 주의한다.
交差点で車の通行を規制しています。교차로에서 자동차 통행을 규제하고 있습니다.

壓

음독 あつ

圧力 압력 　圧倒 압도 　圧迫 압박 　圧縮 압축
気圧 기압 　血圧 혈압 　水圧 수압

누를 **압**

燃料価格の上昇が、運送業者の経営を圧迫している。연료 가격의 상승이 운송업자의 경영을 압박하고 있다.
高気圧が近づくと天気がよくなります。고기압이 가까이 오면 날씨가 좋아집니다.

效

음독 こう

効果 효과 　効率 효율 　時効 시효 　有効 유효
無効 무효 　特効薬 특효약

훈독 きく

効く 듣다, 효력이 있다

본받을 **효**

お酒をやめなさいと言っても効果がない。술을 끊으라고 말해도 효과가 없다.
この風邪薬は効きます。이 감기약은 잘 들어요.

음독 のう

能楽 일본의 대표적인 가면 음악극 　能面 能楽에서 쓰는 가면
能力 능력 　能率 능률 　可能 가능 　万能 만능 　技能 기능
芸能 예능 　才能 재능 　性能 성능 　知能 지능 　本能 본능
放射能 방사능

능할 **능**

能力よりもまず信頼関係がないといけない。능력보다도 우선 신뢰 관계가 없으면 안 된다.
チンパンジーは、読み書きができるようになる可能性が、ないとはいいきれない。침팬지가 읽고 쓸 수 있게 될 가능성이 없다고 단언할 수는 없다.

0665 | N2

두 재

음독	さ	再来週 다다음주	再来月 다다음달	再来年 다다음해, 내후년
	さい	再会 재회	再開 재개	再現 재현	再建 재건	再生 재생
		再婚 재혼	再利用 재사용	再放送 재방송	再開発 재개발
훈독	ふたたび	再び 다시, 재차		

駅周辺の地域は再開発が進められている。 역 주변 지역은 재개발이 추진되고 있다.

まるちゃんと再び会える日は、いつになるのかな。 마루 군과 다시 만날 수 있는 날은 언제가 되려나?

0666 | N2

나타날 현

음독	げん	現在 현재	現実 현실	現役 현역	現金 현금	現行 현행
		現状 현상	現場 현장	現代 현대	現地 현지	現住所 현주소
		表現 표현				
훈독	あらわす	現す 나타내다, 드러내다				
	あらわれる	現れる 나타나다				

現実と理想は違います。 현실과 이상은 다릅니다.

また新たな問題が現れた。 또 새로운 문제가 나타났다.

0667 | N2

허락할 허

음독	きょ	許可 허가, 허락	許容 허용	免許 면허	特許 특허
훈독	ゆるす	許す 허락하다, 용서하다			

教室でパーティーをしようと思って、先生に許可をもらった。 교실에서 파티를 하려고 생각해서 선생님께 허락을 받았다.

許してくれるまでここで待っています。 용서해 줄 때까지 여기에서 기다리고 있겠습니다.

0668 | N2

얼굴 용

음독	よう	容易 용이	容器 용기	容疑 용의	容姿 외모	容積 용적
		容量 용량	容認 용인	許容 허용	形容 형용	収容 수용
		内容 내용	美容 미용			

この記事の内容は信用できない。 이 기사 내용은 믿을 수 없다.

美容にはビタミンCが効きます。 미용에는 비타민C가 효과적입니다.

꾸짖을 **책**

음독	せき	責任 책임	責務 책무	自責 자책	重責 중책	職責 직책
훈독	せめる	責める 비난하다, 재촉하다				

何があっても、私が責任を取ります。 무슨 일이 있을지라도 제가 책임을 지겠습니다.
人の過ちを、むやみに責めるのは、やめるようにしましょう。 남의 잘못을 무턱대고 비난하는
것은 그만두도록 합시다.

맡길 **임**

음독	にん	任務 임무	任命 임명	一任 일임	就任 취임	新任 신임
		解任 해임	兼任 겸임	辞任 사임	担任 담임	赴任 부임
		放任 방임				
훈독	まかす	任す 맡기다, 위임하다				
	まかせる	任せる 맡기다				

任務が重そうです。 임무가 무거울 것 같습니다.
全く分からない分野の仕事を任された。 전혀 모르는 분야의 일을 맡게 되었다.

얽을 **구**

음독	こう	構図 구도	構成 구성	構想 구상	構内 구내	構外 구외
		機構 기구	結構 훌륭함, 꽤, 상당히, 충분함			
훈독	かまえる	構える 차리다	心構え 마음가짐			
	かまう	構う 상관하다	構わない 상관없다			

構想を具体化するための計画を立てた。 구상을 구체화하기 위한 계획을 세웠다.
この近所で雑貨店を構えています。 이 부근에서 잡화점을 하고 있습니다.

造

지을 **조**

음독	ぞう	造花 조화	造成 조성	造船 조선	改造 개조	建造 건조
		構造 구조	製造 제조	創造 창조	模造 모조	木造 목조
훈독	つくる	造る 만들다, 짓다				

この造花は和紙でできている。 이 조화는 일본 종이로 되어 있다.
あんな巨大な建物を大昔の人が造ったとは、不思議としか言いようがない。 저런 거대
한 건물을 옛날 사람이 만들었다는 것은 불가사의하다고밖에 말할 수 없다.

0673 | N1

條

음독 じょう

条件 조건　条文 조문　条約 조약　信条 신조

箇条書き 조항별로 적음, 항목별로 적음

가지 조

他の会社に比べたら、勤務条件は悪くないです。 다른 회사와 비교하면 근무 조건은 나쁘지 않아요.

クラスで問題になっていることを箇条書きにして、発表しあいましょう。 반에서 문제가 되는 것을 조항별로 적어서 서로 발표합시다.

0674 | N2

件

음독 けん

件 건　件数 건수　事件 사건　案件 안건　条件 조건

用件 용건　別件 별건　物件 물건　人件費 인건비

물건 건

この件に関して私は全く関係がない。 이 건에 관해 나는 전혀 관계가 없다.

事件が連続して起きました。 사건이 연속해서 일어났습니다.

0675 | N2

狀

음독 じょう

状況 상황　状態 상태　異状 이상　現状 현재 상태

症状 증상　賞状 상장　案内状 안내장　招待状 초대장

年賀状 연하장

형상 상

状況を見て、彼が犯人なのは間違いない。 상황을 보아 그가 범인인 것은 틀림없다.

友達から結婚式の招待状が届きました。 친구로부터 결혼식 초대장이 도착했습니다.

0676 | N1

음독 たい

態度 태도　態勢 태세　形態 형태　状態 상태　常態 정상 상태

生態 생태　変態 변태

모습 태

最初から最後まで一貫した態度をとる。 처음부터 마지막까지 일관된 태도를 취한다.

この木の状態は、すばらしく、どこにも異状はありません。 이 나무 상태는 훌륭하고 아무 데도 이상은 없습니다.

뜻 정

음독	じょう	

情勢 정세　情熱 정열　情緒 정서　情報 정보
愛情 애정　温情 온정　感情 감정　事情 사정　同情 동정
人情 인정　表情 표정　苦情 불평, 불만　心情 심정　友情 우정

ぜい　風情 훌륭한 경치, 운치

훈독	なさけ	

情け 정　情けない 한심하다
情け深い 동정심이 많다, 인정이 많다

確かな情報を手に入れました。 확실한 정보를 입수했습니다.
このような失敗をして情けない。 이런 실패를 하다니 한심하다.

갚을 보

음독	ほう	

報恩 보은　報告 보고　報道 보도　報復 보복　警報 경보
広報 홍보　速報 속보　電報 전보　予報 예보　通報 통보
情報 정보

훈독	むくいる	

報いる 보답하다, 보복하다

ニュース速報で、台風が上陸するという。 뉴스 속보에서 태풍이 상륙한다고 한다.
先生のご恩に報いるよう、努力してまいります。 선생님 은혜에 보답하도록 노력해 나가겠습니다.

아닐 비

음독	ひ	

非行 비행　非常に 몹시, 매우　非情 비정　非難 비난
非凡 비범　非公式 비공식　非売品 비매품　是非 꼭, 반드시

物覚えが非常に悪くなっている。 기억력이 매우 나빠졌다.
ピアノに非凡な才能があります。 피아노에 비범한 재능이 있습니다.

항상 상

음독	じょう	

常識 상식　常備 상비　常緑樹 상록수　正常 정상　異常 이상
通常 통상　平常 평상　非常識 몰상식　日常生活 일상생활
非常に 몹시, 매우

훈독	つね	
	とこ	

常 항상　常に 항상, 언제나　常々 평소, 항상
常夏 상하, 언제나 여름

彼は常識が足りない。 그는 상식이 부족하다.
あなたの幸せを常に願っています。 당신의 행복을 항상 바라고 있습니다.

0681 | N1

음독 ひょう

評価 평가　評論家 평론가　評判 평판　批評 비평
好評 호평　悪評 악평　論評 논평　品評会 품평회

評

평할 평

僕たちとは、ずいぶん評価が違いますね。 우리들하고는 아주 평가가 다르군요.
彼はすごく優しいって評判だ。 그는 아주 착하다고 평판이 났다.

0682 | N1

음독 か

価格 가격　価値 가치　高価 고가　原価 원가
定価 정가　物価 물가

훈독 あたい

価 값, 가치

價

값 가

国際競争に勝つためには価格を下げるほかはないだろう。 국제 경쟁에 이기기 위해서는 가격을 낮출 수밖에는 없을 것이다.
商品一つあたりの価を、割り算で求めてください。 상품 하나당 값을 나눗셈으로 구하시오.

0683 | N1

음독 ほ

保安 보안　保育 보육　保温 보온　保管 보관　保護 보호
保持 계속 유지　保守 보수　保証 보증　保障 보장　保存 보존
保有 보유　確保 확보

훈독 たもつ

保つ 유지하다, 보전하다

保

지킬 보

この漫画、絶対気に入るよ。 私が保証する。 이 만화 진짜 맘에 들 거야. 내가 보증할게.
美しさを保つ秘訣は、きちんと睡眠をとることらしいです。 아름다움을 유지하는 비결은 수면을 잘 취하는 것이라고 합니다.

0684 | N2

음독 けん

険悪 험악　危険 위험　冒険 모험　保険 보험

훈독 けわしい

険しい 가파르다, 험하다

險

험할 험

危険ですから、黄色い線までお下がりください。 위험하므로 노란색 선까지 물러서 주십시오.
険しい山の中で鉄橋をかける工事が行われている。 가파른 산속에서 철교를 설치하는 공사가
이루어지고 있다.

중급 한자 • 3

195

무역할 **무**

음독	ぼう				
		貿易 무역	貿易港 무역항	貿易船 무역선	貿易風 무역풍

うちの会社はアジアの国々との貿易が盛んです。 우리 회사는 아시아 나라들과의 무역이 활발합니다.

横浜や神戸は日本を代表する貿易港です。 요코하마와 고베는 일본을 대표하는 무역항입니다.

바꿀 **역**
쉬울 **이**

음독	い	安易 안이함, 손쉬움	容易 용이, 손쉬움	簡易 간이	平易 평이
	えき	貿易 무역			
훈독	やさしい	易しい 쉽다			
	やすい	～易い ～하기 쉽다	使い易い 사용하기 쉽다		

こんな易しい問題、私なら容易にとけるでしょう。 이런 쉬운 문제, 나라면 손쉽게 풀 수 있을 겁니다.

昨日の宿題は易しかったです。 어제 숙제는 쉬웠습니다.

막을 **방**

음독	ぼう	防衛 방위	防音 방음	防火 방화	防災 방재	防止 방지
		防水 방수	防備 방비	防波堤 방파제	防風林 방풍림	
		予防 예방	堤防 제방			
훈독	ふせぐ	防ぐ 막다				

このコートは防水加工してあるから、水も寒さも防げる。 이 코트는 방수 가공되어있기 때문에, 물도 추위도 막을 수 있다.

予防注射を打ってもらいました。 예방주사를 맞았습니다.

범할 **범**

음독	はん	犯行 범행	犯人 범인	犯罪 범죄	主犯 주범	防犯 방범
		現行犯 현행범				
훈독	おかす	犯す 저지르다, 어기다				

防犯カメラを設置しました。 방범카메라를 설치했습니다.

罪を犯した人を裁くのが、裁判官の仕事です。 죄를 저지른 사람을 재판하는 것은 재판관의 일입니다.

0689 | N1

끌 제

음독	てい	提案 제안　提出 제출　提示 제시　提供 제공　前提 전제
훈독	さげる	提げる 손에 들다

来週の日曜日までに提出してください。 다음 주 일요일까지 제출해 주십시오.

重たいかばんを手に提げて出かけました。 무거운 가방을 손에 들고 외출했습니다.

0690 | N2

보일 시

음독	じ	示談 화해, 합의　暗示 암시　掲示板 게시판　指示 지시
		展示 전시　展示会 전시회
	し	示唆 시사
훈독	しめす	示す 보이다

この美術館では作品を年代別に展示している。 이 미술관에서는 작품을 연도별로 전시하고 있다.

人気アイドルに関心を示しました。 인기 아이돌에게 관심을 보였습니다.

0691 | N2

깨뜨릴 파

음독	は	破産 파산　破片 파편　突破 돌파　爆破 폭파　難破船 난파선
훈독	やぶる	破る 찢다, 깨다
	やぶれる	破れる 찢어지다, 깨지다

ガラスの破片に注意しましょう。 유리 파편에 주의합시다.

ふざけて遊んでいたら、ズボンのおしりが破れちゃった。 장난치며 놀았더니 바지 엉덩이가 찢어지고 말았다.

0692 | N2

격식 격

음독	かく	格言 격언　格別 각별　格差 격차　格好 모양, 모습
		価格 가격　規格 규격　厳格 엄격　合格 합격　骨格 골격
		資格 자격　失格 실격　性格 성격　体格 체격　風格 풍격
		品格 품격
	こう	格子 격자

試験に合格できるように祈ります。 시험에 합격할 수 있도록 기도합니다.

性格を直す方法が知りたい。 성격을 고치는 방법을 알고 싶다.

음독	ひ	比較 비교	比率 비율	比重 비중	比例 비례	対比 대비
훈독	くらべる	比べる 비교하다	腕比べ 힘 겨루기, 실력 겨루기	背比べ 키재기		

견줄 **비**

この村の人は比較的長生きだ。이 마을 사람은 비교적 장수한다.

兄と弟は周りの人にいつも比べられてしまう。형과 남동생은 주변 사람에게 항상 비교당하고 만다.

음독	そつ	軽率 경솔	率先 솔선	率直 솔직	引率 인솔	
	りつ	確率 확률	能率 능률	比率 비율	効率 효율	投票率 투표율
		成功率 성공률	円周率 원주율	百分率 백분율		
훈독	ひきいる	率いる 거느리다, 인솔하다				

비율 **률(율)**
거느릴 **솔**

若者の投票率が著しく低下している。젊은 이들의 투표율이 현저히 저하되고 있다.

先生に率いられて、公演に写生に行きました。선생님께 이끌려서 공연 보고 그림 그리러 갔습니다.

判

음독	はん	判決 판결	判断 판단	判定 판정	判明 판명
		判別 판별	批判 비판	公判 공판	
	ばん	大判 큰 치수, 대형	小判 소형, 금화	裁判 재판	評判 평판
	ぱん	審判 심판	談判 담판		

판단할 **판**

判定は難しいです。판정은 어렵습니다.

彼はこのレストランの評判を耳にして、遠くから来た。그는 이 레스토랑 평판을 듣고 멀리서 왔다.

断

음독	だん	断言 단언	断食 단식	断水 단수	断絶 단절
		断定 단정	断念 단념	独断 독단	中断 중단	決断 결단
		切断 절단	横断 횡단	縦断 종단	判断 판단
훈독	ことわる	断る 거절하다			
	たつ	断つ 끊다	断ち切る 잘라내다, 관계를 끊다		

끊을 **단**

よくそこまで断言できるもんだね。잘도 그렇게까지 단언할 수 있구나.

そのお話は、きっぱりと断りました。그 이야기는 딱 잘라 거절했습니다.

음독 **こん**	混合 혼합	混同 혼동	混血 혼혈	混雑 혼잡	混入 혼입
	混乱 혼란				
훈독 **まぜる**	混ぜる 섞다				
まじる	混じる 섞이다				

섞을 혼

駅がすごく混雑していた。 역이 아주 혼잡했다.

カフェオレというのは、コーヒーにミルクを混ぜたものです。 카페오레란 커피에 우유를 섞은 것입니다.

음독 **ざい**	在学 재학	在庫 재고	在宅 재택	在住 재주, 거주	健在 건재
	現在 현재	散在 산재	存在 존재	不在 부재	滞在 체재
	在校生 재학생				
훈독 **ある**	在る 있다				

있을 재

お化けなんてものはこの世に存在しない。 귀신 같은 것은 이 세상에 존재하지 않는다.

私の家は静岡県に在り、六人家族です。 우리 집은 후쿠오카현에 있고 여섯 식구입니다.

Tip ある

在る 존재하다 → 教育の在り方を論じる。 교육의 바람직한 모습을 논하다.

有る 소유하다 → 有り金 가진 돈

음독 **こう**	講義 강의	講演 강연	講座 강좌	講師 강사	講習 강습
	講堂 강당	講評 강평	受講 수강		

외울 강

講演は無事に終わった。 강연은 무사히 끝났다.

午後からフランス語講座に出席します。 오후부터 프랑스어 강좌에 출석합니다.

음독 **ぎ**	義務 의무	義理 의리	意義 의의, 뜻	講義 강의	主義 주의
	正義 정의	定義 정의			

옳을 의

税金を納めるのは、国民の義務である。 세금을 내는 것은 국민의 의무다.

私は過ぎたことは後悔しない主義です。 나는 지난 일은 후회하지 않는 주의입니다.

중급 한자 · 3

음독 じゅん

準備 준비　準拠 준거　準決勝 준결승　準優勝 준우승
基準 기준　水準 수준　標準 표준

준할 **준**

今回の失敗の原因は、準備不足にほかならない。 이번 실패 원인은 바로 준비 부족이다.
最後は準優勝で終わりましたが、楽しかったです。 마지막은 준우승으로 끝났지만 즐거웠습니다.

음독 び

備品 비품　警備 경비　守備 수비　準備 준비　整備 정비
設備 설비　装備 장비　予備 예비

훈독 そなえる
そなわる

備える 갖추다, 대비하다
備わる 갖추어지다, 구비되다

갖출 **비**

懐中電灯と予備の電池も買っておかなければならない。 손전등과 예비 건전지도 사 둬야 한다.
災害に備えて水や食糧を保存します。 재해를 대비하여 물과 식량을 저장합니다.

음독 どう

堂々と 당당히　食堂 식당　講堂 강당　聖堂 성당　殿堂 전당

집 **당**

昨日の夜、食堂で友達と会いました。 어젯밤에 식당에서 친구를 만났습니다.
今日、講堂で講演会があるそうだ。 오늘 강당에서 강연회가 있다고 한다.

團

음독 だん

団員 단원　団長 단장　団体 단체　団結 단결
団子 경단　団地 단지　集団 집단　楽団 악단　劇団 극단
公団 공단　財団 재단　合唱団 합창단　応援団 응원단

とん

布団 이불

둥글 **단**

両チームの応援団に注目が集まる。 양 팀의 응원단에게 주목이 집중된다.
畳に、布団を敷いて寝る生活をしています。 다다미에 이불을 깔고 자는 생활을 하고 있습니다.

0705 | N1

음독 どく

独学 독학	独裁 독재	独自 독자	独唱 독창
独身 독신	独占 독점	独走 독주	独特 독특	独立 독립
孤独 고독	単独 단독		

훈독 ひとり

独り 혼자　独り言 혼잣말　独り立ち 독립, 자립

獨

홀로 독

引っ越してきた当初は、友達もなく、孤独感を味わった。처음 이사했을 당시에는 친구도 없고 고독감을 맛봤다.

息子が独り立ちするのは、いつのことかしら。아들이 자립하는 것은 언제가 될는지.

0706 | N2

음독 えん

演技 연기	演芸 연예	演劇 연극	演説 연설	演奏 연주
演歌 엔카	共演 공연	公演 공연	講演 강연	出演 출연
上演 상연	熱演 열연			

펼 연

彼は楽器の演奏が得意です。그는 악기 연주를 잘합니다.

一人で演歌を歌っている。혼자서 엔카를 부르고 있다.

0707 | N2

음독 い

移行 이행	移住 이주	移植 이식	移転 이전	移動 이동
移民 이민	移送 이송	転移 전이	変移 변이	

훈독 うつす

移す 옮기다

うつる

移る 이동하다, 바뀌다　移り変わり 추이, 변천, 바뀜

옮길 이

来年から新しいシステムに移行させる。내년부터 새로운 시스템으로 이행시킨다.

みなさん、机といすを後ろに移して、そうじを始めてください。여러분 책상과 의자를 뒤로 옮기고 청소를 시작해 주세요.

0708 | N2

음독 ちく

築造 축조	建築 건축	構築 구축	新築 신축
改築 개축, 리모델링	増築 증축		

훈독 きずく

築く 쌓다, 짓다

쌓을 축

新築は無理なので、中古の住宅を買った。신축은 무리라서 중고 주택을 샀다.

現在の地位を築くまでには、大変な苦労があったでしょう。현재 지위를 쌓기까지는 힘든 일들이 많이 있었겠지요.

중급 한자 · 3

201

0709 | N2

旧
옛 구

舊

| 음독 | きゅう | 旧式 구식　旧交 오랜 교제　旧制 구제 |
| | | 旧暦 구력, 음력　新旧 신구　復旧 복구 |

旧式のカメラでも、きれいに写ります。 구식 카메라지만 깨끗하게 찍힙니다.
古い友達と、久しぶりに会うことを、旧交を温めるという。 오랜 친구와 오랜만에 만나는 것을 '옛정을 새로이 한다'라고 한다.

0710 | N2

居
살 거

음독	きょ	新居 새 주택, 새로 지은 주택　隠居 은거　住居 주거　同居 동거
		雑居ビル 주상복합건물
훈독	いる	居る 있다　居所 거처, 있는 곳　居間 거실
		居留守 집에 있으면서 없는 체함　居心地 어떤 장소에 있을 때의 기분
		芝居 연기

新居に引っ越してきました。 새 주택으로 이사 왔습니다.
近くの公園に、すごくかわいい子犬が居たの。 근처 공원에 아주 귀여운 강아지가 있었어.

0711 | N1

属
무리 속

屬

| 음독 | ぞく | 属する 속하다　属国 속국　所属 소속　金属 금속 |
| | | 専属 전속　配属 배속　付属 부속 |

イルカは魚じゃなくて、哺乳類に属している。 돌고래는 물고기가 아니라 포유류에 속한다.
水銀は金属の中でただ一つ、液体です。 수은은 금속 중에서 하나뿐인 액체입니다.

0712 | N2

性
성품 성

음독	せい	性格 성격　性質 성질　性能 성능　異性 이성　男性 남성
		女性 여성　陽性 양성　陰性 음성　個性 개성
	しょう	性分 타고난 성질, 성미　気性 기질, 성질　本性 본성　根性 근성

人の性格は環境に左右される。 사람의 성격은 환경에 좌우된다.
根性出して、挑戦してみればどうですか。 근성 발휘해서 도전해 보면 어때요?

음독	べん

弁当 도시락　弁護士 변호사

関西弁 교토·오사카를 중심으로 한 긴키 지방 사투리　弁解 변해, 변명

弁償 변상　弁論 변론　駅弁 역에서 파는 도시락　勘弁 용서함

答弁 답변　熱弁 열변

고깔 **변**
말씀 **변**

景色のいい所でお弁当を食べました。 경치 좋은 곳에서 도시락을 먹었습니다.

弁解ばかりすると、卑怯だと言われる。 변명만 하면 비겁하다는 말을 듣는다.

음독	かい

解決 해결　解散 해산　解消 해소　解説 해설　解答 해답

解放 해방　解明 해명　誤解 오해　正解 정해, 정답　読解 독해

分解 분해　理解 이해

	げ

解毒 해독　解熱 해열

훈독	とく

解く 풀다

	とける

解ける 풀리다　雪解け 눈이 녹음, 해빙

	とかす

解かす (머리를) 빗다

풀 **해**

誤解のないようにお願いします。 오해가 없기를 바랍니다.

ハッカーはパソコンの暗号を解きます。 해커는 컴퓨터 암호를 풉니다.

Tip とく

解く 풀다, 그만두게 하다 → 職を解く。 직을 그만두게 하다(해임하다).

溶く (액체 따위에 섞어서) 풀다, 개다 → 卵を溶く。 계란을 풀다.

説く 설명하다, 해석하다 → 道を説く。 (사람이 걸어야 할) 길을 가르치다.

음독	し

資料 자료　資格 자격　資産 자산　資源 자원　資材 자재

資質 자질　資本 자본　学資 학자금, 학비　投資 투자

物資 물자

재물 **자**

資格がないと、医者になれない。 자격이 없으면 의사가 될 수 없다.

資源を無駄遣いしないよう、普段から心がけましょう。 자원을 낭비하지 않도록 평소에도 주의합시다.

음독 さい 財布 지갑

ざい 財貨 재화　財産 재산　財力 재력　財政 재정

家財 가재, 살림살이　文化財 문화재

재물 재

財布をバスに忘れてしまいました。 지갑을 버스에서 잃어버렸습니다.

市の財政は危機的状況に陥った。 시의 재정은 위기 상황에 빠졌다.

음독 きん 禁じる 금하다　禁煙 금연　禁止 금지　禁酒 금주　禁物 금물

解禁 해금, 금지령을 풂　厳禁 엄금

금할 금

サッカーでは、相手の顔近くまで足を上げることが禁じられている。 축구에서는 상대방의 얼굴 가까이까지 발을 올리는 것이 금지되어 있다.

ぼくは胃腸が弱いから、食べ過ぎは禁物なんだ。 나는 위장이 약하기 때문에 과식은 금물이다.

음독 く 句 구　語句 어구　節句 절구　対句 대구　慣用句 관용구

文句 불평, 불만　句読点 구독점(구점(、)과 독점(。))

俳句 하이쿠(일본의 5·7·5의 3구(句) 17음(音)으로 되는 단형(短型)시)

글귀 구

道行く人に突然文句を言われた。 길 가는 사람에게 갑자기 불평을 들었다.

日本語の俳句を読んでみました。 일본어 하이쿠를 읽어 보았습니다.

음독 きん 平均 평균　均等 균등　均一 균일　均質 균질　均整 균정, 균형

고를 균

この間のテスト、平均点より十点も上だった。 얼마 전에 본 테스트, 평균점보다 10점이나 위였다.

大そうじは、みんなが均等になるように分担を決めておきました。 대청소는 다 같이 균등하게 분담을 정해 두었습니다.

바탕 질

음독	しつ	質 질 質問 질문 質量 질량 質疑 질의 悪質 악질
		気質 기질 性質 성질 素質 소질 体質 체질 品質 품질
		物質 물질 神経質 신경질
	しち/ち	質屋 전당포 人質 인질 言質 언질
예외		質す 묻다, 질문하다 質 (타고난) 성질, 체질

先生は質問にいつも親切に答えてくれる。 선생님은 질문에 항상 친절하게 답해 준다.
胃腸が悪いのは、生まれつきの体質です。 위장이 나쁜 것은 타고난 체질입니다.

호반 무

음독	ぶ	武士 무사 武器 무기 武力 무력 武家 무가 武将 장군
		武術 무술 武装 무장 武勇伝 무용담 文武 문무
	む	武者 무사

武器があるかぎり、戦争はなくならない。 무기가 있는 한 전쟁은 없어지지 않는다.
武術なら、僕も得意だ。 무술이라면 나도 잘한다.

재주 술

| 음독 | じゅつ | 手術 수술 技術 기술 芸術 예술 美術 미술 |
| | | 戦術 전술 魔術 마술 腹話術 복화술 |

手術は無事成功しました。 수술은 무사히 성공했습니다.
パリは芸術の都で、有名なルーブル美術館がある。 파리는 예술의 도시이며, 유명한 루브르 미술관이 있다.

상 줄 상

| 음독 | しょう | 賞 상 賞状 상장 賞品 상품 賞与 상여 受賞 수상 |
| | | 鑑賞 감상 皆勤賞 개근상 監督賞 감독상 |

入賞者には賞状が授けられます。 입상자에게는 상장이 수여됩니다.
ポン・ジュノ監督はアカデミーで初めて監督賞を受賞した。 봉준호 감독은 아카데미에서 최초로 감독상을 수상했다.

스승 **사**

음독 し

師匠 스승	師弟 사제	師範 사범	医師 의사	教師 교사
講師 강사	牧師 목사	宣教師 선교사	師走 섣달, 12월

子供は医師や教師よりも、芸能人にあこがれる。 아이는 의사나 교사보다도 연예인을 동경한다.
教師は生徒の心の問題にも目を向けたほうがよい。 교사는 학생의 마음의 문제에도 관심을 주는 편이 좋다.

응할 **응**

應

음독 おう

応援 응원	応急 응급	応接 응접	応対 응대
応答 응답	応用 응용	一応 우선, 일단	相応 상응
対応 대응	適応 적응	順応 순응	

훈독 こたえる

応える 응하다, 부응하다

예외 反応 반응

応援してくれた皆さんありがとうございました。 응원해 주신 여러분 감사했습니다.
消費者の要求に応えて、よい製品を作っていかなければならない。 소비자의 요구에 따라 좋은 제품을 만들어 나가야만 한다.

이을 **접**

음독 せつ

接近 접근	接合 접합	接戦 접전	接続 접속	接待 접대
接着 접착	接点 접점	直接 직접	面接 면접	隣接 인접

훈독 つぐ

接ぐ 잇다, 이어서 합치다 接ぎ木 접목, 접붙이기

もう一度面接を受けに来てください。 한 번 더 면접을 보러 와 주세요.
骨折部分を接ぐため、ギプスをしました。 골절 부분을 잇기 위해 깁스를 했습니다.

끊을 **절**

음독 ぜつ

絶望 절망	絶好 절호	絶対 절대	絶景 절경	絶賛 절찬
絶体絶命 절체절명	気絶 기절	空前絶後 공전절후, 전무후무	

훈독 たえる

絶える 끊어지다 絶え間ない 끊임없다

たやす

絶やす 끊다, 끊어지게 하다

たつ

絶つ 끊다

今日の試合は絶対に負けられない一戦だ。 오늘 시합은 절대로 질 수 없는 일전이다.
たった三日間の旅行でも、連絡は絶やしたくない。 단 3일간의 여행이라도 연락은 끊고 싶지 않다.

0728 | N2

판목 **판**

음독 はん

版画 판화　版権 판권　出版 출판　初版 초판　石板 석판

木版 목판　絶版 절판

エッチングとは銅の板で作った版画です。 에칭이란 동판으로 만든 판화입니다.
彼は出版社で雑誌の編集をしている。 그는 출판사에서 잡지 편집을 하고 있다.

0729 | N2

더할 **증**

増

음독 ぞう

増加 증가　増刊 증간　増大 증대　増減 증감

増築 증축　急増 급증　倍増 배로 증가함

훈독 ふやす　　増やす 늘리다

ふえる　　増える 늘어나다

ます　　　増す 늘다, 늘리다

移民者の数は年々増加しています。 이민자 수는 매년 증가하고 있습니다.
仕事の量が増えたので、睡眠時間を減らしてやらないと間に合わない。 일의 양이 늘었
기 때문에 수면 시간을 줄이지 않으면 제시간에 맞출 수 없다.

Tip '増える(늘다)'는 구체적으로 셀 수 있는 것, '増す(늘다)'는 인기, 흥미 등 추상적인 것에 사용.
→ 人口が増える。 인구가 늘다.　食欲が増す。 식욕이 늘다.

0730 | N2

새길 **간**

음독 かん

刊行 간행　発刊 발간　新刊 신간　創刊 창간　増刊 증간

発刊 발간　年刊 연간　月刊 월간　週刊誌 주간지　日刊 일간

朝刊 조간　夕刊 석간　休刊 휴간

コンビニで週刊誌を立ち読みします。 편의점에서 주간지를 서서 읽습니다.
前は朝刊も夕刊も読んでいたが、今はネットのニュースを読む。 전에는 조간도 석간도 읽
었는데, 지금은 인터넷 뉴스를 읽는다.

0731 | N2

굳을 **확**

음독 かく

確実 확실　確認 확인　確信 확신　確率 확률　確立 확립

正確 정확　的確 적확　明確 명확

훈독 たしか　　　確か 확실함, 분명

たしかめる　確かめる 확인하다

電話で最終確認を行います。 전화로 최종 확인을 합니다.
この会社には確かな実績がある。 이 회사에는 확실한 실적이 있다.

음독 しょう	証言 증언	証明 증명	証拠 증거	証人 증인
	保証人 보증인	確証 확증	検証 검증	認証 인증
	免許証 면허증	領収証 영수증		

證

증거 증

何か証拠でもありますか。 무언가 증거라도 있습니까?

私が証人です。見てました。 내가 증인입니다. 보고 있었습니다.

음독 しょく	職員 직원	職業 직업	職人 장인, 전문가	職場 직장
	就職 취직	辞職 사직	退職 퇴직	無職 무직

직분 직

好きなことを職業にする人が多い。 좋아하는 일을 직업으로 삼는 사람이 많다.

就職しないで、のんきな生活をしていたい。 취직하지 않고 태평한 생활을 하며 지내고 싶다.

음독 む	義務 의무	勤務 근무	業務 업무	公務 공무	事務 사무
	職務 직무	総務 총무	任務 임무	乗務員 승무원	
	事務所 사무소	外務大臣 외무대신, 외무부 장관			
훈독 つとめる	務める (역할을) 맡다				

힘쓸 무

この紙に名前を書いて、来週までに事務所に出してください。 이 종이에 이름을 써서 다음 주까지 사무소에 내세요.

自治会の会長を務めることになった。 반상회 회장을 맡게 되었다.

음독 ぜい	税金 세금	税務 세무	税務署 세무서	課税 과세
	印税 인세	税関 세관	納税 납세	脱税 탈세	国税 국세
	地方税 지방세	住民税 주민세	所得税 소득세	
	消費税 소비세			

税

세금 세

買い物をする時の消費税も税金の一種だ。 물건을 살 때의 소비세도 세금의 일종이다.

納税は、国民の義務です。 납세는 국민의 의무입니다.

0736 | N2

이마 액

음독 がく	額縁 액자	金額 금액
	高額 고액	差額 차액
	全額 전액	
	多額 다액	少額 소액
훈독 ひたい	額 이마	

お寿司の代金は私が全額、しはらうぞ。 초밥값은 내가 전액 낼게.

額をボールにたたきつけるのが、ヘディングシュートの基本だ。 공에 이마를 맞추는 것이 헤딩의 기본이다.

0737 | N2

남을 여

음독 よ	余暇 여가	余興 여흥
	余計 여분, 쓸데없음	余罪 여죄
	余談 여담	余地 여지
	余命 여명	余裕 여유
	余白 여백	余波 여파
	余分 여분	残余 잔여
훈독 あます	余す 남기다	
あまる	余る 남다	余り物 여분, 나머지

時間の余裕がありません。 시간의 여유가 없습니다.

余ったお金はチップにあげる。 남은 돈은 팁으로 준다.

0738 | N1

일 흥

음독 きょう	興味 흥미	余興 여흥
こう	興行 흥행	興奮 흥분
	興亡 흥망	復興 부흥
훈독 おこす	興す 흥하게 하다	
おこる	興る 번성하다, 흥하다	

思春期には異性への興味が増す。 사춘기에는 이성에 대한 흥미가 늘어난다.

今から約千五百年前、中国で唐という国が興った。 지금부터 약 1500년 전 중국에서 당이라는 나라가 흥했다.

0739 | N2

풍년 풍

음독 ほう	豊作 풍작	豊年 풍년
	豊富 풍부	豊満 풍만
	豊漁 풍어	
훈독 ゆたか	豊か 풍요로움	

レモンはビタミンが豊富です。 레몬은 비타민이 풍부합니다.

彼は老後も豊かな生活を送っている。 그는 노후에도 풍요로운 생활을 보내고 있다.

| 음독 き | 紀元 기원　紀元前 기원전　紀行 기행　世紀 세기　風紀 풍기 |

벼리 **기**

紀行文をブログに書く。 기행문을 블로그에 쓴다.
現在は二十一世紀です。 현재는 21세기입니다.

| 음독 ふく | 複合 복합　複雑 복잡　複写 복사　複数 복수　複製 복제 |
| | 複線 복선　重複 중복('ちょうふく'로도 읽음) |

겹칠 **복**

告白されてうれしいけど、ちょっと複雑な気持ちだ。 고백받아서 기쁘지만 조금 복잡한 기분이다.
複数の人から愛されるとは、困ったなあ。 여러 사람에게 사랑받을 줄은 몰랐는데, 난처하다.

雑

음독 ざつ	雑音 잡음　雑貨 잡화　雑誌 잡지　雑草 잡초
	雑談 잡담　雑用 잡무, 잡비　混雑 혼잡　複雑 복잡　乱雑 난잡
ぞう	雑巾 걸레　雑木 잡목　雑炊 채소와 된장 따위를 넣고 끓인 죽
	お雑煮 일본식 떡국

섞일 **잡**

雑誌を読んでるところだから、雑用はいまできない。 잡지를 읽는 중이어서 허드렛일은 지금 못해.
お雑煮の材料、買ってきます。 떡국 재료 사 올게요.

일본의 설날

お正月 정월(일본은 양력 1월 1일이 설날)	門松 가도마츠(집 현관문 옆에 소나무, 대나무 등의 장식)
おせち料理 오세치 요리(야채, 해산물 등을 달게 조린 음식)	お雑煮 일본식 떡국
鏡餅 가가미모찌(둥글고 납작한 모양의 떡을 2개 포개어 장식)	お年玉 세뱃돈
初詣 새해 첫 참배	

초등학교 5학년 한자　　　•93자

可 옳을 가	燃 탈 연	眼 눈 안	識 알 식	逆 거스를 역	境 지경 경	寄 부칠 기	留 머무를류(유)	象 코끼리 상	像 모양 상
減 덜 감	災 재앙 재	護 도울 호	衛 지킬 위	際 즈음 제	限 한할 한	採 캘 채	鑛 쇳돌 광	酸 실 산	素 본디 소
謝 사례할사	罪 허물 죄	精 정할 정	製 지을 제	総 다 총	勢 형세 세	損 덜 손	益 더할 익	銅 구리 동	粉 가루 분
統 거느릴통	領 거느릴령(영)	暴 사나울 폭	政 정사 정	布 베포	因 인할 인	舍 집 사	支 지탱할지	志 뜻 지	序 차례 서
仏 부처 불	個 낱 개	似 닮을 사	修 닦을 수	士 선비 사	技 재주 기	招 부를 초	授 줄 수	枝 가지 지	桜 앵두 앵
河 물 하	液 진 액	測 헤아릴 측	潔 깨끗할 결	綿 솜 면	績 길쌈할 적	編 엮을 편	織 짤 직	故 연고 고	史 사기 사
貸 빌릴 대	輸 보낼 수	賛 도울 찬	貧 가난할 빈	述 펼 술	迷 미혹할 미	喜 기쁠 희	得 얻을 득	費 쓸 비	夢 꿈 몽
妻 아내 처	婦 며느리 부	祖 할아버지 조	耕 밭갈 경	飼 기를 사	導 인도할 도	救 구원할 구	肥 살찔 비	慣 익숙할관	墓 무덤 묘
厚 두터울 후	張 베풀 장	略 간략할략(약)	告 고할 고	囲 에워쌀 위	型 모형 형	航 배 항	歷 지낼 력(역)	脈 줄기 맥	貯 쌓을 저
停 머무를 정	毒 독 독	殺 죽일 살							

0743 | N2

옳을 가

음독 **か**	可決 가결　可能 가능　許可 허가　不可 불가　認可 인가
	不可能 불가능

それは十分可能です。 그것은 충분히 가능합니다.
許可なく入室することを禁じる。 허가 없이 입실하는 것을 금한다.

0744 | N2

탈 연

음독 **ねん**	燃料 연료, 땔감　燃焼 연소　再燃 재연, 다시 불붙음
	可燃性 가연성
훈독 **もえる**	燃える 타다　燃え尽きる 완전히 타버리다
もやす/もす	燃やす 불태우다, 연소시키다　燃す 태우다, 타게 하다

車の燃料はディーゼル、ハイオク、ガソリンなどです。 자동차 연료는 디젤, 하이오크, 가솔린 등입니다.
あそこでごみが燃えています。 저기에서 쓰레기가 불타고 있습니다.

0745 | N1

눈 안

음독 **がん**	眼科 안과　眼球 안구　眼帯 안대　老眼 노안　眼病 눈병
	肉眼 육안　方眼紙 방안지, 모눈종이　千里眼 천리안
げん	開眼 개안, 보이지 않던 눈이 보이게 됨
훈독 **まなこ**	眼 눈, 눈동자　血眼 혈안, 핏발 선 눈
	예외 眼鏡 안경

肉眼で見えないほど小さな生き物を、微生物という。 육안으로 보이지 않을 정도로 작은 생물을 미생물이라고 한다.
寝ぼけ眼で会社に出る。 졸린 눈으로 회사에 나가다.

0746 | N2

알 식

음독 **しき**	識別 식별　意識 의식　常識 상식　知識 지식　認識 인식
	標識 표지

テストの点は結果に過ぎないと思うけれども、やはり意識してしまう。 시험 점수는 결과에 지나지 않는다고 생각하지만 역시 의식하고 만다.
その担当者は専門技術と知識が豊富です。 그 담당자는 전문기술과 지식이 풍부합니다.

212

逆

거스를 역

음독	**ぎゃく**

逆 반대, 역　　逆転 역전　　逆転勝ち 역전승

逆転負け 역전패　　逆効果 역효과　　逆流 역류

逆光線 역광(선)　　反逆 반역

훈독	**さか**

逆 거꾸로, 반대　　逆立ち 물구나무서기　　逆さま 거꾸로 됨, 반대로 됨

さからう

逆らう 역행하다, 거스르다

試合で逆転負けしました。 시합에서 역전패했습니다.
会社で働く限り、人事に逆らうことはできません。 회사에서 일하는 한 인사(과)를 거스를 수는 없습니다.

지경 경

음독	**きょう**

境界 경계　　国境 국경　　心境 심경　　環境 환경

けい

境内 (신사·사찰의) 경내

훈독	**さかい**

境 경계, 갈림길　　境目 경계(선), 갈림길

明日の朝、国境を越えます。 내일 아침에 국경을 넘습니다.
一時は生死の境をさまよった。 한때는 생사의 갈림길을 헤맸다.

부칠 기

음독	**き**

寄付 기부　　寄贈 기증　　寄与 기여　　寄宿舎 기숙사

寄生虫 기생충

훈독	**よる**

寄る 접근하다, 들르다　　寄り道 목적지로 가는 도중에 다른 곳에 들름

年寄り 노인　　最寄り 가장 가까움

よせる

寄せる 밀려오다, 보내다, 의지하다

いつも年末に寄付をしています。 항상 연말에 기부를 하고 있습니다.
目の前でお年寄りが倒れた。 눈앞에서 노인이 쓰러졌다.

중급 한자 · 4

213

머무를 **류(유)**

음독	りゅう	留意 유의　留学 유학　留年 유급　留置 유치　遺留 유류
		在留 재류　残留 잔류　保留 보류　停留所 정류장
	る	留守 부재중　留守番 부재중 집을 지킴　留守番電話 부재중 전화
훈독	とめる	留める 고정시키다, 끼우다　留め金 연결금속　書留 등기우편
	とまる	留まる 고정되다

ちょっと出掛けてくるから、留守番お願いします。 조금 나갔다 올 테니까 집 좀 봐주세요.
背中のボタンを留めてください。 등에 있는 단추를 채워 주세요.

Tip **とまる**

止まる 멈추다, 정지하다 → 笑いが止まらない。 웃음이 멈추지 않는다.

留まる 고정되다, 머물다 → 目に留まる。 눈에 띄다.

泊まる 묵다, 머물다 → 旅館に泊まる。 여관에 묵다.

코끼리 **상**

음독	しょう	象徴 상징　印象 인상　気象 기상　対象 대상　現象 현상
		抽象 추상
	ぞう	象 코끼리　象牙 상아

学生を対象に、アンケート調査が行われた。 학생을 대상으로 앙케트 조사가 이루어졌다.
流行という現象はなぜ起きるのだろう。 유행이라는 현상은 왜 일어나는 것인가.

모양 **상**

음독	ぞう	想像 상상　映像 영상　画像 화상, 이미지　現像 현상
		石像 석상　銅像 동상　仏像 불상　自画像 자화상

運動会の写真を現像して、みんなに配ることにした。 운동회 사진을 현상해서 모두에게 나눠
주기로 했다.
鏡を見ながら自画像を描きます。 거울을 보면서 자화상을 그립니다.

0753 | N2

덜 감

음독 げん

減少 감소 　減額 감액 　減産 감산 　減速 감속 　減量 감량

加減 가감 　増減 증감 　軽減 경감

훈독 へらす　減らす 줄이다

へる　減る 줄다

減量に成功した理由は、朝食を食べるようにしたことです。 감량에 성공한 이유는 아침밥을 먹도록 했기 때문입니다.

お年寄りが増えるいっぽうで、子供は減っている。 노인이 증가하는 한편 어린이는 감소하고 있다.

0754 | N1

재앙 재

음독 さい

災害 재해 　災難 재난 　火災 화재 　天災 천재

震災 진재, 지진에 의한 재해 　被災 재난을 입음 　防災 방재

훈독 わざわい　災い 재앙

地震、台風、コロナまで災難が続いています。 지진, 태풍, 코로나까지 재난이 계속되고 있습니다.
口は災いのもとって、ことわざがあるの、知ってる? 입이 방정이라는 속담이 있는 거 알아?

0755 | N1

護

도울 호

음독 ご

護衛 호위 　護送 호송 　援護 원호 　看護 간호

救護 구호 　保護 보호 　防護 방호 　養護 양호

弁護 변호 　弁護士 변호사 　警護 경호

デパートで迷子になって保護されました。 백화점에서 미아가 돼서 보호를 받았습니다.
今回は、実力のある人が弁護をしてくれる。 이번에는 실력 있는 사람이 변호를 해 준다.

0756 | N1

지킬 위

음독 えい

衛生 위생 　衛星 위성 　警衛 경위, 경비 　護衛 호위 　自衛 자위

守衛 수위 　防衛 방위

夏はとくに衛生面に注意するようにしてください。 여름에는 특히 위생면에 주의하도록 해 주세요.

衛星放送の電波を受信する。 위성 방송 전파를 수신한다.

0757 | N2

즈음 제

음독	さい	<ruby>際<rt>さい</rt></ruby> 때　<ruby>際限<rt>さいげん</rt></ruby> 제한, 끝　<ruby>交際<rt>こうさい</rt></ruby> 교제　<ruby>国際<rt>こくさい</rt></ruby> 국제　<ruby>実際<rt>じっさい</rt></ruby> 실제
훈독	きわ	<ruby>際<rt>きわ</rt></ruby> 가장자리, ~가　<ruby>窓際<rt>まどぎわ</rt></ruby> 창가　<ruby>手際<rt>てぎわ</rt></ruby> (사물을) 처리하는 수법, 솜씨

<ruby>実際<rt>じっさい</rt></ruby>の<ruby>年齢<rt>ねんれい</rt></ruby>よりもだいぶ<ruby>年上<rt>としうえ</rt></ruby>に<ruby>見<rt>み</rt></ruby>えます。 실제 연령보다도 꽤 연상으로 보입니다.

<ruby>今日<rt>きょう</rt></ruby>は<ruby>色<rt>いろ</rt></ruby>んな<ruby>事<rt>こと</rt></ruby>が<ruby>手際<rt>てぎわ</rt></ruby>よくできなかった。 오늘은 여러 가지 일이 척척 잘 안 됐다.

0758 | N2

한할 한

음독	げん	<ruby>限度<rt>げんど</rt></ruby> 한도　<ruby>限界<rt>げんかい</rt></ruby> 한계　<ruby>限定<rt>げんてい</rt></ruby> 한정　<ruby>期限<rt>きげん</rt></ruby> 기한　<ruby>極限<rt>きょくげん</rt></ruby> 극한
		<ruby>権限<rt>けんげん</rt></ruby> 권한　<ruby>制限<rt>せいげん</rt></ruby> 제한　<ruby>門限<rt>もんげん</rt></ruby> 밤에 문을 잠그는 시각, 귀가시간
		<ruby>有限<rt>ゆうげん</rt></ruby> 유한　<ruby>無限<rt>むげん</rt></ruby> 무한
훈독	かぎる	<ruby>限<rt>かぎ</rt></ruby>る 제한하다, 한정하다

<ruby>1週間<rt>しゅうかん</rt></ruby><ruby>限定<rt>げんてい</rt></ruby>でネットで<ruby>1巻<rt>かん</rt></ruby>から<ruby>3巻<rt>かん</rt></ruby>までを<ruby>無料<rt>むりょう</rt></ruby>で<ruby>読<rt>よ</rt></ruby>める。 1주일 한정으로 인터넷에서 1권에서 3권까지 무료로 읽을 수 있다.

<ruby>忙<rt>いそが</rt></ruby>しい<ruby>日<rt>ひ</rt></ruby>に<ruby>限<rt>かぎ</rt></ruby>って、<ruby>本<rt>ほん</rt></ruby>が<ruby>読<rt>よ</rt></ruby>みたくなります。 바쁜 날이면 더욱 책이 읽고 싶습니다.

0759 | N2

캘 채

음독	さい	<ruby>採取<rt>さいしゅ</rt></ruby> 채취　<ruby>採点<rt>さいてん</rt></ruby> 채점　<ruby>採血<rt>さいけつ</rt></ruby> 채혈　<ruby>採算<rt>さいさん</rt></ruby> 채산　<ruby>採決<rt>さいけつ</rt></ruby> 채결
		<ruby>採集<rt>さいしゅう</rt></ruby> 채집　<ruby>採用<rt>さいよう</rt></ruby> 채용　<ruby>採掘<rt>さいくつ</rt></ruby> 채굴
훈독	とる	<ruby>採<rt>と</rt></ruby>る 뽑다, 채택하다

<ruby>経験<rt>けいけん</rt></ruby>と<ruby>実績<rt>じっせき</rt></ruby>が<ruby>無<rt>な</rt></ruby>ければ<ruby>採用<rt>さいよう</rt></ruby>できません。 경험과 실적이 없으면 채용할 수 없습니다.

<ruby>指<rt>ゆび</rt></ruby>から<ruby>血<rt>ち</rt></ruby>を<ruby>採<rt>と</rt></ruby>って<ruby>血糖値<rt>けっとうち</rt></ruby>を<ruby>測<rt>はか</rt></ruby>る。 손가락에서 피를 뽑아 혈당치를 측정한다.

Tip とる

<ruby>取<rt>と</rt></ruby>る 손에 넣다, 뺏다, 없애다 → <ruby>資格<rt>しかく</rt></ruby>を<ruby>取<rt>と</rt></ruby>る。 자격을 딴다.

<ruby>採<rt>と</rt></ruby>る 채용하다, 뽑다 → この<ruby>案<rt>あん</rt></ruby>を<ruby>採<rt>と</rt></ruby>る。 이 안을 채택한다.

<ruby>執<rt>と</rt></ruby>る 처리하다, 손으로 처리하다 → <ruby>事務<rt>じむ</rt></ruby>を<ruby>執<rt>と</rt></ruby>る。 사무를 보다(집무하다).

<ruby>捕<rt>と</rt></ruby>る 잡다 → <ruby>魚<rt>さかな</rt></ruby>を<ruby>捕<rt>と</rt></ruby>る。 물고기를 잡다.

<ruby>撮<rt>と</rt></ruby>る 촬영하다 → <ruby>写真<rt>しゃしん</rt></ruby>を<ruby>撮<rt>と</rt></ruby>る。 사진을 찍는다.

0760 | N2

쇳돌 광

음독	こう

鉱業 광업	鉱山 광산	鉱物 광물	鉱石 광석
鉱泉 광천	鉱脈 광맥	金鉱 금광	銀鉱 은광	鉄鉱 철광
炭鉱 탄광			

鑛

鉱物とは、岩石や鉄、金、銀、ダイヤモンド、石炭などのことです。 광물이란 암석이나 철, 금, 은, 다이아몬드, 석탄 등을 말합니다.

鉱山で鉱物をほる光景をテレビで見た。 광산에서 광물을 파는 광경을 텔레비전에서 봤다.

0761 | N1

실 산

음독	さん

酸化 산화	酸性 산성	酸素 산소	塩酸 염산	炭酸 탄산
硫酸 황산				

훈독	すい

酸い 시다　酸っぱい 시다, 시큼하다

塩酸や硫酸など強い酸性の液体には、物をとかす性質があります。 염산이나 황산 등 강한 산성의 액체에는 물건을 녹이는 성질이 있습니다.

私は酸っぱい食べ物が好きではない。 나는 신 음식을 좋아하지 않는다.

0762 | N1

본디 소

음독	す

素敵 근사함	素直 솔직함	素晴らしい 훌륭하다	素足 맨발
素肌 맨몸, 맨살	素通し 훤히 보임, 도수 없는 안경		

	そ

素材 소재	素質 소질	酸素 산소	要素 요소	質素 검소
簡素 간소	元素 원소	水素 수소	葉緑素 엽록소	

예외	素人 초보, 아마추어, 풋내기

引っ越した家はとても素敵だ。 이사한 집은 너무 근사하다.

長男は絵を描く素質があると思います。 장남은 그림을 그리는 소질이 있다고 생각합니다.

0763 | N1

사례할 사

음독	しゃ

謝恩 사은	謝罪 사죄	謝礼 사례	感謝 감사
月謝 월사금, 수업료			

훈독	あやまる

謝る 사과하다

彼は最後に感謝のことばを述べた。 그는 마지막으로 감사의 말을 했다.

今さら謝ったところで、彼女は許してくれないだろう。 이제 와서 사과한들 그녀는 용서해 주지 않을 것이다.

허물 죄

음독	ざい				
		罪悪 죄악	罪人 죄인	無罪 무죄	重罪 중죄	犯罪 범죄
		有罪 유죄			
훈독	つみ	罪 죄	罪深い 죄가 많다, 죄가 무겁다	罪滅ぼし 속죄, 죄갚음	

この町では住民の努力で犯罪や事件が減っている。이 마을에서는 주민의 노력으로 범죄나 사건이 줄고 있다.

さっさと罪を認めなさい。어서 죄를 인정해라.

精

정할 정

음독	せい				
		精一杯 있는 힘껏	精算 정산	精神 정신	精米 정미
		精密 정밀	精油 정유	精力 정력	精霊 정령
	しょう	精進 정진	不精 게으름, 성의 없음		

セルフレジで利用客が自ら精算する。셀프 계산대에서 이용객이 스스로 정산한다.

スポーツには体力だけでなく精神力も大事です。스포츠에는 체력뿐만 아니라 정신력도 중요합니다.

지을 제

음독	せい				
		製材 제재	製作 제작	製造 제조	製鉄 제철	製品 제품
		製薬 제약	特製 특제	複製 복제		

電化製品だけでなく、日用品まで安くなっている。전기 제품뿐만 아니라 일용품까지 싸졌다.

特製ソースを作ったが、製品化していきたい。특제 소스를 만들었는데 제품화해 나가고 싶다.

總

다 총

음독	そう				
		総合 총합	総会 총회	総額 총액	総計 총계
		総裁 총재	総理 총리	総督 총독	総売上 총매출
		総人口 총인구	総動員 총동원		

みなさんの票を総計すると、私が学級委員でしょう。여러분의 표를 총계하면 내가 학급위원일 겁니다.

今年度の総売上が200億円に達した。올해 총매출이 200억 엔에 달했다.

0768 | N2

음독 **せい**	勢力 세력　軍勢 군세　形勢 형세　態勢 태세　姿勢 자세
	情勢 정세　総勢 전체의 인원수, 총원　優勢 우세　大勢 대세
	大勢 여러 사람　勢ぞろい 한 자리에 모임, 집결
훈독 **いきおい**	勢い 기세, 기운

형세 세

姿勢が良くなると痛みが改善される。 자세가 좋아지면 통증이 개선된다.

敵のチームは、すごい選手が勢ぞろいしてるね。勢いもあるし。 적 팀은 대단한 선수가 모였네. 기세도 있고.

0769 | N2

음독 **そん**	損する 손해보다　損害 손해　損失 손실　損傷 손상
	損得 손익, 이해타산　欠損 결손　破損 파손
훈독 **そこなう**	損なう 부수다, 상하게 하다
そこねる	損ねる 상하게 하다, 해치다

덜 손

あの人はいつも自分の損得より他人のことを考えて行動する。 저 사람은 항상 자기 손익보다 다른 사람을 생각해서 행동한다.

お姉ちゃんの機嫌を損ねた。 누나 기분을 상하게 했다.

0770 | N1

益

음독 **えき**	益虫 익충, 유익한 곤충　利益 이익　損益 손익
	有益 유익　収益 수익
やく	ご利益 신에게 받은 은혜, 덕택, 혜택

더할 익

ウォンの価値が上がって大きな利益を得ることができた。 원의 가치가 올라서 큰 이익을 얻을 수 있었다.

有益なアドバイスを聞きました。 유익한 충고를 들었습니다.

0771 | N2

음독 **どう**	銅像 동상　銅メダル 동메달　銅貨 동화, 동전　銅版画 동판화
	青銅 청동

구리 동

病院の設立者の銅像がありました。 병원 설립자 동상이 있었습니다.

オリンピックで銅メダルをとった。 올림픽에서 동메달을 땄다.

중급 한자 · 4

음독	ふん	粉末 분말　粉砕 분쇄　花粉 꽃가루　花粉症 꽃가루 알레르기
		澱粉 전분, 녹말
훈독	こ	粉 가루　小麦粉 밀가루　そば粉 메밀가루
	こな	粉 가루　粉雪 가랑눈

가루 분

春は花粉症でつらい。 봄에는 꽃가루 알레르기로 힘들다.
小麦粉でいろんなパンをつくります。 밀가루로 여러 빵을 만듭니다.

음독	とう	統一 통일　統計 통계　統合 통합　統制 통제　統率 통솔
		統治 통치　系統 계통　血統 혈통　伝統 전통　大統領 대통령
훈독	すべる	統べる 총괄하다, 통괄하다

거느릴 통

彼は統率力のある人です。 그는 통솔력이 있는 사람입니다.
歌舞伎は伝統芸能の一つだ。 가부키는 전통 예능 중 하나다.

음독	りょう	領域 영역　領事 영사　領主 영주　領地 영지　領土 영토
		領収書 영수증　受領 수령　横領 횡령　占領 점령　要領 요령
		大統領 대통령

거느릴 령(영)

彼女は要領がいい。 그녀는 요령을 잘 피웁니다.
今の大統領は、景気対策と医療の発展を重視しています。 지금 대통령은 경기 대책과 의료 발전을 중시하고 있습니다.

음독	ばく	暴露 폭로
	ぼう	暴力 폭력　暴行 폭행　暴走 폭주　乱暴 난폭　暴投 폭투
		暴動 폭동　暴発 폭발　暴風 폭풍　暴飲暴食 폭음폭식
		横暴 횡포
훈독	あばく	暴く 폭로하다, 파헤치다
	あばれる	暴れる 난폭하게 굴다, 날뛰다　暴れん坊 망나니, 난폭자

사나울 폭

どんな事情があっても暴力は許されることではありません。 아무리 사정이 있어도 폭력은 용납되지 않습니다.
駅前で酒に酔って暴れる人がいた。 역 앞에서 술에 취해 난동을 부리는 사람이 있었다.

0776 | N2

정사 정

음독	せい	政権 정권　政治 정치　政党 정당　政府 정부　行政 행정
		財政 재정　参政権 참정권
	しょう	摂政 섭정(군주를 대신하여 정치를 행함)
훈독	まつりごと	政 정사, 정치

政権や政府に不満を持つ人が多いです。 정권과 정부에 불만을 갖는 사람이 많습니다.
国民の意見を政治に反映してもらいたい。 국민의 의견을 정치에 반영해 주길 바란다.

0777 | N2

베 포

음독	ふ	布教 포교　布告 포고　布陣 포진　布団 이불　公布 공포
		財布 지갑　敷布 시트　湿布 파스, 습포　配布 배포　発布 발포
		分布 분포　毛布 담요　座布団 방석
훈독	ぬの	布 천　布地 천

災害に備えてパンフレットを作り、住民に無料で配布する。 재난 대비에 필요한 책자를 만들어, 주민들에게 무료로 배포한다.
その布で何を作ってるのか教えて。 그 천으로 무엇을 만들고 있는지 알려줘.

0778 | N2

인할 인

음독	いん	因果 인과　因子 인자　原因 원인　起因 기인
		勝因 승리의 원인　敗因 패인　要因 요인
훈독	よる	因る 의하다, 기인하다

事故の原因は機械の故障でした。 사고의 원인은 기계 고장이었습니다.
天気に因っては、遠足が延期になる場合もある。 날씨에 따라서는 소풍이 연기될 가능성도 있다.

0779 | N1

집 사

舍

음독	しゃ	駅舎 역사　官舎 관사　校舎 학교　庁舎 청사
		寄宿舎 기숙사
예외		田舎 시골

この校舎はずいぶん古い。 이 학교 건물은 상당히 오래됐다.
田舎の生活は不便ですが、人は皆親切です。 시골 생활은 불편하지만, 사람들은 모두 친절합니다.

221

음독 し

支給 지급　支持 지지, 버팀　支出 지출　支度 준비, 채비

支柱 지주, 받침대　支店 지점　支配 지배　収支 수지

気管支 기관지　支払う 지불하다　支払い 지불

훈독 ささえる

支える 떠받치다, 지탱하다　支え 지주, 버팀목

지탱할 **지**

お支払いは現金にしますか、カードにしますか。 지불은 현금으로 하시나요 아니면 카드로 하시나요?

父は僕の心の支えだった。 아버지는 나의 정신적 지주였다.

음독 し

志願 지원　志望 지망　大志 큰 뜻　同志 동지　意志 의지

훈독 こころざす

志す 뜻을 두다, 지망하다

こころざし

志 뜻, 호의

뜻 **지**

私は意志が弱いので、たばこが止められません。 나는 의지가 약하기 때문에 담배를 끊을 수 없습니다.

医師を志して、勉強している。 의사를 지망해서 공부하고 있다.

음독 じょ

序曲 서곡　序文 서문　序論 서론　序列 서열　順序 순서

秩序 질서

차례 **서**

序論を読んだら、寝てしまった。 서론을 읽다가 자고 말았다.

秩序を守りましょう。 질서를 지킵시다.

佛

음독 ぶつ

仏像 불상　仏壇 불단　仏殿 불전　仏教 불교

念仏 염불　成仏 성불　神仏 신불　石仏 석불　大仏 대불

훈독 ほとけ

仏 부처, 불상

부처 **불**

私は仏教徒として仏教を信仰している。 나는 불교도로서 불교를 믿고 있다.

仏様に祈ります。 부처님께 빕니다.

0784 | N2

음독 こ

個々 개개　　個室 독실, 개인용 방　　個人 개인　　個性 개성

個別 개별　　別個 별개　　一個 한개　　何個 몇 개

낱 **개**

自分だけの個室がほしいです。 나만의 방을 갖고 싶습니다.

今年のバレンタインデーは、何個チョコレートをもらうのかな。 올해 밸런타인데이에는 몇 개 초콜릿을 받으려나.

0785 | N2

음독 じ

類似 유사　　相似 서로 닮음

훈독 にる

似る 닮다　　似合う 어울리다　　似顔絵 초상화

예외 真似 흉내

닮을 **사**

私は母に全然似ていない。 나는 엄마를 전혀 안 닮았다.

人の真似をします。 다른 사람의 흉내를 냅니다.

0786 | N1

음독 しゅう

修正 수정　　修繕 수선　　修養 수양　　修理 수리

修道院 수도원　　修学旅行 수학여행　　修士 석사　　修飾 수식

必修 필수　　研修 연수

しゅ

修業 학문·기예 등을 배우고 닦음　　修行 수행, 불도를 닦음

훈독 おさめる

修める 닦다, 수양하다, 수학하다

おさまる

修まる 닦아지다, 좋아지다

닦을 **수**

修学旅行は済州島に行くらしい。 수학여행은 제주도로 간다고 한다.

大学で政治学を修めて、今は外交官として働いている。 대학에서 정치학을 수학하고, 지금은 외교관으로서 일하고 있다.

Tip '修業(학문·기예 등을 배우고 닦음)'는 '修業'로도 읽음.

0787 | N1

음독 し

士官 사관　　消防士 소방관　　戦士 전사　　兵士 병사　　修士 석사

武士 무사　　紳士 신사　　弁護士 변호사

선비 **사**

戦争で兵士として戦いました。 전쟁에서 병사로 싸웠습니다.

弁護士になるには、まず司法試験に通らなければならない。 변호사가 되려면 우선 사법시험에 통과해야만 한다.

0788 | N2

음독	ぎ	技術 기술　技能 기능　演技 연기　競技 경기　球技 구기
		特技 특기
훈독	わざ	技 기술, 기예

재주 **기**

今回のマラソン競技はコロナで延期になった。 이번 마라톤 경기는 코로나로 연기되었다.

好きなスポーツは球技で、サッカーのドリブルが得意な技だ。 좋아하는 스포츠는 구기(종목)로, 축구 드리블이 자신 있는 기술이다.

0789 | N2

| 음독 | しょう | 招集 소집　招待 초대　招来 초래 |
| 훈독 | まねく | 招く 초빙하다, 부르다, 초래하다　手招き 손짓하여 부름 |

부를 **초**

今年もパーティーの招待状が届きました。 올해도 파티 초대장이 도착했습니다.

彼の話は分かりにくいので、誤解を招く恐れがある。 그의 이야기는 알기 어려워서 오해를 부를 우려가 있다.

0790 | N1

음독	じゅ	授業 수업　授受 수수, 주고받음　授賞 수상　授乳 수유
		教授 교수　伝授 전수
훈독	さずける	授ける 주다, 하사하다
	さずかる	授かる (내려) 주시다

줄 **수**

今日の授業はここまでとします。 오늘 수업은 여기까지 하겠습니다.

第2子を授かりました。 둘째 아이를 가졌습니다(내려 주셨습니다).

0791 | N2

| 음독 | し | 枝葉 가지와 잎　枝折 책갈피　楊枝 이쑤시개 |
| 훈독 | えだ | 枝 가지　小枝 작은 가지　枝豆 가지째 꺾은 풋콩 |

가지 **지**

枝折を本の間に挟みます。 책갈피를 책 사이에 끼웁니다.

強い風が吹いて木の枝が折れてしまった。 강한 바람이 불어서 나뭇가지가 부러져 버렸다.

0792 | N1

櫻

| 음독 | **おう** | ^{おう とう}桜桃 버찌, 앵두나무　^{おう か}桜花 벚꽃 |

| 훈독 | **さくら** | ^{さくら}桜 벚꽃　^{さくらいろ}桜色 연분홍색　^{や え ざくら}八重桜 겹벚나무　^{よ ざくら}夜桜 밤 벚꽃 |

앵두 앵

^{おうとう}桜桃は^{えい ご}英語で^い言うとチェリーだ。 앵두는 영어로 하면 체리다.
^{さくら}桜は^{き れい}綺麗な^{はな}花です。 벚꽃은 예쁜 꽃입니다.

0793 | N2

| 음독 | **か** | ^{か せん}河川 하천　^{か こう}河口 하구, 강어귀　^{たい が}大河ドラマ 대하드라마 |
| | | ^{ひょう が}氷河 빙하　^{ぎん が}銀河 은하, 은하수　^{うん が}運河 운하 |

| 훈독 | **かわ** | ^{かわ}河 강　^{かわ ら}河原 강가 모래밭 |

물 하

^{ひょう が}氷河がここ5^{ねん}年で^{きゅうそく}急速に^き消えつつあるという。 빙하가 최근 5년 사이에 급속히 사라지고 있다고 한다.
^{おお}大きい^{かわ}川を「^{かわ}河」といいます。 큰 강을 '하천'이라고 합니다.

0794 | N2

| 음독 | **えき** | ^{えき たい}液体 액체　^{えき じょう}液状 액상　^{けつ えき}血液 혈액　^{よう えき}溶液 용액　^{しょう か えき}消化液 소화액 |

진 액

この^{えきたい}液体にその^{ようえき}溶液を^い入れて^{じっけん}実験する。 이 액체에 그 용액을 넣어 실험한다.
A^{がた}型の^{けつえき}血液が^{ふ そく}不足しています。 A형 혈액이 부족합니다.

0795 | N2

음독	**そく**	^{そく てい}測定 측정　^{そく りょう}測量 측량　^{そっ こう じょ}測候所 측후소, 기상·재해관측소
		^{かん そく}観測 관측　^{けい そく}計測 계측　^{すい そく}推測 추측　^{もく そく}目測 목측, 눈가늠
		^{よ そく}予測 예측

| 훈독 | **はかる** | ^{はか}測る (길이·깊이·넓이 등을) 재다 |

헤아릴 측

^{まいばん}毎晩、^{ぼうえんきょう}望遠鏡で^{つき}月を^{かんそく}観測している。 매일 밤 망원경으로 달을 관측하고 있다.
^{きょう}今日は^{がっこう}学校で^{たいりょく}体力を^{はか}測ります。 오늘은 학교에서 체력을 측정합니다.

0796 | N1

潔

음독	けつ	潔白 결백　簡潔 간결　純潔 순결　清潔 청결
		不潔 불결
훈독	いさぎよい	潔い 미련 없이 깨끗하다

깨끗할 **결**

意見を述べる時は、簡潔にまとめるように、努力しましょう。 의견을 말할 때는 간결하게 정리하도록 노력합시다.
潔く認めたほうがいい。 미련 없이 깨끗하게 인정하는 편이 좋다.

0797 | N2

| 음독 | めん | 綿花 목화　綿密 면밀　脱脂綿 탈지면, 약솜　木綿 솜, 무명 |
| 훈독 | わた | 綿 목화, 솜　綿あめ 솜사탕　綿菓子 솜사탕　綿雪 함박눈 |

솜 **면**

綿雪ってほんとに脱脂綿みたいだね。 함박눈은 진짜 탈지면 같네.
綿雪は私に綿菓子に見えます。 함박눈은 나에게 솜사탕처럼 보입니다.

0798 | N2

| 음독 | せき | 成績 성적　実績 실적　功績 공적　業績 업적 |

길쌈할 **적**

成績が上がって両親は喜ぶ。 성적이 올라서 부모님이 기뻐한다.
仕事の業績が上がりました。 일의 업적이 올라갔습니다.

0799 | N2

編

음독	へん	編曲 편곡　編集 편집　編成 편성　長編 장편
		前編 전편
훈독	あむ	編む 엮다, 짜다　編み物 뜨개질　手編み 손으로 뜬 것

엮을 **편**

出版社で編集の仕事をしたいと思っています。 출판사에서 편집 일을 하고 싶습니다.
母の誕生日に、心を込めてセーターを編んだ。 엄마 생신에 마음을 담아서 스웨터를 떴다.

0800 | N1

음독	しょく	織機 베틀, 직기　染織 염직　紡織 방직
	しき	組織 조직
훈독	おる	織る (옷감·자리 등을) 짜다　織物 직물　織り姫 직녀

짤 **직**

会社組織の一員として仕事をする。 회사 조직의 일원으로서 일을 한다.
織り姫は機を織ります。 직녀는 베를 짭니다.

0801 | N1

음독	こ	故意 고의　故人 고인　故郷 고향　事故 사고　故障 고장
		縁故 연고
훈독	ゆえ	故 까닭, 이유, 연고　故に 그러므로, 따라서

연고 **고**

故郷に帰っても、私のこと忘れないでね。 고향에 돌아가서도 나 잊지 마.
一時間は六十分、一分は六十秒。故に一時間は三千六百秒です。 1시간은 60분, 1분은 60초, 그러므로 1시간은 3600초입니다.

0802 | N2

| 음독 | し | 史学 사학, 역사학　史料 사료　史跡 사적　歴史 역사 |
| | | 国史 국사　世界史 세계사 |

사기 **사**

史料を保存しなければなりません。 사료를 보존해야만 합니다.
世界の歴史をあまり知らないので、もっと勉強したい。 세계의 역사를 별로 알지 못하기 때문에 더 공부하고 싶다.

0803 | N3

음독	たい	貸借 대차　貸与 대여　賃貸 임대
훈독	かす	貸す 빌려주다　貸し出す 대출하다, 빌리다
		貸し切り 전세, 대절

빌릴 **대**

新築の賃貸住宅はとても住みやすい。 신축 임대주택은 매우 살기 편하다.
ちょっとお金を貸してください。 돈을 좀 빌려주세요.

輸

음독 ゆ

輸出 수출　輸入 수입　輸血 수혈　輸送 수송

空輸 공수, 항공 수송　密輸 밀수

보낼 **수**

主に工業の原料を輸入し、工業製品を輸出しています。 주로 공업 원료를 수입하고, 공업제품을 수출하고 있습니다.

新鮮な魚が全国に輸送される。 신선한 생선이 전국에 수송된다.

賛

음독 さん

賛成 찬성　賛同 찬동, 찬성　賛助 찬조　賛否 찬부, 찬반

絶賛 절찬

도울 **찬**

誰も賛成してくれないのは、なぜでしょう。 아무도 찬성해 주지 않는 것은 왜일까요?

私の意見に賛同された方は、手を挙げてください。 제 의견에 찬동하신 분은 손을 들어 주십시오.

貧

음독 ひん

貧血 빈혈　貧困 빈곤　貧富 빈부　貧弱 빈약

びん

貧乏 가난　貧乏性 궁상맞음, 궁상을 떠는 성질

貧乏ゆすり 앉아 있을 때 무릎을 쉬지 않고 달달 흔드는 것

훈독 まずしい

貧しい 가난하다

가난할 **빈**

彼は貧乏ゆすりが癖になってしまった。 그는 무릎을 쉬지 않고 달달 떠는 것이 버릇이 되고 말았다.

できるだけ貧富の差がなく、貧しい人も安心して暮らせる世の中になるといいです

ね。 가능한 한 빈부의 차가 없이 가난한 사람도 안심하고 살 수 있는 세상이 되면 좋겠네요.

述

음독 じゅつ

述語 술어　記述 기술　前述 전술　供述 공술, 진술

論述 논술

훈독 のべる

述べる 진술하다, 기술하다

펼 **술**

いいアイデアが浮かんだら、ノートに記述しておこう。 좋은 아이디어가 떠오르면 노트에 기술

해 두자.

選挙の公約、述べさせていただきます。 선거 공약을 하도록 하겠습니다.

Tip のべる

述べる 진술하다, 기술하다 → 意見を述べる。 의견을 진술하다.

延べる 늘이다, 펴다, 늦추다 → 手を延べる。 손을 뻗치다.

0808 | N2

迷

미혹할 **미**

음독 **めい**	迷惑 (めいわく) 성가심, 귀찮음, 폐　迷信 (めいしん) 미신
	迷路 (めいろ) 미로　低迷 (ていめい) 침체
훈독 **まよう**	迷う (まよ) 갈피를 못 잡다, 헤매다
예외	迷子 (まいご) 미아

1日 30通もの迷惑 (にち つう めいわく) メールが届きます (とど)。 하루에 30통이나 되는 스팸 메일이 옵니다.
旅行先 (りょこうさき) で道 (みち) に迷った (まよ)。 여행 간 곳에서 길을 잃었다.

0809 | N2

喜

기쁠 **희**

음독 **き**	喜劇 (きげき) 희극　喜寿 (きじゅ) 희수, 77세　歓喜 (かんき) 환희　狂喜 (きょうき) 미친 듯이 기뻐함
훈독 **よろこぶ**	喜ぶ (よろこ) 기뻐하다

久しぶりに (ひさ) 考えさせる (かんが) 喜劇 (きげき) を見た (み)。 오랜만에 생각하게 만드는 희극을 보았다.
就職 (しゅうしょく) の話 (はなし) を聞いて (き)、母 (はは) はとても喜びました (よろこ)。 취직 이야기를 듣고 어머니는 매우 기뻐했습니다.

0810 | N2

得

얻을 **득**

음독 **とく**	得意 (とくい) 장기, 잘하는 것　所得 (しょとく) 소득　説得 (せっとく) 설득　納得 (なっとく) 납득, 수긍
훈독 **える**	得る (え) 얻다, 획득하다
うる	得る (う) ~할 수 있다　有り得る (あ う) 있을 수 있다

彼女 (かのじょ) の考え方 (かんが かた) は納得 (なっとく) できません。 그녀의 사고방식은 납득할 수 없어요.
自分 (じぶん) で言った (い) ことは、自分 (じぶん) で実行 (じっこう) しなければ、信用 (しんよう) は得られない (え)。 자기가 말한 것은 스스로 실행하지 않으면 신용은 얻을 수 없다.

0811 | N2

費

쓸 **비**

음독 **ひ**	費用 (ひよう) 비용　生活費 (せいかつひ) 생활비　教育費 (きょういくひ) 교육비　会費 (かいひ) 회비
	食費 (しょくひ) 식비　経費 (けいひ) 경비　消費 (しょうひ) 소비　浪費 (ろうひ) 낭비
훈독 **ついやす**	費やす (つい) 쓰다, 소비하다, 낭비하다
ついえる	費える (つい) 줄다, 적어지다

収入 (しゅうにゅう) が減る (へ) 一方 (いっぽう) で、教育費 (きょういくひ) などは増えていく (ふ)。 수입이 계속 줄어드는데 교육비 등은 늘어난다.
つまらないことで時間 (じかん) を費やした (つい)。 별거 아닌 일로 시간을 낭비했다.

迷

0812 | N2

音독 **む** 悪夢 악몽 夢中 열중

훈독 **ゆめ** 夢 꿈 初夢 새해 첫 꿈 正夢 꿈에 본 것이 현실로 되는 꿈

꿈 몽

弟は携帯ゲームに夢中だ。 남동생은 핸드폰 게임에 열중한다.

一流企業に就職する夢を見ました。 일류기업에 취직하는 꿈을 꿨습니다.

夢

0813 | N2

음독 **さい** 妻子 처자 夫妻 부처, 부부 良妻賢母 현모양처

훈독 **つま** 妻 처, 아내 人妻 남의 아내, 유부녀

아내 처

大統領夫妻が来日しました。 대통령 부처가 일본에 왔습니다.

今朝、妻は機嫌が悪かった。 오늘 아침에 아내는 기분이 안 좋았다.

0814 | N2

음독 **ふ** 婦人 부인 主婦 주부 夫婦 부부 新婦 신부

며느리 부

家庭の主婦もなかなか忙しいです。 가정주부도 여러 가지로 바쁩니다.

夫婦はお互い理解しあうことが必要だ。 부부는 서로 이해하는 것이 필요하다.

婦

0815 | N2

음독 **そ** 祖国 조국 祖先 조상 祖父 조부, 할아버지

祖母 조모, 할머니 先祖 조상, 선조

예외 お祖父さん 할아버지 お祖母さん 할머니

할아버지 조

祖母は今年、９５歳になります。 할머니는 올해 95세가 됩니다.

お盆には、ご先祖様の霊が、家に帰ってくる。 추석에는 조상님들의 영이 집으로 돌아온다.

祖

230

0816 | N2

밭 갈 경

음독 こう 耕作 경작 耕地 경지 農耕 농경 耕運機 경운기

훈독 たがやす 耕す (논밭을) 갈다

耕地で農作物を作ります。 경지에서 농작물을 만듭니다.
畑を耕す時は、耕運機なんかが使われる。 밭을 갈 때는 경운기 등이 사용된다.

0817 | N1

飼

기를 사

음독 し 飼育 사육 飼料 사료

훈독 かう 飼う 기르다, 사육하다 飼い主 (가축, 애완동물의) 주인
飼い猫 기르는 고양이

ウサギの飼育係の人は、飼料を忘れないよう、注意してください。 토끼 사육을 담당하는 사람은 사료를 잊지 않도록 주의해 주세요.
うちでは4匹の猫を飼っている。 우리 집에서는 고양이 4마리를 키우고 있다.

0818 | N2

導

인도할 도

음독 どう 導入 도입 導火線 도화선 指導 지도 誘導 유도
盲導犬 맹도견

훈독 みちびく 導く 인도하다, 이끌다

教授の指導のもとに卒業論文の作成に取り組む。 교수님 지도하에 졸업 논문 작성에 돌입한다.
監督はチームを勝利に導きました。 감독은 팀을 승리로 이끌었습니다.

0819 | N1

구원할 구

음독 きゅう 救急車 구급차 救出 구출 救済 구제 救助 구조 救援 구원

훈독 すくう 救う 구하다, 도와주다

事故の現場に救急車が来ました。 사고 현장에 구급차가 왔습니다.
危ないところを友人が救ってくれた。 위험한 상황을 친구가 도와주었다.

음독	ひ	肥満 비만　肥大 비대　肥料 비료
훈독	こえる	肥える 살찌다, 비옥해지다　肥え 비료, 거름
	こやす	肥やす 살찌게 하다, 기름지게 하다　肥やし 거름, 비료

살찔 비

特に肥料をやらなくても、木は大きく育つでしょう。특별히 비료를 주지 않아도 나무는 크게 잘 자랄 것입니다.

この辺りは土地がよく肥えている。이 부근은 땅이 아주 비옥하다.

음독	かん	慣習 관습　慣行 관행　慣用句 관용구　習慣 습관
훈독	なれる	慣れる 익숙해지다

익숙할 관

食事の習慣は国によって違う。식사 습관은 나라에 따라 다르다.

日本の文化や生活にも慣れました。일본 문화와 생활에도 익숙해졌습니다.

墓

음독	ぼ	墓地 묘지　墓穴 묘혈, 무덤　墓前 묘전, 묘소
훈독	はか	墓 묘, 무덤　墓場 묘지, 산소　お墓参り 성묘

무덤 묘

今夜は墓地できもだめし大会をやるぞ。오늘 밤에는 산소에서 담력 시험 대회를 할 거다.

お盆には、ご先祖様のお墓参りをする。추석에는 조상님들의 성묘를 한다.

음독	こう	厚生 후생　温厚 온후　濃厚 농후
훈독	あつい	厚い 두껍다, 두텁다　厚着 옷을 많이 껴입음　分厚い 두툼하다

두터울 후

分厚いステーキに濃厚なシチューを食べます。두꺼운 스테이크에 깊은 맛이 나는 스튜를 먹습니다.

暑い日にもモデルは厚着をして撮影する。더운 날에도 모델은 옷을 껴입고 촬영한다.

Tip あつい

暑い 기온이 높다, 덥다 → 今年の夏は暑い。올해 여름은 덥다.

熱い 뜨겁다 → 熱いお湯 뜨거운 물

厚い 두껍다 → 厚い辞書 두꺼운 사전

음독 ちょう

<ruby>緊<rt>きん</rt></ruby><ruby>張<rt>ちょう</rt></ruby> 긴장　<ruby>主<rt>しゅ</rt></ruby><ruby>張<rt>ちょう</rt></ruby> 주장　<ruby>誇<rt>こ</rt></ruby><ruby>張<rt>ちょう</rt></ruby> 과장　<ruby>出<rt>しゅっ</rt></ruby><ruby>張<rt>ちょう</rt></ruby> 출장　<ruby>拡<rt>かく</rt></ruby><ruby>張<rt>ちょう</rt></ruby> 확장

<ruby>膨<rt>ぼう</rt></ruby><ruby>張<rt>ちょう</rt></ruby> 팽창

훈독 はる

<ruby>張<rt>は</rt></ruby>る 뻗다, 펴다　<ruby>張<rt>は</rt></ruby>り<ruby>合<rt>あ</rt></ruby>い 대립, 경쟁

베풀 **장**

<ruby>日本人<rt>に ほんじん</rt></ruby>は、<ruby>自分<rt>じ ぶん</rt></ruby>の<ruby>意見<rt>い けん</rt></ruby>をあまり<ruby>主張<rt>しゅちょう</rt></ruby>しないと<ruby>言<rt>い</rt></ruby>われている。일본인은 자신의 의견을 별로 주장하지 않는다고 일컬어지고 있다.

もっと<ruby>胸<rt>むね</rt></ruby>を<ruby>張<rt>は</rt></ruby>って<ruby>歩<rt>ある</rt></ruby>きなさい。더 가슴을 펴고 걸어라.

음독 りゃく

<ruby>略<rt>りゃく</rt></ruby><ruby>式<rt>しき</rt></ruby> 약식　<ruby>攻<rt>こう</rt></ruby><ruby>略<rt>りゃく</rt></ruby> 공략　<ruby>省<rt>しょう</rt></ruby><ruby>略<rt>りゃく</rt></ruby> 생략　<ruby>戦<rt>せん</rt></ruby><ruby>略<rt>りゃく</rt></ruby> 전략　<ruby>侵<rt>しん</rt></ruby><ruby>略<rt>りゃく</rt></ruby> 침략

간략할 **략**(약)

この<ruby>部分<rt>ぶ ぶん</rt></ruby>は<ruby>省略<rt>しょうりゃく</rt></ruby>したほうが、<ruby>考<rt>かんが</rt></ruby>えがより<ruby>明確<rt>めいかく</rt></ruby>に<ruby>表現<rt>ひょうげん</rt></ruby>できるだろう。이 부분은 생략하는 편이 생각을 더욱 명확하게 표현할 수 있을 것이다.

ニッチマーケティング<ruby>戦略<rt>せんりゃく</rt></ruby>を<ruby>立<rt>た</rt></ruby>てます。틈새 마케팅 전략을 세웁니다.

음독 こく

<ruby>告<rt>こく</rt></ruby><ruby>白<rt>はく</rt></ruby> 고백　<ruby>告<rt>こく</rt></ruby><ruby>知<rt>ち</rt></ruby> 고지　<ruby>広<rt>こう</rt></ruby><ruby>告<rt>こく</rt></ruby> 광고　<ruby>勧<rt>かん</rt></ruby><ruby>告<rt>こく</rt></ruby> 권고　<ruby>忠<rt>ちゅう</rt></ruby><ruby>告<rt>こく</rt></ruby> 충고

<ruby>報<rt>ほう</rt></ruby><ruby>告<rt>こく</rt></ruby> 보고

훈독 つげる

<ruby>告<rt>つ</rt></ruby>げる 알리다, 고하다

고할 **고**

<ruby>好<rt>す</rt></ruby>きな<ruby>人<rt>ひと</rt></ruby>へ<ruby>告白<rt>こくはく</rt></ruby>しました。좋아하는 사람에게 고백했습니다.

<ruby>大会<rt>たいかい</rt></ruby>の<ruby>始<rt>はじ</rt></ruby>まりを<ruby>告<rt>つ</rt></ruby>げる<ruby>開会宣言<rt>かいかいせんげん</rt></ruby>を<ruby>行<rt>おこな</rt></ruby>った。대회의 시작을 알리는 개회선언을 했다.

囲

음독 い

<ruby>囲<rt>い</rt></ruby><ruby>碁<rt>ご</rt></ruby> 바둑　<ruby>周<rt>しゅう</rt></ruby><ruby>囲<rt>い</rt></ruby> 주위　<ruby>包<rt>ほう</rt></ruby><ruby>囲<rt>い</rt></ruby> 포위　<ruby>雰<rt>ふん</rt></ruby><ruby>囲<rt>い</rt></ruby><ruby>気<rt>き</rt></ruby> 분위기

<ruby>範<rt>はん</rt></ruby><ruby>囲<rt>い</rt></ruby> 범위

훈독 かこむ

<ruby>囲<rt>かこ</rt></ruby>む 둘러싸다

에워쌀 **위**

<ruby>雰囲気<rt>ふん い き</rt></ruby>から<ruby>見<rt>み</rt></ruby>ると、<ruby>良<rt>い</rt></ruby>い<ruby>人<rt>ひと</rt></ruby>そうだ。분위기로 보면 좋은 사람인 것 같다.

<ruby>自然環境<rt>し ぜんかんきょう</rt></ruby>のすばらしい、<ruby>緑<rt>みどり</rt></ruby>に<ruby>囲<rt>かこ</rt></ruby>まれた<ruby>生活<rt>せいかつ</rt></ruby>をする。자연환경이 훌륭한 녹음에 둘러싸인 생활을 한다.

음독	けい	体型 체형	原型 원형	典型 전형	模型 모형	類型 유형
훈독	かた	型 형, 틀	大型 대형	小型 소형	新型 신형	血液型 혈액형

모형 형

飛行機の模型、すごくかっこういいだろう。 비행기 모형, 굉장히 멋지지?

大型トラックが土を運搬する。 대형 트럭이 흙을 운반한다.

음독	こう	航海 항해	航空 항공	航路 항로	運航 운항	欠航 결항
		就航 취항	難航 난항			

배 항

航空券の値段比較一覧表を調べます。 항공권 가격 비교 일람표를 조사합니다.

両国の平和交渉は難航している。 양국의 평화 교섭은 난항을 겪고 있다.

歴

음독	れき	歴史 역사	歴代 역대	学歴 학력	経歴 경력
		履歴 이력			

지낼 력(역)

授業で歴史上の人物について学びました。 수업에서 역사상 인물에 대해서 배웠습니다.

まず、履歴書を送ってください。 우선 이력서를 보내 주세요.

脈

음독	みゃく	脈拍 맥박	脈絡 맥락	人脈 인맥	山脈 산맥
		文脈 문맥	静脈 정맥	動脈 동맥	

줄기 맥

運動したら脈拍が速くなった。 운동하니까 맥박이 빨라졌다.

ここの文脈が分かりません。 여기 문맥을 모르겠습니다.

0832 | N2

쌓을 저

음독 **ちょ**

貯金 저금　貯金箱 저금통　貯水池 저수지　貯蓄 저축
貯蔵 저장

将来のために貯金しなければなりません。 장래를 위해 저금해야 합니다.
貯水池で無断に釣りをする人がいる。 저수지에서 무단으로 낚시를 하는 사람이 있다.

0833 | N2

머무를 정

음독 **てい**

バス停 버스정류장　停止 정지　停留所 정류장
停戦 정전(전투를 중단함)　停電 정전　調停 조정

機械を停止するしかありません。 기계를 정지할 수밖에 없습니다.
試合中の争いは審判員が調停する。 시합 중의 다툼은 심판원이 조정한다.

0834 | N2

독 독

음독 **どく**

毒薬 독약　毒舌 독설　中毒 중독　解毒 해독
消毒 소독　食中毒 식중독　気の毒 딱함, 가엾음, 안타까움

毒

このCMは中毒性があって何度も見てしまう。 이 CF는 중독성이 있어서 몇 번이고 보게 된다.
傷口を消毒します。 상처 난 곳을 소독합니다.

0835 | N2

죽일 살

음독 **さつ**

殺人 살인　殺意 살의　殺害 살해　殺菌 살균
自殺 자살　暗殺 암살　殺風景 살풍경, 재미없음

さい/せつ

相殺 상쇄　殺生 살생

훈독 **ころす**

殺す 죽이다

殺

走る列車に飛び込んで、自殺する人が多いそうだ。 달리는 열차에 뛰어들어 자살하는 사람이
많다고 한다.
むだに生き物を殺してはいけません。 쓸데없이 살아 있는 것을 죽여서는 안 됩니다.

중급 한자 • 4

중급 한자　　　5

己	私	我	幼	若	誕	姿	存	仁	忠
몸 기	사사 사	나 아	어릴 유	같을 약	낳을 탄	모양 자	있을 존	어질 인	충성 충

孝	誠	善	朗	奮	忘	欲	背	骨	腦
효도 효	정성 성	착할 선	밝을 랑(낭)	떨칠 분	잊을 망	하고자할 욕	등 배	뼈 골	골 뇌

胸	肺	腹	臟	筋	呼	吸	系	傷	痛
가슴 흉	허파 폐	배 복	오장 장	힘줄 근	부를 호	마실 흡	맬 계	다칠 상	아플 통

障	乱	異	危	看	射	亡	俳	優	映
막을 장	어지러울 란(난)	다를 이	위태할 위	볼 간	쏠 사	망할 망	배우 배	넉넉할 우	비칠 영

劇	幕	座	班	割	担	机	冊	枚	詞
심할 극	장막 막	자리 좌	나눌 반	벨 할	멜 담	책상 궤	책 책	낱 매	말 사

誌	訳	著	揮	奏	創	展	覽	簡	難
기록할 지	번역할 역	나타날 저	휘두를 휘	아뢸 주	비롯할 창	펼 전	볼 람(남)	대쪽 간	어려울 난

模	宇	宙	源	泉	株	樹	穀	潮	頂
본뜰 모	집 우	집 주	근원 원	샘 천	그루 주	나무 수	곡식 곡	밀물 조	정수리 정

暖	降	嚴	晩	暮	鋼	磁	秘	密	探
따뜻할 난	내릴 강	엄할 엄	늦을 만	저물 모	강철 강	자석 자	숨길 비	빽빽할 밀	찾을 탐

訪	宅	処	窓	収	納	段	洗	干	除
찾을 방	집 탁	곳 처	창 창	거둘 수	들일 납	층계 단	씻을 세	방패간/마를건	덜 제

舌	胃	腸	恩	預	錢	敵	承	退	券
혀 설	밥통 위	창자 장	은혜 은	맡길 예	돈 전	대적할 적	이을 승	물러날 퇴	문서 권

0836 | N1

음독	こ	自己 자기 利己主義 이기주의
	き	知己 지기, 지인 克己 극기
훈독	おのれ	己 자기 자신, 나

몸 기

選挙演説の前に改めて自己紹介します。 선거 연설 전에 다시 자기소개하겠습니다.

己の利益だけを考えて行動することを、利己主義という。 자기 이익만을 생각해서 행동하는 것을 이기주의라고 한다.

0837 | N3

음독	し	私立 사립 私服 사복 公私 공사 私財 사재
훈독	わたくし	私 저 私立 사립
	わたし	私 나

사사 사

うちの娘は私立高校に通っている。 우리 딸은 사립 고등학교에 다니고 있다.

私は今年大学に入ります。 나는 올해 대학에 들어갑니다.

Tip '私立(사립)'의 발음이 '市立(시립)'과 같기 때문에, 혼동을 피하기 위해서 '私立(사립)'라고도 말함.

0838 | N1

음독	が	自我 자아 我慢 참음
		無我夢中 자기 자신을 잊을 정도로 일에 열중함
훈독	われ	我々 우리들
	わ	我が家 우리 집 我がまま 제멋대로 굶, 버릇없음

나 아

ダイエット中なのに夜食が我慢できない。 다이어트 중인데 야식을 참을 수 없다.

我が家は毎日楽しいです。 우리 집은 매일 즐겁습니다.

0839 | N2

음독	よう	幼児 유아 幼虫 유충, 애벌레 幼年 유년 幼稚 유치
훈독	おさない	幼い 어리다, 미숙하다 幼なじみ 소꿉친구, 죽마고우

어릴 유

幼稚園の時の先生に、道でバッタリ会った。 유치원 때 선생님을 길에서 우연히 만났다.

幼いとき、遊んでいた所に行ってみたいです。 어렸을 적에 놀던 곳에 가 보고 싶습니다.

0840 | N2

若

|음독| じゃく

若干 약간　若年 나이가 젊음

にゃく

老若男女 남녀노소

|훈독| わかい

若い 젊다　若者 젊은이　若々しい 젊고 싱싱하다

もしくは

若しくは 또는, 혹은

같을 약

老若男女、誰でも見ることができます。 남녀노소 누구나 볼 수 있습니다.

彼女は３０才の若さで会社の重役になった。 그녀는 30살의 젊은 나이에 회사의 중역이 되었다.

Tip '老若'는 '老若'로도 읽음.

Tip 남녀는 보통 '男女'로 발음되나 사자성어 '남녀노소'에서는 '男女'로 읽음.

0841 | N1

|음독| たん

誕生 탄생　誕生日 생일　生誕 생탄, 탄생　聖誕祭 성탄절

낳을 탄

今日は彼女の誕生日なので、パーティーをします。 오늘은 여자친구 생일이라서 파티를 합니다.

聖誕祭には雪が降るでしょうか。 성탄절에는 눈이 올까요?

0842 | N1

|음독| し

姿勢 자세　容姿 외모　雄姿 웅자, 씩씩하고 당당한 모양

|훈독| すがた

姿 자세, 모습　後ろ姿 뒷모습

모양 자

最後まであきらめない姿勢が大切だ。 마지막까지 포기하지 않는 자세가 중요하다.

貧しい子供たちの姿を見たのがきっかけで、ボランティア活動を始めたのです。 가난한 아이들 모습을 본 것을 계기로 봉사활동을 시작했습니다.

0843 | N2

|음독| そん

存在 존재　存続 존속

ぞん

存じる 알다('知る'의 겸양어)　ご存じ 알고 계심

存分 뜻대로, 생각대로　生存 생존　保存 보존, 저장

依存 의존　現存 현존

있을 존

人類はこれからＡＩという存在と共存していくでしょう。 인류는 앞으로 AI라는 존재와 공존해 갈 것입니다.

先生は山下さんをご存じですか。 선생님은 야마시타 씨를 아십니까?

238

0844 | N1

음독	じん	<ruby>仁<rt>じん</rt></ruby><ruby>義<rt>ぎ</rt></ruby> 인의, 사람의 도리 <ruby>仁<rt>じん</rt></ruby><ruby>愛<rt>あい</rt></ruby> 인애 <ruby>仁<rt>じん</rt></ruby><ruby>徳<rt>とく</rt></ruby> 인덕
	に	<ruby>仁<rt>に</rt></ruby><ruby>王<rt>おう</rt></ruby> 인왕(불교의 수호신) <ruby>仁<rt>に</rt></ruby><ruby>王<rt>おう</rt></ruby><ruby>門<rt>もん</rt></ruby> 인왕문
		<ruby>仁<rt>に</rt></ruby><ruby>王<rt>おう</rt></ruby><ruby>立<rt>だ</rt></ruby>ち 인왕처럼 무서운 모습으로 버티고 서 있음

어질 인

<ruby>仁<rt>じん</rt></ruby><ruby>義<rt>ぎ</rt></ruby>とは、<ruby>情<rt>なさ</rt></ruby>け<ruby>深<rt>ふか</rt></ruby>い<ruby>心<rt>こころ</rt></ruby>を<ruby>持<rt>も</rt></ruby>ち、<ruby>正<rt>ただ</rt></ruby>しい<ruby>行<rt>おこな</rt></ruby>いをするということです。 인의란 인정 많은 마음을 갖고 바른 행동을 하는 것입니다.

<ruby>仏様<rt>ほとけさま</rt></ruby>を<ruby>守<rt>まも</rt></ruby>る<ruby>二人<rt>ふたり</rt></ruby>の<ruby>強<rt>つよ</rt></ruby>い<ruby>神様<rt>かみさま</rt></ruby>が<ruby>仁<rt>に</rt></ruby><ruby>王<rt>おう</rt></ruby>だ。 부처님을 지키는 두 명의 강한 신이 인왕이다.

0845 | N1

음독	ちゅう	<ruby>忠<rt>ちゅう</rt></ruby><ruby>実<rt>じつ</rt></ruby> 충실 <ruby>忠<rt>ちゅう</rt></ruby><ruby>犬<rt>けん</rt></ruby> 충견 <ruby>忠<rt>ちゅう</rt></ruby><ruby>言<rt>げん</rt></ruby> 충언 <ruby>忠<rt>ちゅう</rt></ruby><ruby>孝<rt>こう</rt></ruby> 충효 <ruby>忠<rt>ちゅう</rt></ruby><ruby>告<rt>こく</rt></ruby> 충고
		<ruby>忠<rt>ちゅう</rt></ruby><ruby>誠<rt>せい</rt></ruby> 충성 <ruby>忠<rt>ちゅう</rt></ruby><ruby>臣<rt>しん</rt></ruby> 충신

충성 충

<ruby>基本<rt>きほん</rt></ruby>に<ruby>忠<rt>ちゅう</rt></ruby><ruby>実<rt>じつ</rt></ruby>しなさい。 기본에 충실하시오.

<ruby>父<rt>ちち</rt></ruby>は<ruby>人<rt>ひと</rt></ruby>の<ruby>忠<rt>ちゅう</rt></ruby><ruby>告<rt>こく</rt></ruby>を<ruby>聞<rt>き</rt></ruby>かない。 아빠는 남의 충고를 듣지 않는다.

0846 | N1

음독	こう	<ruby>孝<rt>こう</rt></ruby><ruby>行<rt>こう</rt></ruby> 효행, 효도 <ruby>親<rt>おや</rt></ruby><ruby>孝<rt>こう</rt></ruby><ruby>行<rt>こう</rt></ruby> 효도, 효자 <ruby>孝<rt>こう</rt></ruby><ruby>子<rt>し</rt></ruby> 효자 <ruby>孝<rt>こう</rt></ruby><ruby>女<rt>じょ</rt></ruby> 효녀
		<ruby>不<rt>ふ</rt></ruby><ruby>孝<rt>こう</rt></ruby> 불효 <ruby>親<rt>おや</rt></ruby><ruby>不<rt>ふ</rt></ruby><ruby>孝<rt>こう</rt></ruby> 불효, 불효자식

효도 효

できるだけ<ruby>親<rt>おや</rt></ruby><ruby>孝<rt>こう</rt></ruby><ruby>行<rt>こう</rt></ruby>したいです。 가능한 한 효도하고 싶습니다.

<ruby>彼女<rt>かのじょ</rt></ruby>は<ruby>親<rt>おや</rt></ruby>を<ruby>泣<rt>な</rt></ruby>かせるような<ruby>親<rt>おや</rt></ruby><ruby>不<rt>ふ</rt></ruby><ruby>孝<rt>こう</rt></ruby>な<ruby>子<rt>こ</rt></ruby>じゃない。 그녀는 부모를 울릴 만한 불효자식이 아니다.

0847 | N1

음독	せい	<ruby>誠<rt>せい</rt></ruby><ruby>実<rt>じつ</rt></ruby> 성실 <ruby>誠<rt>せい</rt></ruby><ruby>意<rt>い</rt></ruby> 성의 <ruby>誠<rt>せい</rt></ruby><ruby>心<rt>しん</rt></ruby> 성심 <ruby>忠<rt>ちゅう</rt></ruby><ruby>誠<rt>せい</rt></ruby> 충성
훈독	まこと	<ruby>誠<rt>まこと</rt></ruby> 진실, 사실, 진심

정성 성

すごく<ruby>誠<rt>せい</rt></ruby><ruby>実<rt>じつ</rt></ruby>なので、みんなに<ruby>好<rt>す</rt></ruby>かれます。 아주 성실해서 모두에게 사랑받습니다.

<ruby>本日<rt>ほんじつ</rt></ruby>は、パーティーにお<ruby>越<rt>こ</rt></ruby>しいただき、<ruby>誠<rt>まこと</rt></ruby>にありがとうございました。 오늘은 파티에 와 주셔서 진심으로 감사드립니다.

중급 한자 · 5

음독	ぜん	善悪 선악 ぜん あく 改善 개선 かい ぜん 最善 최선 さい ぜん 親善 친선 しん ぜん 善政 선정 ぜん せい
		善戦 선전 ぜん せん 善良 선량 ぜん りょう 善男善女 선남선녀 ぜん なん ぜん にょ
훈독	よい	善い 좋다, 선량하다 よ

착할 선

この混乱した状況を改善したいです。 이 혼란스러운 상황을 개선하고 싶습니다.
一日一度、善いことをすると、自分に返ってくる。 하루에 한 번 좋은 일을 하면 자신에게 돌아온다.

朗

음독	ろう	明朗 명랑 めい ろう 朗報 낭보, 기쁜 소식 ろう ほう 朗読 낭독 ろう どく
		晴朗 청랑, 맑고 명랑함 せい ろう
훈독	ほがらか	朗らか 명랑함, 날씨가 갬 ほが 朗らかな天気 쾌청한 날씨 ほが てん き

밝을 랑(낭)

朗報を聞いた主人公が、感激して涙を流す場面から朗読してください。 낭보를 들은 주인공이 감격해서 눈물을 흘리는 장면부터 낭독해 주세요.
彼女は明るくて朗らかなところが魅力だと思う。 그녀는 밝고 명랑한 점이 매력이라고 생각한다.

음독	ふん	奮起 분기 ふん き 奮発 분발 ふん ぱつ 奮闘 분투 ふん とう 興奮 흥분 こう ふん
훈독	ふるう	奮う 떨치다, 용기를 내다 ふる 奮い立つ 분기하다, 분발하다 ふる た

떨칠 분

興奮しないで、よく考えてからしなさい。 흥분하지 말고 잘 생각하고 나서 하시오.
彼女に勇気を奮って、告白したいです。 그녀에게 용기를 내서 고백하고 싶습니다.

음독	ぼう	忘年会 망년회 ぼう ねん かい 忘恩 망은 ぼう おん 忘却 망각 ぼう きゃく 健忘症 건망증 けん ぼう しょう
훈독	わすれる	忘れる 잊다 わす 忘れ物 물건을 잊음, 잊은 물건 わす もの
		度忘れ 깜박함, 까맣게 잊음 ど わす

잊을 망

これから忘年会へ行きます。 지금부터 망년회에 갑니다.
占いで悪い結果が出たら忘れたほうがいい。 점에서 나쁜 결과가 나오면 잊는 편이 좋다.

0852 | N2

하고자 할 **욕**

음독	よく	欲求 욕구　欲望 욕망　意欲 의욕　私欲 사욕　食欲 식욕
		無欲 무욕　知識欲 지식욕　欲張り 욕심쟁이
훈독	ほしい	欲しい 갖고 싶다

最近、食欲がなくて、体重が減った。요즘 식욕이 없고 체중이 줄었다.
日本人の友達が欲しいです。일본인 친구를 갖고 싶습니다.

0853 | N2

등 **배**

음독	はい	背景 배경　背泳 배영　背後 배후　背信 배신　背任 배임
훈독	せ	背 등, 키　背筋 등줄기　背中 등　背広 양복, 정장
		背負う 등에 지다　背伸び 발돋움, 기지개
	せい	背比べ 키재기　上背 키, 신장
	そむく	背く 등지다, 위반하다
	そむける	背ける 돌리다, 외면하다

いじめをしてしまう子供の背景には家庭に問題がある。따돌림을 하는 아이의 배경에는 가정에 문제가 있다.
顔や背中にニキビができました。얼굴이랑 등에 여드름이 났습니다.

0854 | N2

뼈 **골**

음독	こつ	骨格 골격　骨折 골절　露骨 노골적　遺骨 유골
		鉄骨 철골　軟骨 연골　納骨 납골　白骨 백골
훈독	ほね	骨 뼈　背骨 등뼈　骨折り 노력, 수고　骨組み 뼈대

カルシウムが不足すると、骨が弱くなって、骨折しやすくなる。칼슘이 부족하면 뼈가 약해져 골절되기 쉬워진다.
最近背中や腰の骨が痛みます。요즘 등이랑 허리뼈가 아픕니다.

0855 | N2

골 **뇌**

脳

음독	のう	脳天 뇌천, 정수리　脳波 뇌파　脳裏 뇌리
		脳出血 뇌출혈　頭脳 두뇌　首脳 수뇌, 정상　大脳 대뇌
		小脳 소뇌

南島の旅行が、今も脳裏に焼き付いています。남쪽 섬 여행이 지금도 뇌리에 박혀 있습니다.
各国の首脳会議が開かれた。각국 정상 회의가 열렸다.

0856 | N2

음독	きょう

胸部 흉부　胸囲 가슴둘레　胸像 흉상　度胸 담력, 배짱

훈독	むね
	むな

胸 가슴　胸焼け 가슴앓이, 명치 언저리가 쓰리고 아픔

胸毛 가슴 털　胸元 앞가슴　胸騒ぎ (불안해서) 가슴이 두근거림

가슴 흉

先輩たちに、一人で反対意見を言うとは度胸がある。 선배들에게 혼자서 반대 의견을 말하다니 배짱이 있다.

今日は初デート、期待に胸が膨らみます。 오늘은 첫 데이트, 기대(감)에 가슴이 부풉니다.

0857 | N1

음독	はい

肺 폐, 허파, 마음속　肺がん 폐암　肺炎 폐렴　肺病 폐병

肺活量 폐활량　肺結核 폐결핵

허파 폐

蛙は肺で呼吸する。 개구리는 폐로 호흡한다.

ランニングを欠かさずしてきたので、肺活量がいいです。 달리기를 빠짐없이 해 왔기 때문에 폐활량이 좋습니다.

0858 | N2

음독	ふく

腹部 복부　腹痛 복통　空腹 공복　満腹 배부름

立腹 성을 냄, 화를 냄

훈독	はら
	なか

腹 배　腹立つ 화나다　腹黒い 속이 검다, 엉큼하다

腹 배　お腹が空く 배가 고프다

배 복

空腹でお腹が鳴っている。 공복이라 배에서 소리가 난다.

お腹がすいたから何か食べたいです。 배가 고파서 뭔가 먹고 싶습니다.

0859 | N2

臓

음독	ぞう

臓器 장기　心臓 심장　内臓 내장　五臓 오장

肝臓 간　腎臓 신장　肺臓 폐　脾臓 비장

오장 장

幸いなことに、父の心臓の手術はうまくいった。 다행히 아버지 심장 수술은 잘 되었다.

心臓や肝臓など、臓器移植の手術が成功した。 심장과 간 등, 장기 이식 수술이 성공했다.

0860 | N1

힘줄 근

음독	きん

筋肉 근육　筋骨 근골, 기골　鉄筋 철근

筋力トレーニング・筋トレ 근력 운동

훈독	すじ

筋 줄기, 힘줄, 줄거리　筋道 도리, 절차　大筋 요점, 대강의 줄거리

粗筋 줄거리　背筋 등줄기　血筋 핏줄

筋トレで腕が太くなってきました。 근력 운동으로 팔이 두꺼워졌습니다.

あの映画は、話の筋がまったく分からなかった。 저 영화는 이야기의 줄거리를 전혀 알 수 없었다.

0861 | N2

부를 호

음독	こ

呼吸 호흡　呼応 호응　点呼 점호　歓呼 환호

훈독	よぶ

呼ぶ 부르다　呼び名 호칭　呼び鈴 초인종

呼び捨て 경칭을 붙이지 않고 이름을 막 부름

運動した後は呼吸が苦しいです。 운동한 다음에는 호흡하기가 힘듭니다.

誰かが私の名前を呼ぶ。 누군가가 내 이름을 부른다.

0862 | N2

마실 흡

음독	きゅう

吸収 흡수　深呼吸 심호흡　吸引 흡인　吸血 흡혈

훈독	すう

吸う 들이마시다　吸い込む 빨아들이다　吸い殻 담배꽁초

大きく深呼吸してみましょう。 크게 심호흡을 해 봅시다.

ここでタバコを吸ってはいけない。 여기에서 담배를 피면 안 된다.

0863 | N1

맬 계

음독	けい

系図 계도, 계보　系統 계통　系列 계열　系譜 계보

家系 가계　体系 체계　直系 직계　太陽系 태양계

系列会社に異動になった。 계열 회사로 이동하게 되었다.

地球は、太陽系に属しています。 지구는 태양계에 속해 있습니다.

음독	しょう	傷害 상해	重傷 중상	損傷 손상	感傷 감상	軽傷 경상
		中傷 중상	負傷 부상	死傷者 사상자	致命傷 치명상	
훈독	きず	傷 상처	傷口 상처 자리	切り傷 칼 따위로 베인 상처		
	いためる	傷める 상하게 하다, 손상시키다				
	いたむ	傷む 상하다, 손상되다				

다칠 상

事故で多くの死傷者が出ました。 사고로 많은 사상자가 나왔습니다.

このりんご、傷んじゃってる。 이 사과, 상했다.

음독	つう	痛快 통쾌	痛感 통감	苦痛 고통	頭痛 두통
		痛切 뼈저리게 느낌	鎮痛 진통	腹痛 복통	
훈독	いたい	痛い 아프다	痛手 중상, 타격		
	いたむ	痛む 아프다			
	いためる	痛める 다치다			

아플 통

今日は体の調子が悪くて、頭痛がするし、せきも出た。 오늘은 몸 상태가 나빠서 두통이 있고 기침도 났다.

先生、頭が痛いです。 선생님 머리가 아파요.

음독	しょう	故障 고장	保障 보장	障害 장애, 장해	支障 지장
훈독	さわる	障る 방해가 되다, 지장이 있다	目障り 눈에 거슬림		
		差し障り 지장			

막을 장

自転車のブレーキが故障した。 자동차 브레이크가 고장 났다.

冷蔵庫がなんだか耳に障る音を出してる。 냉장고가 뭔가 귀에 거슬리는 소리를 내고 있다.

亂

음독	らん	乱入 난입	乱暴 난폭	乱雑 난잡	混乱 혼란
		散乱 산란	戦乱 전란	反乱 반란	
훈독	みだす	乱す 어지럽히다			
	みだれる	乱れる 흐트러지다			

어지러울 란(난)

彼の乱暴な行動に周囲の人は困っている。 그의 난폭한 행동에 주위 사람은 곤란해한다.

髪が乱れたなら、ブラシを貸しましょうか? 머리가 헝클어졌으면 빗을 빌려줄까요?

0868 | N1

異

음독	い	異議 이의　異常 이상　異性 이성　異変 이변
		異様 이상한 모양　差異 차이　変異 변이
훈독	ことなる	異なる 다르다

다를 이

病院で検査をしたら、異常が見つかった。 병원에서 검사를 했더니 이상이 발견되었다.

アメリカとイギリスの発音は異なります。 미국과 영국의 발음은 다릅니다.

0869 | N2

危

음독	き	危機 위기　危篤 위독　危険 위험　危害 위해　危急 위급
		危機一髪 위기일발
훈독	あぶない	危ない 위험하다

위태할 위

危険なのでその機械に触ってはいけません。 위험하므로 그 기계를 만지면 안 됩니다.

いきなりプールに入ると、危ないですよ。 갑자기 수영장에 들어가면 위험해요.

0870 | N1

看

| 음독 | かん | 看板 간판　看過 간과　看護 간호　看守 간수　看病 간병 |

볼 간

店に新しい看板ができました。 가게에 새 간판이 생겼습니다.

母が病気だと聞いて、すぐに看病に行く。 엄마가 아프다는 얘기를 듣고 바로 간병하러 간다.

0871 | N1

射

음독	しゃ	射撃 사격　射殺 사살　射程 사정　注射 주사　反射 반사
		日射病 일사병　放射能 방사능
훈독	いる	射る 활을 쏘다, 노리다

쏠 사

目標物が射程距離の外にいる。 목표물이 사정거리 밖에 있다.

矢を射って点数を競います。 화살을 쏘아 점수를 겨룹니다.

망할 망

음독	ぼう	亡命 망명　亡霊 망령　興亡 흥망　死亡 사망
		存亡 존망　逃亡 도망　滅亡 멸망
	もう	亡者 망자
훈독	なくす	亡くす 여의다, 잃다
	なくなる	亡くなる 사망하다, 작고하다

逃亡していた犯人がつかまった。 도망쳤던 범인이 잡혔다.

父が亡くなってから、母は苦労してぼくを育ててくれた。 아버지가 돌아가시고 나서 어머니
는 고생해서 나를 키우셨다.

배우 배

음독	はい	俳優 배우
		俳句 하이쿠(일본의 5·7·5의 3구(句) 17음(音)으로 되는 단형(短型)시)
		俳人 하이쿠를 짓는 사람

その俳優は、いまドラマに出ています。 그 배우는 지금 드라마에 나오고 있습니다.

俳人とは俳句を詠む人です。 하이진(俳人)이란 하이쿠를 읊는 사람입니다.

넉넉할 우

음독	ゆう	優位 우위　優秀 우수　優勝 우승　優勢 우세　優先 우선
		優待 우대　優等 우등　優劣 우열　俳優 배우　声優 성우
		女優 여배우
훈독	すぐれる	優れる 뛰어나다
	やさしい	優しい 다정하다

国益よりも自身の利益を優先している。 국익보다도 자신의 이익을 우선하고 있다.

この車は、デザインはもちろん性能も優れています。 이 차는 디자인은 물론이거니와 성능도 뛰
어납니다.

0875 | N3

映

음독 えい — 映像 영상　映画 영화　上映 상영　反映 반영　放映 방영

훈독 うつる/うつす — 映る 비치다　映す 비추다
はえる — 映える 빛나다　夕映え 저녁놀

비칠 영

悲しいときは悲しい映画でもみてとことん泣こう。 슬플 때는 슬픈 영화라도 보고 흠뻑 울자.
顔になんか付いてる。鏡に映して、見てご覧。 얼굴에 뭔가 붙어있어. 거울에 비춰서 봐봐.

Tip うつす
写す 원래대로 복사하다, 사진을 찍다 → ノートを写す。 노트를 베끼다.
映す 거울·물·스크린 등에 상이 비치게 하다, 투영하다 → 鏡に姿を映す。 거울에 모습을 비추다.
移す 다른 장소로 옮기다 → 事務所を移す。 사무실을 옮기다.

0876 | N2

劇

음독 げき — 劇場 극장　劇団 극단　劇的 극적　劇薬 극약　悲劇 비극
演劇 연극　喜劇 희극　寸劇 촌극, 토막극　時代劇 시대극

심할 극

その小さなミスが悲劇を招く原因となった。 그 작은 실수가 비극을 초래하는 원인이 되었다.
時代劇が見たいから、チャンネル変えるよ。 시대극이 보고 싶으니까 채널 바꿀게.

0877 | N1

幕

幕

음독 まく — 暗幕 암막　開幕 개막　字幕 자막　内幕 내막
閉幕 폐막　垂れ幕 현수막

ばく — 幕府 막부(무가(武家) 시대에 쇼군(将軍)이 정무를 집행하던 곳, 무가 정권)
幕末 에도 막부 시대의 말기

장막 막

オリンピックの開幕式が見たかった。 올림픽 개막식을 보고 싶었다.
日本は幕府時代がありました。 일본은 막부 시대가 있었습니다.

0878 | N2

座

음독 ざ — 座席 좌석　口座 계좌　講座 강좌　座高 앉은키
座敷 다다미방, 객실　座談 좌담　座長 좌장　座布団 방석
王座 왕좌　正座 정좌　星座 별자리

훈독 すわる — 座る 앉다

자리 좌

演劇で一番後ろの座席だった。 연극에서 가장 뒷 좌석이었다.
どうぞこちらにお座りください。 자, 이쪽에 앉으세요.

0879 | N1

| 음독 | はん | 班 반, 조 班長 반장 班別 반별 班員 반의 일원 救護班 구호반 通信班 통신반 |

나눌 반

来週は待ちに待った遠足なので、班を決めましょう。 다음 주에는 기다리고 기다리던 소풍이므로 반을 정합시다.

小学生の時、班長だった。 초등학생 때 반장이었다.

0880 | N2

음독	かつ	割愛 할애 割賦 할부 割腹 할복 分割払い 할부
훈독	わる	割る 나누다, 깨다 割合 비율 割り勘 각자 부담 割りばし 나무젓가락 割引 할인 時間割り 시간표
	われる	割れる 깨지다 割れ目 균열, 갈라진 틈 割れ物 깨어지기 쉬운 물건
	さく	割く 찢다, 쪼개다

벨 할

これは分割払いでお願いします。 이것은 할부로 계산해 주세요.

ガラスが割れました。 유리가 깨졌습니다.

0881 | N2

擔

| 음독 | たん | 担当 담당 担架 들것 担任 담임 加担 가담 負担 부담 分担 분담 |
| 훈독 | かつぐ | 担ぐ 지다 |

맬 담

初心者にジョギングは膝への負担が大きいです。 초보자에게 조깅은 무릎에 부담이 큽니다.

おじいさんが大きい荷物を担いでいる。 할아버지가 큰 짐을 지고 있다.

0882 | N2

| 음독 | き | 机上 궤상, 탁상 |
| 훈독 | つくえ | 机 책상 学習机 학습 책상 勉強机 공부 책상 |

책상 궤

それはただ、机上の空論です。 그건 그저 탁상공론입니다.

娘に勉強机を買ってあげた。 딸에게 공부 책상을 사 줬다.

0883 | N2

册

음독 さつ

册 ~권(책 세는 단위)　册子 책자　分册 분책

別册 별책　短册 하이쿠 등을 적는 좁고 긴 종이

책 **책**

雑誌には別册の付録がついている。 잡지에는 별책 부록이 딸려 있다.
七夕の時に願い事を書く細長い紙は、短册といいます。 칠석 때 소원을 쓴 길고 가는 종이
는 단자쿠라고 합니다.

0884 | N2

枚

음독 まい

枚 ~장　一枚 1장　枚数 매수　二枚舌 거짓말을 함, 일구이언

二枚目 미남

낱 **매**

映画のチケットを2枚買いました。 영화 티켓을 2장 샀습니다.
この俳優は二枚目だね。 이 배우는 미남이네.

0885 | N2

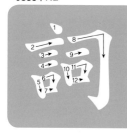

詞

음독 し

歌詞 가사, 노랫말　作詞 작사　名詞 명사　代名詞 대명사

動詞 동사　数詞 수사　形容詞 형용사　接続詞 접속사

말 **사**

福岡は温暖で住みやすい土地の代名詞だ。 후쿠오카는 온난하고 살기 좋은 토지의 대명사다.
一個や一本など、数を数える時に使う言葉を数詞といいます。 1개나 1자루 등 숫자를 셀
때 사용하는 말을 수사라고 합니다.

0886 | N2

誌

음독 し

誌面 지면　雑誌 잡지　日誌 일지　週刊誌 주간지

月刊誌 월간지

기록할 **지**

彼はテレビや雑誌を中心に活躍している。 그는 텔레비전과 잡지를 중심으로 활약하고 있다.
今日は、いつも楽しみにしている月刊誌の発売日だ。 오늘은 항상 기대하던 월간지 발매일이다.

0887 | N1

譯

번역할 역

음독 **やく**	訳する 번역하다	訳者 (번)역자　意訳 의역
	誤訳 오역　直訳 직역	通訳 통역　翻訳 번역
훈독 **わけ**	訳 이유, 사정　内訳 내역, 명세	言い訳 변명, 핑계
	申し訳ない 변명할 여지가 없다, 미안하다	

日本語の本を韓国語に翻訳します。 일본어 책을 한국어로 번역합니다.
下手な言い訳するよりも、素直に申し訳ありませんって言ったほうがいい。 서툰 변명을 하기보다 솔직하게 죄송하다고 말하는 편이 좋다.

0888 | N2

著

나타날 저

음독 **ちょ**	著作 저작　著者 저자	著述 저술　著書 저서
	著名 저명　共著 공저	顕著 현저
훈독 **あらわす**	著す 저술하다	
いちじるしい	著しい 현저하다, 명백하다	

この著者は韓国文学でも、特に著名な人だ。 이 저자는 한국 문학에서도 특히 저명한 사람이다.
私の故郷は人口が著しく減ってきています。 나의 고향은 인구가 현저하게 줄고 있습니다.

> **Tip** あらわす
> 表す 나타내다(추상) → 気持を言葉に表す。 기분을 말로 표현한다.
> 現す 나타내다(형태) → 姿を現す。 모습을 나타낸다.
> 著す 저술하다 → 本を著す。 책을 저술한다.

0889 | N1

휘두를 휘

음독 **き**	揮発 휘발　揮発性 휘발성	揮発油 휘발유
	指揮者 지휘자　発揮 발휘	

コンダクターはオーケストラの指揮者です。 컨덕터는 오케스트라 지휘자입니다.
今日の体力テストで、特訓の成果を発揮した。 오늘 체력 테스트에서 특훈의 성과를 발휘했다.

0890 | N1

아뢸 주

음독 **そう**	演奏 연주　合奏 합주	前奏 전주
	吹奏 취주, 관악기로 연주하는 것　独奏 독주	伴奏 반주
훈독 **かなでる**	奏でる 연주하다, 거문고·바이올린을 타다	

バイオリンの独奏を聴いて感動しました。 바이올린 독주를 듣고 감동했습니다.
彼の奏でるバイオリン音色に、みんな、うっとりしてた。 그가 연주하는 바이올린 음색에 모두 넋을 잃었다.

0891 | N1

음독 そう

創意 창의	創業 창업	創建 창건	創作 창작	創傷 창상
創世 창세	創設 창설	創造 창조	創立 창립	独創 독창

비롯할 **창**

将来アニメ創作の仕事がしたいです。 미래에 애니메이션 창작하는 일을 하고 싶습니다.
独創的な面があるから、きっとできる。 독창적인 면이 있으니까 분명 할 수 있다.

0892 | N1

음독 てん

展開 전개	展示 전시	展望 전망	展覧会 전람회
発展 발전	進展 진전		

펼 **전**

よく見える場所に展示されるといいね。 잘 보이는 장소에 전시되면 좋겠다.
妹の絵がコンクールに入賞して、展覧会に出ます。 여동생 그림이 경연대회에 입상해서 전람회
에 나갑니다.

0893 | N1

覧

음독 らん

ご覧になる 보시다	一覧 일람	回覧 회람
観覧 관람	遊覧船 유람선	展覧会 전람회 博覧会 박람회

볼 **람**(남)

中川さんが描いた絵をご覧になりましたか。 나카가와 씨가 그린 그림을 보셨습니까?
いつか一緒に観覧車に乗りたい。 언젠가 함께 관람차를 타고 싶다.

0894 | N2

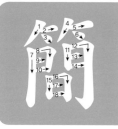

음독 かん

簡易 간이	簡潔 간결	簡素 간소	簡単 간단	簡略 간략
書簡 서간				

대쪽 **간**

話は簡潔にまとめましょう。 이야기는 간결하게 정리합시다.
昨日の宿題は簡単でした。 어제 숙제는 간단했습니다.

어려울 **난**

음독	**なん**				
		難易 난이	難解 난해	難関 난관	難破 난파
		難病 난(치)병	難民 난민	難問 어려운 문제	苦難 고난
		災難 재난	困難 곤란	盗難 도난	非難 비난	無難 무난
		避難 피난			
훈독	**むずかしい**	難しい 어렵다			
	かたい	難い ~하기 힘들다, 어렵다			

政治をめぐり、困難な問題が山ほどある。 정치를 둘러싸고 곤란한 문제가 산적해 있다.
今回の試験は難しかったです。 이번 시험은 어려웠습니다.

難

본뜰 **모**

음독	**も**				
		模様 모양	模型 모형	模範 모범	模写 모사, 베낀 것
		模倣 모방			
	ぼ	規模 규모			

両親は模範を示さなければならない。 부모는 모범을 보여야 한다.
隣町に大規模なショッピングセンターができます。 옆 동네에 대규모 쇼핑센터가 생깁니다.

模

집 **우**

음독	**う**			
		宇宙 우주	宇宙船 우주선	宇宙旅行 우주여행
		気宇壮大 기우장대		

宇宙船に乗ってみたい。 우주선을 타 보고 싶다.
もうすぐ、宇宙旅行が可能になります。 이제 곧 우주여행이 가능해집니다.

집 **주**

음독	**ちゅう**			
		宙 하늘, 허공, 공중	宙返り 공중제비	宙吊り 공중에 매달림
		宇宙 우주		

ドローンが宙に浮いている。 드론이 하늘에 떠 있다.
ぼくは宙返りができます。 나는 공중제비를 할 수 있습니다.

음독 げん

源泉 원천　語源 어원　水源 수원　電源 전원　資源 자원

財源 재원　震源地 진원지

훈독 みなもと

源 수원, 근원, 기원

근원 **원**

パソコンの電源を入れてください。 컴퓨터 전원을 켜 주세요.

子供の笑顔が私の元気の源です。 아이의 웃는 얼굴이 나를 기운 나게 해 주는 근원입니다.

음독 せん

泉水 샘물　温泉 온천　冷泉 냉천, 찬 샘　源泉 원천　鉱泉 광천

훈독 いずみ

泉 샘, 샘물, 원천

샘 **천**

一緒に温泉でも行って、のんびりしたいです。 같이 온천이라도 가서 여유롭게 있고 싶습니다.

川の底から泉が湧き出ている。 강바닥에서 샘물이 솟아나고 있다.

훈독 かぶ

株 나무의 그루, 주(식)　株式 주식　株式会社 주식회사

株価 주가　株主 주주　切り株 그루터기

그루 **주**

今度うちの会社は株式会社になりました。 이번에 우리 회사는 주식회사가 되었습니다.

切り株の年輪を教えると、その木が何歳か、わかる。 그루터기의 나이테를 세면 그 나무가 몇 살인지 알 수 있다.

음독 じゅ

樹木 수목　樹立 수립　樹脂 수지　植樹 식수　果樹園 과수원

街路樹 가로수　常緑樹 상록수　落葉樹 낙엽수

나무 **수**

世界大会で新記録を樹立した。 세계대회에서 신기록을 수립했다.

みかんの果樹園に行きました。 귤 과수원에 갔습니다.

중급 한자 · 5

0903 | N1

穀

음독 こく

穀物 곡물, 곡식　穀倉 곡창　穀類 곡류　五穀 오곡

米穀 미곡　脱穀 탈곡　雑穀 잡곡

곡식 곡

穀物をえさにあげる。 곡물을 먹이로 준다.

雑穀を入れてごはんを炊きます。 잡곡을 넣어 밥을 짓습니다.

0904 | N1

潮

음독 ちょう

潮流 조류　干潮 간조　満潮 만조　風潮 풍조

思潮 사조, 사상의 흐름

훈독 しお

潮 조수, 밀물, 썰물, 바닷물　潮時 조수가 들고 날 때, 적당한 때

潮風 바닷바람

밀물 조

今は干潮の時間です。 지금은 간조 시간입니다.

潮風が吹いて涼しい。 바닷바람이 불어 시원하다.

0905 | N2

頂

음독 ちょう

頂上 정상　頂点 정점　頂角 꼭지각　山頂 산꼭대기, 정상

登頂 등정　絶頂 절정

훈독 いただき

いただく

頂 (산의) 꼭대기, 정상　頂き物 받은 것, 선물

頂く 받들다, 'もらう(받다)·食べる(먹다)·飲む(마시다)'의 겸양어

정수리 정

頂上から見る景色は何とも言えません。 정상에서 보는 경치는 뭐라 말할 수가 없습니다.

頂き物のイチゴが、いつの間にか減ってる。 선물로 받은 딸기가 어느새 줄어 있다.

0906 | N1

暖

음독 だん

暖房 난방　暖流 난류　暖炉 난로　温暖 온난

寒暖計 한란계, 온도계

훈독 あたたかい

あたためる

あたたまる

暖かい 따뜻하다

暖める 따뜻하게 하다

暖まる 따뜻해지다

따뜻할 난

寒くなったのでそろそろ暖房がほしいですね。 추워져서 슬슬 난방이 있어야겠네요.

この部屋は暖かい。 이 방은 따뜻하다.

Tip あたたかい

暖かい 기온이 따뜻하다 → 暖かい日差し 따뜻한 햇살

温かい 사물의 온도가 높다 → 温かいミルク 따뜻한 우유

0907 | N2

내릴 강

음독	こう	降雨量 강우량　降下 강하　降車 하차　降水 강수
		降伏・降服 항복　以降 이후　昇降口 승강구　乗降 승강
훈독	おろす	降ろす 내려놓다
	おりる	降りる 내리다
	ふる	降る (비·눈이) 내리다

降水確率は低いです。강수확률은 낮습니다.
電車を降りたとたん、雨が降ってきた。전철에서 내린 순간 비가 내렸다.

0908 |

厳

엄할 엄

음독	げん	厳格 엄격　厳禁 엄금　厳重 엄중　厳密 엄밀
		厳守 엄수　厳正 엄정　厳選 엄선　厳罰 엄벌　厳命 엄명
		戒厳 계엄　尊厳 존엄　威厳 위엄
	ごん	荘厳 장엄
훈독	きびしい	厳しい 엄하다, 혹독하다, 심하다, 힘들다
	おごそか	厳か 엄숙함

最近、空港の警備が厳重になった。최근 공항 경비가 엄중해졌다.
在宅ワークは厳しいです。재택근무는 힘듭니다.

0909 | N2

늦을 만

음독	ばん	晩 밤　今晩 오늘밤　晩ご飯 저녁밥　晩春 만춘　晩秋 만추
		晩成 만성　晩年 만년　晩飯 저녁 식사　昨晩 어젯밤
		明晩 내일밤

昨日の晩、雨が降ったみたいだ。어젯밤에 비가 내린 것 같다.
今晩、お笑いの特別番組がある。오늘 밤 개그 특별프로그램이 한다.

0910 | N2

暮

저물 모

음독	ぼ	お歳暮 신세 진 사람에게 보내는 연말 선물　暮色 모색
훈독	くれる	暮れる 저물다, 해가 지다　夕暮れ 해질녘
	くらす	暮らす 살다　一人暮らし 독신생활, 혼자 삶

日が暮れました。날이 저물었습니다.
一人で暮らすようになってはじめて、家族のありがたみが分かった。혼자 생활하게 되고 비로소 가족의 고마움을 알았다.

0911 | N1

강철 강

음독 こう — 鋼材 강철재　鋼鉄 강철　鉄鋼 철강　製鋼 제강

훈독 はがね — 鋼 강철

鉄鉱石から鋼鉄を作ります。 철광석으로 강철을 만듭니다.
「鋼の錬金術師」というアニメが映画化された。 「강철의 연금술사」라는 애니메이션이 영화화되었다.

0912 | N1

자석 자

음독 じ — 磁石 자석　磁気 자기　磁器 자기, 사기그릇　磁極 자극
磁針 자침, 자석의 바늘　磁力 자력

銀行のカードに磁石を近づけると、使えなくなることがある。 은행 카드에 자석을 가까이
대면 못 쓰게 되는 일이 있다.
磁器は熱に強いです。 자기는 열에 강합니다.

0913 | N1

숨길 비

음독 ひ — 秘境 비경　秘訣 비결　秘策 비책　秘書 비서　極秘 극비
神秘 신비　便秘 변비

훈독 ひめる — 秘める 숨기다, 간직하다

ダイエットの成功の秘訣、教えてよ。 다이어트 성공 비결 알려 줘.
彼は、なんだか神秘的な力を秘めてる気がする。 그는 뭔가 신비적인 힘을 감추고 있는 느낌이
든다.

0914 | N1

빽빽할 밀

음독 みつ — 密航 밀항　密告 밀고　密室 밀실　密集 밀집　密接 밀접
密度 밀도　密封 밀봉　密閉 밀폐　密輸 밀수　密林 밀림
親密 친밀　秘密 비밀　精密 정밀　厳密 엄밀　綿密 면밀

他人に言えない秘密があります。 다른 사람에게 말 못 할 비밀이 있습니다.
夏休みの計画を綿密に立て、有意義に過ごした。 여름 방학 계획을 면밀하게 세워서 의미 있게
보냈다.

0915 | N2

찾을 **탐**

음독	たん	探究 탐구 探査 탐사 探検 탐험 探知 탐지 探偵 탐정
훈독	さがす	探す 찾다
	さぐる	探る 탐색하다, 살피다　手探り 손으로 더듬음, 감으로 찾음

子供は、みんなで探検に行きました。 아이들은 다 같이 탐험하러 갔습니다.
仕事なんか辞めて、新しい道を探すのも悪くはない。 일 같은 거 그만두고 새로운 길을 찾는 것도 나쁘지는 않다.

0916 | N2

찾을 **방**

음독	ほう	訪問 방문 訪日 방일 来訪 내방 探訪 탐방 歴訪 역방, 순방
훈독	おとずれる	訪れる 방문하다, 계절이 찾아오다
	たずねる	訪ねる 방문하다, 찾다

あしたは先生の家庭訪問の日だ。 내일은 선생님이 가정방문 오는 날이다.
友人の家を訪れました。 친구 집을 방문했습니다.

0917 | N2

집 **택**

음독	たく	お宅 댁 宅地 택지 宅配便 택배 家宅 가택 自宅 자택
		住宅 주택 帰宅 귀가

明日先生のお宅にうかがいます。 내일 선생님 댁을 찾아뵙겠습니다.
住宅事情は悪くなりつつある。 주택 사정은 점점 나빠지고 있다.

0918 | N2

處

곳 **처**

음독	しょ	処理 처리 処刑 처형 処女 처녀 処断 처단
		処分 처분 処置 처치 処罰 처벌 対処 대처 善処 선처

問題を早く処理しなければなりません。 문제를 빨리 처리해야만 합니다.
引っ越しを機に食器を処分した。 이사를 계기로 식기를 처분했다.

0919 | N2

음독 **そう**	窓外 창밖	同窓会 동창회	車窓 차창	学窓 학창
훈독 **まど**	窓 창문	窓口 창구	窓際 창가	窓辺 창가

창 **창**

みんな忙しいので、同窓会に来ない。 모두 바빠서 동창회에 안 온다.

寒いので窓を閉めてもいいですか。 추워서 창문을 닫아도 됩니까?

0920 | N2

음독 **しゅう**	収入 수입	収益 수익	収穫 수확	収拾 수습	収集 수집
	収縮 수축	収得 취득	収容 수용	収録 수록	回収 회수
	吸収 흡수	領収書 영수증			
훈독 **おさめる**	収める 넣다, (결과를) 얻다				
おさまる	収まる 들어가다, 가라앉다				

거둘 **수**

収入の高い仕事は何ですか。 수입이 높은 일은 무엇입니까?

作文用紙二、三枚に収まるように書いてください。 작문 용지 2, 3장 안에 들어가도록 써 주세요.

0921 | N1

음독 **のう**	納入 납입	納品 납품	納期 납기	納税 납세	収納 수납
	滞納 체납				
なっ	納豆 낫토	納得 납득			
な	納屋 창고, 헛간				
なん	納戸 가재도구 두는 곳				
とう	出納 출납				
훈독 **おさめる**	納める 거두다, 넣다				
おさまる	納まる (제자리로) 들어가다, 수납되다, 끝나다				

들일 **납**

誰が何と言っても納得できません。 누가 뭐라 해도 납득이 안 됩니다.

授業料は月末までに納めてください。 수업료는 월말까지 넣어 주세요.

Tip おさめる

収める 거두다, 손에 넣다 → 成功を収める。 성공을 거두다.

納める 바치다, 납입하다 → 税金を納める。 세금을 납입하다.

治める 다스리다, 통치하다 → 国を治める。 나라를 다스리다.

修める 닦다, 수양하다 → 学問を修める。 학문을 닦다.

0922 | N2

| 음독 | だん |

段階 단계　段落 단락　段差 단차, 턱　階段 계단　石段 돌계단

手段 수단　初段 초단　格段 현격함　値段 가격

普段 평소, 보통

층계 **단**

現段階で確認できている情報はこれだけです。 현 단계에서 확인된 정보는 이것뿐입니다.

もっとも有効な手段を選ぶ。 가장 유효한 수단을 고르다.

0923 | N3

| 음독 | せん |

洗顔 세수　洗濯 세탁　洗剤 세제　洗面 세면　洗浄 세정

洗練 세련　洗髪 세발　洗礼 세례

| 훈독 | あらう |

洗う 씻다　お手洗い 화장실

씻을 **세**

ファッションだけでなく、しぐさも洗練されてる。 패션뿐만 아니라 몸짓도 세련됐다.

父は食器を洗っています。 아빠는 설거지를 하고 있습니다.

0924 | N2

| 음독 | かん |

干渉 간섭　干拓 간척　干満 간만　若干 약간

| 훈독 | ほす |

干す 말리다　干し柿 곶감　梅干し 매실 장아찌

| | ひる |

干る 마르다, (조수가) 빠져서 바닥이 드러나다　干物 건어물

干潟 갯벌

방패 **간**

마를 **건**

プライベートには、干渉しないでください。 사적인 것에는 간섭하지 말아 주세요.

母は洗濯物を干している。 엄마는 빨래를 널고 있다.

0925 | N2

| 음독 | じょ |

除外 제외　除去 제거　除雪 제설　除草 제초　解除 해제

削除 삭제　除夜の鐘 제야의 종

| | じ |

掃除 청소

| 훈독 | のぞく |

除く 제외하다　取り除く 제거하다, 없애다

덜 **제**

お風呂の掃除をしなければならない。 욕실 청소를 해야 한다.

雑草を取り除くのに除草剤を使う。 잡초를 제거하는데 제초제를 쓴다.

0926 | N1

음독	ぜつ

舌戦 설전, 언쟁　毒舌 독설　弁舌 언변　筆舌 글과 말

훈독	した

舌 혀　舌打ち 혀를 참　猫舌 고양이 혀(뜨거운 것을 못 먹음)

혀 설

あの先生は毒舌で有名です。 저 선생님은 독설로 유명합니다.
辛いものを食べて、舌がヒリヒリする。 매운 것을 먹어서 혀가 얼얼하다.

0927 | N2

음독	い

胃 위　胃薬 위장약　胃炎 위염　胃腸 위장　胃ガン 위암

밥통 위

最近ちょっと胃の具合が悪い。 요즘 좀 위 상태가 나쁘다.
薬局で胃薬を買いました。 약국에서 위장약을 샀습니다.

0928 | N1

음독	ちょう

腸 장　腸炎 장염　胃腸 위장　大腸 대장　盲腸 맹장

창자 장

5年ぶりに大腸の検査を受けた。 5년 만에 대장 검사를 받았다.
学生のとき、盲腸の手術をしました。 학생 때 맹장 수술을 했습니다.

0929 | 급수 외

음독	おん

恩 은혜　恩人 은인　恩師 은사　恩情 은정　謝恩 사은
報恩 보은　恩返し 보은, 은혜를 갚음

은혜 은

花輪家から受けたご恩は絶対忘れない。 하나와 가족에게 받은 은혜는 절대 잊지 않겠다.
あつい恩情に心から感謝しております。 따듯한 은정에 진심으로 감사드립니다.

0930 | N2

맡길 예

음독	よ	預金 예금　預言 예언　預貯金 예금 및 저금
훈독	あずける	預ける 맡기다
	あずかる	預かる 맡다, 보관하다

お年玉は銀行に預金しよう。 세뱃돈은 은행에 예금해야지.

少しの間、私の荷物を預かってください。 잠시만 제 짐을 맡아 주세요.

Tip '예언'은 보통 '予言'이라고 하며, '預言'으로도 쓰임.

0931 | N1

錢

돈 전

음독	せん	銭湯 대중목욕탕　金銭 금전　古銭 옛날 돈
		つり銭 잔돈　おさい銭 새전, 불전
훈독	ぜに	銭 동전, 돈　小銭 잔돈

お風呂から上がったら、つり銭でジュースを飲もう。 목욕탕에서 나간 다음에 잔돈으로 주스를 마시자.

ジュース買いたいけど、小銭がない。 주스 사고 싶은데 잔돈이 없다.

0932 | N1

대적할 적

음독	てき	敵手 적수　敵軍 적군　敵陣 적진　敵対 적대　素敵 근사함
		匹敵 필적　強敵 강적　天敵 천적　無敵 무적
훈독	かたき	敵 적수, 원수

彼は好敵手、つまりライバルだ。 그는 좋은 적수, 즉 라이벌이다.

金が敵だとよく母に言われます。 돈이 원수라고 엄마는 자주 말합니다.

0933 | N2

이을 승

음독	しょう	承知 알아들음　承諾 승낙　承認 승인　伝承 전승
		了承 양해, 납득
훈독	うけたまわる	承る '聞く(듣다)'의 겸양어. 삼가 듣다

キャンプに来る人は、ご両親の承諾を得てください。 캠프에 오는 사람은 부모님 승낙을 받아 주세요.

ご意見を承りたいです。 의견을 듣고 싶습니다.

음독	**たい**	退院 퇴원　退屈 지루함　退場 퇴장　引退 은퇴
		退却 퇴각, 후퇴　後退 후퇴　辞退 사퇴　早退 조퇴
훈독	**しりぞく**	退く 물러서다
	しりぞける	退ける 물리치다, 거절하다

물러날 **퇴**

退 (たい)

父は来週退院します。 아버지는 다음 주에 퇴원합니다.

サッカーで退いたら、絶対に負けるぞ。 축구에서 물러서면 진짜로 진다.

음독	**けん**	食券 식권　入場券 입장권　招待券 초대권
		商品券 상품권　乗車券 승차권　定期券 정기권
		特急券 특급권

문서 **권**

券 (けん)

このラーメン屋は自販機で食券が買えます。 이 라면집은 자판기에서 식권을 살 수 있습니다.

映画の招待券をもらったから、一緒に行こう。 영화 초대권을 받았으니까 같이 가자.

신체의 오장육부

内臓 내장	五臓六腑 오장육부	肝臓 간	心臓 심장
脾臓 비장	肺 폐	腎臓 신장, 콩팥	大腸 대장
小腸 소장	胆嚢 담낭, 쓸개	胃 위	膀胱 방광
三焦 삼초(호흡기관·소화기관·비뇨생식기관)			

초등학교 6학년 한자

捨	郵	届	刻	閉	蔵	灰	層	賃	遺
버릴 사	우편 우	이를 계	새길 각	닫을 폐	감출 장	재 회	층 층	품삯 임	남길 유

郷	卵	乳	砂	糖	紅	巻	蒸	熟	盛
시골 향	알 란(난)	젖 유	모래 사	엿 당	붉을 홍	책 권	찔 증	익을 숙	성할 성

尺	沿	延	並	垂	棒	縦	革	染	蚕
자 척	물따라갈 연	늘일 연	나란히 병	드리울 수	막대 봉	세로 종	가죽 혁	물들 염	누에 잠

絹	純	縮	裏	装	寸	穴	針	討	論
비단 견	순수할 순	줄일 축	속 리(이)	꾸밀 장	마디 촌	구멍 혈	바늘 침	칠 토	논할 론(논)

党	派	衆	閣	盟	律	策	権	宣	憲
무리 당	갈래 파	무리 중	집 각	맹세 맹	법칙 률(율)	꾀 책	권세 권	베풀 선	법 헌

激	専	済	困	警	視	庁	就	勤	臨
격할 격	오로지 전	건널 제	곤할 곤	경계할 경	볼 시	관청 청	나아갈 취	부지런할 근	임할 림(임)

署	補	従	裁	推	批	否	疑	認	誤
마을 서	기울 보	좇을 종	마를 재	밀 추	비평할 비	아닐 부	의심할 의	알 인	그르칠 오

諸	将	拡	皇	后	陛	翌	聖	域	尊
모두 제	장수 장	넓힐 확	임금 황	임금 후	대궐섬돌 폐	다음날 익	성인 성	지경 역	높을 존

敬	貴	宝	値	拝	宗	操	至	片	供
공경 경	귀할 귀	보배 보	값 치	절 배	마루 종	잡을 조	이를 지	조각 편	이바지할 공

俵
나누어줄 표

0936 | N2

음독 しゃ	取捨選択 취사선택 しゅしゃせんたく　四捨五入 사사오입, 반올림 ししゃごにゅう
훈독 すてる	捨てる 버리다 す　見捨てる 저버리다 みす

버릴 **사**

必要なものだけ選ぶことを、取捨選択という。필요한 것만 고르는 것을 취사선택이라고 한다. ひつよう　えら　しゅしゃせんたく

ここに要らない物を捨ててください。여기에 필요 없는 것을 버리세요. い　もの　す

0937 | N2

음독 ゆう	郵送 우송 ゆうそう　郵便 우편 ゆうびん　郵便局 우체국 ゆうびんきょく　郵便物 우편물 ゆうびんぶつ 郵便番号 우편번호 ゆうびんばんごう　郵便箱 우편함 ゆうびんばこ　郵便ポスト 우체통 ゆうびん

우편 **우**

郵送料はいくらかかりますか。우송료는 얼마 드나요? ゆうそうりょう

年賀状を出しに、郵便ポストに行く。연하장을 보내러 우체통에 간다. ねんがじょう　だ　ゆうびん

0938 | N2

훈독 とどける	届ける 보내다, 신고하다 とど　届け出 신고 とどで 欠席届け 결석계 けっせきとど
とどく	届く 닿다, 도착하다 とど

이를 **계**

荷物は来週の月曜日にお届けいたします。짐은 다음 주 월요일에 보내드리겠습니다. にもつ　らいしゅう　げつようび　とど

学校に欠席届けを出した。학교에 결석계를 냈다. がっこう　けっせきとど　だ

0939 | N2

음독 こく	刻印 각인 こくいん　時刻 시각 じこく　定刻 정각 ていこく　深刻 심각 しんこく　遅刻 지각 ちこく 彫刻 조각 ちょうこく
훈독 きざむ	刻む 잘게 썰다, 새기다 きざ　小刻み 잘게 썲 こきざ

새길 **각**

弟はやけに深刻そうな顔をしている。남동생은 되게 심각해 보이는 얼굴을 하고 있다. おとうと　しんこく　かお

じゃがいもを刻んでカレーを作ります。감자를 잘게 썰어 카레를 만듭니다. きざ　つく

0940 | N2

음독	へい	閉会 폐회 閉店 폐점 開閉 개폐 閉鎖 폐쇄 閉場 폐장
		閉幕 폐막 密閉 밀폐
훈독	とじる	閉じる 닫다. 덮다 閉じこもる 틀어박히다
	しめる/しまる	閉める 닫다 閉まる 닫히다

닫을 폐

ジャムを食べ終わったら、ふたをしっかり閉じて、密閉しておきなさい。 잼은 다 먹으면 뚜껑을 꽉 닫고 밀폐해 둬라.

出かける前に窓を全部閉めます。 외출하기 전에 창문을 모두 닫습니다.

0941 | N2

蔵

음독	ぞう	蔵書 장서 冷蔵 냉장 地蔵 지장(보살) 所蔵 소장
		貯蔵 저장 土蔵 토장 内蔵 내장 秘蔵 비장
훈독	くら	蔵 곳간, 창고 酒蔵 술 창고 ワイン蔵 와인 창고

감출 장

冷蔵庫に野菜と果物があります。 냉장고에 채소와 과일이 있습니다.

あそこは古いワイン蔵です。 저곳은 오래된 와인 창고입니다.

0942 | N2

灰

음독	かい	灰塵 재와 먼지 灰白色 회백색 石灰 석회
		降灰 화산재
훈독	はい	灰 재 灰色 회색 火山灰 화산재

재 회

石灰をまくと肥料になります。 석회를 뿌리면 비료가 됩니다.

どんよりとした灰色の空から、今にも雨が降ってきそうだ。 잔뜩 찌푸린 회색 하늘에서 금방이라도 비가 내릴 것만 같다.

0943 | N2

層

| 음독 | そう | 上層 상층 下層 하층 地層 지층 高層 고층 |
| | | 断層 단층 階層 계층 |

층 층

地層は長い時間をかけて土が何層にも重なってできたものです。 지층은 오랜 시간에 걸쳐 땅이 몇 겹이나 겹쳐져서 생긴 것입니다.

ソウルは高層ビルが立ち並んでいる。 서울은 고층 빌딩이 줄지어 있다.

품삯 임

음독	ちん		

賃金 임금　賃貸 임대　家賃 집세　運賃 운임　船賃 배삯

電車賃 전철비　手間賃 품삯

本日最低賃金が改正されました。 오늘 최저 임금이 개정되었습니다.

家賃が高すぎて生活できない。 집세가 너무 비싸서 생활할 수가 없다.

遺

남길 유

음독	い		

遺骨 유골　遺作 유작　遺産 유산　遺書 유서

遺跡 유적　遺伝 유전　遺族 유족　遺体 유해, 시체

遺品 유품　遺留 유류　遺失物 유실물

ゆい　遺言 유언

ここは教科書にも載っている遺跡です。 여기는 교과서에도 실려 있는 유적입니다.

山の中で遺体が発見された。 산속에서 시체가 발견되었다.

郷

시골 향

음독	きょう		

郷土 향토　故郷 고향　帰郷 귀향　同郷 동향

望郷 망향　理想郷 이상향

ごう　在郷 재향　近郷 도시 가까운 마을

友人は20年ぶりに故郷へ帰ってきた。 친구는 20년 만에 고향에 돌아왔다.

彼氏と私は同郷です。 남자친구와 저는 고향이 같습니다.

알 란(난)

음독	らん		

卵黄 노른자위　卵白 흰자위　卵子 난자　産卵 산란

鶏卵 계란

훈독	たまご		

卵 달걀　卵焼き 계란말이　ゆで卵 삶은 달걀　生卵 날계란

卵の白身は卵白といって、たんぱく質が豊富です。 달걀의 흰 부분은 흰자라고 해서 단백질이
풍부합니다.

ゆで卵を毎朝食べている。 삶은 달걀을 매일 아침 먹고 있다.

0948 | N2

乳

젖 **유**

음독 にゅう

乳児 유아, 젖먹는 아이　乳液 유액, 로션　乳酸 유산　乳歯 유치

牛乳 우유　豆乳 두유　母乳 모유　授乳 수유

훈독 ちち

乳 젖　乳しぼり 젖짜기

ち

乳首 젖꼭지　乳房 유방　乳飲み子 젖먹이, 유아

예외 乳母 유모

バターやヨーグルトは、牛乳から作られるんです。 버터나 요구르트는 우유에서 만들어집니다.

夏休みに、牧場で乳しぼりを手伝ったんだ。 여름 방학에 목장에서 소 젖짜기를 도왔어.

0949 | N2

砂

모래 **사**

음독 さ

砂糖 설탕　砂丘 사구　砂漠 사막　砂金 사금　黄砂 황사

しゃ

土砂 토사　土砂降り 비가 억수같이 쏟아짐　砂利 자갈

훈독 すな

砂 모래　砂煙 모래 먼지　砂場 모래밭　砂浜 모래사장

地球温暖化により砂漠化が進む。 지구온난화로 인해 사막화가 진행된다.

海岸の白い砂に寝転がって水平線をながめる。 바닷가 하얀 모래에 누워 수평선을 바라본다.

0950 | N1

糖

엿 **당**

糖

음독 とう

糖分 당분　糖尿病 당뇨병　果糖 과당　砂糖 설탕

乳糖 유당　製糖 제당　麦芽糖 맥아당, 엿당

このトウモロコシ、糖分が多くて、すごく甘い。 이 옥수수 당분이 많아서 아주 달다.

コーヒーに砂糖を入れません。 커피에 설탕을 넣지 않습니다.

0951 | N2

紅

붉을 **홍**

음독 こう

紅茶 홍차　紅葉 단풍잎, 단풍이 듦　紅梅 홍매실　紅白 홍백

く

真紅 진홍

훈독 べに

紅 홍화, 연지　口紅 립스틱

くれない

紅 다홍, 주황　紅色 주황색

もうすぐ紅葉の時期ですね。 이제 곧 단풍의 시기네요.

この色は紅とか紅という。 이 색깔은 주홍이나 주황색이라고 한다.

Tip '紅葉(단풍)'는 '紅葉'로도 읽음.

267

책 권

巻

음독	かん	巻頭 권두, 책머리　巻末 권말　圧巻 압권　上巻 상권
		下巻 하권　全巻 전권
훈독	まく	巻く 감다, 말다, 조이다　のり巻き 김초밥
	まき	巻 서화의 두루마리, 서적　巻紙 (붓글씨용) 두루마리

雑誌の巻頭ページは、カラーだ。 잡지 첫 페이지는 컬러다.

のり巻きが食べたいです。 김초밥이 먹고 싶습니다.

찔 증

蒸

음독	じょう	蒸気 증기　水蒸気 수증기　蒸発 증발　蒸留 증류
훈독	むれる	蒸れる 뜸들다, 무덥다　蒸れる天気 무더운 날씨
	むらす	蒸らす 뜸들이다
	むす	蒸す 무덥다, 찌다　蒸し暑い 무덥다　蒸し風呂 한증막
		蒸し焼き 찜

父が子供のころは、まだ蒸気機関車が走っていたという。 아빠가 어렸을 적에는 아직 증기 기관차가 다녔다고 한다.

蒸し暑いね。蒸し風呂に入ってるみたい。 푹푹 찐다. 한증막에 들어간 것 같다.

익을 숙

熟

음독	じゅく	熟す 잘 익다, 무르익다　熟成 숙성　熟語 숙어　熟睡 숙면
		熟達 숙달　熟知 숙지　熟考 숙고　熟練 숙련　円熟 원숙
		未熟 미숙　早熟 조숙　半熟 반숙
훈독	うれる	熟れる (과일이) 잘 익다, 여물다

その柿は、熟してないから渋い。 그 감은 익지 않아서 떫다.

まだ未熟な者なので、ご指導よろしくお願いします。 아직 많이 미숙하니 지도 잘 부탁드립니다.

성할 성

盛

음독	せい	盛大 성대함　盛況 성황　盛装 잘 차려입음　全盛期 전성기
	じょう	繁盛 번성
훈독	もる	盛る (그릇에) 많이 담다, 쌓다, 눈금을 새기다
		大盛り 수북하게 담음, 곱빼기
	さかん	盛ん 번성함, 번창함
	さかる	盛る 번창하다　盛り 한창(때)　花盛り 꽃이 한창임

パーティーはすごく盛大だった。 파티는 아주 성대했다.

ご飯を茶碗に盛ります。 밥을 밥그릇에 담습니다.

음독 しゃく　尺 자, 길이의 단위　尺度 척도　尺八 통소　縮尺 축척

巻き尺 줄자

자 척

一尺は約30.3センチメートルです。 한 자는 약 30.3센티미터입니다.

これは縮尺一万分の一の地図だ。 이것은 축척 만분의 일인 지도다.

沿

음독 えん　沿海 연해　沿岸 연안　沿革 연혁　沿線 연선

沿道 연도, 길 양쪽

훈독 そう　沿う 따르다　海沿い 해안, 바닷가

물 따라갈 연

沿岸道路をドライブしました。 연안 도로를 드라이브했습니다.

春の小川に沿って、いつまでも歩いていたい。 봄의 작은 강을 따라서 계속 걷고 싶다.

음독 えん　延期 연기　延長 연장　延焼 연소　遅延 지연　延滞 연체

훈독 のびる　延びる 길어지다, 연기되다

のばす　延ばす 연장시키다, 연기하다

のべる　延べる 늘이다, 펴다, 늦추다

늘일 연

A社は新商品の販売を延期した。 A사는 신상품 판매를 연기했다.

会議は来週に延びました。 회의는 다음 주로 연기되었습니다.

並

음독 へい　並行 병행　並立 병립　並列 병렬

훈독 ならべる　並べる 늘어놓다, 나란히 놓다　五目並べ 오목 두기

ならぶ　並ぶ 줄 서다, 늘어서다　並び 줄, 나열　並びに 및, 또

なみ　並み 보통, 같은 정도　並木 가로수　足並み 보조, 호흡

나란히 병

彼は会社員とユーチューバーの仕事を並行しています。 그는 회사원과 유튜버 일을 병행하고 있습니다.

男女に分かれて、それぞれ1列になって並ぶ。 남녀가 나뉘어 각각 1열로 줄 서다.

음독	すい	垂直 수직 垂線 수직선 懸垂 턱걸이 胃下垂 위하수
훈독	たれる	垂れる 드리워지다, 늘어뜨리다 垂れ幕 현수막 雨垂れ 낙숫물
	たらす	垂らす 늘어뜨리다, 흘리다

드리울 수

地面に垂直に、くいを打ってください。 지면에 수직으로 말뚝을 박아 주세요.

どこからか肉を焼くにおいがして、よだれが垂れちゃった。 어딘가에서 고기를 굽는 냄새가 나서 침이 흘렀다.

음독	ぼう	棒 막대기 棒グラフ 막대 그래프 棒暗記 무조건 암기
		鉄棒 철봉 綿棒 면봉 泥棒 도둑 警棒 경찰봉
		相棒 파트너, 동료 金棒 쇠몽둥이 心棒 굴대, 회전축
		棒読み 억양 없이 단조롭게 읽음 棒高跳び 장대높이뛰기

막대 봉

放課後、鉄棒の練習しよう。 방과 후에 철봉 연습하자.

棒読みではなく、しっかり感情をこめて読みましょう。 억양 없이 단조롭게 읽지 말고 제대로 감정을 담아서 읽읍시다.

縦

음독	じゅう	縦横 종횡 縦断 종단 縦走 종주 縦隊 종대
		操縦 조종
훈독	たて	縦 세로 縦書き 세로쓰기 縦笛 피리, 퉁소 등

세로 종

漢江を泳いで縦断する。 한강을 헤엄쳐서 종단하다.

ひらがなを縦書きで書きました。 히라가나를 세로쓰기로 썼습니다.

| 음독 | かく | 革新 혁신 革命 혁명 改革 개혁 変革 변혁 皮革 피혁 |
| 훈독 | かわ | 革 가죽 革靴 가죽 구두 |

가죽 혁

古い制度の改革を行い、よりよくする。 오랜 제도를 개혁하여 더욱 좋게 한다.

このかばんやベルト、革靴は皮革製品です。 이 가방과 벨트, 구두는 피혁 제품입니다.

🔔 **かわ**

革 동물의 가죽을 가공한 것 → 革ひも 가죽 신발 끈

皮 그 밖의 껍질이나 피부 → りんごの皮 사과 껍질, 人の皮膚 사람의 피부

0964 | N1

물들 염

음독	せん	染色 염색　染料 염료　汚染 오염　感染 감염　伝染 전염
		染色体 염색체
훈독	そめる	染める 염색하다, 물들이다　染め物 염색, 염색물
	そまる	染まる 물들다
	しみる	染みる 스며들다, 번지다　油染みる 기름이 배다
	しみ	染 얼룩, 검버섯　染み抜き 얼룩 빼기

新型コロナウイルス感染者が増えています。 신종 코로나 바이러스 감염자가 늘고 있습니다.
夏休みには髪を染めたい。 여름 방학에는 머리를 염색하고 싶다.

0965 | N1

누에 잠

蠶

| 음독 | さん | 蚕糸 잠사　蚕食 잠식　蚕業 잠업　養蚕 양잠 |
| 훈독 | かいこ | 蚕 누에 |

蚕は桑の葉を食べます。 누에는 뽕나무 잎을 먹습니다.
昔は蚕を育てる養蚕が盛んでした。 옛날에는 누에를 키우는 양잠이 번성했습니다.

0966 | N1

비단 견

| 음독 | けん | 絹糸 견사, 명주실　絹布 견직물　人絹 인견　純絹 순견 |
| 훈독 | きぬ | 絹 비단, 실크, 명주　絹糸 견사, 명주실　絹織物 견직물, 비단, 명주 |

このスカーフはシルクじゃなくて、人絹でした。 이 스카프는 실크가 아니라 인견이었습니다.
絹のハンカチは使いやすくていい。 실크 손수건은 쓰기 편하고 좋다.

0967 | N2

순수할 순

음독	じゅん	純情 순정　純粋 순수　純愛 순애　純益 순익　純金 순금
		純潔 순결　純真 순진　純白 순백　単純 단순　清純 청순
		不純 불순

新婦は純白のドレスを着ています。 신부는 순백의 드레스를 입고 있습니다.
単純な作業を続けるのはつらい。 단순한 작업을 계속하는 것은 힘들다.

줄일 축

음독	しゅく	縮小 축소　縮尺 축척　短縮 단축　収縮 수축　圧縮 압축
		伸縮 신축　濃縮 농축
훈독	ちぢまる	縮まる 오그라들다, 줄어들다
	ちぢむ	縮む 줄다, 주름지다
	ちぢめる	縮める 줄이다, 단축하다, 움츠리다
	ちぢらす	縮らす 오그라들게 하다, 곱슬곱슬하게 만들다
	ちぢれる	縮れる 주름이 지다, 곱슬곱슬해지다

短縮授業がうれしい。 단축 수업이 기쁘다.

びっくりして命が縮まりましたよ。 깜짝 놀라 수명이 줄어들었어요.

0969 | N2

속 리(이)

음독	り	裏面 뒷면　表裏 표리　脳裏 뇌리
훈독	うら	裏 뒤　裏口 뒷문　裏側 이면　裏地 옷의 안감
		裏切る 배신하다　裏付け 뒷받침

社会の裏面はあまりよくありません。 사회의 이면은 별로 좋지 않습니다.

彼は私を裏切った。 그는 나를 배신했다.

0970 | N2

꾸밀 장

裝

음독	そう	装飾 장식　装置 장치　装身具 장신구　服装 복장
		包装 포장　武装 무장
	しょう	装束 장식, 옷차림　衣装 의상
훈독	よそおう	装う 몸치장하다, 꾸미다, 가장하다

面接では、話し方はもちろん、服装などにも気をつける必要がある。 면접에서는 말하는 방식은 물론이거니와 복장 등에도 신경을 쓸 필요가 있다.

客を装ってどろぼうが入った。 손님을 가장해서 도둑이 들어왔다.

0971 | N1

마디 촌

| 음독 | すん | 寸時 촌시, 촌각　寸前 직전, 조금 전　寸志 촌지　寸法 치수 |
| | | 寸劇 촌극, 토막극　一寸 한치, 조금　一寸法師 난쟁이 |

やった、試合終了寸前に、同点ゴールだ！야호, 시합 종료 바로 전에 동점 골이다!

服の寸法を取ります。 옷 치수를 잽니다.

0972 | N1

음독 **けつ**	穴居 혈거　虎穴 호랑이굴　洞穴 동굴　墓穴 묘혈, 무덤
훈독 **あな**	穴 구멍　穴場 (남이 잘 모르는) 좋은 자리　毛穴 모공
	落とし穴 함정

구멍 혈

自分で身をほろぼす原因を作ってしまうことを墓穴を掘るという。 스스로 자신을 망치는 원인을 만들어 버리는 것을 무덤을 판다고 한다.

穴を掘ったら、ありが出てきました。 구멍을 팠더니 개미가 나왔습니다.

0973 | N2

음독 **しん**	針路 침로, 나아갈 길　針灸 침과 뜸　指針 지침　方針 방침
	針葉樹 침엽수　秒針 초침
훈독 **はり**	針 바늘　針ネズミ 고슴도치　針金 철사　釣り針 낚싯바늘

바늘 침

松や杉など、針のようにとがった葉を持つ木を針葉樹といいます。 소나무나 삼나무 등 바늘처럼 뾰족한 잎을 가진 나무를 침엽수라고 합니다.

おばあちゃん、私が針に糸、通してあげるよ。 할머니 내가 바늘에 실 꿰워 줄게.

0974 | N1

음독 **とう**	討議 토의　討論 토론　検討 검토　追討 추토, 추격
훈독 **うつ**	討つ 베어 죽이다, 치다　敵討ち 복수, 원수를 갚음

칠 토

給料の値上げ、検討してほしいです。 급료 인상을 검토해 주기 바랍니다.

親の敵を討った。 부모님 원수를 갚았다.

0975 | N2

음독 **ろん**	論議 논의　論争 논쟁　論文 논문　討論 토론　議論 의논
	結論 결론　口論 말다툼, 언쟁　世論 여론　評論 평론
	弁論 변론　理論 이론

논할 론(논)

検査結果にもとづいて、論文を書く。 검사 결과에 입각해 논문을 쓰다.

激しい議論の末に、やっと結論が出ました。 격한 의논 끝에 드디어 결론이 났습니다.

tip '世論(여론)'은 '世論'·'世論'으로도 읽음.

黨

음독 **とう**

党員 당원　党首 당수　党派 당파　悪党 악당
政党 정당　野党 야당　与党 여당　徒党 도당
入党 입당

무리 **당**

この政党から総理大臣が出たことはない。이 정당에서 총리가 나온 적이 없다.
新しい政党を作るとしたら、入党しますか。새로운 정당을 만든다고 하면 입당하겠습니까?

派

음독 **は**

派生 파생　派遣 파견　派手 화려함　一派 일파
派兵 파병　宗派 종파　党派 당파　立派 훌륭함　流派 유파
派出所 파출소　特派員 특파원

갈래 **파**

外国に派遣されてニュースを集める人を特派員という。외국에 파견되어 뉴스를 모으는 사람을 특파원이라고 한다.
お茶や生け花なんかには、いろいろな流派があります。다도와 꽃꽂이에는 여러 유파가 있습니다.

음독 **しゅう**

衆議院 중의원　衆寡 중과, 다수와 소수　大衆 대중　公衆 공중
群衆 군중　観衆 관중　聴衆 청중　民衆 민중　合衆国 합중국

しゅ

衆生 불교 중생

무리 **중**

彼女の演説は聴衆の心を揺り動かしました。그녀의 연설은 청중의 마음을 흔들어 놓았습니다.
次期アメリカ合衆国の大統領は誰でしょうか。차기 미합중국의 대통령은 누구일까요?

음독 **かく**

内閣 내각　閣僚 각료　閣議 각의, 국무회의　閣下 각하

집 **각**

日本は議員内閣制だ。일본은 의원내각제다.
その案件は閣僚会議で決まります。그 안건은 각료회의에서 정해집니다.

0980 | N1

盟

맹세 맹

| 음독 | めい | 盟主 맹주 | 盟約 맹약 | 加盟 가맹 | 同盟 동맹 | 連盟 연맹 |

加盟店舗数はまだ少ない。 가맹 점포 수는 아직 적다.

アメリカと同盟を組みました。 미국과 동맹을 맺었습니다.

0981 | N2

律

법칙 률(율)

음독	りつ	律令 율령	律動 율동	一律 일률	音律 음율	自律 자율
		法律 법률	規律 규율	調律 조율	旋律 선율	
	りち	律儀 율의, 의리가 두터움, 성실하고 정직함				

学校の規律が乱れているようだ。 학교의 규율이 문란해지고 있는 것 같다.

律儀というのは、義理堅いってことです。 율의란 의리가 두텁다는 것입니다.

0982 | N1

策

꾀 책

| 음독 | さく | 策略 책략 | 対策 대책 | 政策 정책 | 解決策 해결책 | 方策 방책 |
| | | 失策 실책 | 秘策 비책 | | | |

相手の策略ぐらい、お見通しだ。 상대방의 책략쯤 다 알고 있다.

事故の原因を分析して、対策を立てる。 사고의 원인을 분석해서 대책을 세운다.

0983 | N2

権

権

권세 권

음독	けん	権限 권한	権利 권리	権力 권력	人権 인권
		政権 정권	特権 특권	参政権 참정권	選挙権 선거권
		所有権 소유권	優先権 우선권		
	ごん	権現 관현, 신의 칭호 중 하나	権妻 첩		

自分の権利を主張するだけじゃなく、きちんと義務を果たさなければならない。 자신의 권리를 주장하기만 하는 것이 아니라 제대로 의무를 다해야 한다.

知的所有権に対する意識が低いです。 지적 소유권에 대한 의식이 낮습니다.

베풀 선

음독	**せん**	宣言 선언	宣伝 선전	宣告 선고	宣誓 선서	宣戦 선전
		宣教師 선교사				

駅で新しい商品の宣伝をしていた。 역에서 새로운 상품 선전을 하고 있었다.
生徒代表として宣誓をしました。 학생 대표로 선서를 했습니다.

법 헌

음독	**けん**	憲法 헌법	憲兵 헌병	合憲 합헌	違憲 위헌	立憲 입헌

五月三日は日本の憲法記念日です。 5월 3일은 일본의 헌법기념일입니다.
学校で立憲主義について勉強した。 학교에서 입헌주의에 대해 공부했다.

격할 격

음독	**げき**	激怒 격노	激闘 격투	激突 격돌	激励 격려	過激 과격
		感激 감격	急激 급격	刺激 자극		
훈독	**はげ**しい	激しい 세차다, 심하다				

お母さんはプレゼントに感激してくれた。 엄마는 선물에 감격하셨다.
風が激しいです 바람이 셉니다.

専

오로지 전

음독	**せん**	専科 전과	専攻 전공	専門 전문	専業 전업
		専属 전속	専任 전임	専念 전념	専務 전무	専用 전용
훈독	**もっぱら**	専ら 오로지, 한결같이			

自分だけの部屋で、勉強に専念したいです。 나만의 방에서 공부에 전념하고 싶습니다.
休みの日は、専ら、ゲームばかりしている。 휴일에는 오로지 게임만 하고 있다.

0988 | N2

濟

음독 さい

救済 구제　経済 경제　決済 결제　返済 (빌린 돈을) 갚음
<small>きゅうさい</small>　<small>けいざい</small>　<small>けっさい</small>　<small>へんさい</small>

弁済 변제
<small>べんさい</small>

훈독 すむ

済む 끝나다, 해결되다　使用済み 사용이 다 끝남
<small>す</small>　<small>しようず</small>

すます

済ます 끝내다, 해결하다
<small>す</small>

건널 **제**

借金の返済はまだですか。대출은 아직 안 갚았습니까?
<small>しゃっきん</small>　<small>へんさい</small>

気が済むまで泣く。직성이 풀릴 때까지 울다.
<small>き</small>　<small>す</small>　<small>な</small>

0989 | N2

음독 こん

困難 곤란　困苦 곤고, 고생　困窮 곤궁　貧困 빈곤
<small>こんなん</small>　<small>こんく</small>　<small>こんきゅう</small>　<small>ひんこん</small>

훈독 こまる

困る 곤란하다, 난처하다
<small>こま</small>

곤할 **곤**

困難を克服したら、後で力になるでしょう。곤란을 극복한다면 나중에 힘이 될 것입니다.
<small>こんなん</small>　<small>こくふく</small>　<small>あと</small>　<small>ちから</small>

彼はお金に困っている。그는 돈 때문에 힘들어하고 있다.
<small>かれ</small>　<small>かね</small>　<small>こま</small>

0990 | N2

警

음독 けい

警官 경관　警告 경고　警察 경찰　警備 경비
<small>けいかん</small>　<small>けいこく</small>　<small>けいさつ</small>　<small>けいび</small>

警報 경보　警戒 경계　警笛 경적　警視庁 경시청
<small>けいほう</small>　<small>けいかい</small>　<small>けいてき</small>　<small>けいしちょう</small>

婦警 여자 경찰관
<small>ふけい</small>

경계할 **경**

警察から注意を受けました。경찰에게 주의를 들었습니다.
<small>けいさつ</small>　<small>ちゅうい</small>　<small>う</small>

空港も道路も警戒が厳しい。공항도 도로도 경계가 엄하다.
<small>くうこう</small>　<small>どうろ</small>　<small>けいかい</small>　<small>きび</small>

0991 | N1

視

음독 し

視野 시야　視力 시력　視界 시계　視覚 시각
<small>しや</small>　<small>しりょく</small>　<small>しかい</small>　<small>しかく</small>

視線 시선　視察 시찰　視聴覚 시청각　無視 무시　重視 중시
<small>しせん</small>　<small>しさつ</small>　<small>しちょうかく</small>　<small>むし</small>　<small>じゅうし</small>

直視 직시　遠視 원시　近視 근시　監視 감시　透視 투시
<small>ちょくし</small>　<small>えんし</small>　<small>きんし</small>　<small>かんし</small>　<small>とうし</small>

볼 **시**

暗いところで本を読むと、視力が落ちる原因になります。어두운 곳에서 책을 읽으면 시력이
<small>くら</small>　<small>ほん</small>　<small>よ</small>　<small>しりょく</small>　<small>お</small>　<small>げんいん</small>
떨어지는 원인이 됩니다.

見た目よりも性格を重視する。겉모습보다 성격을 중시한다.
<small>み</small>　<small>め</small>　<small>せいかく</small>　<small>じゅうし</small>

음독 **ちょう**

官庁 관청 警視庁 경시청 県庁 현청 都庁 도청
道庁 도청 府庁 부청 気象庁 기상청 警察庁 경찰청
消防庁 소방청

廳

관청 청

東京には都庁、北海道には道庁、京都には府庁があります。 도쿄에는 도청, 홋카이도에는 도청, 교토에는 부청이 있습니다.
各地の警察署をまとめるのが警察庁です。 각지의 경찰서를 총괄하는 것이 경찰청입니다.

음독 **しゅう**

就学 취학 就業 취업 就任 취임 就職 취직 就寝 취침
去就 거취

じゅ

成就 성취

훈독 **つく/つける** 就く 취임하다, 취업하다 就ける 자리에 앉히다, 취임시키다

나아갈 취

就職が決まり、来月に故郷を離れます。 취직이 정해져서 다음 달에 고향을 떠납니다.
もう就寝の時間でしょ。早く床に就きなさい。 이제 취침 시간이잖아. 어서 잠자리에 들어라.

Tip **つく**

付く 붙다, 달라붙다 → 服に墨が付く。 옷에 먹물이 묻다.
着く 도착하다 → 空港に着く。 공항에 도착하다.
就く 그 자리(직위)에 앉다, 취임하다 → 職に就く。 자리에 앉다(취임하다).
突く 찌르다, 치다 → 鐘を突く。 종을 치다.

음독 **きん**

勤続 근속 勤勉 근면 勤労 근로 出勤 출근
欠勤 결근 夜勤 야근 通勤 통근 転勤 전근 皆勤 개근

훈독 **つとめる** 勤める 근무하다
つとまる 勤まる 일을 감당해 내다

勤

부지런할 근

通勤に車を使っていると、運動不足になりがちだ。 통근하는데 차를 사용하면 운동 부족이 되기 쉽다.
彼はこの会社で10年も勤めています。 그는 이 회사에서 10년이나 근무하고 있습니다.

Tip **つとめる**

努める 노력하다, 힘쓰다 → 解決に努める。 해결에 힘쓰다.
務める 역할을 다하다, 임무를 맡다 → 主任を務める。 주임을 맡다.
勤める 근무하다 → 銀行に勤める。 은행에 근무하다.

0995 | N1

임할 **림(임)**

음독	りん	臨海 임해　臨時 임시　臨床 임상　臨終 임종
		臨機応変 임기응변　君臨 군림
훈독	のぞむ	臨む 임하다, 출석하다

台風のせいで、あしたは臨時休校です。 태풍 때문에 내일은 임시 휴교입니다.

ゆっくり休んで万全の態勢で試合に臨もう。 푹 쉬고 만전의 태세로 시합에 임하자.

0996 | N2

署

마을 **서**

| 음독 | しょ | 署名 서명　部署 부서　警察署 경찰서　消防署 소방서 |
| | | 税務署 세무서 |

ここに署名してください。 여기에 서명해 주세요.

火災は消防署に、事故の時は警察署に電話しましょう。 화재는 소방서에, 사고 때는 경찰서에 전화합시다.

0997 | N2

기울 **보**

음독	ほ	補給 보급　補償 보상　補助金 보조금　補習 보습　補充 보충
		補助 보조　候補 후보　補足 보족, 보충　補導 보도
		補聴器 보청기　立候補 입후보
훈독	おぎなう	補う 보충하다, 메우다

被害者は国に補償と謝罪を要求した。 피해자는 나라에 보상과 사죄를 요구했다.

分かりやすく、説明を補います。 알기 쉽게 설명을 보충합니다.

0998 | N1

従

좇을 **종**

음독	じゅう	従業員 종업원　従来 종래　従順 온순함　服従 복종
	しょう	追従 추종, 아첨　従容 종용
	じゅ	従 벼슬의 하나　従三位 종삼품
훈독	したがう	従う 따르다, 좇다
	したがえる	従える 따르게 하다, 복종시키다

従業員をクビにするしかない。 종업원을 해고할 수밖에 없다.

みなさん、どうしてわたしの指示に従ってくれないんですか。 여러분 왜 제 지시에 따라주지 않는 겁니까?

음독	さい	裁判 재판	裁決 재결	裁縫 재봉	裁断 재단, 마름질
		裁量 재량	決裁 결재	制裁 제재	総裁 총재	仲裁 중재
		体裁 겉모양, 세상 이목	独裁 독재		
훈독	たつ	裁つ 마르다, 재단하다			
	さばく	裁く 판가름하다, 재판하다			

마를 재

今日裁判が開かれます。 오늘 재판이 열립니다.
警察が、あなたたちの喧嘩を裁いてくれるでしょう。 경찰이 당신들 싸움을 판가름해 줄 겁니다.

Tip たつ
断つ 끊다, 자르다 → 酒を断つ。 술을 끊다.
絶つ 끊다, 없애다 → 命を絶つ。 목숨을 끊다.
裁つ 마르다, 재단하다 → 服地を裁つ。 옷감을 재단하다.

음독	すい	推進 추진	推測 추측	推理 추리	推定 추정
훈독	おす	推す 헤아리다, 밀다			

밀 추

見事な推理で名探偵が謎をとく。 훌륭한 추리로 명탐정이 수수께끼를 풀다.
彼を会長に推します。 그를 회장으로 추대합니다.

음독	ひ	批判 비판	批評 비평	批准 비준

비평할 비

批評家の悪評を受けてがっかりした。 비평가의 악평을 받고 실망했다.
外国との条約を国が認めることを批准といいます。 외국과의 조약을 나라가 인정하는 것을 비준이라고 합니다.

음독	ひ	否定 부정	否決 부결	否認 부인	拒否 거부	安否 안부
		可否 가부	合否 합격 여부	賛否 찬비, 찬반		
훈독	いな	否 아니	～や否や ～하자마자			

아닐 부

いきなり案は否決されました。 갑자기 안은 부결되었습니다.
彼はわからない単語が出るや否やググリ始めた。 그는 모르는 단어가 나오자마자 검색하기 시작했다.

1003 | N2

음독 **ぎ**	疑_ぎ問_{もん} 의문　疑_ぎ惑_{わく} 의혹　容_{よう}疑_ぎ 용의, 혐의　質_{しつ}疑_ぎ 질의	
	半_{はん}信_{しん}半_{はん}疑_ぎ 반신반의	
훈독 **うたがう**	疑_{うたが}う 의심하다　疑_{うたが}い深_{ぶか}い 의심이 많다	

의심할 의

何_{なに}か疑_ぎ問_{もん}がある人_{ひと}は、手_てを挙_あげて質_{しつ}問_{もん}してください。 뭔가 의문이 있는 사람은 손을 들고 질문해 주세요.

彼_{かれ}の話_{はなし}は冗談_{じょうだん}じゃないかと、疑_{うたが}っている。 그의 이야기는 농담이 아닌지 의심하고 있다.

1004 | N2

認

음독 **にん**	認_{にん}識_{しき} 인식　認_{にん}定_{てい} 인정　確_{かく}認_{にん} 확인　誤_ご認_{にん} 오인
	黙_{もく}認_{にん} 묵인
훈독 **みとめる**	認_{みと}める 인정하다　認_{みと}め印_{いん} 확인 도장

알 인

忘_{わす}れ物_{もの}がないか、よく確_{かく}認_{にん}しなさい。 잊은 물건은 없는지 잘 확인해라.

すべてのアイデアを、社_{しゃ}長_{ちょう}は認_{みと}めてくれませんでした。 모든 아이디어를, 사장님은 인정해 주지 않았습니다.

1005 | N2

誤

음독 **ご**	誤_ご解_{かい} 오해　誤_ご算_{さん} 오산　誤_ご差_さ 오차　誤_ご字_じ 오자
	誤_ご診_{しん} 오진　誤_ご報_{ほう} 오보　正_{せい}誤_ご 정오　錯_{さく}誤_ご 착오
훈독 **あやまる**	誤_{あやま}る 실패하다, 실수하다, 틀리다　誤_{あやま}り 잘못, 틀림, 실수

그르칠 오

彼_{かれ}の手_て紙_{がみ}は誤_ご字_じが多_{おお}い。 그의 편지는 오자가 많다.

自_じ分_{ぶん}の誤_{あやま}りを修_{しゅう}正_{せい}します。 내 잘못을 수정하겠습니다.

Tip あやまる

誤_{あやま}る 실패하다, 실수하다 → 誤_{あやま}りを見_みつける。 잘못된 곳을 찾는다.

謝_{あやま}る 사과하다, 잘못을 빌다 → 「ごめんなさい」と謝_{あやま}る。 '미안해'라고 사과한다.

1006 | N2

諸

음독 **しょ**	諸_{しょ}問_{もん}題_{だい} 제반 문제　諸_{しょ}国_{こく} 제국, 여러 나라　諸_{しょ}説_{せつ} 여러 가지 설
	諸_{しょ}島_{とう} 제도　諸_{しょ}君_{くん} 제군, 여러분　諸_{しょ}般_{はん} 제반

모두 제

現_{げん}在_{ざい}直_{ちょく}面_{めん}している諸_{しょ}問_{もん}題_{だい}にちゃんと目_めを向_むけましょう。 현재 직면해 있는 제반 문제를 제대로 바라봅시다.

大_{おお}きくなったら、諸_{しょ}国_{こく}をいろいろ旅_{たび}してみたい。 커서 여러 나라를 다양하게 여행해보고 싶다.

중급 한자 ● 6

281

| 음독 | しょう | 将来 장래 | 将棋 장기 | 将軍 장군 | 将兵 장병 |
| | | 大将 대장 | | | |

将

장수 장

将来のために貯金しなければならないと思っている。 장래를 위해 저금해야 한다고 생각하고 있다.

将棋を差すのが趣味です。 장기를 두는 것이 취미입니다.

| 음독 | かく | 拡大 확대 | 拡張 확장 | 拡充 확충 | 拡散 확산 |
| | | 拡声器 확성기 | | | |

擴

넓힐 확

台風の被害が拡大している。 태풍 피해가 확대되고 있다.

演説の時に拡声器を使います。 연설 때 확성기를 사용합니다.

음독	こう	皇室 황실	皇居 황거(천황이 사는 곳)	皇帝 황제
		皇女 황녀, 공주	皇族 황족	皇太子 황태자
	おう	皇子 천황의 아들		
예외		天皇 천황		

임금 황

毎朝皇居の周りを3周ジョギングする。 매일 아침 황거 주변을 3바퀴 조깅한다.

皇子とは天皇の男の子、皇女とは天皇の女の子のことです。 황자란 천황의 아들, 황녀란 천황의 딸을 말합니다.

| 음독 | こう | 后妃 후비, 왕비 | 皇后 황후 | 皇太后 황태후 |
| 훈독 | きさき | 后 황후, 왕비 | | |

임금 후

天皇陛下の奥さんのことを皇后という。 천황 폐하의 부인을 황후라고 한다.

前の天皇陛下の奥さんのことは皇太后という。 이전 천황 폐하의 부인은 황태후라고 한다.

1011 | N1

음독 へい

へいか
陛下 폐하　天皇陛下 천황 폐하　皇后陛下 황후 폐하

こうたいごうへいか
皇太后陛下 황태후 폐하　女王陛下 여왕 폐하

대궐 섬돌 **폐**

へいか　　　　　　ほうもん
陛下がドイツを訪問しました。 폐하가 독일을 방문했습니다.

じょおうへいか　み
わたしは、テレビでイギリスの女王陛下を見た。 나는 텔레비전에서 영국 여왕 폐하를 봤다.

1012 | N2

翌

음독 よく

よくじつ　　　　よくあさ
翌日 다음 날　翌朝 다음 날 아침

よくとし
翌年 다음해, 이듬해('よくねん'으로도 읽음)

よくげつ　　　　よくしゅう
翌月 다음 달　翌週 다음 주

다음 날 **익**

よ　ふ　　　　　　　　よくあさお
夜更かしすると、翌朝起きるのがつらい。 밤을 새면 다음 날 아침 일어나는 것이 힘들다.

うんどうかい　ひ　あめ　　　　　　よくしゅう　えんき
もしも運動会の日が雨だったら、翌週に延期になります。 만약 운동회 날 비가 내리면 다음 주로 연기가 됩니다.

1013 | N1

聖

음독 せい

せいか　　　せいぼ　　　せいじん　　　せいか
聖火 성화　聖母 성모　聖人 성인　聖歌 성가, 찬송가

せいしょ　　　　　しんせい
聖書 성경, 성서　神聖 신성

성인 **성**

せいか　　　　　　　　　はこ
オリンピックの聖火はギリシャのアテネから運ばれてくる。 올림픽 성화는 그리스 아테네로부터 옮겨 온다.

きょう　きょうかい　い　せいか　うた
今日は教会に行って聖歌を歌います。 오늘은 교회에 가서 찬송가를 부릅니다.

1014 | N2

음독 いき

くいき　　　ちいき　　　ぜんいき　　　りゅういき　　りょういき
区域 구역　地域 지역　全域 전역　流域 유역　領域 영역

せいいき
聖域 성역

지경 **역**

にちようび　ちいき　　　　　　　　　たいかい　ひら
日曜日、地域のゲートボール大会が開かれるそうです。 일요일에 지역 게이트볼 대회가 열린다고 합니다.

ぜんいき　　　　　　おおあめちゅういほう　はつれい
全域にかけて大雨注意報が発令された。 전역에 걸쳐 호우 주의보가 발령되었다.

283

1015 | N2

尊

음독 そん

尊大 <ruby>そん<rt>そん</rt></ruby>대 거만함, 잘난 체함　尊敬 존경　尊重 존중

尊厳 존엄　尊称 존칭　尊属 존속　自尊心 자존심

훈독 とうとい

尊い 존귀하다, 존엄하다

높을 **존**

尊敬する先生に万年筆をプレゼントした。 존경하는 선생님께 만년필을 선물했다.

尊い命を捨ててはならない。 소중한 생명을 버려서는 안 된다.

1016 | N2

敬

음독 けい

敬語 경어, 존댓말　敬意 경의　敬愛 경애　敬遠 경원

敬礼 경례　敬老 경로　尊敬 존경

훈독 うやまう

敬う 존경하다, 공경하다

공경 **경**

敬語がうまく言えない若者が多い。 존댓말을 제대로 못하는 젊은이가 많다.

九月十五日の敬老の日は、お年寄りを敬うための祝日です。 9월 15일 경로의 날은 노인을 공경하기 위한 국경일입니다.

1017 | N1

貴

음독 き

貴社 귀사　貴族 귀족　貴重 귀중　貴金属 귀금속

貴婦人 귀부인　高貴 고귀

훈독 とうとい

貴い 귀하다, 소중하다

귀할 **귀**

僕のママは、貴婦人みたいな人です。 우리 엄마는 귀부인 같은 사람입니다.

私にとっては、どんな貴重な宝物より、貴い。 나에게 있어서는 어떤 귀중한 보물보다 소중하다.

1018 | N2

寶

음독 ほう

宝庫 보고　家宝 가보　国宝 국보　宝石 보석

財宝 재산과 보물　重宝 유용함, 편리해서 아낌

훈독 たから

宝 보물　宝物 보물　宝船 보물선　宝くじ 복권

子宝 소중한 자식

보배 **보**

彼女の専門は宝石のデザインです。 그녀의 전문은 보석 디자인입니다.

私の一番の宝物といえば、何と言っても子供だ。 나의 최고 보물이라고 한다면 뭐니 뭐니 해도 아이다.

284

음독	**ち**	価値 가치　数値 수치　絶対値 절대치
훈독	**ね**	値 가격　値上げ 가격 인상　値段 값, 가격　高値 고가
		安値 싼값　半値 반값　値引き 값을 깎음, 에누리
	あたい	値 값, 수　値する 값을 하다, 가치가 있다

값 치

いくら半値だからと言っても価値のないものは買わない。 아무리 반값이라고 해도 가치가 없는 것은 사지 않는다.

これの値段を教えてください。 이것의 가격을 알려 주세요.

拝

음독	**はい**	拝借 빌려 씀　拝見 삼가 봄　拝観 배관
		参拝 참배　礼拝 예배　崇拝 숭배
훈독	**おがむ**	拝む 공손히 절하다, 배례하다　拝み倒す 물고 늘어지다

절 배

せっかく神社の前を通ったんだから、参拝していこう。 모처럼 신사 앞을 지나가는 거니까, 참배하고 가자.

手を合わせて拝みました。 손을 모아 절했습니다.

음독	**しゅう**	宗教 종교　宗徒 신도　宗派 종파　改宗 개종
	そう	宗家 종가

마루 종

今、世界の宗教に関心がある。 지금 세계의 종교에 관심이 있다.

キリスト教から仏教に改宗しました。 기독교에서 불교로 개종했습니다.

음독	**そう**	操作 조작　操縦 조종　体操 체조　節操 절조, 지조　情操 정조
훈독	**みさお**	操 지조, 절개, 정조
	あやつる	操る 조종하다, 다루다, 구사하다　操り人形 꼭두각시, 인형극

잡을 조

この機械は操作が比較的簡単です。 이 기계는 조작이 비교적 간단합니다.

五か国語を自由に操る。 5개 국어를 자유롭게 구사한다.

중급 한자 • 6

이를 **지**

음독 **し**	大至急 몹시 급함　至当 지당　至極 지극, 더할 나위 없음	
	至難 지난, 지극히 어려움　夏至 하지　必至 불가피, 필연	
훈독 **いたる**	至る 이르다, 도달하다　至り 극히 ~함　至って 극히, 대단히	

大至急片付けてください。 어서 빨리 정리해 주세요.

憧れの歌手に会えて感激の至りです。 선망하던 가수를 만나 감격스럽기 그지없습니다.

조각 **편**

음독 **へん**	破片 파편　断片 단편　一片 한 조각　片鱗 편린, 일단	
훈독 **かた**	片手 한 손　片道 편도　片方 한 쪽	
	片付ける 정리하다, 정돈하다　片言 서투른 말　片腕 한쪽 팔	
	片仮名 가타카나	

コップを割ってしまったから、みんな、破片に気をつけてね。 컵을 깨고 말았기 때문에 모두 파편 조심해.

学校まで片道2時間かけて、通学しています。 학교까지 편도 2시간 걸려 통학하고 있습니다.

이바지할 **공**

음독 **きょう**	供給 공급　供述 공술, 진술　自供 자백　提供 제공	
く	供物 공양물　供養 공양	
훈독 **そなえる**	供える 바치다, 올리다　お供え 제물	
とも	子供 어린이　子供の頃 어린 시절　お供 수행, 모시고 감	

きょうは飲み物を無料で提供します。 오늘은 음료를 무료로 제공합니다.

お地蔵さんにお花を供えましょう。 지장보살께 꽃을 올립시다.

나누어 줄 **표**

음독 **ひょう**	一俵 한 섬　土俵 흙을 담은 가마니, 씨름판	
훈독 **たわら**	俵 (쌀·숯 등을 담는) 섬　米俵 쌀가마니　炭俵 숯가마니	

横綱の土俵入りはいつ見ても迫力満点だ。 요코즈나가 씨름판에 들어서는 것은 언제 봐도 박력 만점이다.

米の俵は六十キロもあります。 쌀 한 섬은 60킬로나 됩니다.

고급 한자   1

彼	坊	姓	奧	娘	郎	僧	祈	奴	隸
저 피	동네 방	성씨 성	깊을 오	여자 낭	사내 랑(낭)	중 승	빌 기	종 노	종 례(예)

鬼	盜	輩	獸	雌	雄	戀	緣	婚	援
귀신 귀	도둑 도	무리 배	짐승 수	암컷 자	수컷 웅	그리워할 련(연)	인연 연	혼인할 혼	도울 원

肩	腕	腰	脚	尾	胴	髮	膚	乾	燥
어깨 견	팔뚝 완	허리 요	다리 각	꼬리 미	몸통 동	머리 발	살갗 부	마를 건	마를 조

枯	汗	淚	滴	翼	帽	紋	描	飾	彩
마를 고	땀 한	눈물 루(누)	물방울 적	날개 익	모자 모	무늬 문	그릴 묘	꾸밀 식	채색 채

丹	朱	玄	紫	泊	寢	眠	脫	叫	吹
붉을 단	붉을 주	검을 현	자줏빛 자	머무를 박	잘 침	잘 면	벗을 탈	부르짖을 규	불 취

押	屈	咲	到	渡	含	蓄	溶	煮	兼
누를 압	굽힐 굴	웃음 소	이를 도	건널 도	머금을 함	모을 축	녹을 용	삶을 자	겸할 겸

吐	却	驅	込	掘	冒	怒	狂	惱	騷
토할 토	물리칠 각	몰 구	담을 입	팔 굴	무릅쓸 모	성낼 노	미칠 광	번뇌할 뇌	떠들 소

舟	杯	柄	鉛	劍	矛	盾	扇	鼓	鎖
배 주	잔 배	자루 병	납 연	칼 검	창 모	방패 순	부채 선	북 고	쇠사슬 쇄

薪	抗	項	稿	劑	振	幅	範	端	緯
섶 신	겨룰 항	항목 항	원고 고	약제 제	떨칠 진	폭 폭	법 범	끝 단	씨 위

互	壱	弐	箇	皆	匹	幾	巨	狹	荒
서로 호	한 일	두 이	낱 개	다 개	짝 필	몇 기	클 거	좁을 협	거칠 황

음독	ひ	彼我 피아, 그와 나
		彼岸 피안, 춘분이나 추분의 전후 각 3일간을 합한 7일간
훈독	かれ	彼그 彼ら 그들 彼氏 남자 친구
	かの	彼女 그녀, 여자 친구

저 **피**

暑さ寒さも彼岸まで。 더위와 추위도 춘분·추분 무렵까지. (춘분·추분을 경계로, 더위와 추위가 약해져 날씨가 좋아진다는 말.)

この件について彼らの意見も聞きましょう。 이 건에 대해 그들의 의견도 들읍시다.

음독	ぼう	坊主 중, 민머리, 꼬마 녀석
		三日坊主 작심삼일, 싫증 나서 오래 계속 못 함 赤ん坊 갓난아기
		寝坊 늦잠 食いしん坊 식충이, 먹보
	ぼっ	坊ちゃん 도련님, 아드님

동네 **방**

日記は三日坊主だった。 일기는 작심삼일이었다.

娘は朝寝坊のくせがあります。 딸은 아침에 늦잠 자는 버릇이 있습니다.

음독	せい	姓名 성명 改姓 성을 바꿈 同姓 동성 旧姓 구성, 본래 성
	しょう	百姓 백성, 농민

성씨 **성**

申込書に姓名を書いてください。 신청서에 성명을 써 주세요.

結婚をして夫の姓の高橋へ改姓した。 결혼을 해서 남편 성인 다카하시로 성을 바꿨다.

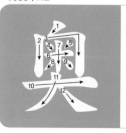

奥

음독	おう	奥義・奥儀 깊은 뜻, 비결 奥妙 오묘
훈독	おく	奥様 부인, 남의 부인을 높여 일컫는 말, 아주머니
		奥底 깊은 곳, (마음)속 奥歯 어금니 奥地 오지
		山奥 깊은 산속 奥の手 비장의 무기, 최후 수단

깊을 **오**

このストーリーは、人生の奥義について考えさせられる寓話です。 이 이야기는 삶의 진정한 목적을 돌아보게 하는 우화입니다.

痛みが、ずっと胸の奥底に残っていた。 아픔이 줄곧 가슴속에 남아 있었다.

1031 | N2

여자 **낭**

훈독 むすめ

娘 딸　一人娘 외동딸　孫娘 손녀딸　娘婿 사위

娘盛り 꽃다운 나이　小娘 (14~15세의) 소녀

うちの娘は中学一年生です。 우리 딸은 중학교 1학년입니다.
彼女は娘盛りをむかえた。 그녀는 꽃다운 나이를 맞이했다.

1032 | 급수 외

사내 **랑(낭)**

郎

음독 ろう

新郎新婦 신랑 신부　桃太郎 모모타로(전래 동화)

野郎 녀석

新郎新婦の入場です。 신랑 신부 입장입니다.
子供に桃太郎の物語を聞かせました。 아이에게 모모타로 이야기를 들려주었습니다.

1033 | N1

중 **승**

僧

음독 そう

僧侶 승려　僧院 승원, 절, 기도원

高僧 고승　尼僧 여승, 비구니

仏教の僧侶は肉や魚を食用にすることを禁じられていた。 불교의 승려들은 고기나 생선을
식용으로 하는 것이 금지되어 있었다.
寺で高僧の説教を聞きました。 절에서 고승의 설교를 들었습니다.

1034 | N2

빌 **기**

祈

음독 き

祈願 기원, 신불에게 빎　祈念 기념, 바라는 마음

祈誓 기서, 신불에게 빌어 맹세함

훈독 いのる

祈る 빌다, 기원하다, 기도하다

高校入試の合格を祈願した。 고등학교 입시 합격을 기원했다.
彼の成功をひたすら祈りました。 그의 성공을 간절히 기도했습니다.

음독	ど	売国奴 매국노　奴隷 노예　農奴 농노　守銭奴 수전노
훈독	やつ	奴 놈, 녀석　奴ら 녀석들
	やっこ	冷や奴 간장을 위에 얹은 찬 두부

종 노

奴隷制度は撤廃されました。 노예 제도는 철폐되었습니다.
冷や奴にしょうゆをかけて食べます。 찬 두부에 간장을 뿌려서 먹습니다.

음독	れい	奴隷 노예　隷従 예종, 부하로서 복종하고 따름　隷僕 예복, 종
		隷書体 예서체　隷属 예속

종 례(예)

アメリカで奴隷解放運動が起こりました。 미국에서 노예 해방 운동이 일어났습니다.
奴隷は隷属を強いられた。 노예는 예속을 강요받았다.

음독	き	鬼才 귀재　餓鬼 아귀, 개구쟁이　殺人鬼 살인귀　吸血鬼 흡혈귀
훈독	おに	鬼 귀신, 도깨비　鬼ごっこ 술래잡기　鬼嫁 잔혹하고 무자비한 며느리를 욕하는 말, 남편이 아내를 익살스럽게 부르는 말(호랑이 아내)
		青鬼 온몸이 파란 도깨비

귀신 귀

あの監督は映画界の鬼才と呼ばれます。 저 감독은 영화계의 귀재라 불립니다.
福はうち、鬼はそと。 복은 집안으로, 귀신은 밖으로. (입춘 전날 밤에 볶은 콩을 뿌리면서 외는 말.)

盗

음독	とう	盗難 도난　盗賊 도적　盗用 도용　強盗 강도
		窃盗 절도
훈독	ぬすむ	盗む 훔치다　盗み 도둑질　盗人・盗人 도둑

도둑 도

盗難事件が発生した。 도난 사건이 발생했다.
他人の長所を盗みます。 다른 사람의 장점을 내 것으로 만듭니다.
Tip '盗人(도둑)'는 '盗人'로도 읽음.

무리 배

음독	はい

輩出 배출　同輩 동년배, 동료　先輩 선배　後輩 후배

我が輩 나, 우리들

合格者を多数輩出しました。 합격자를 다수 배출했습니다.
我が輩は男性が自分のことを指す時に使う俺と同じ意味です。 '와가하이'는 남성이 자신을 가리킬 때 사용하는 '오레'와 같은 뜻입니다.

獸

짐승 수

음독	じゅう

野獣 야수　猛獣 맹수　怪獣 괴수

훈독	けもの

獣 짐승　獣道 짐승이 다니는 길

猛獣のおりに近づかないでください。 맹수 우리에 다가가지 마세요.
山中の獣道を通った。 산속 짐승이 다니는 길을 지났다.

암컷 자

음독	し

雌雄 자웅, 암컷과 수컷

훈독	め

雌しべ 암꽃술　雌花 암꽃

	めす

雌 암컷　雌豚 암돼지

カタツムリやミミズは雌雄一体の下等動物です。 달팽이와 지렁이는 암수한몸인 하등 동물입니다.
雄と雌の区別がつかない。 수컷과 암컷의 구별이 안 된다.

수컷 웅

음독	ゆう

雄大 웅대함　雄弁 웅변　雄姿 씩씩한 모습　英雄 영웅

훈독	お

雄蕊 수술, 수꽃술　雄花 수꽃

	おす

雄 수컷　雄犬 수캐

雄大な山々が広げられた。 웅대한 산들이 펼쳐졌다.
雄の子犬が生まれました。 수컷 강아지가 태어났습니다.

고급 한자 · 1

1043 | N2

戀

음독 **れん** 恋愛 연애　恋情 연정　失恋 실연　悲恋 비련

훈독 **こう** 恋う 그리워하다

こい 恋 사랑　恋人 연인, 애인　初恋 첫사랑

こいしい 恋しい 그립다

그리워할 **련(연)**

恋愛小説を読むのが日課だ。연애 소설을 읽는 것이 일과다.

彼女は初恋の人に似ています。그녀는 첫사랑이었던 사람과 닮았습니다.

1044 | 급수 외

縁

음독 **えん** 縁起 길흉의 조짐, 재수, 운수　縁談 혼담　縁故 연고, 연줄

良縁 좋은 인연(연분)　縁側 마루, 툇마루　血縁 혈연　絶縁 절연

훈독 **ふち** 縁 테두리, 둘레　額縁 액자, 사진틀

인연 **연**

姉は良縁に恵まれた。언니는 좋은 연분을 만났다.

この写真は額縁に入れて飾りましょう。이 사진은 액자에 넣어서 장식합시다.

1045 | N2

음독 **こん** 婚活 결혼 활동(結婚活動)의 준말　婚姻 혼인　婚約 약혼

結婚 결혼　未婚 미혼　新婚 신혼

혼인할 **혼**

姉は先月婚約した。누나는 지난 달에 약혼했다.

新婚旅行はハワイへ行きます。신혼여행은 하와이로 갑니다.

1046 | N1

음독 **えん** 援助 원조, 도움을 구함　応援 응원　支援 지원　声援 성원

救援 구원

도울 **원**

試合の応援に一緒に行かない？시합 응원하러 같이 안 갈래?

皆さんの励ましと声援に感謝します。여러분의 격려와 성원에 감사합니다.

肩

음독	けん	強肩 튼튼한 어깨	肩章 견장	肩甲骨 견갑골, 어깨뼈

훈독	かた	肩 어깨	肩車 목말	肩書き 직함, 직위, 칭호	肩幅 어깨통, 품

路肩 갓길

어깨 **견**

父に肩車をしてもらった。 아빠가 목말을 해 주었다.
社長は肩書きの多い人です。 사장님은 직함이 많은 분입니다.

음독	わん	腕力 완력	腕章 완장	手腕 수완	敏腕 놀라운 솜씨

훈독	うで	腕 팔	二の腕 상박(어깨에서 팔꿈치까지 부분)

腕前 솜씨, 역량, 기량　細腕 가는 팔

팔뚝 **완**

チームを二度の優勝へと導き、指導者として大きな手腕を発揮した。 팀을 두 번의 우승으로 이끌며 지도자로서 큰 수완을 발휘했다.
大将はすばらしい腕前を見せてくれました。 요리장은 훌륭한 솜씨를 보여 주었습니다.

음독	よう	腰痛 요통	腰椎 요추

훈독	こし	腰 허리	腰掛ける 걸터앉다

腰抜け 허릿심이 빠져서 일어나지 못함, 무기력하고 겁이 많음, 겁쟁이
本腰 진지함, 본격적으로 임함　弱腰 소극적임

허리 **요**

彼は慢性的な腰痛に悩んでいる。 그는 만성적인 요통에 시달리고 있다.
先生はだれに対しても腰が低いです。 선생님은 누구에게나 공손합니다.

음독	きゃく	脚本 각본	脚色 각색	三脚 삼각의자, 삼각 받침대	脚力 다릿심
	きゃ	行脚 행각, 도보 여행	脚立 (작업용) 접사다리

훈독	あし	脚 다리	雨脚 빗발, 빗줄기

다리 **각**

この映画の脚本は監督が直接書いたものです。 이 영화의 각본은 감독이 직접 쓴 것입니다.
雨脚が強いです。 빗발이 셉니다.

음독	**び**	最後尾 최후미, 길게 늘어선 것 중에서 가장 뒤　尾行 미행 首尾 처음과 끝, 시종　語尾 어미　末尾 말미, 끝　接尾語 접미어
훈독	**お**	尾 꼬리　尾根 산등성이, 능선　尾長 물까치　尾鰭 꼬리와 지느러미

꼬리 **미**

文の末尾に句点を打つ。 문장의 끝에 마침표를 찍는다.
犬が尾をふります。 개가 꼬리를 흔듭니다.

음독	**どう**	胴 몸통　胴体 동체, 몸통　胴衣 동의, 조끼　胴上げ 헹가레

몸통 **동**

飛行機は胴体着陸しました。 비행기는 동체 착륙했습니다.
船室の救命胴衣をつけてください。 선실의 구명조끼를 입으십시오.

髪

음독	**はつ**	白髪 백발　長髪 장발　散髪 이발　頭髪 두발
훈독	**かみ**	髪 머리(털)　髪の毛 머리카락　髪型 머리 모양, 헤어스타일 前髪 앞머리
예외		白髪 새치

머리 **발**

毎月美容院に散髪に行きます。 매달 미용실에 머리를 자르러 갑니다.
長い髪の少女がさとみちゃんです。 긴 머리 소녀가 사토미입니다.

음독	**ふ**	皮膚 피부　完膚 결점이나 흠이 없는 피부, 상(傷)하지 않는 부분 完膚なきまで(に) 철저히, 완전히　膚浅 말이 천박함
예외		膚 피부, 살갗

살갗 **부**

皮膚があれました。 피부가 거칠어졌습니다.
相手のチームに完膚なきまでやられた。 상대팀에게 완전히 당했다.

마를 건

음독	かん	乾期 건기　乾燥 건조　乾杯 건배　乾物 건어물
		乾電池 건전지
훈독	かわく	乾く 마르다, 건조하다
	かわかす	乾かす 말리다

雨期と乾期の差が大きいです。 우기와 건기의 차가 큽니다.
乾電池を入れかえなければならない。 건전지를 교체해야 한다.

Tip かわく
乾く 마르다, 건조하다 → 洗濯物が乾く。 빨래가 마른다.
渇く 목이 마르다, 갈증나다 → 喉が渇く。 목이 마른다.

마를 조

| 음독 | そう | 乾燥 건조　焦燥 초조 |

洗濯物が乾燥したので片付けましょう。 빨래가 건조되었으니 정리합시다.
期限が迫っているのに仕事が終わらず、焦燥感に駆られた。 기한이 임박했는데 일을 마치지 못해서 몹시 초조해졌다.

마를 고

음독	こ	枯渇 고갈　枯死 고사, 초목이 말라 죽음　枯葉 고엽
		栄枯盛衰 영고성쇠
훈독	かれる	枯れる (초목이) 마르다, 시들다　枯れ木 고목, 마른 나무
	からす	枯らす 시들게 하다　木枯らし 초겨울에 부는 찬바람

資源枯渇への対策をいろいろ工夫している。 자원 고갈에 대한 대책을 여러 가지 고안하고 있다.
花や木が枯れてしまいました。 꽃이랑 나무가 말라 버렸습니다.

땀 한

음독	かん	発汗 발한, 땀이 남　汗顔 부끄러워 얼굴에 땀이 남　汗腺 땀샘
훈독	あせ	汗だく 땀투성이　汗ばむ 땀이 나다, 땀이 배다　汗疹 땀띠
		冷や汗 식은땀, 진땀　脂汗 진땀

サウナに入ると発汗作用が活発になる。 사우나에 들어가면 발한 작용이 활발해진다.
冷や汗をかきました。 식은땀을 흘렸습니다.

1059 | N2

涙

| 음독 | るい | 感涙 감루, 기쁨의 눈물　涙腺 눈물샘 |
| 훈독 | なみだ | 涙 눈물　涙目 눈물을 머금고 있는 눈, 울상 |

눈물 루(누)

チームのみんなは逆転勝ちで感涙したという。 팀 모두는 역전승해서 기쁨의 눈물을 흘렸다고 한다.

思わず涙が出て止まりません。 나도 모르게 눈물이 나서 멈추지 않습니다.

1060 | N2

음독	てき	水滴 물방울　点滴 물방울, 낙숫물, 링거　数滴 몇 방울
훈독	しずく	滴 물방울
	したたる	滴る 방울져 떨어지다　滴り落ちる 뚝뚝 떨어지다

물방울 적

病院で点滴を受けました。 병원에서 링거를 맞았습니다.

大きな瞳から涙の滴が落ちた。 큰 눈동자에서 눈물방울이 떨어졌다.

1061 | N1

翼

| 음독 | よく | 尾翼 꼬리 날개　左翼 좌익, 왼쪽 날개　羽翼 날개　主翼 비행기의 큰 날개 |
| 훈독 | つばさ | 翼 날개 |

날개 익

左翼が政権をとりました。 좌익이 정권을 잡았습니다.

想像の翼を広げよう。 상상의 날개를 펼치자.

1062 | N2

| 음독 | ぼう | 帽子 모자　帽章 모표, 모자표　脱帽 모자를 벗음, 경의를 표함, 항복함　制帽 (생도·경찰관 등) 제모 |

모자 모

女の子は花飾りのついた帽子をかぶっています。 여자아이는 꽃장식이 달린 모자를 쓰고 있습니다.

きちんと制帽をかぶったらかっこういい。 제대로 제모를 쓰니 멋있다.

1063 | N1

음독 もん

紋 무늬, 가문　紋章 문장, 집안이나 단체를 상징하는 마크

紋別 몬베쓰(홋카이도 북동부에 위치한 도시)　指紋 지문　波紋 파문

무늬 **문**

紋の入った着物を着ています。 무늬가 들어간 기모노를 입고 있습니다.
指紋から身元がわかる。 지문으로 신원을 알 수 있다.

1064 | N1

描

음독 びょう

描写 묘사　描画 묘화, 그림을 그림

훈독 えがく

描く 그리다, 묘사하다　描き出す 그려내다

かく

描く 그리다　絵描き 화가

그릴 **묘**

この絵は情景の描写に優れる。 이 그림은 정경 묘사가 뛰어나다.
わかりやすい図を描いてくれました。 알기 쉬운 그림을 그려 주었습니다.

1065 | N1

飾

음독 しょく

装飾 장식　虚飾 허식, 겉치레　修飾 수식

服飾 복식, 의복과 장신구의 총칭　粉飾 분식, 겉치레

훈독 かざる

飾る 장식하다, 꾸미다　髪飾り 머리치장, 머리꾸미개

飾り物 장식물, 장식품

꾸밀 **식**

母は服飾デザイナーです。 엄마는 복식 디자이너입니다.
玄関に置物や花を飾ります。 현관에 장식품이나 꽃을 장식합니다.

1066 | N1

음독 さい

色彩 색채　彩雲 채운, 아침 해나 석양을 받아 곱게 물든 구름

彩光 채광　水彩画 수채화　多彩 다채로움

훈독 いろどる

彩る 채색하다, 꾸미다　彩り 채색, 색의 배합

채색 **채**

あざやかな色彩の服がかかっている。 선명한 색채의 옷이 걸려 있다.
紅葉が山を彩っています。 단풍이 산을 물들이고 있습니다.

고급 한자 · 1

음독 たん

丹前 방한용 실내복　丹念 공들임, 정성 들여 함

丹精・丹誠 정성을 다함　牡丹 모란

붉을 단

旅館で丹前に着替えました。여관에서 방한용 실내복으로 갈아입었습니다.
先生は作文を丹念に読み返しました。선생님은 작문을 정성 들여 되풀이해서 읽었습니다.

음독 しゅ

朱 주홍, 붉은 글씨　朱印 주인, 인주를 묻혀서 찍은 도장

朱肉 인주　朱筆 붉게 써넣음　朱書き 붉은 글씨로 씀

붉을 주

朱肉と印鑑を用意しました。인주와 인감을 준비했습니다.
封筒に「速達」と朱書きし、送りました。봉투에 붉은 글씨로 '속달'이라고 써서 보냈습니다.

음독 げん

玄米 현미　玄奥 현오, 깊숙해서 헤아릴 수 없음　玄関 현관

玄武岩 현무암　幽玄 유현, 깊고 그윽함

예외 玄人 전문가, 능숙자

검을 현

玄米からできたパンを毎日食べます。현미로 만든 빵을 매일 먹습니다.
洋風の玄関に直しました。서양풍의 현관으로 고쳤습니다.

음독 し

紫外線 자외선　紫雲 자운, 자줏빛 서운

紫紺 자줏빛을 띤 감색　紫煙 담배 연기

훈독 むらさき

紫 보라색　紫色 보라색, 자색　赤紫 적자색

자줏빛 자

太陽の紫外線を避けようと日傘を差す。태양의 자외선을 피하려고 양산을 쓴다.
紫色のぶどうがおいしそうですね。보라색 포도가 맛있어 보이네요.

음독	はく	宿泊 숙박　一泊 1박　二泊 2박　外泊 외박　停泊 정박
훈독	とまる	泊まる 묵다　泊まり客 숙박객
		泊り 묵음, 숙박, 숙직　寝泊り 숙박, 그곳에 머묾
	とめる	泊める 묵게 하다

머무를 박

白い船が停泊している。 하얀 배가 정박해 있다.
今日は泊まり客が多いです。 오늘은 숙박객이 많습니다.

寝

음독	しん	寝室 침실　寝台 침대　寝具 침구　就寝 취침
훈독	ねる	寝る 자다, 잠을 자다　寝事 잠꼬대
		寝冷え 차게 자서 배탈이나 감기에 걸림　寝坊 늦잠　寝巻き 잠옷
	ねかす	寝かす 재우다

잘 침

寝室の明かりを消してもいいですか。 침실 불빛을 꺼도 되나요?
疲れたので早く寝た。 피곤해서 일찍 잤다.

음독	みん	冬眠 동면　睡眠 수면　永眠 영면　仮眠 선잠, 옅은 잠
훈독	ねむる	眠る 자다, 잠들다　居眠り 앉아서 졺
	ねむい	眠い・眠たい 졸리다　眠気 졸음

잘 면

最近、仕事が忙しくて睡眠不足です。 요즘 일이 바빠서 잠이 부족합니다.
授業中に眠気が襲います。 수업 중에 잠이 쏟아집니다.

脱

음독	だつ	脱走 탈주　脱衣場 탈의장　脱皮 탈피　脱毛 탈모
훈독	ぬぐ	脱ぐ 벗다

벗을 탈

プールの脱衣場はここですか。 수영장 탈의실이 여기입니까?
玄関でくつを脱いで入った。 현관에서 신발을 벗고 들어갔다.

고급 한자 • 1

부르짖을 규

음독	きょう	絶叫 절규　叫号 규호, 큰 소리로 부르는 것
		阿鼻叫喚 아비규환, 여러 사람이 비참한 상황에 빠져 울부짖음
훈독	さけぶ	叫ぶ 부르짖다, 외치다　叫び声 큰 소리로 외치는 소리, 비명
		예외 雄叫び 우렁찬 부르짖음

ささやくように歌ったり、時には絶叫するように歌いました。 속삭이듯 노래를 부르기도 하고, 때로는 절규하듯 노래를 불렀습니다.

叫び声が聞えて、110番に通報した。 비명 소리가 들려 110번에 신고했다.

불 취

음독	すい	吹管 취관(화학·광물학의 실험 용구로서, 직각으로 구부러진 금속제의 관)
		吹奏楽 취주악　吹鳴 취명, 불어서 울림　鼓吹 고취
훈독	ふく	吹く 불다
		예외 吹雪 눈보라　息吹 숨결, 호흡, 기분　吹聴 말을 퍼뜨림

高校時代の部活は吹奏楽部に所属していた。 고등학교 시절의 동아리 활동은 취주악부에 소속되어 있었다.

野原に吹く春の風が気持ちいいです。 들에 부는 봄바람이 기분 좋습니다.

누를 압

음독	おう	押収 압수　押韻 압운(시에서 운을 다는 일)
		押字 서명의 글자를 흘려 써서 사인한 것　押印 날인
훈독	おす	押す 밀다, 누르다, (노를) 젓다, (도장을) 찍다
	おさえる	押さえる (억)누르다, 진압하다, 꺾다

おもちゃの銃を空港で押収されました。 장난감 총을 공항에서 압수당했습니다.

ここを押すとお湯が出ます。 여기를 누르면 뜨거운 물이 나옵니다.

굽힐 굴

음독	くつ	退屈 지루함, 싫증남　屈託 걱정, 염려　屈辱 굴욕
		屈伸 굴신, 굽혔다 폄　前屈 몸을 앞으로 구부림
		不屈 불굴, 굽히지 않음

吉田さんは屈託のない笑顔が素敵です。 요시다 씨는 걱정 없는 웃는 얼굴이 멋집니다.

毎日ストレッチと屈伸運動をします。 매일 스트레칭과 굽혔다 펴는 운동을 합니다.

| 훈독 | さく | 咲く (꽃이) 피다　花咲く 꽃피다　遅咲き 늦게 핌 |

웃음 **소**

あさがおが毎朝咲きます。 나팔꽃이 매일 아침 핍니다.
今がまさに人生の花咲くころです。 지금이 바로 인생의 꽃이 필 무렵입니다.

음독	とう	到着 도착　到底 도저히　到達 도달　殺到 쇄도, 몰려듦
		用意周到 용의주도
훈독	いたる	到る 이르다, 도착하다

이를 **도**

一人で焼肉なんて到底行けない。 혼자서 숯불구이는 도저히 갈 수가 없다.
韓国は東アジアで最も進歩した国となるに到りました。 한국은 동아시아 중에서 가장 진보된
나라가 되기에 이르렀습니다.

음독	と	渡航 도항, 해외에 가는 것　渡来 도래　譲渡 양도
		過渡期 과도기
훈독	わたる	渡る 건너다, 건너가다　渡り鳥 철새　渡り船 나룻배
	わたす	渡す 건네다, 건너가게 하다

건널 **도**

彼らは大人への過渡期にある。 그들은 성인으로 가는 과도기에 있다.
この湖には渡り鳥が飛んできます。 이 호수에는 철새가 날아옵니다.

음독	がん	含有 함유　含味 음미　含蓄 함축　含量 함량　包含 포함
훈독	ふくむ	含む 포함하다, 머금다
	ふくめる	含める 포함시키다, 타이르다

머금을 **함**

金の含有量をはかって売ります。 금 함유량을 재서 팝니다.
料金には食事や交通費、入場料などが含まれている。 요금에는 식사와 교통비, 입장료 등이
포함되어 있다.

고급 한자 · 1

음독	ちく	蓄積 축적　蓄電 전기를 모음　備蓄 비축　貯蓄 저축
훈독	たくわえる	蓄える 기르다, 대비해 두다, 비축하다, 저장하다

蓄

모을 축

ある程度の資本を蓄積して投資するつもりです。 어느 정도의 자본을 축적해서 투자할 생각입니다.

まずは実力を蓄える必要がある。 우선은 실력을 기를 필요가 있다.

음독	よう	溶解 용해　溶岩 용암　溶液 용액　溶接 용접　溶融 융해
훈독	とかす	溶かす 녹이다, 풀다
	とける/とく	溶ける 녹다, 풀리다　溶く 풀다, 용해시키다

溶

녹을 용

ケーブルカーに乗ったら火山の溶岩が見られます。 케이블카를 타면 화산의 용암을 볼 수 있습니다.

絵の具を油で溶いて色を混ぜる。 물감을 기름으로 개서 색을 섞는다.

음독	しゃ	煮沸 펄펄 끓음　煮沸消毒 열탕 소독
훈독	にる	煮る 익히다, 삶다, 끓이다　煮物 음식을 끓임(익힘)　雑煮 조니
	にえる	煮える 삶아지다
	にやす	煮やす 삶다, 끓이다

煮

삶을 자

赤ちゃんの哺乳瓶は煮沸消毒しなければなりません。 아기 젖병은 열탕 소독해야만 합니다.

晩ご飯のおかずは魚の煮物です。 저녁 반찬은 생선조림입니다.

Tip 雑煮 : 일본식 떡국으로 지방마다 넣는 재료가 조금씩 다르지만, 일반적으로 채소, 생선, 고기 등이

들어간 맑은장국이나 된장국에 찹쌀로 만든 직사각형 떡 알갱이를 넣어서 먹음.

음독	けん	兼業 겸업　兼用 겸용　兼任 겸임　兼備 겸비
훈독	かねる	兼ねる 겸하다

兼

겸할 겸

副業や兼業を認める大手企業も多い。 부업이나 겸업을 용인하는 대기업도 많다.

ストレス解消とダイエットを兼ねて毎晩ジョギングしている。 스트레스 해소와 다이어트를 겸해서 매일 밤 조깅하고 있다.

음독 **と**	嘔吐 구토　吐却 뱉어냄, 토　吐血 토혈　吐息 한숨
훈독 **はく**	吐く 토하다, 내뱉다　吐き気 구역질

토할 **토**

彼は酔っぱらってベッドで嘔吐した。 그는 취해서 침대에서 구토했다.

食べ過ぎて吐き気がします。 과식해서 구역질이 납니다.

음독 **きゃく**	却下 각하, 기각　返却 반납, 반환　退却 퇴각, 물러남, 후퇴
	売却 매각　焼却 소각

물리칠 **각**

申し入れは却下された。 신청은 기각되었다.

この本は来週までに返却してください。 이 책은 다음 주까지 반납해 주세요.

駆

음독 **く**	駆動 구동　駆使 구사　駆除 구제　駆逐 구축
	四駆 사륜구동(四輪駆動)의 준말　先駆 선구
훈독 **かける**	駆ける 전속력으로 달리다, 뛰다　駆け足 달음박질
かる	駆る 몰다, 쫓다　駆り立てる 몰고 가다, 내몰다

몰 **구**

彼女は六か国語を駆使します。 그녀는 6개 국어를 구사합니다.

馬が風のように草原を駆ける。 말이 바람처럼 초원을 달린다.

훈독 **こむ**	込む 붐비다, 혼잡하다, 복잡하다　込み 한데로 몰아침, ~포함
	申込書 신청서
こめる	込める 채우다, 담다

담을 **입**

申込書に印を押しました。 신청서에 날인했습니다.

賛成の意味を込めて拍手をした。 찬성의 뜻을 담아서 박수를 쳤다.

고급 한자 · 1

팔 굴

음독	くつ	掘削 굴삭　採掘 채굴　発掘 발굴　試掘 시굴(시험적으로 파 봄)
훈독	ほる	掘る 파다

この炭鉱では石炭を採掘しています。 이 탄광에서는 석탄을 채굴하고 있습니다.
井戸を掘ったら古代の遺跡が発掘された。 우물을 팠더니 고대 유적이 발굴되었다.

冒

무릅쓸 모

음독	ぼう	冒頭 모두, 첫머리, 서두　冒険 모험　冒涜 모독
		感冒 감기
훈독	おかす	冒す 무릅쓰다

小説の冒頭部を覚えるテストをします。 소설의 서두 부분을 외우는 시험을 보겠습니다.
風雨を冒して出発した。 비바람을 무릅쓰고 출발했다.

> **Tip** おかす
> 犯す 범하다, 어기다 → 罪を犯す。 죄를 범하다.
> 侵す 침해하다 → 他国の領土を侵す。 다른 나라 영토를 침해하다.
> 冒す 무릅쓰다, 사칭하다 → 危険を冒す。 위험을 무릅쓰다.

성낼 노

음독	ど	怒声 성난 목소리　怒号 성이 나서 고함침
		怒鳴る 소리치다, 고함치다　激怒 격노　喜怒哀楽 희노애락
훈독	いかる	怒る 화내다, 성내다, 노하다　怒り 화, 분노, 성
		怒り狂う 미친 듯이 격노하다
	おこる	怒る 화내다, 꾸짖다

夫が競馬に行ったのを知って彼女は激怒した。 남편이 경마에 간 것을 알고 그녀는 격노했다.
あまり怒ると体に悪いです。 너무 화내면 몸에 나쁩니다.

미칠 광

음독	きょう	狂言 일본 가면 음악극(能楽)의 막간에 상연하는 희극, 미친 소리
		狂気 광기　狂乱 광란　熱狂 열광　酔狂 유별남, 주정
훈독	くるう	狂う 미치다, 정신이 돌다
	くるおしい	狂おしい 미칠 것 같다, 미친 것처럼 보이다

熱狂的なファンが集まっています。 열광적인 팬들이 모여 있습니다.
事故のショックでどうも調子が狂ってしまった。 사고의 충격으로 아무래도 상태가 이상해졌다.

번뇌할 **뇌**

음독	のう	苦悩 고뇌　子煩悩 자식을 사랑하고 끔찍이 아낌
		煩悩 번뇌　悩殺 뇌쇄
훈독	なやむ	悩む 괴로워하다, 고민하다, 고생하다　悩み事 고민거리
	なやます	悩ます 괴롭히다
	なやましい	悩ましい 괴롭다

悩

あらゆる意味での関係の葛藤、苦悩のなかにいた。 여러 의미에서 관계의 갈등, 고뇌 속에 있었다.
成績が上がらなくて悩んでいます。 성적이 오르지 않아 고민입니다.

떠들 **소**

음독	そう	騒音 소음　騒動 소동　騒乱 소란
		物騒 어수선함, 뒤숭숭함
훈독	さわぐ	騒ぐ 떠들다, 시끄러워지다, 소란 피우다
	さわがしい	騒がしい 소란스럽다

騒

騒音公害はこりごりです。 소음 공해는 지긋지긋합니다.
広場で大きな声で騒ぎます。 광장에서 큰 소리로 떠듭니다.

배 **주**

음독	しゅう	舟航 주항, 항해　舟運 배에 의한 교통　漁舟 어선, 고기잡이배
훈독	ふね	舟 배　渡し舟 나룻배　小舟 작은 배
	ふな	舟歌 뱃노래　舟場 선착장
		舟宿 놀잇배·낚싯배의 주선을 업으로 하는 집

あの島は舟運の便がいいです。 저 섬은 배편이 좋습니다.
川で渡し舟をこいでみた。 강에서 나룻배를 저어 보았다.

잔 **배**

| 음독 | はい | 乾杯 건배　祝杯 축배　賞杯 우승컵　一杯 한잔　二杯 두잔 |
| 훈독 | さかずき | 杯 술잔 |

誰か乾杯の挨拶をしてください。 누군가 건배사를 해 주세요.
杯に酒をなみなみとつぎました。 술잔에 술을 철철 넘치게 따랐습니다.

고급한자 · 1

자루 병

음독	へい	横柄 무례함, 건방짐
훈독	がら	花柄 꽃무늬 　家柄 집안, 가문 　人柄 사람됨, 인품
	え	柄 자루, 손잡이

横柄な態度をとってみんなに嫌われる。 건방진 태도를 취해서 다들 싫어한다.
彼は温厚な人柄です。 그는 온후한 인품입니다.

鉛

납 연

음독	えん	鉛筆 연필　亜鉛 아연
		鉛直線 연직선, 수평면과 수직을 이루는 선
훈독	なまり	鉛 납　鉛色 납빛　鉛中毒 납중독

鉛筆と消しゴムを持ってくるのを忘れないでね。 연필과 지우개 가지고 오는 것을 잊지 마.
鉛色の汚れた川を見て残念だった。 납빛으로 더러워진 강을 보니 아쉬웠다.

劍

칼 검

| 음독 | けん | 真剣 진검, 진지함　双剣 쌍검　剣道 검도　刀剣 칼과 검 |
| 훈독 | つるぎ | 剣 양날 검　鉄の剣 철검 |

剣道部に入部した。 검도부에 들어갔다.
剣のようにするどい山を登りました。 양날 검처럼 예리한 산을 올랐습니다.

창 모

| 음독 | む | 矛盾 모순 |
| 훈독 | ほこ | 矛 창　矛先 창끝, 공격의 방향, 날카로운 기세 |

矛盾したことを言わないでください。 모순되는 말을 하지 마세요.
みんな彼に非難の矛先を向けた。 모두 그에게 비난의 화살을 향했다.

음독	じゅん	矛盾 모순
훈독	たて	盾 방패 後ろ盾 후원, 뒷받침, 후원자

방패 순

上司の話には矛盾がある。 상사의 말에는 모순이 있다.
昔は盾と矛で戦いました。 옛날에는 방패와 창으로 싸웠습니다.

扇

음독	せん	扇子 접는 부채 扇動 선동 扇風機 선풍기
		換気扇 환기 팬
훈독	おうぎ	扇 쥘부채
	예외	団扇 부채

부채 선

暑いから扇風機をつけよう。 더우니까 선풍기를 켜자.
おどりに扇を使います。 춤추는 데 부채를 사용합니다.

음독	こ	太鼓 북 鼓動 고동 鼓舞 고무, 북돋움 鼓膜 고막
		鼓笛隊 고적대
훈독	つづみ	鼓 장구, 북, 타악기의 총칭 小鼓 소고, 작은 북 舌鼓 입맛을 다심

북 고

新時代の鼓動が聞こえる。 새 시대의 고동 소리가 들린다.
遠くで笛と鼓の音がします。 멀리서 피리와 북소리가 납니다.

음독	さ	鎖国 쇄국 鎖骨 쇄골 閉鎖 폐쇄 連鎖 연쇄
훈독	くさり	鎖 (쇠)사슬, 연계

쇠사슬 쇄

連鎖反応で通り魔事件が続く。 연쇄 반응으로 묻지마 사건이 계속된다.
飼い犬を鎖でつなぎます。 기르는 개를 사슬로 맵니다.

음독	しん	薪炭 장작과 숯, 땔감
훈독	たきぎ	薪 땔나무, 장작
	まき	薪 장작

섶 신

冬用の薪炭を蓄えます。 겨울용 땔감을 모읍니다.

あるだけの薪をくべて火の勢いを強くした。 있는 장작을 다 피워서 불세기를 세게 했다.

| 음독 | こう | 抗争 항쟁　抗議 항의　抗体 항체　対抗 대항　反抗 반항 |

겨룰 항

人々の抗議に対応しようと脂汗をかいた。 사람들의 항의에 대응하느라 진땀을 뺐다.

クラス対抗リレーでうちが勝ちました。 반 대항 릴레이에서 우리가 이겼습니다.

| 음독 | こう | 項目 항목　事項 사항　条項 조항　要項 요항　移項 이항 |

항목 항

四つの項目に分類した。 4개의 항목으로 분류했다.

契約書に自動更新の条項を入れることはよくあります。 계약서에 자동 갱신 조항을 넣는 경우는 자주 있습니다.

| 음독 | こう | 稿料 (원)고료　原稿 원고　投稿 투고　出稿 신문·잡지 등에 광고를 냄　草稿 초고 |

원고 고

この作家はいまでも原稿用紙で小説を書いています。 이 작가는 지금도 원고용지에 소설을 쓰고 있습니다.

宣言文の草稿を練る。 선언문의 초고를 다듬는다.

1111 | N1

음독	ざい	薬剤 약제　洗剤 세제　錠剤 정제, 알약　下剤 설사약
		消化剤 소화제　殺虫剤 살충제　鎮痛剤 진통제
		接着剤 접착제

약제 제

おばは薬剤師です。 고모는 약사입니다.
消化剤で胃を助ける。 소화제로 위를 달래다.

1112 | N1

음독	しん	振動 진동　不振 부진
훈독	ふる	振る 흔들다, 휘두르다　手振り 손짓
		素振り 실제로 치듯이 목검·라켓·배트 등을 휘두르는 일
	ふるう/ふれる	振るう 털다, 휘두르다, 떨치다　振れる 흔들리다

떨칠 진

携帯のマナーモードでも振動する音が後ろまで聞こえる。 휴대폰 진동 모드에서도 진동하
는 소리가 뒤에까지 들린다.
彼はいつも手振りを交えて話をする。 그는 항상 손짓을 섞어 가면서 이야기를 한다.

1113 | N2

음독	ふく	全幅 전폭　幅員 (다리·도로·선박 등의) 폭, 나비　振幅 진폭
		恰幅 풍채
훈독	はば	横幅 가로 나비　幅跳び 멀리뛰기　肩幅 어깨통, (옷의) 품
		歩幅 보폭

폭 폭

この船は幅員が狭いです。 이 배는 폭이 좁습니다.
グラウンドの横幅は1キロもある。 운동장의 가로 폭이 1km나 된다.

1114 | N1

| 음독 | はん | 範囲 범위　範疇 범주　模範 모범　師範 사범 |

법 범

ここまでが中間テストの範囲です。 여기까지가 중간시험 범위입니다.
先生は体育で模範演技をみせてくれた。 선생님은 체육에서 모범 연기를 보여 줬다.

고급한자 · 1

끝 단

음독	たん

端的 단적, 간단하고 분명함　端正 단정　先端 끝, 첨단

尖端 첨단　末端 말단　極端 극단

훈독	はし

端書き 머리말, 서문　片端 한쪽 끝, 일부분

端っこ 가장자리, 끝, 끄트머리, 구석

	は

端数 우수리, 끝수　半端 어중간함

	はた

道端 길가　川端 강가, 가와바타(성씨)

意見が極端に違います。 의견이 극단적으로 다릅니다.

酔っぱらって道端にうずくまっている。 술 취해서 길가에 쭈그리고 앉아 있다.

씨 위

음독	い

経緯 경위　緯度 위도　北緯 북위

警察で事件の経緯を述べなければならない。 경찰에서 사건의 경위를 말해야 한다.

ソウルは北緯三十七度の位置にあります。 서울은 북위 37도의 위치에 있습니다.

서로 호

음독	ご

相互 상호　互恵 호혜　互換 호환

互選 사람들 가운데에서 선거를 하여 뽑아내는 것

훈독	たがい

互い 서로, 쌍방　互い様 피차 마찬가지임, 서로 같은 처지임

取引では相互の信頼が基本です。 거래에서는 상호 신뢰가 기본입니다.

お互いに考えていることが、何も言わなくても通じている。 서로 생각하고 있는 것이 아무 말을 안 해도 통하고 있다.

한 일

음독	いち

壱 일, 하나　壱万円 1만 엔　壱弐参 일이삼

漢数字の一・二・三などの代りに、壱・弐・参などの字を使います。 한문 숫자 一・二・三 등을 대신해 壱・弐・参 등의 글자를 사용합니다.

こちら、壱万円の領収書です。 여기 1만 엔의 영수증입니다.

| 음독 に | 弐 이(二 대신에 쓰는 한자) 弐番館 재개봉관 |
| | 弐号 2호, 둘째 |

두 이

「弐」は重要書類において金額の書き換えを防ぐために使われます。「이(弐)」는 중요 서류에서 금액을 고쳐 쓰는 것을 막기 위해 사용됩니다.

弐万円の小切手でお願いします。2만 엔 수표로 주세요.

| 음독 か | 箇条書き 조항으로 나누어 글로 늘어놓는 것 |
| | 箇所 ~한 장소, 개소, ~한 점, 군데 |

낱 개

文章を箇条書きにする。글을 항목별로 쓰다.

壊れた箇所を直します。부서진 곳을 고칩니다.

음독 かい	皆無 전무, 전혀 없음　皆既 개기　皆勤 개근
	皆済 완제, 모두 갚음
훈독 みな	皆 모두　皆様 여러분　皆さん 여러분

다 개

小学校六年間皆勤した。초등학교 6년간 개근했다.

皆さんにお知らせします。여러분께 알려 드리겠습니다.

| 음독 ひつ | 匹敵 필적, 맞먹음 |
| 훈독 ひき | 五匹 5마리　三匹 3마리　数匹 몇 마리, 여러 마리 |

짝 필

優勝に匹敵する成績でした。우승에 버금가는 성적이었습니다.

彼女は数匹の犬と暮している。그녀는 개 몇 마리와 살고 있다.

고급 한자 • 1

1123 | N2

몇 기

음독	き	幾運 기운, 기회　幾何学 기하학
훈독	いく	幾つ 몇, 몇 개, 몇 살　幾ら 얼마, 아무리　幾日 며칠, 여러 날
		幾人 몇 사람

数学の一分野の幾何学を研究しました。 수학 한 분야인 기하학을 연구했습니다.

幾ら待っても彼は来ない。 아무리 기다려도 그는 오지 않는다.

1124 | N2

클 거

| 음독 | きょ | 巨大 거대　巨匠 거장, 대가　巨人 거인　巨額 거액　巨木 거목 |

巨大な船がやってきた。 거대한 배가 다가왔다.

プロ野球の巨人軍を応援します。 프로 야구 거인군(요미우리 자이언츠의 애칭)을 응원합니다.

1125 | N1

狭

좁을 협

음독	きょう	狭義 협의, 좁은 뜻　狭量 협량, 도량이 좁음
		狭心症 협심증　偏狭 편협
훈독	せまい	狭い 좁다　手狭 비좁음
	せばめる	狭める 좁히다, 남을 괴롭히다
	せばまる	狭まる 좁아지다, 좁혀지다

心臓の病気には、狭心症・心筋梗塞・不整脈などがある。 심장의 병에는 협심증, 심근 경색, 부정맥 등이 있다.

狭かったマンションから最近引っ越しをしました。 좁은 아파트에서 최근 이사를 했습니다.

1126 | N2

荒

거칠 황

음독	こう	荒廃 황폐　荒野 황야　荒天 거친 날씨
		破天荒 전대미문, 미증유　荒唐無稽 황당무계
훈독	あらす	荒す 황폐케 하다, 망치다, 파손하다
	あらい	荒い 거칠다, 난폭하다　荒波 거친 파도
	あれる	荒れる 거칠어지다, 난폭하게 굴다　荒れ地 황무지, 거친 땅

草木のない荒野を何日も歩いた。 초목이 없는 황야를 며칠이나 걸었다.

荒波をのりこえて船が港に着きました。 거친 파도를 넘어 배가 항구에 도착했습니다.

고급 한자 2

중학교 1학년 한자

• 100자

한자	한자	한자	한자	한자	한자	한자	한자	한자	한자
丈	堅	凡	普	及	般	隣	傍	脂	肪
어른 장	굳을 견	무릇 범	넓을 보	미칠 급	일반 반	이웃 린(인)	곁 방	기름 지	살찔 방
芋	菓	甘	桃	芝	刈	茂	稻	粒	鮮
토란 우	과자 과	달 감	복숭아 도	지초 지	벨 예	무성할 무	벼 도	낟알 립(입)	생선 선
抱	握	勸	輝	監	繰	扱	載	環	鑑
안을 포	쥘 악	권할 권	빛날 휘	볼 감	고치켤 조	미칠 급	실을 재	고리 환	거울 감
是	沢	更	即	恒	旬	途	況	歲	曆
옳을 시	못 택	고칠 경/다시 갱	곧 즉	항상 항	열흘 순	길 도	상황 황	해 세	책력 력(역)
齡	暇	瞬	丘	峠	沼	浜	峰	雷	震
나이 령(영)	틈가/겨를 가	깜짝일 순	언덕 구	고개 상	못 소	물가 빈	봉우리 봉	우레 뢰(뇌)	우레 진
霧	露	床	敷	疊	軒	圈	唐	塔	堤
안개 무	이슬 로(노)	평상 상	펼 부	거듭 첩	집 헌	우리 권	당나라 당/당황할 당	탑 탑	둑 제
壁	舖	盤	欄	忙	疲	遲	鈍	寂	柔
벽 벽	펼 포/가게 포	소반 반	난간 란(난)	바쁠 망	피곤할 피	더딜 지/늦을 지	둔할 둔	고요할 적	부드러울 유
微	妙	秀	劣	詳	汚	澄	雅	麗	偉
작을 미	묘할 묘	빼어날 수	못할 렬(열)	자세할 상	더러울 오	맑을 징	맑을 아	고울 려(여)	클 위
濃	淡	薄	濁	曇	珍	恥	惑	慮	愼
짙을 농	맑을 담	엷을 박	흐릴 탁	흐릴 담	보배 진	부끄러울 치	미혹할 혹	생각할 려(여)	삼갈 신
惠	繁	殖	噴	浸	透	猛	烈	被	爆
은혜 혜	번성할 번	불릴 식	뿜을 분	잠길 침	사무칠 투	사나울 맹	매울 렬(열)	입을 피	터질 폭

음독 じょう

丈夫 튼튼함, 건강함　　大丈夫 괜찮음, 문제없음

気丈 마음이 굳센 모양, 다부짐, 꿋꿋함

훈독 たけ

丈 기장, 길이　　背丈 키, 신장

어른 **장**

病気がなおって丈夫な体になった。 병이 나아 건강한 몸이 되었다.
上着の丈が短くなりました。 상의의 기장이 짧아졌습니다.

음독 けん

堅実 견실　　堅持 견지, 굳게 지님　　堅固 견고　　堅牢 견고함

훈독 かたい

堅い 단단하다, 견고하다　　堅苦しい 너무 엄격하다, 딱딱하다

手堅い 견실하다

굳을 **견**

人生を堅実に歩みます。 인생을 견실하게 살아갑니다.
部長は口が堅い人です。 부장님은 입이 무거운 사람입니다.

음독 ぼん

凡人 범인, 보통 사람　　凡打 범타, 야구에서 안타가 안 되는 타구

平凡 평범　　非凡 비범

はん

凡例 범례

무릇 **범**

天才、秀才、凡人、どれに当てはまりますか。 천재, 수재, 범인 중에 어디에 해당합니까?
平凡な毎日を過ごすのが一番です。 평범한 매일을 보내는 것이 제일입니다.

음독 ふ

普遍的 보편적　　普通 보통　　普及 보급　　普段 평소, 평상시

넓을 **보**

アフリカの子供にパソコンを普及するボランティア活動をしている。 아프리카 아이들에게
컴퓨터를 보급하는 봉사 활동을 하고 있다.
体重を普段より2～3キロ落とした。 몸무게를 평소보다 2~3kg 줄였다.

음독	きゅう	及第 급제　普及 보급　追及 따라붙음, 추궁, 추적　言及 언급
훈독	およぶ	及ぶ (어떤 상태에까지) 이르다, 미치다
	および	及び 및
	およぼす	及ぼす 미치게 하다, 끼치다

미칠 급

何も証拠がないので、これ以上犯人の追及はできない。 아무런 증거가 없으므로, 더 이상 범인 추궁은 할 수 없다.

被害額は一億円に及びます。 피해액은 1억 엔에 이릅니다.

음독	はん	一般 일반　一般的 일반적　全般 전반　先般 전번, 지난 번

일반 반

一般の方入場お断り。 일반인 입장 사절.

息子に会社の全般的な実務を任せました。 아들에게 회사의 전반적인 실무를 맡겼습니다.

음독	りん	隣室 옆방, 이웃 방　隣国 이웃 나라　隣接 인접　近隣 근린
훈독	となり	隣 옆, 곁, 이웃집　隣近所 이웃, 근처
	となる	隣る 인접하다

이웃 린(인)

隣室から出火した。 옆방에서 불이 났다.

道がわからないので隣の人に声をかけました。 길을 몰라서 옆 사람에게 말을 걸었습니다.

음독	ぼう	傍聴 방청　傍線 방선, 밑줄　傍証 방증　傍観 방관 路傍 길가　傍若無人 방약무인, 안하무인
훈독	かたわら	傍ら 곁, 옆, 가, ~하는 한편

곁 방

重要語句に傍線を引きます。 중요 어구에 밑줄을 긋습니다.

彼は教師の傍らボランティアもしている。 그는 교사를 하면서 자원봉사도 하고 있다.

음독 し | 脂肪 지방　脂質 지질　樹脂 수지　脱脂綿 탈지면

油脂 유지, 기름

훈독 あぶら | 脂 기름　脂が乗る 살이 올라 맛이 좋아지다, 일에 흥미를 느껴 순조롭

게 진척되다

기름 지

鼻血が出て脱脂綿でふきとりました。 코피가 나서 탈지면으로 닦아 냈습니다.

勉強に脂が乗って来た。 공부에 흥미가 붙어 진척을 보였다.

음독 ぼう | 脂肪 지방　体脂肪 체지방　皮下脂肪 피하 지방

살찔 방

豚肉の脂肪の部分をとって食べる。 돼지고기의 지방 부분을 떼고 먹는다.

体脂肪を減らすために、食事に気をつけています。 체지방을 줄이기 위해 식사를 신경 쓰고

있습니다.

芋

훈독 いも | 芋汁 토란국　芋煮 토란 전골　里芋 토란

じゃが芋 감자　薩摩芋 고구마　山芋 마

토란 우

里芋がたくさんとれた。 토란을 많이 캤다.

薩摩芋を焼いて食べるともっとおいしいです。 고구마를 구워서 먹으면 더 맛있습니다.

菓

음독 か | 菓子 과자　和菓子 화과자, 일본 고유의 과자

洋菓子 양과자　製菓 제과　茶菓 다과, 차와 과자　氷菓 빙과

과자 과

京都の和菓子を食べたいです。 교토의 일본 전통 과자가 먹고 싶습니다.

○○製菓のチョコレットは大好物だ。 ○○제과의 초콜릿은 내가 제일 좋아하는 것이다.

달 감

| 음독 | **かん** | 甘雨 _{かん う} 단비　甘言 _{かん げん} 감언　甘美料 _{かん び りょう} 감미료　甘受 _{かん じゅ} 감수 |

훈독	**あまい**	甘 _{あま} い 달다, 달콤하다. (태도가) 너그럽다　甘 _{あま} 酸 _ず っぱい 새콤달콤하다
		甘 _{あま} 党 _{とう} · 甘 _{あま} 口 _{くち} 단 것을 좋아함, 단 것을 좋아하는 사람　甘 _{あま} 酒 _{ざけ} 감주, 단술
	あまえる	甘 _{あま} える 응석 부리다, 어리광 부리다
	あまやかす	甘 _{あま} やかす 응석을 받아 주다
	あまんじる	甘 _{あま} んじる 만족하다

甘言 _{かんげん} に惑 _{まど} わされてはいけません。 감언에 현혹되어서는 안 됩니다.

いつまでも親 _{おや} に甘 _{あま} えている。 끝없이 부모에게 어리광 부리고 있다.

복숭아 도

| 음독 | **とう** | 白桃 _{はく とう} 백도　桃源郷 _{とう げんきょう} 도원향, 무릉도원　桜桃 _{おう とう} 앵두　黄桃 _{おう とう} 황도 |
| 훈독 | **もも** | 桃 _{もも} 복숭아　桃色 _{もも いろ} 분홍빛 |

別天地 _{べってん ち} を桃源郷 _{とうげんきょう} といいます。 별천지를 도원향이라고 합니다.

桃 _{もも} は一番 _{いちばん} 好 _す きな果物 _{くだもの} だ。 복숭아는 가장 좋아하는 과일이다.

지초 지

| 훈독 | **しば** | 芝 _{しば} 잔디　芝刈 _{しば か} り 잔디 깎기　芝居 _{しば い} 연극, 연기 |
| | | 紙芝居 _{かみ しば い} 그림 연극(하나의 이야기를 여러 장의 그림으로 구성하여 한 장씩 설명하면서 구경시킴)　人工芝 _{じん こう しば} 인공 잔디 |

芝

日曜日 _{にちょう び} は芝刈 _{しば か} りをする。 일요일에는 잔디를 깎는다.

あの俳優 _{はいゆう} は芝居 _{しば い} がうまいです。 저 배우는 연기를 잘합니다.

벨 예

훈독	**かる**	刈 _か る 베다, (머리털을) 깎다　刈 _か り入 _い れ 거두어 들이기, 수확
		稲刈 _{いね か} り 벼 베기　草刈 _{くさ か} り 풀 베기
		刈 _か り上 _あ げる 짧게 쳐올리다　丸刈 _{まる が} り 머리를 짧게 깎음

畑 _{はたけ} の草刈 _{くさ か} りを手伝 _{て つだ} います。 밭의 풀 베는 것을 돕습니다.

頭 _{あたま} を刈 _か り上 _あ げた。 머리를 짧게 쳐올렸다.

음독	も	繁茂 초목이 무성함
훈독	しげる	茂る 초목이 무성하다, 빽빽이 들어차다
		生い茂る (초목이) 무성하다, 우거지다

茂

무성할 무

庭に雑草が繁茂する。 정원에 잡초가 무성하다.
葉が生い茂っています。 잎이 무성하게 우거져 있습니다.

음독	とう	水稲 논벼　陸稲 밭벼　晩稲 늦벼
훈독	いね	稲 벼　稲刈り 벼 베기
	いな	稲作 벼농사, 벼농사의 작황　稲穂 벼 이삭　稲妻 번개

稲

벼 도

祖父は水稲を育てています。 할아버지는 벼농사를 짓고 있습니다.
秋に稲刈りをする風景を見ました。 가을에 벼를 베는 모습을 보았습니다.

음독	りゅう	粒子 입자　素粒子 소립자　微粒子 미립자　顆粒 과립
훈독	つぶ	小粒 소립, 알갱이가 작음, 작은 알　一粒 한 알　粒状 알맹이 모양
		粒ぞろい 하나같이 모두 우수함, 뛰어남　豆粒 콩알

낟알 립(입)

画素数が低いので画面の粒子が粗いです。 화소 수가 낮아서 화면의 입자가 거칩니다.
筆箱には豆粒ほどの消しゴムが入っている。 필통에는 콩알만 한 지우개가 들어 있다.

鮮

음독	せん	新鮮 신선　鮮度 선도　鮮明 선명
훈독	あざやか	鮮やか 산뜻함, 선명함

생선 선

室内温度が高くて魚の鮮度が落ちてしまう。 실내 온도가 높아서 생선의 선도가 떨어져 버린다.
この製品は鮮やかな色が特徴です。 이 제품은 선명한 색이 특징입니다.

抱

음독 **ほう**　抱擁 포옹　抱負 포부　介抱 간호　辛抱 참음, 인내

훈독 **だく**　抱く (팔·가슴에) 안다

　　　いだく　抱く 안다, 품다, 껴안다

　　　かかえる　抱える 안다, 거느리다, 부둥켜 들다

안을 포

今年一年の抱負を述べましょう。 올해 한 해의 포부를 말합시다.

少女は子犬を抱いている。 소녀는 강아지를 안고 있다.

음독 **あく**　握力 악력　握手 악수　把握 파악　掌握 장악

훈독 **にぎる**　握る 잡다, 쥐다　一握り 한줌, 극히 적음

　　　　　　　握り寿司 손으로 쥐어서 만든 초밥

쥘 악

親友と握手して別れた。 친구와 악수하고 헤어졌다.

二人は手を握っています。 두사람이 손을 잡고 있습니다.

勧

음독 **かん**　勧誘 권유　勧告 권고　勧善 권선　勧奨 권장

훈독 **すすめる**　勧める 권하다, 권장하다, 권유하다　勧め 추천

권할 권

工事の中止を勧告した。 공사 중지를 권고했다.

友だちがクラブの入部を勧めました。 친구가 동아리 가입을 권했습니다.

輝

음독 **き**　輝石 휘석　光輝 광휘, 빛, 빛남

훈독 **かがやく**　輝く 빛나다, 반짝이다

빛날 휘

光輝ある伝統を守りましょう。 빛나는 전통을 지킵시다.

月が明るく輝いています。 달이 밝게 빛나고 있습니다.

고급 한자 · 2

319

볼 감

음독 **かん**

監督 감독　監視 감시　監査 감사　監修 감수　監獄 감옥

収監 수감　総監 총감

防犯カメラで犯人の行動を監視する。 방범 카메라로 범인의 행동을 감시한다.
先生は教科書の監修者になりました。 선생님은 교과서 감수자가 되었습니다.

고치 켤 조

훈독 **くる**

繰る (책장을) 넘기다　繰り返す 반복하다, 되풀이하다

繰り広げる 펼치다, 전개하다　勘繰る 의심하여 억측하다

手繰る 더듬어 찾다, 끌어당기다　繰越 이월

人はノンレム睡眠とレム睡眠を交互に繰り返すらしい。 사람은 논렘수면과 렘수면을 서로 반복한다고 한다.
ゲーム業界は厳しい競争を繰り広げています。 게임 업계는 격한 경쟁을 펼치고 있습니다.

미칠 급

훈독 **あつかう**

扱う 다루다, 취급하다, 처리하다　取り扱い 취급, 처리, 다루는 방법

客扱い 손님 접대

両親は私を大人として扱ってくれた。 부모님은 나를 어른으로 대우해 주었다.
機械の取り扱い説明書を読んでください。 기계 취급 설명서를 읽으세요.

실을 재

음독 **さい**

記載 기재　搭載 탑재　登載 등재　掲載 게재

훈독 **のせる**

載せる 위에 놓다, 싣다, 게재하다

のる

載る 실리다, 게재되다

ここに必要事項を記載します。 여기에 필요 사항을 기재합니다.
新聞に名前が載った。 신문에 이름이 실렸다.

고리 환

| 음독 | **かん** | 環_状 환상, 순환　環_境 환경　循環 순환　一環 일환 |

環_状になった道路を走った。 고리형으로 된 도로를 달렸다.

ここ数年で環境がずいぶん変化しました。 최근 몇 년 사이에 환경이 꽤 변화했습니다.

거울 감

| 음독 | **かん** | 鑑賞 감상　鑑定 감정　図鑑 도감　鑑識 감식　年鑑 연감 |
| 훈독 | **かんがみる** | 鑑みる (거울삼아) 비추어 보다, 감안하다 |

映画鑑賞が趣味です。 영화 감상이 취미입니다.

美術品を鑑定しました。 미술품을 감정했습니다.

옳을 시

| 음독 | **ぜ** | 是非 아무쪼록, 제발, 꼭　是正 시정　是認 시인 |
| | | 社是 회사나 결사의 기본 방침　党是 당의 기본 방침 |

是非遊びに来てください。 꼭 놀러 오세요.

問題点を是正しなければならない。 문제점을 시정해야 한다.

못 택

澤

음독	**たく**	沢_山 많음, 충분함　沢_庵 단무지　光沢 광택
		贅沢 사치, 비용이 많이 듦
훈독	**さわ**	沢 저습지, 얕은 못　沢がに 골짜기에 사는 민물 게, 민꽃게

光沢のある石を見つけました。 광택이 나는 돌을 찾았습니다.

沢がにを探して歩いた。 민꽃게를 찾아 걸었다.

고급 한자 · 2

1159 | N2

更

고칠 **경**
다시 **갱**

음독	こう	更生 갱생, 새로워짐　更新 갱신, 경신　更迭 경질, 교체
		変更 변경
훈독	さら	更に 더욱더, 다시, 거듭　今更 이제 와서, 새삼스러움
	ふける	更ける (밤·계절이) 깊어지다　夜更け 밤이 깊어짐, 야심
	ふかす	更かす 밤늦도록 깨어 있다　夜更かし 밤샘

また記録を更新しました。또 기록을 경신했습니다.
今更何を言うのだ。이제 와서 무슨 말을 하는 거야.

1160 | N1

即

곧 **즉**

即

| 음독 | そく | 即答 즉답　即席 즉석　即日 바로 그날, 당일 |
| | | 即売会 즉석 판매회 |

夜食は即席ラーメンを食べます。야식은 즉석 라면을 먹습니다.
即日に結果を発表する。당일에 결과를 발표한다.

1161 | N1

恒

항상 **항**

| 음독 | こう | 恒例 항례, 정례　恒常 항상, 늘, 언제나　恒久 항구, 영구 |
| | | 恒星 항성, 붙박이별 |

新年恒例の登山会がある。새해 연례 등산 모임이 있다.
恒星は自ら光を出します。항성은 스스로 빛을 발합니다.

1162 | N1

旬

열흘 **순**

| 음독 | しゅん | 旬 제철, 과일 등이 맛이 드는 철　旬の野菜 제철 채소 |
| | じゅん | 上旬 상순　中旬 중순　下旬 하순　旬刊 열흘에 한 번씩 간행 |

旬の果物を食べるようにしています。제철 과일을 먹으려고 하고 있습니다.
来月の上旬にフランスへ行く。다음 달 상순에 프랑스에 간다.

1163 | N2

途

음독 と

途中 도중　途上国 도상국

途切れる 중단되다, 도중에 끊어지다　用途 용도　別途 별도

一途 하나의 수단·방법

예외 一途 순진하고 한결같음

길 **도**

途中で会話が途切れ、沈黙が流れた。 도중에 대화가 끊어져 침묵이 흘렀다.

病院で薬をもらう時、その種類や用途について質問してください。 병원에서 약을 받을 때 그 종류와 용도에 대해 질문해 주세요.

1164 | N2

況

음독 きょう

実況 실황　状況 상황　不況 불황　近況 근황

상황 **황**

野球の実況放送を観ています。 야구 실황 방송을 보고 있습니다.

現場の状況を知らせてください。 현장 상황을 알려 주세요.

1165 | N2

歳

음독 さい

せい

十歳 10살　歳月 세월　歳末 세밑, 연말

歳暮 한 해 동안 신세 진 보답으로 연말에 선물을 보냄, 그 선물

예외 二十歳 스무 살

해 **세**

歳末大売り出しが行われています。 연말 바겐세일을 하고 있습니다.

十二月にはお歳暮を送ります。 12월에는 연말 선물을 보냅니다.

1166 | N1

暦

음독 れき

西暦 서기　陰暦 음력　陽暦 양력　旧暦 구력, 음력

還暦 환갑

훈독 こよみ

暦 달력

책력 **력(역)**

祖父の還暦祝いをします。 할아버지의 환갑잔치를 합니다.

暦の上ではもう春です。 달력상으로는 이미 봄입니다.

齢

| 음독 | れい | 年齢 연령　高齢 고령　樹齢 수령　適齢期 적령기 |

나이 령(영)

名前と年齢を書いてください。이름과 연령을 적어 주십시오.

いまは結婚適齢期という言葉はあまり意味がない。이제는 결혼 적령기라는 말이 별로 의미가 없다.

| 음독 | か | 休暇 휴가　余暇 여가　寸暇 촌가, 극히 짧은 짬 |
| 훈독 | ひま | 暇 틈, 짬, 한가함　暇人 한가한 사람　暇つぶし 심심풀이 |

틈 가
겨를 가

余暇を読書に費やします。여가를 독서에 소비합니다.

暇なら映画でも見に行きませんか。심심하면 영화나 보러 갈까요?

음독	しゅん	瞬間 순간　瞬時 순시, 순간, 삽시간　瞬殺 순식간에 상대를 쓰러뜨림
		一瞬 일순간, 그 순간　瞬発力 순발력
훈독	またたく	瞬く 눈을 깜짝이다, 불빛이 반짝하다　瞬く間に 눈 깜짝할 사이에

깜짝일 순

運動選手には瞬発力やスピードが要求されます。운동선수에게는 순발력과 스피드가 필요합니다.

時間が瞬く間に過ぎてしまいました。시간이 눈 깜짝할 사이에 지나가 버렸습니다.

| 음독 | きゅう | 砂丘 사구　丘陵 구릉, 언덕　火口丘 화구구 |
| 훈독 | おか | 丘 언덕, 구릉 |

언덕 구

子供たちは砂丘で遊んだ。아이들은 사구에서 놀았다.

丘を越えると野に出ます。언덕을 넘으면 들판이 나옵니다.

1171 | N1

| 훈독 | **とうげ** | 峠 산마루, 고개, 고비　峠道 고갯길 |

고개 **상**

この仕事もいまが峠だ。 이 일도 지금이 고비다.

峠道を歩きました。 고갯길을 걸었습니다.

1172 | N1

| 음독 | **しょう** | 湖沼 호수와 늪 |
| 훈독 | **ぬま** | 沼 늪　沼地 늪지대　泥沼 수렁
底無し沼 바닥의 깊이를 알 수 없는 늪 |

못 **소**

湖沼地帯にはいろいろな植物が生えています。 호수와 늪지대에는 여러 식물이 자라고 있습니다.

ジャングルの沼地を探検してみたい。 정글의 늪지대를 탐험해 보고 싶다.

1173 | N1

濱

| 음독 | **ひん** | 海浜 해변, 바닷가 |
| 훈독 | **はま** | 浜辺 바닷가, 해변　浦浜 갯가, 해변　砂浜 모래사장 |

물가 **빈**

海浜公園にはオートキャンプ場やコテージ、運動施設が設けられている。 해변 공원에는 오토 캠핑장과 코티지, 운동 시설이 마련되어 있다.

浜辺を二人で散歩します。 해변을 둘이서 산책합니다.

1174 | N1

| 음독 | **ほう** | 巨峰 거봉　高峰 고봉, 높은 봉우리　連峰 이어져 있는 산봉우리 |
| 훈독 | **みね** | 峰 봉우리, 칼등　峰打ち 칼등으로 침 |

봉우리 **봉**

エベレスト最高峰を征服した。 에베레스트 최고봉을 정복했다.

山の峰にたどりつきました。 산봉우리에 겨우 다다랐습니다.

고급한자 · 2

음독	らい	雷雨 천둥과 함께 내리는 비 　地雷 지뢰　落雷 낙뢰　被雷 피뢰
		避雷針 피뢰침
훈독	かみなり	雷 천둥, 벼락　雷雲 적란운, 소나기구름

우레 **뢰**(뇌)

山中では落雷に注意してください。 산중에서는 낙뢰에 주의해 주십시오.
子供は雷の音で目が覚めた。 아이는 천둥소리에 잠에서 깼다.

음독	しん	震度 진도　地震 지진　震源 진원
훈독	ふるえる	震える 흔들다, 진동하다, 떨리다
	ふるう	震う 흔들리다, 떨리다　身震い 몸이 떨림, 몸서리

우레 **진**

地震、雷、火事、世の中は不安だらけだ。 지진, 천둥, 화재, 세상은 불안투성이다.
驚きのあまり声が震えました。 놀란 나머지 목소리가 떨렸습니다.

Tip ふるう

振るう 휘두르다, 일을 시키다 → 事業を振るう。 사업을 하다.
震う 흔들리다 → 声を震わせる。 목소리를 떨다.
奮う 분발하다, 용기를 내다 → 奮って参加する。 용기를 내어 참가한다.

음독	む	濃霧 농무, 짙은 안개　五里霧中 오리무중
훈독	きり	霧 안개　霧雲 안개구름, 산에 안개와 같이 낮게 걸린 구름
		霧雨 안개비, 이슬비

안개 **무**

濃霧のときは運転に気をつけてください。 짙은 안개가 꼈을 때는 운전에 주의해 주세요.
朝ジョギングしたら霧雨にぬれた。 아침에 조깅했더니 이슬비에 젖었다.

음독	ろ	露出 노출　露店 노점　暴露 폭로　結露 결로
	ろう	披露 피로, 공개　披露宴 피로연
훈독	つゆ	露 이슬　夜露 밤이슬

이슬 **로**(노)

広場には商人たちの露店が並びました。 광장에는 노점상이 줄지어 있었습니다.
夜露にぬれて体が冷えた。 밤이슬에 젖어 몸이 차가워졌다.

음독 しょう

起床 기상　臨床 임상　病床 병상　温床 온상

훈독 ゆか

床 바닥, 마루　床下 마루 밑, 마루 아래

とこ

床の間 마루를 한 단 높게 하고, 정면의 벽에 서화 책자 등을 걸고, 마룻장 위에 장식품·화병 등을 장식하는 곳　寝床 침상, 잠자리　床屋 이발소

평상 상

明日の起床時刻は五時です。 내일 기상 시간은 5시입니다.

お祖父さんは床下に金を隠しました。 할아버지는 마루 밑에 돈을 숨겼습니다.

敷

음독 ふ

敷設 부설　敷衍 부연

훈독 しく

敷く 깔다, 밑에 펴다　敷地 부지, 대지　敷石 납작한 돌, 포석

下敷き 깔개, 받침, 책받침　座敷 다다미방, 객실　風呂敷 보자기

펼 부

カーペットを床に敷いた。 카펫을 바닥에 깔았다.

家の敷地を測量します。 집의 부지를 측량합니다.

고급 한자 · 2

畳

음독 じょう

四畳半 일본 가옥에서, 다다미 넉 장 반을 깔 수 있는 2.25평 크기의 네모진 방　畳語 첩어, 같은 단어를 겹친 복합어

훈독 たたむ

畳む 접다, 개다, 개키다

たたみ

畳 다다미, 속에 짚을 넣은 돗자리　石畳 납작한 돌을 깐 곳

거듭 첩

私の部屋は四畳半の大きさです。 내 방은 다다미 넉 장 반 크기입니다.

子供は自分でパジャマを畳みます。 아이는 스스로 잠옷을 개킵니다.

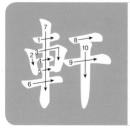

음독 けん

一軒 집 한 채　五軒 다섯 집　軒数 호수, 집의 동수

훈독 のき

軒下 처마 밑　軒先 처마 끝, 집 앞　軒並み 집집마다

집 헌

家を一軒建てたいです。 집을 한 채 짓고 싶습니다.

軒先に風鈴をぶら下げました。 처마 끝에 풍경을 달았습니다.

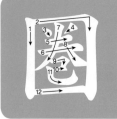

圏

음독 けん	圏外 권외　圏内 권내　大気圏 대기권　首都圏 수도권
	防衛圏 방위권　成層圏 성층권　北極圏 북극권

우리 권

台風の暴風雨圏内なのでご注意してください。태풍의 폭풍우 권내이므로 주의해 주십시오.
首都圏の大学へ進学することが難しいです。수도권 대학에 진학하는 것이 어렵습니다.

唐

음독 とう	唐 당나라　唐辛子 고추　唐突 갑작스러움, 당돌
	遣唐使 견당사
훈독 から	唐揚げ 가라아게(야채, 고기 등의 튀김)　唐草模様 당초무늬

당나라 당
당황할 당

その話は唐突すぎる。그 이야기는 너무 갑작스럽다.
ここのランチで唐揚げ定食が評判です。이곳 런치에서 가라아게 정식이 인기 있습니다.

塔

음독 とう	鉄塔 철탑　宝塔 다보탑　管制塔 관제탑
	象牙の塔 상아탑　五重の塔 오층탑

탑 탑

放送用の鉄塔は観光地となっている所も多い。방송용 철탑은 관광지가 된 곳도 많다.
管制塔では航空機が安全に飛行できるよう誘導します。관제탑에서는 항공기가 안전하게 비행할 수 있도록 유도합니다.

堤

음독 てい	堤防 제방　防潮堤 방조제, 방파제, 둑　防波堤 방파제
훈독 つつみ	堤 제방, 둑

둑 제

波が防波堤を越えます。파도가 방파제를 넘습니다.
大雨で堤が切れた。많은 비로 제방이 무너졌다.

음독	へき	壁画 벽화　岩壁 암벽　絶壁 절벽　鉄壁 철벽
훈독	かべ	壁 벽　壁紙 벽지

벽 **벽**

古墳の壁画を鑑賞します。 고분의 벽화를 감상합니다.

部屋に新しく壁紙をはる。 방에 새로 벽지를 바르다.

舗

음독	ほ	舗装 포장　店舗 점포
예외		老舗 노포, 전통이 있는 오래된 점포

펼 **포**
가게 **포**

道路の舗装工事があって渋滞した。 도로의 포장 공사가 있어서 정체되었다.

店舗を改装して来週から営業します。 점포를 리모델링해서 다음 주부터 영업합니다.

음독	ばん	地盤 지반　基盤 기반　円盤 원반　骨盤 골반　羅針盤 나침반

소반 **반**

洪水で地盤が沈下した。 홍수로 지반이 내려앉았다.

経済不況で経営の基盤が揺らぎます。 경제 불황으로 경영 기반이 흔들립니다.

欄

음독	らん	欄干 난간　欄外 난외, 정해진 난의 바깥쪽　入力欄 입력란
		空欄 공란　備考欄 비고란

난간 **란(난)**

欄干の上に乗るな。 난간 위에 앉지 마라.

詳しい説明は空欄に書きこみます。 자세한 설명은 공란에 적어 넣습니다.

음독 ぼう	多_た忙_{ぼう} 다망　繁_{はん}忙_{ぼう} 번망, 일이 많아서 바쁨　忙_{ぼう}殺_{さつ} 망쇄, 몹시 분주함	
훈독 いそがしい	忙_{いそが}しい 바쁘다	

바쁠 망

試_し験_{けん}勉_{べん}強_{きょう}に忙_{ぼう}殺_{さつ}される。 시험공부에 몹시 바쁘다.

十_{じゅう}二_に月_{がつ}はとても忙_{いそが}しいです。 12월은 아주 바쁩니다.

음독 ひ	疲_ひ労_{ろう} 피로　疲_ひ弊_{へい} 피폐	
훈독 つかれる	疲_{つか}れる 피곤하다, 피로하다　疲_{つか}れ 피로, 피곤	

피곤할 피

疲_ひ労_{ろう}が激_{はげ}しいです。 피로가 심합니다.

仕_し事_{ごと}に追_おわれてくたくたに疲_{つか}れた。 일에 치여 녹초가 되었다.

遅

음독 ち	遅_ち刻_{こく} 지각　遅_ち延_{えん} 지연	
훈독 おくれる/おくらす	遅_{おく}れる 늦다, 지각하다　遅_{おく}らす 늦추다, 늦게 하다	
おそい	遅_{おそ}い 늦다, 느리다	

더딜 지
늦을 지

遅_ち刻_{こく}する者_{もの}が多_{おお}い。 지각하는 사람이 많다.

会_{かい}議_ぎに遅_{おく}れました。 회의에 늦었습니다.

Tip おくれる

遅_{おく}れる 시간보다 늦다 → 授_{じゅ}業_{ぎょう}に遅_{おく}れる。 수업에 늦다.

後_{おく}れる 뒤(떨어)지다 → 人_{ひと}に後_{おく}れを取_とる。 남에게 뒤지다.

음독 どん	鈍_{どん}感_{かん} 둔감　鈍_{どん}化_か 둔화　鈍_{どん}行_{こう} 완행(열차)　愚_ぐ鈍_{どん} 우둔	
훈독 にぶい	鈍_{にぶ}い 둔하다, 무디다, 굼뜨다	
にぶる	鈍_{にぶ}る 둔해지다, 무디어지다	

둔할 둔

一_{いっ}般_{ぱん}に敏_{びん}感_{かん}な人_{ひと}は鈍_{どん}感_{かん}な人_{ひと}が馬_ば鹿_かに見_みえる。 일반적으로 예민한 사람은 둔감한 사람이 바보처럼 보인다.

旦_{だん}那_なはいつも反_{はん}応_{のう}が鈍_{にぶ}いです。 남편은 항상 반응이 굼뜹니다.

고요할 **적**

음독	じゃく	静寂 정적　寂然 적연, 조용하고 쓸쓸한 모양
	せき	寂然 조용하고 쓸쓸한 모양
훈독	さびしい	寂しい 외롭다, 허전하다, 쓸쓸하다
	さびれる	寂れる (번창하던 곳이) 쇠퇴하다, 쓸쓸해지다
	さび	寂び 사비, 무상

静寂をやぶる物音がしました。 정적을 깨는 소리가 났습니다.
一人で行くのは寂しい。 혼자서 가는 것은 쓸쓸하다.

Tip 寂び : 일본의 미의식 중 하나로, 소박하고 차분한 것을 기조로 함. 인생사의 무상함을 아름답게 느끼는 미의식이며, 일종의 깨달음 같은 느낌.

부드러울 **유**

음독	じゅう	柔軟 유연　柔道 유도　懐柔 회유
	にゅう	柔和 유화, 온화
훈독	やわらか	柔らか 부드러움, 폭신함
	やわらかい	柔らかい 부드럽다, 포근하다, 유연하다

毎週週末に柔道の練習をする。 매주 주말에 유도 연습을 한다.
柔らかな布団で寝ました。 부드러운 이불을 덮고 잤습니다.

작을 **미**

微

| 음독 | び | 微妙 미묘　微笑 미소　微小 매우 작음 |
| | | 微量 미량, 극히 적은 양　微熱 미열　微生物 미생물　微細 미세 |

この薬は微量でも効果がある。 이 약은 미량으로도 효과가 있다.
微熱があったので、学校を休みました。 미열이 있어서 학교를 쉬었습니다.

묘할 **묘**

| 음독 | みょう | 妙に 묘하게, 이상하게　奇妙 기묘　妙案 묘안　巧妙 교묘 |
| | | 絶妙 절묘 |

解決の妙案が浮かびました。 해결할 묘안이 떠올랐습니다.
彼は映画で絶妙な演技を見せた。 그는 영화에서 절묘한 연기를 보였다.

고급 한자 · 2

음독	**しゅう**
훈독	**ひいでる**

秀逸 빼어남, 우수   秀才 수재   秀作 수작   優秀 우수

秀でる 빼어나다, 뛰어나다, 출중하다

빼어날 수

彼は秀才で、優秀な成績をあげました。 그는 수재로 우수한 성적을 올렸습니다.
学校に通っていたころからスポーツの才能に秀でていた。 학교에 다닐 때부터 운동 재능이 뛰어났다.

음독	**れつ**
훈독	**おとる**

劣化 열화, 시간이 지남에 따라 품질·성능이 떨어지는 것

劣等感 열등감   劣勢 열세   劣悪 열악함   優劣 우월

卑劣 비열함

劣る 뒤떨어지다, 다른 것만 못하다   見劣り ~만 못해 보임, 빠짐

못할 렬(열)

劣等感におちいってはいけません。 열등감에 빠져서는 안 됩니다.
新しいスマホよりこれは性能が劣ります。 새 스마트폰보다 이것은 성능이 떨어집니다.

음독	**しょう**
훈독	**くわしい**

詳細 상세   詳記 상기, 자세히 적음   未詳 미상

詳しい 상세하다, 자세하다

자세할 상

この文学作品は作者未詳のものです。 이 문학 작품은 작자 미상입니다.
店員は詳しく説明してくれました。 점원은 자세히 설명해 주었습니다.

음독	**お**
훈독	**けがす**
	けがれる
	けがらわしい
	よごす
	よごれる
	きたない

汚染 오염   汚水 오수   汚名 오명   汚点 오점

汚す 더럽히다, 욕되게 하다

汚れる 더러워지다, 부도덕해지다

汚らわしい 더럽다, 싫다, 야비하다

汚す 더럽히다, 좋지 않은 일을 하다

汚れる 더러워지다, 때묻다   汚れ物 더러워진 옷이나 물건

汚い 더럽다, 불결하다, 비열하다

더러울 오

水質汚染や大気汚染が深刻です。 수질 오염과 대기 오염이 심각합니다.
汚れ物をきれいに洗いました。 더러워진 것을 깨끗하게 씻었습니다.

332

1203 | N1

맑을 징

음독 **ちょう**	清澄 맑고 깨끗함	
훈독 **すむ**	澄む 맑아지다, 투명하다	
すます	澄ます 깨끗이 하다, 맑게 하다	澄まし顔 새침한 얼굴

清澄な山の空気は気持ちいいです。 맑고 깨끗한 산 공기는 기분 좋습니다.
空は雲一つなく澄んでいる。 하늘은 구름 한 점 없이 맑다.

1204 | N1

맑을 아

음독 **が**	雅楽 아악, 궁정 악무의 총칭
	雅号 문인·학자·화가 등이 본명 이외에 붙이는 고상한 별명, 호
	風雅 풍아, 멋 優雅 우아

宮中での雅楽の演奏を聴きました。 궁중에서의 아악 연주를 들었습니다.
風雅な趣があります。 우아한 멋이 있습니다.

1205 | N1

고울 려(여)

음독 **れい**	麗人 여인 美麗 미려, 아름다움 綺麗 아름다움, 깨끗함
	美辞麗句 미사여구
	容姿端麗 얼굴 생김새나 몸매가 단정하여 아름다운 모습
훈독 **うるわしい**	麗しい 아름답다, 곱다

彼女は容姿端麗のモデルさんです。 그녀는 아름답고 단정한 모델입니다.
お姫様はつい見とれてしまうほど麗しい。 공주님은 그저 넋을 잃어버릴 정도로 아름답다.

1206 | N2

클 위

음독 **い**	偉人 위인 偉人伝 위인전 偉大 위대
훈독 **えらい**	偉い 훌륭하다, 지위나 신분이 높다, 대단하다

彼は偉大な医者です。 그는 위대한 의사입니다.
あの人はとても偉いです。 저 사람은 아주 대단합니다.

음독 のう　濃厚 농후　濃縮 농축　濃彩 짙은 채색　濃淡 농담, 짙음과 옅음

濃霧 짙은 안개

훈독 こい　濃い 짙다, 진하다

짙을 **농**

空色に濃淡をつけました。 하늘색으로 농담을 나타냈습니다.

父はひげが濃い。 아빠는 수염이 진하다.

음독 たん　淡水 담수, 민물　淡白 담백　淡々と 담담하게　冷淡 냉담

濃淡 농담, 짙음과 옅음

훈독 あわい　淡い 연하다, 희미하다

맑을 **담**

コイやフナなどは淡水にすむ魚です。 잉어나 붕어 등은 민물에 사는 물고기입니다.

淡い色の服が好きです。 진하지 않은 색의 옷을 좋아합니다.

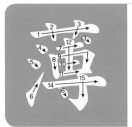

薄

음독 はく　希薄 희박　薄情 박정, 야속, 마음이 차가움　薄膜 얇은 막

軽薄 경박함

훈독 うすい　薄い 얇다, 싱겁다　薄塩 육류나 야채에 소금을 뿌려 둠

うすめる　薄める 옅게 하다

うすまる　薄まる 옅어지다, 싱거워지다

うすらぐ　薄らぐ 옅어지다, 덜해지다

うすれる　薄れる 묽어지다, 약해지다

엷을 **박**

彼は薄情な人間でした。 그는 마음이 차가운 사람이었습니다.

この紙はとても薄い。 이 종이는 아주 얇다.

음독 だく　濁流 탁류　濁点 탁음을 나타내는 부호　濁音 탁음

汚濁 오탁, 오염　混濁 혼탁

훈독 にごる　濁る 탁하게 되다, 흐려지다, 탁음이 되다

にごす　濁す 흐리게 하다, 탁하게 하다, 얼버무리다

흐릴 **탁**

日本語の濁音をうまく発音できるよう練習する。 일본어 탁음을 잘 발음할 수 있도록 연습한다.

川辺の工事で川の水が濁りました。 강가 공사로 강물이 흐려졌습니다.

1211 | N2

흐릴 **담**

음독 **どん**	曇天 담천, 흐린 날씨　晴曇 맑음과 흐림
훈독 **くもる**	曇る 흐리다, 어두워지다　曇り空 흐린 하늘
	曇りガラス 불투명 유리

最近曇天や雨天になることが多い。최근에는 날씨가 흐리거나 비가 오는 때가 많다.
ずっと曇り空が続いています。계속 흐린 하늘이 계속되고 있습니다.

1212 | N2

보배 **진**

음독 **ちん**	珍事 진기한 일, 사건　珍味 진미　珍妙 기묘, 희한함, 이상야릇함
	珍回答 희한한 회답　珍客 진귀한 손님
훈독 **めずらしい**	珍しい 드물다, 희귀하다, 희한하다, 이상하다

旅行中、珍事が続いた。여행 중에 진기한 사건이 계속됐다.
電車の中で、大人が漫画を読む光景は、日本では珍しくない。전철 안에서 어른이 만화를 읽는 풍경은 일본에서는 희한하지 않다.

1213 | N2

부끄러울 **치**

음독 **ち**	恥部 치부　恥辱 치욕　羞恥 수치　破廉恥 파렴치
	厚顔無恥 후안무치, 염치를 모름
훈독 **はじ/はじる**	恥じ 부끄러움, 창피　恥じる 부끄러워하다
はじらう	恥じらう 부끄러워하다　恥じらい 수줍음, 부끄러움
はずかしい	恥ずかしい 부끄럽다

社会の恥部をさらけ出した。사회의 치부를 드러냈다.
初恋の相手の前で恥ずかしい思いをしました。첫사랑 상대방 앞에서 부끄러웠습니다.

1214 | N1

미혹할 **혹**

음독 **わく**	誘惑 유혹　惑星 혹성, 행성　迷惑 민폐, 폐
	困惑 곤혹, 난처함　魅惑 매혹
훈독 **まどう**	惑う 갈팡거리다, 어찌할 바를 모르다, 망설이다
	思い惑う 갈피를 못 잡다, 마음이 결정되지 않다, 당혹하다
	戸惑う 어리둥절해 하다, 당황하다

太陽系の惑星を写真で見た。태양계의 행성을 사진에서 봤다.
告白されて思い惑いました。고백을 받아 어찌할 바를 몰랐습니다.

음독 **りょ**	遠慮 사양, 겸손 考慮 고려 熟慮 숙려, 숙고 配慮 배려	

생각할 **려(여)**

彼女は遠慮深い人です。 그녀는 (행동거지가) 조심스럽고 겸손한 사람입니다.

その点を考慮してくれ。 그 점을 고려해 줘라.

慎

음독 **しん**	慎重 신중 謹慎 근신 不謹慎 조심스럽지 못함	
훈독 **つつしむ**	慎む 삼가다, 조심하다, 꺼리다	

삼갈 **신**

ゴルフの時に彼は慎重な態度をとります。 골프 칠 때 그는 신중한 태도를 취합니다.

閲覧室でのおしゃべりは慎んでください。 열람실에서의 수다는 삼가 주세요.

恵

음독 **けい**	恩恵 은혜 慈恵 자혜, 은혜를 베풂	
	恵贈 혜증, 선사를 받고 편지로 그 인사를 할 때 쓰는 말 恵与 혜여	
え	知恵 지혜	
훈독 **めぐむ**	恵む 은혜를 베풀다 恵み 은혜, 은총, 자비	

은혜 **혜**

両親の恩恵をうけたのに親孝行していません。 부모님의 은혜를 받았는데 효도를 하지 못했습니다.

恵みの雨が降ってきた。 은혜로운 비가 내렸다.

繁

음독 **はん**	繁盛 번성 繁栄 번영 繁茂 번무, 초목이 무성함	
	繁華街 번화가 頻繁 빈번 農繁期 농번기	

번성할 **번**

国家の繁栄を祈ります。 국가 번영을 기원합니다.

繁華街に行ってショッピングしたいです。 번화가에 가서 쇼핑하고 싶습니다.

불릴 식

음독	しょく	移殖 이식 養殖 양식 繁殖 번식 生殖 생식
훈독	ふえる	殖える 늘다, 늘어나다, 번식하다
	ふやす	殖やす 늘리다, 불리다, 번식시키다

移殖の方法を選ばなければなりません。 이식 방법을 선택해야 합니다.

あっという間に子猫が殖えてしまった。 눈 깜짝할 사이에 아기 고양이가 (번식으로) 늘어나 버렸다.

뿜을 분

음독	ふん	噴射 분사 噴火 분화 噴火口 분화구 噴水 분수 噴出 분출
훈독	ふく	噴く 뿜어 나오다, 내뿜다 噴き出す 내뿜다, 뿜어내다

火山の噴火口を見学しました。 화산 분화구를 견학했습니다.

激しい運動をして、顔から汗が噴き出した。 힘든 운동을 해서 얼굴에서 땀이 줄줄 나온다.

浸

잠길 침

음독	しん	浸水 침수 浸透 침투 浸食 침식
훈독	ひたす	浸す 담그다, 적시다 お浸し 오히타시(시금치, 채소 등을 데쳐서 무친 음식) 水浸し 침수, 물에 잠김
	ひたる	浸る 잠기다, 빠지다

鉄道や高速道路が流失し、住宅への浸水などの被害が発生した。 철도와 고속도로가 유실되고 주택으로의 침수 등의 피해가 발생했다.

道が水浸しになりました。 길이 물에 잠겼습니다.

透

사무칠 투

음독	とう	透明 투명 透過 투과 透写 투사 浸透 침투 失透 실투, 유리가 불투명하고 깨지기 쉬운 현상
훈독	すく	透く 빈 곳이 생기다, 들여다보이다
	すかす	透かす 틈새를 내다, 비쳐 보이게 하다
	すける	透ける 틈이 생기다, 비쳐 보이다

透明人間になりたいです。 투명 인간이 되고 싶습니다.

手の血管が透ける。 손의 혈관이 비친다.

337

음독 もう

猛^{もうじゅう}獣 맹수　猛^{もうしん}進 맹진, 세찬 기세로 나아감　猛^{もうけん}犬 맹견

猛^{もうれつ}烈 맹렬　猛^{もうしょ}暑 폭염, 혹서　猛^{もうどく}毒 맹독

사나울 맹

優勝に向けて猛進しましょう。 우승을 위해 나아갑시다.

猛犬に注意の立て札がかかっている。 맹견에 주의라는 팻말이 걸려 있다.

1224 | N1

음독 れつ

烈^{れっか}火 열화, 맹렬히 타오르는 불　強^{きょうれつ}烈 강렬　壮^{そうれつ}烈 장렬　熱^{ねつれつ}烈 열렬

猛^{もうれつ}烈 맹렬　熾^{しれつ}烈 치열

매울 렬(열)

空港で熱烈な歓迎を受けました。 공항에서 열렬한 환영을 받았습니다.

スポーツカーは猛烈なスピードで走った。 스포츠카는 맹렬한 스피드로 달렸다.

1225 | N2

음독 ひ

被^{ひがい}害 피해　被^{ひさい}災 재해(피해)를 입음　被^{ひばく}爆 피폭　被^{ひふく}服 피복, 의복

被^{ひこく}告 피고　被^{ひぎしゃ}疑者 피의자

훈독 こうむる

被^{こうむ}る (은혜나 손해를) 받다, 입다

입을 피

被告は一歩前へ来てください。 피고는 한 발 앞으로 오십시오.

多大な迷惑を被りました。 막대한 폐를 입었습니다.

1226 | N2

음독 ばく

爆^{ばくは}破 폭파　爆^{ばくだん}弾 폭탄　爆^{ばくはつ}発 폭발　被^{ひばく}爆 피폭　爆^{ばくふう}風 폭풍

起^{きばく}爆 기폭　原^{げんばく}爆 원폭

터질 폭

彼は怒りが爆発しました。 그는 분노가 폭발했습니다.

1945年に広島に原爆が投下された。 1945년에 히로시마에 원폭이 투하되었다.

고급 한자 3

拍	舞	踊	盆	謠	漫	傾	斜	絡	網
칠 박	춤출 무	뛸 용	동이 분	노래 요	흩어질 만	기울 경	비낄 사	이을 락(낙)	그물 망
繼	致	紹	介	抵	觸	跳	躍	贈	与
이을 계	이를 치	이을 소	낄 개	막을 저	닿을 촉	뛸 도	뛸 약	줄 증	더불여/줄 여
御	殿	趣	旨	依	賴	捕	獲	逃	避
거느릴 어	전각 전	뜻 취	뜻 지	의지할 의	의뢰할 뢰(뇌)	잡을 포	얻을 획	도망할 도	피할 피
砲	彈	距	離	浮	沈	黙	威	儀	煙
대포 포	탄알 탄	떨어질 거	떠날 리(이)	뜰 부	잠길 침	묵묵할 묵	위엄 위	거동 의	연기 연
陰	隱	奇	拔	影	響	歡	迎	銳	敏
그늘 음	숨을 은	기특할 기	뽑을 발	그림자 영	울릴 향	기쁠 환	맞을 영	날카로울 예	민첩할 민
爲	替	凶	朽	腐	壞	召	俗	稱	戒
할 위	바꿀 체	흉할 흉	썩을 후	썩을 부	무너질 괴	부를 소	풍속 속	일컬을 칭	경계할 계
訴	添	尋	拠	違	較	摘	憶	越	遣
호소할 소	더할 첨	찾을 심	근거 거	어긋날 위	견줄 교	딸 적	생각할 억	넘을 월	보낼 견
維	譽	誇	豪	慢	伺	巡	突	刺	狩
벼리 유	기릴예/명예 예	자랑할 과	호걸 호	거만할 만	엿볼 사	돌순/순행할 순	갑자기 돌	찌를 자	사냥할 수
恐	怖	侵	攻	擊	襲	驚	嘆	仰	戱
두려울 공	두려워할 포	침노할 침	칠 공	칠 격	엄습할 습	놀랄 경	탄식할 탄	우러를 앙	놀이 희
詰	慘	執	払	販	需	賦	占	征	拓
꾸짖을 힐	참혹할 참	잡을 집	떨칠 불	팔 판	쓰일수/쓸 수	부세 부	점령할점/점칠 점	칠 정	넓힐척/박을 탁
陣	跡	盡	迫	耐	踏	倒	鬪	罰	釈
진 칠 진	발자취 적	다할 진	핍박할 박	견딜 내	밟을 답	넘어질 도	싸울 투	벌할 벌	풀 석
徵	療	搬							
부를 징	고칠료(요)	옮길 반							

칠 **박**

음독	はく	拍車 박차	拍節 박절	拍手 박수	一拍 한 박자	脈拍 맥박
	ひょう	拍子 박자	四拍子 4박자			

拍手が鳴りやまない。 박수가 끊이지 않는다.

ハンバーガーといえば、安くて手軽でおいしいの3拍子がそろったファストフードだ。
햄버거로 말할 것 같으면 싸고 간편하고 맛있는 3박자를 갖춘 패스트푸드다.

춤출 **무**

음독	ぶ	舞踏会 무도회	舞台 무대	舞踊 무용	鼓舞 고무, 격려
훈독	まい	舞い 춤			
	まう	舞う 떠돌다, 흩날리다, 춤추다	舞い上がる 날아오르다		
		振る舞う 행동하다, 대접하다	見舞う 병문안하다		

私は舞台女優をめざします。 나는 무대 여배우를 목표로 합니다.

病気の友達を見舞う。 아픈 친구를 병문안한다.

뛸 **용**

음독	よう	舞踊 무용	舞踊団 무용단	
훈독	おどる	踊る 춤추다		
	おどり	踊り 춤	盆踊り 봉오도리(음력 7월 15일 밤에 여러 사람이 모여 추는 춤)	
		踊り子 무희, 무용수		

中国舞踊団が来日した。 중국 무용단이 일본을 방문했다.

フォークダンスが踊れます。 포크 댄스를 출 수 있습니다.

동이 **분**

음독	ぼん	盆栽 분재	盆地 분지, 주위가 산지로 둘러싸인 평지
		盆踊り 봉오도리(음력 7월 15일 밤에 여러 사람이 모여 추는 춤)	

祖父は盆栽が趣味だ。 할아버지는 분재가 취미다.

盆地は夏は暑く冬は寒いです。 분지는 여름에는 덥고 겨울에는 춥습니다.

謡

음독 よう

歌謡曲 가요곡, 노래 民謡 민요 童謡 동요

훈독 うたう

謡う 노래 부르다 謡い 전통 예능 노(能)의 가사

노래 요

父は歌謡曲のCDを数百枚も持っている。아버지는 가요 CD를 몇 백 장이나 갖고 있다.
母は日本の民謡を歌えます。엄마는 일본의 민요를 부를 수 있습니다.

음독 まん

漫画 만화 漫才 만담(둘이 주고받는 익살스러운 재담)
爛漫 난만 散漫 산만 浪漫 낭만

흩어질 만

大きくなってからは漫画を読まなくなりました。커서부터는 만화를 안 읽게 되었습니다.
注意力が散漫になっていたせいか、わたしはいくつか小さな失敗をした。주의력이 산만
해졌기 때문인지 나는 몇 가지 작은 실수를 했다.

음독 けい

傾斜 경사 傾向 경향 傾聴 경청
右傾 우경, 우익화, 오른쪽으로 기욺 傾倒 심취함

훈독 かたむく
かたむける

傾く 기울다, 한쪽으로 쏠리다 傾き 기울기
傾ける 기울이다

기울 경

結婚率および出産率は低下する傾向があります。결혼율 및 출산율은 저하되는 경향이 있습니다.
地震で建物が傾いてしまった。지진으로 건물이 기울고 말았다.

음독 しゃ

傾斜 경사 斜面 경사면 斜度 경사도 斜辺 사변, 빗변
斜陽 사양, 쇠퇴

훈독 ななめ

斜め 기욺, 경사짐, 비스듬함
斜め上 예상과 달리 전혀 예기치 않은 방향으로 감, 또는 그 발상

비낄 사

傾斜を利用して滑った。경사를 이용해서 (스케이트 등을) 탔다.
その話を聴いて首を斜めにしました。그 이야기를 듣고 머리를 갸우뚱했습니다.

고급 한자 • 3

이을 **락**(낙)

음독	らく	連絡 연락　短絡的 맹목적인, 지극히 단순한, 단락적　脈絡 맥락
		経絡 경락
훈독	からむ	絡む 휘감기다, 얽히다
	からまる	絡まる 얽히게 되다, 복잡하게 서로 관계하다
	からめる	絡める 얽다, 고루 묻히다

脈絡のない文章がほとんどです。 맥락이 없는 글이 대부분입니다.

お餅にきな粉を絡めて食べるとおいしい。 떡에 콩가루를 묻혀서 먹으면 맛있다.

그물 **망**

음독	もう	網膜 망막　網羅 망라　連絡網 연락망　鉄条網 철조망
		一網打尽 일망타진　魚網 어망　通信網 통신망
훈독	あみ	網 망　網戸 방충망　投網 투망　金網 철망

ワイファイの通信網のおかげで世界が繋がります。 와이파이 통신망 덕분에 세계가 연결됩니다.

網戸をきっちり閉めてください。 방충망을 꽉 닫으세요.

이을 **계**

			継
음독	けい	継続 계속　継承 계승　中継 중계　後継 후계	
훈독	つぐ	継ぐ 잇다, 계승하다　後継ぎ 상속자, 후계자	
		引き継ぐ 이어받다, 계승하다, 인수하다	

今テレビの野球中継を見ている。 지금 텔레비전 야구 중계를 보고 있다.

以前は長男が家を継ぎました。 예전에는 장남이 대를 이었습니다.

이를 **치**

음독	ち	致命 치명　致死 치사　合致 합치　招致 초청하여 오게 함
		誘致 유치　拉致 납치
훈독	いたす	致す 가져오다, '하다(する)'의 겸양어

交通事故で頭に致命傷をおった。 교통사고로 머리에 치명상을 입었다.

日曜日も営業致します。 일요일에도 영업합니다.

1239 | N2

이을 **소**

음독 **しょう**	紹介 소개　自己紹介 자기소개

ＡＩアナウンサーが最新ニュースを紹介します。 AI아나운서가 최신 뉴스를 소개합니다.
自己紹介したいと思います。 자기소개를 하겠습니다.

1240 | N2

낄 **개**

음독 **かい**	介する 사이에 세우다, 마음에 두다　厄介 귀찮음, 성가심, 폐 介入 개입　紹介 소개

人を介して申し込む。 다른 사람을 거쳐서 말한다.
厄介な事件に介入してしまいました。 성가신 사건에 개입되고 말았습니다.

1241 | 급수 외

막을 **저**

음독 **てい**	大抵 대부분, 대개　抵抗 저항　抵触 저촉

大抵の人は参加する。 사람들 대부분은 참가한다.
校則に抵触する行動をしてはいけません。 교칙에 저촉되는 행동을 해서는 안 됩니다.

1242 | N2

觸

닿을 **촉**

음독 **しょく**	触手 촉수, 더듬이　触覚 촉각　感触 감촉 抵触 저촉　接触 접촉
훈독 **さわる**	触る 손을 대다, 닿다, 기분을 상하게 하다　手触り 손에 닿는 감촉
ふれる	触れる 접촉하다, 닿다, 건드리다　前触れ 예고, 전조, 조짐

ざらざらした感触が好きではありません。 까칠까칠한 감촉이 좋지 않습니다.
いい布かどうか手触りでわかる。 좋은 천인지 손에 닿는 감촉으로 알 수 있다.

고급 한자 · 3

跳

뛸 도

음독	ちょう	跳躍 도약　跳馬 뜀틀, 뜀틀 넘기
훈독	はねる	跳ねる 뛰다, 튀어 오르다
	とぶ	跳ぶ 도약하다, 뛰어넘다　二重跳び 쌩쌩이(줄넘기)
		縄跳び 줄넘기　幅跳び 멀리뛰기　棒高跳び 장대높이뛰기

体操競技の跳馬をはじめて見た。 체조 경기의 뜀틀을 처음 봤다.
大きな魚が跳ねます。 큰 물고기가 튀어 오릅니다.

躍

뛸 약

음독	やく	躍進 약진, 힘차게 돌진함　躍動 역동　躍起 애가 타서 안달함, 기를 씀
		飛躍 비약　一躍 일약　跳躍 도약
훈독	おどる	躍る 뛰어오르다, 설레다, 심하게 요동치다

国民の生活水準は大きく飛躍した。 국민의 생활 수준은 크게 향상되었다.
初めての海外旅行で心が躍ります。 첫 해외여행에 마음이 설렙니다.

贈

줄 증

贈

음독	ぞう	贈呈 증정　贈与 증여　贈賄 증회, 뇌물을 줌
	そう	寄贈 기증('きぞう'로도 읽음)
훈독	おくる	贈る 보내다, 주다, 선사하다　贈り物 선물

記念品を贈呈します。 기념품을 증정합니다.
誕生日の贈り物に何がいいかしら。 생일 선물로 뭐가 좋을까?

Tip おくる
送る (사람이나 물건을) 보내다 → 荷物を送る。 짐을 부친다.
贈る 선물을 하다 → お祝いの品を贈る。 축하 선물을 보낸다.

与

더불 여
줄 여

與

음독	よ	贈与 증여　与党 여당　関与 관여　授与 수여
훈독	あたえる	与える 주다, 수여하다, 부여하다

与党と野党が対立します。 여당과 야당이 대립합니다.
与えるものが何もなくてごめん。 줄 것이 아무것도 없어서 미안.

1247 | N2

음독	ぎょ	制御 제어　御璽 옥새　崩御 붕어, 승하　御者 마부
	ご	御飯 밥　御恩 은혜　御用 볼일, 용무, 용건
훈독	おん	御社 귀사　御礼 사례　御中 귀중(貴中)
		御曹司 명문자제, 상속자

거느릴 어

今の車は運転やスピードが自動に制御されます。 지금 타는 자동차는 운전이나 속도가 자동으로 제어됩니다.

御用はございませんか。 필요한 것은 없으십니까?

1248 | N2

음독	でん	宮殿 궁전　殿堂 전당　殿下 전하　貴殿 귀하
	てん	御殿 저택, 호화로운 주택
훈독	との	殿方 남자분　殿様 주군, 영주
	どの	～殿 ～님, 귀하　湯殿 욕실　隊長殿 대장님

전각 전

国王の住む宮殿に行ってみた。 국왕이 사는 궁전에 가 봤다.

臣下は殿様に仕えます。 신하는 영주님을 모십니다.

1249 | 급수 외

| 음독 | しゅ | 趣味 취미　趣向 취향　悪趣味 악취미, 짓궂음, 취미가 저속함 |
| 훈독 | おもむき | 趣 멋, 느낌, 풍취 |

뜻 취

ここは建築家が趣向をこらした建物です。 이곳은 건축가가 취향을 돋우려고 공들인 건물입니다.

趣のある庭園で癒されました。 정취가 있는 정원에서 힐링되었습니다.

1250 | N1

음독	し	主旨 주지　趣旨 취지　宗旨 종지, 종교의 교의·취지·유파
		要旨 요지　論旨 논지
훈독	むね	旨 가장 으뜸으로 치는 것, 취지, 뜻
	うまい	旨い 맛있다, 좋다, 잘하다

뜻 지

説明文の要旨がよく分かりません。 설명문의 요지를 잘 모르겠습니다.

会議に欠席する旨をチームの部下に伝えた。 회의에 결석한다는 뜻을 팀 부하에게 전했다.

의지할 의

| 음독 | い | 依存 의존　依頼 의뢰　依願 본인의 의사, 원하는 바 |
| | え | 帰依 귀의 |

いつまでも親に依存する。 언제까지고 부모에게 의존한다.
今年、依願退職した。 올해 명예 퇴직했다.

賴

의뢰할 뢰(뇌)

음독	らい	信頼 신뢰　依頼 의뢰
훈독	たのむ	頼む 부탁하다, 의뢰하다　神頼み 신의 가호를 빎
	たよる	頼る 의지하다, 의존하다
	たのもしい	頼もしい 믿음직하다, 촉망되다

仕事を依頼したいのですが。 일을 의뢰하고 싶은데요.
部下に会議の準備を頼みました。 부하에게 회의 준비를 부탁했습니다.

잡을 포

음독	ほ	捕獲 포획　逮捕 체포　捕捉 포착
훈독	とらえる	捕らえる 잡다, 붙잡다
	とらわれる	捕らわれる 잡히다, 사로잡히다
	とる	捕る 잡다　生け捕り 생포, 사로잡음
	つかまえる	捕まえる 붙잡다, 붙들다
	つかまる	捕まる 붙잡히다

野生のおおかみを捕獲しました。 야생 늑대를 포획했습니다.
心を捕らえて離さない本をみんなに紹介したい。 마음을 빼앗겨 뗄 수 없는 책을 모두에게 소개하고 싶다.

獲

얻을 획

| 음독 | かく | 獲得 획득　捕獲 포획　漁獲 어획　乱獲 남획, 마구 잡음 |
| 훈독 | える | 獲る 사냥하다　獲物 수렵물, 사냥감 |

自分の権利を獲得するのは基本だ。 자신의 권리를 획득하는 것이 기본이다.
狩りでうさぎを獲ました。 사냥에서 토끼를 잡았습니다.

도망할 도

음독	とう	逃走 도주　逃亡 도망　逃避 도피
훈독	にげる	逃げる 도망치다, 달아나다　逃げ腰 도망치려는 태도, 발뺌하려는 태도
		夜逃げ 야반도주
	にがす	逃がす 놓아주다
	のがす	逃す 놓아주다, 놓치다　見逃す 못 보고 빠뜨리다, 놓치다
	のがれる	逃れる 달아나다, 벗어나다　一時逃れ 일시적 모면

逃走中の犯人を追え。 도주 중인 범인을 쫓아라.

助けようとしましたが、猫に逃げられました。 구해 주려고 했습니다만, 고양이는 도망치고 말았습니다.

逃

피할 피

음독	ひ	避暑 피서　避難 피난　回避 회피　逃避 도피
		不可避 불가피
훈독	さける	避ける 피하다, 꺼리다

避

来週は避難訓練をします。 다음 주에는 피난 훈련을 하겠습니다.

難しい問題は避けたがる。 어려운 문제는 피하려 한다.

대포 포

| 음독 | ほう | 砲撃 포격　鉄砲 총, 소총　祝砲 축포　大砲 대포 |
| | | 発砲 발포　空砲 공포, 실탄을 장전하지 않은 총포　水鉄砲 물총 |

砲

砲撃を開始しろ。 포격을 개시하라.

夏は水鉄砲で遊んだりしました。 여름에는 물총으로 놀기도 했습니다.

탄알 탄

음독	だん	散弾 산발적으로 날아오는 탄알　弾頭 탄두
		弾丸 탄환, 총알　弾劾 탄핵　爆弾 폭탄　糾弾 규탄
훈독	ひく	弾く 악기를 연주하다, 켜다, 타다, 치다
	はずむ	弾む 튀다, 기세가 오르다
	たま	弾 총알, 탄알　流れ弾 유탄

弾

原子爆弾は恐ろしい武器です。 원자 폭탄은 무서운 무기입니다.

投げたボールが弾みました。 던진 공이 튀어 올랐습니다.

고급 한자 · 3

떨어질 **거**

음독	きょ

距離 거리　長距離 장거리　短距離 단거리

家から学校までの距離は2キロです。 집에서 학교까지의 거리는 2km입니다.
母は学生の頃、短距離の陸上選手だったそうだ。 엄마는 학생 때 단거리 육상 선수였다고 한다.

떠날 **리(이)**

음독	り

離脱 이탈　離陸 이륙　離着陸 이착륙　距離 거리
乖離 괴리　解離 해리, 풀려서 떨어짐

훈독	はなす

離す 떼다, 풀다, 옮기다

	はなれる

離れる 떨어지다, 거리가 멀어지다　離れ島 외딴섬

飛行機の離着陸を眺めている。 비행기 이착륙을 바라보고 있다.
大学の時から両親と離れて暮しています。 대학교 때부터 부모님과 떨어져서 살고 있습니다.

뜰 **부**

음독	ふ

浮上 부상　浮遊 부유　浮力 부력　浮標 부표
浮沈 부침, 흥망　浮薄 경솔하고 천박함

훈독	うく

浮く 뜨다, 들뜨다　浮き足 발뒤꿈치가 뜬 걸음
浮き上がる 떠오르다　浮世絵 우키요에(에도 시대에 발달한 풍속화)

	うかれる

浮かれる 들뜨다, 신이 나다

	うかぶ

浮かぶ 뜨다

	うかべる

浮かべる 띄우다

目の前に潜水艦が浮上しました。 눈앞에 잠수함이 떠올랐습니다.
私は車で夜中を疾走して、浮かれた気分になっていた。 나는 차로 한밤중을 질주하고 들뜬
기분이 되었다.

잠길 **침**

음독	ちん

沈下 침하, 물속에 가라앉음　沈黙 침묵　沈没 침몰　撃沈 격침
意気消沈 의기소침

훈독	しずむ

沈む 가라앉다, (해, 달이) 지다

	しずめる

沈める 가라앉히다

船が暗礁にぶつかって沈没しました。 배가 암초에 충돌해서 침몰했습니다.
太陽が水平線に沈んだ。 태양이 수평선으로 졌다.

음독	もく	黙認 묵인　黙殺 묵살　黙秘 묵비　黙祷 묵도
		寡黙 과묵　沈黙 침묵
훈독	だまる	黙る 말을 하지 않다, 가만히 있다

默

묵묵할 묵

無理な提案は黙殺したほうがいい。 무리한 제안은 묵살하는 편이 낫다.

少しの間黙りなさい。 잠깐만 말을 하지 마라.

| 음독 | い | 威圧 위압　威厳 위엄　脅威 위협　威力 위력　権威 권위 |
| | | 威勢 위세, 기운, 힘　威嚇 위협 |

위엄 위

すごい威力をもつ機械がこの世に誕生した。 굉장한 위력을 지닌 기계가 이 세상에 탄생했다.

その道の権威者といわれています。 그 길의 권위자로 일컬어지고 있습니다.

음독	ぎ	儀式 의식　律儀 의리가 두터움, 성실하고 정직함
		威儀 위의, 예법에 맞는 몸가짐　儀礼 의례, 예의　礼儀 예의
		地球儀 지구본

거동 의

おごそかに婚礼儀式は始まります。 엄숙하게 혼례 의식이 시작됩니다.

彼は礼儀正しい青年です。 그는 예의 바른 청년입니다.

음독	えん	煙突 굴뚝　煙幕 연막　禁煙 금연　喫煙 흡연
훈독	けむる	煙る 연기가 나다, 흐려 보이다
	けむり	煙 연기　砂煙 모래 먼지
	けむい	煙い・煙たい 매캐하다, (연기로 인해) 눈·목 등이 맵다

煙

연기 연

あの黒いのは工場の煙突です。 저 검은 것은 공장 굴뚝입니다.

火事なのか煙がだんだん上がっている。 화재인 건지 연기가 점점 오르고 있다.

고급한자 · 3

349

그늘 음

음독	いん	陰気 음울함, 음침함, 음산함　陰険 음험　陰鬱 음울, 울적함
		陰性 소극적·음침한 성질, 음성(검사 반응이 없음)
훈독	かげる	陰る 그늘지다, 흐려지다, (해가) 가리다　陰り 해가 기울어 어두워짐, 그늘
	かげ	陰 그늘　日陰 응달, 음지

あの人は陰気な性格だ。 저 사람은 음울한 성격이다.
悪い知らせで表情に陰りが見えた。 나쁜 소식을 듣고 표정에 그늘이 보였다.

隱

숨을 은

음독	いん	隠蔽 은폐　隠居 은거, 정년퇴직 후의 노인
		隠逸 은일, 속세의 번거로움에서 벗어남
훈독	かくす	隠す 감추다, 숨기다
	かくれる	隠れる 숨다, 가려지다　隠れ蓑 입으면 모습이 보이지 않는다는 상상
		의 도롱이, 핑계, 방패　雲隠れ 종적을 감춤

山の奥へ隠居の生活に入りました。 산속으로 은거 생활하러 들어갔습니다.
子供はテーブルの下に隠れて出てこない。 아이는 테이블 아래에 숨어서 안 나온다.

기특할 기

| 음독 | き | 奇跡 기적　奇数 기수, 홀수　奇抜 기발　奇襲 기습 |
| | | 怪奇 괴기　珍奇 진기　猟奇 엽기 |

奇跡的に助かった。 기적적으로 살았다.
新入社員は奇抜なアイデアを出しました。 신입 사원은 기발한 아이디어를 냈습니다.

拔

뽑을 발

음독	ばつ	抜歯 발치　抜粋 발췌　海抜 해발　奇抜 기발
		抜群 발군　選抜 선발
훈독	ぬく	抜く 뽑다, 빼다
	ぬける	抜ける 뽑히다, 빠지다　抜け道 샛길, 도망칠 길
	ぬかす	抜かす 빠뜨리다, 따돌리다
	ぬかる	抜かる 실수하다　抜かり 빈틈, 실수

論文の内容をそのまま抜粋して、レポートを書きました。 논문 내용을 그대로 발췌해서 리포트를 썼습니다.
虫歯を抜きました。 충치를 뺐습니다.

음독	えい	影響 영향　撮影 촬영　残影 잔영　幻影 환영　投影 투영
훈독	かげ	影 그림자　影絵 그림자놀이, 실루엣　人影 사람의 그림자
		面影 옛날 모습, 흔적

그림자 영

彼の影響力はとても強いです。 그의 영향력은 매우 셉니다.
窓に人影が映った。 창문에 사람 그림자가 비쳤다.

響

| 음독 | きょう | 反響 반향　影響 영향　音響 음향　交響曲 교향곡 |
| 훈독 | ひびく | 響く 울리다, 울려 퍼지다 |

울릴 향

音響効果を考えていいスピーカーを買った。 음향 효과를 생각해서 좋은 스피커를 샀다.
風呂場で声が天井に響きました。 목욕탕에서 목소리가 천장에 울렸다.

歓

| 음독 | かん | 歓待 환대　歓迎 환영　歓喜 환희　歓声 환성 |
| | | 歓談 환담, 서로 즐겁게 이야기함　歓楽街 환락가 |

기쁠 환

客席から歓声と大きな拍手が沸き起こります。 객석으로부터 환성과 커다란 박수가 터져 나옵니다.
みんなで久しぶりに顔をあわせて歓談することができた。 다 같이 오랜만에 얼굴을 마주하고
즐겁게 얘기할 수 있었다.

迎

| 음독 | げい | 迎賓 영빈　歓迎 환영　迎合 영합　送迎 송영 |
| 훈독 | むかえる | 迎える 맞이하다　出迎え 마중 |

맞을 영

多くの人に歓迎された。 많은 사람들에게 환영을 받았다.
お客さまを出迎えるため空港に行きます。 손님을 마중 나가기 위해 공항에 갑니다.

고급 한자 · 3

음독 **えい**	鋭利 예리 鋭角 예각, 직각보다 작은 각 新鋭 신예	
	精鋭 정예, 특별히 선발됨	
훈독 **するどい**	鋭い 날카롭다, 예리하다, 예민하다	

날카로울 예

鋭利なナイフは子供の手の届かないところに置いてください。 예리한 칼은 아이의 손이 닿지 않는 곳에 놓아 주세요.

あのデザイナーは美的な感覚が鋭い。 그 디자이너는 미적인 감각이 예민하다.

음독 **びん**	敏腕 민완, 일을 척척 처리하는 능력이 있음 過敏 과민	
	敏感 민감 機敏 기민 鋭敏 예민	

민첩할 민

敏腕刑事が登場してみんな安心しました。 일 처리가 뛰어난 형사가 등장해서 모두 안심했습니다.

妻は鋭敏な神経の持ち主なのだ。 아내는 예민한 신경의 소유자다.

음독 **い**	行為 행위 作為 작위, 조작함, 꾸밈 有為 유위, 유망	
예외	為替 환, 환율	

할 위

それは不正行為なのでやめましょう。 그것은 부정행위이므로 그만둡시다.

その作品は構成が作為的でおもしろくない。 그 작품은 구성이 작위적이고 재미없다.

替

음독 **たい**	代替 대체 交替 교체	
훈독 **かえる**	替える 바꾸다, 교환하다 両替 환전 衣替え 옷 갈아입기, 옷장 정리	
かわる	替わる 대리하다, 대신하다, 바뀌다	

바꿀 체

編集長が人事異動で交替した。 편집장이 인사이동으로 교체되었다.

千円札に両替したいのですが。 천 엔짜리로 바꾸고 싶은데요.

흉할 흉

| 음독 | きょう | 凶作 흉작　凶悪 흉악　元凶 원흉　吉凶 길흉 |

今年は凶作です。올해는 흉작입니다.
逃走中の凶悪犯が捕まった。도주 중인 흉악범이 잡혔다.

썩을 후

음독	きゅう	老朽 노후　腐朽 (목재·금속 등이) 썩어 문드러짐, 노후
		朽廃 후폐, 낡아 못 쓰게 됨　不朽 불후
훈독	くちる	朽ちる 썩다, 쇠퇴하다　朽ち果てる 썩어버리다, 허무하게 죽다

老朽化した家を改造したいです。노후된 집을 리모델링하고 싶습니다.
先生の名声は朽ちることはありません。선생님의 명성은 무너지지 않습니다.

썩을 부

음독	ふ	腐敗 부패　腐心 애태움, 고심　腐食 부식　陳腐 진부　豆腐 두부
훈독	くさる	腐る 썩다, 상하다, 부패하다
	くされる	腐れる 썩다
	くさらす	腐らす 썩이다, 썩게 하다

あの評論家は政治の腐敗を指摘します。저 평론가는 정치 부패를 지적합니다.
夏はなまものがよく腐るので管理に気をつけてください。여름에는 날것이 잘 상하므로 관리에 신경 써 주세요.

壊

무너질 괴

음독	かい	崩壊 붕괴　壊滅 궤멸, 괴멸　決壊 (둑 등이 터져) 무너짐
		倒壊 넘어지거나 무너짐　破壊力 파괴력
훈독	こわす	壊す 파괴하다, 부수다, 망치다, 고장내다
	こわれる	壊れる 깨지다, 부서지다, 파괴되다, 고장나다

大雨で堤防が決壊した。호우로 제방이 무너졌다.
古い建物を壊しました。오래된 건물을 부쉈습니다.

고급 한자 • 3

1283 | N2

음독	しょう	召喚 소환, 조사하기 위해 불러들임　召集 소집
		召還 소환, 파견한 사람을 불러 돌아오게 함
훈독	めす	召す 부르시다, 잡수시다　お召し物 남의 의복의 높임말

부를 소

四月から国会を召集します。 4월부터 국회를 소집합니다.
料理はお気に召しましたか。 요리는 입에 맞으셨습니까?

1284 | N1

음독	ぞく	俗物 속물　俗称 속칭, 통칭　俗語 속어　民俗 민속
		風俗 풍속, 유흥업소

풍속 속

若者は俗語でよく話をします。 젊은이들은 속어로 자주 말을 합니다.
民俗芸能は昔から村に伝わってきた。 민속 예능은 옛날부터 마을에 전해져 왔다.

1285 | N1

稱

음독	しょう	称する 칭하다, 일컫다　称賛 칭찬　称号 칭호
		愛称 애칭　名称 명칭　敬称 경칭　対称 대칭
예외		称える 칭하다, 일컫다　称える 칭송하다, 기리다

일컬을 칭

新しい商品の名称を募集しています。 새로운 상품의 명칭을 모집하고 있습니다.
先生の偉大な業績を称えました。 선생님의 위대한 업적을 칭송했습니다.

1286 | N1

음독	かい	戒心 경계심, 조심, 경계함　戒律 계율　戒告 계고
		戒禁 타일러 금함　警戒 경계
훈독	いましめる	戒める 훈계하다, 징계하다　戒め 훈계, 교훈, 주의

경계할 계

寺院の戒律は厳しいです。 사원의 계율은 엄합니다.
父の戒めを守るようにしている。 아버지의 교훈을 지키려고 하고 있다.

음독	そ	訴訟 소송　訴状 소장　起訴 기소　告訴 고소　勝訴 승소
훈독	うったえる	訴える 소송하다, 고소하다, 호소하다

호소할 訴

告訴の内容をしっかり検討してください。 고소 내용을 잘 검토해 주세요.

裁判所に訴えるつもりです。 법원에 제소할 생각입니다.

음독	てん	添付 첨부　添削 첨삭　添加物 첨가물　添乗員 투어 가이드
훈독	そえる	添える 첨부하다, 곁들이다　添え木 받침대, 부목
	そう	添う 더하다, 첨가하다　寄り添う 다가붙다, 달라붙다
		付き添い 시중드는 사람

더할 添

食品添加物に注意しましょう。 식품 첨가물에 주의합시다.

契約書にただし書きを添えることにした。 계약서에 단서를 덧붙이기로 했다.

尋

음독	じん	尋問 심문　尋常 심상, 보통, 예사스러움
훈독	たずねる	尋ねる 찾다, 묻다

찾을 尋

警察は怪しい男を尋問した。 경찰은 수상한 남자를 심문했다.

人に道を尋ねるのは恥ずかしくてできません。 남한테 길을 묻는 것은 부끄러워서 못합니다.

據

음독	きょ	拠点 거점　占拠 점거　根拠 근거　依拠 의거
		準拠 준거
	こ	証拠 증거

근거 拠

登山の拠点を築いた。 등산의 거점을 구축했다.

確かな証拠があります。 확실한 증거가 있습니다.

고급 한자 · 3

어긋날 위

음독 **い**	相違 다름, 틀림　違法行為 위법 행위
	違反 위반　違約 위약
훈독 **ちがう**	違う 다르다, 틀리다
ちがえる	違える 달리하다　見違える 잘못 보다, 몰라보다
	間違える 잘못하다, 틀리다, 실수하다, 잘못 알다

違

ルールに違反したらどうなりますか。규칙을 위반하면 어떻게 됩니까?
行き先を間違って電車に乗った。행선지를 잘못 알고 전철을 탔다.

견줄 교

음독 **かく**	比較 비교　比較的 비교적

兄弟姉妹は比較されがちです。형제자매는 비교되기 마련입니다.
経済的に比較的ゆとりがある。경제적으로 비교적 여유가 있다.

딸 적

음독 **てき**	摘出 적출　摘発 적발　摘要 적요, 요강　指摘 지적
훈독 **つむ**	摘む 따다　花を摘む 꽃을 따다, (여성이)화장실에 들어가다

不正を摘発して賞をもらった。부정을 적발해서 상을 받았다.
ブルーベリーを摘んでジャムを作りました。블루베리를 따서 잼을 만들었습니다.

생각할 억

음독 **おく**	記憶 기억　憶測 억측
	憶説 억설, 사실이 아닌 추측이나 가설에 근거한 의견　追憶 추억

小さいころの記憶がほとんど覚えられない。어렸을 적 기억이 거의 안 난다.
彼の話はただの憶測にすぎません。그의 이야기는 그저 억측에 지나지 않습니다.

음독	えつ	優越 우월　越境 월경, 경계선이나 국경을 넘음
		越冬 월동, 겨울을 남　超越 초월
훈독	こす	越す 넘다, 건너다, 이사하다　追い越し 추월, 앞지르기
		年越し 묵은해를 보내고 새해를 맞음, 섣달 그믐날 밤 또는 입춘 전날 밤(의 행사)
	こえる	越える 넘어가다, 건너다

넘을 월

越境して攻めこんでいるところです。 국경을 넘어 공격하는 중입니다.
年越しそばを食べる。 섣달그믐날 밤에 메밀국수를 먹는다.

遣

음독	けん	派遣 파견　遣外 외국에 파견함　先遣 먼저 파견, 선발
훈독	つかう	遣う 보내다, 쓰다, 소비하다　お遣い 심부름　小遣い 용돈
	つかわす	遣わす 보내다, 파견하다

보낼 견

現場に記者を派遣する。 현장에 기자를 파견한다.
一か月の小遣いをためました。 한 달 치 용돈을 모았습니다.

Tip 'お遣い(심부름)'는 'お使い'로도 씀.

| 음독 | い | 維新 유신　繊維 섬유　維持 유지 |

벼리 유

繊維製品を輸出する。 섬유 제품을 수출한다.
現状を維持するのは易しいことではありません。 현상을 유지하는 것은 쉬운 일이 아닙니다.

譽

음독	よ	名誉 명예　不名誉 불명예
		国民栄誉賞 국민영예상, 국민훈장
훈독	ほまれ	誉れ 명예, 영예, 자랑거리

기릴 예
명예 예

名誉ばんかいのチャンスが来ました。 명예를 만회할 찬스가 왔습니다.
彼女は郷土の誉れ高い人物です。 그녀는 지방의 이름 높은 인물입니다.

357

1299 | 급수 외

음독 こ

誇大 과대　誇示 과시　誇張 과장

훈독 ほこる

誇る 자랑하다, 뽐내다　誇り 자랑, 긍지, 명예로움

ほこらしい

誇らしい 자랑스럽다

자랑할 과

自分の力を誇示するのはよくない。 자신의 힘을 과시하는 것은 좋지 않다.

彼らはクラスの誇りです。 그들은 우리 반의 자랑입니다.

1300 | N1

음독 ごう

豪遊 호유, 호화롭게 놂　豪華 호화　豪快 호쾌　豪雨 호우

文豪 문호　強豪 강호　酒豪 주량이 센 사람

호걸 호

豪華な景品を用意しました。 호화로운 경품을 준비했습니다.

集中豪雨の被害がものすごいです。 집중 호우 피해가 대단합니다.

1301 | N1

음독 まん

慢性 만성　自慢 자랑, 자만　高慢 거만, 건방짐　我慢 참음

怠慢 태만

거만할 만

慢性胃炎で入院した。 만성 위염으로 입원했다.

高慢な態度をとってはいけません。 건방진 태도를 취해서는 안 됩니다.

1302 | N2

음독 し

奉伺 문안의 말을 여쭘, 문안드림　伺察 사찰, 사람의 상황을 살피는 것

伺候 웃어른께 문안드림

훈독 うかがう

伺う (윗사람 등의 의견·지시를 받으려고) '물어보다, 듣다, 방문하다'의 겸양어

엿볼 사

ご機嫌を奉伺する。 문안을 여쭙다.

先生の意見を伺ってみます。 선생님의 의견을 여쭤보겠습니다.

358

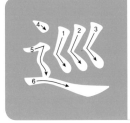

巡

음독 じゅん

巡査 순경, 경찰관　巡回 순회　巡視 순시
一巡 한 바퀴 돎　巡礼 순례

훈독 めぐる

巡る 돌다, 순회하다　島巡り 섬 둘레를 돎, 섬에서 섬으로 돌면서 유람함

예외 お巡りさん 순경 아저씨

돌 순
순행할 순

一日二回校内を巡回します。 하루에 2번 교내를 순회합니다.
韓国の島巡りをしてみたいです。 한국의 섬을 돌아보고 싶습니다.

突

음독 とつ

突然 돌연, 갑자기　突撃 돌격　突如 갑자기, 별안간
突破 돌파　追突 추돌　衝突 충돌　激突 격돌

훈독 つく

突く 찌르다

갑자기 돌

急に前の車に追突しました。 갑자기 앞차를 들이받았습니다.
親指を針の先で突いた。 엄지손가락을 바늘 끝으로 찔렀다.

음독 し

名刺 명함　刺殺 척살, 찔러 죽임　刺激 자극

훈독 さす
ささる

刺す 찌르다, 쏘다, 물다　刺身 생선회　突き刺す 푹 찌르다
刺さる 찔리다, 박히다

찌를 자

取引先の人と名刺を交換しました。 거래처 사람과 명함을 교환했습니다.
他人の一言が心に刺さる。 다른 사람의 한마디가 마음에 꽂힌다.

음독 しゅ

狩猟 수렵

훈독 かる

狩る 사냥하다, 잡다　狩り 사냥, 잡기　狩場 사냥터
潮干狩り 조개잡이

예외 狩人 사냥꾼

사냥할 수

父と狩猟に出かけた。 아버지와 사냥하러 나갔다.
夏休みにほたる狩りに行きました。 여름 방학에 반딧불을 잡으러 갔습니다.

고급한자 · 3

두려울 **공**

음독	きょう	恐怖 공포 　恐竜 공룡 　恐縮 공축, 죄송하게 여김 　恐慌 공황
훈독	おそらく	恐らく 아마, 어쩌면, 필시
	おそれる	恐れる 무서워하다, 염려하다
	おそろしい	恐ろしい 무섭다, 걱정스럽다

国立科学博物館で恐竜の骨を見た。국립 과학 박물관에서 공룡의 뼈를 보았다.
寂しい気持ちになったことのない人は恐らくいないでしょう。마음이 외로워진 적이 없던 사람은 아마도 없겠죠.

두려워할 **포**

음독	ふ	恐怖 공포 　畏怖 두려워함
훈독	こわい	怖い 무섭다, 두렵다
예외		怖気 공포심('おぞけ'로도 읽음)

彼氏と恐怖映画をみに行く。남자친구와 공포 영화를 보러 간다.
雷が怖いです。천둥이 무섭습니다.

侵

침노할 **침**

음독	しん	侵入 침입 　侵攻 침공 　侵略 침략 　侵犯 침범
		不可侵 불가침
훈독	おかす	侵す 침범하다, 침해하다

他国から侵入してきました。다른 나라에서 침입해 왔습니다.
国境を侵して戦争をおこした。국경을 침범해서 전쟁을 일으켰다.

칠 **공**

음독	こう	特攻 특공 　攻撃 공격 　速攻 속공 　攻守 공수
훈독	せめる	攻める 공격하다, 진격하다

あの選手は攻守ともに優れる。저 선수는 공수 모두 뛰어나다.
敵を攻めて勝利を収めました。적을 공격해서 승리를 거두었습니다.

음독	げき	出撃 출격　攻撃 공격　反撃 반격　撃退 격퇴
훈독	うつ	撃つ 총으로 쏘다　狙い撃ち 저격　早撃ち 속사, 권총을 빨리 쏨

擊

칠 격

敵が一斉に攻撃してきました。 적이 일제히 공격해 왔습니다.
軍隊で銃を撃つ訓練をした。 군대에서 총을 쏘는 훈련을 했다.

Tip うつ

打つ 치다, 때리다, 박다 → キーボードを打つ。 키보드를 친다.

討つ 공격하다, 토벌하다 → 敵を討つ。 적을 토벌한다.

撃つ (총으로) 쏘다, 사격하다 → 銃を撃つ。 총을 쏜다.

음독	しゅう	襲撃 습격　襲名 부모나 스승의 명의를 계승함　世襲 세습
		空襲 공습　踏襲 답습　逆襲 역습
훈독	おそう	襲う 습격하다, 덮치다　襲われる 습격당하다, 덮치다

襲

엄습할 습

空襲警報が発令しました。 공습경보가 발령되었습니다.
台風が日本列島を襲った。 태풍이 일본 열도를 덮쳤다.

음독	きょう	驚愕 경악　驚異 경이　驚喜 몹시 놀라고 기뻐함
		驚嘆 경탄
훈독	おどろく	驚く 놀라다, 경악하다
	おどろかす	驚かす 놀래다, 놀라게 하다

驚

놀랄 경

この温泉は自然界の驚異を間近で感じることができます。 이 온천은 자연계의 경이로움을 가까이서 느낄 수 있습니다.
急な発表に驚いた。 갑작스러운 발표에 놀랐다.

음독	たん	嘆願 탄원　嘆声 탄성　感嘆 감탄　驚嘆 경탄
		悲嘆 비탄
훈독	なげく	嘆く 한탄하다, 슬퍼하다, 분개하다　嘆き 한탄, 비탄, 슬픔, 분개
	なげかわしい	嘆かわしい 통탄스럽다, 한탄스럽다

嘆

탄식할 탄

嘆願書に署名してください。 탄원서에 서명해 주세요.
彼女は自分の悲運を嘆きました。 그녀는 자신의 비운을 한탄했습니다.

고급 한자 · 3

1315 | N1

우러를 앙

음독 **ぎょう**	仰天 몹시 놀람, 기겁함	仰望 존경하여 사모함
	仰々しい 야단스럽다	仰視 우러러봄
こう	信仰 신앙	景仰 우러러 사모함
훈독 **あおぐ**	仰ぐ 우러러보다, 얼굴을 치켜들다	仰向け 위를 향한 상태로 누움
おおせ	仰せ 본부, 말씀, 명령	

急に後ろからやってきてびっくり仰天しました。 갑자기 뒤에서 다가와서 기절초풍했습니다.
山の頂を仰ぎます。 산꼭대기를 쳐다봅니다.

1316 | N1

戲

놀이 희

음독 **ぎ**	戯曲 희곡	遊戯 유희, 장난, 놀이	戯画 희화, 캐리커처
훈독 **たわむれる**	戯れる 가지고 놀다, 장난치다		
예외	戯作 희작, 에도 시대 후기 통속 오락 소설	悪戯 장난	

彼は戯曲を書く作家です。 그는 희곡을 쓰는 작가입니다.
子供が猫と戯れています。 아이가 고양이와 놀고 있습니다.

1317 | N2

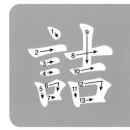

꾸짖을 힐

음독 **きつ**	詰責 힐책	詰問 나무라고 따짐, 추궁	難詰 힐난
훈독 **つめる**	詰める 채우다, 좁히다	缶詰 통조림	
つまる	詰まる 꽉차다, 막히다	行き詰まる 막다르다, 앞이 막히다	
つむ	詰む 막히다, 촘촘하다		

部下の怠慢を詰責します。 부하의 태만을 힐책합니다.
企画が途中で行き詰まってしまった。 기획이 도중에 막혀 버렸다.

1318 | N1

惨

참혹할 참

음독 **さん**	悲惨 비참	惨禍 참화	惨害 참해	惨状 참상
	惨劇 참극			
ざん	惨敗 참패	惨殺 참살	無惨 무참	
훈독 **みじめ**	惨め 비참함, 참혹함			
むごい	惨い 비참하다, 끔찍하다, 잔혹하다			

悲惨な事故現場に報道陣が来ました。 비참한 사고 현장에 보도진이 왔습니다.
彼女は幸せな人間の暮らしとは程遠い惨めな生活を送っていた。 그녀는 행복한 사람의 삶과는 거리가 먼 비참한 생활을 보내고 있었다.

음독	しつ	執行 집행　執事 집사　執筆 집필　執刀 집도　固執 고집
	しゅう	執念 집념　執着 집착
훈독	とる	執る (직무로서) 취급하다, 맡다

잡을 집

勝利に執念を燃やしています。 승리하고자 집념을 불태우고 있습니다.
部長がプロジェクトの指揮を執りました。 부장님이 프로젝트의 지휘를 맡았습니다.

拂

음독	ふつ	払拭 불식　払底 동이 남, 바닥이 남
훈독	はらう	払う 지불하다, 내다　現金払い 현금지불
		前払い 선불, 미리 지불함　酔っ払う 만취하다

떨칠 불

大勢が来たので食料が払底した。 많은 사람이 왔기 때문에 음식물이 동이 났다.
生徒全員の入場料を払いました。 학생 전원의 입장료를 냈습니다.

| 음독 | はん | 販売店 판매점　自販機 자판기(자동판매기(自動販売機))의 준말 |
| | | 市販 시판　通販 통판　販路 판로 |

팔 판

自動販売機でジュースを買った。 자동판매기에서 주스를 샀다.
製品の販路を広げるためにもっと頑張ります。 제품의 판로를 넓히기 위해 더욱 노력하겠습니다.

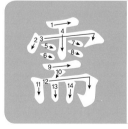

| 음독 | じゅ | 需要 수요　需給 수급　特需 특별 수요　必需 필수 |

쓰일 수
쓸 수

需要と供給が間に合わない。 수요와 공급이 맞지 않는다.
需給のバランスを保つ方法を教えてください。 수급의 균형을 유지하는 방법을 알려 주십시오.

고급 한자 • 3

363

1323 | N1

부세 **부**

음독 **ふ**　賦課 부과　賦役 부역　割賦 할부　月賦 월부　天賦 천부적임

国は税金を賦課します。 나라는 세금을 부과합니다.
バイオリンに天賦の才能がある。 바이올린에 천부적인 재능이 있다.

1324 | N2

점령할 **점**
점칠 **점**

음독 **せん**　占領 점령　独占 독점　占拠 점거　占星術 점성술

훈독 **しめる**　占める 차지하다, 점유하다　買い占め 매점
うらなう　占う 점치다　占い師 점쟁이

彼は占星術に基づく予言をすることで有名です。 그는 점성술에 기초한 예언을 하는 것으로 유명합니다.
パーティーには女子が大半を占めました。 파티에는 여자가 대부분을 차지했습니다.

1325 | N1

칠 **정**

음독 **せい**　征服 정복　遠征 원정　出征 출정

彼は世界最初にアルプスを征服した。 그는 세계 최초로 알프스를 정복했다.
全国大会に遠征します。 전국 대회에 원정 나갑니다.

1326 | N1

넓힐 **척**
박을 **탁**

음독 **たく**　拓本 탁본　開拓 개척　干拓 간척
魚拓 어탁(잡은 물고기의 겉에 먹을 칠하여 종이에 그 모양을 뜨는 일)

山林の開拓を計画します。 산림 개척을 계획합니다.
去年入り江を干拓した。 작년에 후미를 간척했다.

1327 | N1

음독 **じん**	陣頭 진두　陣痛 진통　円陣 원형으로 줄지어 섬 出陣 출진, 출정　陣形 진형

진 칠 **진**

リーダーは陣頭指揮をとる。 리더는 진두지휘를 한다.
彼女は陣痛の苦しみを味わいました。 그녀는 진통의 고통을 맛보았습니다.

1328 | N2

음독 **せき**	追跡 추적　遺跡 유적　軌跡 궤적　痕跡 흔적
훈독 **あと**	跡 유적, 흔적, 자리　足跡 발자취, 종적, 행적　傷跡 상처 자국

발자취 **적**

何日もかけて犯人を追跡した。 며칠에 걸쳐 범인을 추적했다.
足にやけどの跡が残りました。 다리에 화상 자국이 남았습니다.

1329 | N1

盡

음독 **じん**	尽力 진력, 힘씀
훈독 **つくす**	尽くす 다하다, 모두 ~해버리다, 봉사하다
つかす/つきる	尽かす 다 소모하다, 소진하다　尽きる 다하다, 떨어지다, 끝나다

다할 **진**

ご尽力に感謝します。 힘써 주셔서 감사를 드립니다.
これからも社会のために尽くしたいです。 앞으로도 사회를 위해 봉사하고 싶습니다.

1330 | N1

迫

음독 **はく**	迫力 박력　迫真 박진, 실감 남　迫害 박해　緊迫 긴박 脅迫 협박　気迫 기백, 기계　圧迫 압박
훈독 **せまる**	迫る 다가오다, 다가가다

핍박할 **박**

彼は迫真の演技をする役者です。 그는 실감 나는 연기를 하는 배우입니다.
試験の終了時間が迫った。 시험 종료 시간이 다가왔다.

견딜 내

| 음독 | **たい** | 耐性 _{たい せい} 내성 | 耐震 _{たい しん} 내진 | 耐久 _{たい きゅう} 내구 | 耐熱 _{たい ねつ} 내열 | 忍耐 _{にん たい} 인내 |
| 훈독 | **たえる** | 耐える _た 견디다, 참다, 버티다 |

新製品の耐久力テストをしてみましょう。 신제품 내구력 테스트를 해 봅시다.

冬の寒さにじっと耐える。 겨울 추위를 꾹 버틴다.

🔵Tip **たえる**

堪える 참다, 견디다, 억누르다 → 見るに堪えない。 차마 볼 수 없다.

耐える 견디다, 참다 → 苦痛に耐える。 고통을 참는다.

絶える 끊어지다 → 話が絶える。 이야기가 끊기다.

밟을 답

음독	**とう**	踏査 _{とう さ} 답사	踏襲 _{とう しゅう} 답습	踏歌 _{とう か} 답가	舞踏 _{ぶ とう} 무도	雑踏 _{ざっ とう} 혼잡, 붐빔
훈독	**ふむ**	踏む _ふ 밟다, 과정을 거치다	踏み込む _{ふ こ} 발을 디디다, 덮치다, 파고들다
		足踏み _{あし ふ} 제자리걸음, 답보 상태	踏切 _{ふみ きり} 건널목
	ふまえる	踏まえる _ふ 밟아 누르다, 근거하다

都会の雑踏に紛れているので、人の注意は引かない。 도심의 혼잡에 뒤섞여 있기 때문에 남의 주의를 끌지 않는다.

自転車のペダルを強く踏んでいました。 자전거 페달을 힘차게 밟고 있었습니다.

넘어질 도

음독	**とう**	倒産 _{とう さん} 도산	倒壊 _{とう かい} 도괴, 무너짐	打倒 _{だ とう} 타도	圧倒 _{あっ とう} 압도
		卒倒 _{そっ とう} 졸도	転倒 _{てん とう} 거꾸로 됨, 전도
훈독	**たおれる**	倒れる _{たお} 쓰러지다, 넘어지다
	たおす	倒す _{たお} 넘어뜨리다

競技で圧倒的に優位に立つ。 경기에서 압도적으로 우위에 서다.

台風で木が倒れました。 태풍으로 나무가 쓰러졌습니다.

음독	とう	闘争 투쟁　闘志 투지　闘病 투병　乱闘 난투
		戦闘 전투　奮闘 분투
훈독	たたかう	闘う 싸우다, 극복하려고 맞서다

싸울 **투**

彼女は闘病生活中に小説を書き始めました。 그녀는 투병 생활 중에 소설을 쓰기 시작했습니다.
模擬戦闘なのでみんなフェアに闘いましょう。 모의 전투이므로 모두 공정하게 싸웁시다.

| 음독 | ばつ | 罰則 벌칙　罰金 벌금　処罰 처벌　刑罰 형벌　懲罰 징벌 |
| | ばち | 罰 벌　罰当たり 벌을 받음, 벌을 받아 마땅한 사람 |

벌할 **벌**

駐車違反の罰金を払った。 주차 위반 벌금을 냈다.
犯罪者はついに罰が当たります。 범죄자는 결국에 벌을 받습니다.
Tip '罰(벌)'는 '罰'로도 읽음.

| 음독 | しゃく | 釈放 석방　釈明 해명　解釈 해석　注釈 주석 |
| 예외 | | 釈迦 석가 |

풀 **석**

先方に釈明を求めた。 상대측에 해명을 요구했다.
理解のため注釈をつけました。 이해를 위해 주석을 달았습니다.

| 음독 | ちょう | 徴収 징수　徴兵 징병　特徴 특징　象徴 상징 |

부를 **징**

このメモの字は特徴のある字です。 이 메모의 글자는 특징이 있는 글씨입니다.
ハトは平和の象徴です。 비둘기는 평화의 상징입니다.

음독 りょう

療法 요법　医療 의료　治療 치료　療養 요양　診療所 진료소
受療 수진, 진료(진찰)를 받음

고칠 **료**(요)

様々な療法を試みたが、効果はありませんでした。 다양한 요법을 시도했지만, 효과는 없었습니다.

半年間の療養生活が終わりました。 반년간의 요양 생활이 끝났습니다.

음독 はん

搬送 반송　搬入 반입　搬出 반출　運搬 운반

옮길 **반**

あしたから新しい商品を搬出します。 내일부터 새 상품을 반출합니다.

トラックで冷凍食品を運搬します。 트럭으로 냉동식품을 운반합니다.

우리말과 일본어에서 뉘앙스가 다른 한자어 II

한국어	일본어
상품(上品)	上品 고상함, 품위가 있음
하품(下品)	下品 인품이 천함, 품위가 없음
수당(手當)	手当 수당, 방법, 조치
물심(物心)	物心 철이 듦, 분별심
약사(藥師)	薬師 약사여래(중생의 병을 고친다는 여래)의 준말　※ 薬剤師 약사
시비(是非)	是非 꼭, 부디
의논(議論)	議論 논의, 의견을 주고받음
대장부(大丈夫)	大丈夫 괜찮음, 문제없음
당돌(唐突)	唐突 뜻밖, 느닷없음
정녕(丁寧)	丁寧 정중함, 공손함

고급 한자 ④

중학교 2학년 한자

• 100자

甲	乙	双	吏	匠	侍	孤	胎	稚	嫁
갑옷 갑	새 을	두 쌍	벼슬아치 리(이)	장인 장	모실 시	외로울 고	아이 밸 태	어릴 치	시집갈 가
帝	冠	偶	伴	姬	婿	孃	婆	賊	蛮
임금 제	갓 관	짝 우	짝 반	여자 희	사위 서	아가씨 양	할머니 파	도둑 적	오랑캐 만
孔	肝	胆	掌	疾	痘	篤	寿	髓	陳
구멍 공	간 간	쓸개 담	손바닥 장	병 질	역질 두	도타울 독	목숨 수	뼛골 수	베풀 진/묵을 진
豚	鶏	鯨	畜	猟	幻	幽	魂	霊	魔
돼지 돈	닭 계	고래 경	짐승 축	사냥 렵(엽)	헛보일 환	그윽할 유	넋 혼	신령 령(영)	마귀 마
斗	斤	厘	帆	隻	卓	炎	炉	袋	礎
말 두	근 근	다스릴 리(이)	돛 범	외짝 척	높을 탁	불꽃 염	화로 로(노)	자루 대	주춧돌 초
埋	碑	墳	彫	棋	軌	軸	鋳	塊	鐘
묻을 매	비석 비	무덤 분	새길 조	바둑 기	바큇자국 궤	굴대 축	불릴 주	덩어리 괴	쇠북 종
冗	弧	符	訂	封	哲	勘	該	概	綱
쓸데없을 용	활 호	부호 부	바로잡을 정	봉할 봉	밝을 철	헤아릴 감	갖출 해/마땅 해	대개 개	벼리 강
墨	翻	簿	籍	倣	娯	悟	掲	啓	超
먹 묵	날 번	문서 부	문서 적	본뜰 방	즐길 오	깨달을 오	걸 게	열 계	뛰어넘을 초
詠	聴	随	撮	閲	憩	顧	乏	辛	炊
읊을 영	들을 청	따를 수	사진 찍을 촬	볼 열	쉴 게	돌아볼 고	모자랄 핍	매울 신	불 땔 취
穂	喫	飽	餓	絞	搾	酵	摂	穫	糧
이삭 수	먹을 끽	배부를 포	주릴 아	목맬 교	짤 착	삭힐 효	다스릴 섭/잡을 섭	거둘 확	양식 량(양)

음독	こう
	かん

甲乙 갑을, 우열　甲羅 등딱지　装甲 장갑, 무장　堅甲 견갑, 갑옷

甲高い (소리·목소리가) 새되다, 목소리의 어조가 높다　甲板 갑판

갑옷 갑

亀の甲羅は堅いです。 거북이 등딱지는 딱딱합니다.

甲高い声が聞こえる。 새된 목소리가 들린다.

음독	おつ

乙 을, 제2위, 특이함　甲乙 갑을, 첫째와 둘째, 우열

乙夜 을야, 해시(오후 9시부터 11시까지)

乙種 을종, 제2의 종류, 갑종의 다음 순위

예외 乙女 소녀, 처녀

새 을

この魚は乙な味がします。 이 생선은 특이한 맛이 납니다.

お二人とも甲乙つけがたいほどのお美しい方です。 두 분 모두 우열을 가리기 힘들 정도로 아름다운 분입니다.

雙

음독	そう
훈독	ふた

双方 쌍방　双生児 쌍생아　双眼鏡 쌍안경　双璧 쌍벽

双子 쌍둥이　双子座 쌍둥이자리　双葉 떡잎, 일의 시초, 어렸을 적

두 쌍

双方の意見が一致した。 쌍방의 의견이 일치했다.

双子の兄弟は双眼鏡をのぞきました。 쌍둥이 형제는 쌍안경을 들여다보았습니다.

음독	り

吏員 공공 기관의 직원, 지방 공무원　官吏 관리, 공무원

벼슬아치 리(이)

日本では約5,000名もの女性消防吏員が活躍しています。 일본에서는 약 5,000명 되는 여성 소방 공무원이 활약하고 있습니다.

官吏になる勉強をする。 공무원이 되는 공부를 한다.

1344 | N1

음독 **しょう**	師匠 선생, 스승	巨匠 거장, (예술계의) 대가
	意匠 의장, (제작상의) 생각, 궁리, 디자인	
훈독 **たくみ**	匠 장인, 목수	

장인 장

師匠との稽古のときはいつも緊張します。 스승님과의 레슨 때는 항상 긴장합니다.
あの監督は映画界の巨匠と呼ばれます。 저 감독은 영화계의 거장으로 불립니다.

1345 | N1

음독 **じ**	侍従 시중	侍医 시의, 어의
	近侍 근시, 근신(주군의 곁에서 시중을 드는 사람)	
훈독 **さむらい**	侍 무사, 귀인의 신변을 호위하던 상급 무사	

모실 시

うちの先祖は皇太子の侍従を勤めたそうです。 우리 조상님은 황태자의 시중을 들었다고 합니다.
彼はたいした侍だ。 그는 대단한 무사다.

1346 | 급수외

음독 **こ**	孤児 고아	孤立 고립	孤独 고독	孤島 외딴 섬

외로울 고

両親を亡くし孤児になったそうだ。 부모를 잃고 고아가 됐다고 한다.
孤独な生活に耐えられません。 고독한 생활을 못 견디겠습니다.

1347 | N1

음독 **たい**	胎生 태생, 사람이나 동물과 같이 모태에서 성숙하여 태어나는 것			
	胎児 태아	胎動 태동	母胎 모태	受胎 임신

아이 밸 태

胎児の成長はものすごく早いです。 태아의 성장은 매우 빠릅니다.
妊娠5ヶ月頃から胎動が始まります。 임신 5개월부터 태동이 시작됩니다.

1348 | N1

| 음독 | ち | 幼稚 유치　幼稚園 유치원　稚魚 치어, 물고기 새끼 |
| | | 稚拙 치졸, 미숙하고 서투름 |

어릴 **치**

幼稚園のスクールバスに乗って帰ります。 유치원 스쿨 버스를 타고 귀가합니다.
稚拙な文章でございますが、最後までお読みいただき、ありがとうございました。 미숙하고 서툰 문장입니다만, 마지막까지 읽어 주셔서 감사드립니다.

1349 | N1

음독	か	転嫁 전가, 죄나 책임 따위를 넘겨씌움　嫁資 혼수 비용, 지참금
훈독	よめ	嫁 며느리, 아내　花嫁 신부, 새색시
	とつぐ	嫁ぐ 시집가다, 출가하다

시집갈 **가**

花嫁の父は最後に涙を見せました。 신부의 아버지는 마지막에 눈물을 보였습니다.
嫁の嫁ぐ日が来た。 며느리가 시집오는 날이 되었다.

1350 | N1

| 음독 | てい | 皇帝 황제　帝国 제국　帝王 제왕 |

임금 **제**

ナポレオン皇帝の偉人伝を読みました。 나폴레옹 황제의 위인전을 읽었습니다.
ローマ帝国の滅亡について知りたいです。 로마 제국의 멸망에 대해 알고 싶습니다.

1351 | N1

음독	かん	王冠 왕관　三冠王 3관왕　栄冠 영관, 영예　月桂冠 월계관
		冠婚葬祭 관혼상제
훈독	かんむり	冠 관, 한자의 윗머리, 기분이 언짢다

갓 **관**

世界一の栄冠に輝く。 세계 제일의 영예에 빛나다.
「草」の部首はくさ冠です。 '풀 초'의 부수는 초두머리입니다.

1352 | N2

짝 우

| 음독 | ぐう | 偶数 우수, 짝수　偶然 우연, 우연히　偶像 우상　配偶者 배우자 |

旧友と偶然会った。 옛 친구와 우연히 만났다.

配偶者はまだいないです。 배우자는 아직 없습니다.

1353 | N1

伴

짝 반

음독	はん	同伴 동반　伴侶 반려　随伴 수반
	ばん	伴奏 반주　伴走 같이 달림
훈독	ともなう	伴う 수반하다, 데리고 가다

夫婦同伴のパーティーに参加した。 부부 동반 파티에 참석했다.

野外授業のため生徒を伴って出かけました。 야외수업을 위해 학생을 데리고 나갔습니다.

1354 | N1

姫

여자 희

| 훈독 | ひめ | 姫 공주　姫様 공주님　白雪姫 백설 공주 |
| | | 織り姫 직녀　姫君 귀인의 딸의 높임말, 아가씨 |

かぐや姫の物語を読む。 가구야 공주의 이야기를 읽다.

お城のお姫様を助けに王子様がやってきました。 성의 공주님을 구하러 왕자님이 왔습니다.

1355 | N1

壻

사위 서

| 음독 | せい | 女婿 사위, 딸의 남편 |
| 훈독 | むこ | 婿 사위, 신랑　花婿 신랑　婿養子 데릴사위 |

娘の婿になる男性が家に来ました。 딸의 신랑이 될 남자가 집에 왔습니다.

病院長の婿養子に入った。 병원장의 데릴사위로 들어갔다.

嬢

음독 じょう　　お嬢さん 따님　令嬢 영애, 따님　案内嬢 안내양

아가씨 **양**

お嬢さん育ちで何もできません。 귀한 딸로 자라서 아무것도 할 줄 모릅니다.

これは社長令嬢の乗用車です。 이것은 사장님 따님의 승용차입니다.

음독 ば　　老婆 노파　老婆心 노파심　産婆 산파

예외 婆 할머니, 노파　お婆さん 할머니

할머니 **파**

老婆心ながら後輩に忠告しました。 노파심에서 후배에게 충고했습니다.

昔、祖母は産婆だったらしい。 옛날에 할머니는 산파였다고 한다.

음독 ぞく　　賊 도둑, 역적　盗賊 도적　海賊 해적　国賊 국적, 역적

도둑 **적**

お金を盗みとった盗賊はあわてて逃げていった。 돈을 훔친 도적은 서둘러 도망갔다.

展示されている海賊船に乗ってみました。 전시되어 있는 해적선에 타 보았습니다.

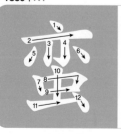

蠻
蛮

음독 ばん　　蛮行 만행　野蛮 야만

南蛮 남만, 남쪽 야만인, 해외 무역의 대상이 된 동남아시아에 식민지를 가

진 포르투갈·스페인, 그 시대에 건너온 서양 문화, 고추

오랑캐 **만**

誘拐犯の蛮行は許せません。 유괴범의 만행은 용서할 수 없습니다.

博物館に南蛮渡来の鉄砲が展示された。 박물관에 남만에서 건너온 총이 전시되었다.

음독 こう

孔子 공자　気孔 기공, 숨구멍　瞳孔 동공　鼻孔 비공, 콧구멍

구멍 공

論語は孔子のことばです。 논어는 공자의 말입니다.
鼻孔をふくらませて怒ります。 콧구멍을 벌렁거리며 화를 냅니다.

음독 かん

肝心 (가장) 중요함, 요긴함　肝臓 간, 간장　肝油 간유　肝炎 간염

훈독 きも

肝 간, 담력　肝っ玉 배짱, 담력, 용기　肝試し 담력 시험

간 간

肝臓の手術を受けた。 간 수술을 받았다.
肝っ玉がすわっている。 담력이 있다.

음독 たん

大胆 대담　落胆 낙담　胆嚢 담낭　胆石 담석
魂胆 속셈, 꿍꿍이속

膽

쓸개 담

あのタレントは大胆な発言をしました。 저 탤런트는 대담한 발언을 했습니다.
期待した返事ではなかったので、落胆の表情を見せた。 기대했던 답변이 아니었기 때문에
낙담한 표정을 보였다.

음독 しょう

掌中 수중, 손바닥 안　車掌 차장　掌握 장악　合掌 합장

손바닥 장

勝利を掌中にした。 승리를 수중에 넣었다.
大統領を銃殺して政権を掌握しました。 대통령을 총살하고 정권을 장악했습니다.

고급 한자 · 4

병 질

| 음독 | しつ | 疾走 질주 | 疾患 질환 | 疾風 질풍 | 疾病 질병 |

ゴールまで全力疾走する。 결승선까지 전력 질주한다.
呼吸器疾患で入院しました。 호흡기 질환으로 입원했습니다.

역질 두

| 음독 | とう | 水痘 수두 | 天然痘 천연두 |

예외 痘痕 곰보 자국

子供が水痘にかかりました。 아이가 수두에 걸렸습니다.
天然痘を予防する注射を打ってもらった。 천연두를 예방하는 주사를 맞았다.

도타울 독

| 음독 | とく | 危篤 위독 | 篤実 독실함, 인정이 많고 성실함 |
| | | 温厚篤実 성격이 온화하고 성실함 | 篤志家 독지가 |

母の危篤の知らせがきました。 어머니가 위독하다는 소식이 왔습니다.
彼は篤志家で温厚篤実な性格です。 그는 독지가로 온화하고 성실한 성격입니다.

壽

목숨 수

음독	じゅ	寿命 수명	長寿 장수	米寿 미수, 88세
		白寿 백수, 99세		
	す	寿司 초밥		
훈독	ことぶき	寿 축하, 축하 인사, 장수, 경사스러운 일		

今年もまた平均寿命が延びました。 올해도 또한 평균 수명이 늘었습니다.
のし紙に寿と書く。 선물을 싸는 종이에 '축하'라고 쓴다.

髓

음독 ずい

髓 골, 요점, 뼛골　骨髓 골수　真髓 진수, 사물의 참뜻

뼛골 **수**

骨髓移植の新規ドナー登録が低調です。 골수 이식의 신규 기증자 등록이 저조합니다.

あの建築物はモダニズムの真髓だという評価を受けている。 그 건축물은 모더니즘의 정수 라는 평가를 받고 있다.

음독 ちん

陳謝 진사, 이유를 말하고 사과하는 것　陳列 진열

新陳代謝 신진대사

베풀 **진**
묵을 **진**

この商品を棚に陳列してください。 이 상품을 선반에 진열해 주십시오.

適度の運動は新陳代謝をよくします。 적당한 운동은 신진대사를 좋게 합니다.

음독 とん

豚汁 돼지고기에 야채 따위를 넣어 된장찌개처럼 만든 국

豚舎 돼지우리　豚足 족발　豚カツ 돈가스　養豚業 양돈업

훈독 ぶた

豚 돼지　豚肉 돼지고기　子豚 아기 돼지　黒豚 흑돼지

돼지 **돈**

この農家は養豚業も営んでいます。 이 농가는 양돈업도 하고 있습니다.

中国には今も宗教や生活習慣によって豚肉を食べない人がたくさんいる。 중국에는 여 전히 종교나 생활 습관에 의해 돼지고기를 먹지 않는 사람이 많이 있다.

鶏

음독 けい

鶏卵 계란　鶏舎 닭장　鶏肉 닭고기　養鶏 양계

훈독 にわとり

鶏 닭

닭 **계**

鶏卵の黄身を取りだす。 계란 노른자를 골라낸다.

祖母は鶏を飼っています。 할머니는 닭을 기르고 있습니다.

고급 한자 • 4

377

1372 | N1

음독 げい

捕鯨 포경, 고래잡이　鯨肉 고래 고기　白鯨 백경, 모비 딕

훈독 くじら

鯨 고래

고래 경

海での捕鯨を禁止する。 바다에서의 고래잡이를 금지한다.

巨大な鯨が泳ぎます。 거대한 고래가 헤엄칩니다.

1373 | N2

음독 ちく

畜生 짐승, 남을 욕할 때 쓰는 말, 빌어먹을, 개새끼　畜産 축산

畜舎 축사　牧畜 목축　家畜 가축

짐승 축

北海道は畜産が盛んです。 홋카이도는 축산업이 활발합니다.

5年前から牧畜業を営んでいる。 5년 전부터 목축업을 하고 있다.

1374 | N1

獵

음독 りょう

猟犬 사냥개　猟師 사냥꾼, 포수　狩猟 수렵　密猟 밀렵

禁猟 금렵, 법령으로 수렵을 금하는 것

사냥 렵(엽)

彼はくま撃ちの猟師です。 그는 곰 잡는 사냥꾼입니다.

朝早く狩猟に出る。 아침 일찍 수렵을 나선다.

1375 | N1

음독 げん

幻想 환상　幻聴 환청　幻覚 환각　幻影 환영

幻滅 환멸, 환상에서 깨어나 현실로 돌아옴

훈독 まぼろし

幻 환상, 환영, 덧없음

헛보일 환

毎晩幻聴と幻覚に悩まされている。 매일 밤 환청과 환각에 시달리고 있다.

大会は幻の記録におわりました。 대회는 환상적인 기록으로 끝났습니다.

378

음독 ゆう	

幽霊 유령　幽閉 유폐, 감금　幽界 유계, 저승　幽玄 유현, 그윽함

그윽할 유

まさか幽霊がこの世にあろうとは思わない。 설마 유령이 이 세상에 있으리라고는 생각지 않는다.
子供は誘拐され、邸内に幽閉されていました。 아이는 유괴되어 저택 안에 감금되어 있었습니다.

음독 こん	

霊魂 영혼　魂胆 속셈, 꿍꿍이　商魂 상혼, 장사에 철저한 마음 자세
精魂 정령, 정성, 정신　闘魂 투혼　鎮魂 진혼　芸術魂 예술혼

훈독 たましい	

魂 혼, 얼, 영혼　負けじ魂 지지 않으려는 정신, 투지

넋 혼

彼はひどい貧困とたたかいながら、芸術魂に火をつけた天才画家です。 그는 지독한 빈곤과 싸우면서 예술혼을 불태운 천재 화가입니다.
健全な魂は健全な肉体に宿る。 건전한 정신은 건전한 신체에 깃든다.

靈

음독 れい	

霊感 영감　霊的 영적　霊安室 영안실　霊魂 영혼
亡霊 망령　幽霊 유령

りょう	

怨霊 원령, 원한을 품고 죽은 사람의 넋　悪霊 악령

훈독 たま	

霊 영, 영혼, 정신　言霊 말이 지닌 영력　木霊 나무의 정령

신령 령(영)

お祖父さんは墓場で幽霊を見たという。 할아버지는 산소에서 유령을 봤다고 한다.
言霊とは、言葉に宿ると信じられた霊的な力のことです。 '언령'이란 일반적으로 말에 깃든다고 믿었던 영적인 힘을 말합니다.

魔

음독 ま	

魔法使い 마법사　魔人 초능력자　魔王 마왕
悪魔 악마　邪魔 방해, 방해가 되는 것, 장애, 훼방

마귀 마

このアニメには魔法使いのおばあさんが出ます。 이 만화 영화에는 마법사 할머니가 나옵니다.
殺人事件の容疑者は悪魔のような顔をしていると思っていた。 살인 사건의 용의자는 악마 같은 얼굴을 하고 있을 것 같았다.

음독 と

一斗 (쌀) 한 말 | 斗酒 두주, 말술 | 北斗七星 북두칠성

漏斗 실험용 깔때기

말 두

一斗は約一八リットルです。 한 말은 약 18리터입니다.

夜空の北斗七星がくっきり見えます。 밤하늘의 북두칠성이 또렷이 보입니다.

Tip '漏斗'는 '실험용 깔때기'이고, '漏斗'라고 읽으면 '일반 깔때기'를 가리킴.

음독 きん

一斤 한 근, 식빵 1개 | 二斤 두 근 | 三斤 세 근

斤量 근량, 근수, 무게

근 근

食ぱんを一斤ください。 식빵을 하나 주세요.

砂糖の斤量をはかります。 설탕의 무게를 잽니다.

음독 りん

一厘 1리 | 二分五厘 2푼 5리 | 九分九厘 십중팔구, 거의

다스릴 리(이)

打率は三割二分五厘です。 타율은 3할 2푼 5리입니다.

うわさは九分九厘間違いない。 소문은 거의 틀림없다.

음독 はん

帆船 범선 | 帆布 범포, 돛에 쓰는 두꺼운 천 | 出帆 출범

帰帆 귀범, 귀향선

훈독 ほ

帆 돛 | 帆立 큰 가리비 | 帆柱 돛대

돛 범

帆船がゆっくり進みました。 범선이 천천히 앞으로 나아갔습니다.

嵐で帆柱が折れた。 태풍으로 돛대가 부러졌다.

음독 せき	隻手 척수, 한쪽 손　隻眼 외눈　五隻 다섯 척　数隻 수 척
	何隻 몇 척　隻語 한 마디 말, 짤막한 말

외짝 척

片方の腕を隻手という。 한쪽 팔을 척수라고 한다.
彼は数隻のヨットを持っています。 그는 몇 척의 요트를 소유하고 있습니다.

음독 たく	卓球 탁구　卓越 탁월　卓偉 남보다 월등히 훌륭함　食卓 식탁

높을 탁

兄は部活で卓球をしている。 오빠는 동아리 활동으로 탁구를 하고 있다.
国会議員は卓越した意見を述べました。 국회의원은 탁월한 의견을 말했습니다.

음독 えん	炎上 불타오름, 악플 쇄도(블로그 등에서의 실언에 대해, 비난·비방 등의 댓글이 쇄도하는 것, 또는 댓글 여론 몰이)
	炎症 염증　炎天下 불볕더위　火炎 화염　肺炎 폐렴
훈독 ほのお	炎 불꽃, 불길

불꽃 염

集団で反発するなど、世論が炎上しています。 집단 반발하는 등 비판 여론이 들끓고 있습니다.
大火事ですべてが炎につつまれた。 큰불로 모든 것이 화염에 휩싸였다.

爐

음독 ろ	暖炉 난로　原子炉 원자로　高炉 용광로　廃炉 폐로
	囲炉裏 이로리(방바닥·마룻바닥을 네모지게 파내고 난방·취사용의 불을 피우게 만든 장치)

화로 로(노)

暖炉のそばは暖かいです。 난로 옆은 따뜻합니다.
地震によって原子炉が崩壊された。 지진으로 인해 원자로가 붕괴되었다.

고급 한자 · 4

자루 **대**

음독	たい	布袋 포대　郵袋 우편물을 넣고 수송하는 주머니
		有袋類 유대류(캥거루, 코알라 등)
훈독	ふくろ	胃袋 위, 위장　袋叩き 뭇매질　紙袋 종이봉투　手袋 장갑
		ゴミ袋 쓰레기 봉지
예외		足袋 일본식 버선

金の入った布袋を肩にかけて逃げた。 돈이 든 포대를 어깨를 매고 도망쳤다.
私はじょうぶな胃袋をもっています。 나는 튼튼한 위장을 갖고 있습니다.

주춧돌 **초**

| 음독 | そ | 基礎 기초　礎石 초석, 기초 |
| 훈독 | いしずえ | 礎 주춧돌, 초석 |

基礎学力を身につけましょう。 기초 학력을 기릅시다.
国にとって人材こそ社会の礎である。 나라에 있어서 인재야말로 사회의 초석이다.

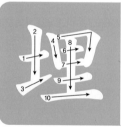

묻을 **매**

음독	まい	埋没 매몰　埋設 매설　埋蔵 매장
훈독	うめる	埋める 묻다, 채우다　埋め立て 매립　穴埋め式 빈 곳 채우기식
	うまる	埋まる 묻히다, 장소가 꽉 차다
	うもれる	埋もれる 파묻히다

海底に宝物が埋没している。 해저에 보물이 매몰되어 있다.
試験に穴埋め式の問題が出ました。 시험에 빈 곳 채우는 식의 문제가 나왔습니다.

비석 **비**

| 음독 | ひ | 碑石 비석　碑文 비문　古碑 고비, 오래된 비석　墓碑 묘비 |
| | | 石碑 비석　記念碑 기념비 |

新しく墓碑を建てました。 새로 묘비를 세웠습니다.
道端に石碑が立っている。 길가에 비석이 서 있다.

무덤 분

음독 **ふん**

古墳 고분　墳墓の地 묘지, (조상의 묘지가 있는) 고향　墳丘 봉분

家の近くで古墳が発掘されました。 집 근처에서 고분이 발굴되었습니다.
墳墓の地を訪れたい。 고향을 방문하고 싶다.

새길 조

음독 **ちょう**

彫刻 조각　彫像 조각한 상

훈독 **ほる**

彫る 새기다, 조각하다

雪祭りでは氷の彫刻が飾られる。 눈축제에서는 얼음 조각이 장식된다.
毎年年賀状の版画を彫ります。 매년 연하장 판화를 새깁니다.

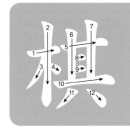

바둑 기

음독 **き**

棋士 (바둑이나 장기) 기사　棋聖 바둑이나 장기의 명인　将棋 장기

アマチュア棋士と対局をしてみました。 아마추어 기사와 대국을 해 보았습니다.
兄弟で将棋をした。 형제끼리 장기를 두었다.

바큇자국 궤

음독 **き**

軌跡 궤적, 발자취　軌道 궤도　常軌 상궤, 올바른 길

投げた石の軌跡を見つめる。 던진 돌의 궤적을 응시한다.
衛星の軌道を修正しました。 위성의 궤도를 수정합니다.

고급한자 • 4

음독 じく

軸 축, 족자　中軸 중축, 중심인물　地軸 지축　車軸 차축

縦軸 세로축　横軸 가로축　掛け軸 족자

굴대 축

右足を軸にして回れ。오른쪽 발을 축으로 해서 회전해라.
北極と南極を結ぶ線を地軸といいます。북극과 남극을 잇는 선을 지축이라 합니다.

鋳

음독 ちゅう

鋳金 주금, 금속을 부어 만드는 일이나 그 기술　鋳造 주조

鋳鉄 주철　改鋳 다시 주조함

훈독 いる

鋳る 주조하다, 지어붓다　鋳物 주물

불릴 주

新しい貨幣の鋳造が発表されました。새로운 화폐 주조가 발표되었습니다.
古鉄を鋳物工場へ持っていきました。고철을 주물 공장에 가지고 갔습니다.

음독 かい

一塊 한 덩어리, 한 뭉텅이　団塊世代 베이비 붐 세대　金塊 금괴

塊根 괴근, 덩이뿌리

훈독 かたまり

塊 덩어리, 집단, 무리

덩어리 괴

防犯カメラを設置したにも関わらず金塊が盗まれた。방범 카메라를 설치했음에도 불구하고
금괴가 도난당했다.
雪の塊を投げつけながら遊びます。눈덩이를 던지면서 놉니다.

음독 しょう

警鐘 경종　暁鐘 효종, 새벽에 치는 종(소리)　晩鐘 만종, 저녁종
半鐘 경종

훈독 かね

鐘 종　鐘の音 종소리

쇠북 종

村の半鐘が鳴り響きました。마을의 경종이 울려 퍼졌습니다.
大みそかに除夜の鐘をつきます。섣달그믐날에 제야의 종을 칩니다.

음독 じょう

<ruby>冗<rt>じょう</rt></ruby><ruby>談<rt>だん</rt></ruby> 농담　<ruby>冗<rt>じょう</rt></ruby><ruby>長<rt>ちょう</rt></ruby> 장황, 말이나 글이 쓸데없이 긺　<ruby>冗<rt>じょう</rt></ruby><ruby>漫<rt>まん</rt></ruby> 장황함, 지루함

쓸데없을 **용**

<ruby>冗<rt>じょう</rt></ruby><ruby>談<rt>だん</rt></ruby>はよしなさい。 농담은 그만해라.
<ruby>夫<rt>おっと</rt></ruby>の<ruby>冗<rt>じょう</rt></ruby><ruby>長<rt>ちょう</rt></ruby>な<ruby>話<rt>はなし</rt></ruby>にあきた。 남편의 장황한 이야기에 질렸다.

음독 こ

<ruby>弧<rt>こ</rt></ruby> 호, 원둘레 또는 곡선의 일부분　<ruby>括<rt>かっ</rt></ruby><ruby>弧<rt>こ</rt></ruby> 괄호　<ruby>円<rt>えん</rt></ruby><ruby>弧<rt>こ</rt></ruby> 원호

활 **호**

ボールは<ruby>弧<rt>こ</rt></ruby>を<ruby>描<rt>か</rt></ruby>いて<ruby>飛<rt>と</rt></ruby>んだ。 공은 호를 그리며 날았다.
<ruby>円<rt>えん</rt></ruby><ruby>弧<rt>こ</rt></ruby>の<ruby>長<rt>なが</rt></ruby>さを<ruby>計<rt>けい</rt></ruby><ruby>算<rt>さん</rt></ruby>する<ruby>問<rt>もん</rt></ruby><ruby>題<rt>だい</rt></ruby>を<ruby>解<rt>と</rt></ruby>きます。 원호의 길이를 계산하는 문제를 풉니다.

음독 ふ

<ruby>符<rt>ふ</rt></ruby><ruby>号<rt>ごう</rt></ruby> 부호　<ruby>符<rt>ふ</rt></ruby><ruby>合<rt>ごう</rt></ruby> 부합　<ruby>切<rt>きっ</rt></ruby><ruby>符<rt>ぷ</rt></ruby> 표, 티켓　<ruby>音<rt>おん</rt></ruby><ruby>符<rt>ぷ</rt></ruby> 음표
<ruby>終<rt>しゅう</rt></ruby><ruby>止<rt>し</rt></ruby><ruby>符<rt>ふ</rt></ruby> 종지부

부호 **부**

プラスとマイナスの<ruby>符<rt>ふ</rt></ruby><ruby>号<rt>ごう</rt></ruby>は<ruby>万<rt>ばん</rt></ruby><ruby>国<rt>こく</rt></ruby><ruby>共<rt>きょう</rt></ruby><ruby>通<rt>つう</rt></ruby>です。 플러스와 마이너스 부호는 만국 공통입니다.
<ruby>窓<rt>まど</rt></ruby><ruby>口<rt>ぐち</rt></ruby>で<ruby>切<rt>きっ</rt></ruby><ruby>符<rt>ぷ</rt></ruby>を<ruby>買<rt>か</rt></ruby>いました。 창구에서 표를 샀습니다.

음독 てい

<ruby>訂<rt>てい</rt></ruby><ruby>正<rt>せい</rt></ruby> 정정　<ruby>改<rt>かい</rt></ruby><ruby>訂<rt>てい</rt></ruby> 개정

바로잡을 **정**

まちがいを<ruby>訂<rt>てい</rt></ruby><ruby>正<rt>せい</rt></ruby>してください。 잘못을 정정해 주세요.
<ruby>教<rt>きょう</rt></ruby><ruby>科<rt>か</rt></ruby><ruby>書<rt>しょ</rt></ruby>が<ruby>改<rt>かい</rt></ruby><ruby>訂<rt>てい</rt></ruby>されました。 교과서가 개정되었습니다.

고급 한자 · 4

1404 | N2

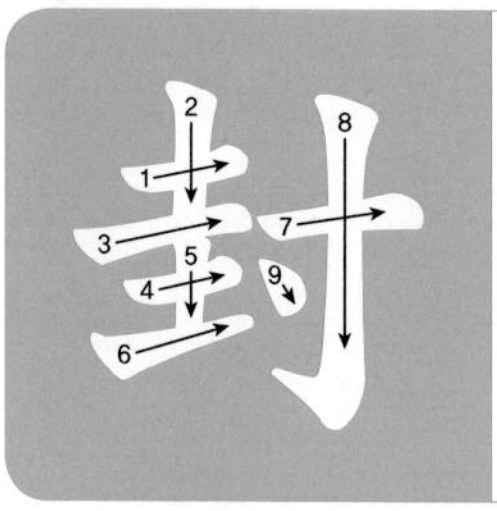

음독 ふう　封(ふう) 봉함, 막음　封印(ふういん) 봉인　開封(かいふう) 개봉　密封(みっぷう) 밀봉

ほう　封建的(ほうけんてき) 봉건적　封建制度(ほうけんせいど) 봉건 제도

봉할 봉

密封(みっぷう)した容器(ようき)に入(い)れましょう。밀봉한 용기에 넣읍시다.

封建的(ほうけんてき)な家庭(かてい)で育(そだ)ちました。봉건적인 가정에서 자랐습니다.

1405 | N1

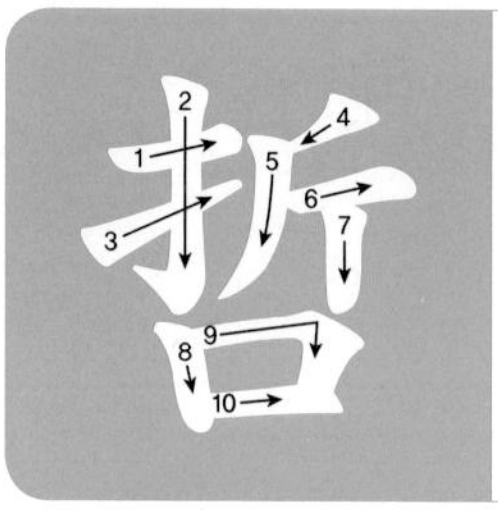

음독 てつ　哲学(てつがく) 철학　哲人(てつじん) 철인, 철학자　先哲(せんてつ) 선철, 선현

밝을 철

大学(だいがく)で哲学(てつがく)を勉強(べんきょう)しました。대학에서 철학을 공부했습니다.

哲人(てつじん)のソクラテスや先哲(せんてつ)の教(おし)えを研究(けんきゅう)している。철학자 소크라테스와 선현의 가르침을 연구하고 있다.

1406 | N1

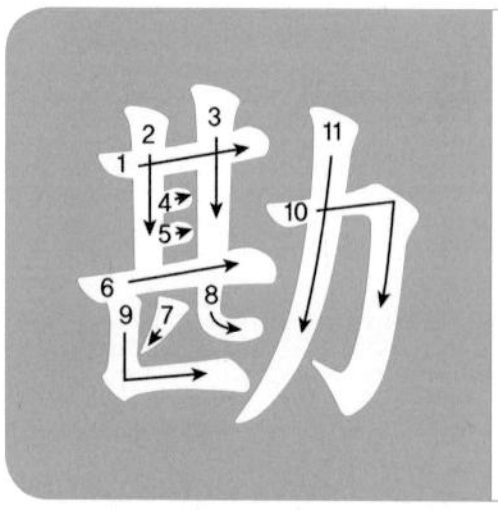

음독 かん　勘(かん) 감, 직감, 육감　勘弁(かんべん) 용서함, 참음　勘案(かんあん) 감안　勘当(かんどう) 의절

勘定(かんじょう) 셈, 계산　勘違(かんちが)い 착각, 잘못 생각함

헤아릴 감

試験(しけん)の答(こた)えを勘(かん)で書(か)きました。시험의 답을 감으로 썼습니다.

もう勘弁(かんべん)してください。제발 용서해 줘.

1407 | N1

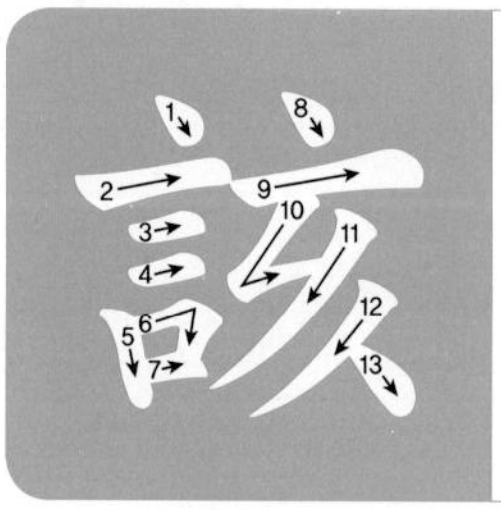

음독 がい　該当(がいとう) 해당　当該(とうがい) 당해, 해당　該博(がいはく) 해박

갖출 해
마땅 해

該当(がいとう)する検索結果(けんさくけっか)がありませんでした。해당하는 검색 결과가 없습니다.

彼女(かのじょ)は膨大(ぼうだい)な資料(しりょう)と該博(がいはく)な知識(ちしき)で本(ほん)を書(か)きました。그녀는 방대한 자료와 해박한 지식으로 책을 썼습니다.

概

| 음독 | がい | 概して 대체로, 일반적으로　概要 개요　概念 개념
概論 개론　概観 개관　一概 일률, 일괄　大概 대개 |

대개 개

既成概念を捨てましょう。 기성관념(기존 관념)을 버립시다.

この案がいいことだと一概に言えない。 이 안이 좋다고는 일률적으로 말할 수 없다.

綱

| 음독 | こう | 綱領 강령, 요점, 기본 방침　綱目 강목, 요점　綱要 중요한 점, 골자
大綱 대강, 골자, 윤곽 |
| 훈독 | つな | 綱 밧줄　綱引き 줄다리기　横綱 요코즈나(일본 씨름 최고 지위자) |

벼리 강

計画の大綱を定めました。 계획의 골자를 정했습니다.

運動会の綱引きに参加した。 운동회 줄다리기에 참가했다.

墨

| 음독 | ぼく | 墨汁 먹물　白墨 백묵　遺墨 고인의 필적
水墨画 수묵화 |
| 훈독 | すみ | 墨 먹　墨絵 묵화, 수묵화　入れ墨 문신 |

먹 묵

美しい水墨画のはがきを販売しています。 아름다운 수묵화 엽서를 판매하고 있습니다.

心を落ち着けて墨をする。 마음을 안정시키고 먹을 갈다.

翻

음독	ほん	翻訳 번역　翻然 번연, 갑자기 마음을 바꿈 翻意 번의, 의사를 뒤집음　翻弄 농락
훈독	ひるがえる	翻る 뒤집히다, 펄럭이다
	ひるがえす	翻す 뒤집다, 번복하다

날 번

いい翻訳家になるために日々勉強しています。 좋은 번역가가 되기 위해 매일 공부하고 있습니다.

証人は裁判で証言を翻しました。 증인은 재판에서 증언을 번복했습니다.

고급 한자 ● 4

1412 | N1

음독 ぼ

帳簿 장부 　簿記 부기 　名簿 명부 　出席簿 출석부

家計簿 가계부

문서 **부**

検察は会社の帳簿を調べました。 검찰은 회사의 장부를 조사했습니다.

クラスの名簿順に座ってください。 반 명부 순으로 앉아 주세요.

1413 | N2

음독 せき

書籍 서적 　学籍 학적 　移籍 이적 　戸籍 호적 　本籍 본적

문서 **적**

毎月新刊書籍を購入します。 매달 신간 서적을 구입합니다.

出生届を提出することによって戸籍に記載される。 출생 신고서를 제출함으로써 호적에 기재
된다.

1414 | N1

음독 ほう

模倣 모방 　模倣品 모방품

훈독 ならう

倣う 따르다, 모방하다

본뜰 **방**

有名な絵画を模倣しました。 유명한 회화를 모방했습니다.

先生に倣って左手にフォークを持った。 선생님을 따라서 왼손에 포크를 들었다.

1415 | N1

娯

음독 ご

娯楽 오락

즐길 **오**

映画館など娯楽施設ができたらいいですね。 영화관 등 오락 시설이 생기면 좋겠네요.

음독	ご	覚悟 각오　悔悟 회오, 잘못을 뉘우치고 깨달음
훈독	さとる	悟る 깨닫다, 이해하다, 알다　悟り 깨달음

깨달을 오

もともと苦労は覚悟してこの仕事に飛び込みました。 본래 고생은 각오하고 이 일에 뛰어들었습니다.

仙人となって悟りを開きました。 신선이 되어 득도했습니다.

揭

음독	けい	掲示板 게시판　掲載 게재　国旗掲揚 국기 게양 別掲 따로 게재함
훈독	かかげる	掲げる 내달다, 내걸다

걸 게

ネットに掲載された記事を読んだ。 인터넷에 게재된 기사를 읽었다.

パレードで旗を掲げて行進します。 퍼레이드에서 깃발을 내걸고 행진합니다.

啓

음독	けい	啓発 (자기) 계발　啓示 계시　啓蒙 계몽 拝啓 배계, 근계(謹啓)('삼가 아룁니다'라는 뜻으로, 편지 첫머리 인사말)

열 계

この本に啓発された。 이 책을 통해 지식을 일깨웠다.

手紙は拝啓で始めます。 편지는 배계로 시작합니다.

음독	ちょう	超越 초월　超人 초인　超過 초과
훈독	こえる	超える 넘어가다, 초월하다
	こす	超す 넘다, (때를) 넘기다, 이사하다

뛰어넘을 초

規定時間を超過すると、別途料金が発生します。 규정 시간을 초과하면 별도 요금이 발생합니다.

平均寿命をはるかに超えました。 평균 수명을 훨씬 초과했습니다.

고급 한자 • 4

1420 | N1

음독	えい	詠嘆 영탄, 감탄　詠唱 영창, 아리아　朗詠 낭송
		詠歌 와카(和歌)를 지음, 찬불가
훈독	よむ	詠む 시가를 짓다, 읊다

읊을 영

景色の素晴らしさに詠嘆の声を挙げた。 경치의 아름다움에 감탄한 소리를 냈다.

学生ははっきりした声でその詩を詠みました。 학생은 똑똑한 목소리로 그 시를 읊었습니다.

1421 | N1

聴

| 음독 | ちょう | 聴力 청력　難聴 난청　聴衆 청중　視聴覚 시청각 |
| 훈독 | きく | 聴く 듣다, 묻다 |

들을 청

視聴覚教室に集合してください。 시청각 교실에 집합해 주세요.

起きるとクラシック音楽を聴きます。 일어나면 클래식 음악을 듣습니다.

1422 | N1

隨

음독	ずい	随分 몹시, 매우　随一 제일, 첫째　随行 수행, 따라감
		随筆 수필　随意 수의, 마음대로
		不随 불수, 몸이 제대로 움직이지 않음　付随 부수　追随 추수, 추종

따를 수

彼女は大統領に随行します。 그녀는 대통령을 수행합니다.

事故で半身不随になった。 사고로 반신불수가 되었다.

1423 | N1

| 음독 | さつ | 撮影 촬영　盗撮 도촬　特撮 특촬, 특수 촬영(特殊撮影)의 준말 |
| 훈독 | とる | 撮る 찍다, 촬영하다 |

사진 찍을 촬

6ヶ月間映画を撮影しました。 6개월 동안 영화를 촬영했습니다.

みんなで記念写真を撮りましょう。 다 같이 기념사진을 찍읍시다.

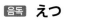

음독 えつ 　　閲覧 열람　閲覧室 열람실　校閲 교열　検閲 검열

閲

볼 **열**

図書室の本を閲覧することができる。 도서실 책을 열람할 수 있다.
原稿を校閲する仕事をしています。 원고를 교열하는 일을 하고 있습니다.

음독 けい 　　休憩 휴게　少憩 잠깐 쉼

훈독 いこう 　　憩う 쉬다, 휴식하다
　　　 いこい 　　憩い 휴식, 쉼

쉴 **게**

少し休憩しよう。 잠깐 쉬자.
憩いのひとときを過ごしました。 휴식 시간을 보냈습니다.

음독 こ 　　顧問 고문(자문에 의견을 내는 직책)　顧客 고객
　　　　　　回顧 회고　愛顧 애고, 사랑하여 돌봄, 후원

훈독 かえりみる 　　顧みる 회고하다, 돌이켜 보다

顧

돌아볼 **고**

バレー部の顧問の先生になった。 배구부 고문 선생님이 되었다.
自分の過去を顧みてください。 자신의 과거를 회상해 보세요.

Tip かえりみる
省みる 돌이켜 보다, 반성하다 → 省みて恥じるところはない。 돌이켜 봐도 부끄러운 점은 없다.
顧みる 돌보다, 회고하다 → 家庭を顧みずに働く。 가정을 돌보지 않고 일한다.

음독 ぼう 　　貧乏 빈핍, 가난함　欠乏 결핍　窮乏 궁핍

훈독 とぼしい 　　乏しい 모자라다, 가난하다

모자랄 **핍**

ビタミンAが欠乏すると夜盲症になります。 비타민A가 결핍되면 야맹증이 됩니다.
専門知識に乏しい。 전문 지식이 부족하다.

고급 한자 · 4

| 음독 | しん | 香辛料 향신료 | 辛抱 (어려움을) 참음, 참고 견딤 | 辛労 수고, 고생 |
| 훈독 | からい | 辛い 맵다 | 辛口 매운맛 | 辛党 애주가, 술꾼 |

매울 신

できるだけ辛抱しよう。될 수 있으면 참자.
辛口カレーの味はぴりっと辛いです。매운맛 카레 맛은 얼얼하게 맵습니다.

| 음독 | すい | 炊飯 취사, 밥을 지음 | 炊事 취사 | 自炊 자취 |
| 훈독 | たく | 炊く 밥을 짓다 | 炊き込みご飯 여러 재료를 넣어 지은 밥, 영양밥 |

불 땔 취

大学の時から自炊生活をしていました。대학 때부터 자취 생활을 했습니다.
玄米でご飯を炊きます。현미로 밥을 짓습니다.

穂

음독	すい	花穂 이삭꽃, 수상화	出穂 벼 등의 이삭이 나오는 것
훈독	ほ	穂 이삭, 이삭 모양	穂首 벼 등의 이삭 부분
		穂先 이삭 끝, 칼·창·송곳·붓 등의 끝	稲穂 벼 이삭

이삭 수

筆の穂先をそろえる。붓의 끝을 가지런히 하다.
金色の稲穂は秋の風景です。금색의 벼 이삭은 가을 풍경입니다.

喫

| 음독 | きつ | 満喫 만끽 | 喫煙 끽연, 흡연 | 喫茶 차를 마심 |
| | | 喫茶店 찻집 | | |

먹을 끽

古都の春を満喫しに京都に行った。옛 도읍의 봄을 만끽하려고 교토에 갔다.
未成年者の喫煙は禁止です。미성년자의 흡연은 금지입니다.

음독	ほう	飽和 포화　飽食 포식　飽満 포만	
훈독	あきる	飽きる 싫증나다, 물리다	
	あかす	飽かす 물리게 하다, 싫증나게 하다, 실컷 ~하다	

飽

배부를 포

国内市場の通信業界は飽和状態です。 국내 시장의 통신 업계는 포화 상태입니다.

菓子類にもう飽きた。 과자류에 이제 물렸다.

음독	が	餓死 아사, 굶어 죽음　飢餓 기아　餓鬼 아귀

餓

주릴 아

餓死寸前の子どもを救いました。 아사 직전의 아이를 구했습니다.

飢餓に苦しんでいる人々を助けたいです。 기아에 시달리는 사람들을 돕고 싶습니다.

음독	こう	絞殺 교살, 목을 졸라 죽임　絞首刑 교수형
훈독	しぼる	絞る (쥐어)짜다, 물기를 빼다
	しめる	絞める 졸라매다, 쥐어짜다, 조르다
	しまる	絞まる (끈 따위로) 단단히 졸라지다

목맬 교

王は敵対者を強引に絞首刑に処した。 왕은 적대자를 강제로 교수형에 처했다.

雑巾をぎゅっと絞って使用しましょう。 걸레를 꽉 짜서 사용합시다.

음독	さく	搾取 착취　圧搾 압착, 압축　搾乳 착유, 젖을 짬, 짜낸 젖
훈독	しぼる	搾る 짜내다, 착취하다　搾り取る 억지로 우려내다, 착취하다

짤 착

オレンジの果汁を搾ります。 오렌지 과즙을 짜냅니다.

牧場で牛の搾乳体験をしてみました。 목장에서 소 젖을 짜는 체험을 해 보았습니다.

고급 한자 • 4

음독 **こう**

酵素 효소　酵母菌 효모균　発酵 발효

삭힐 **효**

母は健康のため酵素を飲んでいます。 엄마는 건강을 위해 효소를 마시고 있습니다.
味噌とキムチは韓国の代表的な発酵食品だ。 된장과 김치는 한국의 대표적인 발효 식품이다.

攝

음독 **せつ**

摂取 섭취, 받아들여 자신의 것으로 하는 것

摂生 섭생, 위생에 주의하고 건강 증진을 도모하는 것　摂氏 섭씨

摂理 섭리　摂政 섭정

다스릴 **섭**
잡을 **섭**

多様な分野から西洋文化を摂取しました。 다양한 분야에서 서양 문화를 받아들였습니다.
気温は摂氏五度だ。 기온은 섭씨 5도다.

穫

음독 **かく**

収穫 수확

거둘 **확**

人参を畑で大量に収穫しました。 당근을 밭에서 대량으로 수확했습니다.

음독 **りょう**

糧道 (군대의) 양도, 양식을 수송하는 길　食糧 식량

ろう

兵糧 군량

훈독 **かて**

糧 양식, 식량

양식 **량(양)**

食糧や環境問題の解決を目指した研究を進めている。 식량과 환경 문제의 해결을 위한 연구를 추진하고 있다.
その経験はさらなる成長の糧になるだろう。 그 경험은 더욱더 성장하는 데 양식이 될 것이다.

고급 한자 5

企	克	励	抽	択	卸	削	契	募	換
꾀할 기	이길 극	힘쓸 려(여)	뽑을 추	가릴 택	풀 사	깎을 삭	맺을 계	모을모/뽑을모	바꿀 환

債	携	雇	諾	謀	錯	廉	讓	菊	桑
빚 채	이끌 휴	품 팔 고	허락할낙(락)	꾀 모	어긋날 착	청렴할렴(염)	사양할 양	국화 국	뽕나무 상

欧	邦	房	架	郊	苗	畔	岳	峡	坑
구라파 구	나라 방	방 방	시렁 가	들 교	모 묘	밭두둑 반	큰산 악	골짜기 협	구덩이 갱

浪	滝	陵	郭	隔	藩	墾	壇	廊	楼
물결 랑(낭)	비 올 롱(농)	언덕 릉(능)	둘레 곽	사이 뜰 격	울타리 번	개간할 간	단 단	행랑 랑(낭)	다락 루(누)

湾	獄	瀬	晶	佳	華	芳	紺	陶	酔
물굽이 만	옥 옥	여울 뢰(뇌)	맑을 정	아름다울 가	빛날 화	꽃다울 방	감색 감	질그릇 도	취할 취

刑	巧	免	祉	奉	殴	拘	虚	陪	虐
형벌 형	공교할 교	면할 면	복 지	받들 봉	때릴 구	잡을 구	빌 허	모실 배	모질 학

脅	匿	控	措	欺	棄	喚	逮	縛	奪
위협할 협	숨길 닉(익)	당길 공	둘 조	속일 기	버릴 기	부를 환	잡을 체	얽을 박	빼앗을 탈

審	締	請	諮	遵	擁	鎮	排	尿	泌
살필 심	맺을 체	청할 청	물을 자	좇을 준	낄 옹	진압할 진	밀칠 배	오줌 뇨(요)	분비할 비/스며흐를 필

如	伸	昇	凍	硬	凝	粗	紛	殊	敢
같을 여	펼 신	오를 승	얼 동	굳을 경	엉길 응	거칠 조	어지러울 분	다를 수	감히 감

緊	緩	湿	潤	衰	怠	倹	賢	誘	揺
긴할 긴	느릴 완	젖을 습	불을 윤	쇠할 쇠	게으를 태	검소할 검	어질 현	꾈 유	흔들 요

음독 き

企業 기업　企画 기획

훈독 くわだてる

企てる 계획하다, 기도하다

꾀할 **기**

校内行事を企画しました。 교내 행사를 기획했습니다.
悪事を企てる。 나쁜 짓을 계획한다.

음독 こく

克己 극기　克明 극명　克服 극복　超克 초극, 극복

이길 **극**

検事は一つ一つ克明に記しました。 검사님은 하나하나 매우 명확하게 기록했습니다.
どんな困難も克服することができます。 어떤 곤란도 극복할 수 있습니다.

勵

음독 れい

奨励 장려　励行 여행, 힘써 행함　激励 격려
勉励 열심히 노력함

훈독 はげむ

励む 힘쓰다, 분발하다

はげます

励ます 격려하다, 북돋다

힘쓸 **려(여)**

先生から激励の手紙をいただきました。 선생님께 격려의 편지를 받았습니다.
敗れた選手を励ましてあげました。 시합에 진 선수를 격려해 주었습니다.

음독 ちゅう

抽出 추출　抽選 추첨　抽象 추상

뽑을 **추**

抽選で順番を決めましょう。 추첨으로 순서를 정합시다.
それはいかにも抽象的な話だ。 그것은 너무나도 추상적인 이야기다.

음독	たく

選<ruby>択<rt>せん</rt></ruby><ruby><rt>たく</rt></ruby> 선택　二<ruby>択<rt>に</rt></ruby><ruby><rt>たく</rt></ruby> 선택지가 두 개 있음, 두 개 중 어느 하나를 선택

採<ruby>択<rt>さい</rt></ruby><ruby><rt>たく</rt></ruby> 채택　二<ruby>者<rt>に</rt></ruby><ruby>択<rt>しゃ</rt></ruby><ruby>一<rt>たく</rt></ruby><ruby><rt>いつ</rt></ruby> 양자택일, 하나를 고름

擇

가릴 **택**

<ruby>五<rt>いつ</rt></ruby>つの<ruby>内<rt>うち</rt></ruby>から<ruby>選択<rt>せんたく</rt></ruby>してほしい。 5개 중에서 선택하기 바란다.

コロナ<ruby>対策<rt>たいさく</rt></ruby>のための<ruby>議案<rt>ぎあん</rt></ruby>を<ruby>採択<rt>さいたく</rt></ruby>しました。 코로나 대책을 위한 의안을 채택했습니다.

훈독	おろす おろし

<ruby>卸<rt>おろ</rt></ruby>す 도매하다

<ruby>卸<rt>おろ</rt></ruby>し 도매, 무를 강판에 간 것　<ruby>卸<rt>おろし</rt></ruby><ruby>商<rt>しょう</rt></ruby>・<ruby>卸<rt>おろし</rt></ruby><ruby>問<rt>どん</rt></ruby><ruby>屋<rt>や</rt></ruby> 도매상

<ruby>卸<rt>おろし</rt></ruby><ruby>値<rt>ね</rt></ruby> 도매가

풀 **사**

<ruby>小売店<rt>こうりてん</rt></ruby>に<ruby>品物<rt>しなもの</rt></ruby>を<ruby>卸<rt>おろ</rt></ruby>します。 소매점에 물품을 도매합니다.

<ruby>市場<rt>いちば</rt></ruby>で<ruby>卸値<rt>おろしね</rt></ruby>で<ruby>服<rt>ふく</rt></ruby>を<ruby>買<rt>か</rt></ruby>った。 시장에서 도매가로 옷을 샀다.

음독	さく

<ruby>削<rt>さく</rt></ruby><ruby>除<rt>じょ</rt></ruby> 삭제　<ruby>削<rt>さく</rt></ruby><ruby>減<rt>げん</rt></ruby> 삭감　<ruby>掘<rt>くっ</rt></ruby><ruby>削<rt>さく</rt></ruby> 굴착　<ruby>添<rt>てん</rt></ruby><ruby>削<rt>さく</rt></ruby> 첨삭

훈독	けずる

<ruby>削<rt>けず</rt></ruby>る 깎다, 줄이다, 삭제하다　<ruby>鉛筆<rt>えんぴつ</rt></ruby><ruby>削<rt>けず</rt></ruby>り 연필깎이

깎을 **삭**

この<ruby>項目<rt>こうもく</rt></ruby>は<ruby>削除<rt>さくじょ</rt></ruby>したほうがいいです。 이 항목은 삭제하는 편이 좋겠습니다.

<ruby>予算<rt>よさん</rt></ruby>が<ruby>削<rt>けず</rt></ruby>られ、ボーナスが<ruby>削減<rt>さくげん</rt></ruby>された。 예산이 깎여 보너스가 삭감되었다.

음독	けい

<ruby>契<rt>けい</rt></ruby><ruby>約<rt>やく</rt></ruby> 계약　<ruby>契<rt>けい</rt></ruby><ruby>機<rt>き</rt></ruby> 계기

<ruby>契<rt>けい</rt></ruby><ruby>印<rt>いん</rt></ruby> 도장을 찍어 서로 관련되어 있음을 표시　<ruby>黙<rt>もっ</rt></ruby><ruby>契<rt>けい</rt></ruby> 묵계

훈독	ちぎる

<ruby>契<rt>ちぎ</rt></ruby>る 장래를 굳게 약속하다　<ruby>契<rt>ちぎ</rt></ruby>り 약속, 언약

契

맺을 **계**

<ruby>重要<rt>じゅうよう</rt></ruby>な<ruby>契約<rt>けいやく</rt></ruby>を<ruby>交<rt>か</rt></ruby>わした。 중요한 계약을 체결했다.

<ruby>彼<rt>かれ</rt></ruby>と<ruby>夫婦<rt>ふうふ</rt></ruby>の<ruby>契<rt>ちぎ</rt></ruby>りを<ruby>結<rt>むす</rt></ruby>びました。 그와 부부의 연을 맺었습니다.

고급 한자 · 5

음독	ぼ	募^{ぼ しゅう}集 모집　募^{ぼ きん}金 모금　公^{こう ぼ}募 공모　応^{おう ぼ}募 응모
훈독	つのる	募^{つの}る 모집하다, 점점 더해지다

募

모을 모
뽑을 모

募^{ぼ きん}金^{かつどう}活動に協^{きょうりょく}力してください。 모금 활동에 협력해 주십시오.

あの子への思^{おも}いが募^{つの}ります。 그 아이에 대해 마음이 더 간절해집니다.

음독	かん	換^{かん き せん}気扇 환기팬, 환풍기　換^{かん きん}金 환금, 돈으로 바꿈　換^{かん さん}算 환산
		交^{こう かん}換 교환　転^{てん かん}換 전환
훈독	かえる	換^かえる 바꾸다, 교환하다　乗^のり換^かえる 갈아타다, 환승하다
		取^とり換^かえる 갈아 끼우다, 교체하다
	かわる	換^かわる 바뀌다, 교체되다

바꿀 환

料^{りょうり}理をするときはかならず換^{かん き せん}気扇を回^{まわ}してください。 요리를 할 때는 반드시 환풍기를 돌려 주십시오.

次^{つぎ}の駅^{えき}で乗^のり換^かえます。 다음 역에서 갈아탑니다.

음독	さい	債^{さい む}務 채무　負^{ふ さい}債 부채　債^{さい けん}券 채권　公^{こう さい}債 공채

빚 채

ばく大^{だい}な債^{さい む}務があります。 막대한 채무가 있습니다.

負^{ふ さい}債をかかえて倒^{とうさん}産した。 부채를 떠안고 도산했다.

음독	けい	携^{けい たい}帯 휴대　連^{れん けい}携 연휴, 제휴　提^{てい けい}携 제휴　必^{ひっ けい}携 필휴, 반드시 휴대함
훈독	たずさえる	携^{たずさ}える 휴대하다, 손에 들다, 지니다
	たずさわる	携^{たずさ}わる (어떤 일에) 관계하다, 종사하다

이끌 휴

非^{ひ じょう じ}常時の携^{けいたいようひん}帯用品を買^かってあります。 비상시의 휴대용품을 사 두었습니다.

先^{せんだい}代から農^{のうぎょう}業に携^{たずさ}わってきました。 선대부터 농업에 종사해 왔습니다.

398

雇

음독	こ	雇用 고용　雇兵 용병　解雇 해고
훈독	やとう	雇う 고용하다　雇い主 고용주　雇い人 고용인
		日雇い 일용직

品 팔 고

専務は不祥事で解雇されました。 전무님은 불상사로 해고되었습니다.
会社側は多くのアルバイトを雇った。 회사 측은 많은 아르바이트를 고용했다.

諾

| 음독 | だく | 諾否 승낙 여부　受諾 수락　快諾 기분 좋게 들어줌 |
| | | 承諾 승낙　唯々諾々 유유낙낙, 두말없이 따름 |

허락할 낙(락)

先方は快諾してくれた。 상대방은 기분 좋게 승낙해 주었다.
彼女のご両親に結婚の承諾を得ました。 여자 친구 부모님께 결혼 승낙을 얻었습니다.

음독	ぼう	謀略 모략　策謀 책모　無謀 무모　首謀者 주모자　陰謀 음모
	む	謀反 모반, 반역
훈독	はかる	謀る 꾀하다, 꾸미다

꾀 모

無謀な運転は事故のもとです。 무모한 운전은 사고의 원인입니다.
事件の陰謀をたくらんだ者は逮捕されました。 사건의 음모를 꾸민 자는 체포되었습니다.

| 음독 | さく | 錯誤 착오　錯乱 착란　錯覚 착각　交錯 교착, 뒤얽힘 |

어긋날 착

試行錯誤の末に新しい製品が完成した。 시행착오 끝에 신제품이 완성되었다.
古い写真アルバムをめくると、時間を遡ったような錯覚に陥ることがある。 낡은 사진첩
을 뒤적이다 보면 시간을 거슬러 올라간 듯한 착각에 빠질 때가 있다.

廉

음독 れん

廉価 염가　廉売 염매　廉直 결백하고 정직함

清廉 청렴　破廉恥 파렴치

청렴할 렴(염)

全商品を廉価で販売します。 모든 상품을 염가로 판매하겠습니다.

うちの会社は清廉潔白な人を求める。 우리 회사는 청렴결백한 사람을 구한다.

譲

음독 じょう

譲渡 양도　譲歩 양보　謙譲 겸양, 겸손　分譲 분양

훈독 ゆずる

譲る 양보하다, 양도하다, 물려주다　親譲り 부모에게 물려받음

사양할 양

家の所有権を譲渡します。 집의 소유권을 양도하겠습니다.

高齢者が立っていても席を譲らない人が多いです。 나이 드신 분이 서 있어도 자리를 양보하지 않는 사람이 많습니다.

菊

음독 きく

菊 국화　野菊 들국화　春菊 쑥갓　菊の御紋 국화 문장

菊花紋章 국화 문장

국화 국

色とりどりの菊の花を見てください。 형형색색의 국화꽃을 봐주세요.

この汁には新鮮な春菊の香りがする。 이 국에는 신선한 쑥갓 향이 난다.

桑

음독 そう

桑園 뽕나무밭

훈독 くわ

桑 뽕나무　桑畑 뽕나무밭　桑の実 오디

뽕나무 상

蚕が桑の葉を食べる。 누에가 뽕나무 잎을 먹는다.

桑畑で桑の実を摘みました。 뽕나무밭에서 오디를 땄습니다.

1460 | N2

음독 おう

欧州 유럽　欧米 구미, 유럽과 미국　北欧 북유럽

西欧 서구, 서유럽　渡欧 도구, 유럽에 감

구라파 **구**

欧米化した食生活習慣も米の消費量が減少した一つの原因である。 서구화된 식생활 습관도 쌀의 소비량을 줄게 한 하나의 원인이다.

西欧諸国を旅行します。 서유럽 국가들을 여행합니다.

1461 | N1

음독 ほう

邦人 방인, 자국인, 국민　邦楽 일본 음악　邦訳 일역

連邦軍 연방군　異邦 이방, 타국

나라 **방**

邦楽の演奏会に行きました。 일본 음악 연주회에 갔습니다.

英語を邦訳した書物を再び韓国語に翻訳した。 영어를 일역한 서적을 다시 한국어로 번역했다.

1462 | N1

음독 ぼう

暖房 난방　冷房 냉방　厨房 주방　独房 독방

乳房 유방　女房 마누라

훈독 ふさ

乳房 유방　一房 한 송이

방 **방**

冷房のきいた部屋なので涼しい。 냉방이 되는 방이라서 시원하다.

一房のぶどうを全部食べた。 한 송이 포도를 다 먹었다.

1463 | N1

음독 か

十字架 십자가　架空 가공, 공중에 걸침, 상상으로 만드는 것

架設 가설　架橋 가교

훈독 かける

架ける 걸다, 놓다, 가설하다

かかる

架かる 걸리다, 놓이다, 걸치다

시렁 **가**

架空の人物が登場する。 가공의 인물이 등장한다.

海峡に橋を架けました。 해협에 다리를 놓았습니다.

음독 **こう**

郊外 교외　近郊 근교　郊社 교사, 천지에 올리는 제사

들 교

家は郊外にあります。 집은 교외에 있습니다.
都市の近郊に農家の畑を借りて野菜をつくっている。 도시 근교에 농가 밭을 빌려서 채소를 키우고 있다.

苗

음독 **びょう**

育苗 육묘, 작물의 모종을 키우는 것

みょう

苗字 성씨

훈독 **なえ**

苗 묘종　苗木 묘목

なわ

苗代 못자리, 묘판

모 묘

苗字をひらがなで書いてください。 성씨를 히라가나로 써 주세요.
庭にヒマワリの苗木を植えました。 정원에 해바라기 묘목을 심었습니다.

畔

음독 **はん**

湖畔 호반　河畔 하반, 강변, 강가　橋畔 교반, 다리 옆

밭두둑 반

湖畔のキャンプ場でキャンプをした。 호반 캠핑장에서 캠핑을 했다.
今年の花火大会は河畔で行います。 올해 불꽃놀이는 강변에서 합니다.

음독 **がく**

山岳 산악　山岳隊 산악대　岳父 장인(어른)

훈독 **たけ**

岳 높은 산　朝日岳 아사히다케　八が岳 야쓰가타케

剣岳 츠루기타케　槍ヶ岳 야리가타케, 나가노(長野), 기후(崎阜) 현 경계에 솟아 있는 고봉

큰 산 악

高校では山岳部に入る。 고등학교에서는 산악부에 들어간다.
信州の八が岳は観光地です。 신슈의 야쓰가타케는 관광지입니다.

음독 **きょう**

峡谷 협곡　海峡 해협　地峡 지협

골짜기 협

山あいの険しい峡谷を眺めました。 산골짜기 험한 협곡을 바라보았습니다.
津軽海峡の冬景色はすばらしいです。 쓰가루 해협의 겨울 경치는 훌륭합니다.

음독 **こう**

炭坑 탄광　廃坑 폐광　坑道 갱도　坑夫 공사장의 인부

구덩이 갱

父は炭坑で働いていた。 아버지는 탄광에서 일했었다.
もう一本坑道を掘ります。 갱도를 하나 더 팝니다.

음독 **ろう**

浪人 재수생, 실업자　浪費 낭비　浪費癖 낭비벽
放浪 방랑　波浪 파랑, 파도

물결 랑(낭)

時間を浪費しました。 시간을 낭비했습니다.
暴風波浪注意報が出た。 폭풍 파랑 주의보가 내려졌다.

瀧

음독 **たき**

滝 폭포　滝壷 폭포수가 떨어지는 깊은 웅덩이, 용소

비 올 롱(농)

蒸し暑さで滝のような汗が流れている。 무더위에 폭포처럼 땀이 흐르고 있다.
滝壷に水が落ちこみます。 폭포수가 떨어지는 웅덩이에 물이 떨어집니다.

고급 한자 • 5

음독	りょう	陵駕 능가	陵墓 능묘	陵辱 능욕	丘陵 구릉, 언덕	王陵 왕릉
훈독	みささぎ	陵 왕릉				

언덕 릉(능)

古代の王様の陵墓を見学しました。 고대 왕의 능묘를 견학했습니다.

なだらかな丘陵なので回りやすい。 완만한 구릉이라서 돌기 편하다.

음독	かく	輪郭 윤곽	一郭 일곽, 한 둘레 안의 지역	外郭 외곽	城郭 성곽
		遊郭 유곽			

둘레 곽

話の輪郭をはっきりさせてください。 이야기의 윤곽을 분명히 해주세요.

敵の攻撃で城郭が破られた。 적의 공격으로 성곽이 부서졌다.

음독	かく	隔離 격리	遠隔 원격	隔意 격의, 마음을 터놓을 수 없는 것
		隔月 격월		
훈독	へだてる	隔てる 사이를 떼다, 사이에 두다, 가로막다		
	へだたる	隔たる 사이가 떨어지다	隔たり 간격, 격차	

사이 뜰 격

病人を隔離しました。 아픈 사람을 격리했습니다.

二人の気持ちが隔たりました。 두 사람의 마음이 멀어졌습니다.

음독	はん	藩 번, 에도 시대 다이묘(大名)가 지배한 영지·인민·통치
		기구 등의 총칭 藩主 번주 藩府 번부 藩法 번법

울타리 번

江戸時代の「藩」は今の「県」と同じ行政区域です。 에도 시대의 '번'은 지금의 '현'과 같은 행정 구역입니다.

藩主の命令に従わなければならなかった。 번주의 명령에 따라야 했다.

음독 こん

未<ruby>墾<rt>み こん</rt></ruby> 미개간, 아직 개간하지 않음　<ruby>開墾<rt>かい こん</rt></ruby> 개간

<ruby>新墾<rt>しん こん</rt></ruby> 신간, 새롭게 황무지를 개간하는 것

개간할 **간**

<ruby>未墾<rt>み こん</rt></ruby>の<ruby>土地<rt>と ち</rt></ruby>を<ruby>掘<rt>ほ</rt></ruby>り<ruby>起<rt>お</rt></ruby>こす<ruby>考<rt>かんが</rt></ruby>えだ。 미개간 토지를 개간할 생각이다.
<ruby>山地<rt>さん ち</rt></ruby>を<ruby>開墾<rt>かい こん</rt></ruby>しました。 산지를 개간했습니다.

壇

음독 だん

<ruby>壇上<rt>だん じょう</rt></ruby> 단상　<ruby>花壇<rt>か だん</rt></ruby> 화단　<ruby>登壇<rt>とう だん</rt></ruby> 등단　<ruby>仏壇<rt>ぶつ だん</rt></ruby> 불단

<ruby>教壇<rt>きょう だん</rt></ruby> 교단

たん

<ruby>土壇場<rt>ど たん ば</rt></ruby> 막판, 마지막 순간, 막다른 곳

단 **단**

<ruby>議員<rt>ぎ いん</rt></ruby>が<ruby>壇上<rt>だん じょう</rt></ruby>に<ruby>立<rt>た</rt></ruby>ち、<ruby>自分<rt>じ ぶん</rt></ruby>の<ruby>意見<rt>い けん</rt></ruby>を<ruby>堂々<rt>どう どう</rt></ruby>と<ruby>演説<rt>えん ぜつ</rt></ruby>する。 의원이 단상에 서서 자신의 의견을 당당히 연설한다.
<ruby>最後<rt>さい ご</rt></ruby>の<ruby>土壇場<rt>ど たん ば</rt></ruby>で<ruby>泥棒<rt>どろ ぼう</rt></ruby>は<ruby>逃<rt>に</rt></ruby>げてしまった。 마지막 순간에 도둑은 달아나 버렸다.

廊

음독 ろう

<ruby>廊下<rt>ろう か</rt></ruby> 복도　<ruby>回廊<rt>かい ろう</rt></ruby> 회랑, 길고 굽은 복도, 중정 또는 건물을

둘러싸거나 건물 사이를 연결하는 지붕이 있는 복도　<ruby>歩廊<rt>ほ ろう</rt></ruby> 회랑, 플랫폼

행랑 **랑(낭)**

<ruby>廊下<rt>ろう か</rt></ruby>を<ruby>走<rt>はし</rt></ruby>るな。 복도를 뛰지 마라.
この<ruby>神社<rt>じん じゃ</rt></ruby>には<ruby>広<rt>ひろ</rt></ruby>い<ruby>回廊<rt>かい ろう</rt></ruby>があります。 이 신사에는 넓은 회랑이 있습니다.

楼

음독 ろう

<ruby>鐘楼<rt>しょう ろう</rt></ruby> 종각, 종을 달아 두는 누각　<ruby>楼台<rt>ろう だい</rt></ruby> 누각　<ruby>楼閣<rt>ろう かく</rt></ruby> 누각
<ruby>摩天楼<rt>ま てん ろう</rt></ruby> 마천루　<ruby>蜃気楼<rt>しん き ろう</rt></ruby> 신기루

다락 **루(누)**

<ruby>砂上<rt>さ じょう</rt></ruby>の<ruby>楼閣<rt>ろう かく</rt></ruby>にすぎません。 사상누각에 지나지 않습니다.
ニューヨークの<ruby>摩天楼<rt>ま てん ろう</rt></ruby>にいつか<ruby>行<rt>い</rt></ruby>ってみたい。 뉴욕의 마천루에 언젠가 가 보고 싶다.

음독 わん

湾内 _{わんない} 만의 안쪽	湾岸 _{わんがん} 만의 연안	港湾 _{こうわん} 항만

湾曲 _{わんきょく} 만곡, 활처럼 굽음   台湾 _{たいわん} 대만

彎

물굽이 만

船は湾内に停泊しました。배는 만의 안쪽에 정박했습니다.
彼は背骨が湾曲している。그는 등뼈가 굽었다.

음독 ごく

獄中 _{ごくちゅう} 옥중, 감옥 안   地獄 _{じごく} 지옥   獄舎 _{ごくしゃ} 옥사, 감옥, 교도소
投獄 _{とうごく} 투옥, 감옥에 넣음

옥 옥

交通事故の様子は地獄のようだった。교통사고 모습은 지옥과 같았다.
犯人は有罪判決を受け、投獄されました。범인은 유죄 판결을 받아 감옥에 갔습니다.

음독 せ

瀬 _せ 강의 얕은 곳, 여울   浅瀬 _{あさせ} 얕은 여울
瀬戸際 _{せとぎわ} 운명의 갈림길   瀬戸物 _{せともの} 도자기   年の瀬 _{としのせ} 연말

瀬

여울 뢰(뇌)

川の瀬をゆっくり渡りました。강의 얕은 곳을 천천히 건넜습니다.
浅瀬で水遊びをしました。얕은 여울에서 물놀이를 했습니다.

음독 しょう

結晶 _{けっしょう} 결정   水晶 _{すいしょう} 수정

맑을 정

雪の結晶を観察します。눈 결정을 관찰합니다.
大きな水晶の置き物を記念で買った。커다란 수정으로 된 장식품을 기념으로 샀다.

음독 か

佳気 ^{か き} 화창한 날　佳言 ^{か げん} 좋은 말　佳人 ^{か じん} 가인, 미인

佳品 ^{か ひん} 가품, 좋은 물건　佳作 ^{か さく} 가작

絶佳 ^{ぜっ か} 절가, (경치가) 뛰어나게 아름다움

아름다울 **가**

佳人薄命のことわざ。미인박명이라는 속담.

私の絵が佳作に選ばれた。내 그림이 가작으로 뽑혔다.

華

음독 か

華僑 ^{か きょう} 화교　華麗 ^{か れい} 화려　繁華街 ^{はん か がい} 번화가

豪華 ^{ごう か} 호화　中華 ^{ちゅう か} 중화

け

香華 ^{こう げ} 향화, 불전에 바치는 향과 꽃　散華 ^{さん げ} 법회 때 뿌리는 연꽃 모양의 종이꽃

훈독 はなやか

華やか ^{はな} 화려함, 화사함

はなばなしい

華々しい ^{はな ばな} 화려하다, 눈부시다

빛날 **화**

映画俳優は華麗なる職業だ。영화배우는 화려한 직업이다.

明るい服に着替えると、顔が一層華やかに見えます。밝은 옷으로 갈아입으니 얼굴이 한결 환해 보입니다.

芳

음독 ほう

芳香剤 ^{ほう こう ざい} 방향제　芳名録 ^{ほう めい ろく} 방명록

훈독 かんばしい

芳しい ^{かんば} 향기롭다, 좋다

꽃다울 **방**

トイレに芳香剤を置いた。화장실에 방향제를 놓았다.

取引先からは芳しい返事がなかった。거래처로부터 좋은 답변이 없었다.

음독 こん

紺色 ^{こん いろ} 감색　紺糸 ^{こん いと} 감색 실　紺青 ^{こん じょう} 감청색, 선명한 남빛

紺地 ^{こん じ} 감색 천, 감색 바탕　濃紺 ^{のう こん} 짙은 감색

감색 **감**

紺青の空が広がります。선명한 남빛 하늘이 펼쳐집니다.

濃紺の制服を着ている。짙은 감색 제복을 입고 있다.

고급한자 · 5

1488 | N1

질그릇 도

| 음독 | とう | 陶器 도기, 도자기　陶磁器 도자기　陶芸 도예　陶酔 도취 |
| | | 薫陶 훈도 |

自分で陶器を焼いてみました。 직접 도자기를 구워 보았습니다.

自分のもたらした成果に自己陶酔しているように見えた。 스스로 낸 성과에 자기도취하고 있는 듯이 보였다.

1489 | N1

취할 취

醉

음독	すい	麻酔 마취　泥酔 술이 곤드레만드레하게 취함, 만취
		酔漢 취객　心酔 심취
훈독	よう	酔う 취하다, 멀미하다　二日酔い 숙취

お酒に弱い体質の男性は少量のお酒でも泥酔する。 술에 약한 체질인 남성은 소량의 술에도 만취한다.

同窓会で飲みすぎて酔ってしまいました。 동창회에서 과음해서 술에 취하고 말았습니다.

1490 | N1

형벌 형

| 음독 | けい | 刑事 형사　刑法 형법　処刑 처형　極刑 극형 |

この地域では刑事事件がよく発生する。 이 지역에서는 형사 사건이 자주 발생한다.

罪を犯し処刑されました。 죄를 범해 처형당했습니다.

1491 | N1

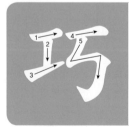

공교할 교

음독	こう	巧妙 교묘　巧言 교언, 입으로만 그럴듯하게 꾸며 대는 말
		巧者 교자, 능숙함, 능숙한 사람　技巧 기교　精巧 정교
훈독	たくみ	巧み 정교함, 교묘함, 계략

詐欺師は巧妙な手口でだます。 사기꾼은 교묘한 수법으로 속인다.

彼女は馬を巧みに操ります。 그녀는 말을 능숙하게 다룹니다.

408

면할 **면**

음독	**めん**	免許 면허　免責 면책　免除 면제　放免 석방, 해방
훈독	**まぬがれる**	免れる 면하다, 모면하다, 피하다

授業料が免除されました。 수업료가 면제되었습니다.
今回は最悪のケースは免れた。 이번에는 최악의 경우는 면했다.

祉

복 **지**

음독	**し**	福祉 복지

父は社会福祉に貢献しました。 아버지는 사회 복지에 공헌했습니다.

받들 **봉**

음독	**ほう**	奉仕 봉사　奉納 봉납　奉公 봉공　奉じる 바치다
	ぶ	奉行 봉공, 상사의 명을 받들어 공무·행사를 집행하는 것, 봉사
		供奉 수행
훈독	**たてまつる**	奉る 바치다, ~해 드리다

公務員は社会のために奉仕する職業です。 공무원은 사회를 위해 봉사하는 직업입니다.
神様に今年の作物を奉る。 신께 올해의 작물을 바친다.

殴

때릴 **구**

음독	**おう**	殴打 구타
훈독	**なぐる**	殴る 때리다, 치다, 구타하다

彼は女性を殴打して、警察に捕まりました。 그는 여성을 구타해서 경찰에 붙잡혔습니다.
カッとなって横つらを殴った。 열 받아서 따귀를 때렸다.

고급 한자 · 5

음독 こう　　拘束 구속　拘置所 구치소　拘禁 구금　拘留 구류

잡을 **구**

被告人は拘置所に送られた。 피고인은 구치소에 보내졌다.
一晩拘留されました。 하룻밤 구류되었습니다.

虛

음독 きょ　　虚構 허구　虚偽 허위　虚無感 허무감　空虚 공허
　　　　　　謙虚 겸허

こ　　　虚空 허공

훈독 むなしい　　虚しい 허무하다, 헛되다

빌 **허**

若者が空虚な生活を送るのはもったいない。 젊은이가 공허한 생활을 보내는 것은 아깝다.
息子は虚しい夢だけを追っています。 아들은 헛된 꿈만 좇고 있습니다.

음독 ばい　　培養 배양　陪席 배석　陪食 배식, 귀인을 모시고 식사함
　　　　　　陪臣 배신, 신하

모실 **배**

光栄に首相と陪席した。 영광스럽게 수상과 배석했다.
ご陪食にあずかりました。 높은 분을 모시는 식사 자리를 맡았습니다.

虐

음독 ぎゃく　　虐待 학대　虐殺 학살　自虐 자학　残虐 잔학, 잔혹한 것

훈독 しいたげる　　虐げる 못살게 굴다, 학대하다

모질 **학**

子どもの虐待の被害が増え続けています。 아동 학대 피해가 계속 증가하고 있습니다.
黒人は人種差別で虐げられていた。 흑인은 인종 차별로 학대를 당했었다.

음독	**きょう**	脅迫 협박　脅威 위협
훈독	**おびやかす**	脅かす 위협하다, 협박하다, (지위·신분 등을) 위태롭게 하다
	おどす	脅す 으르다, 위협하다, 협박하다
	おどかす	脅かす 으르다, 위협하다, 협박하다, 놀라게 하다

위협할 협

夕べ脅迫の電話がありました。 어젯밤에 협박 전화가 왔습니다.
ナイフで一般市民を脅す犯人を通報した。 칼로 일반 시민을 위협하는 범인을 신고했다.

匿

음독	**とく**	匿名 익명　秘匿 감춤　隠匿 은닉

숨길 닉(익)

放送局に匿名の投書がきた。 방송국에 익명의 투서가 도착했다.
犯罪者は証拠を隠匿しました。 범죄자는 증거를 은닉했습니다.

고급 한자 · 5

음독	**こう**	控除 공제　控訴 공소
훈독	**ひかえる**	控える 대기하다, 기록하다, 삼가다　控書 비망, 메모
		控え室 대기실　控え目 사양하듯 조심스러움, 약간 적을 듯함

당길 공

控え目な性格の女性が好きです。 조심스럽고 양보하는 성격의 여성을 좋아합니다.
交通事故に遭って、万一のため相手の車のナンバーを控えました。 교통사고를 당해서 만일을 위해 상대방 자동차 넘버를 기록해 두었습니다.

음독	**そ**	措置 조치　挙措 거조, 행동거지　措辞 말의 용법과 구절의 배치

둘 조

病気に対する適切な措置をとらなければなりません。 병에 대한 적절한 조치를 취해야 합니다.
落ち着いた挙措に見とれてしまった。 침착한 행동거지(모습)에 반하고 말았다.

음독 ぎ

欺瞞 기만　詐欺 사기

훈독 あざむく

欺く 속이다, 기만하다

속일 **기**

詐欺にひっかかって１００万円をとられました。 사기에 걸려들어 100만 엔을 빼앗겼습니다.
人を欺く道を選びたくはない。 남을 속이는 길을 선택하고 싶지는 않다.

음독 き

棄権 기권　棄却 기각　放棄 포기　不法投棄 불법 투기
廃棄 폐기　遺棄 유기

버릴 **기**

暑さで約３割の選手が途中で棄権した。 더위로 약 30%의 선수가 도중에 기권했다.
犯人は死体遺棄の罪でつかまった。 범인은 사체 유기죄로 붙잡혔다.

음독 かん

喚起 환기, 불러일으키는 것　喚声 환성, 크게 외치는 소리
喚問 환문, 재판소·의회 등 공(公)기관이 불러내어 따져 묻는 것
召喚 소환　阿鼻叫喚 아비규환

부를 **환**

工事の現場では、歩行者を安全に導くために、注意を喚起する必要があります。 공
사 현장에서는 보행자를 안전하게 인도하기 위해 주의를 환기할 필요가 있습니다.
召喚状を受けた者は出頭する義務がある。 소환장을 받은 자는 출두할 의무가 있다.

逮

음독 たい

逮捕 체포

잡을 **체**

警察は容疑者を逮捕した。 경찰은 용의자를 체포했다.

縛

음독	ばく	束縛 속박　呪縛 주박, 주술로 못 움직이게 함　捕縛 포박
		自縄自縛 자승자박
훈독	しばる	縛る 묶다, 속박하다, 매다　金縛り 가위 눌림, 꼼짝 못하게 묶음

얽을 **박**

長い歳月自由を束縛されました。 긴 세월 자유를 속박당했습니다.
離れないようロープで強く縛った。 떨어지지 않도록 줄로 세게 묶었다.

음독	だつ	奪回 도로 빼앗음　奪還 탈환　奪取 탈취　強奪 강탈
		争奪 쟁탈　略奪 약탈
훈독	うばう	奪う 빼앗다, 사로잡다　奪い去る 빼앗아 가다

빼앗을 **탈**

5人組の強盗に金品が略奪された。 5인조 강도에게 금품을 약탈당했다.
戦争は人の自由を奪います。 전쟁은 사람의 자유를 빼앗습니다.

| 음독 | しん | 審判 심판　審議 심의　主審 주심 |
| | | 不審 불심, 미심, 수상함, 미심쩍음　不審火 원인 모를 화재 |

살필 **심**

判定に不満を持って審判に抗議しました。 판정에 불만을 가져 심판에게 항의했습니다.
その件は審議中です。 그 건은 심의 중입니다.

음독	てい	締結 체결　締約 체약, 계약을 맺음
훈독	しまる	締まる 단단하게 죄이다　取り締まり 단속　戸締まり 문단속
	しめる	締める 잠그다, 조르다, 매다　締め切り 마감, 마감 날짜

맺을 **체**

インドと経済条約を締結しました。 인도와 경제 조약을 체결했습니다.
ねじをしっかり締めてください。 나사를 꽉 조여 주세요.

tip しめる

締める 죄다, 졸라매다 → 心を引き締める。 마음을 다잡는다.
絞める (목을) 조르다, 졸라매다 → 犯人の首を絞める。 범인의 목을 조른다.
占める 차지하다 → 市場の8割を占める。 시장의 8할을 차지한다.
閉める 닫다 → ドアを閉める。 문을 닫는다.

고급 한자 · 5

음독	せい	請求書 청구서　申請 신청　請願 청원　要請 요청
	しん	普請 건축·토목 공사
훈독	うける	請ける 맡다, 청부맡다　下請け 하청, 도급　請け負い 청부, 도급
	こう	請う 청하다, 요구하다, 원하다

청할 **청**

代金の請求書が来ました。 대금 청구서가 왔습니다.
主に大手企業の下請けをする。 주로 대기업의 하청을 한다.

| 음독 | し | 諮詢 자순, 자문　諮問 자문 |
| 훈독 | はかる | 諮る 상의하다, 자문하다, 의견을 묻다 |

물을 **자**

ここは政府の諮問機関です。 이곳은 정부의 자문 기관입니다.
代表者の会議に諮る。 대표자 회의에 자문한다.

> **Tip** はかる
> 測る 길이·면적 등을 계기로 재다 → 距離を測る。 거리를 재다.
> 量る 무게·용적 등을 재다 → 体重を量る。 체중을 재다.
> 計る 시간·속도 등을 재다, 생각하다, 짐작하다, 계획하다 → 時間を計る。 시간을 재다.
> 図る 의도하다, 생각하다, 도모하다 → 便宜を図る。 편의를 도모한다.
> 謀る 꾀하다, 꾸미다 → 暗殺を謀る。 암살을 꾸미다.
> 諮る 의견을 묻다, 상의하다 → 会議に諮る。 회의에 의견을 묻는다.

| 음독 | じゅん | 遵守 준수　遵法 준법 |

좇을 **준**

校則を遵守します。 교칙을 준수합니다.
遵法精神を徹底する。 준법정신을 철저히 지킨다.

낄 옹

음독 **よう**	擁する 안다, 소유하다　擁護 <small>よう ご</small> 옹호　擁壁 <small>よう へき</small> 옹벽
	擁立 <small>よう りつ</small> 옹립, 옹호해서 제왕으로 즉위시킴　抱擁 <small>ほう よう</small> 포옹, 껴안음

私<small>わたし</small>たちは憲法<small>けんぽう</small>を擁護<small>ようご</small>しなければなりません。 우리는 헌법을 옹호해야 합니다.
別<small>わか</small>れ際<small>ぎわ</small>に軽<small>かる</small>い抱擁<small>ほうよう</small>を交<small>か</small>わした。 헤어질 때 가벼운 포옹을 나눴다.

鎮

진압할 진

음독 **ちん**	鎮圧 <small>ちん あつ</small> 압정　重鎮 <small>じゅう ちん</small> 중진　鎮座 <small>ちん ざ</small> 의젓하게 자리 잡음
	鎮静剤 <small>ちん せい ざい</small> 진정제
훈독 **しずめる**	鎮<small>しず</small>める 가라앉히다, 진압하다
しずまる	鎮<small>しず</small>まる 가라앉다, 안정되다

鎮静剤<small>ちんせいざい</small>を注射<small>ちゅうしゃ</small>してもらったら、少<small>すこ</small>し楽<small>らく</small>になりました。 진정제 주사를 맞으니 조금 편해졌습니다.
まず興奮<small>こうふん</small>を鎮<small>しず</small>めてから考<small>かんが</small>えましょう。 우선 흥분을 가라앉힌 후에 생각합시다.

> **Tip** しずめる
> 静<small>しず</small>める 조용하게 하다, 진정시키다 → 気<small>き</small>を静<small>しず</small>める。 마음을 진정시킨다.
> 鎮<small>しず</small>める 가라앉히다, 진정하다 → 痛<small>いた</small>みを鎮<small>しず</small>める。 통증을 가라앉힌다.
> 沈<small>しず</small>める 가라앉히다 → 船<small>ふね</small>を沈<small>しず</small>める。 배를 가라앉힌다.

밀칠 배

음독 **はい**	排気 <small>はい き</small> 배기　排水 <small>はい すい</small> 배수　排除 <small>はい じょ</small> 배제　排管 <small>はい かん</small> 배관

車<small>くるま</small>の排気<small>はいき</small>ガスがひどいです。 자동차 배기가스가 심합니다.
障害物<small>しょうがいぶつ</small>を排除<small>はいじょ</small>しました。 장해물을 제거했습니다.

오줌 뇨(요)

음독 **にょう**	尿 <small>にょう</small> 오줌, 소변　尿意 <small>にょう い</small> 요의, 오줌이 마려운 느낌　尿漏れ <small>にょう も</small> 요실금
	排尿 <small>はい にょう</small> 배뇨　利尿 <small>り にょう</small> 이뇨　尿検査 <small>にょう けん さ</small> 소변 검사　夜尿症 <small>や にょうしょう</small> 야뇨증

あれだけビールを飲<small>の</small>んだのだから、尿意<small>にょうい</small>をもよおすのが当然<small>とうぜん</small>だろう。 그렇게나 맥주를 마셨으니까 요의를 느끼는 것이 당연한 것이다.
薬<small>くすり</small>を飲<small>の</small>んで夜尿症<small>やにょうしょう</small>が治<small>なお</small>りました。 약을 먹고 야뇨증이 나았습니다.

고급 한자 · 5

415

분비할 **비**
스며 흐를 **필**

음독 ひ 　泌尿 비뇨, 오줌을 만들어 배설함 　泌尿器科 비뇨기과

ひつ 　分泌 분비

泌尿器科が新しくできました。 비뇨기과가 새로 생겼습니다.

思春期に成長ホルモンが多く分泌されます。 사춘기에 성장 호르몬이 많이 분비됩니다.

Tip '分泌(분비)'는 '分泌'로도 읽음.

같을 **여**

음독 じょ 　突如 갑자기, 별안간, 돌연 　欠如 결여

にょ 　如実 여실, 있는 그대로임 　如来 여래

예외 如何ほど 얼마나, 얼마쯤, 아무리 　如何 어떻게, 어떻습니까

如何わしい 의심스럽다, 수상하다, 저속하다

突如、雨が降り出した。 별안간 비가 내리기 시작했다.

流行語は社会の変化を如実に反映する。 유행어는 사회의 변화를 여실히 반영한다.

펼 **신**

음독 しん 　伸長 신장 　伸縮 신축 　延伸 연장, 자라남 　屈伸 굽혔다 펴기

追伸 추신

훈독 のびる 　伸びる 자라다, 늘어나다 　背伸び 발돋움

のばす 　伸ばす 늘이다, 길게 기르다

のべる 　伸べる 펴다, 뻗치다 　差し伸べる 내밀다, 뻗치다

예외 欠伸 하품

運動するときは伸縮性のある服がいいです。 운동할 때는 신축성 있는 옷이 좋습니다.

手を差し伸べて私を引っ張ってくれた。 손을 내밀어서 나를 잡아당겨 주었다.

오를 **승**

음독 しょう 　上昇 상승 　昇給 승급 　昇華 승화, 고체가 바로 기체가 됨

훈독 のぼる 　昇る 높이 올라가다

気温が上昇した。 기온이 상승했다.

ふたたび日が昇ります。 다시 해가 뜹니다.

1523 | N2

음독	とう	凍傷 동상　凍死 동사　冷凍 냉동　解凍 해동
훈독	こおる	凍る 얼다
	こごえる	凍える 얼다. 추위로 손·발 등에 감각이 없어지다

얼 동

冷凍食品のおかずを買ってチンして食べる。 냉동식품 빈찬을 사서 전자레인지에 돌려서 먹는다.
寒くて手が凍えた。 추위서 손이 시린다.

1524 | N2

음독	こう	硬貨 주화　硬度 경도　硬直 경직
훈독	かたい	硬い 딱딱하다, 단단하다

굳을 경

外国の硬貨を集めている。 외국 주화를 모으고 있다.
硬い表情のまま去りました。 굳은 표정으로 떠났습니다.

Tip かたい

固い 단단하다, 딱딱하다, 굳다, 융통성이 없다 → 固く紐を結ぶ。 단단히 끈을 묶는다.
堅い (물체, 특히 목재 등이) 단단하다, 성실하다 → 堅い木材 딱딱한 목재
硬い (광물 등의 질이) 단단하다, 표정 등이 굳어 버리다 → 硬い表情 굳은 표정

1525 | N1

음독	ぎょう	凝縮 응축　凝視 응시　凝固 응고　凝結 응결, 엉김
훈독	こる	凝る 응고하다, 열중하다, (근육이) 뭉치다　凝り性 (한 가지 일에) 열중 하는 기질, 집념이 강한 사람　肩凝り 어깨 결림
	こらす	凝らす (마음·눈·귀 따위를) 한곳에 집중시키다

엉길 응

冷凍庫で凝固させる。 냉동고에서 응고시킨다.
娘は部屋の飾りつけに凝っています。 딸은 방을 꾸미는 데 빠져 있습니다.

고급한자 · 5

417

음독	そ	粗末 변변찮음, 서투름, 소홀히 다룸　粗密 소밀　粗野 조야, 거침
		粗大ごみ 대형 쓰레기(냉장고, 가구 등)
훈독	あらい	粗い 거칠다, 조잡하다, 까칠까칠하다, 굵다　粗方 대강, 대충, 거의
		粗筋 줄거리

거칠 조

食べ物を粗末にするな、残すな。먹는 거 갖고 장난치지 마라. 남기지 마라.
小説の粗筋を書いて出さなければなりません。소설의 줄거리를 써서 내야만 합니다.

Tip あらい
荒い 거칠다, 난폭하다 → 台風で波が荒い。태풍으로 파도가 거칠다.
粗い 굵다, 꺼칠꺼칠하다, 엉성하다 → 仕事が粗い。일이 엉성하다.

음독	ふん	紛糾 분규　紛失 분실　紛争 분쟁
훈독	まぎれる	紛れる 뒤섞이다, 헷갈리다, 틈타다, 팔리다
	まぎらす	紛らす 얼버무리다, (괴로움이나 슬픔 따위를) 달래다, 감추다
	まぎらわす	紛らわす 얼버무리다, 혼동시키다
	まぎらわしい	紛らわしい (비슷해서) 혼동하기 쉽다, 헷갈리기 쉽다

어지러울 분

労使の紛糾を円満に収拾しました。노사 분규를 원만히 수습했습니다.
人ごみに姿を紛らした。인파 속에 모습을 감췄다.

음독	しゅ	特殊 특수　殊勝 갸륵함, 기특함, 장함　殊勲 수훈
		殊異 현저하게 다름
훈독	こと	殊 보통과는 다른 것, 특별한 것　殊の外 의외로, 뜻밖에, 특별히

다를 수

特殊な治療をうけて病気がなおりました。특수한 치료를 받아 병이 나았습니다.
今日は殊の外元気ですね。오늘은 의외로 기운이 좋네요.

1529 | N1

음독 **かん**	敢行 감행　敢然と 감연히, 결단성 있고 용감하게　果敢 과감	
	勇敢 용감	
훈독 **あえて**	敢えて 감히, 억지로, 굳이	

감히 **감**

彼は勇敢な少年だ。그는 용감한 소년이다.

敢えて言うなら、好きではありません。굳이 말한다면 좋아하지 않습니다.

1530 | N1

음독 **きん**	緊急 긴급　緊張 긴장　緊迫 긴박　緊密 긴밀

긴할 **긴**

試験では緊張してミスをしてしまった。시험에서는 긴장해서 실수를 하고 말았다.

これから緊密に連絡をとりましょう。앞으로 긴밀하게 연락을 취합시다.

1531 | N1　　　　　　　　　　　　　　　　　　　　　　　緩

음독 **かん**	緩和 완화　緩急 완급　緩解 완해, 느슨하게 해줌	
	緩慢 완만　弛緩 이완	
훈독 **ゆるい**	緩い 느슨하다, 헐겁다, 완만하다	
ゆるやか	緩やか 완만함, 느릿함, 느슨함, 관대함	
ゆるむ	緩む 느슨해지다, 풀어지다, 누그러지다	
ゆるめる	緩める 풀다, 느슨하게 하다, 완화하다	

느릴 **완**

この薬は緊張を緩和してくれます。이 약은 긴장을 완화해 줍니다.

シートベルトを緩めてもいいです。안전벨트를 풀어도 됩니다.

1532 | N2　　　　　　　　　　　　　　　　　　　　　　　湿

음독 **しつ**	湿気 습기　湿度 습도　多湿 다습　除湿 제습	
	加湿 가습	
훈독 **しめる**	湿る 습기 차다, 눅눅해지다, 우울해지다　湿り気 습기, 수분	
しめす	湿す 적시다, 축이다, 눅이다	

젖을 **습**

湿度が高いと蒸し暑い。습도가 높으면 푹푹 찐다.

湿り気をおびたシャツは匂います。눅눅한 느낌이 도는 셔츠(꿉꿉한 셔츠)는 냄새가 납니다.

고급 한자 · 5

419

1533 | N1

불을 **윤**

음독 **じゅん**	潤沢 윤택 (じゅんたく)	潤滑剤 윤활제 (じゅんかつざい)	潤筆 윤필, (부탁을 받고) 글씨를 쓰거나 (じゅんぴつ)
	그림을 그림	利潤 이윤 (りじゅん)	
훈독 **うるおう**	潤う 촉촉해지다, 풍족해지다 (うるお)	潤い 습기, 이익, 윤택 (うるお)	
うるおす	潤す 촉촉하게 하다 (うるお)		
うるむ	潤む 글썽이다, 흐려지다, 울먹이다 (うる)		

企業は利潤を追求します。 기업은 이윤을 추구합니다. (きぎょう・りじゅん・ついきゅう)
田畑が潤う恵みの雨が降ってきた。 논밭이 촉촉해지는 단비가 내렸다. (たはた・うるお・めぐ・あめ・ふ)

1534 | N1

쇠할 **쇠**

음독 **すい**	衰弱 쇠약 (すいじゃく)	老衰 노쇠 (ろうすい)	衰退 쇠퇴 (すいたい)	栄枯盛衰 영고성쇠, 사람의 (えいこせいすい)
	일생이나 세상은 성할 때가 있으면 쇠할 때도 있다		
훈독 **おとろえる**	衰える (체력이) 쇠약해지다, 쇠퇴하다 (おとろ)	衰え 쇠약, 쇠퇴 (おとろ)	

神経が衰弱しています。 신경이 쇠약해져 있습니다. (しんけい・すいじゃく)
体力の衰えを感じる。 체력이 떨어지는 것을 느낀다. (たいりょく・おとろ・かん)

1535 | N1

게으를 **태**

음독 **たい**	怠慢 태만 (たいまん)	怠惰 나태, 게으름 (たいだ)	倦怠 권태 (けんたい)
훈독 **なまける**	怠ける 게을리하다, 게으름 피우다, 빼먹다 (なま)	怠け癖 게으름 피는 버릇 (なま・ぐせ)	
おこたる	怠る 게을리하다, 소홀히 하다, 태만하다 (おこた)		

怠惰な心を引き締めてください。 나태한 마음을 다잡아 주세요. (たいだ・こころ・ひ・し)
新人は会議の準備を怠りました。 신참은 회의 준비를 게을리했습니다. (しんじん・かいぎ・じゅんび・おこた)

1536 | N1

검소할 **검**

음독 **けん**	倹約 검약, 절약 (けんやく)	倹素 검소 (けんそ)	節倹 절검, 절약, 검약 (せっけん)
	勤倹 근검 (きんけん)		

お小遣いを倹約します。 용돈을 절약합니다. (こづか・けんやく)
彼女は倹素な暮らしをしている。 그녀는 검소한 생활을 하고 있다. (かのじょ・けんそ・く)

음독	けん

賢者 현자, 현인　賢明 현명　賢人 현인, 현자

遺賢 유현, 정부에 기용되지 않고 민간에 남아 있는 유능한 인재

훈독	かしこい

賢い 현명하다, 영리하다, 어질다

어질 현

賢人の教えを守りましょう。 현인의 가르침을 지킵시다.

それは賢いやりかたです。 그것은 현명한 방법입니다.

1538 | N1

음독	ゆう

誘惑 유혹　誘拐 유괴　誘発 유발

훈독	さそう

誘う 권유하다, 꾀다, 유혹하다

꾈 유

誘惑に惑わされて損をしました。 유혹에 휩쓸려 손해를 봤습니다.

万人の涙を誘う話。 만인의 눈물을 자아내는 이야기.

1539 | N1

음독	よう

動揺 동요

훈독	ゆれる
	ゆる
	ゆらぐ
	ゆるぐ
	ゆする
	ゆさぶる
	ゆすぶる

揺れる 흔들리다, 동요하다

揺る 흔들다　揺りかご 요람

揺らぐ 흔들리다, 동요되다

揺るぐ 흔들리다, 불안정하다

揺する 흔들다

揺さぶる 흔들다, 동요시키다

揺すぶる 흔들다

흔들 요

心の動揺を隠せませんでした。 마음의 동요를 감출 수 없었습니다.

船がよく揺れます。 배가 잘 흔들립니다.

揺

고급 한자 · 5

421

중학교 2학년 한자

• 84자

又	了	吉	徐	既	暫	遂	零
또 우	마칠 료(요)	길할 길	천천히 할 서	이미 기	잠깐 잠	드디어 수	떨어질 령(영)/영 령(영)

宴	葬	赴	掛	掃	駐	粘	塗
잔치 연	장사지낼 장	갈 부	걸 괘	쓸 소	머무를 주	붙을 점	칠할 도

滑	貫	漂	衝	漏	擦	縫	繕
미끄러울 활/익살스러울 골	꿸 관	떠다닐 표	찌를 충	샐 루(누)	문지를 찰	꿰맬 봉	기울 선

覆	隆	膨	癖	魅	慌	斥	妨
뒤집힐 복/덮을 부	높을 륭(융)	부를 팽	버릇 벽	매혹할 매	어리둥절할 황	물리칠 척	방해할 방

阻	沒	崩	窒	滯	裂	滅	墜
막힐 조	빠질 몰	무너질 붕	막힐 질	막힐 체	찢을 렬(열)	꺼질 멸/멸할 멸	떨어질 추

邪	卑	哀	忌	怪	恨	悔	憎
간사할 사	낮을 비	슬플 애	꺼릴 기	괴이할 괴	한 한	뉘우칠 회	미울 증

憂	慨	粹	悅	慈	赦	惜	穩
근심 우	슬퍼할 개	순수할 수	기쁠 열	사랑 자	용서할 사	아낄 석	편안할 온

慰	慕	遭	遇	催	促	鍛	鍊
위로할 위	그릴 모	만날 조	만날 우	재촉할 최	재촉할 촉	불릴 단	불릴 련(연)/단련할 련(연)

潛	伏	抑	揚	濫	伐	施	錠
잠길 잠	엎드릴 복	누를 억	날릴 양	넘칠 람(남)	칠 벌	베풀 시	덩이 정

犧	牲	囑	託	愚	辱	胞	膜
희생 희	희생 생	부탁할 촉	부탁할 탁	어리석을 우	욕될 욕	세포 포	꺼풀 막/막 막

某	焦	裸	騎
아무 모	탈 초	벗을 라(나)	말탈 기

1540 | N1

또 우

| 음독 | また |

又 다음, 또, 또한　　又^{また ぎ}聞き 전해 들음

又^{また が}貸し 전대, 빌린 것을 다른 사람에게 빌려줌

選手^{せんしゅ}であり、又^{また}役員^{やくいん}です。 선수이면서 또한 임원입니다.

当然^{とうぜん}の事^{こと}ながら又^{また}貸^がしは利用規約^{りようきやく}に抵触^{ていしょく}している。 당연히 전대는 이용 규약에 저촉된다.

1541 | N2

마칠 료(요)

| 음독 | りょう |

了^{りょうかい}解 양해, 이해, 승낙　了^{りょうしょう}承 승낙, 양해　完^{かんりょう}了 완료　終^{しゅうりょう}了 종료

欠席^{けっせき}の了解^{りょうかい}を求^{もと}めるため先生^{せんせい}に電話^{でんわ}をしました。 결석 승낙을 구하려고 선생님께 전화를 했습니다.

今日^{きょう}の作業^{さぎょう}は終了^{しゅうりょう}した。 오늘 작업은 종료되었다.

1542 | N1

길할 길

| 음독 | きち |

大^{だい きち}吉 대길, 운세나 재수가 더할 나위 없이 좋은 것

小^{しょうきち}吉 소길, 길한 징조가 조금 있음

大^{たい あん}安吉^{きち じつ}日 (여행·이사·결혼 따위에 좋다는) 대길일

| きつ |

吉^{きっきょう}凶 길흉　吉^{きっちょう}兆 길조　不^{ふ きつ}吉 불길　吉^{きっぽう}報 희소식

おみくじは大吉^{だいきち}と出^でた。 점괘(신사에서 뽑는 제비)에서 대길이 나왔다.

大安吉日^{たいあんきちじつ}に結婚式^{けっこんしき}が開^{ひら}かれます。 대길일에 결혼식이 열립니다.

1543 | N1

천천히 할 서

| 음독 | じょ |

徐^{じょじょ}々に 서서히　徐^{じょこう}行 서행　徐^{じょみゃく}脈 서맥, 맥박이 느림

空^{そら}は徐^{じょじょ}々に晴^はれてきました。 하늘은 서서히 맑아졌습니다.

車^{くるま}は徐行^{じょこううんてん}運転した。 자동차는 서행 운전했다.

고급 한자 · 6

423

음독	き	既婚 기혼　既決 기결　既刊 기간, 이미 간행됨
		既存 기존　既製品 기성품　既製服 기성복
훈독	すでに	既に 이미

이미 기

既製服を買うのが便利です。 기성복을 사는 것이 편리합니다.
映画は既に始まっていました。 영화는 이미 시작됐습니다.

| 음독 | ざん | 暫時 잠시　暫定 잠정, 임시로 결정함 |

잠깐 잠

決定を暫時保留します。 결정을 잠시 보류합니다.
設備業者は暫定休憩をとっています。 설비업자는 잠시 휴식을 취하고 있습니다.

| 음독 | すい | 完遂 완수　遂行 수행　未遂 미수 |
| 훈독 | とげる | 遂げる 이루다, 얻다, 성취하다　成し遂げる 이루어내다, 해내다 |

드디어 수

社員は誠実に任務を遂行します。 사원은 성실히 임무를 수행합니다.
ようやく目的を成し遂げました。 드디어 목적을 달성했습니다.

| 음독 | れい | 零下 영하　零細 영세　零時 0시　零度 0도　零落 몰락 |

떨어질 령(영)
영 령(영)

零下 30 度を記録した。 영하 30도를 기록했다.
調べによると零細企業が多いです。 조사에 따르면 영세 기업이 많습니다.

음독 えん 　祝宴 축하연　宴会 연회　宴席 연회석　披露宴 피로연

　　　　　　　　酒宴 술자리

잔치 연

あの店で夜中まで宴会をした。저 가게에서 한밤중까지 연회를 했다.

途中から宴席に加わりました。도중부터 연회석에 참가했습니다.

葬

음독 そう　　葬式 장례식　葬儀 장의, 장례식　火葬 화장

　　　　　　　埋葬 매장　密葬 밀장, 몰래 장사를 지냄, 암매장

훈독 ほうむる　葬る 매장하다, 장사 지내다, 묻어 버리다

장사 지낼 장

恩師の葬儀に出席しました。은사님의 장례식에 출석했습니다.

飼っていた犬を庭に葬りました。기르던 개를 마당에 묻었습니다.

음독 ふ　　　赴任 부임

훈독 おもむく　赴く (목적지로) 가다, 떠나다, 돌아가다

갈 부

父は単身赴任することになった。아버지는 단신 부임하게 되었다.

任地に赴く前に友だちに会いました。부임지로 가기 전에 친구를 만났습니다.

훈독 かける　掛ける 걸다　掛け算 곱셈　掛け値 에누리

　　　　かかる　掛かる 걸리다, 착수하다　掛かり 비용, 씀씀이

걸 괘

中学生なのに掛け算もできないの? 중학생인데 곱셈도 못 해?

そろそろ勉強に掛かります。슬슬 공부를 시작합니다.

고급 한자 · 6

掃

| 음독 | そう | 清掃 청소　一掃 일소　掃除 청소 |
| 훈독 | はく | 掃く (바닥을) 쓸다　掃き掃除 비로 쓰는 청소, 빗자루질 |

쓸 소

週二回清掃車がくる。 주2회 청소차가 온다.
隅々まできれいに掃きました。 구석구석까지 깨끗하게 쓸었습니다.

| 음독 | ちゅう | 駐屯地 주둔지　駐車 주차　駐在 주재　常駐 상주 |

머무를 주

駅前は駐車禁止です。 역 앞에는 주차 금지입니다.
沖縄には軍隊が常駐する。 오키나와에는 군대가 상주한다.

음독	ねん	粘土 점토　粘膜 점막　粘着 점착, 끈기가 있어 착 달라붙음
		粘液 점액
훈독	ねばる	粘る 끈적이다, 잘 달라붙다, 끈덕지게 버티다
		粘り強い 끈기 있다, 끈질기다

붙을 점

よく粘土で遊んだ。 점토를 갖고 자주 놀았다.
最後まで粘りました。 마지막까지 끈기 있게 버텼습니다.

음독	と	塗布 도포　塗料 도료　塗装 도장
훈독	ぬる	塗る 바르다, 칠하다　塗り薬 바르는 약, 연고
		塗り潰す 빈틈없이 모두 칠하다

칠할 도

外壁の塗装を終えた。 외벽의 도장을 마쳤다.
やけどの塗り薬をつけます。 화상 연고를 바릅니다.

1556 | N1

음독 **かつ** 滑走 활주　滑舌 발음　滑車 도르래　円滑 원활

　　こつ 滑稽 우스꽝스러움, 익살

훈독 **すべる** 滑る 미끄러지다, (스키 등을)타다　滑り台 미끄럼틀

　　なめらか 滑らか 매끄러운 모양, 순조로움, 거침없음

미끄러울 활
익살스러울 골

飛行機が滑走路から離陸する。 비행기가 활주로에서 이륙한다.
彼女は滑らかな口調で話します。 그녀는 거침없는 어조로 말합니다.

1557 | N1

음독 **かん** 貫通 관통　貫徹 관철　突貫工事 돌관(강행) 공사　一貫 일관

훈독 **つらぬく** 貫く 관통하다, 꿰뚫다, 가로지르다, 일관하다

꿸 관

町の山をトンネルが貫通した。 마을의 산을 터널이 관통했다.
森田さんは生涯志を貫いた真のリーダーでした。 모리타 씨는 평생 뜻을 관철시킨 진정한 리더였습니다.

1558 | N1

음독 **ひょう** 漂流 표류　漂白 표백　漂着 표착, 물에 떠다니다 어떤 곳에 닿음

훈독 **ただよう** 漂う 떠돌다, 감돌다, 헤매다

떠다닐 표

漂白剤を入れて洗う。 표백제를 넣고 빨다.
肉を焼くにおいが漂ってきます。 고기를 굽는 냄새가 풍겨 옵니다.

1559 | N1

음독 **しょう** 衝動 충동　衝撃 충격　衝突 충돌　折衝 절충　緩衝 완충

찌를 충

ストレスがたまったからという理由で衝動買いをしてしまいました。 스트레스가 쌓였다는 이유로 충동구매를 하고 말았습니다.
自動車が正面衝突するのを見た。 자동차가 정면충돌하는 것을 보았다.

고급 한자 • 6

427

1560 | 급수 외

음독	**ろう**	漏洩 누설　漏電 누전　漏水 누수　漏斗 깔때기
훈독	**もる**	漏る 새어 나오다, 비밀이 남에게 알려지다　雨漏り 비가 샘
	もれる	漏れる 새다, 누설되다
	もらす	漏らす 새게 하다, 누설하다

샐 **루(누)**

火事の原因は漏電です。 화재의 원인은 누전입니다.

うっかり秘密を漏らしてしまった。 깜박하고 비밀을 누설하고 말았다.

1561 | N1

음독	**さつ**	摩擦 마찰　擦過傷 찰과상　擦傷 찰과상, 생채기
훈독	**する**	擦る 문지르다, 비비다, 갈다　擦り傷 찰과상
	すれる	擦れる 스치다, 닿다, 닳다

문지를 **찰**

顔面に擦過傷を負いました。 얼굴에 찰과상을 입었습니다.

肘が擦れて痛い。 팔꿈치가 쓸려서 아프다.

1562 | N1

縫

음독	**ほう**	裁縫 재봉　縫合 봉합
훈독	**ぬう**	縫う 깁다, 바느질하다　縫い目 꿰맨 줄, 땀, 솔기

꿰맬 **봉**

趣味は読書と裁縫です。 취미는 독서와 재봉입니다.

傷口を縫う手術を受けました。 상처 입은 자리를 봉합하는 수술을 받았습니다.

1563 | 급수 외

음독	**ぜん**	修繕 수선, 손보아 고침　営繕 영선, 건축물을 새로 짓거나 수리함
훈독	**つくろう**	繕う 고치다, 깁다, 가다듬다, 수선하다

기울 **선**

機械を修繕に出します。 기계를 수리하러 보냅니다.

やぶれたシャツを繕っています。 찢어진 셔츠를 수선하고 있습니다.

| 음독 | ふく | 覆面 복면　転覆 전복　覆刻 복각, 다시 만듦 |

훈독	おおう	覆う 덮다, 가리다, 숨기다
	くつがえす	覆す 뒤집다, 뒤엎다, 전복시키다, 번복하다
	くつがえる	覆る 뒤집히다, 전복되다

뒤집힐 복
덮을 부

覆面をつけた強盗が入ってきた。복면을 한 강도가 들어왔다.
雲が空を覆っている。구름이 하늘을 덮고 있다.

隆

| 음독 | りゅう | 隆起 융기　興隆 흥성, 일으켜 번성함　隆盛 융성 |
| | | 隆々 (기세가) 왕성함, (근육이) 울퉁불퉁함 |

높을 륭(융)

地盤の隆起が激しい。지반 융기가 심하다.
筋骨隆々の若者が運動しています。우람한 체구의 젊은이가 운동하고 있습니다.

| 음독 | ぼう | 膨張 팽창　膨大 방대 |

| 훈독 | ふくらむ | 膨らむ 부풀다, 불어나다 |
| | ふくれる | 膨れる 불룩해지다, 벅차오르다 |

부를 팽

図書室に膨大な書物があってうれしかった。도서실에 방대한 서적이 있어서 기뻤다.
梅のつぼみが膨らみます。매화꽃 봉오리가 부풀어 오릅니다.

| 음독 | へき | 潔癖 결벽　潔癖症 결벽증　病癖 (병적인) 나쁜 버릇 |

| 훈독 | くせ | 癖 버릇　口癖 말버릇　癖毛 곱슬머리　手癖 손버릇, 도벽 |
| | | 酒癖 술버릇 |

버릇 벽

会長は潔癖な人です。회장님은 결벽한 성질의 사람입니다.
悪い癖はなおしなさい。나쁜 버릇은 고쳐라.

고급 한자 · 6

매혹할 매

| 음독 | み | 魅力 매력　魅了 매료　魅惑 매혹 |

彼女の魅力にとりつかれました。 그녀의 매력에 사로잡혔습니다.

とても魅惑的な女性だった。 너무나 매혹적인 여성이었다.

慌

어리둥절할 황

음독	こう	恐慌 공황, 두려워 당황함　世界大恐慌 세계 대공황
훈독	あわてる	慌てる 놀라서 당황하다, 허둥대다
	あわただしい	慌ただしい 어수선하다, 총망하다, 분주하다

株価が大暴落を起こして、世界大恐慌に突入した。 주가가 대폭락을 일으켜 세계 대공항에 돌입했다.

面接試験で、慌てると好感を与えません。 면접시험에서 당황하면 호감을 주지 못합니다.

물리칠 척

음독	せき	除斥 제척, 제거하여 물리침　排斥 배척　指斥 지척, 가리켜 보이는 것
		斥候 척후, 정찰
훈독	しりぞける	斥ける 멀리하다, 거절하다, 물리치다

難民排斥運動が起きました。 난민 배척 운동이 일어났습니다.

上司の反対を斥けて、プロジェクトを進めました。 상사의 반대를 무릅쓰고 프로젝트를 진행했습니다.

방해할 방

| 음독 | ぼう | 妨害 방해　妨害罪 방해죄　妨害行為 방해 행위 |
| 훈독 | さまたげる | 妨げる 방해하다, 지장을 주다 |

彼は営業妨害で入場が禁じられた。 그는 영업 방해로 입장이 금지되었다.

工事は人の通行を妨げました。 공사는 사람의 통행에 지장을 주었습니다.

음독	そ	阻止 저지　阻害 저해　阻喪 기운을 잃음
훈독	はばむ	阻む 방해하다, 저지하다, 막다

막힐 조

未成年にたばこや飲酒は成長を阻害します。 미성년에게 담배나 음주는 성장을 저해합니다.

警察はデモ行列の進出を阻みました。 경찰은 데모 행렬의 진출을 막았습니다.

음독	ぼつ	没収 몰수　没頭 몰두　没落 몰락　埋没 매몰　沈没 침몰
		日没 일몰　没年 몰년, 향년

빠질 몰

担任先生にまんがを没収されました。 담임선생님께 만화를 빼앗겼습니다.

ウイルス研究に没頭している。 바이러스 연구에 몰두하고 있다.

음독	ほう	崩壊 붕괴　崩落 봉락, 시세 급락　崩御 붕어, 천황·황후 등의 서거
훈독	くずす	崩す 무너뜨리다, 자세를 풀다
	くずれる	崩れる 무너지다, 흐트러지다　山崩れ 산사태
예외		雪崩 눈사태

무너질 붕

台風で堤防が崩壊した。 태풍으로 제방이 붕괴됐다.

豪雨で山崩れが起きました。 호우로 산사태가 일어났습니다.

음독	ちつ	窒素 질소　窒息 질식

막힐 질

窒素の元素記号はNです。 질소의 원소 기호는 N입니다.

彼は窒息して死んだ。 그는 질식해서 죽었다.

고급 한자 • 6

음독	**たい**	<ruby>滞<rt>たい</rt></ruby><ruby>納<rt>のう</rt></ruby> 체납 <ruby>渋<rt>じゅう</rt></ruby><ruby>滞<rt>たい</rt></ruby> 정체, 지체 <ruby>滞<rt>たい</rt></ruby><ruby>在<rt>ざい</rt></ruby> 체재 <ruby>停<rt>てい</rt></ruby><ruby>滞<rt>たい</rt></ruby> 정체
훈독	**とどこおる**	<ruby>滞<rt>とどこお</rt></ruby>る 밀리다, 정체하다, 지체되다

滞

막힐 체

もう<ruby>二<rt>に</rt></ruby>、<ruby>三日<rt>さんにち</rt></ruby><ruby>滞在<rt>たいざい</rt></ruby>する<ruby>予定<rt>よてい</rt></ruby>です。 2, 3일 더 체류할 예정입니다.

バブルが<ruby>崩壊<rt>ほうかい</rt></ruby>して<ruby>不動産屋<rt>ふどうさんや</rt></ruby>の<ruby>売買<rt>ばいばい</rt></ruby>が<ruby>滞<rt>とどこお</rt></ruby>っている。 거품 경제가 붕괴되어 부동산 매매가 정체되고 있다.

음독	**れつ**	<ruby>決<rt>けつ</rt></ruby><ruby>裂<rt>れつ</rt></ruby> 결렬 <ruby>破<rt>は</rt></ruby><ruby>裂<rt>れつ</rt></ruby> 파열 <ruby>分<rt>ぶん</rt></ruby><ruby>裂<rt>れつ</rt></ruby> 분열 <ruby>裂<rt>れっ</rt></ruby><ruby>傷<rt>しょう</rt></ruby> 열상, 피부가 찢어진 상처
훈독	**さく**	<ruby>裂<rt>さ</rt></ruby>く 찢다, 쪼개다, 가르다
	さける	<ruby>裂<rt>さ</rt></ruby>ける 찢어지다, 갈라지다

찢을 렬(열)

<ruby>風船<rt>ふうせん</rt></ruby>はどんどん<ruby>膨<rt>ふく</rt></ruby>らんで<ruby>破裂<rt>はれつ</rt></ruby>した。 풍선은 점점 커지다가 터졌다.

<ruby>痛<rt>いた</rt></ruby>みで<ruby>暴<rt>あば</rt></ruby>れたので<ruby>服<rt>ふく</rt></ruby>が<ruby>裂<rt>さ</rt></ruby>けた。 통증으로 발악을 해서 옷이 찢어졌다.

음독	**めつ**	<ruby>滅<rt>めつ</rt></ruby><ruby>亡<rt>ぼう</rt></ruby> 멸망 <ruby>滅<rt>めっ</rt></ruby><ruby>菌<rt>きん</rt></ruby> 멸균 <ruby>破<rt>は</rt></ruby><ruby>滅<rt>めつ</rt></ruby> 파멸 <ruby>絶<rt>ぜつ</rt></ruby><ruby>滅<rt>めつ</rt></ruby> 멸종 <ruby>撲<rt>ぼく</rt></ruby><ruby>滅<rt>めつ</rt></ruby> 박멸
훈독	**ほろびる**	<ruby>滅<rt>ほろ</rt></ruby>びる 멸망하다, 없어지다
	ほろぼす	<ruby>滅<rt>ほろ</rt></ruby>ぼす 망치다, 멸망하게 하다

꺼질 멸
멸할 멸

<ruby>彼<rt>かれ</rt></ruby>は<ruby>地球<rt>ちきゅう</rt></ruby>が<ruby>滅亡<rt>めつぼう</rt></ruby>する<ruby>日<rt>ひ</rt></ruby>を<ruby>予言<rt>よげん</rt></ruby>した。 그는 지구가 멸망하는 날을 예언했다.

<ruby>絶滅寸前<rt>ぜつめつすんぜん</rt></ruby>の<ruby>動物<rt>どうぶつ</rt></ruby>を<ruby>守<rt>まも</rt></ruby>ってください。 멸종 직전의 동물을 지켜 주세요.

음독	**つい**	<ruby>墜<rt>つい</rt></ruby><ruby>落<rt>らく</rt></ruby> 추락 <ruby>撃<rt>げき</rt></ruby><ruby>墜<rt>つい</rt></ruby> 격추 <ruby>失<rt>しっ</rt></ruby><ruby>墜<rt>つい</rt></ruby> 실추

墜

떨어질 추

ベランダから<ruby>墜落<rt>ついらく</rt></ruby>する<ruby>事故<rt>じこ</rt></ruby>が<ruby>多<rt>おお</rt></ruby>い。 베란다에서 추락하는 사고가 많다.

<ruby>相次<rt>あいつ</rt></ruby>いだ<ruby>不祥事<rt>ふしょうじ</rt></ruby>で<ruby>会社<rt>かいしゃ</rt></ruby>の<ruby>信用<rt>しんよう</rt></ruby>は<ruby>大<rt>おお</rt></ruby>きく<ruby>失墜<rt>しっつい</rt></ruby>するでしょう。 이어진 불상사로 회사의 신용은 크게 실추될 것입니다.

간사할 **사**

음독	じゃ	邪気 _{じゃ き} 사기, 악의, 나쁜 기운, 감기　邪悪 _{じゃ あく} 사악　邪魔 _{じゃ ま} 방해
		無邪気 _{む じゃ き} 천진함, 순진함, 악의가 없음
예외		風邪 _{か ぜ} 감기

邪悪な考えは捨てたほうがいいです。 사악한 생각은 버리는 게 낫습니다.
無邪気に遊んでる子どもを親が見ている。 천진하게 놀고 있는 아이를 부모가 보고 있다.

낮을 **비**

음독	ひ	卑屈 _{ひ くつ} 비굴　卑怯 _{ひ きょう} 비겁　卑劣 _{ひ れつ} 비열　卑下 _{ひ げ} 비하
훈독	いやしい	卑しい _{いや} 저속하다, 치사하다, 탐욕스럽다
	いやしむ	卑しむ _{いや} 깔보다, 경멸하다, 무시하다
	いやしめる	卑しめる _{いや} 깔보다, 멸시하다

卑怯な作戦をつかって勝つのは意味がありません。 비겁한 작전을 써서 이기는 것은 의미가 없습니다.
お金に卑しいことは、よくない。 돈에 탐욕스러운 것은 좋지 않다.

슬플 **애**

음독	あい	哀願 _{あい がん} 애원　哀悼 _{あい とう} 애도　哀愁 _{あい しゅう} 애수　哀感 _{あい かん} 비애감　悲哀 _{ひ あい} 비애
훈독	あわれ	哀れ _{あわ} 불쌍함
	あわれむ	哀れむ _{あわ} 불쌍히 여기다, 사랑하다

弟の救助を哀願する。 남동생의 구조를 애원한다.
哀れな暮らしぶりをテレビで見て寄付しました。 불쌍한 생활상을 텔레비전에서 보고 기부했습니다.

꺼릴 **기**

음독	き	忌日 _{き じつ} 기일　忌中 _{き ちゅう} 기중, 상중　忌避 _{き ひ} 기피　禁忌 _{きん き} 금기
		一周忌 _{いっ しゅう き} 1주기
훈독	いむ	忌む _い 꺼리다, 기피하다　忌み言葉 _{い ことば} 꺼리는 말, 금기어
	いまわしい	忌まわしい _い 불길하다, 꺼림칙하다

今日は祖母の一周忌です。 오늘은 할머니의 첫 번째 기일입니다.
お葬式の際に四は「し」と読み、死を連想させるので、避けるべき忌み言葉です。 장례식 때 4는 '시'라고 읽어 죽음을 연상시키기 때문에 피해야 하는 금기어입니다.

고급 한자 • 6

433

괴이할 **괴**

음독	かい	怪奇 괴기 怪獣 괴수 怪談 괴담 怪物 괴물
훈독	あやしい	怪しい 기이하다, 이상하다, 수상하다
	あやしむ	怪しむ 이상히 여기다, 수상히 여기다
	예외	怪我 부상, 상처

夏の夜、怪談を聞きました。 여름밤에 괴담을 들었습니다.
怪しい男がうろついている。 수상한 남자가 서성거리고 있다.

한 **한**

음독	こん	痛恨 통한, 통탄, 몹시 원망함 怨恨 원한 遺恨 유한, 원한
훈독	うらむ	恨む 원망하다 恨み 원망, 원한
	うらめしい	恨めしい 원망스럽다, 유감스럽다, 한스럽다

このようなことが再発しないよう痛恨の反省がなければならないです。 이런 일이 재발하지 않도록 뼈아픈 반성이 있어야 합니다.
人を恨むのを辞めたら、楽になりました。 남을 원망하는 것을 그만뒀더니 마음이 편해졌습니다.

뉘우칠 **회**

悔

음독	かい	悔恨 회한, 뉘우침 後悔 후회
훈독	くいる	悔いる 후회하다, 뉘우치다
	くやむ	悔む 분하게 여기다, 후회하다 悔み 뉘우침, 후회
	くやしい	悔しい 분하다, 억울하다
	예외	懺悔 참회

私はやるべきことをすべてやったので、後悔はありません。 제가 해야 할 일을 다 했으니까 후회는 없어요.
試合に負けたことを考えると、今でも悔しい。 시합에서 진 것을 생각하면 지금도 분하다.

미울 **증**

憎

음독	ぞう	憎悪 증오 愛憎 애증
훈독	にくむ	憎む 미워하다, 증오하다
	にくい	憎い 밉다, 얄밉다, 꼴 보기 싫다
	にくらしい	憎らしい 얄밉다, 마음에 들지 않다
	にくしみ	憎しみ 미움, 증오

父に対する愛憎が入り乱れています。 아버지에 대한 애증이 뒤섞여 있습니다.
罪を憎んで人を憎むな。 죄를 미워하되 사람을 미워하지 말라.

음독	ゆう	一喜一憂 일희일우　憂鬱 우울　憂慮 우려
훈독	うれえる	憂える 우려하다, 걱정하다, 마음을 태우다
	うれい	憂い 근심, 걱정, 한탄
	うい	憂い 불안, 우려

근심 우

試合に一喜一憂しないように集中した。 시합에 일희일우하지 않도록 집중했다.

病状悪化の憂いがあります。 병세 악화의 우려가 있습니다.

慨

음독	がい	感慨 감개　憤慨 분개　慨然 분개함, 분발함
		慨嘆 개탄, 한탄하고 분노하는 것

슬퍼할 개

とても感慨無量です。 너무 감개무량합니다.

慨嘆にたえない光景でした。 개탄을 참을 수 없는 광경이었습니다.

음독	すい	純粋 순수　国粋 국수　精粋 정수　抜粋 발췌
훈독	いき	粋 멋짐, 세련됨

순수할 수

あの人は子供のように純粋な心をもっている。 저 사람은 아이처럼 순수한 마음을 갖고 있다.

ここは韓国特有の粋みたいなものが感じられます。 이곳은 한국 고유의 멋 같은 게 느껴집니다.

悦

음독	えつ	悦 기뻐함　悦服 기쁜 마음으로 복종함
		悦楽 열락, 기뻐하고 즐거워함　喜悦 희열

기쁠 열

一人で悦に入っている。 혼자서 흡족해하고 있다.

彼は受賞の悦楽にひたりました。 그는 수상의 기쁨에 잠겼습니다.

고급 한자 ● 6

1592 | N1

사랑 자

음독 **じ**	慈愛 자애 無慈悲 무자비 慈善 자선
훈독 **いつくしむ**	慈しむ 사랑하다, 귀여워하다, 애지중지하다

慈善事業をして貧しい子供たちを助けています。 자선 사업을 해서 가난한 어린이들을 돕고 있습니다.

すべての生き物を慈しみましょう。 모든 생물을 사랑합시다.

1593 | N1

용서할 사

음독 **しゃ**	赦状・赦免状 형벌을 사하는 뜻을 기록한 서면, 사면장 赦免 사면 容赦 용서, 사정을 봐줌 特赦 특별 사면

警官は容疑者を容赦なく取り調べました。 경찰관은 용의자를 가차 없이 취조했습니다.

刑罰を軽くしてあげるのが特赦です。 형벌을 가볍게 해주는 것이 특별 사면입니다.

1594 | N1

아낄 석

음독 **せき**	惜敗 석패, 아쉽게 짐 惜別 석별 痛惜 통석, 매우 애석해함 哀惜 애석
훈독 **おしい**	惜しい 아깝다, 애석하다, 소중하다
おしむ	惜しむ 아쉬워하다, 아까워하다, 애석해하다

一点差で惜敗した。 1점 차로 아쉽게 졌다.

待っている時間が惜しいです。 기다리고 있는 시간이 아깝습니다.

1595 | N1

편안할 온

음독 **おん**	平穏 평온 穏便 원만함, 모나지 않음 穏当 온당
훈독 **おだやか**	穏やか (상태가) 온화함, (인품이) 조용함, 평온함
예외	安穏 편안하고 평온함

平穏無事に暮らしたいです。 하루하루 편안하게 무사히 생활하고 싶습니다.

父は穏やかな人柄だ。 아빠는 온화한 성품이다.

436

1596 | N1

음독	い	慰安 위안　慰労 위로　慰問 위문　慰謝料 위자료
훈독	なぐさめる	慰める 위로하다, 달래다
	なぐさむ	慰む 마음이 풀리다, 위안이 되다

위로할 위

老人ホームを慰問しました。 요양원을 위문했습니다.
大学に落ちた友だちを慰めました。 대학에 떨어진 친구를 위로했습니다.

1597 | N1　慕

음독	ぼ	慕情 모정, 그리워하는 마음　思慕 사모　愛慕 애모
		敬慕 존경하고 따름
훈독	したう	慕う 그리워하다, 사모하다　恋慕う 연모하다

그릴 모

恩師を敬慕しました。 은사님을 존경하고 따랐습니다.
恋人を慕って、海外までついていきました。 연인을 사모해서 해외까지 따라갔습니다.

1598 | N1　遭

음독	そう	遭遇 조우, (우연히) 만남　遭逢 마주침　遭難 조난
훈독	あう	遭う 만나다, 마주치다, 겪다, 당하다

만날 조

山でUFOに遭遇しました。 산에서 UFO를 만났습니다.
旅行先で災難に遭った。 여행지에서 재난을 겪었다.

1599 | N1　遇

음독	ぐう	奇遇 기우, 홀수와 짝수　待遇 대우
		境遇 경우, 처지, 형편, 환경　不遇 불우　処遇 처우　優遇 우대

만날 우

ＶＩＰとしてよい待遇を受けた。 VIP로서 좋은 대우를 받았다.
恵まれた境遇で育ちました。 혜택 받은(좋은) 환경에서 자랐습니다.

음독	さい	催事 특매 행사, 특별 전시　催眠 최면　催促 재촉
		主催者 주최자　開催 개최
훈독	もよおす	催す 개최하다, 열다, 재촉하다　催し 모임, 행사, 회합

재촉할 **최**

催眠術にかかって不思議な気分でした。 최면술에 걸려서 신기한 기분이었습니다.

オリンピックの開催は来年に延びました。 올림픽 개최는 내년으로 연기되었습니다.

음독	そく	促進 촉진　促音 촉음　促成 촉성, 속성
		催促 재촉, 독촉　督促 독촉
훈독	うながす	促す 재촉(촉구)하다, 독촉하다

재촉할 **촉**

会員同士の交流を促進する行事を行う。 회원끼리의 교류를 촉진하는 행사를 한다.

空港で熱のある旅行者は報告するように注意を促しています。 공항에서 열이 있는 여행자는 보고하도록 주의를 촉구하고 있습니다.

음독	たん	鍛錬・鍛練 단련　鍛造 단조, 금속 가공
훈독	きたえる	鍛える 단련하다
예외		鍛冶 대장장이

불릴 **단**

何ごとも鍛錬しだいだ。 무슨 일이든 단련하기 나름이다.

水泳で体を鍛えています。 수영으로 몸을 단련하고 있습니다.

錬

음독	れん	錬金術 연금술　錬成 연성, (심신을) 단련하여 훌륭하게 만듦
		鍛錬 단련
훈독	ねる	錬る 쇠붙이를 불리다, 단련하다

불릴 **련**(연)
단련할 **련**(연)

古代中国の錬金術をならった。 고대 중국의 연금술을 배웠다.

瞑想を通じて精神を錬成します。 명상을 통해서 정신을 연성합니다.

潜

음독	せん	潜伏 잠복　潜水艦 잠수함　潜在 잠재
		沈潜 물속 깊이 가라앉음, 몰두
훈독	ひそむ	潜む 숨어 있다, 잠재하다, 잠복하다
	もぐる	潜る 잠수하다, 잠입하다, 숨어들다

잠길 잠

原子力潜水艦を初めて見た。 원자력 잠수함을 처음 봤다.

寒いのでふとんに潜っています。 추워서 이불 속으로 들어가 있습니다.

음독	ふく	倒伏 (벼·보리 등이) 쓰러짐　起伏 기복　承伏 승복　潜伏 잠복
훈독	ふせる	伏せる 엎드리다, 내리깔다　うつ伏せ 엎드림, 엎드려 누움
	ふす	伏す 자리에 눕다, 쓰러지다

엎드릴 복

犯人は市内に潜伏中です。 범인은 시내에 잠복 중입니다.

息子はうつ伏せになって寝ている。 아들은 엎드려서 자고 있다.

| 음독 | よく | 抑圧 억압　抑揚 억양　抑制 억제　謙抑 겸양　抑留 억류 |
| 훈독 | おさえる | 抑える 누르다, 억누르다, 진압하다 |

누를 억

国が言論の自由を抑圧した。 나라가 언론의 자유를 억압했다.

どうか怒りを抑えて聞いてください。 아무쪼록 화를 누르고 들으세요.

🅣🅘🅟 おさえる

押える (억)누르다 → 紙を手で押える。 종이를 손으로 누른다.

抑える 억제하다, 막다 → 値段を抑える。 가격을 억제한다.

음독	よう	掲揚 게양　揚々 양양　浮揚 부양　揚水 물을 퍼올림
		高揚 고양
훈독	あげる	揚げる 쏘아 올리다, 튀기다
		唐揚げ 튀김, 재료에 녹말 등의 가루를 묻혀 튀긴 음식
	あがる	揚がる 튀겨지다, 올라가다

날릴 양

校旗の掲揚を行います。 교기 게양을 거행합니다.

天ぷらを揚げてお昼に食べました。 튀김을 튀겨서 점심으로 먹었습니다.

음독	らん					
		濫用 남용	濫発 남발	濫伐 남벌	濫獲 남획	氾濫 범람

넘칠 람(남)

会社の手形を濫発して倒産してしまった。 회사의 어음을 남발해서 도산하고 말았다.

山林樹木を濫伐するのは問題です。 산림 수목을 남벌하는 것은 문제입니다.

음독	ばつ		
		伐採 벌채	乱伐 남벌, 산이나 숲에서 식물을 쓸데없이 벌채하는 것
		殺伐 살벌	征伐 정벌　討伐 토벌

칠 벌

むやみに森林を伐採する。 삼림을 마구 벌채한다.

殺伐たる風景に驚きました。 살벌한 풍경에 놀랐습니다.

음독	し			
		施設 시설	実施 실시	施行 시행
	せ	施術 시술	施錠 자물쇠를 채움	
훈독	ほどこす	施す 행하다, 베풀다, (대책을) 세우다		

베풀 시

子供たちが喜ぶような施設がどんどんできたらいいですね。 아이들이 좋아할 만한 시설이 계속 생겼으면 좋겠습니다.

コロナに対する対策を施さなければなりません。 코로나에 대한 대책을 세워야만 합니다.

음독	じょう			
		錠剤 정제, 알약	手錠 수갑	施錠 자물쇠를 채움
		錠前 자물쇠		

덩이 정

風邪に効く錠剤を飲みます。 감기에 잘 드는 알약을 먹습니다.

犯人に手錠をかけた。 범인에게 수갑을 채웠다.

1612 | N1

희생 희

음독 **ぎ**

犠^ぎ牲^{せい} 희생　犠^ぎ打^だ 희생타

供^く犠^ぎ 공희, 신에게 희생 공물을 바치던 의례

犠

戦^{せんそう}争で多^{おお}くの命^{いのち}が犠牲^{ぎせい}になった。 전쟁에서 많은 생명이 희생되었다.

犠打^{ぎだ}でランナーをすすめる。 희생타로 주자를 보낸다.

1613 | N1

희생 생

음독 **せい**

犠^ぎ牲^{せい} 희생　犠^ぎ牲^{せい}者^{しゃ} 희생자

テロで多^{おお}くの犠牲者^{ぎせいしゃ}が出^でました。 테러로 많은 희생자가 나왔습니다.

1614 | N1

부탁할 촉

음독 **しょく**

嘱^{しょく}託^{たく} 촉탁　委^い嘱^{しょく} 위촉　嘱^{しょく}望^{ぼう} 촉망

嘱

嘱託^{しょくたく}社^{しゃ}員^{いん}を募^ぼ集^{しゅう}しています。 촉탁 사원을 모집하고 있습니다.

委嘱^{いしょく}された仕^し事^{ごと}は何^{なん}でも引^ひき受^うけます。 위촉받은 일은 뭐든지 맡습니다.

1615 | N1

부탁할 탁

음독 **たく**

託^{たく}児^じ所^{しょ} 탁아소　託^{たく}送^{そう} 탁송　委^い託^{たく} 위탁　受^{じゅ}託^{たく} 수탁

信^{しん}託^{たく} 신탁　結^{けっ}託^{たく} 결탁

英^{えいこく}国では企^き業^{ぎょう}内^{ない}託^{たく}児^じ所^{しょ}が充^{じゅう}実^{じつ}している。 영국에서는 기업 내 탁아소가 잘 되어 있다.

ネットで品^{しなもの}物の委^い託^{たく}販^{はん}売^{ばい}をしています。 인터넷에서 물품의 위탁 판매를 하고 있습니다.

고급 한자 · 6

고급 한자 · 6

음독	ぐ	愚弄 우롱 愚民 우민 愚問 우문 愚鈍 우둔 愚痴 푸념
		愚直 우직
훈독	おろか	愚か 어리석음 愚か者 바보, 멍텅구리

어리석을 우

星野さんは愚直な性格の人です。 호시노 씨는 우직한 성격의 사람입니다.
父が「愚か者」と怒鳴りました。 아버지가 '바보 자식'이라고 호통치셨습니다.

음독	じょく	侮辱 모욕 汚辱 오욕 恥辱 치욕 屈辱 굴욕
훈독	はずかしめる	辱める 욕되게 하다, 창피를 주다 辱め 창피, 모욕

욕될 욕

敗北の屈辱を晴らすために一生懸命練習した。 패배의 굴욕을 씻기 위해 열심히 연습했다.
皆の前で辱めを受けました。 모두 앞에서 치욕을 느꼈습니다.

胞

음독	ほう	胞子 포자 細胞 세포 同胞 동포

세포 포

何回も細胞分裂をする様子を観察する。 몇 번이나 세포 분열을 하는 모습을 관찰한다.
異国で同胞の人と会いました。 이국에서 동포를 만났습니다.

음독	まく	粘膜 점막 鼓膜 고막 角膜 각막 腹膜炎 복막염

꺼풀 막
막 막

耳の鼓膜を傷つけた。 귀 고막을 다쳐 상처가 났다.
父が腹膜炎で入院しました。 아버지가 복막염으로 입원했습니다.

음독	ぼう	某社 모사, 어느 회사　某所 모처, 어떤 곳　某地 어느 곳
		某氏 모씨, 어떤 분　某国 모국, 어떤 나라

아무 **모**

会合は某所で行われる。 회합은 모처에서 진행된다.
彼は某国に逃げた。 그는 어떤 나라로 도망쳤다.

음독	しょう	焦土 초토　焦燥 초조　焦点 초점
훈독	こげる	焦げる 눈다, 타다
	こがす	焦がす 눈게 하다, 태우다
	こがれる	焦がれる 연모하다, 몹시 동경하다, 애태우다
		恋焦がれる 사랑에 애태우다, 애타게 그리다
	あせる	焦る 안달하다, 초조하게 굴다

탈 **초**

目の焦点が合わなくて、字が読めない。 눈 초점이 안 맞아서 글자를 못 읽겠다.
ごはんが焦げて、卵焼きも焦げてしまいました。 밥이 타고 계란 프라이도 타 버렸습니다.

음독	ら	裸体 나체　裸眼 맨눈　全裸 전라　赤裸々 적나라
훈독	はだか	裸 알몸, 맨몸　裸姿 알몸 상태　丸裸 맨몸, 알몸, 발가숭이
		素っ裸 알몸뚱이　裸一貫 맨몸, 빈주먹
예외		裸足 맨발

벗을 **라**(나)

手紙に赤裸々に感情を記しました。 편지에 적나라하게 감정을 적었습니다.
祖父は裸一貫から財を築いた。 할아버지는 맨몸으로 재산을 모았다.

음독	き	騎士 기사　騎士道 기사도　騎馬 기마
		騎手 기수　騎乗 말을 탐, 승마

말 탈 **기**

子供は白馬に乗った騎士と王女の物語が好きだ。 아이는 백마에 탄 기사와 공주 이야기를 좋아한다.
体育祭で騎馬戦に出る。 운동회에서 기마전에 나간다.

고급 한자 · 6

중학교 3학년 한자

• 110자

仙	朴	尼	伯	僕	妃	侯	宰	朕	翁
신선 선	성 박	여승 니(이)	맏 백	종 복	왕비 비	제후 후	재상 재	나 짐	늙은이 옹
叔	帥	紳	庶	曹	儒	爵	緒	姻	涯
아저씨 숙	장수 수	큰띠 신	여러 서	무리 조	선비 유	벼슬 작	실마리 서	혼인 인	물가 애
妊	娠	弔	喪	逝	賓	僚	曉	宵	雰
임신할 임	아이 밸 신	조상할 조	잃을 상	갈 서	손 빈	동료 료(요)	새벽 효	밤 소	눈 날릴 분
妄	盲	肌	肢	脣	菌	症	診	剖	疫
망령될 망	소경 맹/눈멀 맹	살가죽 기	팔다리 지	입술 순	버섯 균	증세 증	진찰할 진	쪼갤 부	전염병 역
患	痢	癒	飢	渴	睡	昆	竜	猫	蛇
근심 환	이질 리(이)	병 나을 유	주릴 기	목마를 갈	졸음 수	벌레 곤	용 룡(용)	고양이 묘	긴 뱀 사
蚊	猿	螢	繭	屯	亜	洞	邸	亭	荘
모기 문	원숭이 원	반딧불이 형	고치 견	진 칠 둔	버금 아	골 동/밝을 통	집 저	정자 정	씩씩할 장/별장 장
垣	塀	隅	渓	轄	寮	塚	搭	棟	懸
담 원	담 병	모퉁이 우	시내 계	다스릴 할	동관 료(요)	무덤 총	탈 탑	마룻대 동	달 현
江	岬	浦	堀	渦	厄	禍	洪	津	霜
강 강	곶 갑	개 포	굴 굴	소용돌이 와	액 액	재앙 화	넓을 홍	나루 진	서리 상
畝	溝	漠	泥	壌	礁	藻	杉	柳	麻
이랑 묘	도랑 구	넓을 막/사막 막	진흙 니(이)	흙덩이 양	암초 초	마름 조	삼나무 삼	버들 류(유)	삼 마
茎	凸	凹	迅	泰	軟	旋	衡	充	枢
줄기 경	볼록할 철	오목할 요	빠를 신	클 태	연할 연	돌 선	저울대 형	채울 충	지도리 추
貞	剛	浄	閑	肅	淑	徹	慶	崇	壮
곧을 정	굳셀 강	깨끗할 정	한가할 한	엄숙할 숙	맑을 숙	통할 철	경사 경	높을 숭	장할 장

음독 せん

仙人 ^{せん にん} 신선, 세속에 초연한 사람　仙台 ^{せん だい} 센다이　神仙 ^{しん せん} 신선

詩仙 ^{し せん} 시의 대가, 천재적 시인

신선 **선**

仙人 ^{せんにん} が山奥 ^{やまおく} に住 ^す んでいます。 신선이 산속에 살고 있습니다.

李白 ^{りはく} は詩仙 ^{しせん} と呼 ^よ ばれた。 이백은 천재적 시인으로 불렸다.

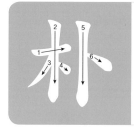

음독 ぼく

素朴 ^{そ ぼく} 소박, 단순함　純朴 ^{じゅん ぼく} 순박

성 **박**

彼 ^{かれ} は素朴 ^{そぼく} でやさしい青年 ^{せいねん} です。 그는 소박하고 착한 청년입니다.

純朴 ^{じゅんぼく} な人 ^{ひと} と出会 ^{であ} って付 ^つ き合 ^あ うことになった。 순박한 사람과 만나 사귀게 되었다.

음독 に

尼僧 ^{に そう} 여승, 비구니　禅尼 ^{ぜん に} 선니, 불문에 들어간 여자

훈독 あま

尼 ^{あま} 여승, 비구니　尼寺 ^{あま でら} 여승방, 여승이 사는 절

여승 **니(이)**

彼女 ^{かのじょ} は尼僧 ^{にそう} として仏教 ^{ぶっきょう} を学 ^{まな} んでいる。 그녀는 비구니로서 불교를 배우고 있다.

尼寺 ^{あまでら} を訪 ^{おとず} れて、テンプルステイしました。 여승방을 방문해서 템플 스테이를 했습니다.

음독 はく

伯仲 ^{はく ちゅう} 백중, (세력이) 팽팽함, 장남과 차남　伯爵 ^{はく しゃく} 백작　画伯 ^{が はく} 화백

예외 伯父 ^{お じ} 큰아버지, 큰외삼촌　伯母 ^{お ば} 큰고모, 큰이모

맏 **백**

実力 ^{じつりょく} が伯仲 ^{はくちゅう} している。 실력이 팽팽하다(뛰어나서 우열을 가릴 수 없다).

東山 ^{ひがしやま} 画伯 ^{がはく} の絵画展 ^{かいがてん} が開 ^{ひら} かれた。 히가시야마 화백의 회화전이 열렸다.

음독 **ぼく**

僕 (남자) 나　公僕 공무원　下僕 하인

예외 僕 하인

종 복

僕らは中学生です。 우리들은 중학생입니다.
公僕として国民に奉仕する仕事をしている。 공무원으로서 국민에게 봉사하는 일을 하고 있다.

음독 **ひ**

王妃 왕비　皇太子妃 황태자비　妃殿下 왕비전하

왕비 비

イギリス王妃が来日される。 영국 왕비가 일본에 오신다.
皇太子妃が懐妊しました。 황태자비가 회임하셨습니다.

음독 **こう**

王侯 왕후　諸侯 제후　侯爵 후작

제후 후

王侯貴族はぜいたくだ。 왕후 귀족은 사치스럽다.
封建時代の諸侯たち。 봉건 시대의 제후들.

음독 **さい**

主宰 주재, 주관　宰領 감독, 인솔　宰相 재상

재상 재

山口さんは俳句の会を主宰します。 야마구치 씨는 하이쿠 모임을 주관합니다.
首相は一国の宰相とは思えない振る舞いをしました。 수상은 한 나라의 재상으로는 생각할 수 없는 행동을 했습니다.

朕

음독 ちん

朕 짐, 제왕, 천황의 자칭

나 짐

「朕」は天皇が自分を指す言葉です。'짐'은 천황이 자신을 가리키는 말입니다.

翁

음독 おう

老翁 노인, 늙은 남자　塞翁が馬 새옹지마

훈독 おきな

翁 남자 노인, 옹　翁草 할미꽃

늙은이 옹

山中で老翁が暮らす。산속에서 노인이 산다.
その翁の座右の銘は「人間万事塞翁が馬」という句です。그 노인의 좌우명은 '인간만사 새옹지마'라는 말입니다.

음독 しゅく

叔妹 시누이　伯叔 형과 아우, 백부와 숙부

예외 叔父 작은아버지, 작은외삼촌　叔母 작은고모, 작은이모

아저씨 숙

叔父は大企業の社長です。작은아버지는 대기업 사장입니다.
「叔母」は、父や母の妹のことを指します。'작은고모(이모)'는 아버지와 어머니의 여동생을 가리킵니다.

음독 すい

元帥 원수, 장군의 통솔자　総帥 총수　将帥 장수, 대장
統帥 통수, 군대를 통솔하는 것

장수 수

マッカーサー元帥をご存じですか。맥아더 장군을 아십니까?
王が全軍を統帥した。왕이 전군을 통솔했다.

큰 띠 신

음독 しん

紳士 신사　紳士服 신사복

彼はとても紳士的です。 그는 매우 신사적입니다.
百貨店の紳士服売り場で買いました。 백화점 신사복 매장에서 샀습니다.

여러 서

음독 しょ

庶民 서민　庶務 서무

庶民に広く訴えました。 서민들에게 널리 호소했습니다.
庶務は毎日のように細かい雑務を頼まれるのでけっこう忙しいです。 서무는 매일 같이
세세한 잡무가 요구되기 때문에 꽤 바쁩니다.

무리 조

음독 そう

曹操 조조　法曹 법조　御曹子 (명문의) 자제
軍曹 옛 일본 육군의 하사관 계급, 우리나라의 중사에 해당

将来法曹界に進みたい。 장래에 법조계로 나가고 싶다.
陸軍の軍曹になりました。 육군 중사가 되었습니다.

선비 유

음독 じゅ

儒教 유교　儒学 유학　大儒 대유, (유학의) 대학자　儒者 유학자

韓国では儒教思想が広がっていました。 한국에서는 유교 사상이 널리 퍼졌습니다.
儒教は宗教としてではなく「儒学」という学問として受け入れられました。 유교는 종교로
서가 아니라 '유학'이라는 학문으로서 받아들여졌습니다.

1640 | N1

음독 **しゃく**

公<ruby>爵<rt>こうしゃく</rt></ruby> 공작　男<ruby>爵<rt>だんしゃく</rt></ruby> 남작　<ruby>伯<rt>はく</rt></ruby><ruby>爵<rt>しゃく</rt></ruby> 백작　<ruby>爵<rt>しゃく</rt></ruby><ruby>位<rt>い</rt></ruby> 작위

벼슬 작

<ruby>公<rt>こう</rt></ruby><ruby>爵<rt>しゃく</rt></ruby>から<ruby>男<rt>だん</rt></ruby><ruby>爵<rt>しゃく</rt></ruby>までの<ruby>五等級<rt>ごとうきゅう</rt></ruby>がある。 공작에서 남작까지 5등급이 있다.

イギリスでは<ruby>王<rt>おう</rt></ruby>から<ruby>爵<rt>しゃく</rt></ruby><ruby>位<rt>い</rt></ruby>をさずかります。 영국에서는 왕으로부터 작위를 수여 받습니다.

緒

1641 | N2

음독 **しょ**

<ruby>一<rt>いっ</rt></ruby><ruby>緒<rt>しょ</rt></ruby> 함께, 같음　<ruby>端<rt>たん</rt></ruby><ruby>緒<rt>しょ</rt></ruby> 단서　<ruby>情<rt>じょう</rt></ruby><ruby>緒<rt>しょ</rt></ruby> 정서　<ruby>由<rt>ゆい</rt></ruby><ruby>緒<rt>しょ</rt></ruby> 유서, 내력

음독 **ちょ**

<ruby>情<rt>じょう</rt></ruby><ruby>緒<rt>ちょ</rt></ruby> 정서　<ruby>端<rt>たん</rt></ruby><ruby>緒<rt>ちょ</rt></ruby> 단서

훈독 **お**

<ruby>緒<rt>お</rt></ruby> 끈, 줄　<ruby>鼻<rt>はな</rt></ruby><ruby>緒<rt>お</rt></ruby> (나막신 등의) 끈　へその<ruby>緒<rt>お</rt></ruby> 탯줄

실마리 서

<ruby>彼女<rt>かのじょ</rt></ruby>はいま<ruby>情<rt>じょう</rt></ruby><ruby>緒<rt>ちょ</rt></ruby>が<ruby>不<rt>ふ</rt></ruby><ruby>安定<rt>あんてい</rt></ruby>です。 그녀는 지금 정서가 불안정합니다.

へその<ruby>緒<rt>お</rt></ruby>を<ruby>切<rt>き</rt></ruby>って<ruby>以来<rt>いらい</rt></ruby>こんな<ruby>寒<rt>さむ</rt></ruby>い<ruby>冬<rt>ふゆ</rt></ruby>はなかった。 이 세상에 태어난 이래 이렇게 추운 겨울은 없었다.

1642 | N1

음독 **いん**

<ruby>婚<rt>こん</rt></ruby><ruby>姻<rt>いん</rt></ruby> 혼인　<ruby>姻<rt>いん</rt></ruby><ruby>族<rt>ぞく</rt></ruby> 인족, 인척　<ruby>姻<rt>いん</rt></ruby><ruby>戚<rt>せき</rt></ruby> 인척

혼인 인

<ruby>婚<rt>こん</rt></ruby><ruby>姻<rt>いん</rt></ruby><ruby>届<rt>とどけ</rt></ruby>を<ruby>役所<rt>やくしょ</rt></ruby>に<ruby>出<rt>だ</rt></ruby>しました。 혼인 신고를 구청에 냈습니다.

<ruby>彼<rt>かれ</rt></ruby>とは<ruby>姻<rt>いん</rt></ruby><ruby>族<rt>ぞく</rt></ruby><ruby>関係<rt>かんけい</rt></ruby>だ。 그와는 인척 관계다.

1643 | N1

음독 **がい**

<ruby>生<rt>しょう</rt></ruby><ruby>涯<rt>がい</rt></ruby> 생애　<ruby>天<rt>てん</rt></ruby><ruby>涯<rt>がい</rt></ruby> 천애, 하늘 끝, 머나먼 타향

<ruby>涯<rt>がい</rt></ruby><ruby>分<rt>ぶん</rt></ruby> 분수, 신분에 알맞음　<ruby>境<rt>きょう</rt></ruby><ruby>涯<rt>がい</rt></ruby> 처지나 환경

물가 애

<ruby>彼女<rt>かのじょ</rt></ruby>は<ruby>生<rt>しょう</rt></ruby><ruby>涯<rt>がい</rt></ruby>を<ruby>幸<rt>しあわ</rt></ruby>せに<ruby>暮<rt>く</rt></ruby>らしました。 그녀는 평생을 행복하게 살았습니다.

<ruby>両親<rt>りょうしん</rt></ruby>に<ruby>死<rt>し</rt></ruby>なれて、<ruby>天<rt>てん</rt></ruby><ruby>涯<rt>がい</rt></ruby><ruby>孤<rt>こ</rt></ruby><ruby>独<rt>どく</rt></ruby>な<ruby>生活<rt>せいかつ</rt></ruby>を<ruby>送<rt>おく</rt></ruby>った。 부모님이 돌아가시고 천애 고독한 생활을 보냈다.

고급 한자 · 7

1644 | N1

음독 にん　　妊娠 임신　妊婦 임신부　不妊 불임　御懐妊 회임, 임신

임신할 임

姉は妊娠五か月です。 언니는 임신 5개월입니다.

大きなお腹の妊婦に席を譲りました。 배가 많이 나온 임신부에게 자리를 양보했습니다.

1645 | N1

음독 しん　　妊娠 임신

아이 밸 신

妊娠三か月と診断された。 임신 3개월이라고 진단받았다.

1646 | N1

음독 ちょう　　弔意 조의　弔辞 조사　弔事 문상, 조문　弔問客 조문객

훈독 とむらう　　弔う 문상하다, 명복을 빌다　弔い合戦 복수전

조상할 조

葬式の弔問客が来ました。 장례식의 조문객이 왔습니다.

事故で息子を亡くした遺族を弔いました。 사고로 아들을 잃은 유족을 조문했습니다.

1647 | N1

음독 そう　　喪失 상실　喪心 상심

훈독 も　　喪中 상중　喪主 상주　喪服 상복

잃을 상

自信を喪失してしまいました。 자신감을 상실해 버렸습니다.

喪服に着替えた長男は喪主になった。 상복으로 갈아입은 장남이 상주가 되었다.

450

1648 | N1

逝

음독 **せい**

急逝 급서, 갑자기 사망함　逝去 서거　永逝 영서, 영면

夭逝 요절

훈독 **ゆく**

逝く (하늘나라로) 가다, 죽다

いく

逝く 죽다

갈 서

父は今年四月に急逝しました。 아버지는 올해 4월에 갑자기 돌아가셨다.

妻は娘を置いて先に逝ってしまった。 아내는 딸을 두고 먼저 (하늘나라로) 가 버렸다.

1649 | N1

賓

음독 **ひん**

主賓 주빈　賓客 내빈객　来賓 내빈　国賓 국빈

貴賓 귀빈

손 빈

主賓として招かれました。 주빈으로 초대받았습니다.

新郎と新婦は来賓に向かって頭を下げて挨拶をした。 신랑과 신부는 내빈을 향하여 고개 숙여 인사를 했다.

1650 | N1

음독 **りょう**

同僚 동료　官僚 관료　幕僚 막료, 참모장　閣僚 각료

僚友 동료

동료 료(요)

同僚と酒を飲む時間がいちばん幸せです。 동료와 술을 마시는 시간이 제일 행복합니다.

息子は大きくなって大蔵省の官僚になりました。 아들은 커서 대장성(한국의 기획 재정부에 해당)의 관료가 되었습니다.

1651 | N1

曉

음독 **ぎょう**

曉天 새벽녘　早曉 동틀 무렵, 첫새벽　曉鐘 새벽종

훈독 **あかつき**

曉 새벽, 어떤 일이 실현되는 날　曉闇 새벽 어스름

새벽 효

早曉に出発しよう。 동틀 무렵에 출발하자.

成功の曉には報償金が出ます。 성공하는 날에는 보상금이 나옵니다.

음독	しょう
훈독	よい

宵 (右上)

春宵 (しゅんしょう) 봄밤　徹宵 (てっしょう) 밤을 샘

宵 (よい) 초저녁, 밤　今宵 (こよい) 오늘 밤

宵越 (よいご) し 하룻밤을 새움, 하룻밤 묵힌 물건　宵 (よい) の口 (くち) 초저녁

밤 소

母親 (ははおや) は子供 (こども) のそばで徹宵看護 (てっしょうかんご) しました。 어머니는 아이 옆에서 밤새 간호했습니다.
まだ宵 (よい) の口 (くち) だ。 아직 초저녁이다.

음독	ふん

雰囲気 (ふんいき) 분위기

눈 날릴 분

落 (お) ち着 (つ) いた雰囲気 (ふんいき) でくつろげるカフェです。 편안한 분위기에서 쉴 수 있는 카페입니다.

음독	もう
	ぼう

妄想 (もうそう) 망상　妄言 (もうげん) 망언　妄動 (もうどう) 망동　妄信 (もうしん) 맹신, 이유 없이 믿음
妄評 (もうひょう) 망평, 엉터리 비평, 자신의 비평에 대한 낮춤말

妄言 (ぼうげん) 망언

망령될 망

殺人事件 (さつじんじけん) を目撃 (もくげき) してから、彼女 (かのじょ) は被害妄想 (ひがいもうそう) を抱 (いだ) いています。 살인 사건을 목격한 후로 그녀
는 피해망상을 품고 있습니다.
人 (ひと) の言葉 (ことば) を妄信 (もうしん) するな。 남의 말을 함부로 믿지 마라.

음독	もう

盲目 (もうもく) 맹목　盲点 (もうてん) 맹점　盲腸炎 (もうちょうえん) 맹장염
盲従 (もうじゅう) 맹종, 까닭 없이 그저 따르고 복종함　盲導犬 (もうどうけん) 맹도견

소경 맹
눈 멀 맹

盲腸炎 (もうちょうえん) の手術 (しゅじゅつ) をしました。 맹장염 수술을 했습니다.
目 (め) の不自由 (ふじゆう) な人 (ひと) を盲導犬 (もうどうけん) が誘導 (ゆうどう) している。 눈이 불편한 사람을 맹도견이 유도하고 있다.

肌

| 훈독 | はだ |

肌 피부, 살갗　肌色 피부색　素肌 맨살, 살갗

美肌 아름다운 피부　鳥肌 닭살

살가죽 **기**

素肌に快い風が当たります。 살갗에 상쾌한 바람이 닿습니다.
自分の腕に鳥肌がたっていることに気がついた。 내 팔에 닭살이 돋고 있는 것이 느껴졌다.

肢

| 음독 | し |

選択肢 선택지　四肢 사지　前肢 앞발　肢体 지체, 수족

下肢 하지, 다리

팔다리 **지**

次の選択肢から選んでください。 다음 선택지에서 고르세요.
転んで下肢を骨折した。 넘어져서 다리가 부러졌다.

唇

唇

| 음독 | しん |

玉唇 옥순　口唇 구순, 입술　上唇 상순

唇音 순음(입술에서 내는 소리)

| 훈독 | くちびる |

唇 입술　上唇 윗입술

입술 **순**

[p]や[m]のような発音を唇音という。 [p]나 [m]와 같은 발음을 순음이라고 한다.
痛みを唇をかんでこらえました。 통증을 입술을 깨물고 참았습니다.

菌

菌

| 음독 | きん |

細菌 세균　雑菌 잡균　殺菌 살균

ばい菌 세균, 박테리아

버섯 **균**

細菌を顕微鏡で見ます。 세균을 현미경으로 봅니다.
傷口にばい菌が入りました。 상처 입은 자리에 박테리아가 들어갔습니다.

1660 | N1

음독 しょう 　　重症 중증 　症状 증상 　炎症 염증

증세 증

重症の患者へ症状が変化した。 중증 환자로 증상이 변화했다.

のどに炎症を起こしました。 목에 염증이 생겼습니다.

1661 | N1

음독 しん 　　診断 진단 　診察 진찰 　診療 진료 　往診 왕진

훈독 みる 　　診る (진료) 보다

진찰할 진

病院の診察室で脈を診てもらいました。 병원 진찰실에서 맥박을 봐 주셨습니다.

医者に往診を頼んだ。 의사에게 왕진을 부탁했다.

1662 | N1

음독 ぼう 　　解剖 해부 　剖検 부검

쪼갤 부

ふなの解剖実験をしました。 붕어 해부 실험을 했습니다.

死亡した患者の剖検結果を発表した。 사망한 환자의 부검 결과를 발표했다.

1663 | N1

음독 えき 　　疫病 역병 　疫学 역학 　検疫 검역 　免疫 면역

　　　 やく 　　疫病神 역귀(疫鬼), 돌림쟁이

전염병 역

疫病が広まっているので、なるべく家にいてください。 역병이 퍼지고 있으니까 될 수 있으면 집에 있으세요.

予防接種で免疫力を上げます。 예방 접종으로 면역력을 높입니다.

음독	かん	患者 환자　患部 환부　疾患 질환, 질병　急患 급환
		外患 외환, 외부에서 생기는 근심거리
훈독	わずらう	患う 병을 앓다　長患い 긴 병, 오랜 병고

근심 환

患者の病状が好転しました。 환자의 병세가 호전되었습니다.
小さいときから呼吸器疾患を患っている。 어렸을 때부터 호흡기 질환을 앓고 있다.

| 음독 | り | 下痢 설사　疫痢 역리, 이질　赤痢 적리, 이질　赤痢菌 적리균 |

이질 리(이)

急に下痢をおこした。 갑자기 설사를 일으켰다.
赤痢の患者を隔離しなければなりません。 이질 환자를 격리해야 합니다.

癒

음독	ゆ	治癒 치유　癒着 유착　癒合 유합, 아묾
훈독	いえる	癒える 낫다, 아물다
	いやす	癒やす 고치다, 다스리다, 달래다

병 나을 유

この病気は完全に治癒するのが難しいそうです。 이 병은 완전히 치유하기가 어렵다고 합니다.
心理治療のおかげで心の傷が癒えました。 심리 치료 덕분에 마음의 상처가 나았습니다.

飢

| 음독 | き | 飢餓 기아　飢民 기민, 굶주린 백성　飢饉 기근 |
| 훈독 | うえる | 飢える 굶주리다, 배가 고프다 |

주릴 기

飢餓救済基金に寄付しました。 기아 구제 기금에 기부했습니다.
アフリカで飢えた多くの人が死んだ。 아프리카에서 굶주린 많은 사람이 죽었다.

고급 한자 • 7

음독	かつ	渇望 갈망　渇水 갈수, 물이 마름　枯渇 고갈
		飢渇 굶주림과 목마름
훈독	かわく	渇く 목이 마르다, 갈증나다

渇

목마를 갈

資源が枯渇して、未来が不安です。 자원이 고갈되어 미래가 불안합니다.

のどが渇いた。목이 마른다.

| 음독 | すい | 睡眠 수면　睡魔 수마, 졸음　熟睡 숙면　一睡 한잠 |

졸음 수

睡眠時間は八時間です。 수면 시간은 8시간입니다.

心配で一睡もできなかった。 걱정으로 한잠도 못 잤다.

| 음독 | こん | 昆虫 곤충　昆虫採集 곤충 채집　昆布 다시마 |

벌레 곤

昆虫の図鑑を見ます。 곤충 도감을 봅니다.

昆布を使った料理は健康にいい。 다시마를 이용한 요리는 건강에 좋다.

| 음독 | りゅう | 竜 용　恐竜 공룡　竜頭蛇尾 용두사미 |
| 훈독 | たつ | 竜 용　竜巻 회오리바람 |

龍

용 룡(용)

話がいつも竜頭蛇尾に終わる。 이야기가 항상 용두사미로 끝난다.

農家では竜巻の被害がすごいです。 농가에서는 회오리바람의 피해가 심합니다.

1672 | N2

| 음독 | びょう | 愛_{あい}猫_{びょう} 애묘　猫_{びょう}額_{がく} 아주 좁음 |
| 훈독 | ねこ | 猫_{ねこ} 고양이　子_こ猫_{ねこ} 새끼 고양이　猫_{ねこ}背_ぜ 새우등, 굽은 등 |

猫
猫舌_{ねこじた} 뜨거운 것을 못 먹는 사람

고양이 묘

自宅_{じたく}に犬_{いぬ}と猫_{ねこ}をそれぞれ一匹_{いっぴき}ずつ飼_かう愛犬家_{あいけんか}であり愛猫家_{あいびょうか}でもある。 집에 개와 고양이를 각각 1마리씩 키우는 애견가이면서 애묘가이기도 하다.

猫_{ねこ}に小判_{こばん}ということわざがあります。 고양이한테 금화라는 속담이 있습니다.

1673 | N1

음독	じゃ	蛇_{じゃ}口_{ぐち} 수도꼭지　大_{だい}蛇_{じゃ} 구렁이
	だ	蛇_{じゃ}行_{ぐち} 사행, 뱀이 구불구불 나아감　長_{ちょう}蛇_だの列_{れつ} 장사진, 긴 줄
		蛇_だ足_{そく} 사족, 군더더기
훈독	へび	蛇_{へび} 뱀　毒_{どく}蛇_{へび} 독사

긴 뱀 사

店_{みせ}の前_{まえ}に長蛇_{ちょうだ}の列_{れつ}ができました。 가게 앞에 긴 줄이 생겼습니다.

薮_{やぶ}から毒蛇_{どくへび}が出_でてきてびっくりしました。 풀숲에서 독사가 나와서 깜짝 놀랐습니다.

Tip '蛇行(사행)'는 '蛇行'로도 읽음.

1674 | N1

| 훈독 | か | 蚊_か 모기　やぶ蚊_か 풀숲 모기, 산 모기　蚊_か帳_や 모기장 |
| | | 蚊_か取_とり線香_{せんこう} 모기향 |

모기 문

日本脳炎_{にほんのうえん}は蚊_かが原因_{げんいん}となる。 일본 뇌염은 모기가 원인이 된다.

やぶ蚊_かにさされました。 산 모기한테 물렸습니다.

1675 | N1

| 음독 | えん | 類_{るい}人_{じん}猿_{えん} 유인원　犬_{けん}猿_{えん}の仲_{なか} 견원지간, 사이가 나쁨을 비유한 말 |
| 훈독 | さる | 猿_{さる} 원숭이　猿_{さる}真_ま似_ね 남의 흉내를 냄 |

원숭이 원

ゴリラは類人猿_{るいじんえん}です。 고릴라는 유인원입니다.

あいつとは犬猿_{けんえん}の仲_{なか}だ。 그 녀석하고는 견원지간이다.

고급 한자 · 7

457

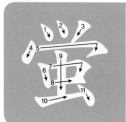

음독 **けい**	蛍光 형광 　蛍光灯 형광등　蛍光塗料 형광 페인트	螢
	蛍雪 형설, 고생하며 학문함	
훈독 **ほたる**	蛍 반딧불이　蛍石 형석	

반딧불이 형

明るい蛍光灯に替えました。 밝은 형광등으로 바꿨습니다.
夏の川岸に蛍が光ります。 여름 강변에 반딧불이 빛납니다.

음독 **けん**	繭糸 견사, 명주실	繭
훈독 **まゆ**	繭 누에고치	
	繭玉 마유다마(설날에 버드나무 가지에 누에고치 모양의 과자를 단 장식)	

고치 견

このシルク生地は繭糸から作られました。 이 실크 옷감은 견사로 만들어졌습니다.
繭の中に蛹がいます。 누에고치 안에 번데기가 있습니다.

음독 **とん**	駐屯 주둔　屯所 둔소, 병사들이 모여 있는 곳　屯田 둔전	屯

진 칠 둔

沖縄は米軍の駐屯地です。 오키나와는 미군 주둔지입니다.
北海道に屯田兵がいました。 홋카이도에 둔전병이 있었습니다.

음독 **あ**	亜鉛 아연　亜熱帯 아열대　亜寒帯 아한대	亞
	白亜 백악　亜細亜 아시아	

버금 아

亜鉛が多く含まれているカキは今が旬です。 아연이 많이 포함되어 있는 굴은 지금이 제철입니다.
沖縄は亜熱帯地方です。 오키나와는 아열대 지방입니다.

음독 どう

洞窟 どうくつ 동굴　洞察力 どうさつりょく 통찰력　空洞 くうどう 공동, 뚫린 굴

鍾乳洞 しょうにゅうどう 종유동, 석회동

훈독 ほら

洞 ほら 동굴　洞穴 ほらあな (비교적 깊지 않은) 동굴

골 동
밝을 통

彼女は鋭く洞察力に優れています。 그녀는 예리하고 통찰력이 뛰어납니다.
かのじょ するど どうさつりょく すぐ

みんなで洞穴の中を探検しました。 다 같이 동굴 안을 탐험했습니다.
ほらあな なか たんけん

음독 てい

邸宅 ていたく 저택　邸内 ていない 택내　官邸 かんてい 관저　私邸 してい 사저

집 저

立派な大邸宅が立ち並んでいます。 멋진 대저택이 줄지어 있습니다.
りっぱ だいていたく た なら

大統領の官邸を公開しました。 대통령의 관저를 공개했습니다.
だいとうりょう かんてい こうかい

음독 てい

料亭 りょうてい 요정, 고급 일본 요리 식당

亭主関白 ていしゅかんぱく 엄한 가장(家長), 집안에서 큰소리치는 남편

정자 정

取引先の部長を料亭に招待しました。 거래처 부장님을 요정에 초대했습니다.
とりひきさき ぶちょう りょうてい しょうたい

亭主関白になるのが夢だと言ったら、彼女にふられた。 엄한 가장이 되는 것이 꿈이라고 말
ていしゅかんぱく ゆめ い かのじょ

했더니 여자 친구에게 차였다.

莊

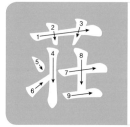

음독 そう

別荘 べっそう 별장　荘園 そうえん 장원, 귀족·사찰의 사유지　荘厳 そうごん 장엄

荘重 そうちょう 장중

씩씩할 장
별장 장

夏は別荘で過ごします。 여름은 별장에서 보냅니다.
なつ べっそう す

パワースポットとして有名な神社の荘厳な雰囲気に圧倒された。 영적인 힘을 얻을 수 있는
ゆうめい じんじゃ そうごん ふんいき あっとう

곳으로 유명한 신사의 장엄한 분위기에 압도되었다.

고급 한자 · 7

담 원

훈독 **かき**	垣 울타리	垣根 울타리	石垣 돌담, 축벽	竹垣 대나무 울타리

庭に垣根をめぐらします。 정원에 울타리를 칩니다.
家の前に石垣を積み上げた。 집 앞에 돌담을 쌓아 올렸다.

담 병

음독 **へい**	塀 울타리, 담	板塀 판자로 두른 울타리

泥棒は、コンクリートの塀をひょいと越え走り去ってしまった。 도둑은 콘크리트 담을 훌쩍 넘어 달아나 버렸다.
黒い板塀に囲まれた日本家屋があります。 검은 나무 울타리로 둘러싸인 일본 가옥이 있습니다.

모퉁이 우

음독 **ぐう**	一隅 한구석, 하나의 생각, 편견		
훈독 **すみ**	隅·隅っこ 구석, 모퉁이	片隅 한쪽 구석	隅々 구석구석

庭の一隅に大きな木が立っている。 정원 한구석에 큰 나무가 서 있다.
隅っこまできれいに掃除しました。 구석까지 깨끗하게 청소했습니다.

시내 계

음독 **けい**	渓谷 계곡	渓間 계간, 골짜기	渓流 계류, 시냇물

美しい渓谷を歩きました。 아름다운 계곡을 걸었습니다.
渓流のせせらぎが聞こえる。 시냇물 흐르는 소리가 들린다.

음독 かつ

管轄 관할	所轄 소할, 관할	総轄 총괄	直轄 직할, 직접 관할

다스릴 할

管轄区域のパトロールが通ります。 관할 구역의 경찰차가 지나갑니다.
所轄外の事件が起きた。 관할 외 사건이 일어났다.

음독 りょう

寮 기숙사　学寮 학교 기숙사
寮母 기숙사에서 사람들을 돌보아 주는 여자　独身寮 독신자 기숙사

동관 료(요)

四年間の寮生活が終わりました。 4년간의 기숙사 생활이 끝났습니다.
会社の独身寮で暮している。 회사의 독신자 기숙사에서 생활하고 있다.

塚

음독 つか

塚 무덤　貝塚 패총

무덤 총

古代人は塚を築きました。 고대인은 무덤을 지었습니다.
新しい貝塚を発見したそうです。 새로운 패총을 발견했다고 합니다.

搭

음독 とう

搭載 탑재　搭乗 탑승　搭乗員 탑승원
搭乗券 탑승권

탈 탑

物資を搭載した車が運送される。 물자를 탑재한 차가 운송된다.
旅客機の搭乗員はみな無事です。 여객기 탑승원은 모두 무사합니다.

고급 한자 · 7

마룻대 **동**

음독	とう	棟梁 동량, 대들보　病棟 병동　上棟 상량
훈독	むね	棟 용마루(지붕의 면과 면이 이어지는 부분), 마룻대, 채(가옥 세는 단위)
		棟上げ 상량식(집을 지을 때 기둥·대들보 등을 짜 맞추어 세우고 그 위에
		용마룻대를 올리는 일)　一棟 한 동, 한 채　二棟 두 동, 두 채
	むな	棟木 마룻대로 쓰는 목재

小児科病棟に入院しました。 소아과 병동에 입원했습니다.
住宅が五棟あります。 주택이 다섯 채 있습니다.

달 **현**

음독	けん	懸命 열심히 함　懸案 현안　懸賞 현상, 상품이나 상금을 내걺
		懸垂 턱걸이
	け	懸念 걱정, 잡념, 근심
훈독	かける	懸ける 걸다　命懸け 목숨을 걺, 필사적임
	かかる	懸かる 걸리다, 매달리다

体力測定の懸垂をしました。 체력 측정 턱걸이를 했습니다.
次の試合に優勝が懸かっている。 다음 시합에 우승이 걸려 있다.

🔵 **かける**

掛ける 물건을 걸다, 앉다 → 壁に絵を掛ける。 벽에 그림을 걸다.
懸ける 목숨을 걸다, 상품을 걸다 → 命を懸けて行う。 목숨을 걸고 하다.
架ける 다리 등을 걸쳐 놓다, 가설하다 → 電線を架ける。 전선을 가설한다.

강 **강**

음독	こう	江河 큰 강　江湖 강호, 세상 사람들　長江 장강　揚子江 양쯔강
훈독	え	入り江 (바다·호수) 후미, 해변　江の島 에노시마
		江戸時代 에도 시대(1603년~1868년)

中国の揚子江を見ました。 중국의 양쯔강을 봤습니다.
入り江で魚をつります。 후미에서 물고기를 잡습니다.

음독 **みさき**

みさき
岬 갑, 곶

곶 갑

みさき　とうだい　　ある
岬の灯台まで歩く。 갑의 등대까지 걷는다.

みさきめぐ　　　　　　　　の
岬巡りのバスに乗ります。 곶을 순환하는 버스를 탑니다.

음독 **ほ**

ほ
浦 바닷가, 물가, 갯가

훈독 **うら**

うら　　　　　　　　　　　　　　つ　つ　うら うら
浦 포구, 해변　　津々浦々 방방곡곡

개 포

わ　か　　うら　　かいすいよく
和歌の浦で海水浴をした。 와카 포구에서 해수욕을 했다.

ぜんこく つ　つ うらうら　　　　えいぎょう　　まわ
全国津々浦々、営業に回っております。 전국 방방곡곡을 영업하며 돌아다니고 있습니다.

훈독 **ほり**

ほり　　　　　　　 ほり え　　　　　　　　 つ　　 ぼり　　　　　　　 そと ぼり
堀 수로, 해자　堀江 인공 하천　釣り堀 낚시터　外堀 외호, 해자

굴 굴

しろ　　まわ　　　　　ほり
その城の周りには堀がありました。 그 성 주변에는 해자가 있었습니다.

つ　ぼり　　にゅうじょうりょう　　おも　　　　　　　やす
釣り堀の入場料は思ったより安かった。 낚시터 입장료는 생각했던 것보다 쌌다.

음독 **か**

か ちゅう　　　　　　　　　　　 せん か
渦中 와중, 소용돌이 속　戦渦 전쟁의 소용돌이

훈독 **うず**

うず　　　　　　　　 うず しお　　　　　　　　　　 うず まき
渦 소용돌이　渦潮 소용돌이치는 조수　渦巻 소용돌이

소용돌이 와

あい て　　　　　　　　　　　　か ちゅう　　　　　　　　　 ひと り　　　　れいせい
相手がパニックの渦中にあるならばもう一人は、冷静になるしかない。 상대방이 패닉 속
에 있다면 다른 한 명은 냉정해지는 수밖에 없다.

うずまき も よう　　　　　　　　　　どうにゅう
渦巻模様のデザインを導入しました。 소용돌이 모양의 디자인을 도입했습니다.

고급 한자 · 7

厄 액 액

음독	やく	厄 재앙, 액, 화	厄介 귀찮음, 성가심, 폐
		厄年 액년, 재난이 많은 해, 삼재	災厄 재액, 재난
		厄払い 액막이, 액땜	厄除け 액막이

厄介な事件が起こりました。 귀찮은 사건이 일어났습니다.
父は今年、厄年を迎える。 아버지는 올해 액년을 맞는다.

禍

禍 재앙 화

음독	か	禍根 화근, 재앙, 불행이 일어나는 것	禍福 화복
		災禍 재화, 재난	惨禍 참화

禍福が交互にやってくるという。 행복과 불행은 번갈아서 찾아온다고 한다.
戦争の惨禍は決してあってはなりません。 전쟁의 참화는 결코 없어야 합니다.

넓을 홍

음독	こう	洪水 홍수	洪積世 홍적세, 빙하 시대	洪積層 홍적층

洪水で家が流された。 홍수로 집이 유실되었다.
洪積世に人類が誕生しました。 빙하 시대에 인류가 탄생했습니다.

나루 진

음독	しん	津液 침, 진액	興味津々 흥미진진
훈독	つ	津波 해일	津々浦々 방방곡곡

新しいゲームに興味津々の表情で見入った。 새로운 게임에 흥미진진한 표정으로 넋을 잃고 보았다.
津波のおそれがあるのでご注意ください。 해일의 우려가 있으므로 주의해 주십시오.

1703 | N1

음독 **そう**	除霜 제상, 성에 제거	霜害 상해, 서리 피해
	凍霜害 동상해, 서리 피해	
훈독 **しも**	霜 서리 霜柱 서릿발	霜焼け 가벼운 동상

서리 **상**

4月に発生した凍霜害で被害を受けた。 4월에 발생한 동상해로 피해를 입었다.
夜の間に霜が降りた。 밤사이에 서리가 내렸다.

1704 | N1

훈독 **うね**	畝 이랑, 두둑 畝間 고랑, 이랑과 이랑 사이	畝幅 이랑 폭
せ	畝 묘, 토지 면적의 단위 一畝 1묘, 일무	

이랑 **묘**

田んぼの畝間を歩いた。 밭고랑을 걸었다.
一畝は約30坪です。 1묘는 약 30평입니다.

1705 | N1

음독 **こう**	側溝 측구, (큰길·철도변 등의) 곁에 낸 배수구	下水溝 하수구
	排水溝 배수구 海溝 해구	
훈독 **みぞ**	溝 골, 도랑, 홈	

도랑 **구**

排水溝に物がつまっている。 배수구에 물건이 막혀 있다.
小さな溝を飛び越します。 작은 도랑을 뛰어넘습니다.

1706 | N1

漢

음독 **ばく**	砂漠 사막 漠然 막연 広漠 끝없이 넓음

넓을 **막**
사막 **막**

サハラ砂漠のらくだに乗ってみました。 사하라 사막의 낙타를 타 봤습니다.
将来の漠然とした不安があります。 장래의 막연한 불안이 있습니다.

음독	でい	泥酔 만취　汚泥 진흙, 흙탕
		雲泥の差 운니지차, 천양지차, 큰 차이
훈독	どろ	泥 진흙　泥水 흙탕물　泥棒 도둑　泥沼 수렁, 진창

진흙 니(이)

兄が泥酔して帰ってきた。형이 만취해서 돌아왔다.
夜中に泥棒に入られました。한밤중에 도둑이 들어왔습니다.

壌

| 음독 | じょう | 土壌 토양　土壌汚染 토양 오염　天壌 천양, 천지, 온 세계 |

흙덩이 양

土壌を改良して畑にしました。토양을 개량해서 밭으로 만들었습니다.
大気や土壌汚染など環境問題が世界各地で起きている。대기와 토양 오염 등 환경 문제가 세계 각지에서 일어나고 있다.

| 음독 | しょう | 座礁 좌초　岩礁 암초　珊瑚礁 산호초　暗礁 암초 |

암초 초

嵐で船が座礁した。폭풍으로 배가 좌초되었다.
沖縄の珊瑚礁の海でシュノーケリングしました。오키나와의 산호초 바다에서 스노클링했습니다.

藻

| 음독 | そう | 海藻 해조, 바닷말　藻類 조류　品藻 품평 |
| 훈독 | も | 藻 말, 수초 |

마름 조

わかめやこんぶなどの海藻は体にいいです。미역이나 다시마와 같은 해조류는 몸에 좋습니다.
スクリューに藻がからみました。스크루에 수초가 걸렸습니다.

훈독	すぎ	杉 삼나무 杉の木 삼나무 杉戸 삼나무 문
		杉並木 삼나무 가로수

삼나무 삼

杉の木材でベッドを作りました。 삼나무 목재로 침대를 만들었습니다.
杉戸を開けて中に入った。 삼나무 문을 열어 안으로 들어갔다.

음독	りゅう	花柳界 화류계 川柳 센류 門柳 대문 앞의 버들
		楊柳 양류, 버드나무
훈독	やなぎ	柳 버드나무

버들 류(유)

川柳は俳句より難しくない。 센류는 하이쿠보다 어렵지 않다.
柳の木が一本立っています。 버드나무가 한 그루 서 있습니다.

Tip 川柳: 에도(江戸) 시대 서민층 사이에서 성행한 5·7·5의 세 구(句)로 된 풍자·익살을 주로 한 짧은
시를 말함. 하이쿠에서는 계어(季語: 계절과 연관된 표현)를 꼭 넣어야 하지만 센류는 계어의 제약이
없어 자유로움. 예) 人前で 泣けなくなったら もう大人。 남들 앞에서 울지 않게 됐다면 이제 어른.

麻

음독	ま	麻薬 마약 麻酔 마취 麻雀 마작 麻痺 마비
		大麻 대마
훈독	あさ	麻 삼, 삼베 麻糸 마사, 삼실 麻袋 마대

삼 마

手術前に麻酔を打ちます。 수술하기 전에 마취를 합니다.
コーヒーの生豆は麻袋に入れて運ばれる。 커피 생두는 마대에 넣어서 운송된다.

茎

음독	けい	根茎 근경, 뿌리줄기 塊茎 괴경, 덩이줄기
		地下茎 땅속줄기
훈독	くき	茎 줄기 歯茎 잇몸

줄기 경

れんこんは地下茎です。 연근은 땅속줄기입니다.
歯茎までしっかり磨いてください。 잇몸까지 잘 닦아 주세요.

볼록할 철

음독	**とつ**	凹凸 요철, 불균형　凸レンズ 볼록 렌즈　凸面鏡 볼록 거울
		凸角 철각, 직각보다 작은 각
훈독	**でこ**	凸凹 요철, 울퉁불퉁함, 불균형

成績の凹凸が激しい。 성적의 기복이 심하다.
凸レンズは光を集める性質があります。 볼록 렌즈는 빛을 모으는 성질이 있습니다.

오목할 요

음독	**おう**	凹凸 요철, 기복, 울퉁불퉁함　凹面鏡 오목 거울
		凹レンズ 오목 렌즈
훈독	**ぼこ**	凸凹 요철, 울퉁불퉁함, 불균형
	へこむ	凹む 움푹 들어가다
	へこます	凹ます 움푹 들어가게 하다

凹面鏡を利用して観察します。 오목 거울을 이용해서 관찰합니다.
近視用めがねは凹レンズです。 근시용 안경은 오목 렌즈입니다.

迅

빠를 신

음독	**じん**	迅速 신속　迅雷 격렬한 천둥소리
		疾風迅雷 질풍신뢰, 전광석화(맹렬한 기세와 민첩한 행동)
		奮迅 분신, 떨치고 일어남

彼はいつも迅速に行動する方です。 그는 항상 신속하게 행동하는 편입니다.
石原さんは疾風迅雷の活躍をみせた。 이시하라 씨는 민첩하고 맹렬한 활약을 보였다.

클 태

음독	**たい**	安泰 안태, 평안　泰平 태평　泰運 태평한 기운　泰然 태연

良い大学に入れば将来安泰だという考え方は捨てた方がいい。 좋은 대학에 들어가면 장래가 편안하다는 사고방식은 버리는 편이 좋다.
彼はいつも泰然としています。 그는 항상 태연합니다.

軟

음독 なん

軟弱 _{なんじゃく} 연약, 허약　軟化 _{なんか} 연화, 부드러워짐　軟膏 _{なんこう} 연고　軟骨 _{なんこつ} 연골

柔軟 _{じゅうなん} 유연

훈독 やわらか

軟らか _{やわ} 유연함, 폭신함

やわらかい

軟らかい _{やわ} 부드럽다, 온화하다

연할 연

この辺は軟弱な地盤なので、大雨や洪水には気をつけましょう。 이 주변은 연약한 지반이라서 많은 비나 홍수에 주의합시다.

ソファーの上に軟らかいクッションが置いてあります。 소파 위에 부드러운 쿠션이 놓여 있습니다.

旋

음독 せん

旋風 _{せんぷう} 회오리바람　旋回 _{せんかい} 선회, 빙빙 돎　旋律 _{せんりつ} 선율　周旋 _{しゅうせん} 주선

螺旋 _{らせん} 나선

돌 선

乱気流によって上空を旋回します。 난기류로 인해 상공을 선회합니다.

心地よい旋律が流れている。 기분 좋은 선율이 흘러나오고 있다.

衡

음독 こう

均衡 _{きんこう} 균형　権衡 _{けんこう} 권형, 균형　平衡 _{へいこう} 평형, 균형　度量衡 _{どりょうこう} 도량형

저울대 형

両者の均衡をたもちました。 두 개의 균형을 유지했습니다.

平均台上の平衡感覚に優れている。 평균대 위의 균형 감각이 뛰어나다.

充

음독 じゅう

補充 _{ほじゅう} 보충　充電 _{じゅうでん} 충전　充分 _{じゅうぶん} 충분　充実 _{じゅうじつ} 충실, 알참　充血 _{じゅうけつ} 충혈

훈독 あてる

充てる _あ 돌리다, 충당하다

채울 충

徹夜で目が充血しました。 밤을 새서 눈이 출혈되었습니다.

スタッフを人員不足の部署に充てます。 스태프를 인원이 부족한 부서로 보냅니다.

고급 한자 · 7

枢

지도리 추

음독 すう

中枢 중추, 가장 중요한 부분 枢軸 추축, 중추
枢要 추요, 중추, 중요

彼女は事故で中枢神経をやられた。 그녀는 사고로 중추 신경을 다쳤다.
彼が会の枢軸となりました。 그가 모임의 추축이 되었습니다.

곧을 정

음독 てい

貞淑 정숙 貞操 정조 貞節 정절 童貞 동정, 숫총각
不貞 부정

今の世代は貞操観念が大きく変わった。 지금 세대는 정조 관념이 많이 변했다.
夫が不貞を働いたという理由で離婚した。 남편이 부정한 짓을 했다는 이유로 이혼했다.

굳셀 강

음독 ごう

金剛力 금강력, 강하고 용맹한 힘 剛健 강건 剛直 강직

彼は金剛力の持ち主だ。 그는 강하고 용맹한 힘의 소유자다.
父は剛直な性格です。 아버지는 강직한 성격입니다.

浄

깨끗할 정

음독 じょう

浄化 정화 洗浄 세정 清浄 청정
不浄 부정, 깨끗하지 못함

水道の浄化装置を取りつけました。 수도 정화 장치를 달았습니다.
黄砂のせいで清浄な空気が汚れてしまった。 황사 때문에 청정 공기가 더러워지고 말았다.

1727 | N1

음독 かん

<ruby>閑<rt>かん</rt></ruby><ruby>寂<rt>じゃく</rt></ruby> 한적　　<ruby>閑<rt>かん</rt></ruby><ruby>静<rt>せい</rt></ruby> 조용한 것, 고요한 모양

<ruby>深<rt>しん</rt></ruby><ruby>閑<rt>かん</rt></ruby>・<ruby>森<rt>しん</rt></ruby><ruby>閑<rt>かん</rt></ruby> 매우 고요함　<ruby>閑<rt>かん</rt></ruby><ruby>散<rt>さん</rt></ruby> 한산　<ruby>閑<rt>かん</rt></ruby><ruby>職<rt>しょく</rt></ruby> 한직

한가할 **한**

<ruby>閑<rt>かん</rt></ruby><ruby>静<rt>せい</rt></ruby>な<ruby>住宅地<rt>じゅうたくち</rt></ruby>に<ruby>住<rt>す</rt></ruby>んでいます。조용한 주택지에 살고 있습니다.

<ruby>土曜日<rt>どようび</rt></ruby>なのに、どの<ruby>店<rt>みせ</rt></ruby>も<ruby>驚<rt>おどろ</rt></ruby>くほど<ruby>閑散<rt>かんさん</rt></ruby>としている。토요일인데도 어느 가게나 놀랄 만큼 한산하다.

1728 | 급수 외

음독 しゅく

<ruby>自<rt>じ</rt></ruby><ruby>粛<rt>しゅく</rt></ruby> 자숙, 자제　<ruby>粛<rt>しゅく</rt></ruby><ruby>然<rt>ぜん</rt></ruby> 숙연　<ruby>粛<rt>しゅく</rt></ruby><ruby>清<rt>せい</rt></ruby> 숙청　<ruby>静<rt>せい</rt></ruby><ruby>粛<rt>しゅく</rt></ruby> 정숙

肅

엄숙할 **숙**

コロナのため<ruby>外出<rt>がいしゅつ</rt></ruby>を<ruby>自<rt>じ</rt></ruby><ruby>粛<rt>しゅく</rt></ruby>しています。코로나로 인해 외출을 자제하고 있습니다.

ご<ruby>静粛<rt>せいしゅく</rt></ruby>に<ruby>願<rt>ねが</rt></ruby>います。정숙해 주십시오.

1729 | N1

음독 しゅく

<ruby>貞<rt>てい</rt></ruby><ruby>淑<rt>しゅく</rt></ruby> 정숙　<ruby>淑<rt>しゅく</rt></ruby><ruby>女<rt>じょ</rt></ruby> 숙녀　<ruby>私<rt>し</rt></ruby><ruby>淑<rt>しゅく</rt></ruby> 사숙, 어떤 사람을 본보기로 해서 배움

맑을 **숙**

<ruby>彼女<rt>かのじょ</rt></ruby>は<ruby>貞淑<rt>ていしゅく</rt></ruby>な<ruby>妻<rt>つま</rt></ruby>だ。그녀는 정숙한 부인이다.

<ruby>紳士<rt>しんし</rt></ruby><ruby>淑女<rt>しゅくじょ</rt></ruby>の<ruby>集<rt>あつ</rt></ruby>まりです。신사 숙녀가 모였습니다.

1730 | N1

음독 てつ

<ruby>徹<rt>てっ</rt></ruby><ruby>底<rt>てい</rt></ruby> 철저　<ruby>徹<rt>てつ</rt></ruby><ruby>夜<rt>や</rt></ruby> 철야, 밤샘　<ruby>貫<rt>かん</rt></ruby><ruby>徹<rt>てつ</rt></ruby> 관철　<ruby>冷<rt>れい</rt></ruby><ruby>徹<rt>てつ</rt></ruby> 냉철

통할 **철**

<ruby>彼女<rt>かのじょ</rt></ruby>は<ruby>徹底<rt>てってい</rt></ruby>した<ruby>菜食主義<rt>さいしょくしゅぎ</rt></ruby>です。그녀는 철저한 채식주의입니다.

<ruby>徹夜<rt>てつや</rt></ruby>で<ruby>勉強<rt>べんきょう</rt></ruby>する。밤새워 공부한다.

고급 한자 ● 7

경사 **경**

음독 けい

慶賀 ^{けい が} 경하, 축하, 경축　慶事 ^{けい じ} 경사　慶祝 ^{けいしゅく} 경축　慶弔 ^{けいちょう} 경조

内弁慶 ^{うち べん けい} 집에서만 큰소리침, 또는 그런 사람

慶賀 ^{けい が} の客 ^{きゃく} が訪 ^{おとず} れる予定 ^{よ てい} です。 축하객이 방문할 예정입니다.

国交樹立 ^{こっこうじゅりつ} を慶祝 ^{けいしゅく} しました。 국교 수립을 경축했습니다.

높을 **숭**

음독 すう

崇拝 ^{すう はい} 숭배　崇敬 ^{すう けい} 공경, 숭배　尊崇 ^{そん すう} 숭배함　崇高 ^{すう こう} 숭고

キリストを崇拝 ^{すうはい} する人々 ^{ひとびと} を描 ^か いた絵画 ^{かい が} です。 그리스도를 숭배하는 사람들을 그린 회화입니다.

先生 ^{せんせい} は崇高 ^{すうこう} な精神 ^{せいしん} の持 ^も ち主 ^{ぬし} です。 선생님은 숭고한 정신의 소유자입니다.

壯

장할 **장**

음독 そう

壮大 ^{そう だい} 장대, 웅대함　壮絶 ^{そう ぜつ} 장절, 장렬함　壮健 ^{そう けん} 장건, 건강

強壮 ^{きょうそう} 강장, 강건　悲壮 ^{ひ そう} 비장

海岸 ^{かいがん} や周辺 ^{しゅうへん} の丘陵 ^{きゅうりょう} の壮大 ^{そうだい} な眺 ^{なが} めが楽 ^{たの} しめます。 해안이나 주변의 구릉의 장대한 경치를 즐길 수 있습니다.

ご壮健 ^{そうけん} でなによりです。 건강하셔서 다행입니다.

의미나 형태가 비슷한 한자어 I

意見 ^{い けん} 의견	意義 ^{い ぎ} 이의	異論 ^{い ろん} 이론	偏見 ^{へん けん} 편견
所有 ^{しょ ゆう} 소유	所持 ^{しょ じ} 소지	所属 ^{しょ ぞく} 소속	所定 ^{しょ てい} 소정
徒歩 ^{と ほ} 도보	散歩 ^{さん ぽ} 산책	歩行 ^{ほ こう} 보행	進歩 ^{しん ぽ} 진보
保証 ^{ほ しょう} 보증	保障 ^{ほ しょう} 보장	補償 ^{ほ しょう} 보상	補助 ^{ほ じょ} 보조
架空 ^{か くう} 가공	高架 ^{こう か} 고가	空想 ^{くう そう} 공상	想像 ^{そう ぞう} 상상

意向 ^{い こう} 의향	意図 ^{い と} 의도	見解 ^{けん かい} 견해	企画 ^{き かく} 기획
処置 ^{しょ ち} 처치	措置 ^{そ ち} 조치	装置 ^{そう ち} 장치	設置 ^{せっ ち} 설치
不意 ^{ふ い} 불의	案外 ^{あん がい} 의외	以外 ^{い がい} 이외	突然 ^{とつ ぜん} 돌연
企画 ^{き かく} 기획	計画 ^{けい かく} 계획	企業 ^{き ぎょう} 기업	事業 ^{じ ぎょう} 사업
気象 ^{き しょう} 기상	天候 ^{てん こう} 날씨	気候 ^{き こう} 기후	天気 ^{てん き} 날씨

고급 한자 8

| 중학교 3학년 한자

汁 즙즙	抹 지울 말	酢 초초	酌 술부을작	漬 담글지	酪 쇠젖 락(낙)	臭 냄새 취	澁 떫을삽	涼 서늘할 량(양)	挾 낄 협
呈 드릴정	奬 장려할장	賜 줄사	酬 갚을수	褒 기릴포	購 살구	剩 남을잉	釀 술빚을양	俊 준걸준	勳 공훈
寧 편안할녕(영)	惰 게으를타	痴 어리석을 치	駄 실을 태	窮 다할궁/궁할궁	妥 온당할 타	肯 즐길 궁	寬 너그러울 관	愉 즐거울유	裕 넉넉할유
庸 떳떳할용	尉 벼슬위	悠 멀유	疎 성길소	頑 완고할완	傑 뛰어날걸	嫌 싫어할혐	謹 삼갈근	謙 겸손할겸	恭 공손할공
懷 품을회	悼 슬퍼할도	愁 근심수	虞 염려할우	憾 섭섭할감	拙 옹졸할졸	侮 업신여길모	酷 심할혹	唆 부추길사	詐 속일사
僞 거짓위	醜 추할추	懇 간절할간	煩 번거로울번	憤 분할분	刃 칼날인	升 되승	坪 들평	樺 벗나무화	殼 껍질각
瓶 병병	筒 대통통	栓 마개전	泡 거품포	俸 녹봉	紡 길쌈방	棚 사다리봉	扉 사립문비	棧 사다리잔	鉢 바리때발
珠 구슬주	鈴 방울 령(영)	核 씨핵	缶 두레박관	吳 성씨오	弦 활시위현	琴 거문고금	碁 바둑기	傘 우산산	棺 널관
銃 총총	槽 구유조	窯 기왓가마요	漆 옷칠	襟 옷깃금	靴 신화	艇 배정	舶 배박	艦 큰배함	璽 옥새새
丙 남녘병	且 또차	宜 마땅의	尚 오히려상	但 다만단	齊 가지런할제	括 묶을괄	甚 심할심	唯 오직유	寡 적을과
漸 점점점	遞 갈릴체	頻 자주빈	纖 가늘섬	羅 벌일 라(나)	褐 갈색갈	栽 심을재	培 북돋울배	搜 찾을수	索 찾을색/동아줄삭

즙 즙

| 음독 | じゅう | 果汁 과즙　肉汁 육즙 |
| 훈독 | しる | みそ汁 된장국　汁物 국, 탕, 찌개　蟹汁 게 장국　汁粉 단팥죽 |

果汁百パーセントジュースを飲みます。 과즙 100% 주스를 마십니다.
朝のみそ汁はおいしい。 아침(에 먹는) 된장국은 맛있다.

지울 말

| 음독 | まつ | 抹殺 말살, 지움　抹茶 말차　抹消 말소, 삭제
一抹 일말, 아주 적음, 약간 |

抹茶味のアイスクリームを食べました。 말차 맛 아이스크림을 먹었습니다.
過去の事件の記録を抹消しました。 과거 사건 기록을 말소했습니다.

초 초

| 음독 | さく | 酢酸 초산, 아세트산 |
| 훈독 | す | 酢 식초　酢醤油 초간장　酢の物 초무침　酢漬け 식초에 절임
酢和え 초무침 |

酢酸はにおいが強いです。 초산은 냄새가 강합니다.
このおかずはワカメやキュウリを酢で和えたものです。 이 반찬은 미역이랑 오이를 식초에 무친 것입니다.

술 부을 작

| 음독 | しゃく | 晩酌 반주　参酌 참작　媒酌 매작, 중매 |
| 훈독 | くむ | 酌む 따라서 마시다, 참작하다　酌み交わす 술잔을 주고받다 |

父は毎晩、焼酎で晩酌をします。 아버지는 매일 저녁 소주로 반주를 합니다.
仲間と心を開いて酒を酌み交わしました。 친구와 마음을 열고 술잔을 주고받았습니다.

474

1738 | N1

훈독 つける

漬ける 절이다　漬物 절인 음식

塩漬け 소금에 절임　みそ漬け 된장에 절임

담글 지

大根の漬物をきざみます。 무절임을 잘게 썹니다.

キュウリのみそ漬けをつくった。 오이 된장 절임을 만들었다.

1739 | N1

음독 らく

酪農 낙농　酪農家 낙농가　乾酪 치즈

乳酪 유락, 버터, 우유로 만든 식품

쇠젖 락(낙)

より良い酪農製品を作る方法を研究した。 더 좋은 낙농 제품을 만드는 방법을 연구했다.

この大学では酪農家を教育します。 이 대학에서는 낙농가를 교육합니다.

1740 | N1

臭

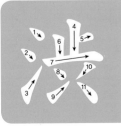

음독 しゅう

異臭 이상한 냄새, 고약한 냄새　悪臭 악취　消臭 냄새 제거

脱臭 탈취　加齢臭 노인 냄새, 중·노년층의 특이한 체취

훈독 くさい

臭い 고약한 냄새가 나다, 구리다, 수상하다

におう

臭う 악취가 나다　臭い 악취

냄새 취

悪臭のもとを断たなければなりません。 악취의 원인을 없애야만 합니다.

梅雨の時期になると、室内がカビの臭いで満たされる。 장마 시기가 되면 실내가 곰팡이 냄새로 가득 차게 된다.

1741 | N1

澁

음독 じゅう

渋滞 정체　苦渋 고뇌, 쓴 경험

훈독 しぶ

渋柿 떫은 감　渋谷 시부야(지명)

しぶい

渋い 떫다, 수수하다　渋み 떫은 맛, 차분하고 깊이가 있음

しぶる

渋る 원활하지 않다, 꺼리다

떫을 삽

交通渋滞が五キロも続きました。 교통 정체가 5km나 계속되었습니다.

渋い顔をします。 떫떠름한 표정을 짓습니다.

음독 **りょう**　涼風 산들바람　涼味 시원한 맛　清涼 청량　納涼 납량

荒涼 황량

훈독 **すずしい**　涼しい 시원하다

すずむ　涼む 시원한 바람을 쐬다　夕涼み 저녁 때 시원한 바람을 쐼

涼

서늘할 **량(양)**

新発売の清涼飲料水の試飲会がありました。 새로 발매된 청량 음료수 시음회가 있었습니다.

彼と二人で夕涼み。 그와 둘이서 저녁 때 시원한 바람을 쐰다.

음독 **きょう**　挟殺 협살, (야구에서) 누와 누 사이에 있는 주자를 몰아 아웃시킴

挟撃 협격, 협공, 양쪽에서 끼고 공격

훈독 **はさむ**　挟む 끼우다, 끼다, 품다

はさまる　挟まる 끼이다, 끼다

挟

낄 **협**

前後から敵を挟撃する作戦を立てました。 앞뒤에서 적을 협공하는 작전을 세웠습니다.

歯に何か挟まってますよ。 이에 뭔가 끼어 있어요.

음독 **てい**　呈する 나타내다, 드리다, 보이다　呈示 꺼내 보임, 제시

贈呈 증정　進呈 진정, 증정, 진상　露呈 드러남

呈

드릴 **정**

問題は解決できず、どろぬまの様相を呈するようになった。 문제는 해결되지 않고 진흙탕 양상을 보이게 되었다.

マグカップを贈呈品としてもらいました。 머그컵을 증정품으로 받았습니다.

음독 **しょう**　奨学金 장학금　奨励 장려　推奨 추천하여 권함

報奨 보답하고 장려함

奨

장려할 **장**

国から奨学金をもらいました。 나라에서 장학금을 받았습니다.

スポーツを奨励する政策を進めていく。 스포츠를 장려하는 정책을 추진해 간다.

476

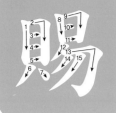

음독	し	賜杯 사배, 천황이나 황족이 주는 시합의 우승배　恩賜 은사, 하사
		下賜 하사　賞賜 상으로 금품을 줌
훈독	たまわる	賜る '받다'의 겸양어

줄 사

功績が優れていた者に対しては恩賜賞が授与された。 공적이 뛰어난 자에게 은사상이 수여되었다.

上司からお褒めの言葉を賜りました。 상사로부터 칭찬의 말을 받았습니다.

| 음독 | しゅう | 報酬 보수　献酬 수작, 술잔을 주고받음　応酬 응수 |

갚을 수

部長はその報酬を受ける資格があります。 부장님은 그 보수를 받을 자격이 있습니다.

私は、彼と彼女の言葉の応酬が続くのをただ見ていた。 그와 그녀가 계속 말을 주고받는 것을 나는 그저 보고 있었다.

| 음독 | ほう | 褒賞金 포상금　褒美 포상, 상 |
| 훈독 | ほめる | 褒める 칭찬하다　褒め殺し 필요 이상으로 칭찬하여, 오히려 상대방을 불리한 상황에 빠지게 하거나 의욕을 잃게 함 |

기릴 포

今回の競走優勝馬には褒賞金が交付されました。 이번 경주 우승마에게는 포상금이 교부되었습니다.

両親が成績を褒めてくれた。 부모님이 성적을 칭찬해 주셨다.

| 음독 | こう | 購買 구매　購買欲 구매욕　購入 구입　購読 구독 |

살 구

一ヶ月間の備品を購入しました。 한 달 동안의 비품을 구입했습니다.

新聞を定期購読する人がほとんどいません。 신문을 정기 구독하는 사람이 거의 없습니다.

음독 じょう

余剰 잉여, 나머지　過剰 과잉　剰余 잉여

剩

남을 잉

課長は自信過剰の性格です。 과장님은 자신감이 과한 성격입니다.
今月の剰余金を貯金します。 이번 달 잉여금을 저금합니다.

음독 じょう

醸造 양조　醸造酒 양조주, 곡류나 과실을 발효시켜 만든 술
醸成 양성　吟醸 술을 정선된 재료로 정성스럽게 빚음

훈독 かもす

醸す 빚다, 양조하다　醸し出す 자아내다, 빚어내다

釀

술 빚을 양

酒の醸造工場ができました。 술 양조 공장이 생겼습니다.
二人はとてもいい雰囲気を醸し出している。 두 사람은 아주 좋은 분위기를 자아내고 있다.

음독 しゅん

俊敏 준민, 머리가 날카롭고 날렵함　俊才 준재, 수재
俊秀 준수, 준재, 재지가 뛰어난 사람　英俊 영재

준걸 준

俊敏な若者は記者に向いています。 머리가 좋고 날렵한 젊은이는 기자에 적합합니다.
彼は俊才といわれる。 그는 수재라고 일컬어진다.

음독 くん

勲章 훈장　勲功 공훈　偉勲 큰 공적　殊勲 수훈

勳

공 훈

祖父は文化勲章を受賞しました。 할아버지는 문화 훈장을 수상했습니다.
最高殊勲選手を発表します。 최고 수훈 선수를 발표하겠습니다.

편안할 **녕(영)**

음독 **ねい**

丁^{てい}寧^{ねい} 정중함, 공손함　寧^{ねい}日^{じつ} 영일, 편안한 날　安^{あん}寧^{ねい} 안녕

丁^{てい}寧^{ねい}な言^{こと}葉^ば遣^{づか}いで答^{こた}えてくれました。 공손한 말투로 답해 주었습니다.

社^{しゃ}会^{かい}の安^{あん}寧^{ねい}秩^{ちつ}序^{じょ}を維持するためには、犯^{はん}罪^{ざい}者^{しゃ}を隔^{かく}離^りする必^{ひつ}要^{よう}がある。 사회의 안녕질서를 유지하기 위해서는 범죄자를 격리할 필요가 있다.

게으를 **타**

음독 **だ**

惰^だ気^き 게으른 마음　惰^だ弱^{じゃく} 나약　惰^だ性^{せい} 타성　惰^だ力^{りょく} 타성에 의한 힘

惰^だ眠^{みん} 게으르게 잠자고 있는 상태　怠^{たい}惰^だ 나태, 게으름

人^{にん}間^{げん}は慣^なれてくると惰^だ性^{せい}に陥^{おちい}ります。 인간은 익숙해지면 타성에 빠집니다.

妹^{いもうと}は怠^{たい}惰^だな生^{せい}活^{かつ}を送^{おく}った。 여동생은 나태한 생활을 보냈다.

어리석을 **치**

음독 **ち**

痴^ち呆^{ほう} 치매　痴^ち漢^{かん} 치한　痴^ち情^{じょう} 치정

痴^ち態^{たい} 치태, 어리석은 행동　音^{おん}痴^ち 음치　方^{ほう}向^{こう}音^{おん}痴^ち 길치

愚^ぐ痴^ち 푸념, 넋두리

方^{ほう}向^{こう}音^{おん}痴^ちなのでいつも困^{こま}る。 길치라서 항상 힘들다.

母^{はは}は愚^ぐ痴^ちばかりこぼしています。 엄마는 푸념만 하고 있습니다.

실을 **태**

음독 **だ**

駄^だ目^め 소용없음, 안 됨, 못함　駄^だ作^{さく} 졸작　無^む駄^だ 쓸데없음, 낭비, 헛됨

駄^だ菓^が子^し 막과자(조·콩·싸라기 등 값이 싼 재료를 사용한 대중적인 과자)

예외 下^げ駄^た 나막신

いくら頑^{がん}張^ばっても駄^だ目^めでした。 아무리 노력해도 소용없었습니다.

無^む駄^だな時^じ間^{かん}をなくしましょう。 쓸데없는 시간을 없앱시다.

음독	きゅう	窮屈 갑갑함, 답답함　窮地 궁지　窮状 궁상, 곤경　困窮 곤궁
		貧窮 빈궁　無窮 무궁
훈독	きわめる	窮める 극한에 이르다, 끝내다
	きわまる	窮まる 극도에 이르다, 다하다

다할 **궁**
궁할 **궁**

この洋服はとても窮屈です。 이 옷은 너무 답답합니다.

昔の貴族は贅沢を窮めた生活をしていたらしい。 옛날 귀족은 사치가 극에 달하는 생활을 했었다고 한다.

Tip きわめる

窮める 극점에 달한 상태가 되다. 이 이상 없을 정도가 되다 → 困難を窮める。 더없이 곤란하다.

極める 더 이상 끝이 없을 정도의 위치까지 다다르다 → 山頂を極める。 산 정상에 다다른다.

究める 깊이 연구해 완전히 깨치다 → 真理を究める。 진리를 깨우친다.

음독	だ	妥当 타당　妥協 타협　妥結 타결

온당할 **타**

この商品ならこの値段が妥当ですね。 이 제품이라면 이 가격이 타당하네요.

労使の交渉が妥結しました。 노사 교섭이 타결되었습니다.

음독	こう	肯定 긍정　首肯 수긍

즐길 **긍**

大部分の批評家から肯定的評価を受けた。 대부분의 비평가로부터 긍정적 평가를 받았다.

彼の意見になるほどと、首肯しました。 그의 의견에 역시 하고 수긍했습니다.

寛

음독	かん	寛厚 관후, 관대하고 온후함　寛容 관용　寛大 관대
훈독	くつろぐ	寛ぐ 편히 쉬다, 편히 앉다, 안정되다　寛ぎ 편히 쉼

너그러울 **관**

悪質なかきこみをつける人への寛容などありえない。 악플러에게 관용은 있을 수 없다.

自分の家がいちばん寛げます。 내 집이 제일 편합니다.

愉

음독 ゆ

愉快 유쾌   愉楽 유락, 즐거움

愉快犯 유쾌범(쾌감을 맛보기 위해 저지르는 범죄, 또는 그 범인)

愉悦 유열, 기쁨

즐거울 유

先生はいつも愉快な話をしてくれます。 선생님은 항상 유쾌한 말씀을 해 주십니다.
目の前の勝利にこだわり、愉悦を覚えたいのが人間だ。 눈앞의 승리에 연연해 기쁨을 느끼고 싶어하는 것이 인간이다.

음독 ゆう

裕福 유복   余裕 여유   富裕 부유

寛裕 관유, 마음이 넓고 너그러움

넉넉할 유

彼は裕福な家庭に育てられました。 그는 유복한 가정에서 자랐습니다.
時間や心の余裕が全然ない。 시간과 마음의 여유가 전혀 없다.

음독 よう

凡庸 평범, 평범한 사람, 범인

中庸 중용, 어느 쪽에도 치우치지 않고 중도를 지킴

떳떳할 용

その小説には凡庸な人物が出ています。 그 소설에는 평범한 인물이 나옵니다.
理性的に生きるためには、中庸を守ることが重要である。 이성적으로 살기 위해서는 중용을 지키는 것이 중요하다.

음독 い

大尉 대위   少尉 소위   尉官 위관

벼슬 위

祖父は陸軍の大尉でした。 할아버지는 육군 대위였습니다.
陸空海の尉官が集合した。 육·공·해 위관이 집합했다.

고급 한자 · 8

멀 유

음독	**ゆう**	<ruby>悠<rt>ゆう</rt></ruby><ruby>然<rt>ぜん</rt></ruby> 유연, 침착하고 여유가 있음

<ruby>悠<rt>ゆう</rt></ruby><ruby>長<rt>ちょう</rt></ruby> 유장, 성미가 느릿함, 서두르지 않음　<ruby>悠<rt>ゆう</rt></ruby><ruby>悠<rt>ゆう</rt></ruby><ruby>自<rt>じ</rt></ruby><ruby>適<rt>てき</rt></ruby> 유유자적

훈독	**はるか**	<ruby>悠<rt>はる</rt></ruby>か 아득하게 먼 모양, 아득히, 훨씬

<ruby>鯨<rt>くじら</rt></ruby>は<ruby>悠<rt>ゆう</rt></ruby><ruby>然<rt>ぜん</rt></ruby>と<ruby>海<rt>うみ</rt></ruby>で<ruby>泳<rt>およ</rt></ruby>いでいる。 고래가 여유롭게 바다에서 헤엄치고 있다.

<ruby>山<rt>やま</rt></ruby><ruby>寺<rt>でら</rt></ruby>で<ruby>悠<rt>ゆう</rt></ruby><ruby>悠<rt>ゆう</rt></ruby><ruby>自<rt>じ</rt></ruby><ruby>適<rt>てき</rt></ruby>の<ruby>生<rt>せい</rt></ruby><ruby>活<rt>かつ</rt></ruby>を<ruby>送<rt>おく</rt></ruby>っています。 산속 절에서 유유자적하는 생활을 보내고 있습니다.

성길 소

음독	**そ**	<ruby>疎<rt>そ</rt></ruby><ruby>遠<rt>えん</rt></ruby> 소원　<ruby>疎<rt>そ</rt></ruby><ruby>外<rt>がい</rt></ruby> 소외　<ruby>疎<rt>そ</rt></ruby><ruby>通<rt>つう</rt></ruby> 소통　<ruby>親<rt>しん</rt></ruby><ruby>疎<rt>そ</rt></ruby> 친소, 친밀함과 소원함
훈독	**うとい**	<ruby>疎<rt>うと</rt></ruby>い 소원하다, 서먹하다, 잘 모르다
	うとむ	<ruby>疎<rt>うと</rt></ruby>む 싫어하다, 꺼려 멀리하다　<ruby>疎<rt>うと</rt></ruby>ましい 매우 싫다, 지겹다
예외		<ruby>疎<rt>おろそ</rt></ruby>か 소홀함

<ruby>幼<rt>おさな</rt></ruby>なじみとずっと<ruby>連<rt>れん</rt></ruby><ruby>絡<rt>らく</rt></ruby>をしなかったら、<ruby>疎<rt>そ</rt></ruby><ruby>遠<rt>えん</rt></ruby>になった。 어렸을 적 친구와 계속 연락을 안 했더니 서먹해졌다.

<ruby>余<rt>あま</rt></ruby>りにも<ruby>社<rt>しゃ</rt></ruby><ruby>会<rt>かい</rt></ruby>の<ruby>情<rt>じょう</rt></ruby><ruby>勢<rt>せい</rt></ruby>に<ruby>疎<rt>うと</rt></ruby>いのに<ruby>驚<rt>おどろ</rt></ruby>きました。 너무나 사회 정서를 모르는 것에 놀랐습니다.

완고할 완

음독	**がん**	<ruby>頑<rt>がん</rt></ruby><ruby>丈<rt>じょう</rt></ruby> 견고하고 튼튼함　<ruby>頑<rt>がん</rt></ruby><ruby>固<rt>こ</rt></ruby> 완고, 잘 낫지 않음, 고집스러움

<ruby>頑<rt>がん</rt></ruby><ruby>強<rt>きょう</rt></ruby> 완강　<ruby>頑<rt>がん</rt></ruby><ruby>張<rt>ば</rt></ruby>る 열심히 하다, 노력하다

<ruby>父<rt>ちち</rt></ruby>はとても<ruby>頑<rt>がん</rt></ruby><ruby>固<rt>こ</rt></ruby>だ。 아버지는 매우 완고하다.

<ruby>今<rt>こん</rt></ruby><ruby>度<rt>ど</rt></ruby>の<ruby>試<rt>し</rt></ruby><ruby>験<rt>けん</rt></ruby>は<ruby>頑<rt>がん</rt></ruby><ruby>張<rt>ば</rt></ruby>るぞ。 이번 시험은 열심히 할 거다.

뛰어날 걸

음독	**けつ**	<ruby>豪<rt>ごう</rt></ruby><ruby>傑<rt>けつ</rt></ruby> 호걸　<ruby>傑<rt>けっ</rt></ruby><ruby>作<rt>さく</rt></ruby> 걸작　<ruby>傑<rt>けっ</rt></ruby><ruby>出<rt>しゅつ</rt></ruby> 걸출, 다른 사람보다 뛰어남

<ruby>傑<rt>けっ</rt></ruby><ruby>作<rt>さく</rt></ruby>な<ruby>写<rt>しゃ</rt></ruby><ruby>真<rt>しん</rt></ruby>が<ruby>撮<rt>と</rt></ruby>れた。 걸작 사진이 찍혔다.

<ruby>彼<rt>かれ</rt></ruby>は<ruby>傑<rt>けっ</rt></ruby><ruby>出<rt>しゅつ</rt></ruby>した<ruby>学<rt>がく</rt></ruby><ruby>者<rt>しゃ</rt></ruby>です。 그는 뛰어난 학자입니다.

싫어할 혐

음독	けん	嫌悪感 혐오감　嫌気 싫은 마음, 싫증
		嫌忌 싫어서 꺼림　嫌疑 혐의
	げん	機嫌 기분, 안부, 심기　不機嫌 기분이 안 좋음
훈독	いや	嫌 싫음　嫌がる 싫어하다　嫌気 싫은 마음　嫌味 싫은 소리, 아니꼬움
	きらう	嫌う 싫어하다, 가리다　嫌い 싫어함

嫌

先生のご機嫌はななめなので静かにしよう。 선생님 기분이 언짢으니까 조용히 하자.

嫌いなおかずも食べよう。 싫어하는 반찬도 먹자.

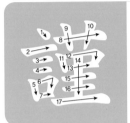

삼갈 근

음독	きん	謹啓 ('삼가 말씀드리다'의 뜻) 근계, 편지 첫머리에 쓰는 인사말
		謹厳 근엄　謹慎 근신, 언행을 삼가함　謹賀新年 근하신년
훈독	つつしむ	謹む 삼가다, 근신하다, (삼가) 경의를 표하다

謹

謹賀新年今年もよろしく。 근하신년 올해도 잘 부탁해.

その件につきまして謹んでおわびします。 그 건에 관해서 삼가 사죄드립니다.

겸손할 겸

| 음독 | けん | 謙虚 겸허　謙譲 겸양　謙譲語 겸양어　謙遜 겸손 |

謙

いつも謙虚な態度をとります。 항상 겸허한 태도를 취합니다.

日本語には尊敬語と謙譲語がある。 일본어에는 존경어와 겸양어가 있다.

공손할 공

음독	きょう	恭順 공손하고 온순함　恭悦 삼가 기뻐함
		恭敬 공경, 삼가 존경하는 것　恭賀 삼가 축하함
훈독	うやうやしい	恭しい 공손하다, 정중하다

封筒に恭賀新年と書く。 봉투에 공하신년이라고 쓴다.

目上の人に恭しくお辞儀をします。 손윗사람에게 공손히 인사를 합니다.

고급 한자 · 8

懐

품을 회

음독	かい	懐中 회중, 호주머니 속	懐疑 회의, 의심을 품음
		懐妊 회임, 임신	述懐 술회, 마음속의 생각을 서술하는 것
훈독	なつかしい	懐かしい 그립다, 반갑다	
	なつかしむ	懐かしむ 그리워하다, 반가워하다	
	なつく	懐く 따르다, 익숙해져 친하다	
	なつける	懐ける 따르게 하다, 길들이다	
	ふところ	懐 품, 마음, 호주머니(에 가지고 있는 돈)	

懐中電灯を用意したほうがいい。손전등을 준비하는 편이 좋겠다.
旅行中のいろいろな出来事が今はとても懐かしいです。여행 중의 여러 가지 일들이 지금은 매우 그립습니다.

悼

슬퍼할 도

| 음독 | とう | 悼辞 도사, 애도하는 글 | 追悼 추도 | 哀悼 애도 |
| 훈독 | いたむ | 悼む 슬퍼하다, 애도하다 | | |

謹んで哀悼の意を表します。삼가 애도의 뜻을 표합니다.
大震災で亡くなった方を悼みます。대지진의 재해로 돌아가신 분을 애도합니다.

愁

근심 수

음독	しゅう	愁傷 슬퍼함, 비탄함	郷愁 향수	哀愁 애수	憂愁 우수
훈독	うれえる	愁える 슬퍼하다, 한탄하다			
	うれい	愁い 시름, 수심			

ご愁傷様です。얼마나 애통하십니까.
母親は子供の死を愁えました。어머니는 아이의 죽음을 슬퍼했습니다.

虞

염려할 우

| 음독 | ぐ | 虞美人草 양귀비꽃 |
| 훈독 | おそれ | 虞 걱정, 우려 |

虞美人草がたくさん咲いている庭園に行った。양귀비꽃이 많이 피어 있는 정원에 갔다.
夜に大雨の虞があります。밤에 많은 비가 올 우려가 있습니다.

음독 **かん**

遺憾 유감　遺憾なく 유감없이

섭섭할 **감**

遺憾ですが、実験は中止です。 유감이지만 실험은 중지됐습니다.

これまで磨いてきた実力を遺憾なく発揮することができた。 그동안 갈고닦은 실력을 유감없이 발휘할 수 있었다.

음독 **せつ**

巧拙 교졸, 익숙함과 서투름　稚拙 치졸, 미숙함, 서툼　拙速 졸속

훈독 **つたない**

拙い 서투르다, 어리석다, (운이) 나쁘다, 변변치 않다

옹졸할 **졸**

稚拙な文章を書いた。 서툰 글을 썼다.

拙い文の手紙ですみません。 변변치 않은 문장의 편지라 죄송합니다.

侮

음독 **ぶ**

侮辱 모욕　侮辱罪 모욕죄　侮蔑 모멸　軽侮 경멸

훈독 **あなどる**

侮る 경시하다, 깔보다

업신여길 **모**

相当な侮辱をうけました。 상당한 모욕을 받았습니다.

相手の実力を侮って負けてしまった。 상대의 실력을 얕봐서 지고 말았다.

음독 **こく**

酷似 혹사, 아주 닮음　酷評 혹평　酷暑 혹서　苛酷 가혹

冷酷 냉혹　残酷 잔혹

심할 **혹**

区別がつかないくらい酷似しています。 구별이 되지 않을 정도로 아주 닮았습니다.

彼は残酷な事故の現場を映像に収めた。 그는 잔혹한 사고 현장을 영상에 담았다.

음독 さ 教唆 <ruby>教<rt>きょう</rt></ruby><ruby>唆<rt>さ</rt></ruby> 교사, 가르쳐 부추김   <ruby>示<rt>し</rt></ruby><ruby>唆<rt>さ</rt></ruby> 시사, 암시

훈독 そそのかす <ruby>唆<rt>そそのか</rt></ruby>す 꼬드기다, 부추기다, 교사하다

부추길 사

<ruby>殺人<rt>さつじん</rt></ruby>を<ruby>教唆<rt>きょうさ</rt></ruby>した<ruby>罪<rt>つみ</rt></ruby>で<ruby>捕<rt>つか</rt></ruby>まりました。 살인을 교사한 죄로 잡혔습니다.
<ruby>客<rt>きゃく</rt></ruby>を<ruby>唆<rt>そそのか</rt></ruby>して、<ruby>有料会員<rt>ゆうりょうかいいん</rt></ruby>に<ruby>加入<rt>かにゅう</rt></ruby>させました。 손님을 부추겨서 유료 회원으로 가입하게 했습니다.

음독 さ <ruby>詐<rt>さ</rt></ruby><ruby>欺<rt>ぎ</rt></ruby> 사기   <ruby>詐<rt>さ</rt></ruby><ruby>欺<rt>ぎ</rt></ruby><ruby>師<rt>し</rt></ruby> 사기꾼
<ruby>詐<rt>さ</rt></ruby><ruby>害<rt>がい</rt></ruby> 사해, 사기를 쳐서 남에게 손해를 끼침
<ruby>詐<rt>さ</rt></ruby><ruby>取<rt>しゅ</rt></ruby> 사취, 금품을 속여서 빼앗음   <ruby>詐<rt>さ</rt></ruby><ruby>称<rt>しょう</rt></ruby> 사칭

속일 사

<ruby>詐欺<rt>さぎ</rt></ruby>にあって<ruby>大損<rt>たいそん</rt></ruby>をした。 사기를 당해 큰 손해를 입었다.
<ruby>彼女<rt>かのじょ</rt></ruby>は<ruby>経歴<rt>けいれき</rt></ruby>を<ruby>詐称<rt>さしょう</rt></ruby>して<ruby>入社<rt>にゅうしゃ</rt></ruby>しました。 그녀는 경력을 사칭해서 입사했습니다.

偽

음독 ぎ <ruby>偽<rt>ぎ</rt></ruby><ruby>名<rt>めい</rt></ruby> 가명   <ruby>偽<rt>ぎ</rt></ruby><ruby>悪<rt>あく</rt></ruby> 위악, 일부러 악한 체함   <ruby>虚<rt>きょ</rt></ruby><ruby>偽<rt>ぎ</rt></ruby> 허위
<ruby>偽<rt>ぎ</rt></ruby><ruby>造<rt>ぞう</rt></ruby> 위조

훈독 いつわる <ruby>偽<rt>いつわ</rt></ruby>る 거짓말하다, 속이다, 기만하다   <ruby>偽<rt>いつわ</rt></ruby>り 거짓, 허위

にせ <ruby>偽<rt>にせ</rt></ruby><ruby>者<rt>もの</rt></ruby> 가짜 인물, 엉터리   <ruby>偽<rt>にせ</rt></ruby><ruby>物<rt>もの</rt></ruby> 가짜 물건, 위조품   <ruby>偽<rt>にせ</rt></ruby><ruby>札<rt>さつ</rt></ruby> 위조지폐, 위폐

거짓 위

<ruby>中国<rt>ちゅうごく</rt></ruby>では<ruby>偽造<rt>ぎぞう</rt></ruby>の<ruby>商品<rt>しょうひん</rt></ruby>が<ruby>出回<rt>でまわ</rt></ruby>ります。 중국에는 위조 상품이 나돕니다.
<ruby>海外<rt>かいがい</rt></ruby>から<ruby>偽物<rt>にせもの</rt></ruby>のバックを<ruby>持<rt>も</rt></ruby>ち<ruby>込<rt>こ</rt></ruby>んではいけない。 해외에서 짝퉁 가방을 가지고 들어와서는 안 된다.

음독 しゅう <ruby>醜<rt>しゅう</rt></ruby><ruby>態<rt>たい</rt></ruby> 추태   <ruby>醜<rt>しゅう</rt></ruby><ruby>悪<rt>あく</rt></ruby> 추악   <ruby>醜<rt>しゅう</rt></ruby><ruby>怪<rt>かい</rt></ruby> 추악하고 괴이함   <ruby>醜<rt>しゅう</rt></ruby><ruby>聞<rt>ぶん</rt></ruby> 추문

훈독 みにくい <ruby>醜<rt>みにく</rt></ruby>い 못생기다, 밉다, 보기 흉하다

추할 추

<ruby>醜悪<rt>しゅうあく</rt></ruby>な<ruby>争<rt>あらそ</rt></ruby>いには<ruby>関<rt>かか</rt></ruby>わりたくありません。 추악한 싸움에는 관여하고 싶지 않습니다.
<ruby>子供<rt>こども</rt></ruby>に『<ruby>醜<rt>みにく</rt></ruby>いあひるの<ruby>子<rt>こ</rt></ruby>』の<ruby>話<rt>はなし</rt></ruby>を<ruby>聞<rt>き</rt></ruby>かせました。 아이에게 『미운 오리 새끼』 이야기를 들려주었습니다.

1786 | N1

간절할 간

음독	こん	懇親会 친목회　懇談会 간담회　懇切 자상하고 친절함 懇願 간절히 바람
훈독	ねんごろ	懇ろ 친절하고 공손함, 친밀함, 정성 어림

進学懇談会があります。 진학 간담회가 있습니다.
懇ろなもてなしを受けた。 정성 어린 대접을 받았다.

1787 | N1

번거로울 번

음독	はん	煩雑 번잡　煩忙 번망　煩悶 번민　煩多 번거로운 일이 많음
	ぼん	煩悩 번뇌
훈독	わずらう	煩う 번뇌하다, 괴로워하다
	わずらわす	煩わす 괴롭히다, 수고를 끼치다
	わずらわしい	煩わしい 귀찮다, 번거롭다

煩雑な事務処理はどうにかなりませんか。 번잡한 사무 처리는 어떻게 안 되겠습니까?
進路について思い煩います。 진로에 대해 고민합니다.

1788 | N1

분할 분

음독	ふん	憤慨 분개　憤激 격분　憤怒 분노　義憤 의분, 공분 鬱憤 울분　悲憤 비분, 슬프고 화가 남
훈독	いきどおる	憤る 분개하다

毎日いやな事に巻き込まれて、鬱憤が溜まった。 매일 싫은 일에 휘말려 울분이 쌓였다.
幹部の裏切りに憤りました。 간부의 배신에 분개했습니다.

1789 | N1

칼날 인

음독	じん	凶刃 흉인, 살인에 쓰인 칼　鋭刃 예인, 날카로운 칼날 自刃 (칼로) 자결, 자살
훈독	は	刃 칼날, 칼날의 이　刃物 칼　両刃 양날　刃渡り 칼날의 길이

代議士は暴漢の凶刃に倒れました。 대변인은 폭한의 칼에 쓰러졌습니다.
包丁とは、調理に使う刃物のことである。 부엌칼이란 조리에 사용하는 칼을 말한다.

고급한자 · 8

1790 | N1

| 음독 | しょう | 一升 한 되　一升瓶 한 되 병　一升酒 됫술 |
| 훈독 | ます | 升 (용량의 단위) 되, 약 1.8리터　升酒 됫술, 되로 파는 술, 되에 담은 술 |

되 **승**

酒は大好物で、毎晩一升酒を飲みます。 술은 너무 좋아서 매일 밤 됫술을 마십니다.

お酒を升に入れて飲む。 술을 되에 넣어서 마신다.

1791 | N1

坪

| 훈독 | つぼ | 坪数 평수　一坪 한 평　十坪 열 평　百坪 백 평 |
| | | 建坪 건평　坪庭 안뜰 |

들 **평**

坪数を数えると家の価格が出る。 평수를 세면 집 가격이 나온다.

百坪の土地を買いました。 백 평의 땅을 샀습니다.

1792 | 급수 외

| 훈독 | わく | 枠 테두리　枠組み 틀, 틀을 짬, 사물의 대충 짜임새 |
| | | 枠内 테두리 안, 범위 안　木枠 나무틀　窓枠 창틀 |

벚나무 **화**

枠内に記入してください。 범위 안에 기입해 주세요.

窓枠がはずれました。 창틀이 빠졌습니다.

1793 | N1

殻

음독	かく	甲殻類 갑각류　地殻 지각
훈독	から	殻 껍질, 껍데기　抜け殻 빈 껍질, 허물　貝殻 조개껍데기
		吸い殻 담배꽁초

껍질 **각**

地殻は、マントルの上にあり、大気や海の下にあります。 지각은 맨틀 위에 있으며 대기나 바다 밑에 있습니다.

岸辺で美しい貝殻を見つけた。 바닷가에서 아름다운 조개껍데기를 찾았다.

488

瓶

음독 びん　　瓶 병　　花瓶 꽃병, 화병　　空き瓶 빈 병

ビール瓶 맥주병

병 병

瓶の蓋が開かない。병뚜껑이 안 열린다.
花瓶に花を挿しました。꽃병에 꽃을 꽂았습니다.

음독 とう　　水筒 수통, 물통　　封筒 봉투

훈독 つつ　　筒 통　　筒抜け 곧바로 누설됨, (이야기 소리 등이) 그대로 들림, 흘려 들음

茶筒 차통

대통 통

封筒にあて名を書きます。봉투에 받는 사람을 씁니다.
となりの話が筒抜けだ。옆에서 하는 얘기가 다 들린다.

栓

음독 せん　　栓抜き 병따개　　消火栓 소화전　　耳栓 귀마개

ガス栓 가스 콕(마개)

마개 전

消火栓の前は駐車禁止です。소화전 앞은 주차금지입니다.
ガス栓の点検をします。가스 콕(마개)을 점검합니다.

泡

음독 ほう　　気泡 기포　　泡沫 물거품, 덧없음　　水泡 수포　　発泡 발포

훈독 あわ　　泡 거품

거품 포

ぷくぷくと気泡が出ました。보글보글 기포가 생겼습니다.
今までの努力が水の泡になってしまった。지금까지의 노력이 물거품이 되어 버렸다.

고급 한자 · 8

녹봉

| 음독 | ほう | 俸給 봉급　俸禄 녹봉　年俸 연봉　減俸 감봉 |

一か月の俸給を払う。한 달 봉급을 지급하다.
私は上司と年俸について交渉しています。나는 상사와 연봉에 대해 교섭하고 있습니다.

길쌈 방

음독	ぼう	紡績 방적　紡糸 방사, 섬유를 자아서 뽑은 실　紡織 방직
		混紡 혼방
훈독	つむぐ	紡ぐ 실을 뽑다

東南アジアの勤労者は紡績業に従事した。동남아시아 근로자는 방적업에 종사했다.
綿花で糸を紡いだ。목화에서 실을 뽑았다.

사다리 붕

| 음독 | たな | 棚 선반　本棚 책장　食器棚 식기 선반　戸棚 찬장 |
| | | 大陸棚 대륙붕 |

お菓子は戸棚の中にあります。과자는 찬장 속에 있습니다.
大陸棚はよい漁場でした。대륙붕은 좋은 어장이었습니다.

扉

사립문 비

| 음독 | ひ | 開扉 문을 염　門扉 대문, 문짝 |
| 훈독 | とびら | 扉 문　自動扉 자동문 |

入り口の扉を押してください。입구의 문을 미세요.
自動扉の前に立っています。자동문 앞에 서 있습니다.

桟

桟

음독 さん

^{さん}桟 문창살　^{さんばし}桟橋 잔교, 선창, 비계, 판자다리　^{さんどう}桟道 벼랑길

사다리 **잔**

^{まど}窓の^{さん}桟を^{そうじ}掃除しましょう。 창살을 청소합시다.
^{ふね}船は^{さんばし}桟橋を^{はな}離れた。 배는 선창을 떠났다.

음독 はち

^{はち}鉢 사발, 화분　^{はちまき}鉢巻 머리를 수건 등으로 동여맴, 머리띠
^{うえきばち}植木鉢 화분　^{ひばち}火鉢 화로

바리때 **발**

^{しろ}白い^{はちまき}鉢巻を^{ひたい}額に^ま巻いた。 하얀 천을 이마에 둘렀다.
^{うえきばち}植木鉢に^{はな}花を^う植えました。 화분에 꽃을 심었습니다.

음독 しゅ

^{しゅざん}珠算 주산　^{しんじゅ}真珠 진주　^{しゅぎょく}珠玉 주옥
예외 ^{じゅず}数珠 염주

구슬 **주**

^{しんじゅ}真珠のネックレスをつけている。 진주 목걸이를 하고 있다.
このドラマは^{しゅぎょく}珠玉のセリフが^{おお}多くて^す好きです。 이 드라마는 주옥같은 대사가 많아서 좋아합니다.

음독 れい

^{よれい}予鈴 예령, 예비 종, 공연이나 조업 개시 등에 앞서 울리는 벨
^{でんれい}電鈴 벨　^{しんれい}振鈴 방울이나 종을 흔듦

りん

^{ふうりん}風鈴 풍경　^よ呼び^{りん}鈴 초인종

훈독 すず

^{すず}鈴 방울　^{すずむし}鈴虫 방울벌레

방울 **령(영)**

^{だれ}誰か^{げんかん}玄関の^よ呼び^{りん}鈴を^お押した。 누군가 현관의 초인종을 눌렀다.
かばんに^{すず}鈴を^つ付けました。 가방에 방울을 달았습니다.

음독 かく

核心 핵심　核兵器 핵병기　核実験 핵 실험　核家族 핵가족

核爆弾 핵폭탄　中核 중핵, 핵심　結核 결핵

씨 핵

彼は事件の核心をつく発言をした。 그는 사건의 핵심을 찌르는 발언을 했다.

核実験強行に抗議する決議を満場一致で可決しました。 핵 실험 강행에 항의하는 결의를 만장일치로 가결했습니다.

음독 かん

缶 캔, 깡통　空き缶 빈 깡통　缶詰 통조림　缶切り 깡통 따개

두레박 관

缶ジュースを買って飲みました。 캔 주스를 사서 마셨습니다.

空き缶を集めて捨ててください。 빈 캔을 모아서 버리세요.

呉

음독 ご

呉服 옷감, 포목　呉服屋 포목점

呉越 오나라와 월나라　呉越同舟 오월동주, 원수끼리 한자리에 있음

예외 呉市 구레시　呉れる 주다

성씨 오

昔呉服問屋に勤めました。 옛날에 포목 도매점을 했습니다.

呉越の激しいライバル争いから呉越同舟の言葉が生まれた。 오나라와 월나라의 격심한 라이벌 싸움에서 오월동주라는 말이 생겨났다.

음독 げん

弦 현, 활시위, 현악기의 줄　弦楽器 현악기　上弦 상현

훈독 つる

弦 현, 활줄, (활)시위

활시위 현

弦楽器には、バイオリン、ビオラ、チェロなどがあります。 현악기에는 바이올린, 비올라, 첼로 등이 있습니다.

伽倻琴と琴は弦をはじいて演奏します。 가야금과 거문고는 줄을 퉁겨 연주합니다.

1810 | 급수 외

음독 **きん**	琴歌 きんか 거문고에 맞춰 부르는 노래　琴線 きんせん 거문고 줄, 심금
	鉄琴 てっきん 철금, 목금과 비슷한 타악기　木琴 もっきん 목금
훈독 **こと**	琴 こと 거문고

거문고 금

演奏会 えんそうかい では木琴 もっきん をひいた。 연주회에서는 목금을 쳤다.
小 ちい さい頃 ころ から琴 こと を習 なら いました。 어렸을 때부터 거문고를 배웠습니다.

1811 | N1

음독 **ご**	碁・囲碁 いご 바둑　碁会 ごかい 바둑 대회　碁石 ごいし 바둑알　碁盤 ごばん 바둑판

바둑 기

囲碁 いご 、将棋 しょうぎ が趣味 しゅみ です。 바둑, 장기가 취미입니다.
これは白 しろ と黒 くろ の碁石 ごいし です。 이것은 백과 흑의 바둑알입니다.

1812 | N1

음독 **さん**	傘下 さんか 산하　傘寿 さんじゅ 80세, 80세 축하잔치　落下傘 らっかさん 낙하산
훈독 **かさ**	傘 かさ 우산　傘立て かさた て 우산꽂이　日傘 ひがさ 양산

우산 산

この落下傘 らっかさん は青空 あおぞら に目立 めだ ちます。 이 낙하산은 파란 하늘에서 눈에 잘 띕니다.
母 はは は日傘 ひがさ をさして出 で かけました。 엄마는 양산을 쓰고 나갔습니다.

1813 | N1

음독 **かん**	棺桶 かんおけ 관　出棺 しゅっかん 출관, 발인　石棺 せっかん 석관　納棺 のうかん 납관, 입관
훈독 **ひつぎ**	棺 ひつぎ 관

널 관

棺桶 かんおけ にすがって泣 な きました。 관에 매달려 울었습니다.
出棺 しゅっかん の前 まえ のお別 わか れなので、とても悲 かな しかった。 발인 전의 이별이라서 너무 슬펐다.

493

총 총

음독 じゅう　銃総 총　銃器 총기　銃声 총성　銃弾 총탄

拳銃 권총　猟銃 엽총

世界のどこかで今日も銃声が鳴りひびきます。 세계 어딘가에서는 오늘도 총성이 울려 퍼집니다.
軍隊で銃弾が発射された。 군대에서 총탄이 발사되었다.

구유 조

음독 そう　水槽 수조　浴槽 욕조　浄化槽 정화조

水槽で金魚を育てています。 수조에서 금붕어를 키우고 있습니다.
布団洗濯のため浴槽に水を入れます。 이불 빨래를 위해 욕조에 물을 넣습니다.

기왓가마 요

음독 よう　窯業 요업, 도자기·유리·시멘트·법랑철기·벽돌 등의 제조업의 총칭

훈독 かま　窯 가마　窯焼き 가마구이　窯元 도자기를 굽는 곳　炭窯 숯가마

ここは伝統ある窯元なので窯業が盛んでした。 여기는 전통 있는 가마라서 요업이 활발했습니다.
炭焼きの窯のそばでサウナができます。 숯을 굽는 가마 옆에서 사우나를 할 수 있습니다.

옻 칠

음독 しつ　漆黒 칠흑　漆器 칠기

훈독 うるし　漆 옻칠, 옻나무　漆塗り 옻칠함, 칠기

漆黒の闇が広がりました。 칠흑 같은 어둠이 펼쳐졌습니다.
山の中で漆にかぶれた。 산속에서 옻이 올랐다.

494

음독	きん	胸襟 흉금, 가슴 속 생각　開襟 옷깃을 여는 것　襟帯 금대, 깃과 띠
훈독	えり	襟元 목 언저리　襟足 목덜미의 머리털이 난 부분　襟首 목덜미
		襟巻 목도리, 머플러

옷깃 금

襟元が寒そうです。 목 언저리가 추울 것 같습니다.

真っ赤な襟巻を贈り物に選んだ。 새빨간 머플러를 선물로 골랐다.

음독	か	製靴 제화　軍靴 군화
훈독	くつ	長靴 장화　靴下 양말　靴底 구두창　革靴 가죽 구두

신 화

『長靴をはいた猫』というアニメを見ました。 『장화를 신은 고양이』라는 만화 영화를 봤습니다.

新しい靴下をはきます。 새 양말을 신습니다.

음독	てい	舟艇 주정, 소형 배　艦艇 함정　競艇 경정　潜水艇 잠수정

배 정

近くの川で競艇が催されました。 근처 강에서 경정이 개최되었습니다.

水面に潜水艇が浮上した。 수면으로 잠수정이 떠올랐다.

음독	はく	舶載 박재, 배로 운반함　舶来 박래, 배로 옴　船舶 선박

배 박

船長は舶来品を自慢する。 선장은 박래품을 자랑한다.

船舶が航路を変更しました。 선박이 항로를 변경했습니다.

고급 한자 · 8

음독 かん

艦隊 함대　艦船 함선　軍艦 군함　戦艦 전함　母艦 모함

潜水艦 잠수함

큰 배 **함**

戦艦は、軍艦の一つで、敵艦隊撃滅を任務とする。 전함은 군함의 하나로, 적 함대를 격침하는 것을 임무로 한다.

この潜水艦はどのくらい潜れますか。 이 잠수함은 어느 정도 잠수할 수 있습니까?

음독 じ

璽書 새서　御璽 옥새, 천황의 도장　神璽 천황의 옥새

国璽 국새, 어보

옥새 **새**

天皇が詔書に御璽を押します。 천황이 조서에 옥새를 찍습니다.

外交文書に国璽を押した。 외교 문서에 국새를 찍었다.

음독 へい

甲乙丙 갑을병　丙午 병오

남녘 **병**

甲乙丙の三段階評価が行われる。 갑을병의 3단계 평가가 이루어진다.

丙午は干支の組み合わせの４３番目です。 병오는 육십갑자의 조합 중 43번째입니다.

음독 かつ

且つ 동시에, 한편으로는, 바로, 또

또 **차**

必要且つ十分な条件だ。 필요하고도 충분한 조건이다.

日本語が話せて、且つパソコンができる社員を募集しています。 일본어를 할 수 있고 또 컴퓨터가 가능한 사원을 모집하고 있습니다.

음독	ぎ	便<ruby>宜<rt>べん ぎ</rt></ruby> 편의　<ruby>適宜<rt>てき ぎ</rt></ruby> 적의, 적당, 적절
훈독	むべ	<ruby>宜<rt>むべ</rt></ruby> 과연, 정말
	よろしい	<ruby>宜<rt>よろ</rt></ruby>しい 좋다, 괜찮다　<ruby>宜<rt>よろ</rt></ruby>しく 잘

마땅 의

<ruby>政権<rt>せいけん</rt></ruby>から<ruby>何<rt>なに</rt></ruby>か<ruby>便宜<rt>べん ぎ</rt></ruby>を<ruby>図<rt>はか</rt></ruby>ってもらっているに<ruby>違<rt>ちが</rt></ruby>いない。 정권이 무엇인가 편의를 봐준 것이 틀림없다.

<ruby>来年<rt>らいねん</rt></ruby>もまた<ruby>宜<rt>よろ</rt></ruby>しくお<ruby>願<rt>ねが</rt></ruby>い<ruby>致<rt>いた</rt></ruby>します。 내년에도 잘 부탁드리겠습니다.

尚

| 음독 | しょう | <ruby>時期尚早<rt>じ き しょうそう</rt></ruby> 시기상조　<ruby>尚古<rt>しょう こ</rt></ruby> 상고, 숭고 |
| | | <ruby>好尚<rt>こうしょう</rt></ruby> 취향, 유행, 기호　<ruby>高尚<rt>こうしょう</rt></ruby> 고상 |

오히려 상

<ruby>時期尚早<rt>じ き しょうそう</rt></ruby>という<ruby>意見<rt>い けん</rt></ruby>があります。 시기상조라는 의견이 있습니다.

<ruby>母<rt>はは</rt></ruby>はクラシック<ruby>鑑賞<rt>かんしょう</rt></ruby>という<ruby>高尚<rt>こうしょう</rt></ruby>な<ruby>趣味<rt>しゅ み</rt></ruby>を<ruby>持<rt>も</rt></ruby>っている。 엄마는 클래식 감상이라는 고상한 취미를 갖고 있다.

| 음독 | ただし | <ruby>但<rt>ただ</rt></ruby>し 단, 단지　<ruby>但<rt>ただ</rt></ruby>し<ruby>書<rt>が</rt></ruby>き 단서 |

다만 단

<ruby>月曜<rt>げつよう</rt></ruby>は<ruby>休<rt>やす</rt></ruby>み、<ruby>但<rt>ただ</rt></ruby>し<ruby>祝日<rt>しゅくじつ</rt></ruby>のときは<ruby>営業<rt>えいぎょう</rt></ruby>します。 월요일은 휴일이며, 단 국경일 때는 영업합니다.

「<ruby>振<rt>ふ</rt></ruby>りこめ<ruby>詐欺<rt>さ ぎ</rt></ruby>に<ruby>注意<rt>ちゅうい</rt></ruby>」という<ruby>但<rt>ただ</rt></ruby>し<ruby>書<rt>が</rt></ruby>きが<ruby>壁<rt>かべ</rt></ruby>に<ruby>貼<rt>は</rt></ruby>ってあった。 '보이스 피싱 주의'라는 단서가 벽에 붙어 있었다.

齊

| 음독 | せい | <ruby>一斉<rt>いっせい</rt></ruby> 일제　<ruby>斉家<rt>せい か</rt></ruby> 제가　<ruby>斉唱<rt>せいしょう</rt></ruby> 제창 |
| | | <ruby>均斉<rt>きんせい</rt></ruby> 균제, 균형이 잡혀 조화를 이루는 것 |

가지런할 제

<ruby>九時<rt>く じ</rt></ruby>になると<ruby>一斉<rt>いっせい</rt></ruby>に<ruby>作業<rt>さ ぎょう</rt></ruby>を<ruby>始<rt>はじ</rt></ruby>める。 9시가 되자 일제히 작업을 시작한다.

<ruby>校歌<rt>こう か</rt></ruby>を<ruby>斉唱<rt>せいしょう</rt></ruby>しましょう。 교가를 제창합시다.

고급 한자 • 8

음독	かつ	括弧 괄호　一括 일괄　包括 포괄　総括 총괄
		括約筋 괄약근　概括 개괄, 요약
훈독	くくる	括る 묶다, 매다, 총괄하다
	くびれる	括れる 잘록해지다

묶을 괄

注を括弧で括る。주를 괄호로 묶는다.
会費は一括して集めましょう。회비는 일괄해서 모읍시다.

음독	じん	甚兵衛 길이가 짧고 소매가 없으며 앞에서 여미어 끈으로 매는 여름옷
		甚大 막대함, 지대함　激甚 극심함　幸甚 천만다행임
훈독	はなはだ	甚だ 매우, 몹시, 정도가 심함
	はなはだしい	甚だしい 지나치다, 심하다

심할 심

地震で甚大な災害が起きた。지진으로 막대한 재해가 발생했다.
それは甚だしい誤解です。그것은 지나친 오해입니다.

음독	ゆい	唯一 유일　唯一無二 유일무이　唯物論 유물론
		唯心論 유심론
	い	唯々諾々 유유낙낙, 명령하는 대로 순종함
훈독	ただ	唯 오직　唯でさえ 그렇지 않아도

오직 유

会社にとって人材こそが最大かつ唯一の財産である。회사의 입장에서 인재야말로 최대의
(재산이면서) 또한 유일한 재산이다.
唯黙ってうなずいてばかりいました。그저 아무 말 없이 끄덕이기만 했습니다.

| 음독 | か | 寡黙 과묵　寡言 과언　寡欲 과욕　寡婦 과부, 미망인 |
| | | 多寡 다과, 많고 적음　独寡占 독과점 |

적을 과

祖父は寡黙な人でした。할아버지는 과묵한 사람이었습니다.
独寡占を懸念して合併に反対した。독과점을 우려해 합병을 반대했다.

음독 ぜん

漸次 점차, 차츰　　漸^{ぜんしんてき}進的 점진적　　漸増 점증, 점차 늘어남

漸^{ぜんげん}減 점감, 점점 줄어듦

점점 점

雨量が漸次増加します。 강우량이 점차 증가합니다.
去年から売り上げが漸減しています。 작년부터 매상이 점차 줄고 있습니다.

遞

음독 てい

逓信 체신　　逓伝 체전, 순차적으로 보냄　　逓送 체송

逓増 점차 늚　　逓減 체감, 차차 줆

갈릴 체

連絡事項を逓送します。 연락 사항을 차례로 보내드리겠습니다.
テレビ広告のおかげで参加者が逓増しています。 텔레비전 광고 덕분에 참가자가 점차 늘고 있습니다.

頻

음독 ひん

頻発 빈발　　頻度 빈도　　頻繁 빈번　　頻出 빈출

자주 빈

ここは交通事故が頻発しているので気をつけなければならない。 여기는 교통사고가 빈발하기 때문에 조심해야 한다.
出題頻度を調べました。 출제 빈도를 조사했습니다.

纖

음독 せん

繊維 섬유　　繊細 섬세　　繊毛 섬모, 가는 털

化繊 화학 섬유

가늘 섬

ピアニストの繊細な指は美しいです。 피아니스트의 섬세한 손가락은 아름답습니다.
化繊は火に弱いです。 화학 섬유는 불에 약합니다.

고급한자 · 8

1838 | N1

| 음독 | ら | 羅列 나열　羅針盤 나침반　網羅 망라　一張羅 단벌옷 |
| | | 修羅場 아수라장 |

벌일 라(나)

叶えたい夢を羅列してみてください。 이루고 싶은 꿈을 나열해 보세요.
最後の作品にすべてを網羅した。 마지막 작품에 모든 것을 망라했다.

1839 | N1

褐

| 음독 | かつ | 褐色 갈색　褐炭 갈탄 |

갈색 갈

褐色に焼けた肌が目立ちます。 갈색으로 탄 피부가 눈에 띕니다.
褐炭は石炭の一種です。 갈탄은 석탄의 일종입니다.

1840 | N1

| 음독 | さい | 栽培 재배　栽植 재식, 나무를 심음　盆栽 분재 |

심을 재

いちごのハウス栽培をしています。 딸기 하우스 재배를 하고 있습니다.
手のこんだ盆栽ですね。 공을 많이 들인 분재네요.

1841 | N1

| 음독 | ばい | 培養 배양　栽培 재배 |
| 훈독 | つちかう | 培う 가꾸다, 기르다, 재배하다 |

북돋울 배

研究のため細菌を培養しています。 연구를 위해 세균을 배양하고 있습니다.
まずはいろいろな経験を培うのが大事です。 우선은 여러 경험을 쌓는 것이 중요합니다.

1842 | N2

음독 **そう**	捜索 수색　捜査 수사　特捜 특별 수사
훈독 **さがす**	捜す 찾다　捜し物 물건을 찾음, 찾던 물건

搜

찾을 **수**

警察が捜査を開始しました。 경찰이 수사를 개시했습니다.

捜し物がみつかった。 잃어버렸던 물건을 찾았다.

1843 | N1

음독 **さく**	検索 검색　索引 색인　思索 사색　捜索 수색　模索 모색
	探索 탐색

찾을 **색**
동아줄 **삭**

辞書の索引で調べてください。 사전의 색인에서 찾아보세요.

コーヒーを飲みながら思索にふけました。 커피를 마시며 사색에 잠겼습니다.

고급 한자 · 8

🗻 의미나 형태가 비슷한 한자어 Ⅱ

事項 사항	要項 요항	項目 항목	要領 요령		誤差 오차	格差 격차	差別 차별	錯誤 착오
適性 적성	個性 개성	性能 성능	性質 성질		拡大 확대	拡張 확장	膨張 팽창	膨大 방대
削減 삭감	削除 삭제	軽減 경감	添削 첨삭		抑制 억제	抑圧 억압	圧力 압력	圧迫 압박
設立 설립	樹立 수립	創立 창립	確立 확립		経過 경과	経緯 경위	過程 과정	課程 과정
契機 계기	動機 동기	機会 기회	原因 원인		経費 경비	浪費 낭비	消費 소비	費用 비용
逮捕 체포	捕獲 포획	獲得 획득	収穫 수확		放置 방치	放棄 포기	破棄 파기	廃棄 폐기
入手 입수	購入 구입	導入 도입	投入 투입		公開 공개	公表 공표	解放 해방	開放 개방
交渉 교섭	干渉 간섭	邪魔 훼방	妨害 방해					

고급 한자　9

중학교 3학년 한자

吟	享	叙	韻	斎	逸	把	析	媒	頒
읊을 음	누릴 향	펼 서	운 운	재계할재/집재	편안할 일	잡을 파	쪼갤 석	중매 매	나눌 반
款	矯	諭	擬	塾	抄	塑	謄	譜	禅
항목 관	바로잡을 교	타이를 유	비길 의	글방 숙	뽑을 초	흙 빚을 소	베낄 등	족보 보	선 선
囚	虜	廷	窃	詔	糾	猶	拷	勅	偵
가둘 수	사로잡을로(노)	조정 정	훔칠 절	조서 조	얽힐 규	오히려 유	칠 고	칙서 칙	염탐할 정
殉	准	渉	訟	祥	倫	秩	衷	挑	逐
따라죽을 순	준할 준	건널 섭	송사할 송	상서 상	인륜 륜(윤)	차례 질	속마음 충	돋울 도	쫓을 축
迭	撲	堕	廃	誓	懲	撤	督	肖	粧
번갈아들 질	칠 박	떨어질 타	폐할폐/버릴폐	맹세할 서	징계할 징	거둘 철	감독할 독	닮을초/같을초	단장할 장
薫	硝	硫	忍	堪	拒	遮	砕	劾	拐
향초 훈	화약 초	유황 류(유)	참을 인	견딜 감	막을 거	가릴 차	부술 쇄	꾸짖을 핵	후릴 괴
披	陥	喝	嚇	謁	還	履	循	戻	釣
헤칠 피	빠질 함	꾸짖을 갈	웃음소리 하/성낼 혁	뵐 알	돌아올 환	밟을 리(이)	돌 순	어그러질 려(여)	낚을조/낚시조
眺	挿	稼	磨	濯	据	践	遷	薦	扶
바라볼 조	꽂을 삽	심을 가	갈 마	씻을 탁	의거할 거	밟을 천	옮길 천	천거할 천	도울 부
租	併	附	奔	偏	遍	銘	融	累	塁
조세 조	아우를 병	붙을 부	달릴 분	치우칠 편	두루 편	새길 명	녹을 융	여러 루(누)/자주 루(누)	진 루(누)
摩	耗	嫡	嗣	賠	償	沸	騰	貢	献
문지를 마	소모할 모	정실 적	이을 사	물어줄 배	갚을 상	끓을 비	오를 등	바칠 공	드릴 헌
顕	彰	罷	幣	賄	閥	覇	弊		
나타날 현	드러날 창	마칠 파	화폐 폐	뇌물 회	문벌 벌	으뜸 패	폐단폐/해질폐		

1844 | N1

음독 ぎん

吟味 음미　吟唱 낭송, 읊조림　詩吟 시음, 한시에 가락을 붙여 읊음

苦吟 고심하여 시가(詩歌)를 지음

읊을 음

内容を十分吟味してください。 내용을 충분히 음미해 주세요.

苦吟して俳句を詠みました。 고심하여 하이쿠를 지었습니다.

1845 | N1

음독 きょう

享受 향수, 누림　享年 향년　享有 향유　享楽 향락

누릴 향

文学作品を享受する。 문학 작품을 음미하고 즐긴다.

祖母の享年は八十歳です。 할머니는 향년 80세입니다.

1846 | N1

敍

음독 じょ

叙勲 훈장을 수여함　叙事 서사　叙述 서술

叙景 서경, 자연묘사　自叙伝 자서전

펼 서

有名な叙景詩を読みました。 유명한 서경시를 읽었습니다.

偉人の自叙伝を読んでレポートを書きました。 위인의 자서전을 읽고 리포트를 썼습니다.

1847 | N1

음독 いん

韻文 운문　韻律 운율　余韻 여운

韻士 운사, 풍류를 즐기는 사람

운 운

これは韻文で書かれた詩です。 이것은 운문으로 쓰인 시입니다.

コンサートの余韻が残った。 콘서트의 여운이 남았다.

斎

음독 さい

書斎 서재　潔斎 목욕재계　斎場 재장, 장례식장

재계할 **재**
집 **재**

彼は休日になると、書斎で一日中本を読む。 그는 휴일이면 서재에서 하루 종일 책을 읽는다.
斎場での葬儀に参席しました。 장례식장에서 열린 장례에 참석했습니다.

逸

음독 いつ

逸する 놓치다, 잃다, 벗어나다　逸材 일재, 뛰어난 인재
逸話 일화　逸品 일품, 아주 뛰어난 물건

편안할 **일**

失敗の逸話がおもしろいです。 실패 일화가 재미있습니다.
世界の逸品を集めるためにお金をかけました。 세계 일품을 모으기 위해 돈을 들였습니다.

음독 は

把握 파악　把捉 파착, 파악　三把 세 묶음
大雑把 엉성함, 대략적임, 대충

잡을 **파**

内容をよく把握してから問題に移りましょう。 내용을 잘 파악하고 나서 문제로 옮겨갑시다.
外見は大雑把で堅苦しくないが、実は執拗で鋭い。 겉으로 보면 털털하지만 실은 집요하고
날카롭다.

음독 せき

分析 분석　解析 해석　析出 석출

쪼갤 **석**

今月の株価を分析して伝えます。 이번 달 주가를 분석해서 전하겠습니다.
データの解析を企業に依頼しました。 데이터 해석을 기업에 의뢰했습니다.

음독 ばい

媒介 매개　媒体 매체　媒酌 중매　霊媒 영매　媒質 매개물

触媒 촉매

중매 매

コロナはネズミが媒介している可能性があります。 코로나는 쥐가 매개되었을 가능성이 있습니다.

ユーチューブを媒体にして仕事する若者が増えた。 유튜브를 매체로 해서 일하는 젊은이가 늘었다.

음독 はん

頒価 반가, 물품을 배포하는 경우의 가격　頒布 반포, 배포

나눌 반

頒価は五百円です。 값은 500엔입니다.

あしたから申込書の頒布を行います。 내일부터 신청서를 배포합니다.

음독 かん

約款 약관　落款 낙관, 서화의 작가 서명이나 도장　定款 정관

借款 차관, 자금을 빌려옴

항목 관

自作の絵に落款を押しました。 자신이 그린 그림에 낙관을 찍었습니다.

組織の定款をちゃんと読んだ方がいい。 조직의 정관을 잘 읽어두는 것이 좋다.

음독 きょう

矯正 교정　奇矯 기교, 괴이하고 별남

훈독 ためる

矯める 고치다, 교정하다　矯め直す 다시 교정하다

바로잡을 교

八重歯は抜歯しなくても矯正できる場合もある。 덧니는 발치하지 않고 교정할 수 있는 경우도
있다.

選手は投球の悪い癖やフォームを矯めました。 선수는 투구의 나쁜 버릇이나 폼을 교정했습니다.

음독	ゆ	教諭 교사(중등·초등학교, 유치원의 정교사)
		訓諭 가르쳐 타이름　諭旨 유지, 취지를 깨우쳐 타이름　説諭 훈계
훈독	さとす	諭す 잘 타이르다, 깨우치다, 교도하다

諭

타이를 유

小学校の教諭になりました。 초등학교 교사가 되었습니다.
心得ちがいを優しい言葉で諭しました。 잘못된 생각을 너그러운 말로 타일렀습니다.

| 음독 | ぎ | 擬人化 의인화　擬装 위장　擬声語 의성어　擬態語 의태어 |
| | | 模擬 모의 |

비길 의

絵本には擬人化が用いられます。 그림책에는 의인화가 사용됩니다.
模擬試験が目前に迫った。 모의시험이 눈앞에 닥쳤다.

| 음독 | じゅく | 塾 (입시 등의) 학원　塾生 학원생　私塾 사설 학원　塾長 학원장 |

글방 숙

娘は土曜日にピアノ塾に通っています。 딸은 토요일에 피아노 학원에 다닙니다.
塾生とは学習塾に通う生徒のことです。 학원생이란 입시 학원에 다니는 학생을 말합니다.

| 음독 | しょう | 抄本 초본　抄録 초록　抄訳 초역, 필요한 부분만 번역 |
| | | 抄出 초출, 발췌 |

뽑을 초

戸籍抄本をとりました。 호적초본을 뗐습니다.
会議の抄録を配ります。 회의 초록을 돌립니다.

1860 | N1

음독 **そ**

塑_{せい}性 소성　可_か塑_{せい}性 가소성　彫_{ちょう}塑 조소

塑_{ぞう}像 소상, 찰흙·석고 등으로 만든 상

흙 빚을 **소**

大_{だいがく}学で彫_{ちょう}塑_その技_ぎ法_{ほう}を学_{まな}びました。 대학에서 조소 기법을 배웠습니다.

今_{こんど}度の展_{てん}示_じ会_{かい}で塑_{そぞう}像を展_{てん}示_じします。 이번 전시회에서 소상을 전시합니다.

1861 | N1

謄

음독 **とう**

謄_{とう}本_{ほん} 등본　戸_こ籍_{せき}謄_{とう}本_{ほん} 호적등본　謄_{とう}写_{しゃ} 등사, 베낌

베낄 **등**

区_く役_{やくしょ}所で戸_こ籍_{せき}謄_{とうほん}本をとることができます。 구청에서 호적등본을 뗄 수 있습니다.

前_{まえ}は「謄_{とうしゃばん}写版」を使_{つか}って印_{いんさつ}刷していました。 전에는 '등사판'을 사용해 인쇄했습니다.

1862 | 급수 외

음독 **ふ**

系_{けい}譜_ふ 계보　楽_{がく}譜_ふ 악보　年_{ねん}譜_ぶ 연보　譜_ふ面_{めん} 보면, 악보

족보 **보**

我_{わがや}家の系_{けいふ}譜をたどります。 우리 가족의 계보를 따라갑니다.

楽_{がくふ}譜を見_みずに演_{えんそう}奏ができますか。 악보를 보지 않고 연주를 할 수 있습니까?

1863 | N1

禅

음독 **ぜん**

禅_{ぜん}宗_{しゅう} 선종　禅_{ぜん}僧_{そう} 선종의 승려　禅_{ぜん}寺_{でら} 선사　座_ざ禅_{ぜん} 좌선

선 **선**

禅_{ぜんでら}寺で禅_{ぜんそう}僧が修_{しゅぎょう}行をしています。 선사에서 승려가 수행을 하고 있습니다.

壁_{かべ}に向_むかって座_{ざぜん}禅を組_くみました。 벽을 마주하고 좌선을 했습니다.

음독 **しゅう**

囚人 수인, 죄수　獄囚 옥수, 죄수　死刑囚 사형수
しゅうじん　　　　ごくしゅう　　　　　しけいしゅう

囚役 수역, 죄수에게 부과된 노역
しゅうえき

가둘 **수**

この刑務所は千人の囚人を収容します。 이 형무소는 천 명의 죄수를 수용합니다.
けいむしょ　せんにん　しゅうじん　しゅうよう

死刑囚をかばってあげた。 사형수를 감싸 주었다.
しけいしゅう

음독 **りょ**

捕虜 포로　俘虜 포로　虜囚 노수, 포로
ほりょ　　　ふりょ　　　りょしゅう

훈독 **とりこ**

虜 포로, 사로잡힌 사람
とりこ

사로잡을 **로(노)**

敵の捕虜となった。 적의 포로가 되었다.
てき　ほりょ

初めてあなたを見た瞬間、あなたの虜になってしまったのです。 처음 당신을 본 순간, 당신
はじ　　　　　　　み　しゅんかん　　　　　　　とりこ
의 포로가 되어 버렸습니다.

음독 **てい**

法廷 법정　宮廷 궁정, 궁궐　朝廷 조정　出廷 출정
ほうてい　　きゅうてい　　　　ちょうてい　　しゅってい

조정 **정**

どっちが正しいか法廷で争いましょう。 어느 쪽이 맞는지 법정에서 겨뤄봅시다.
ただ　　　　ほうてい　あらそ

イギリスの宮廷にツアーで行きました。 영국의 궁정에 투어로 갔습니다.
きゅうてい　　　　　い

竊

음독 **せつ**

窃盗 절도　窃視 몰래 훔쳐봄　窃取 절취　剽窃 표절
せっとう　　せっし　　　　　　せっしゅ　　ひょうせつ

훔칠 **절**

犯人を窃盗の罪で逮捕した。 범인을 절도죄로 체포했다.
はんにん　せっとう　つみ　たいほ

有名作曲家の歌に剽窃の疑いがあります。 유명 작곡가의 노래에 표절 의혹이 있습니다.
ゆうめいさっきょくか　うた　ひょうせつ　うたが

1868 | N1

음독	しょう
훈독	みことのり

詔書 しょうしょ 조서, 칙어(勅語)가 적힌 문서　詔勅 しょうちょく 조칙, 조서와 칙서

詔 みことのり 조칙, 조서

조서 조

議員は召集詔書に指定された期日に議会に集会しなければならない。 의원은 소집 조서에 지정된 기일에 의회에 집회해야 한다.

詔は天皇の言葉や命令を意味します。 '조칙'이란 천황의 말이나 명령을 뜻합니다.

1869 | N1

음독	きゅう

糾弾 きゅうだん 규탄　糾明 きゅうめい 규명　糾合 きゅうごう 규합　紛糾 ふんきゅう 분규, 엉클어짐, 꼬임

얽힐 규

政権を糾弾する集会が開かれました。 정권을 규탄하는 집회가 열렸습니다.

航空機事故の真相を糾明するために、調査委員会が設けられた。 항공기 사고의 진상을 규명하기 위해 조사위원회가 마련되었다.

1870 | N1

猶

음독	ゆう

猶予 ゆうよ 유예

오히려 유

執行猶予の判決文をもらいました。 집행유예 판결문을 받았습니다.

1871 | N1

음독	ごう

拷問 ごうもん 고문, 육체에 고통을 가해 자백을 강요함

拷問具 ごうもんぐ 고문에 사용하는 기구

칠 고

憲法によって拷問は禁止されています。 헌법에 의해 고문은 금지되어 있습니다.

独立記念館には武器や拷問具などが展示されている。 독립기념관에는 무기와 고문기구 등이 전시되어 있다.

1872 | N1

칙서 칙

음독 **ちょく**

勅語 칙어, 천황의 말　勅書 칙서　勅令 칙령
勅願 칙원, 천황의 기원　勅諭 칙유, 천황의 가르침

教育勅語が発布された。 교육 칙어가 발포되었다.
日本の勅令とは、天皇が発した法的効力のある命令を指します。 일본의 칙령은 천황이 한 법적 효력이 있는 명령을 가리킵니다.

1873 | N1

염탐할 정

음독 **てい**

探偵 탐정　偵察 정찰　密偵 밀정　内偵 내정

妻は探偵小説を愛読します。 아내는 탐정소설을 애독합니다.
対戦相手を偵察してきました。 대전 상대를 정찰하고 왔습니다.

1874 | N1

따라 죽을 순

음독 **じゅん**

殉死 순사, 주군·주인 등을 따라 자결함　殉職 순직　殉愛 순애
殉教者 순교자

警察が職務中の事故が原因で殉職しました。 경찰이 직무 중에 사고가 원인으로 순직했습니다.
彼は覚悟を定めた殉教者のように見えた。 그는 각오를 정한 순교자처럼 보였다.

1875 | N1

준할 준

음독 **じゅん**

准看護師 준간호사　准行 준행　批准 비준　准将 준장

見習いから准看護師になりました。 견습생에서 준간호사가 되었습니다.
相手国と批准書を交換すると条約が発効します。 상대국과 비준서를 교환하면 조약이 발효됩니다.

510

| 음독 | しょう |

交渉 교섭　渉外 섭외　干渉 간섭　渉猟 섭렵

渉

건널 섭

石原さんは会社の渉外係です。 이시하라 씨는 회사의 섭외 담당입니다.
他人に干渉するな。 다른 사람에게 간섭하지 마라.

| 음독 | しょう |

訴訟 소송　民事訴訟 민사 소송　刑事訴訟 형사 소송
行政訴訟 행정 소송　争訟 쟁송, 소송을 일으켜 싸움

송사할 송

訴訟をおこすためにはどうすればいいですか。 소송을 내려면 어떻게 하면 됩니까?
姉は民事訴訟専門の弁護士です。 누나는 민사 소송 전문 변호사입니다.

| 음독 | しょう |

発祥 발상　発祥地 발상지　吉祥 길상, 길조, 행운
不祥事 불상사, 바람직하지 않은 사건·사고

祥

상서 상

ここはマヤ文明の発祥地です。 여기는 마야문명의 발상지입니다.
最近政治家の不祥事が続いている。 최근 들어 정치인의 불미스러운 사건이 이어지고 있다.

| 음독 | りん |

倫理 윤리　倫理学 윤리학　不倫 불륜　人倫 인륜

인륜 륜(윤)

大学で倫理学の講義を聞いた。 대학에서 윤리학 강의를 들었다.
不倫は人倫に外れる行為です。 불륜은 인륜에 벗어나는 행위입니다.

고급 한자 · 9

511

차례 질

음독 **ちつ**　　秩序 질서　無秩序 무질서

法律は社会の秩序を保つために必要だ。 법률은 사회 질서를 유지하기 위해서 필요하다.

無秩序な開発によって田畑は徐々に減少していった。 무질서한 개발로 인해 논밭은 서서히 감소되어 갔다.

속마음 충

음독 **ちゅう**　　衷心 충심, 진심　和衷 화충, 합심　苦衷 고충　折衷 절충

折衷案 절충안

弊社の製品をご愛顧賜り、衷心よりお礼申し上げます。 폐사의 제품을 애용해 주셔서 진심으로 감사드립니다.

双方において納得のいく折衷案を作成しました。 쌍방에서 납득이 가는 절충안을 작성했습니다.

돋울 도

음독 **ちょう**　　挑発 도발　挑戦 도전

훈독 **いどむ**　　挑む 도전하다

ギネス世界記録に挑戦してみるつもりです。 기네스 세계 기록에 도전해 볼 작정입니다.

大会3連覇に挑みます。 대회 3연패에 도전합니다.

逐

쫓을 축

음독 **ちく**　　駆逐 몰아서 내쫓음　逐一 하나씩, 차례로

逐次 차례대로, 순차적으로

上司に結果を逐一報告しました。 상사에게 결과를 하나씩 보고했습니다.

今から問題を逐次解決していきましょう。 지금부터 문제를 순차적으로 해결해 갑시다.

迭

음독 てつ 更迭 경질

번갈아들 질

大統領が大臣を更迭しました。 대통령이 장관을 경질했습니다.

음독 ぼく 撲滅 박멸 撲殺 박살 打撲 타박

예외 相撲 스모, 일본 씨름

칠 박

性犯罪撲滅のための運動をしている。 성범죄 박멸을 위한 운동을 하고 있다.

ビルの屋上から転落したが、幸いにも軽い打撲で済みました。 빌딩 옥상에서 추락했지만,
다행히 가벼운 타박상으로 끝났습니다.

墮

음독 だ 堕落 타락 堕胎 낙태

떨어질 타

彼は離婚してから生活が堕落してきた。 그는 이혼하고 나서 생활이 타락하기 시작했다.

日本においては、刑法第２編第２９章の堕胎の罪に規定されている。 일본에서는 형법
제2편 제29장의 낙태죄로 규정되어 있다.

廢

음독 はい 廃品 폐품 廃車 폐차 廃止 폐지 廃棄 폐기

廃業 폐업 荒廃 황폐 撤廃 철폐

훈독 すたれる 廃れる 쓰이지 않게 되다, 한물가다

すたる 廃る 쇠퇴하다, 유행이 지나가다

폐할 폐
버릴 폐

あの航空会社は赤字路線を廃止した。 저 항공 회사는 적자 노선을 폐지했다.

流行はいつかは廃れます。 유행은 언젠가는 지나갑니다.

음독	**せい**	<ruby>誓<rt>せい</rt></ruby><ruby>約<rt>やく</rt></ruby> 서약　<ruby>誓<rt>せい</rt></ruby><ruby>詞<rt>し</rt></ruby> 서사, 맹세하는 말　<ruby>宣<rt>せん</rt></ruby><ruby>誓<rt>せい</rt></ruby> 선서　<ruby>誓<rt>せい</rt></ruby><ruby>文<rt>もん</rt></ruby> 서약문
훈독	**ちかう**	<ruby>誓<rt>ちか</rt></ruby>う 맹세하다, 서약하다

맹세할 서

<ruby>開会式<rt>かいかいしき</rt></ruby>の<ruby>選手<rt>せんしゅ</rt></ruby><ruby>宣誓<rt>せんせい</rt></ruby>をしました。 개회식의 선수 선서를 했습니다.
<ruby>優勝<rt>ゆうしょう</rt></ruby>を<ruby>心<rt>こころ</rt></ruby>に<ruby>誓<rt>ちか</rt></ruby>いました。 우승을 마음으로 맹세했습니다.

懲

음독	**ちょう**	<ruby>懲<rt>ちょう</rt></ruby><ruby>役<rt>えき</rt></ruby> 징역　<ruby>懲<rt>ちょう</rt></ruby><ruby>罰<rt>ばつ</rt></ruby> 징벌　<ruby>懲<rt>ちょう</rt></ruby><ruby>戒<rt>かい</rt></ruby> 징계　<ruby>勧善<rt>かんぜん</rt></ruby><ruby>懲悪<rt>ちょうあく</rt></ruby> 권선징악
훈독	**こりる**	<ruby>懲<rt>こ</rt></ruby>りる 넌더리나다, 질리다
	こらす	<ruby>懲<rt>こ</rt></ruby>らす 응징하다, 혼내주다, 징계하다
	こらしめる	<ruby>懲<rt>こ</rt></ruby>らしめる 혼내주다, 벌을 주다, 징계하다

징계할 징

<ruby>不祥事<rt>ふしょうじ</rt></ruby>を<ruby>犯<rt>おか</rt></ruby>した<ruby>社員<rt>しゃいん</rt></ruby>を<ruby>懲戒<rt>ちょうかい</rt></ruby><ruby>処分<rt>しょぶん</rt></ruby>にしました。 불미스러운 일을 저지른 사원에게 징계 처분을 내렸습니다.
<ruby>失敗<rt>しっぱい</rt></ruby>に<ruby>懲<rt>こ</rt></ruby>りてもうあきらめました。 실패에 넌더리나서 이제 포기했습니다.

음독	**てつ**	<ruby>撤<rt>てっ</rt></ruby><ruby>去<rt>きょ</rt></ruby> 철거　<ruby>撤<rt>てっ</rt></ruby><ruby>収<rt>しゅう</rt></ruby> 철수　<ruby>撤<rt>てっ</rt></ruby><ruby>回<rt>かい</rt></ruby> 철회　<ruby>撤<rt>てっ</rt></ruby><ruby>退<rt>たい</rt></ruby> 철퇴, 철수　<ruby>撤<rt>てっ</rt></ruby><ruby>廃<rt>ぱい</rt></ruby> 철폐

거둘 철

<ruby>工場<rt>こうじょう</rt></ruby>をベトナムから<ruby>撤去<rt>てっきょ</rt></ruby>しました。 공장을 베트남에서 철거했습니다.
この<ruby>業界<rt>ぎょうかい</rt></ruby>から<ruby>撤退<rt>てったい</rt></ruby>することを<ruby>決<rt>き</rt></ruby>めた。 이 업계에서 철수하기로 정했다.

음독	**とく**	<ruby>監<rt>かん</rt></ruby><ruby>督<rt>とく</rt></ruby> 감독　<ruby>督<rt>とく</rt></ruby><ruby>促<rt>そく</rt></ruby> 독촉　<ruby>督<rt>とく</rt></ruby><ruby>励<rt>れい</rt></ruby> 독려　<ruby>総<rt>そう</rt></ruby><ruby>督<rt>とく</rt></ruby> 총독

감독할 독

サッカー<ruby>部<rt>ぶ</rt></ruby>の<ruby>監督<rt>かんとく</rt></ruby>は<ruby>選手<rt>せんしゅ</rt></ruby>を<ruby>督励<rt>とくれい</rt></ruby>する。 축구부 감독은 선수를 독려한다.
<ruby>税務所<rt>ぜいむしょ</rt></ruby>から<ruby>督促<rt>とくそく</rt></ruby><ruby>状<rt>じょう</rt></ruby>が<ruby>届<rt>とど</rt></ruby>きました。 세무소에서 독촉장이 왔습니다.

肖

음독 しょう

肖像画 초상화   肖像権 초상권   肖似 많이 닮음

不肖 어리석음, 모자람

닮을 **초**
같을 **초**

父はみごとな肖像画を描きました。아버지는 훌륭한 초상화를 그렸습니다.
不肖の息子を嘆きます。모자란 아들을 한탄합니다.

粧

음독 しょう

化粧 화장   化粧品 화장품   化粧水 스킨   美粧 미장, 화장

단장할 **장**

妹はいつもきれいに化粧をします。여동생은 항상 예쁘게 화장을 합니다.
テレビショッピングで化粧品を注文した。홈쇼핑에서 화장품을 주문했다.

薫

음독 くん

薫育 훈육   薫製 훈제   薫風 훈풍, 초여름의 훈훈한 바람

훈독 かおる

薫る 향기를 풍기다   風薫る 훈풍이 불다

향초 **훈**

ワインや薫製ハム、ソーセージなどを用意した。와인하고 훈제 햄, 소시지 등을 준비했다.
風薫る爽やかな季節となりました。훈풍이 부는 상쾌한 계절이 되었습니다.

硝

음독 しょう

硝煙 초연, 화약 연기   硝薬 초약, 화약   硝酸 초산

硝石 초석, 질산칼륨

예외 硝子 유리

화약 **초**

火薬の硝煙がのぼります。화약 연기가 오릅니다.
硝石から肥料を作る。초석으로 비료를 만든다.

고급 한자 • 9

음독 りゅう 　硫酸 황산　硫化水素 황화수소　硫化銀 황화은

예외 硫黄 유황, 황

유황 류(유)
硫酸は劇薬なので危険です。 황산은 극약이라서 위험합니다.
温泉に行くと硫黄の匂いがする。 온천에 가면 유황 냄새가 난다.

忍

음독 にん 　忍者 닌자　忍法 둔갑술　残忍 잔인　忍耐 인내

훈독 しのぶ 　忍ぶ 참다, 남의 눈에 띄지 않게 행동하다

忍び足 발소리를 내지 않고 걸음

しのばせる 　忍ばせる 숨기다, 몰래 지니다, 감추다

참을 인
彼は忍耐強い人物です。 그는 인내심이 강한 인물입니다.
恥を忍んで聞くのはいいことです。 부끄러움을 무릅쓰고 묻는 것은 좋은 것입니다.

음독 かん 　堪忍 참고 견딤, 인내, 용서, 허락　不堪 재주가 미숙함

　　　 たん 　堪能 뛰어남, 충분함, 만족함

훈독 たえる 　堪える 견디다, 참다

견딜 감
高橋さんは中国語が堪能です。 다카하시 씨는 중국어에 능통합니다.
笑いを堪えることができなかった。 웃음을 참을 수가 없었다.
Tip '堪能(뛰어남)'는 '堪能'로도 읽음.

음독 きょ 　拒否 거부　拒絶 거절　拒食症 거식증　抗拒 항거

훈독 こばむ 　拒む 거절하다, 거부하다, 막다

막을 거
拒食症で激やせになりました。 거식증으로 무척 말랐습니다.
あのタレントは巨額の提議を拒みました。 저 탤런트는 거액의 제의를 뿌리쳤습니다.

음독 しゃ

遮熱 차열　遮音 방음　遮断 차단　遮光 차광

遮二無二 무턱대고

훈독 さえぎる

遮る 막다, 가리다, 차단하다

가릴 **차**

遮断機が下りた。차단기가 내려갔다.

発言を遮る態度はよくないです。 발언을 가로막는 태도는 좋지 않습니다.

음독 さい

粉砕 분쇄, 박살　砕石 쇄석, 돌을 부숨　爆砕 폭파

粉骨砕身 분골쇄신

훈독 くだく

砕く 부수다, 아주 작게 나누다

くだける

砕ける 깨지다, 부서지다

부술 **쇄**

果物をミキサーで粉砕します。 과일을 믹서기로 분쇄합니다.

言葉を砕いて説明してほしいです。 말을 알기 쉽게 설명해 줬으면 좋겠습니다.

음독 がい

弾劾 탄핵

꾸짖을 **핵**

今日の午後、責任者の弾劾裁判が行われます。 오늘 오후에 책임자 탄핵 재판이 이루어집니다.

음독 かい

誘拐 유괴　拐帯 괴대, 보관한 금품을 가지고 도망가는 것

후릴 **괴**

誘拐犯を指名手配しました。 유괴범을 지명수배했습니다.

経理は公金を拐帯した。 경리는 공금을 갖고 도망갔다.

517

음독 ひ

披露 피로, 선보임　披露宴 피로연　披見 피견, 펴고 봄

披閲 피열, 펼쳐서 찾아봄　披瀝 피력, 마음속 생각을 숨김없이 말함

헤칠 **피**

みんなの前で自慢の喉を披露した。 모두 앞에서 노래 솜씨를 선보였다.

秘密文書を披見しました。 비밀문서를 보았습니다.

陷

음독 かん

欠陥 결함　陥没 함몰　陥落 함락

훈독 おちいる

陥る 빠지다, 빠져들다, 헤어나지 못하게 되다

おとしいれる

陥れる 빠뜨리다, 계략에 걸리게 하다

빠질 **함**

この車に欠陥が見つかりました。 이 차에 결함이 발견되었습니다.

自分なりに努力してきた僕は失意に陥った。 나름대로 노력을 했던 나는 실의에 빠졌다.

喝

음독 かつ

一喝 일갈, 큰소리로 꾸짖음　恐喝 공갈　喝采 갈채

꾸짖을 **갈**

恐喝の罪に告訴されました。 공갈죄로 고소당했습니다.

舞台が終わって拍手喝采を浴びました。 무대가 끝나고 박수갈채를 받았습니다.

음독 かく

威嚇 위하, 위협

웃음소리 **하**
성낼 **혁**

いっせいに威嚇射撃した。 일제히 위협사격했다.

蛇が大きな口を開けて、威嚇してきます。 뱀이 큰 입을 벌리고 위협해 옵니다.

1908 | N1

謁

음독 えつ

謁見 ^{えっけん} 알현, 귀인 또는 윗사람과 대면하는 것

拝謁 ^{はいえつ} 배알, (높은 어른을) 만나 뵘   謁する ^{えっ} 뵙다, 알현하다

뵐 알

皇室に行って国王に謁見することが出来ました。^{こうしつ　い　こくおう　えっけん　でき} 황실에 가서 국왕을 알현할 수 있었습니다.

教皇に拝謁したことがあります。^{きょうこう　はいえつ} 교황님을 만나뵌 적이 있습니다.

1909 | N1

還

음독 かん

還元 ^{かんげん} 환원   還付 ^{かんぷ} 환부, 환급   還暦 ^{かんれき} 환갑   帰還 ^{きかん} 귀환

生還 ^{せいかん} 생환   返還 ^{へんかん} 반환

돌아올 환

財産の大部分を社会に還元しました。^{ざいさん　だいぶぶん　しゃかい　かんげん} 재산 대부분을 사회에 환원했습니다.

英国の植民地だった香港は１９９７年に中国に返還された。^{えいこく　しょくみんち　ホンコン　ねん　ちゅうごく　へんかん} 영국의 식민지였던 홍콩은
1997년에 중국으로 반환되었다.

1910 | N1

음독 り

履歴 ^{りれき} 이력   履修 ^{りしゅう} 이수   履行 ^{りこう} 이행

弊履 ^{へいり} 헌신짝   草履 ^{ぞうり} 짚신

훈독 はく

履く ^は (신발을) 신다   履物 ^{はきもの} 신발   上履き ^{うわば} 실내화

밟을 리(이)

履歴書を書いてメールで送りました。^{りれきしょ　か　おく} 이력서를 써서 메일로 보냈습니다.

子供が一人でくつを履きます。^{こども　ひとり　は} 아이가 혼자서 신발을 신습니다.

1911 | N1

循

음독 じゅん

循環 ^{じゅんかん} 순환   循環器 ^{じゅんかんき} 순환기   因循 ^{いんじゅん} 구태의연, 우유부단, 인습

돌 순

市内の循環バスは料金が１００円です。^{しない　じゅんかん　りょうきん　えん} 시내 순환 버스는 요금이 100엔입니다.

血液循環が悪いから、手足がかなり冷たいです。^{けつえきじゅんかん　わる　てあし　つめ} 혈액 순환이 안 돼서 손발이 매우 찹니다.

戻

음독	れい	返戻 반려, 반환　返戻金 반환금
훈독	もどす	戻す 되돌리다, 돌려주다　差し戻し 환송, 되돌려보냄
	もどる	戻る 되돌아가다, 되돌아오다　後戻り 되돌아감, 후퇴

어그러질 려(여)

保険を解約して返戻金を受け取った。 보험을 해약해서 반환금을 받았다.
本を元に戻してください。 책을 원래 자리에 놓아 주세요.

음독	ちょう	釣果 조과, 낚시의 성과　釣竿 낚싯대　釣魚 조어, 낚시질
훈독	つる	釣る 낚다, 잡다　釣り糸 낚싯줄　釣り銭・お釣り 거스름돈
		釣り針 낚싯바늘　釣り上げる 낚아 올리다

낚을 조
낚시 조

入り口に「釣魚禁止」という立札がありました。 입구에 '낚시 금지'라는 팻말이 있었습니다.
釣り上げた魚をその場で刺身にして食べました。 낚아 올린 물고기를 그 자리에서 회로 먹었습니다.

| 음독 | ちょう | 眺望 조망, 전망 |
| 훈독 | ながめる | 眺める 바라보다　眺め 전망 |

바라볼 조

山頂からの眺望はすごく素敵でした。 산 정상에서 바라보는 전망은 너무 멋졌습니다.
ぼんやりと空を眺めました。 멍하니 하늘을 바라보았습니다.

挿

음독	そう	挿入 삽입　挿花 꽃꽂이　挿話 삽화, 에피소드
		挿画 삽화
훈독	さす	挿す 꽂다, 꽃꽂이하다　挿絵 삽화, 일러스트

꽃을 삽

当てはまる接続語を挿入してください。 적합한 접속어를 삽입해 주세요.
教科書の挿絵に色をぬりました。 교과서의 삽화에 색을 칠했습니다.

Tip さす

差す 꽂다, 해가 비치다, 우산을 쓰다 → 傘を差す。 우산을 쓰다.

刺す 찌르다, 쏘다, 물다 → 蜂に刺される。 벌에 쏘인다.

指す 가리키다, 방향을 향하다 → 南を指して行く。 남쪽을 향해 간다.

挿す 꽂다, 끼우다 → 花を髪に挿す。 꽃을 머리에 꽂는다.

1916 | N1

음독 **か**	稼働 가동	稼業 가업
훈독 **かせぐ**	稼ぐ (돈을) 벌다　共稼ぎ 맞벌이　出稼ぎ 객지에 나가 돈을 벎

심을 **가**

長時間稼働する工場では交代勤務が一般的です。 장시간 가동하는 공장에서 교대 근무는 일반적입니다.

好きなことを仕事にしてお金を稼ぎたいです。 하고 싶은 일을 하면서 돈을 벌고 싶습니다.

1917 | N2

磨

음독 **ま**	研磨 연마	研磨剤 연마제
훈독 **みがく**	磨く 닦다　歯磨き 치약　磨き粉 닦는 데 쓰는 가루, 연마분

갈 **마**

ナイフを研磨します。 칼을 연마합니다.

ワックスで床を磨く。 왁스로 바닥을 닦는다.

1918 | N2

濯

음독 **たく**	洗濯 세탁　洗濯機 세탁기　洗濯物 빨랫감, 세탁물

씻을 **탁**

父は洗濯をしていたことも、掃除をしていたこともない。 아버지는 빨래를 한 적도 청소를 한 적도 없다.

洗濯機が故障してます。 세탁기가 고장났어요.

1919 | N1

훈독 **すえる**	据える 놓다, 설치하다　据え付ける 설치하다
すわる	据わる 움직이지 않다, 안정되다

의거할 **거**

天体望遠鏡を屋上に据えた。 천체 망원경을 옥상에 설치했다.

彼は腰が据わった男です。 그는 침착한 남자입니다.

고급 한자 · 9

음독 **せん**	実<ruby>践<rt>じっせん</rt></ruby> 실천

踐

밟을 천

<ruby>新<rt>あたら</rt></ruby>しい<ruby>方法<rt>ほうほう</rt></ruby>を<ruby>実践<rt>じっせん</rt></ruby>してみましょう。 새로운 방법을 실천해 봅시다.

음독 **せん**	<ruby>遷都<rt>せんと</rt></ruby> 천도 <ruby>変遷<rt>へんせん</rt></ruby> 변천 <ruby>左遷<rt>させん</rt></ruby> 좌천
	<ruby>遷延<rt>せんえん</rt></ruby> 천연, 지체되는 것

遷

옮길 천

<ruby>時代<rt>じだい</rt></ruby>の<ruby>変遷<rt>へんせん</rt></ruby>とともに<ruby>生活様式<rt>せいかつようしき</rt></ruby>も<ruby>変<rt>かわ</rt></ruby>ります。 시대 변천과 함께 생활 양식도 바뀝니다.
<ruby>人事部<rt>じんじぶ</rt></ruby>の<ruby>山田<rt>やまだ</rt></ruby>さんは<ruby>失策<rt>しっさく</rt></ruby>をして<ruby>左遷<rt>させん</rt></ruby>された。 인사부 야마다 씨는 실책을 해서 좌천되었다.

음독 **せん**	<ruby>推薦<rt>すいせん</rt></ruby> 추천 <ruby>他薦<rt>たせん</rt></ruby> 타천, 남이(자기를) 추천함
	<ruby>自薦<rt>じせん</rt></ruby> 자기 자신을 추천함
훈독 **すすめる**	<ruby>薦<rt>すす</rt></ruby>める 추천하다, 권하다

薦

천거할 천

<ruby>会長<rt>かいちょう</rt></ruby>に<ruby>杉原君<rt>すぎはらくん</rt></ruby>を<ruby>推薦<rt>すいせん</rt></ruby>しました。 회장님께 스기하라 군을 추천했습니다.
<ruby>候補者<rt>こうほしゃ</rt></ruby>として<ruby>薦<rt>すす</rt></ruby>めます。 후보자로 추천합니다.

Tip すすめる

<ruby>進<rt>すす</rt></ruby>める 전진하다, 추진하다 → <ruby>作業<rt>さぎょう</rt></ruby>を<ruby>進<rt>すす</rt></ruby>める。 작업을 추진한다.
<ruby>勧<rt>すす</rt></ruby>める 권장하다, 권하다 → <ruby>入会<rt>にゅうかい</rt></ruby>を<ruby>勧<rt>すす</rt></ruby>める。 회원 가입을 권한다.
<ruby>薦<rt>すす</rt></ruby>める 추천하다 → <ruby>代表委員<rt>だいひょういいん</rt></ruby>として<ruby>薦<rt>すす</rt></ruby>める。 대표 위원으로 추천한다.

음독 **ふ**	<ruby>扶養<rt>ふよう</rt></ruby> 부양 <ruby>扶助<rt>ふじょ</rt></ruby> 부조, 원조, 구호 <ruby>扶助金<rt>ふじょきん</rt></ruby> 부조금
	<ruby>扶育<rt>ふいく</rt></ruby> 부육, 양육

扶

도울 부

<ruby>彼<rt>かれ</rt></ruby>には<ruby>扶養家族<rt>ふようかぞく</rt></ruby>がいる。 그에게는 부양가족이 있다.
<ruby>相互扶助<rt>そうごふじょ</rt></ruby>の<ruby>制度<rt>せいど</rt></ruby>に<ruby>加入<rt>かにゅう</rt></ruby>しました。 상호 부조 제도에 가입했습니다.

1924 | N1

음독 そ

租税 そぜい 조세, 세금   租借 そしゃく 조차, 영토를 빌림

地租 ちそ 토지에 과하는 수익세

조세 **조**

国民から租税を集める。 국민으로부터 조세를 모은다.
こくみん　　　 そぜい　 あつ

地租改正が行われました。 토지세 개정이 이루어졌습니다.
ち そ かいせい　おこな

1925 | N1

併

음독 へい

併合 へいごう 병합   併発 へいはつ 병발, 동시에 일어남   合併 がっぺい 합병

併記 へいき 병기

훈독 あわせる

併せる あわ 합치다, 병합하다   併せて あわ 아울러, 그와 동시에

아우를 **병**

大手企業と合併しました。 대기업과 합병했습니다.
おおて きぎょう　 がっぺい

併せて弟もお願いします。 아울러 남동생도 부탁합니다.
あわ　 おとうと　　 ねが

1926 | N1

음독 ふ

附属 ふぞく 부속   附着 ふちゃく 부착   附随 ふずい 부수, 뒤따라감   寄附・寄付 きふ 기부

붙을 **부**

教育大学附属高等学校に入った。 교육대학 부속 고등학교에 들어갔다.
きょういくだいがく ふ ぞくこうとうがっこう　 はい

人々から寄附を募ります。 사람들로부터 기부를 모읍니다.
ひとびと　 き ふ　 つの

Tip '附属(부속)'은 '付属'으로도 씀.
ふぞく　　　　　　 ふぞく

1927 | N1

음독 ほん

奔走 ほんそう 분주하게 뛰어다님, 여러 가지로 애씀   奔放 ほんぼう 분방

狂奔 きょうほん 광분   東奔西走 とうほんせいそう 동분서주

달릴 **분**

論文を書くために資料集めに奔走する。 논문을 쓰기 위해 자료 수집에 바쁘다.
ろんぶん か　　　　　 しりょうあつ　 ほんそう

自由奔放な生活を過ごしました。 자유분방한 생활을 보냈습니다.
じ ゆうほんぼう　 せいかつ　 す

고급 한자 · 9

併

523

음독 へん

偏見 편견　偏向 편향　偏食 편식　偏差値 편차치

훈독 かたよる

偏る 치우치다, 기울다, 편중되다

치우칠 **편**

偏見と差別を捨てなさい。 편견과 차별을 버려라.
父は考え方が偏っています。 아버지는 사고방식이 편중되어 있습니다.

遍

음독 へん

遍歴 편력, 널리 여러 나라를 돌아다니는 것　普遍 보편
一遍 한번, 단번에　万遍なく 두루, 모조리

두루 **편**

時代が変わっても変わらない普遍的な価値観があります。 시대가 변했어도 바뀌지 않는 보
편적 가치관이 있습니다.
実力と人柄を万遍なくよく備えた人物だ。 실력과 인성을 두루두루 잘 갖춘 인물이다.

음독 めい

銘柄 상표, 품목, 종목　銘酒 명주, 특별한 이름을 붙인 좋은 술
感銘 감명　正真正銘 거짓 없음, 진실, 진짜　座右の銘 좌우명

새길 **명**

茶碗の銘柄を聞いた。 밥공기의 상표를 물었다.
父のことばに感銘しました。 아버지 말씀에 감명받았습니다.

음독 ゆう

融解 융해　融資 융자　金融 금융　融通 융통

녹을 **융**

金融政策は景気や物価に影響を及ぼします。 금융 정책은 경기나 물가에 영향을 미칩니다.
課長は几帳面ですが、あまり融通が利きません。 과장님은 꼼꼼하신데 융통성이 별로 없어요.

음독 るい

るいせき 累積 누적　るいけい 累計 누계, 합계　るいじょう 累乗 거듭제곱　るいしん 累進 누진

여러 **루(누)**
자주 **루(누)**

るいせきあかじ 累積赤字はいくらですか。 누적 적자는 얼마입니까?

けいひ るいけい だ 経費の累計を出した。 경비의 누계를 냈다.

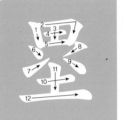

壘

음독 るい

るい 塁 루, 야구 베이스　いちるい 一塁 1루　ほんるい 本塁 본거지, 야구에서 홈베이스

まんるい 満塁 만루　ざんるい 残塁 잔루　とうるい 盗塁 도루

しんるい 進塁 진루, 야구에서 주자가 다음 루로 나아가는 것　けんるい 堅塁 견루

진 **루(누)**

やきゅう るい で こうげきがわ せんしゅ そうしゃ 野球で塁に出ている攻撃側の選手を走者という。 야구에서 루에 나간 공격측의 선수를 주자라고 한다.

ほんるい 本塁でタッチアウトされました。 홈에서 터치아웃되었습니다.

摩

음독 ま

まさつ 摩擦 마찰　まてんろう 摩天楼 마천루, (하늘에 닿을 듯) 높은 건물

まもう 摩耗 마모　あんま 按摩 안마　けんま 研摩 연마, 갈고 닦음

문지를 **마**

ぼうえき まさつ りょうこく かんけい きょくど きんちょう 貿易摩擦により、両国の関係が極度に緊張しました。 무역 마찰로 인해 양국 관계가 극도로 긴장되었습니다.

ま もうじょうきょう タイヤの摩耗状況をチェックする。 타이어 마모 상태를 체크한다.

耗

음독 もう
こう

しょうもう 消耗 소모　しょうもうひん 消耗品 소모품　そんもう 損耗 손모, 마모　まもう 摩耗 마모

そんこう 損耗 마모, 소모　しょうこう 消耗 소모

소모할 **모**

たいりょく しょうもう はげ 体力の消耗が激しい。 체력 소모가 심하다.

しょうもうひん せんざい ぶんぼうぐ 消耗品には洗剤やせっけん、文房具、ガソリンなどがあります。 소모품에는 세제나 비누, 문방구, 휘발유 등이 있습니다.

고급 한자 · 9

정실 적

음독 ちゃく

正嫡 ^{しょうちゃく} 본처가 낳은 적자　嫡子 ^{ちゃくし} 적자, 대를 이을 아들　嫡流 ^{ちゃくりゅう} 정통 혈통

おじの家^{いえ}には嫡子^{ちゃくし}がいません。 큰아버지 집에는 대를 이을 사람이 없습니다.
彼^{かれ}は高^{たか}い家門^{かもん}の嫡流^{ちゃくりゅう}だった。 그는 높은 가문의 혈통이었다.

이을 사

음독 し

嗣子 ^{しし} 사자, 대를 이을 아들　嫡嗣 ^{ちゃくし} 적자　継嗣 ^{けいし} 후계자

後嗣 ^{こうし} 후사, 대를 잇는 자식

長男^{ちょうなん}の彼^{かれ}がこの家^{いえ}の嗣子^{しし}だ。 장남인 그가 이 집의 적자다.
あの家^{いえ}には後嗣^{こうし}がいません。 저 집에는 대를 이을 자식이 없습니다.

물어줄 배

음독 ばい

賠償 ^{ばいしょう} 배상　賠償金 ^{ばいしょうきん} 배상금

事故^{じこ}の損害^{そんがい}を賠償^{ばいしょう}しました。 사고 손해를 배상했습니다.
慰謝料^{いしゃりょう}とは、精神的苦痛^{せいしんてきくつう}に対^{たい}する損害賠償金^{そんがいばいしょうきん}をいう。 위자료란, 정신적 고통에 대한 손해배
상금을 말한다.

갚을 상

음독 しょう

弁償 ^{べんしょう} 변상　代償 ^{だいしょう} (손해에 대한) 변상, 대가　補償 ^{ほしょう} 보상

報償金 ^{ほうしょうきん} 보상금　賠償 ^{ばいしょう} 배상

훈독 つぐなう

償う ^{つぐな} 갚다, 보상하다, 속죄하다

車^{くるま}に傷^{きず}を付^つけてしまったので、弁償^{べんしょう}しました。 자동차에 상처를 내버려서 변상했습니다.
犯^{おか}した罪^{つみ}を償^{つぐな}うために被害者^{ひがいしゃ}を訪^{たず}ねた。 지은 죄를 갚기 위해 피해자를 찾아갔다.

음독 ふつ	沸騰 비등, 들끓음　沸点 비점, 끓는점　煮沸 자비, 펄펄 끓음	
훈독 わく	沸く (물이) 끓다	
わかす	沸かす 끓이다	

끓을 비

水を沸騰させてコップラーメンに注ぎます。 물을 끓여서 컵라면에 붓습니다.

お湯を沸かして、コーヒーを入れた。 물을 끓여서 커피를 탔다.

騰

음독 とう	高騰 값이 갑자기 오름　急騰 급등　暴騰 폭등
	騰貴 등귀, 급등　沸騰 비등, 끓어오름

오를 등

大雨で野菜の価格が高騰しました。 많은 비로 채소 가격이 급등했습니다.

株価が暴騰した。 주가가 폭등했다.

음독 こう	貢献 공헌　来貢 내공, 조공　朝貢 조공
く	年貢 연공, 소작료, 조세
훈독 みつぐ	貢ぐ 공물을 바치다, (생활비 등을) 대 주다　貢ぎ物 공물, 조공

바칠 공

ボランティアで社会貢献をする人も少なくありません。 자원봉사로 사회 공헌을 하는 사람도 적지 않습니다.

意中の女性にお金を貢いではいけない。 마음에 있는 여성에게 돈을 대 주어서는 안 된다.

献

음독 けん	献上 헌상, 드림, 모심　献血 헌혈　献身的 헌신적
	貢献 공헌　文献 문헌
こん	献立 식단, 준비, 메뉴

드릴 헌

赤十字の献血運動に参加した。 적십자의 헌혈 운동에 참가했다.

ダイエットのために、献立作りをしています。 다이어트를 위해 식단을 짜고 있습니다.

| 음독 けん | 顕著 현저　顕彰 현창, 공적 등을 세상에 알리고 표창함 |
| | 顕微鏡 현미경　顕在化 현재화　顕示 나타내 보임 |

顯

나타날 **현**

あの経営者は顕著な成果を残した。 그 경영자는 두드러진 성과를 남겼다.

顕微鏡は、観察に欠かせない道具です。 현미경은 관찰에 빼놓을 수 없는 도구입니다.

| 음독 しょう | 表彰 표창　表彰式 수상식 |
| | 顕彰 현창, 공적 등을 세상에 알리고 표창함 |

드러날 **창**

表彰状の授与式がありました。 표창장 수여식이 있었습니다.

「アニメ功労賞」はアニメーション産業・文化の発展に大きく寄与した方を顕彰するものです。 '애니메이션 공로상'은 애니메이션 산업·문화 발전에 크게 기여한 분을 기리는 것입니다.

| 음독 ひ | 罷弊 지치고 쇠약해짐　罷業 파업　罷免 파면, 면직 |

마칠 **파**

待遇改善のための罷業を行った。 대우 개선을 위한 파업을 했다.

裁判官の罷免を求めました。 재판관의 파면을 요구했습니다.

| 음독 へい | 貨幣 화폐　紙幣 지폐　造幣局 조폐국 |

幣

화폐 **폐**

アメリカの貨幣ドルにかえてください。 미국 화폐 달러로 바꿔 주세요.

五万ウォン紙幣の束が落ちていた。 오만 원 지폐 다발이 떨어져 있었다.

음독 わい | 賄賂 회뢰, 뇌물 　収賄 수회, 뇌물을 받는 것 　贈賄 증회, 뇌물을 줌

훈독 まかなう | 賄う 조달하다, 마련하다, 식사를 제공하다

뇌물 회

紛争が起こると、これを解決しようと賄賂を与えました。 분쟁이 벌어지자 이를 해결하려고 뇌물을 줬습니다.

なんとか費用を賄うから心配しないで。 어떻게든 비용을 마련할 테니까 걱정하지마.

음독 ばつ | 学閥 학벌 　財閥 재벌 　派閥 파벌 　軍閥 군벌

문벌 벌

財閥はどうやって形成されるのか。 재벌은 어떻게 형성되는가?

政治家の派閥争いが絶えません。 정치가의 파벌 분쟁이 끊이지 않습니다.

음독 は | 覇権 패권 　覇者 패자, 우승자 　制覇 제패 　連覇 연패

으뜸 패

甲子園の覇者となりました。 고시엔(고교야구대회)의 우승자가 되었습니다.

全国制覇を達成しました。 전국 제패를 달성했습니다.

弊

음독 へい | 語弊 어폐 　疲弊 피폐 　弊害 폐해 　弊社 폐사, 저희 회사 　旧弊 구습, 구폐

폐단 폐
해질 폐

コロナによって地域経済は疲弊した。 코로나로 인해 지역 경제는 피폐해졌다.

他国に弊害をもたらしました。 타국에 폐해를 초래했습니다.

최상급 한자
• 100자

俺 나 암	誰 누구 수	戚 친척 척	曾 일찍 증	眉 눈썹 미	瞳 눈동자 동	頰 빰 협	牙 어금니 아	咽 목구멍 인	喉 목구멍 후
顎 턱 악	臆 가슴 억	脇 겨드랑이 협	肘 팔꿈치 주	拳 주먹 권	爪 손톱 조	股 넓적다리 고	膝 무릎 슬	梗 줄기 경	椎 등골 추
骸 뼈 해	腎 콩팥 신	脊 등마루 척	尻 꽁무니 고	腫 종기 종	瘍 헐 양	痕 흔적 흔	斑 아롱질 반	腺 샘 선	唾 침 타
瘦 파리할 수	嗅 맡을 후	匂 향내 내	餌 미끼 이	哺 먹일 포	箸 젓가락 저	餅 떡 병	麵 밀가루 면	酎 전국술 주	膳 반찬 선
煎 달일 전	拭 씻을 식	嵐 남기 람(남)	虹 무지개 홍	藤 등나무 등	葛 칡 갈	柿 감나무 시	龜 거북귀/터질 균	虎 범 호	鶴 학 학
駒 망아지 구	蜂 벌 봉	蜜 꿀 밀	巾 수건 건	枕 베개 침	椅 의자 의	臼 절구 구	瓦 기와 와	串 꿸 관	蓋 덮을 개
鍋 노구솥 과	釜 가마 부	籠 대바구니롱(농)	鎌 낫 겸	鍵 열쇠 건	瑠 맑은유리류(유)	璃 유리 리(이)	錦 비단 금	舷 뱃전 현	井 우물 정
崖 언덕 애	柵 울타리 책	刹 절 찰	詣 이를 예	呂 성 려(여)	塞 변방새/막힐 색	窟 굴 굴	韓 한국 한	畿 경기 기	璧 구슬 벽
乞 빌 걸	麓 산기슭록(녹)	隙 틈 극	藍 쪽 람(남)	瞭 밝을 료(요)	睦 화목할 목	侶 짝 려(여)	艶 고울 염	妖 요사할 요	冶 풀무 야
袖 소매 수	裾 옷자락 거	挨 밀칠 애	拶 짓누를 찰	沙 모래 사	汰 일 태	曖 희미할 애	昧 어두울 매	闇 숨을 암	冥 어두울 명

나 암

훈독	**おれ**	
		<ruby>俺<rt>おれ</rt></ruby> 나(주로 남성들이 친한 사이나 아랫사람에게 씀)
		<ruby>俺<rt>おれ</rt></ruby>様 'おれ(나)'를 거만스럽게 일컫는 말

<ruby>彼<rt>かれ</rt></ruby>は<ruby>自分<rt>じぶん</rt></ruby>のことを<ruby>俺<rt>おれ</rt></ruby>と<ruby>呼<rt>よ</rt></ruby>ぶ。그는 자신을 가리켜 '俺(오레)'라고 부른다.

<ruby>彼女<rt>かのじょ</rt></ruby>は<ruby>男<rt>おとこ</rt></ruby>らしくリードしてくれる<ruby>俺<rt>おれ</rt></ruby>様タイプが<ruby>好<rt>す</rt></ruby>きだ。그녀는 남자답게 리드해 주는 권위적인 타입을 좋아한다.

누구 수

훈독	**だれ**	
		<ruby>誰<rt>だれ</rt></ruby> 누구 <ruby>誰<rt>だれ</rt></ruby>も 아무도

<ruby>最近<rt>さいきん</rt></ruby>、<ruby>一番<rt>いちばん</rt></ruby><ruby>人気<rt>にんき</rt></ruby>がある<ruby>俳優<rt>はいゆう</rt></ruby>は<ruby>誰<rt>だれ</rt></ruby>ですか。요즘 제일 인기가 있는 배우는 누구예요?

もう<ruby>誰<rt>だれ</rt></ruby>も<ruby>信<rt>しん</rt></ruby>じられない。더 이상 아무도 믿을 수 없다.

고급 한자 · 10

친척 척

음독	**せき**	
		<ruby>親<rt>しん</rt></ruby>戚 친척 <ruby>姻<rt>いん</rt></ruby>戚 인척 <ruby>縁<rt>えん</rt></ruby>戚 친척, 일가 <ruby>遠<rt>えん</rt></ruby>戚 먼 친척

<ruby>親戚<rt>しんせき</rt></ruby>の<ruby>家<rt>いえ</rt></ruby>に<ruby>遊<rt>あそ</rt></ruby>びに<ruby>行<rt>い</rt></ruby>きます。친척 집에 놀러 갑니다.

<ruby>私<rt>わたし</rt></ruby>の<ruby>遠戚<rt>えんせき</rt></ruby>には<ruby>医者<rt>いしゃ</rt></ruby>と<ruby>芸能人<rt>げいのうじん</rt></ruby>がいます。나의 먼 친척에는 의사와 연예인이 있습니다.

曾

일찍 증

음독	**そう**	
		<ruby>曽<rt>そう</rt></ruby><ruby>祖<rt>そ</rt></ruby> 증조 <ruby>曽<rt>そう</rt></ruby><ruby>祖<rt>そ</rt></ruby><ruby>父<rt>ふ</rt></ruby> 증조부 <ruby>曽<rt>そう</rt></ruby><ruby>孫<rt>そん</rt></ruby> 증손
	ぞ	<ruby>未<rt>み</rt></ruby><ruby>曽<rt>ぞ</rt></ruby><ruby>有<rt>う</rt></ruby> 미증유, 지금까지 일어난 적이 없는 일, 아주 드묾
예외		<ruby>曽<rt>ひ</rt></ruby><ruby>祖<rt>じ</rt></ruby><ruby>父<rt>じ</rt></ruby> 증조부 <ruby>曽<rt>ひ</rt></ruby><ruby>祖<rt>ば</rt></ruby><ruby>母<rt>ば</rt></ruby> 증조모

<ruby>曽<rt>そう</rt></ruby><ruby>祖<rt>そ</rt></ruby><ruby>父<rt>ふ</rt></ruby>の<ruby>墓<rt>はか</rt></ruby>をたずねました。증조부의 묘지를 찾았습니다.

<ruby>未<rt>み</rt></ruby><ruby>曽<rt>ぞ</rt></ruby><ruby>有<rt>う</rt></ruby>の<ruby>事態<rt>じたい</rt></ruby>が<ruby>発生<rt>はっせい</rt></ruby>した。미증유 사태가 발생했다.

1956 | 급수 외

음독	び	焦眉 초미, 매우 위급함　愁眉 수미, 근심스러워 양미간을 찌푸림
		白眉 백미, 가장 뛰어난 것　柳眉 예쁜 눈썹
	み	眉間 미간
훈독	まゆ	眉 눈썹　眉毛 눈썹

눈썹 미

眉間のしわが気になってきました。 미간의 주름이 신경 쓰이기 시작했습니다.
父は眉をひそめながら怒っていた。 아버지는 눈살을 찌푸리면서 화를 내고 있었다.

1957 | N1

| 음독 | どう | 瞳孔 동공 |
| 훈독 | ひとみ | 瞳 눈동자 |

눈동자 동

びっくりして瞳孔が開いた。 놀라서 눈동자가 커졌다.
つぶらな瞳で見つめます。 동그란 눈동자로 응시합니다.

1958 | 급수 외

| 훈독 | ほお | 頬 볼, 뺨　頬張る 볼이 미어지게 음식을 입에 넣다 |

뺨 협

頬にニキビができました。 볼에 여드름이 생겼습니다.
ご飯を頬張って食べる。 밥을 입에 가득 넣고 먹는다.

💡Tip 한자 '頬'은 '頰'으로도 씀.

1959 | 급수 외

음독	が	牙営 아영, 본진, 본영　牙城 아성, 본거지　毒牙 독아, 독수
	げ	象牙 상아
훈독	きば	牙 엄니, 어금니

어금니 아

博物館で象牙を見ました。 박물관에서 상아를 봤습니다.
動物が牙をむいている。 동물이 어금니를 드러내고 있다.

음독 いん
えん
えつ

훈독 むせぶ

咽喉 인후　咽頭 인두　耳鼻咽喉科 이비인후과

咽下 연하, 삼킴

哀咽 너무 슬퍼서 목이 멤　嗚咽 오열, 흐느껴 움

咽ぶ 목이 메다, 흐느끼다　咽び泣く 흐느껴 울다

목구멍 **인**

二人の娘はお父さんの遺影を見て嗚咽した。 두 딸은 아버지의 영정 사진을 보고 오열했다.
母がなくなったとき弟は咽び泣いていました。 엄마가 돌아가셨을 때 남동생은 흐느껴 울었습니다.

음독 こう

훈독 のど

喉頭 후두　喉舌 후설, 목과 혀

喉 목구멍　喉飴 목캔디　喉元 목구멍　喉仏 목젖, 울대뼈

喉自慢 노래자랑

목구멍 **후**

喉頭がんにかかりました。 후두암에 걸렸습니다.
風邪をひいて喉が痛い。 감기에 걸려 목이 아프다.

음독 がく

훈독 あご

上顎 상악, 위턱　下顎 하악, 아래턱　顎関節 턱관절

顎 턱　上顎 위턱　下顎 아래턱　顎ひげ 턱수염

턱 **악**

よく顎がはずれて顎関節を調べました。 턱이 자주 빠져서 턱관절을 검사했습니다.
お祖父さんの顎ひげを触ってみました。 할아버지 턱수염을 만져 보았습니다.

음독 おく

臆する 겁먹다, 두려워하다　臆説 억설　臆測 억측

臆病 겁이 많음, 겁쟁이　臆病者 겁쟁이　臆面 주눅 든 얼굴

가슴 **억**

臆測で判断しないでください。 억측으로 판단하지 마세요.
妹は臆病だ。 여동생은 겁이 많다.

🄣 '臆測(억측)'은 '憶測'로도 씀.

고급한자 ● 10

533

훈독	わき

脇腹 옆구리　両脇 양쪽 겨드랑이　脇見 곁눈질, 한눈팔기

脇道 샛길, 곁길, 옆길

겨드랑이 협

脇腹に肉がつきました。 옆구리에 살이 붙었습니다.
荷物を両脇に抱えて歩く。 짐을 양쪽 겨드랑이에 끼고 걷는다.

훈독	ひじ

肘 팔꿈치　肘掛け 팔걸이　両肘 양쪽(좌우) 팔꿈치

팔꿈치 주

肘をついて食事をしてはいけません。 팔꿈치를 대고 식사를 해서는 안 됩니다.
肘掛けのついた椅子は楽です。 팔걸이가 달린 의자는 편합니다.

拳

음독	けん	拳銃 권총　拳法 권법　拳闘 권투　鉄拳 철권
	げん	拳骨 주먹
훈독	こぶし	拳 주먹　握り拳 주먹을 쥠, 빈주먹

주먹 권

ある男が警察官から拳銃を奪って発砲した。 한 남자가 경찰관으로부터 권총을 빼앗아 발포했다.
拳を握って相手を殴打しました。 주먹을 쥐고 상대를 구타했습니다.

훈독	つめ	爪 손톱　爪切り 손톱깎이
	つま	爪先 발가락 끝, 발끝　爪弾く 현악기 따위를 손톱 끝으로 타다

손톱 조

短く爪を切った。 손톱을 짧게 잘랐다.
爪切りが見当たりません。 손톱깎이가 안 보입니다.

1968 | 급수 외

음독 **こ**	股間 사타구니　股関節 고관절
훈독 **また**	股 가랑이　股下 (바지 등의) 가랑이 길이　二股 양다리, 두 갈래
	大股 가랑이를 크게 벌림　内股 허벅지, 안짱다리 걸음
	蟹股 O자형 다리

넓적다리 **고**

普段から股関節を鍛えています。평소에 고관절을 단련하고 있습니다.

彼は大股で歩く。그는 가랑이를 넓게 벌리고 걷는다.

1969 | 급수 외

음독 **しつ**	屈膝 굴복　膝蓋骨 슬개골, 무릎뼈
훈독 **ひざ**	膝 무릎　膝下 슬하, 측근　膝頭 무릎, 무릎의 관절 부분

무릎 **슬**

選手は試合中、膝蓋骨を骨折してしまった。선수는 시합 중에 슬개골이 골절되고 말았다.

運動は膝に負担のない水泳がおすすめです。운동은 무릎에 부담이 없는 수영을 추천합니다.

1970 | 급수 외

음독 **こう**	心筋梗塞 심근경색　脳梗塞 뇌경색
きょう	桔梗 도라지

줄기 **경**

心筋梗塞で倒れました。심근경색으로 쓰러졌습니다.

桔梗の花は白いです。도라지꽃은 하얗습니다.

1971 | 급수 외

음독 **つい**	椎間板 추간판, 척추골 사이에 있는 연골을 중심으로 한 섬유상의 원판
	椎間板ヘルニア 디스크　頸椎 경추, 목등뼈　脊椎 척추
훈독 **しい**	椎 모밀잣밤나무　椎茸 표고버섯

등골 **추**

犬は脊椎動物である。개는 척추동물이다.

椎茸はいろいろな料理に使えます。표고버섯은 다양한 요리에 사용할 수 있습니다.

고급 한자 ● 10

535

1972 | 급수 외

음독 がい

骸骨 해골　死骸 시체, 송장　形骸 송장, 빈 껍데기

形骸化 형해화, 유명무실화

뼈 해

動物の死骸を土に埋めてあげました。동물의 시체를 땅에 묻어 주었습니다.

ノー残業デーを制定したが、実際には形骸化している企業も少なくない。no야근 day 를 제정했지만 실제로는 유명무실화된 기업도 적지 않다.

1973 | 급수 외

음독 じん

腎臓 신장　肝腎 중요함　腎不全 신부전

콩팥 신

腎臓手術を受けました。신장 수술을 받았습니다.

肝腎なところで失敗するのはなぜでしょう。중요한 부분에서 실패하는 것은 왜일까요?

1974 | 급수 외

음독 せき

脊髄 척수　脊柱 척주, 등뼈　脊椎 척추

등마루 척

脊髄を痛めました。척수를 다쳤습니다.

動物の脊柱を調べる。동물의 등뼈를 조사하다.

1975 | N1

훈독 しり

尻 엉덩이　目尻 눈초리, 눈꼬리　帳尻 기재된 장부의 끝, 결산의 결과

尻込み 뒷걸음질, 주저, 망설임　尻餅 엉덩방아

꽁무니 고

尻込みして手を出さない、挑戦しない人が多いです。주저해서 손을 대지 않는, 도전하지 않 는 사람이 많습니다.

足を滑らせて、尻餅をついた。다리를 헛디뎌서 엉덩방아를 찧었다.

음독 **しゅ**
腫瘍 종양

훈독 **はれる**
腫れる 붓다　腫れ 부기

はらす
腫らす 붓게 하다

종기 종

腫瘍の手術をしました。종양 수술을 했습니다.

ぶつけた足が腫れました。부딪힌 발이 부어올랐습니다.

음독 **よう**
腫瘍 종양　潰瘍 궤양　胃潰瘍 위궤양

膿瘍 농양, 고름이 괴는 증상

헐 양

腫瘍は、良性と悪性に分けられ、悪性腫瘍は「がん」です。종양은 양성과 악성으로 나뉘며
악성종양은 암입니다.

胃潰瘍で苦しんでいました。위궤양으로 고생했습니다.

음독 **こん**
痕跡 흔적　血痕 혈흔　弾痕 탄흔, 탄알을 맞은 자국

훈독 **あと**
痕 자국, 흔적　傷痕 상처 자국

예외 痘痕 마맛자국, 곰보 자국

흔적 흔

現場に行ってみたら床に血痕が残っていました。현장에 가 보니 바닥에 혈흔이 남아 있었습니다.

彼女は火傷の傷痕を隠します。그녀는 화상 흔적을 감춥니다.

음독 **はん**
斑点 반점　紅斑 홍반　白斑 백반　斑紋 반문, 얼룩무늬

蒙古斑 몽고반점

훈독 **まだら**
斑 반점　斑模様 얼룩무늬

ぶち
斑 얼룩이

아롱질 반

野菜の葉に黄色い斑点ができました。채소 잎사귀에 노란 반점이 생겼습니다.

東アジア地域の赤ちゃんには蒙古斑があります。동아시아 지역의 아기들에게는 몽고반점이 있
습니다.

고급한자 ● 10

537

음독	せん

汗腺 땀샘　涙腺 눈물샘　前立腺 전립선　扁桃腺 편도선

リンパ腺 림프선　甲状腺 갑상선

샘 선

泌尿器科で前立腺の検査をします。비뇨기과에서 전립선 검사를 합니다.
扁桃腺がとても腫れていますよ。편도선이 많이 부어 있네요.

음독	だ

唾液 타액　唾棄 타기, 혐오하고 경멸함

훈독	つば

唾 침　生唾 군침　眉唾 수상함, 미심쩍음

침 타

レモンは唾液の分泌を促す。레몬은 타액 분비를 촉진한다.
公共の場所で唾を吐くのは軽犯罪法違反の罪になります。공공장소에서 침을 뱉는 것은 경범죄법 위반죄가 됩니다.

痩

음독	そう

痩身 수신, 마른 몸　痩身長躯 마르고 키가 큼

肥痩 살찐 것과 여윈 것

훈독	やせる

痩せる 마르다, 살이 빠지다

파리할 수

三浦さんは痩身でやや神経質そうな三十代前半の青年です。미우라 씨는 마르고 약간 신경질적으로 보이는 30대 전반의 청년입니다.
姉はダイエットをして五キロも痩せました。언니는 다이어트를 해서 5kg이나 살이 빠졌습니다.

음독	きゅう

嗅覚 후각

훈독	かぐ

嗅ぐ 냄새를 맡다

맡을 후

犬は嗅覚が優れています。개는 후각이 뛰어납니다.
コーヒー豆の臭いを嗅いでみました。커피 원두 냄새를 맡아 보았습니다.

1984 | 급수 외

향내 **내**

훈독	におう

匂う (좋은) 냄새가 나다, 향기가 나다　匂い 냄새, 향기

香水がほのかに匂う。 향수 냄새가 은은하게 난다.
梅の花の匂いがします。 매화꽃 향기가 납니다.

1985 | 급수 외

미끼 **이**

음독	じ
훈독	えさ
	え

食餌 식이　好餌 좋은 미끼, 밥, 좋은 이용물
餌 미끼, 먹이, 사료
餌食 먹이, 희생
餌付け 야생 동물을 사람이 주는 모이를 받아먹는 데까지 길들임

糖尿病治療の一環として食餌療法を行いました。 당뇨병 치료의 일환으로 식이요법을 했습니다.
池の金魚に餌をやりました。 연못에 있는 금붕어에게 먹이를 주었습니다.

1986 | 급수 외

먹일 **포**

음독	ほ

哺乳類 포유류　哺乳瓶 젖병　哺育 포육, 동물이 새끼를 먹여 기름

イルカは哺乳類で、サメは魚類です。 돌고래는 포유류이고 상어는 어류입니다.
哺乳瓶は水で洗ったあと、綺麗に消毒しなければならない。 젖병은 물로 씻은 후 깨끗이 소독해야 한다.

1987 | 급수 외

젓가락 **저**

훈독	はし

箸 젓가락　菜箸 요리할 때 쓰는 긴 젓가락　火箸 부젓가락
割り箸 나무젓가락

アメリカ人が食事で箸を上手に使って驚いた。 미국인이 식사에서 젓가락을 잘 사용해서 놀랐다.
コンビニでお弁当を買う時などに割り箸をもらいます。 편의점에서 도시락을 사거나 할 때 나무젓가락을 받습니다.

Tip '箸'는 '箸'로도 쓰임

539

餅

음독	へい	煎餅 センベイ, (밀가루·쌀가루 등을 반죽하여) 구운 납작 과자
		画餅 화병, 그림의 떡
훈독	もち	餅 떡 　尻餅 엉덩방아 　鏡餅 설 때 신불에게 올리는 떡

떡 병

おやつに煎餅を食べます。 간식으로 쌀과자를 먹습니다.

トッポッキには餅と野菜が入る。 떡볶이에는 떡과 야채가 들어간다.

Tip '餅'은 '餅'으로도 쓰임.

麵

| 음독 | めん | 麺 면　麺類 면류　麺棒 밀대　乾麺 건면 |
| | | 製麺所 제면소 |

밀가루 면

昼食に麺類を食べた。 점심으로 면류를 먹었다.

乾麺を買ってパスタ料理してあげよう。 건면을 사서 파스타를 요리해 줄게.

| 음독 | ちゅう | 焼酎 소주　酎ハイ 소주 하이볼의 준말, 소주에 탄산수를 탄 음료 |

전국술 주

彼はふつう焼酎5瓶をのむ酒豪だ。 그는 기본 소주 5병을 마시는 술고래다.

レモンサワー、レモン酎ハイが大ブームだ。 레몬 사워(위스키·브랜디·소주에 레몬이나 라임의 주스를 넣어 신 맛을 낸 칵테일), 레몬 츄하이가 대유행이다.

膳

| 음독 | ぜん | 御膳 밥상　食膳 밥상, (밥상에 차린) 음식, 요리 |
| | | 配膳 상을 차려 손님 앞에 내놓음 |

반찬 선

食欲などありませんでしたが、ともかく私は御膳につきました。 식욕 같은 게 없었습니다만 어쨌든 나는 밥상에 앉았습니다.

食事が終わり、食膳を下げました。 식사가 끝나고 상을 내갔습니다.

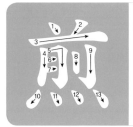

1992 | 급수 외

음독	せん	煎じる 달이다　煎茶 전차, 찻잎을 더운물로 달여 내는 것
		焙煎 (커피 원두를) 불에 볶음
훈독	いる	煎る 볶다　煎り豆 볶은 콩

달일 **전**

母が煎茶をいれました。 엄마가 차를 끓였습니다.

鍋で豆を煎ります。 냄비로 콩을 볶습니다.

1993 | 급수 외

음독	しょく	払拭 불식, 깨끗이 씻어 없앰
훈독	ぬぐう	拭う 닦다, 씻다　手拭い 수건
	ふく	拭く 닦다

씻을 **식**

一度ついた悪いイメージを払拭するのは容易ではなかった。 한 번 생긴 나쁜 이미지를 깨끗이 없애기란 쉽지 않았다.

教室の窓を拭きます。 교실 창문을 닦습니다.

1994 | N1

| 음독 | らん | 晴嵐 화창한 날에 이는 아지랑이 |
| 훈독 | あらし | 嵐 폭풍　山嵐 산에서 불어오는 거센 바람　砂嵐 모래 폭풍 |

남기 **람(남)**

夜中に嵐が吹きあれた。 한밤중에 폭풍우가 휘몰아쳤다.

砂漠で砂嵐が起きました。 사막에서 모래 폭풍이 일어났습니다.

1995 | N1

| 음독 | こう | 虹彩 홍채 |
| 훈독 | にじ | 虹 무지개　虹色 무지개색 |

무지개 **홍**

顔や指紋、虹彩といった生態情報を登録する。 얼굴이나 지문, 홍채와 같은 생체 정보를 등록한다.

空に虹がかかっています。 하늘에 무지개가 걸려 있습니다.

고급 한자 · 10

541

음독 **とう**　葛藤 갈등

훈독 **ふじ**　藤 등나무　藤色 연보랏빛　藤棚 등나무 시렁

藤

등나무 **등**

小さな事でいつも葛藤が生じる。 작은 일로 항상 갈등이 생긴다.
五月に藤の花が咲きます。 5월에 등나무 꽃이 핍니다.

음독 **かつ**　葛藤 갈등　葛根湯 갈근탕, 칡뿌리탕

훈독 **くず**　葛 칡　葛湯 갈탕, 칡가루 죽　葛粉 칡가루

葛

칡 **갈**

他人との葛藤が深まっていく。 타인과의 갈등이 깊어져 간다.
茶屋で葛湯を飲みます。 찻집에서 갈탕을 마십니다.

음독 **し**　熟柿 홍시

훈독 **かき**　柿 감　干し柿 곶감　渋柿 떫은 감

柿

감나무 **시**

熟柿はおいしくて好きです。 홍시는 맛있어서 좋아합니다.
秋に庭の柿が実ります。 가을에 정원의 감이 열립니다.

음독 **き**　亀甲 거북이 등딱지　亀裂 균열　亀鑑 귀감, 본보기

훈독 **かめ**　亀 거북이　海亀 바다거북

亀

거북 **귀**
터질 **균**

友情に亀裂が入りました。 우정에 금이 갔습니다.
池で亀が泳いでいる。 연못에서 거북이가 헤엄치고 있다.

2000 | N1

음독 **こ**	虎穴 호랑이굴 白虎 백호 猛虎 맹호, 사나운 호랑이
	虎視眈々 호시탐탐
훈독 **とら**	虎 호랑이

범 호

虎視眈々、機会をねらっていた。 호시탐탐 기회를 벼르고 있었다.
野生の虎を初めて見ました。 야생 호랑이를 처음 봤습니다.

2001 | N1

음독 **かく**	黄鶴 황학 亀鶴 학과 거북이
	鶏群の一鶴 군계일학, 많은 사람 가운데 뛰어난 한 사람
훈독 **つる**	鶴 학 千羽鶴 종이 학을 많이 이어 단 것, 또는 많은 학이 그려진 무늬

학 학

鶏群の一鶴のような社員が採用されました。 군계일학과 같은 사원이 채용되었습니다.
日本語の授業で鶴を折りました。 일본어 수업에서 학을 접었습니다.

2002 | N1

훈독 **こま**	駒 망아지, (장기 등의) 말 捨て駒 버리는 말
	持ち駒 예비 인물, 예비 물품 手駒 부하, 수하

망아지 구

将棋の駒が一つなくなった。 장기의 말이 하나 없어졌다.
用意した持ち駒を全部使いました。 준비한 예비품을 전부 사용했습니다.

2003 | 급수 외

음독 **ほう**	蜂起 봉기 養蜂 양봉
훈독 **はち**	蜂 벌 蜜蜂 밀봉, 꿀벌 蜂の巣 벌집

벌 봉

小さな田舎町で養蜂業を営んでいます。 작은 시골 마을에서 양봉업을 하고 있습니다.
蜜蜂が飛んでいる。 꿀벌이 날고 있다.

고급 한자 · 10

543

음독 みつ

蜜 꿀　蜂蜜 벌꿀　蜜月 밀월, 허니문

예외 蜜柑 귤, 밀감

꿀 밀

蜂たちは花の蜜を吸う。 벌들이 꽃의 꿀을 딴다.
蜜月旅行に行きます。 밀월여행을 갑니다.

음독 きん

巾着 주머니　布巾 행주　雑巾 걸레　頭巾 두건

수건 건

食器を拭くための布を布巾といいます。 식기를 닦기 위한 천을 행주라고 합니다.
雑巾で床をふいた。 걸레로 바닥을 닦았다.

훈독 まくら

枕 베개　枕元 베갯머리, 머리맡　腕枕 팔베개
夢枕 꿈꿀 때의 베갯머리

베개 침

新しい枕を買いました。 새 베개를 샀습니다.
いつも枕元に時計を置く。 항상 머리맡에 시계를 둔다.

음독 い

椅子 의자　車椅子 휠체어

의자 의

椅子を出して座ります。 의자를 꺼내서 앉습니다.
彼は先天性の障害で幼少時から電動車椅子で生活している。 그는 선천성 장애 때문에 어
릴 때부터 전동 휠체어로 생활하고 있다.

2008 | 급수 외

음독 **きゅう**

脱臼 탈구, 뼈가 빠짐　臼歯 어금니　大臼歯 큰어금니

훈독 **うす**

臼 절구, 맷돌　茶臼 찻잎을 가는 맷돌　石臼 돌절구, 맷돌

절구 **구**

臼歯が虫歯になりました。 어금니에 충치가 생겼습니다.

昔は石臼で豆をひいた。 옛날에는 맷돌로 콩을 갈았다.

2009 | 급수 외

음독 **が**

瓦解 와해　煉瓦 벽돌　瓦礫 기와와 자갈, 쓰레기

훈독 **かわら**

瓦 기와　瓦割り 기와 깨기, 격파　瓦屋根 기와지붕

기와 **와**

一つの汚職事件から、政権は瓦解した。 하나의 부정 사건으로 인해 정권은 와해되었다.

前は瓦屋根の家に住んでいました。 전에는 기와집에서 살았습니다.

2010 | 급수 외

훈독 **くし**

串 꼬치, 꼬챙이　串刺し 꼬챙이에 꿴 것

串かつ 구시카츠, 꼬치 튀김　串焼き 꼬치구이

꿸 **관**

肉を串に刺して焼きます。 고기를 꼬챙이에 꽂아 굽습니다.

あそこは串焼き料理の店です。 저곳은 꼬치구이 요릿집입니다.

2011 | 급수 외

蓋

음독 **がい**

口蓋 입천장　頭蓋骨 두개골　蓋然 개연

훈독 **ふた**

蓋 뚜껑　鍋蓋 냄비뚜껑

덮을 **개**

瓶の蓋を開けます。 병뚜껑을 엽니다.

頭蓋骨の模型をつくった。 두개골 모형을 만들었다.

고급 한자 · 10

| 훈독 | なべ | 鍋 냄비, 전골　鍋料理 전골 요리　土鍋 뚝배기 |
| | | 手鍋 손잡이가 달린 냄비　夜鍋 밤일, 야간에 하는 작업 |

노구솥 과

大きな鍋を買いました。 큰 냄비를 샀습니다.
今夜は鍋料理を食べよう。 오늘 밤에는 전골 요리를 먹자.

| 음독 | ふ | 関釜 부산과 일본 시모노세키　関釜フェリー 부관 페리, 부관 연락선 |
| 훈독 | かま | 釜 가마솥　石釜 돌솥　茶釜 (다도(茶道)에서) 물을 끓이는 솥 |

가마 부

下関と釜山とは関釜フェリーで結ばれています。 시모노세키와 부산과는 부관 페리로 연결되어 있습니다.
二人は同じ釜の飯を食べた仲だ。 두 사람은 한솥밥을 먹은 사이다.

음독	ろう	籠城 농성　灯籠 등롱, 초롱
훈독	かご	籠 바구니
	こもる	籠る 틀어박히다, (기체 등이) 가득 차다, (마음이) 담기다

대바구니 롱(농)

労働組合幹部は高さ３５メートルのクレーン上で籠城を続けていた。 노동조합 간부는 35m의 크레인 위에서 농성을 계속했다.
かばんを自転車の籠に入れた。 가방을 자전거 바구니에 넣었다.

鎌

| 훈독 | かま | 鎌 낫　鎌倉 가마쿠라　鎌倉時代 가마쿠라 시대 |

낫 겸

鎌で畑の草を刈ります。 낫으로 밭의 풀을 벱니다.
鎌倉時代には武士がいました。 가마쿠라 시대에는 무사가 있었습니다.

음독	けん

鍵盤 건반　　黒鍵 검은 건반　　白鍵 흰 건반

훈독	かぎ

鍵 열쇠　　鍵穴 열쇠 구멍　　合鍵 여벌 열쇠

열쇠 건

部屋の鍵をなくした。 방 열쇠를 잃어버렸다.

ピアノの鍵盤を触らないでください。 피아노 건반을 만지지 마세요.

음독	る

瑠璃 칠보 중 하나, 청금석, 푸른 보석　　瑠璃色 보라색을 띤 남색

맑은 유리 류(유)

瑠璃の光も磨きから。 청금석의 아름다움도 갈고 닦았기 때문이다(소질이 있어도 갈고 닦지 않으면 대성하지 못함을 비유).

瑠璃色の玉を持って遊ぶ。 파란 구슬을 갖고 논다.

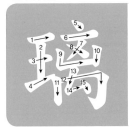

음독	り

玻璃 수정, 유리　　瑠璃色 자색을 띤 남색

浄瑠璃 조루리, 일본 가면 음악극의 옛 이야기

유리 리(이)

瑠璃も玻璃も照らせば光る。 유리나 수정이나 빛을 받으면 빛난다(뛰어난 소질이나 재능을 가진 사람은 어디에 있더라도 눈에 띈다).

浄瑠璃は日本の文化です。 조루리는 일본의 문화입니다.

Tip 浄瑠璃 : 샤미센 등의 반주에 맞추어 이야기를 읊는 행위를 말하며, 인형극의 형태로 조루리가 함께 이루어지는 것을 '人形浄瑠璃' 또는 '文楽'라고 함.

음독	きん

錦秋 금추, 단풍이 든 아름다운 가을　　錦鶏 금계　　錦上 금상, 비단 위

훈독	にしき

錦 비단　　錦鯉 비단잉어　　錦絵 목판으로 인쇄한 아름다운 풍속화

비단 금

錦秋の山寺を訪ねました。 가을 산사를 찾았습니다.

将来はテクォンドの世界大会で優勝して、故郷に錦を飾りたいです。 장래에는 태권도 세계 선수권에서 우승해서 금의환향하고 싶습니다.

고급 한자 · 10

뱃전 현

음독	げん

舷側 현측, 뱃전　　右舷 우현, 오른쪽 뱃전　　左舷 좌현, 왼쪽 뱃전

舷灯 현등, 뱃전에 단 등불

舷側にボートを着けました。 뱃전에 보트를 댔습니다.
船の右舷のほうに立ってください。 배의 우현 쪽에 서 주세요.

우물 정

훈독	どん
	どんぶり

天丼 튀김 덮밥　　牛丼 소고기 덮밥

丼 덮밥, 덮밥 그릇　　丼飯 덮밥

天丼を注文しました。 튀김 덮밥을 주문했습니다.
丼でご飯を食べた。 덮밥 그릇에 밥을 먹었다.

언덕 애

음독	がい
훈독	がけ

断崖 절벽　　断崖絶壁 층암절벽, 깎아 세운 험한 낭떠러지, 위기 상황

崖 절벽, 벼랑　　崖崩れ 벼랑이 무너짐

崖下に海が見える。 절벽 밑에 바다가 보인다.
断崖絶壁に立ちました。 험한 낭떠러지에 섰습니다.

울타리 책

음독	さく
훈독	しがらみ

柵 책, 울타리　　柵門 책문, 울타리　　木柵 목책, 나무 울타리

鉄柵 철책

柵 얽매임, 굴레, 수책

建物を柵で囲いました。 건물을 울타리로 둘러쌌습니다.
人間関係の柵から逃げたかったです。 인간관계의 굴레에서 벗어나고 싶었습니다.

음독 さつ	名刹 명찰, 유명한 사찰　古刹 고찰, 옛절　仏刹 불찰, 절
せつ	刹那 찰나, 순간　羅刹 나찰, 악마, 악귀

절 **찰**

鎌倉の古刹を回りました。 가마쿠라의 고찰을 돌았습니다.

男は将来のことなど考えず、刹那的な生き方をしている。 남자는 장래의 일 등은 생각하지 않고 순간적으로 삶을 살고 있다.

음독 けい	造詣 조예, 학문 또는 기예에 깊이 도달한 것　参詣 참예, 참배
훈독 もうでる	詣でる (신전·불전에) 참배하다　初詣 새해 첫 참배

이를 **예**

彼は美術にも造詣が深いです。 그는 미술에도 조예가 깊습니다.

友人と初詣に行く。 친구와 새해 첫 참배를 하러 간다.

음독 ろ	呂律 말투, 말씨　風呂 목욕, 목욕탕　風呂敷 보자기　語呂 어조

성 **려**(여)

お酒を飲みすぎて呂律が回らない。 과음해서 발음이 잘 안 된다(혀가 꼬부라졌다).

風呂にのんびりと入りました。 한가로이 목욕했습니다.

음독 さい	要塞 요새　防塞 방색, 바리케이드　塞翁が馬 새옹지마
そく	脳梗塞 뇌경색　閉塞 폐색, 닫아서 막음　栓塞 전색, 색전
훈독 ふさぐ	塞ぐ 막다, 가리다
ふさがる	塞がる 막히다, 닫히다

변방 **새**
막힐 **색**

母が脳梗塞で倒れました。 어머니가 뇌경색으로 쓰러졌습니다.

会場への入り口を塞ぎました。 행사장에 들어가는 입구를 막았습니다.

고급 한자 • 10

549

굴 굴

음독 **くつ**

洞窟 동굴　巣窟 소굴　石窟 석굴　岩窟 바위 동굴

洞窟を探検してみました。 동굴을 탐험해 봤습니다.
警察も立ち入ることのできない犯罪の巣窟だった。 경찰도 출입할 수 없는 범죄의 소굴이었다.

한국 한

음독 **かん**

韓国 한국　韓国語 한국어　韓流 한류　訪韓 방한

日本で韓国ドラマが人気です。 일본에서 한국 드라마가 인기가 있습니다.
中村さんは韓国ドラマなしでは生きられない熱血韓流ファンです。 나카무라 씨는 한국 드라마 없인 못 사는 열혈 한류 팬입니다.

경기 기

음독 **き**

近畿 긴키, 일본 혼슈 중서부 지방의 2부 5현(교토(京都)・오사카(大阪)・시가(滋賀)・효고(兵庫)・나라(奈良)・와카야마(和歌山)・미에(三重))의 총칭
畿内 기내, 교토와 가까운 다섯 지방(야마시로(山城)・야마토(大和)・가와치(河内)・이즈미(和泉)・셋쓰(摂津))의 총칭

日本の近畿地方に住んでみたいです。 일본의 긴키지방에 살아보고 싶습니다.
近畿地域の歴史を調べました。 긴키지역의 역사를 조사했습니다.

구슬 벽

음독 **へき**

完璧 완벽　双璧 쌍벽

できばえは完璧です。 솜씨는 완벽합니다.
二人は文学界の双璧だ。 두 사람은 문학계의 쌍벽이다.

훈독	こう	乞う 청하다, 바라다, 빌다　物乞い 구걸, 거지
		命乞い 살려 달라고 빎, 목숨을 구걸함
	예외	乞食 거지

빌 걸

乞うご期待。기대하시라(개봉 박두).

被災地で命乞いをする人がいました。재해 장소에서 목숨을 구걸하는 사람이 있었습니다.

| 음독 | ろく | 山麓 산록, 산기슭 |
| 훈독 | ふもと | 麓 (산)기슭 |

산기슭 록(녹)

山麓にある温泉旅館に泊まりました。산기슭에 있는 온천여관에 묵었습니다.

ここから山の麓まで1時間はかかります。여기에서 산기슭까지 1시간은 걸립니다.

| 음독 | げき | 寸隙 촌극, 짧은 겨를　間隙 간극, 틈, 불화　空隙 공극, 빈틈 |
| 훈독 | すき | 隙 틈, 빈틈, 허점　隙間 빈틈, 틈새, 짬, 허점　隙間風 틈새 바람 |

틈 극

間隙をぬって進みました。틈 사이로 빠져서 앞으로 나갔습니다.

隙間から冷たい空気が入ってきました。틈새에서 차가운 공기가 들어왔습니다.

藍

음독	らん	甘藍 감람, 양배추　出藍 출람, 청출어람
		出藍の誉れ 청출어람, 출람지예
훈독	あい	藍色 남색　藍染め 쪽 염색

쪽 람(남)

出藍の誉れとは「教えを受けた生徒が成長して先生を超える」ことを指す。 청출어람이란 '지도를 받은 학생이 성장해서 선생님을 뛰어넘는다'는 것을 가리킨다.

藍染めの服を着ました。쪽 염색한 옷을 입었습니다.

고급 한자 · 10

밝을 **료(요)**

음독	**りょう**

明瞭 ^{めいりょう} 명료　不明瞭 ^{ふ めいりょう} 분명하지 않음

瞭然 ^{りょうぜん} 요연, 명확히 의심할 곳이 없는 모습

彼女 ^{かのじょ} の答 ^{こた} えはいつも明瞭 ^{めいりょう} です。 그녀의 대답은 항상 명료합니다.

その事件 ^{じ けん} は不明瞭 ^{ふ めいりょう} な点 ^{てん} が多 ^{おお} い。 그 사건은 불분명한 점이 많다.

화목할 **목**

음독	**ぼく**
훈독	**むつまじい**

親睦 ^{しんぼく} 친목　和睦 ^{わ ぼく} 화목

睦 ^{むつ} まじい 사이가 좋다, 화목하다

旅行 ^{りょこう} で親睦 ^{しんぼく} を深 ^{ふか} めましょう。 여행으로 친목을 돈독히 합시다.

両親 ^{りょうしん} のように睦 ^{むつ} まじい夫婦 ^{ふうふ} になりたい。 부모님처럼 사이가 좋은 부부가 되고 싶다.

짝 **려(여)**

음독	**りょ**

僧侶 ^{そうりょ} 승려　伴侶 ^{はんりょ} 반려, 동반자, 길동무, 배우자

僧侶 ^{そうりょ} は、出家 ^{しゅっけ} して仏道 ^{ぶつどう} を修行 ^{しゅぎょう} する人 ^{ひと} です。 승려는 출가해서 불도를 수행하는 사람입니다.

人生 ^{じんせい} を一緒 ^{いっしょ} に歩 ^{あゆ} んでいける伴侶 ^{はんりょ} がいます。 인생을 함께 걸어갈 수 있는 배우자가 있습니다.

고울 **염**

음독	**えん**
훈독	**つや**
	つややか
	あでやか
	なまめかしい

妖艶 ^{ようえん} 요염, 품위가 있게 곱고 아리따운 모습

凄艶 ^{せいえん} 소름이 끼칠 정도로 요염한 모양　豊艶 ^{ほうえん} 풍만하고 아름다움

艶 ^{つや} 윤기, 재미　色艶 ^{いろ つや} 윤기, 혈색

艶 ^{つや} やか 윤기가 돎

艶 ^{あで} やか 아리따움, 요염함

艶 ^{なまめ} かしい 요염하다

彼女 ^{かのじょ} は妖艶 ^{ようえん} にほほえんでいます。 그녀는 요염하게 미소 짓고 있습니다.

肌 ^{はだ} の手入 ^{て い} れをしたら、色艶 ^{いろつや} が増 ^ま しました。 피부 관리를 했더니 윤기가 더해졌습니다.

2040 | 급수 외

妖

음독 **よう**

妖怪 ようかい 요괴　妖術 ようじゅつ 요술, 마술　妖気 ようき 요기, 요사스러운 기운
妖精 ようせい 요정　妖艶 ようえん 요염

훈독 **あやしい**

妖しい あやしい 불가사의하다, 야릇하다, 신비하다

요사할 요

恐ろしい妖怪の話を聞きました。 무서운 요괴 이야기를 들었습니다.
あの女優には妖しい魅力がある。 저 여배우에게는 신비한 매력이 있다.

2041 | 급수 외

冶

음독 **や**

冶金 やきん 야금, 광석에서 금속을 골라냄　陶冶 とうや 도야, 육성
鍛冶 たんや 단야, 대장일　妖冶 ようや 요야, 아름답고 요염함

예외 鍛冶 かじ 대장일　鍛冶師 かじし 대장장이

풀무 야

人格の陶冶を重視します。 인격의 도야를 중시합니다.
鍛冶の仕事は本当に大変です。 대장일은 정말로 힘듭니다.

Tip '鍛冶 かじ'와 '鍛冶 たんや' 둘 다 '대장일'을 뜻하며 '鍛冶 たんや'가 한문투의 말씨임.

2042 | N1

袖

음독 **しゅう**

袖珍 しゅうちん 소매에 들어갈 정도로 작은 것　領袖 りょうしゅう 영수, 우두머리

훈독 **そで**

袖 そで 소매　振袖 ふりそで 겨드랑 밑을 꿰매지 않은 긴 소매　半袖 はんそで 반팔
袖なし そでなし 소매 없는 옷

소매 수

政党の領袖となってインタビューをしました。 정당의 대표가 되어 인터뷰를 했습니다.
半袖のシャツを着ている。 반팔 셔츠를 입고 있다.

2043 | 급수 외

裾

훈독 **すそ**

裾 すそ 옷자락　裾幅 すそはば 옷자락 폭　裾野 すその (화산의) 기슭이 완만하게 경사진 들판
お裾分け おすそわけ 남에게 얻은 물건 등을 다시 남에게 나누어 줌

옷자락 거

ジーパンの裾を短く直した。 청바지 밑단을 짧게 수선했다.
富士の裾野が広がります。 후지산의 산기슭이 펼쳐집니다.

고급 한자 · 10

음독 **あい**

挨拶 인사　舞台挨拶 무대 인사

밀칠 **애**

友人に挨拶をする。친구에게 인사를 하다.
新宿ピカデリーで舞台挨拶を開催します。신주쿠 피카딜리에서 무대 인사를 개최합니다.

음독 **さつ**

挨拶 인사　ご挨拶 인사(挨拶를 정중하게 하는 말)

짓누를 **찰**

先生に丁寧に挨拶します。선생님께 공손하게 인사합니다.
直接お会いしてご挨拶ができないことが、すごく残念です。직접 만나뵙고 인사드릴 수 없는
점이 너무 아쉽습니다.

음독 **さ**

沙汰 소식, 통지, 평판, 소문, 짓　無沙汰 격조함, 소식을 전하지 않음
手持無沙汰 할 일이 없어 따분함, 무료함　表沙汰 표면화

모래 **사**

ご無沙汰しております。お元気でしたか。격조했습니다. 잘 지내셨습니까?
手持無沙汰な日常を送っている。무료한 일상을 보내고 있다.

음독 **た**

沙汰 소식, 통지, 평판, 소문, 짓　音沙汰 소식, 연락, 전갈　淘汰 도태

일 **태**

何の音沙汰もありません。아무런 소식도 없습니다.
不景気で何百という企業が業界から淘汰された。불경기로 몇백 개나 되는 기업이 업계에서 도
태되었다.

음독 **あい**

曖昧 애매함　曖昧模糊 애매모호

희미할 애

聞いても曖昧な返事をします。 물어보아도 애매한 대답을 합니다.
僕の作品は、ひじょうに曖昧模糊としたものばかりです。 내 작품은 진짜 애매모호한 것 뿐입니다.

음독 **まい**

曖昧 애매함　愚昧 우매　贅沢三昧 마음껏 사치를 누림

어두울 매

説明が曖昧でよく分かりません。 설명이 애매해서 잘 모르겠습니다.
結婚してから贅沢三昧の暮らしをしている。 결혼하고 나서 마음껏 사치를 누리는 생활을 하고 있다.

훈독 **やみ**

闇 암흑　闇夜 깜깜한 밤　闇市 암시장　暗闇 어둠, 어두운 곳
宵闇 땅거미, 초저녁의 어스름

숨을 암

闇夜で何も見えません。 깜깜한 밤이라 아무것도 안 보입니다.
暗闇の中を歩く。 어둠 속을 걷는다.

음독 **めい**

冥福 명복　冥王星 명왕성　冥土・冥途 황천
頑冥 완명, 완고하고 사물의 도리에 어두운 것

みょう

冥利 명리, 어떤 입장·처지에서 저절로 얻는 은혜나 행복　冥福 명복

어두울 명

故人の冥福を祈ります。 고인의 명복을 빕니다.
役者冥利に尽きます。 배우로서 더없이 행복합니다.

555

최상급 한자

• 85자

嫉 미워할 질	妬 샘낼 투	弄 희롱할 롱(농)	玩 희롱할 완	伎 재간 기	唄 염불소리 패	采 풍채 채
						諧 화할 해
稽 상고할 계	爽 시원할 상	凄 쓸쓸할 처	慄 떨릴 률(율)	羨 부러워할 선	羞 부끄러울 수	賂 뇌물 뢰(뇌)
						賭 내기 도
謎 수수께끼 미	旦 아침 단	那 어찌 나	頃 잠깐 경	勾 굽을 구	芯 골풀 심	宛 완연할 완
						弥 두루 미
僅 겨우 근	桁 차꼬 항	貌 모양 모	箋 기록할 전	旺 왕성할 왕	沃 기름질 옥	叱 꾸짖을 질
						苛 가혹할 가
懼 두려워할 구	畏 두려워할 외	須 모름지기 수	戴 일 대	氾 넘칠 범	汎 넓을 범	恣 마음대로 자
						狙 엿볼 저
呪 빌 주	拉 끌 랍(납)	怨 원망할 원	勃 노할 발	嘲 비웃을 조	罵 꾸짖을 매	蔑 업신여길 멸
						辣 매울 랄(날)
傲 거만할 오	挫 꺾을 좌	斬 벨 참	捻 비틀 넘(염)	萎 시들 위	淫 음란할 음	貪 탐낼 탐
						剝 벗길 박
訃 부고 부	鬱 답답할 울	喩 깨우칠 유	彙 무리 휘	楷 본보기 해	詮 설명할 전	堆 쌓을 퇴
						捗 칠 척
蹴 찰 축	捉 잡을 착	摯 잡을 지	貼 붙일 첩	塡 메울 전/진정할 진	湧 끓어오를 용	溺 빠질 닉(익)
						頓 조아릴 돈
遜 겸손할 손	綻 터질 탄	遡 거스를 소	毀 헐 훼	潰 무너질 궤	憧 동경할 동	憬 깨달을 경
						醒 깰 성
諦 살필 체	踪 자취 종	錮 막을 고	蔽 덮을 폐	緻 빽빽할 치		

음독	しつ	嫉妬 질투　嫉視 질시
훈독	ねたむ	嫉む 샘하다, 질투하다, 시기하다
	ねたましい	嫉ましい 샘이 나다

미워할 **질**

友人を嫉妬の目で見る。 친구를 질투의 눈으로 본다.

周囲の知人がどんどん出世していって妬んだりしました。 주위 지인들이 자꾸 출세해서 질투하기도 했습니다.

음독	と	嫉妬 질투　嫉妬心 질투심
훈독	ねたむ	妬む 질투하다, 시기하다
	ねたましい	妬ましい 질투하다

샘낼 **투**

彼女は他人の成功を妬みます。 그녀는 남의 성공을 시샘합니다.

結婚する友人が妬ましくてたまらない。 결혼하는 친구가 질투 나서 죽겠다.

음독	ろう	愚弄 우롱, 깔보고 놀림　翻弄 번롱, 농락함
훈독	もてあそぶ	弄ぶ 가지고 놀다, 농락하다, 희롱하다

희롱할 **롱(농)**

セクハラは性的に他人を愚弄した発言です。 성희롱은 성적으로 타인을 우롱한 발언입니다.

人の心を弄ぶような行為はぜったいしてはいけない。 남의 마음을 가지고 놀려는 행위는 절대 해서는 안 된다.

음독	がん	玩具 완구　賞玩 (음식 맛을) 칭찬하며 맛봄, 감상　愛玩 애완
예외		玩具 장난감

희롱할 **완**

玩具店を営んでいます。 완구점을 운영하고 있습니다.

愛玩動物たちと一生暮したい。 애완동물들과 평생 살고 싶다.

2056 | 급수 외

음독 き

歌舞伎 가부키

ぎ

伎楽 기악, 고대 무언 가면극　　伎芸 기예

재간 **기**

劇場で歌舞伎を楽しみました。 극장에서 가부키를 즐겼습니다.

博物館で伎楽の面の展覧会があって見に行った。 박물관에서 기악의 가면 전람회가 있어서 보러 갔다.

2057 | 급수 외

훈독 うた

小唄 에도 시대 가요　　長唄 나가우타, 일본 전통 예능 중 하나

唄方 샤미센 연주에 맞춰 노래 부르는 사람　　子守唄 자장가

염불 소리 **패**

母は長唄を教えています。 엄마는 나가우타(에도 시대에 유행한 긴 노래)를 가르치고 있습니다.

母親が子供に子守唄を歌ってくれました。 엄마가 아이에게 자장가를 불러 주었습니다.

2058 | 급수 외

음독 さい

采 주사위　　采色 채색, 풍채와 얼굴색

采配 대장이 전장에서 병사를 지휘할 때 쓰던 술이 달린 지휘봉, 지휘

風采 풍채, 사람의 겉모습　　喝采 갈채

풍채 **채**

社長はプロジェクトで見事な采配をふるいました。 사장님은 프로젝트에서 훌륭한 지휘를 했습니다.

観客の拍手喝采が10分間続いた。 관객의 박수갈채가 10분 동안 이어졌다.

2059 | 급수 외

음독 かい

諧謔 해학, 유머　　和諧 화목함, 화해함

俳諧 하이카이(일본 고유의 짧은 시)

화할 **해**

諧謔的な詩を読んで楽しんでいました。 해학적인 시를 읽고 즐겼습니다.

芭蕉は江戸時代の俳諧師です。 바쇼는 에도 시대의 하이카이 시인입니다.

음독 けい

稽古 (학문·기술·예능을) 배움, 익힘, 연습, 레슨

滑稽 골계, 익살스러움, 우스꽝스러움　荒唐無稽 황당무계

상고할 **稽**

踊りの稽古をした。 춤 연습을 했다.

滑稽な失敗談を聞いて笑いました。 우스꽝스러운 실패담을 듣고 웃었습니다.

음독 そう

爽快 상쾌　颯爽 행동이 시원스럽고 씩씩함

훈독 さわやか

爽やか 상쾌함, 시원시원함, 산뜻함

시원할 **爽**

爽快な気分になりました。 상쾌한 기분이 들었습니다.

秋の風は爽やかです。 가을바람은 시원합니다.

음독 せい

凄惨 처참　凄絶 처절

훈독 すごい

凄い 대단하다, 굉장하다

すさまじい

凄まじい 무시무시하다

쓸쓸할 **처**

事故現場は凄惨を極めた。 사고 현장은 처참 그 자체였다.

凄まじい勢いで台風が来ました。 무시무시한 세력으로 태풍이 왔습니다.

음독 りつ

慄然 두려워 오싹해짐　戦慄 전율

떨릴 **률(율)**

事件現場を見て慄然としました。 사건 현장을 보고 오싹해졌습니다.

思わず戦慄を覚えた。 나도 모르게 전율을 느꼈다.

음독	せん	羨望 선망, 부럽게 생각하는 것
훈독	うらやむ	羨む 부러워하다, 선망하다
	うらやましい	羨ましい 부럽다

부러워할 **선**

彼女は全員の羨望の的です。 그녀는 모든 사람의 선망의 대상입니다.
暇な弟が羨ましいです。 한가한 남동생이 부럽습니다.

음독	しゅう	羞明 수명, 눈이 부심 羞恥心 수치심

부끄러울 **수**

光にまぶしさを覚える状態を「羞明」と呼びます。 빛에 눈부심을 느끼는 상태를 '수명(눈부심)'이라고 부릅니다.
変なプライドや羞恥心は捨てましょう。 이상한 자존심이나 수치심은 버립시다.

음독	ろ	賄賂 뇌물
훈독	まいない	賂 뇌물

뇌물 **뢰(뇌)**

彼はひそかに政治家に賄賂を渡しました。 그는 몰래 정치인에게 뇌물을 전달했습니다.
賂を贈って歓心を買おうとした。 뇌물을 보내 환심을 사려고 했다.

음독	と	賭する 걸다, 내기를 하다 賭博 도박 賭場 도박장, 노름판
훈독	かける	賭ける 도박하다, 걸다 賭け・賭け事 내기, 도박

내기 **도**

賭博でいくらかもうけたことはありますか。 도박에서 얼마라도 번 적이 있습니까?
事業に命を賭けます。 사업에 목숨을 겁니다.

| 훈독 | **なぞ** | 謎 수수께끼　謎解き 수수께끼 풀기 |

수수께끼 **미**

いよいよ謎が解けました。 드디어 수수께끼가 풀렸습니다.

会場では謎解きゲームのコーナーもあった。 행사장에는 수수께끼 게임 코너도 있었다.

| 음독 | **たん** | 一旦 일단　元旦 설날, 설날 아침　歳旦 설날 |
| | **だん** | 旦那 주인, 남편 |

아침 **단**

元旦に初詣に行く。 설날 아침에 신사에 첫 참배를 하러 간다.

彼は大きな商店の旦那です。 그는 큰 상점의 주인입니다.

| 음독 | **な** | 刹那 찰나, 순간　那落 나락　旦那 주인, 남편 |

어찌 **나**

今日の刹那に生きる。 오늘의 찰나에 살다.

大泉さんの旦那さんは10年前に亡くなったそうです。 오이즈미 씨의 남편분은 10년 전에 돌아가셨다고 합니다.

훈독	**ころ**	頃 경, 무렵, 쯤　学生の頃 학생 때　頃合い 적당한 때, 알맞음
		日頃 평소, 요즘　近頃 최근, 요즘　年頃 적령기
		手頃 알맞음, 조건에 걸맞음

잠깐 **경**

そろそろ着く頃だ。 슬슬 도착할 때다.

健やかな毎日を送るためには、日頃の健康管理が大切です。 건강한 하루하루를 보내기 위해서는 평소의 건강 관리가 중요합니다.

고급한자 · 11

音독 **こう**

こうりゅう
勾留 구류 勾引 구인, 잡아 끌고 감 こうばい
勾配 경사, 비탈 勾欄 난간

굽을 **구**

こうりゅう みがら こうそく しょぶん
勾留は、身柄を拘束する処分です。 구류는 신병(보호나 구금의 대상자)을 구속하는 처분입니다.
こうばい きゅう さかみち
ここは勾配の急な坂道です。 여기는 경사가 급한 언덕길입니다.

芯

音독 **しん**

しん えんぴつ しん
芯 심(지), 싹, 눈 鉛筆の芯 연필심

골풀 **심**

しん ぬ ひ け
ろうそくの芯が濡れて、火が消えた。 촛불 심지가 젖어서 불이 꺼졌다.
あたま しん いた
頭の芯がずきずきと痛みます。 머릿속이 욱신욱신 아픕니다.

訓독 **あたかも**　　あたか
　　　　　　　　　宛も 마치, 흡사
　　あて　　　　宛名 수신인명, (편지·서류 등에 쓰는) 상대방의 이름, 또는 주소와 이름
　　　　　　　　　あてさき
　　　　　　　　　宛先 수신인, 수신인의 주소
　　あてる　　　あ
　　　　　　　　　宛てる (편지를) 보내다, 부치다
　　さながら　　さなが
　　　　　　　　　宛ら 마치, 흡사

완연할 **완**

あてさき ふめい てがみ もど
宛先が不明で手紙が戻った。 수신인이 불분명해서 편지가 되돌아왔다.
がいこく ともだち てがみ あ
外国の友達に手紙を宛てます。 외국 친구에게 편지를 부칩니다.

彌

音독 **み**　　みろく みろくぼさつ
　　　　　　弥勒 미륵 弥勒菩薩 미륵보살
訓독 **や**　　や
　　　　　　弥 수가 많음, 점점, 더욱 더 弥生 음력 3월
　　　　　　やよい じだい
　　　　　　弥生時代 야요이 시대(기원전 3세기~기원후 5세기까지 일본의 800년간)

두루 **미**

てら みろくぼさつぞう
この寺には弥勒菩薩像がある。 이 절에는 미륵보살상이 있다.
やよい いんれき がつ
弥生は陰暦3月をいいます。 야요이는 음력 3월을 말합니다.

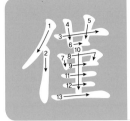

2076 | 급수 외

| 음독 | きん | 僅^{きんしょう}少 근소 僅^{きんきん}々 근근, 약간 僅^{きんさ}差 근소한 차이 |
| 훈독 | わずか | 僅^{わず}か 근소함, 불과, 약간 |

겨우 **근**

僅^{きんさ}差で勝^{しょうり}利をものにしました。 근소한 차이로 승리를 획득했습니다.

残^{ざんねん}念ながら、一^{いちい}位との差は僅^{わず}かだった。 아쉽게도 1위와의 차이는 얼마 안 됐다.

Tip 한자 '僅'은 '僅'으로도 씀.

2077 | 급수 외

| 음독 | こう | 衣^{いこう}桁 옷걸이 |
| 훈독 | けた | 四^{よんけた}桁 4자리 桁^{けたちが}違い 현격한 차이, 단위가 틀림, 숫자의 자릿수가 틀림 桁^{けたはず}外れ 표준과 엄청난 차이가 남 橋^{はしげた}桁 다리의 횡목(다리에서 교각 위에 걸쳐놓아 교판(橋板)을 지지하게 하는 재목) |

차꼬 **항**

クレジットカードの四^{よんけた}桁の暗^{あんしょうばんごう}証番号を忘^{わす}れてしまったのです。 신용카드 4자릿수 비밀번호를 잊어버렸습니다.

ＩＴ業^{ぎょうかい}界で桁^{けたはず}外れの結^{けっか}果を出^だした。 IT업계에서 월등한 결과를 냈다.

2078 | 급수 외

| 음독 | ぼう | 美^{びぼう}貌 미모 変^{へんぼう}貌 변모, 모습·모양이 변하는 것 容^{ようぼう}貌 용모 全^{ぜんぼう}貌 전모 |

모양 **모**

彼^{かのじょ}女は美^{びぼう}貌と才^{さいのう}能、名^{めいせい}声を手^てにしました。 그녀는 미모와 재능 그리고 명예를 손에 넣었습니다.

新^{しんがた}型コロナウイルスで世^{せかい}界は変^{へんぼう}貌しつつある。 신종 코로나바이러스로 세계는 변모하고 있다.

2079 | 급수 외

| 음독 | せん | 便^{びんせん}箋 편지지 処^{しょほうせん}方箋 처방전 付^{ふせん}箋 포스트잇, 부전지 |

기록할 **전**

手^{てがみ}紙を便^{びんせん}箋に書^かきます。 편지를 편지지에 씁니다.

病^{びょういん}院で処^{しょほうせん}方箋をもらった。 병원에서 처방전을 받았다.

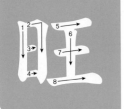

음독 **おう**

旺盛 왕성　旺然 일이 왕성한 모습, 빛이 아름다운 모습

왕성할 왕

弟は食欲旺盛です。 남동생은 식욕이 왕성합니다.
先生の旺然たる創作熱に、いつもながら、敬意を表する。 선생님의 왕성한 창작에 대한 열의에 항상 경의를 표한다.

음독 **よく**

肥沃 비옥　肥沃土 비옥토
沃地 옥토, 기름진 땅　豊沃 땅이 비옥함

기름질 옥

肥沃な土地なので農作物がよく育ちます。 비옥한 토지라서 농작물이 잘 자랍니다.
140トンの肥沃土が埼玉県から運び込まれた。 140톤의 비옥토가 사이타마현에서 운반되어 왔다.

음독 **しつ**

叱咤 질타　叱責 질책　叱正 질정, 꾸짖어 바로 잡음

훈독 **しかる**

叱る 꾸짖다, 야단치다

꾸짖을 질

上司から厳しい叱責を受けました。 상사한테 심한 질책을 받았습니다.
子供を叱る時に、感情的になってはいけないです。 아이를 꾸짖을 때는 감정적이어서는 안 됩니다.

苛

음독 **か**

苛酷 가혹함　苛虐 가학, 학대하고 괴롭힘　苛烈 가열, 격렬
苛性 가성(피부나 동물의 세포 조직을 썩게 하는 성질)

훈독 **いじめ**

苛め 괴롭힘, 이지메

いら

苛立つ 초조해지다, 안절부절못하다　苛々 초조해하는 모양

가혹할 가

モデルだった頃の彼女は毎日のように苛酷なダイエットを続けていた。 모델이었던 시절의 그녀는 매일같이 가혹한 다이어트를 계속했다.
苛々して不安なのです。 초조하고 불안합니다.

2084 | 급수 외

음독 ぐ	危惧 위구, 우려, 불안, 걱정　絶滅危惧種 멸종위기종

懼

두려워할 **구**

白熊は絶滅が危惧される動物です。 북극곰은 멸종이 우려되는 동물입니다.
この島には多くの絶滅危惧種が生息している。 이 섬에는 많은 멸종위기종이 생식하고 있다.

2085 | 급수 외

음독 い	畏縮 위축, 두려워서 몸을 움츠리는 것　畏敬 경외
	畏怖 몹시 두려워함, 겁냄
훈독 おそれる	畏れる 경외하다, 공경하여 가까이 가지 않다
	畏れ多い 황공하다, 송구스럽다

두려워할 **외**

先生に畏敬の念をもちます。 선생님께 경외하는 마음을 갖습니다.
弟は体を鍛えていて、畏れるものがない。 남동생은 몸을 단련해서 두려워하는 것이 없다.

2086 | N1

음독 しゅ	須要 수요, 필수
す	必須 필수　急須 손잡이가 달린 찻주전자

모름지기 **수**

この本は社会人に必須の知識を込めました。 이 책은 사회인에게 필수적인 지식을 담았습니다.
家庭でお茶を急須でいれて飲む習慣が減った。 가정에서 차를 주전자에 담아 마시는 습관이
줄었다.

2087 | N1

음독 たい	推戴 추대, 떠받듦, 단체 등의 장으로 맞이하는 것
	頂戴 '받음'의 낮춤말, 주십시오　戴冠式 대관식
훈독 いただく	戴く 받다, 얻다

일 **대**

高価な品を頂戴しました。 고가의 물건을 받았습니다.
女王の戴冠式が行われた。 여왕의 대관식이 거행되었다.

고급 한자 · 11

2088 | 급수 외

음독 はん

氾濫 범람

넘칠 범

大雨で河川が氾濫しました。 많은 비로 하천이 범람했습니다.

2089 | 급수 외

음독 はん

汎称 범칭, 총칭　広汎 광범, 범위가 넓음　汎用 범용, 널리 사용함
汎用性 범용성　汎論 통론, 범론

넓을 범

A社の提案書のフォーマットを他社にも汎用する。 A사 제안서 포맷을 다른 회사에도 범용한다.
この製品は、 汎用性が高いことでよく知られています。 이 제품은 범용성이 높은 것으로 잘 알려져 있습니다.

2090 | 급수 외

음독 し

恣意的 자의적

훈독 ほしいまま

恣 제멋대로임, 방자함

마음대로 자

あの評論家は恣意的な解釈をします。 그 평론가는 자의적인 해석을 합니다.
会長は権力を恣にしています。 회장님은 권력을 마음대로 휘두르고 있습니다.

2091 | 급수 외

음독 そ

狙撃 저격

훈독 ねらう

狙う 겨누다, 노리다, 엿보다　狙い 조준

엿볼 저

大統領を狙撃しようとする事件が起りました。 대통령을 저격하려는 사건이 일어났습니다.
鷹はひそかにネズミを狙っています。 매는 조용히 쥐를 노리고 있습니다.

음독 じゅ

呪文 주문　呪縛 주문의 힘으로 꼼짝 못하게 함, 심리적으로 속박함

훈독 のろう

呪う 저주하다, 원망하다　呪い 저주

빌 **주**

長年の呪縛を解いてすっきりしました。 오랜 세월의 (심리적) 속박을 풀고 마음이 편해졌습니다.

不運な自分の運命を呪った。 불운한 자신의 운명을 원망했다.

음독 ら

拉致 납치

예외 拉麺 라면

끌 **랍(납)**

5歳の女の子が犯人に拉致された。 5살 여자아이가 범인에게 납치당했다.

Tip '拉致(납치)'는 '拉致'로도 읽음.

음독 えん

怨恨 원한, 원망　怨言 원망의 말　深怨 깊은 원한

私怨 사사로운 원한

おん

怨念 원한, 원망하는 마음　怨霊 원령, 원혼

훈독 うらむ

怨む 원망하다

원망할 **원**

怨恨による殺人事件が起きました。 원한에 의한 살인 사건이 일어났습니다.

彼女は自分の不運を怨みました。 그녀는 자신의 불운을 원망했습니다.

음독 ぼつ

勃発 발발　勃興 발흥, 갑자기 일어남

노할 **발**

1950年に韓国戦争が勃発しました。 1950년에 한국전쟁이 발발했습니다.

新勢力が勃興しました。 신세력이 갑자기 일어났습니다.

2096 | 급수 외

음독 **ちょう**　嘲笑 조소, 비웃으며 웃음거리로 만드는 것　自嘲 자조

嘲罵 조매, 비웃고 욕함

훈독 **あざける**　嘲る 비웃다, 조롱하다　嘲笑う 조소하다, 비웃다

비웃을 **조**

変な発言をして人の嘲笑を買った。이상한 말을 해서 다른 사람의 웃음거리가 되었다.
人を嘲るのはよくないです。남을 비웃는 것은 좋지 않습니다.

2097 | 급수 외

음독 **ば**　罵倒 매도　罵声 욕하는 소리　罵言 욕하는 말, 험담

훈독 **ののしる**　罵る 욕설을 퍼붓다, 매도하다

꾸짖을 **매**

彼は怒ったら人に罵声を浴びせる。그는 화가 나면 남에게 욕설을 퍼붓는다.
大声で罵ると通報されます。큰 소리로 욕하면 신고당합니다.

2098 | 급수 외

蔑

음독 **べつ**　蔑視 멸시　軽蔑 경멸　侮蔑 모멸

훈독 **さげすむ**　蔑む 업신여기다, 얕보다

업신여길 **멸**

彼は私を軽蔑のまなざしで見ました。그는 나를 경멸하는 눈빛으로 보았습니다.
地位や出身で他人を蔑んではいけません。지위나 출신으로 남을 깔보아서는 안 됩니다.

2099 | 급수 외

음독 **らつ**　悪辣 악랄　辛辣 신랄　辣韮 락교　辣腕 민완, 놀라운 솜씨

매울 **랄(날)**

辛辣な皮肉を言ってみんなを困らせた。신랄하게 비꼬아 말해서 모두를 곤란하게 만들었다.
大統領は国民経済の管理運営に辣腕を振るった。대통령은 국민경제의 관리 운영에 뛰어난 능력을 발휘했다.

568

2100 | 급수 외

거만할 **오**

음독 **ごう**

傲然 오연, 거만한 모양　傲慢 오만, 거만

傲然とした態度をとる人が多い。 거만한 태도를 보이는 사람이 많다.
傲慢な振る舞いをしてはいけません。 거만한 행동을 해서는 안 됩니다.

2101 | 급수 외

꺾을 **좌**

음독 **ざ**

挫折 좌절　頓挫 돈좌, 좌절　挫傷 좌상, 타박상

たくさんの困難や挫折を経験し、人間として成長していきます。 많은 곤란이나 좌절을 경
험해 인간으로서 성장해 갑니다.
進めてきた計画が頓挫した。 추진해 왔던 계획이 좌절됐다.

2102 | 급수 외

벨 **참**

음독 **ざん**

斬新 참신　斬殺 참살, 베어 죽임　斬首 참수, 목을 벰

훈독 **きる**

斬る 베다, 자르다, 규탄하다

斬新なアイデアで問題を解決しました。 참신한 아이디어로 문제를 해결했습니다.
雑誌に世相を斬る論評が載りました。 잡지에 세상을 규탄하는 논평이 실렸습니다.

2103 | 급수 외

비틀 **념(염)**

음독 **ねん**

捻挫 염좌, 관절을 삠　捻出 염출, (생각 등을) 짜냄

훈독 **ひねる**

捻る 비틀다, 틀다, 비꼬다, (생각을) 짜내다

ねじる

捻る 비틀다, 뒤틀다, 쥐어짜다

費用を捻出しましょう。 비용을 만들어 냅시다.
足首を捻って病院に行きました。 발목을 삐어서 병원에 갔습니다.

고급 한자 · 11

569

2104 | 급수 외

萎

음독	い	萎縮 위축, 작아지고 오므라듦
훈독	なえる	萎える 축 처지다, 시들다
	しおれる	萎れる 시들다
	しぼむ	萎む 위축되다, 시들다

시들 **위**

大勢の人の前に立つと心が萎縮する。 많은 사람들 앞에 서면 마음이 위축된다.
失敗して気持ちが萎えました。 실패해서 마음이 처졌습니다.

2105 | 급수 외

淫

음독	いん	淫逸 음일, 유흥에 빠짐, 음탕함 淫虐 음탕하고 잔학함
		淫辞 음사, 음란한 말 淫乱 음란
훈독	みだら	淫ら 음란함, 외설스러움, 난잡함

음란할 **음**

彼女は彼の淫乱な行いをとがめます。 그녀는 그의 음란한 행동을 비난했습니다.
彼は淫らな行為をして警察に捕まった。 그는 음란한 행위를 해서 경찰에 붙잡혔다.

2106 | 급수 외

貪

| 음독 | どん | 貪欲 탐욕, 매우 의욕적임   貪食 탐식, 게걸스럽게 먹음 |
| 훈독 | むさぼる | 貪る 탐내다, 탐하다, 욕심부리다 |

탐낼 **탐**

彼は貪欲な姿勢で仕事に取り組んでいます。 그는 매우 의욕적인 자세로 일에 임하고 있습니다.
私利私欲を貪るという行為は、許されるものではない。 사리사욕을 탐하는 행위는 허용될 수 없다.

2107 | N1

剝

음독	はく	剝奪 박탈 剝製 박제 剝離 박리, 벗겨져 떨어짐
훈독	はぐ	剝ぐ 벗기다, 걷어내다, 박탈하다
	はがす	剝がす 벗기다, 떼다
	はがれる	剝がれる 벗겨지다, 떨어지다
	はげる	剝げる 빛이 바래다, 벗겨지다
	むく	剝く 껍질을 벗기다, 까다

벗길 **박**

動物の剝製を飾りにした。 동물의 박제를 장식으로 했다.
壁のシールを剝がします。 벽에 붙은 스티커를 벗깁니다.

Tip 한자 '剝'은 '剥'으로도 쓰임.

음독 ふ

訃報 부보, 부고　訃音 부음, 죽었다는 기별　訃告 부고

부고 부

突然の訃報に接しました。 갑작스러운 부고를 접했습니다.
先生の突然の訃音は、余りにも大きな衝撃だった。 선생님의 갑작스러운 사망 소식은 너무나 큰 충격이었다.

음독 うつ

鬱々 우울함　鬱病 우울증　抑鬱 억울함　憂鬱 우울
沈鬱 침울　鬱憤 울분

답답할 울

コロナのせいで鬱病になりました。 코로나 탓에 우울증에 걸렸습니다.
憂鬱な気分になって何もできません。 우울한 기분이 들어서 아무것도 못 하겠습니다.

음독 ゆ

暗喩 암유, 은유　隱喩 은유　比喩 비유

깨우칠 유

これが詩に使われている比喩です。 이것이 시에 쓰이고 있는 비유입니다.
この作家は「隱喩の巨匠」と呼ばれた。 이 작가는 '은유의 거장'으로 불렸다.

음독 い

語彙 어휘　語彙力 어휘력

무리 휘

彼女は語彙が豊富です。 그녀는 어휘가 풍부합니다.
語彙力を高める一番の方法は、本をたくさん読むことです。 어휘력을 높이는 최고의 방법은 책을 많이 읽는 것입니다.

고급 한자 • 11

음독 **かい**

かい しょ
楷書 해서　楷書体 해서체

본보기 **해**

かん じ　　かい しょ　　てい ねい　　か
漢字を楷書で丁寧に書く。 한자를 해서체로 정성 들여 쓰다.
きょう か しょ　　　かい しょ たい　　いん さつ
その教科書は楷書体で印刷された。 그 교과서는 해서체로 인쇄되었다.

詮

음독 **せん**

せん さく
詮索 탐색, 세세한 점까지 귀찮을 정도로 깊이 파고 듦
せん ぎ
詮議 전의, 심의, (죄인을) 문초함　　所詮 결국, 어차피

설명할 **전**

た にん　　　せん さく
他人の詮索をするな。 남에 대해 꼬치꼬치 캐묻지 마라.
しょ せん　　　　　　　　ゆめ
所詮かなわぬ夢です。 어차피 이루어지지 못할 꿈입니다.

음독 **たい**

たい ひ　　　　　たい せき
堆肥 퇴비　　堆積 퇴적

훈독 **うずたかい**

うず たか
堆い 산더미 같다, 수북하다

쌓을 **퇴**

はたけ　　ま　　くろ　　たい ひ　　ま
畑に真っ黒の堆肥を撒きました。 밭에 새까만 퇴비를 뿌렸습니다.
にわ　　ま　なか　　　しろ　　ゆき　　　　　　　　　　うずたか　つ
庭の真ん中に、白い雪のようなものが堆く積んであった。 마당 한가운데 하얀 눈 같은 것이
수북하게 쌓여 있었다.

음독 **ちょく**

しん ちょく
進捗 진척

훈독 **はかどる**

はかど
捗る 진척되다, 순조롭게 진행되다

칠 **척**

しん ちょく じょう きょう　じょう し　　ほう こく
プロジェクトの進捗状況を上司に報告した。 프로젝트 진척 상황을 상사에게 보고했다.
ざつ ねん　　　　　　　　　　　　　　し ごと　　はかど
雑念にとらわれてなかなか仕事が捗りません。 잡념에 사로잡혀 좀처럼 일이 진척되지 않습니다.

2116 | 급수 외

찰 축

음독 しゅう　一蹴 いっしゅう 일축, 단번에 거절함

훈독 ける　蹴る 차다, 발로 찌르다, 거절하다　蹴り飛ばす 냅다 차다, 걷어차다

彼女は先日、テレビ出演の依頼を一蹴した。 그녀는 일전에 텔레비전 출연 의뢰를 거절했다.

サッカーボールを蹴ってそのままゴールに入った。 축구공을 발로 차서 그대로 골이 들어갔다.

2117 | 급수 외

잡을 착

음독 そく　捕捉 ほそく 포착　把捉 はそく 파악

훈독 とらえる　捉える 인식·파악하다, 받아들이다

敵機はレーダーに捕捉されました。 적기가 레이더에 포착되었습니다.

ちゃんと私の言ったことの意味を捉えているか不安です。 내가 말한 뜻을 잘 파악했는지 불안합니다.

2118 | 급수 외

잡을 지

음독 し　真摯 しんし 진지

批判を真摯に受け止めました。 비판을 진지하게 받아들였습니다.

2119 | 급수 외

붙일 첩

음독 ちょう　貼付 ちょうふ 첨부, 붙임　貼示 ちょうじ 첩시, 붙여서 나타내거나 알리는 것
　　　　てん　貼付 てんぷ 첨부

훈독 はる　貼る 붙이다　貼り付ける (접착제, 반창고 등을) 붙이다

メールの内容をコピーして資料に貼付するように上司から指示された。 메일 내용을 복사해서 자료에 첨부하도록 상사에게 지시받았다.

壁にポスターを貼ります。 벽에 포스터를 붙입니다.

음독 てん

補塡 ほてん 보전, 부족한 부분을 보태어 채우는 것

充塡 じゅうてん 충전, 빈 곳을 채워 막음　装塡 そうてん 장전

메울 **전**
진정할 **진**

業務上、足りない人員を補塡しなければなりません。 ぎょうむじょう た じんいん ほてん 업무상 부족한 인원을 보충해야 합니다.

軍人は銃に弾丸を装塡します。 ぐんじん じゅう だんがん そうてん 군인은 총에 탄환을 장전합니다.

Tip 한자 '塡'은 '填'으로도 쓰임.

음독 ゆう

湧水 ゆうすい 용수, 샘물　湧昇 ゆうしょう 용승　湧出 ゆうしゅつ 용출, 솟아나옴

훈독 わく

湧く わく 솟다, 샘솟다, 솟아나다　湧き水 わ みず 샘솟는 물

끓어오를 **용**

湧水をくんで飲みます。 ゆうすい の 샘물을 떠서 마십니다.

清水が岩間から湧いた。 しみず いわま わ 맑은 물이 바위틈에서 솟았다.

溺

음독 でき

溺死 できし 익사　沈溺 ちんでき 침닉, 물에 빠짐

溺愛 できあい 익애, 무턱대고 사랑함

훈독 おぼれる

溺れる おぼ (물에) 빠지다, (한 가지 일에) 빠지다, 익사하다

빠질 **닉(익)**

橋本さんは娘を溺愛しています。 はしもと むすめ できあい 하시모토 씨는 딸을 몹시 사랑합니다.

川に溺れた子どもを助けた。 かわ おぼ こ たす 강에 빠진 아이를 구했다.

음독 とん

整頓 せいとん 정돈　頓智 とんち 기지, 재치　頓挫 とんざ 좌절　頓着 とんちゃく 신경을 씀

無頓着 むとんちゃく 무관심함, 개의치 않음

조아릴 **돈**

いまから部屋を整頓しましょう。 へや せいとん 지금부터 방을 정돈합시다.

彼女は人の事や金の事、何事にも無頓着です。 かのじょ ひと こと かね こと なにごと む とんちゃく 그녀는 남의 일이나 돈 같은 것, 뭐든지 무관심합니다.

2124 | 급수 외

遜

음독 **そん** 謙遜 겸손 遜色 손색 不遜 불손

훈독 **へりくだる** 遜る 겸양하다, 자기를 낮추다

겸손할 **손**

不遜な態度をとって喧嘩になった。 불손한 태도를 취해 싸움이 났다.

彼は遜った口調で言いました。 그는 겸손한 어조로 말했습니다.

2125 | 급수 외

음독 **たん** 破綻 파탄

훈독 **ほころびる** 綻びる (실밥·솔기가) 터지다, (꽃망울이) 벌어지다, 미소가 떠오르다

ほころぶ 綻ぶ 풀리다

터질 **탄**

会社の経営が破綻した。 회사 경영이 파탄을 맞았다.

セーターの縫い目が綻びました。 스웨터 솔기가 터졌습니다.

2126 | 급수 외

음독 **そ** 遡及 소급 遡源 근원을 밝힘 遡上 흐름을 거슬러 올라감

훈독 **さかのぼる** 遡る 거슬러 올라가다, 소급하다

거스를 **소**

過去には遡及しない。 과거로는 되돌아가지 않겠다.

時代を遡って古代史から勉強します。 시대를 거슬러 올라가서 고대사부터 공부합니다.

2127 | 급수 외

毀

음독 **き** 毀損 훼손 毀棄 훼기, 부숴서 쓸모없게 만듦

毀誉 훼예, 비난하는 것과 칭찬하는 것

헐 **훼**

名誉毀損罪で訴えられました。 명예 훼손죄로 소송을 당했습니다.

世間の毀誉を意識しています。 세상의 비방과 칭찬을 의식하고 있습니다.

고급 한자 · 11

575

음독	かい	潰瘍 궤양　胃潰瘍 위궤양　潰滅 궤멸, 파괴되어 멸망함
훈독	つぶす	潰す 찌부러뜨리다, 부수다　時間潰し 시간 때우기
		虱潰し 샅샅이 뒤짐
	つぶれる	潰れる 무너지다, 멸망하다

무너질 궤

胃に潰瘍ができました。 위에 궤양이 생겼습니다.

箱を潰して一カ所にまとめてください。 상자를 찌부러뜨려서 한곳에 정리해 주세요.

음독	しょう	憧憬 동경
훈독	あこがれる	憧れる 동경하다, 그리(워하)다　憧れ 동경

동경할 동

先輩は幼少期から憧憬の的だった。 선배는 어렸을 대부터 동경의 대상이었다.

田舎暮らしに憧れる都会の人々が増えています。 시골 생활을 동경하는 도시의 사람들이 늘고 있습니다.

Tip '憧憬(동경)'는 '憧憬'로도 읽음.

음독	けい	憧憬 동경('しょうけい'로도 읽음)
훈독	あこがれる	憬れる 동경하다　憬れ 동경

깨달을 경

創立者である社長への憧憬の気持ちを持って入社した。 창립자인 사장님에 대해 동경하는 마음을 갖고 입사했다.

お洒落で居心地のよい憧れの空間です。 세련되고 편안하고 꿈에 그리던 공간입니다.

음독	せい	覚醒 각성　覚醒剤 각성제
훈독	さめる	醒める 깨다, 눈이 뜨이다, 제정신이 들다
	さます	醒ます 깨우다, (술기운을) 깨게 하다

깰 성

覚醒剤を使用してはいけない。 각성제를 사용해서는 안 된다.

酔いを醒ますために水を飲ませました。 술을 깨게 하려고 물을 마시게 했습니다.

2132 | 급수 외

음독 てい   諦観 체관, 체념   諦念 체념

훈독 あきらめる   諦める 체념하다, 단념하다

살필 **체**

何をしても無駄だと諦念しました。 뭘 하든 안 된다고 체념했습니다.

けがをして大会の参加を諦めました。 부상을 당해 대회 참가를 단념했습니다.

2133 | 급수 외

음독 そう   失踪 실종   踪跡 종적

자취 **종**

幼児の失踪事件が連日報道されています。 유아 실종 사고가 연일 보도되고 있습니다.

犯人は踪跡をくらまして逃げた。 범인은 종적을 감추고 도망쳤다.

2134 | 급수 외

음독 こ   禁錮 금고, 방에 가둠   禁錮刑 금고형

막을 **고**

判決は禁錮三年だった。 판결은 금고 3년이었다.

有罪になれば、20年もしくは25年の禁錮刑が科される。 유죄가 되면 20년 혹은 25년의 금고형이 내려진다.

2135 | 급수 외

蔽

음독 へい   隠蔽 은폐   遮蔽 차단하여 가림   建蔽率 건폐율

덮을 **폐**

当局は事件の真相を隠蔽しようとしました。 당국은 사건의 진상을 은폐하려 했습니다.

建蔽率とは、敷地面積に対する建築面積の割合を意味です。 건폐율이란 부지 면적에 대한 건축 면적의 비율을 의미합니다.

음독 ち

緻密 치밀　巧緻 교묘하고 세밀함　精緻 정교하고 치밀함

細緻 치밀

빽빽할 **치**

今回は緻密に練られた計画通り実行しましょう。 이번에는 치밀하게 짜인 계획대로 실행합시다.

精緻を極めた品は高価です。 매우 정교하고 정밀한 상품은 고가입니다.

功績 공적	業績 업적	実績 실적	成績 성적	拘束 구속	束縛 속박	制約 제약	規制 규제
後退 후퇴	退避 대피	避難 피난	退化 퇴화	信仰 신앙	尊敬 존경	崇拝 숭배	支持 지지
操縦 조종	操作 조작	運転 운전	作動 작동	通常 통상	普通 보통	普段 평소	一般 일반
要請 요청	要求 요구	申請 신청	申告 신고	継続 계속	存続 존속	中継 중계	後継 후계
昇進 승진	進級 진급	上昇 상승	出世 출세	挑戦 도전	対抗 대항	抗争 항쟁	戦争 전쟁
承諾 승낙	承認 승인	了承 납득	了解 양해	暗記 암기	記憶 기억	暗算 암산	回想 회상
監視 감시	監督 감독	視察 시찰	観察 관찰	幹部 간부	役員 임원	重役 중역	首脳 수뇌
根気 끈기	根性 근성	根本 근본	本気 진심	経営 경영	運営 운영	運用 운용	活用 활용
勧誘 권유	誘惑 유혹	推薦 추천	誘拐 유괴	選考 전형	選択 선택	抽選 추첨	選挙 선거
展望 전망	展示 전시	展覧 전람	進展 진전	貧乏 가난	欠乏 결핍	窮乏 궁핍	貧弱 빈약

부록

アイショウ	愛称 애칭	友達を愛称で呼ぶ。 친구를 애칭으로 부른다.
	哀傷 애상, 애도	哀傷の歌。 만가(애도가).
	愛唱 애창	この歌はこの国の人に愛唱されている。 이 노래는 이 나라 사람에게 많이 불리고 있다.
	相性 궁합, 상성	この同僚とは相性がいい。 이 동료와는 잘 맞는다.
イガイ	以外 이외	関係者以外立ち入り禁止。 관계자 이외에는 출입 금지.
	意外 의외	試験は意外に簡単だった。 시험은 의외로 간단했다.
イギ	意義 의의, 의미	参加することに意義がある。 참가하는 데 의의가 있다.
	異義 이의, 다른 뜻	同音異義語は難しい。 동음이의어는 어렵다.
	異議 이의, 다른 의견	会議で異議を唱える。 회의에서 이의를 제기한다.
イシ	意志 의지	意志が強い人物。 의지가 강한 인물.
	意思 의사	意思の疎通ができない。 의사소통이 안 된다.
	遺志 유지	故人の遺志をつぐ。 고인의 유지를 이어받는다.
イジョウ	異常 이상, 정상이 아님	異常な暑さだ。 이상한 더위다.
	異状 이상, 보통 때와 다른 상태	部屋に異状はありません。 방에 이상은 없습니다.
	以上 이상	２０歳以上が成人である。 20세 이상이 성인이다.
イドウ	移動 이동	いすを移動する。 의자를 이동하다.
	異同 다른 점	原作と翻訳の異同を調べる。 원작과 번역의 다른 곳을 조사한다.
	異動 이동	春の人事異動が発表された。 봄의 인사이동이 발표되었다.
ウンコウ	運行 운행	バスはダイヤ通り運行している。 버스는 운행표대로 운행하고 있다.
	運航 운항	飛行機の運航状況を調べる。 비행기 운항 상황을 조사한다.
エンカク	沿革 연혁	町の沿革を記す。 마을의 연혁을 기록한다.
	遠隔 원격	機械を遠隔操作する。 기계를 원격 조작한다.
ガイカン	外観 외관	建物の外観が美しい。 건물 외관이 아름답다.
	概観 개관	２０世紀の経済を概観する。 20세기 경제를 개관한다.

カイテイ	改訂 개정, 고침	辞書を改訂する。 사전을 개정한다.	
	改定 개정, 다시 정함	電車の運賃を改定する。 전철 운임을 개정한다.	
カイトウ	解答 해답, 정답	テストの解答用紙に答えを書く。 테스트 해답 용지에 정답을 쓰다.	
	回答 회답, 답변	アンケートの回答。 앙케트 답변.	
	解凍 해동	冷凍食品を解凍する。 냉동 식품을 해동한다.	
カイホウ	開放 개방	校庭を地域住民に開放する。 학교 운동장을 지역 주민에게 개방한다.	
	解放 해방	人質を解放する。 인질을 해방한다.	
カクシン	確信 확신	成功を確信している。 성공을 확신하고 있다.	
	革新 혁신	技術を革新する。 기술을 혁신한다.	
	核心 핵심	彼の意見は問題の核心をついている。 그의 의견은 문제의 핵심을 찔렀다.	
カセツ	仮説 가설	仮説を立てる。 가설을 세운다.	
	仮設 가설, 임시로 설치	避難所を仮設する。 피난소를 가설한다.	
カテイ	過程 과정	作業の過程。 작업 과정.	
	課程 과정	大学院の修士課程。 대학원 석사 과정.	
	仮定 가정	この説が正しいと仮定して議論を進める。 이 설이 옳다고 가정하고 논의를 진행한다.	
	家庭 가정	今こそ、家庭教育が大切です。 지금이야말로 가정 교육이 중요합니다.	
カンショウ	鑑賞 감상	趣味は音楽鑑賞だ。 취미는 음악 감상이다.	
	観賞 관상, 보고 즐거워함	金魚を観賞する。 금붕어를 보고 즐거워한다.	
	干渉 간섭	あの親は子供に干渉しすぎる。 저 부모는 아이에게 너무 간섭한다.	
	感傷 감상	秋は感傷的になりやすい季節だ。 가을은 감상적이 되기 쉬운 계절이다.	
カンシン	関心 관심	韓国の政治に関心がある。 한국 정치에 관심이 있다.	
	感心 감탄, 기특함	よく勉強する学生に感心する。 열심히 공부하는 학생에게 감탄한다.	
キカイ	機械 기계	工場の機械は２４時間稼働している。 공장의 기계는 24시간 가동하고 있다.	
	器械 기계	器械体操が得意だ。 기계 체조를 잘한다.	
	機会 기회	教育の機会は均等に与えられている。 교육의 기회는 균등하게 주어져 있다.	

キカン	機関 기관	金融機関。 금융 기관.	
	器官 기관	消化器官。 소화 기관.	
	気管 기관	気管の病気。 기관지 질환.	
	期間 기간	テスト期間。 테스트 기간.	
	季刊 계간	季刊誌。 계간지.	
	既刊 기간	既刊出版物。 기간(이미 간행된) 출판물.	
キコウ	気候 기후	極地の気候は激しい。 극지방의 기후는 세차다.	
	機構 기구	会社の機構を図で示す。 회사 기구를 그림으로 보이다.	
	紀行 기행	紀行文を新聞に載せる。 기행문을 신문에 싣는다.	
	寄港 기항	海難にあってマニラに寄港する。 해난을 만나 마닐라에 기항한다.	
	帰港 귀항	帰港が遅れる。 귀항이 늦어진다.	
キョクチ	局地 국지	局地的に雨が降る。 국지적으로 비가 내린다.	
	極地 극지방(북극·남극)	極地を探検する。 극지방을 탐험한다.	
	極致 극치	これぞ美の極致。 이것이야말로 미의 극치.	
コウキ	後期 후기	一年を前期と後期に分けます。 1년을 전기와 후기로 나눕니다.	
	後記 후기	雑誌の最後のページに編集後記を載せる。 잡지의 마지막 페이지에 편집 후기를 싣는다.	
	好奇 호기(심)	子供が好奇心いっぱいの目で昆虫を見ている。 아이가 호기심 가득한 눈으로 곤충을 보고 있다.	
	好機 호기, 좋은 기회	好機到来。いまこそ就職のチャンスだ。 호기 도래. 지금이야말로 취업할 찬스다.	
	好期 좋은 시기	登山の好期となった。 등산하기 좋은 시기가 되었다.	
	高貴 고귀	高貴な宝石をちりばめた装飾品。 고귀한 보석을 박은 장식품.	
	香気 향기	花が香気を放っている。 꽃이 향기를 풍기고 있다.	
	光輝 광휘, 빛	宝石が光輝を放っている。 보석이 빛을 발하고 있다.	
コジ	固持 고집, 견지	信念を固持する。 신념을 견지한다.	
	誇示 과시	軍事パレードで力を誇示する。 군사 퍼레이드에서 힘을 과시한다.	
	固辞 고사	彼は社長の職を固辞した。 그는 사장의 자리를 고사했다.	
	故事 고사	「矛盾」は故事成語である。 '모순'은 고사성어다.	
	孤児 고아	災害で孤児になった子供たちを保護する。 재해로 고아가 된 아이들을 보호한다.	

シアン	思案 생각, 궁리	よい方法^{ほうほう}がなく、思案^{しあん}に暮^くれる。 좋은 방법이 없어 이리저리 궁리만 한다.
	試案 시안	プロジェクトチームで試案^{しあん}を作成^{さくせい}し、意見交換^{いけんこうかん}をする。 프로젝트 팀에서 시안을 작성해 의견을 교환하다.
	私案 사안	これは私案^{しあん}で個人的^{こじんてき}な考^{かんが}えをまとめたものです。 이것은 사안으로 개인적인 생각을 정리한 것입니다.
シジ	指示 지시	先生^{せんせい}が生徒^{せいと}に指示^{しじ}する。 선생님이 학생에게 지시한다.
	支持 지지	A党^{とう}を支持^{しじ}している。 A당을 지지하고 있다.
シュウギョウ	就業 취업	就業規則^{しゅうぎょうきそく}では就業時間^{しゅうぎょうじかん}は週^{しゅう}４０時間以内^{じかんいない}となっている。 취업 규칙에서는 취업 시간은 주 40시간 이내로 되어 있다.
	修業 수업	大学^{だいがく}の修業年限^{しゅうぎょうねんげん}は４年^{ねん}です。 대학의 수업 연한은 4년입니다.
	終業 종업	始業時刻^{しぎょうじこく}と終業時刻^{しゅうぎょうじこく}を記録^{きろく}する。 시업 시각과 종업 시각을 기록한다.
ショウカイ	紹介 소개	Aさんを社長^{しゃちょう}に紹介^{しょうかい}する。 A 씨를 사장님께 소개한다.
	照会 조회	在庫^{ざいこ}の有無^{うむ}を照会^{しょうかい}する。 재고의 유무를 조회한다.
シンニュウ	進入 진입	列車^{れっしゃ}が構内^{こうない}に進入^{しんにゅう}する。 열차가 구내로 진입한다.
	新入 신입	新入生歓迎^{しんにゅうせいかんげい}コンパ。 신입생 환영(친목)회.
	侵入 침입	ウィルスが体内^{たいない}に侵入^{しんにゅう}する。 바이러스가 체내에 침입한다.
	浸入 (건물·토지에) 침수함	屋内^{おくない}に水^{みず}が浸入^{しんにゅう}するのを防^{ふせ}ぐ。 실내로 물이 들어오는 것을 방지한다.
シンロ	進路 진로	卒業後^{そつぎょうご}の進路^{しんろ}について先生^{せんせい}に相談^{そうだん}する。 졸업 후의 진로에 대해 선생님께 상담한다.
	針路 침로, 나아갈 길	その船^{ふね}は北西^{ほくせい}に針路^{しんろ}をとった。 그 배는 북서로 침로를 잡았다.
タイケイ	体系 체계	文法^{ぶんぽう}を体系的^{たいけいてき}に学^{まな}ぶ。 문법을 체계적으로 배운다.
	体型 체형	体型別^{たいけいべつ}おしゃれガイド。 체형별 멋내기 가이드.
	大系 대략적인 체계	現代日本文学大系^{げんだいにほんぶんがくたいけい}。 현대 일본 문학의 대략적인 체계.
タイショウ	対照 대조	日中言語対照研究^{にっちゅうげんごたいしょうけんきゅう}。 일·중 언어 대조 연구.
	対象 대상	学生^{がくせい}を対象^{たいしょう}にアンケートを行^{おこな}う。 학생을 대상으로 앙케트를 하다.
	対称 대칭	左右対称^{さゆうたいしょう}の漢字^{かんじ}を挙^あげなさい。 좌우 대칭인 한자를 예로 드시오.
タイセイ	体制 체제	一党支配体制^{いっとうしはいたいせい}が崩壊^{ほうかい}しつつある。 1당 지배 체제가 붕괴되고 있다.
	体勢 자세	ボールを打^うったらすぐに体勢^{たいせい}を立^たて直^{なお}す。 공을 치면 바로 자세를 바로잡다.
	態勢 태세	受^うけ入^いれ態勢^{たいせい}を調^{ととの}える。 받아들이는 태세를 갖춘다.
	大勢 대세	大勢^{たいせい}に順応^{じゅんおう}する。 대세에 순응한다.

ツイキュウ	追求 추구	<ruby>利<rt>り</rt></ruby><ruby>潤<rt>じゅん</rt></ruby>を<ruby>追求<rt>ついきゅう</rt></ruby>する。 이윤을 추구한다.
	追及 추궁, 뒤쫓음	<ruby>首相<rt>しゅしょう</rt></ruby>の<ruby>責任<rt>せきにん</rt></ruby>を<ruby>追及<rt>ついきゅう</rt></ruby>する。 수상의 책임을 추궁한다.
	追究(追窮) 추구	<ruby>真理<rt>しんり</rt></ruby>を<ruby>追究<rt>ついきゅう</rt></ruby>する<ruby>学問<rt>がくもん</rt></ruby>。 진리를 추구하는 학문.
ハイスイ	排水 배수	<ruby>排水<rt>はいすい</rt></ruby>が<ruby>悪<rt>わる</rt></ruby>いので<ruby>改善<rt>かいぜん</rt></ruby>する。 배수가 나빠서 개선한다.
	廃水 폐수	<ruby>A社<rt>しゃ</rt></ruby>は<ruby>工場廃水<rt>こうじょうはいすい</rt></ruby>を<ruby>川<rt>かわ</rt></ruby>に<ruby>流<rt>なが</rt></ruby>した。 A 회사는 공장 폐수를 강물에 흘려보냈다.
	配水 배수	<ruby>田<rt>た</rt></ruby>に<ruby>配水<rt>はいすい</rt></ruby>する。 논에 배수하다.
	背水 배수	<ruby>背水<rt>はいすい</rt></ruby>の<ruby>陣<rt>じん</rt></ruby>を<ruby>敷<rt>し</rt></ruby>く。 배수의 진을 치다.
フジュン	不純 불순	もてたいからギターを<ruby>始<rt>はじ</rt></ruby>めたとは<ruby>動機<rt>どうき</rt></ruby>が<ruby>不純<rt>ふじゅん</rt></ruby>だ。 인기를 끌고 싶어서 기타를 시작했다니 동기가 불순하다.
	不順 불순, 고르지 못함	<ruby>天気<rt>てんき</rt></ruby><ruby>不順<rt>ふじゅん</rt></ruby>で<ruby>農産物<rt>のうさんぶつ</rt></ruby>の<ruby>生産量<rt>せいさんりょう</rt></ruby>が<ruby>減<rt>へ</rt></ruby>った。 날씨가 고르지 못해 농산물의 생산량이 줄었다.
フシン	不振 부진	<ruby>景気<rt>けいき</rt></ruby>の<ruby>悪化<rt>あっか</rt></ruby>で<ruby>業績<rt>ぎょうせき</rt></ruby>が<ruby>不振<rt>ふしん</rt></ruby>だ。 경기 악화로 업적이 부진하다.
	不審 수상함	<ruby>不審<rt>ふしん</rt></ruby>な<ruby>行動<rt>こうどう</rt></ruby>をとる<ruby>人物<rt>じんぶつ</rt></ruby>。 수상한 행동을 취하는 인물.
	不信 불신	あいまいな<ruby>答弁<rt>とうべん</rt></ruby>に<ruby>不信感<rt>ふしんかん</rt></ruby>を<ruby>抱<rt>いだ</rt></ruby>く。 애매한 답변에 불신감을 갖는다.
	腐心 애태움, 고심	<ruby>経営者<rt>けいえいしゃ</rt></ruby>は<ruby>資金確保<rt>しきんかくほ</rt></ruby>に<ruby>腐心<rt>ふしん</rt></ruby>している。 경영자는 자금 확보에 고심하고 있다.
フダン	普段 보통, 평소	<ruby>普段着<rt>ふだんぎ</rt></ruby>で<ruby>出<rt>で</rt></ruby>かける。 평상복으로 외출한다.
	不断 부단	<ruby>不断<rt>ふだん</rt></ruby>の<ruby>努力<rt>どりょく</rt></ruby>が<ruby>彼女<rt>かのじょ</rt></ruby>を<ruby>成功<rt>せいこう</rt></ruby>に<ruby>導<rt>みちび</rt></ruby>いた。 부단한 노력이 그녀를 성공으로 이끌었다.
ヘイコウ	平行 평행	<ruby>二人<rt>ふたり</rt></ruby>の<ruby>議論<rt>ぎろん</rt></ruby>は<ruby>平行線<rt>へいこうせん</rt></ruby>をたどった。 두 사람의 논의는 평행선을 달렸다.
	並行 병행	<ruby>体育祭<rt>たいいくさい</rt></ruby>と<ruby>並行<rt>へいこう</rt></ruby>して、<ruby>学校見学会<rt>がっこうけんがくかい</rt></ruby>が<ruby>行<rt>おこな</rt></ruby>われました。 체육 대회와 병행해서 학교 견학회가 열렸다.
	平衡 평형, 균형	<ruby>目<rt>め</rt></ruby>を<ruby>閉<rt>と</rt></ruby>じると<ruby>平衡<rt>へいこう</rt></ruby><ruby>感覚<rt>かんかく</rt></ruby>が<ruby>保<rt>たも</rt></ruby>てない。 눈을 감으면 평형 감각을 유지할 수 없다.
ヘンザイ	偏在 편재	<ruby>医師<rt>いし</rt></ruby>の<ruby>偏在<rt>へんざい</rt></ruby>が<ruby>問題化<rt>もんだいか</rt></ruby>している。 의사의 편재가 문제화되고 있다.
	遍在 두루 퍼져 있음	ネットを<ruby>通<rt>つう</rt></ruby>じて<ruby>情報<rt>じょうほう</rt></ruby>が<ruby>遍在<rt>へんざい</rt></ruby>するユビキタス<ruby>社会<rt>しゃかい</rt></ruby>が<ruby>実現<rt>じつげん</rt></ruby>するという。 인터넷을 통해 정보가 두루 퍼지는 유비쿼터스 사회가 실현된다고 한다.
ホショウ	保証 보증	<ruby>彼<rt>かれ</rt></ruby>の<ruby>人物<rt>じんぶつ</rt></ruby>については<ruby>私<rt>わたし</rt></ruby>が<ruby>保証<rt>ほしょう</rt></ruby>します。 그의 인품에 대해서는 내가 보증합니다.
	保障 보장	<ruby>食料<rt>しょくりょう</rt></ruby>の<ruby>安全保障<rt>あんぜんほしょう</rt></ruby>について<ruby>議論<rt>ぎろん</rt></ruby>されている。 식료의 안전 보장에 대해 논의되고 있다.
	補償 보상	<ruby>被害者<rt>ひがいしゃ</rt></ruby>に<ruby>補償金<rt>ほしょうきん</rt></ruby>を<ruby>支払<rt>しはら</rt></ruby>う。 피해자에게 보상금을 지급한다.

한자	훈음	쪽	한자	훈음	쪽	한자	훈음	쪽	한자	훈음	쪽
糾	얽힐 규	509	埼	갑 기	180	內	안 내	38	旦	아침 단	561
均	고를 균	204	崎	험할 기	180	奈	어찌 내	182	達	통달할 달	149
菌	버섯 균	453	基	터 기	185	耐	견딜 내	366	談	말씀 담	99
龜	터질 균	542	紀	벼리 기	210	匂	향내 내	539	擔	멜 담	248
極	극진할 극	163	寄	부칠 기	213	女	여자 녀(여)	20	淡	맑을 담	334
劇	심할 극	247	技	재주 기	224	年	해 년(연)	15	曇	흐릴 담	335
克	이길 극	396	己	몸 기	237	念	생각 념(염)	143	膽	쓸개 담	375
隙	틈 극	551	祈	빌 기	289	捻	비틀 념(염)	569	答	대답할 답	76
近	가까울 근	40	幾	몇 기	312	寧	편안할 녕(영)	479	踏	밟을 답	366
根	뿌리 근	120	奇	기특할 기	350	努	힘쓸 노	170	当	마땅 당	74
筋	힘줄 근	243	棋	바둑 기	383	奴	종 노	290	堂	집 당	200
勤	부지런할 근	278	企	꾀할 기	396	怒	성낼 노	304	糖	엿 당	267
斤	근 근	380	欺	속일 기	412	農	농사 농	120	党	무리 당	274
謹	삼갈 근	483	棄	버릴 기	412	濃	짙을 농	334	唐	당나라 당/당황할 당	328
僅	겨우 근	563	既	이미 기	424	腦	골 뇌	241	大	클 대	17
金	쇠 금	15	忌	꺼릴 기	433	惱	번뇌할 뇌	305	対	대할 대	80
今	이제 금	41	騎	말 탈 기	443	尿	오줌 뇨(요)	415	待	기다릴 대	87
禁	금할 금	204	肌	살가죽 기	453	能	능할 능	190	代	대신할 대	108
琴	거문고 금	493	飢	주릴 기	455	泥	진흙 니(이)	466	隊	무리 대	140
襟	옷깃 금	495	碁	바둑 기	493	尼	여승 니(이)	445	帶	띠 대	154
錦	비단 금	547	畿	경기 기	550	匿	숨길 닉(익)	411	貸	빌릴 대	227
急	급할 급	92	伎	재간 기	558	溺	빠질 닉(익)	574	袋	자루 대	382
級	등급 급	126	緊	긴할 긴	419				戴	일 대	565
給	줄 급	137	吉	길할 길	423	**ㄷ**			台	토대 대	63
及	미칠 급	315	喫	먹을 끽	392	多	많을 다	39	德	큰 덕	183
扱	미칠 급	320				茶	차 다	45	道	길 도	46
肯	즐길 긍	480	**ㄴ**			短	짧을 단	110	刀	칼 도	61
気	기운 기	25	那	어찌 나	561	單	홑 단	148	図	그림 도	73
記	기록할 기	53	奈	어찌 나	182	斷	끊을 단	198	島	섬 도	101
汽	물 끓는 김 기	76	諾	허락할 낙(락)	399	團	둥글 단	200	都	도읍 도	105
起	일어날 기	81	難	어려울 난	252	段	층계 단	259	度	법도 도	106
期	기약할 기	87	暖	따뜻할 난	254	丹	붉을 단	298	徒	무리 도	150
器	그릇 기	135	男	사내 남	20	端	끝 단	310	導	인도할 도	231
機	베틀 기	136	南	남녘 남	36	壇	단 단	405	盜	도둑 도	290
旗	기 기	173	納	들일 납	258	鍛	불릴 단	438	到	이를 도	301
岐	갈림길 기	178	娘	여자 낭	289	但	다만 단	497	渡	건널 도	301

589

591

臣	신하 신	•145	顔	얼굴 안	•60	養	기를 양	•132	煙	연기 연 •349
信	믿을 신	•165	安	편안 안	•86	嬢	아가씨 양	•374	宴	잔치 연 •425
薪	섶 신	•308	岸	언덕 안	•124	譲	사양할 양	•400	軟	연할 연 •469
慎	삼갈 신	•336	案	책상 안	•154	揚	날릴 양	•439	熱	더울 열 •173
辛	매울 신	•392	眼	눈 안	•212	壌	흙덩이 양	•466	閲	볼 열 •391
伸	펼 신	•416	謁	뵐 알	•519	醸	술 빚을 양	•478	悦	기쁠 열 •435
紳	큰 띠 신	•448	岩	바위 암	•69	瘍	헐 양	•537	塩	소금 염 •173
娠	아이 밸 신	•450	暗	어두울 암	•110	魚	물고기 어	•44	染	물들 염 •271
迅	빠를 신	•468	俺	나 암	•531	語	말씀 어	•52	炎	불꽃 염 •381
腎	콩팥 신	•536	闇	숨을 암	•555	漁	고기 잡을 어	•139	艶	고울 염 •552
室	집 실	•49	圧	누를 압	•190	御	거느릴 어	•345	葉	잎 엽 •120
実	열매 실	•113	押	누를 압	•300	億	억 억	•165	泳	헤엄칠 영 •123
失	잃을 실	•143	央	가운데 앙	•108	憶	생각할 억	•356	栄	영화 영 •132
心	마음 심	•59	仰	우러를 앙	•362	抑	누를 억	•439	英	꽃부리 영 •168
深	깊을 심	•109	愛	사랑 애	•176	臆	가슴 억	•533	永	길 영 •185
尋	찾을 심	•355	哀	슬플 애	•433	言	말씀 언	•52	営	경영할 영 •188
審	살필 심	•413	涯	물가 애	•449	厳	엄할 엄	•255	映	비칠 영 •247
甚	심할 심	•498	崖	언덕 애	•548	業	업 업	•96	影	그림자 영 •351
芯	골풀 심	•562	挨	밀칠 애	•554	余	남을 여	•209	迎	맞을 영 •351
十	열 십	•13	曖	희미할 애	•555	如	같을 여	•416	詠	읊을 영 •390
双	두 쌍	•370	額	이마 액	•209	与	더불 여/줄 여	•344	予	미리 예 •99
氏	성씨 씨	•172	液	진액 액	•225	駅	역 역	•91	芸	재주 예 •172